有限责任公司
章程设计
实用手册

原 峰 著

PRACTICAL HANDBOOK FOR DESIGNING
ARTICLES OF ASSOCIATION OF
LIMITED LIABILITY COMPANIES

法律出版社
LAW PRESS·CHINA
北 京

图书在版编目(CIP)数据

有限责任公司章程设计实用手册:12 章 28 个示范条款和 300 余个案例的深度解析 / 原峰著. -- 北京:法律出版社,2023
ISBN 978-7-5197-8102-6

Ⅰ.①有… Ⅱ.①原… Ⅲ.①公司-章程-研究-中国 Ⅳ.①D922.291.914

中国国家版本馆 CIP 数据核字(2023)第 137417 号

有限责任公司章程设计实用手册:
12 章 28 个示范条款和 300 余个案例的深度解析
YOUXIAN ZEREN GONGSI ZHANGCHENG SHEJI SHIYONG SHOUCE:
12 ZHANG 28 GE SHIFAN TIAOKUAN HE 300 YU GE ANLI DE SHENDU JIEXI

原 峰 著

策划编辑 薛 晗 田 浩
责任编辑 薛 晗 田 浩
装帧设计 汪奇峰

出版发行 法律出版社
编辑统筹 法商出版分社
责任校对 张翼羽
责任印制 胡晓雅
经 销 新华书店

开本 787 毫米×1092 毫米 1/16
印张 34.25 字数 665 千
版本 2023 年 9 月第 1 版
印次 2023 年 9 月第 1 次印刷
印刷 三河市龙大印装有限公司

地址:北京市丰台区莲花池西里 7 号(100073)
网址:www.lawpress.com.cn
投稿邮箱:info@lawpress.com.cn
举报盗版邮箱:jbwq@lawpress.com.cn

销售电话:010-83938349
客服电话:010-83938350
咨询电话:010-63939796

书号:ISBN 978-7-5197-8102-6
定价:138.00 元
凡购买本社图书,如有印装错误,我社负责退换。电话:010-83938349

阅读说明

本书的结构如图 1 所示，以公司章程条款顺序为基本结构，在每一条款内以“一、示范条款”为先，并就条款内【不同股东立场的可选项约定】作出不同的使用场景说明，辅以“二、条款解释”对示范条款作扩展和补充说明，再以“三、法律规定”和“四、参考案例”进一步说明示范条款内容的适用性和司法裁判实践中对该条款可能产生的纠纷的论述和裁判结果。案例的内容有摘录和节选。

本书结构清晰、逻辑紧密，前后呼应、互相验证，通俗易懂，既可以按顺序连续阅读，也可以直接选用某一章节，方便读者阅读和使用。（如图 2 所示）

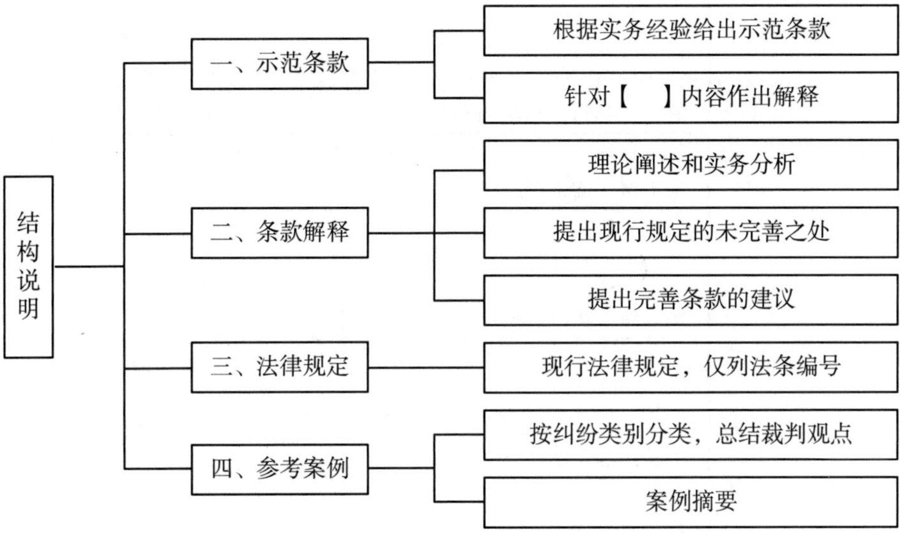

图 1　结构和逻辑

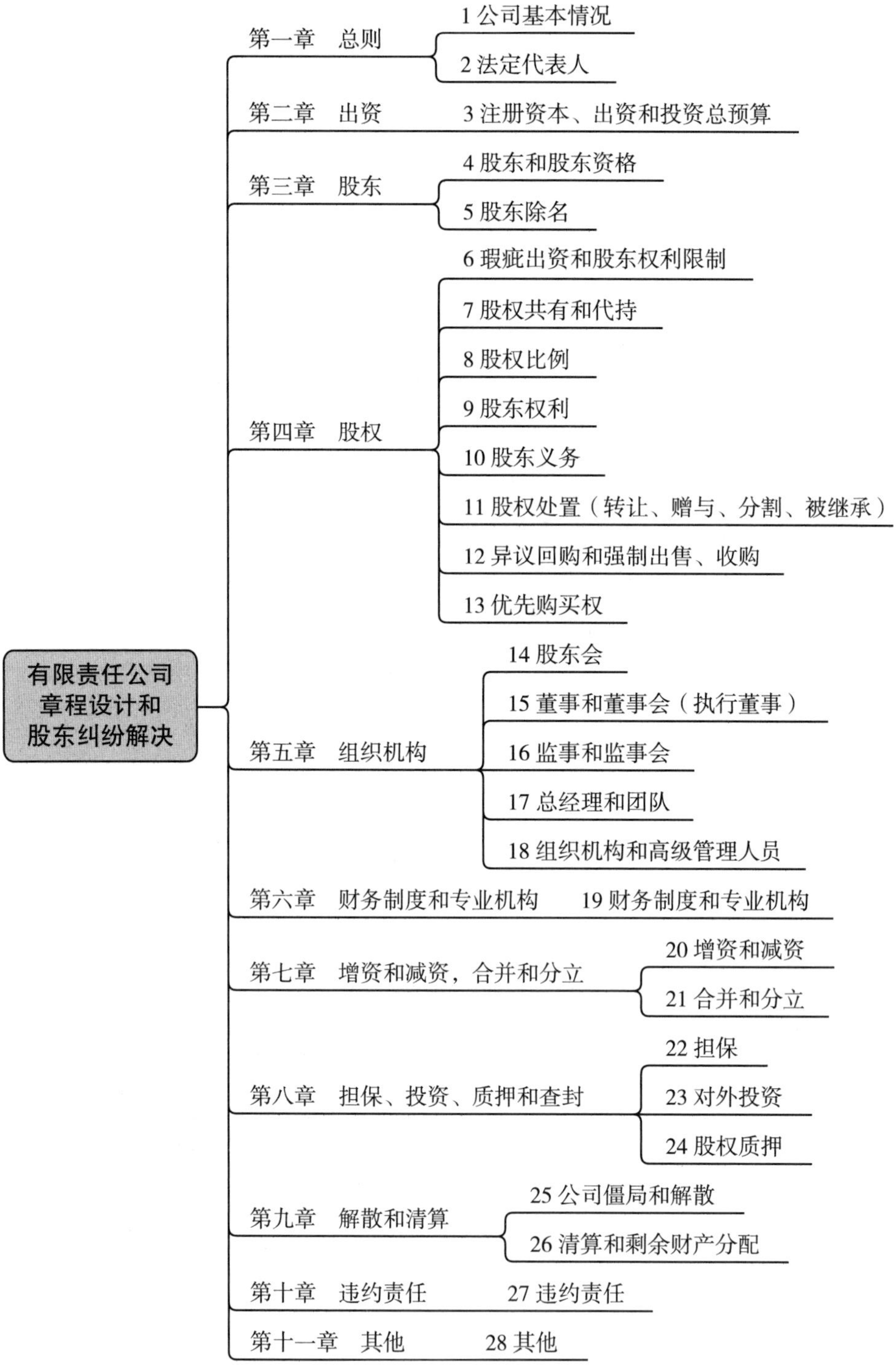

图 2　章程设计主要章节和条款

自　序

我毕业那年不包分配，但还是进了市一级的事业单位，做了三年的写字科员。后来实在不甘于年轻人的寂寞，辞职南下到了广州。为了生存，我做了两年的展览设计，算是熟练使用了 3D Max 和 Auto CAD，这是一段我自己都觉得吊诡的工作经历。后来又做回本专业，一头扎进了法律这个行业。进入法律行业后，我在外企、国企、检察院、民企工作过，最终在律师这个职业上定岗十年有余。执业这些年，我陆续参加了几个志愿者组织、兼职广播电视大学的校外老师，给高中生讲职业生涯、给大学生讲职业规划，给成人函授讲法学实务，指导本科生、硕士研究生实习。要是说有什么耀眼的成果不敢应，但经验和心得还是可以讲上两句的，也很想和大家分享。之后就陆续写了一些小文章，几百字到三五千字不等，文章中穿插着一些吐槽和段子，寓教于乐，把专业、晦涩的法律知识用大白话表达出来，放在微信公众号上和有兴趣的小伙伴们交流。我开玩笑地说，我写的大多数是“地铁”文章、“马桶”文章，意思是说，这些文章不用花很多时间、不用太费神费脑，上下班地铁里、卫生间马桶上的功夫就可以快速阅读完，又能有一点收获的那种。但毕竟写几千字、几万字的文章和几十万字的书是不一样的，结构和逻辑不一样，文字风格也不一样，同时，受限于忙碌的工作，这本书从落笔到交稿用了超出我自己想象的时间，历经了《民法总则》到《民法典》的转变，终于交稿了。真诚感谢一直鞭策我、刺激我的同事，让我能够坚持着把这本书写完，还有给我各种辅助和支持的实习生，辛苦帮忙检索案例，谢谢你们，让我能够完成这本几十万字的“文章”。

这是一本工具书，方便读者日常放在案头随手翻阅，但又不必从头看，可以直接翻阅到所需章节，按自己的股东地位或商业目的直接取用示范条款。所以，在写的时候没有使用案例分析总结观点或学术讨论这一类书的结构和体系，也较少引用没有定论的各方专家观点，避免引起混淆，而是按照通用的公司章程条款的结构编排，从第一条顺序排到最后一条。同时，在每一个条款中尽可能按照大/小股东的不同地位给出不同立场和目的的参考范本，并且在每一个条款后说明此条款可能适用于何种情况、有何利弊。但尽管如此，仍需要读者根据自己的实际情况去调整和使用。当然，我建议还是从头看一遍，以便于能够对制定或修改公司章程有全面的了解和掌握。仍需要提示的是，没有哪一个版本的章程能够适用于所有公司，也没有哪一个条款能够适用于每一个股东，正如世界上没有两片相同的树叶，一个人不能两次跨越同一条河流，每个股东的立场是不同的，每个公司的情况也是不同的，示范条款仅是一个参考，不能直接照搬照抄。

此外，本书使用场景范围限定在有限责任公司，不包括国有企业、合伙企业、股份公司、外商投资企业等其他实体。

本书中的简称规范如下：

《中华人民共和国民法典》简称《民法典》，其他类同。

《中华人民共和国公司法》（根据2018年10月26日第十三届全国人民代表大会常务委员会第六次会议《关于修改〈中华人民共和国公司法〉的决定》第四次修正）简称《公司法》。

最高人民法院《关于适用〈中华人民共和国公司法〉若干问题的规定（三）》（根据2020年12月23日最高人民法院审判委员会第1823次会议通过的《最高人民法院关于修改〈最高人民法院关于破产企业国有划拨土地使用权应否列入破产财产等问题的批复〉等二十九件商事类司法解释的决定》第二次修正）简称《公司法司法解释（三）》，其他类同。

《全国法院民商事审判工作会议纪要》（法〔2019〕254号）简称《九民会议纪要》。

最高人民法院、广西壮族自治区高级人民法院、广州市中级人民法院在正文中简称最高院、广西高院、广州市中院，在案例标题中用全称。

【A/B】或【　】的内容指可选择适用或可自定义内容。

楷体为对示范条款的解释。

目　录
Contents

04
069-116

第三章 股东 / 069

05

117-278

第四章　股权 / 117

01

001-008

前　言

公司的本质是人与人为共同目的拿出各自“口袋里”的东西（不仅仅指货币）开展合作而建立的一个组织，并以这个组织对外表达意思和行事。法律赋予了公司“人格化的生命”，公司的生命长度取决于人们是否认为已经实现目的或者目的已经无法实现，无论这个目的是金钱利益还是事业理想。信任是合作的基础，和谐是合作的主旋律，共赢是合作的目的，这就和婚姻一样，如果一方一味地只考虑到自己的立场、利益，寸步不让，而忽略了对方的痛点和诉求，把合作变成了一种自私自利、一种对立，那各方在握手之前就已经失去了合作的基础。因此，公司章程是股东间妥协和平衡的作品。

一、几种常见的经营实体的比较

从广义上来说，经济活动中的经营实体很多，如最常见的有限责任公司、股份有限公司、合伙企业、个体工商户、个人独资企业，还有不太常见的集体所有制企业、全民所有制企业、农民专业合作社、“三来一补”企业、民办非企业（这里所称的经营实体不包括协会、事业单位、机关单位）等。这些不同的经营实体有什么区别？一言难以表述，如果真要论述的话，那就是另一本专著了。但最主要的区别首先是投资人（股东）对主体（经营实体）的债务承担责任的不同；其次是权力机构和治理规则不同。

有限责任公司（包括一人公司、国有公司）、股份有限公司以公司的全部财产对公司债务承担责任，股东以认缴的出资额为限对公司的债务承担有限责任，公司治理结构为股东会、董事会（执行董事）、监事会、经理。有限责任公司以人合为主、资合为辅，股权转让受章程约束；股份有限公司以资合为主，股份自由流转（上市公司或类别股除外），更加注重所有权与经营权相分离的制度；合伙企业的普通合伙人对企业债务承担无限连带责任；个人独资企业的投资人与企业的财产混同，以其个人财产（或家庭财产）对企业债务承担无限责任。在这些经营实体中，看似公司的股东只是承担有限责任要比企业的投资人（合伙人）承担无限责任的风险小，但是公司的税负与合伙企业、个人独资企业的税负是不同的，公司需要缴企业所得税，税后利润分红给股东的话，股东还要缴个人所得税或企业所得税（具体视主体性质不同有所区别），而合伙企业和个人独资企业无须缴企业所得税，只对投资人（合伙人）征收个人所得税。不同的经营实体各有利弊，选择哪种经营实体取决于自己的业务和实际需要。

二、司法裁判的本质是什么

这个问题可以再分为两个小问题：一个是审判和执行，另一个是法规（成文法）和案例。

关于审判和执行，我和很多客户、身边的朋友聊过这个话题，也几乎无一例外地收到了相同的反馈，老百姓朴素的情感和法律人士的专业认知存在鸿沟。老百姓认为，法院就是解决“根本问题”的，我有纠纷起诉到法院，法院就要为我主持公道，帮我把对方欠我的钱追回来，至于什么是法律关系、为什么法律事实和客观事实不同，为什么还要我自己去调查证据，为什么我说了这么多法官都不认我的，对方没说什么法院却信了对方，为什么打赢了官司却收不到钱，这打的官司还有什么用？法律还有保障吗？我和朋友（非法律专业的）聊起这个话题的时候总是说不到一个频道上。但是换个角度来看，这也正常，学业有先后，术业有专攻，他们懂制药、懂化工、懂种植，这些我也不懂，如果人人都能像律师一样冷静、理智地用法律视角去看待问题、思考问题、解决问题，那也就没有律师这个职业人群了。

我一直是这样认为的，审判只是由一个中立的机关（无论是法院还是仲裁，本质上都是客观居中的一方）利用成文的规则或者是先行的、公认的判例规则对有纠纷的双方或多方作出一个谁对谁错的裁判。审判，只是告诉一方，在这个纠纷中你是对的、他是错的，在另一个纠纷中告诉你他是对的、你是错的，是利用公权力（法院）或者是民间公认的权力（仲裁）对一个纠纷作出对与错的判断和裁判（裁决）。那么，错的一方自然就应当主动去接受这个错误，按照裁判事项去主动承担相应的责任，这是审判的本质。如果还有当事人追问，这事情还有什么好争议的呢？明摆着我说的都是事实，我说的是对的，对方纯粹是颠倒黑白、无中生有。那也可以反过来看，对方也觉得自己是被冤枉的、是被栽赃陷害的，在生效的司法裁判结果作出之前，谁能断定你就是对的、他就是错的呢？所以，要经过“审判”来断定对与错，至此，审判的使命就完成了，法律也相信人们在知道自己的对或错之后会遵守法律的规定去主动履行自己的义务、承担自己的责任。但是，如果有错的一方仍然不自觉、不主动履行怎么办？法律对此又进一步规定了“执行”，进一步赋予了对的一方可以申请暴力机关（不包括民间公权力的仲裁）强制要求错的一方承担责任的权利，包括赔礼道歉、赔偿损失，等等。因此，执行不是必需的，更不是司法机关主动的行为，是依个案情况、依当事人申请才启动的。

公权力由国家机器强力介入和裁判，不以个人权利主张和意思表示为左右，私权利由当事人自己主张，并由当事人自己选择适用法律关系、自己举证，为自己的权利负责，公权力未经许可不得干涉私权利范畴。只是大部分老百姓向来都是从自己的情感需求出发，当自己的权益受到别人侵害的时候就希望公权力为自己主持公道，而当自己只是一名看客的时候就指责公权力踩过界了。

关于法规（成文法）和案例。这几年随着国家大力推行司法公开、裁判文书上网，推行信息化和大数据化，每个人都能很方便地查询到裁判文书，甚至能够查询到审理自己这个案件的法官在同类案件中的裁判文书，提前了解法官的裁判观点。各地法院、律师事务所等专业机构也经常整理和解构某一类型案例的裁判观点，最有名的是对赌效力的案例，最高人民法院在（2012）民提字第 11 号①判决中认为对赌协议无效（对目标公司无效），在（2019）最高法民终 133 号②判决中又有条件地承认了与目标公司对赌的效力。据此，有不少专家学者或律师就认为最高院对于对赌的效力已经是“放开”承认了。我在代理个案的时候也会做大量的法规和案例检索工作，就如同本书一样，书中有近三百多个案例，也是通过公开数据检索得来的。

但我想强调的是，我们国家的法律是成文法的体系，大陆法系的第一法源是制定法、是法典，是依法裁判不是依案例裁判，是尊重先例并非遵循先例，平等提供司法供给依靠的是审级救济。当然这个“法”不仅仅指人大的立法，也包括最高院的司法解释、行政法规甚至部门规章。更直接地说，大陆法系中的案例是从法条发展出来的法教义学，是法教义学的一部分。在大陆法系里，案例的裁判观点不重要、案件事实不重要，甚至同案同判也不那么重要；重要的是裁判后面隐藏的法理，与我们的法律体系是否契合，与我们的法治精神是否契合，与我们的法律原则是否契合，它与我们现在这一个时期内的社会发展、经济政策是否契合。在此认知下，不同于以案例为法源的英美法，大陆法系的案例是为体系而存在的。如果遇到问题就寻找案例立场，与案情辨异之后确定适用与否，而不是回溯法治精神和法律条款本身去思考，不是结合现行的政治环境、经济环境、社会诉求去思考，就会侵蚀最重要的体系内核，会南辕北辙。

三、公司治理的本质是什么

市场经济活动中大部分的投资人还是喜欢注册有限责任公司为经营实体，概是因为公司的概念已经深入人心，易于人们理解，注册起来也容易，投资人承担的风险也较

---

① 甘肃世恒有色资源再利用有限公司、香港迪亚有限公司为与苏州工业园区海富投资有限公司、陆某增资纠纷。

② 黑龙江闽成投资集团有限公司与西林钢铁集团有限公司、刘某平民间借贷纠纷。

小。且大部分公司（本书中除非特别说明，公司均指内资有限责任公司）在初创期都是“夫妻店”或者是“兄弟店”，实际的“老板”就是一个人，投资人同时担任了公司的经营者，也即所有权与经营权混同。相当一部分老板对公司治理的理解几乎一样，大多笃定地认为公司就是我的、我就代表公司，他们更进一步认为，公司的董事、总经理、法人代表必须是股东本人，听到法定代表人和股东、董事没什么关系，谁（在法律规定的范围内）都可以做，这些老板们会惊讶“怎么可能不是股东?”“啊? 还可以不是股东啊！那公司还是谁的?”他们朴素地认为“家国天下”，投资人是所有者也是经营者，股东既是董事又是总经理，也应当是法人代表，所以公司的股东会与董事会（如果设置了董事会的）之人员完全重叠，股东会职权与董事会职权混同无法区分，公司意志即是大股东的个人意志。大股东独断专行，大股东认为公司就是自己的，小股东只是陪跑的，甚至认为“我给了你机会你才能进来公司做股东”，或者是认为“你才那么少的股份要什么话语权，有钱赚给你分钱不就行了吗”等，导致小股东无法有效发声，或者发声也没什么效果，大股东依然我行我素；而小股东认为，我虽然股份小，但我也是股东，应当民主、应当平等协商、应当公平正义，不切实际地在公司经营中追求民主与公平。这种情况在公司创业初期尚可，股东间尚处于“热恋期”，但是进入“发展期”之后，一旦公司亏损或盈利时，股东之间就会因知情权、表决权、利润分配请求权发生纠纷，往往因为小股东无法有效行使知情权、无法有效行使表决权、无法实际参与经营管理等问题“打”得不可开交，动辄进行三五年的诉讼是很正常的，导致公司经营受阻、陷入僵局无法化解。在市场经济中此种情况比比皆是，甚至上市公司的实际控制人也不乏此“朴素的认知”（可参见雷士照明案例）。我对客户和身边的朋友进行过普法（公司治理的本质），但效果并不太好，老板们认为这是小题大做没有必要，还是认为“公司就是我的，我想怎么样就怎么样”。

究其原因，一部分在于股东并没有意识到公司的所有权和经营权是不同的，没有意识到股东对公司的权利、对公司的义务是什么，也没有意识到股东、股东会、董事、董事会、总经理的职责权利区别，相当一部分老板只是按照工商（市场监督管理部门）的要求照葫芦画瓢地抄了一份章程。

另外，我们说公司治理需要民主吗？需要公平吗？NO！我一直认为，公司治理的本质没有什么民主和公平可言，谁有话语权主要看资本（不仅仅是指资金）大小，谁的资本大谁说了算，小股东在本质上就是弱势一方，这一点在任何时候、任何一个公司都是不争的事实。公司作为一个营利组织在市场经济环境中生存，需要的是效率，机会稍纵即逝，如果任何事情都要股东开会集体讨论决策、赋予无论股份多少的每一个股东平等的表决权，那公司必然无法快速反应作出有效决策，错过了最好的商业机会最终导致死亡。当然，也并不是说大股东就可以凭借手中的资本和股份没有边界“为所欲为”地压榨小股东，法律是一个中立的规则，不会也不可能偏袒和保护某一方的利益，如果有倾向性的话，也一定会保护相对弱势的一方。所以法律赋予了小股东有效行使股东知情权的保障，在《公司法司法解释（三）》里进一步作出了限制股东权利、解除股东资格的规定，这和资本多数决的公司治理原则不冲突也不矛盾，资本多数决仍然是公司治理的主旋律、主基调。小股东关注的重点不应该是把控公司，也不必事无巨细面面俱到地参与公司经营管理，投资是为了获取更好的回报，如果你觉得自己行就投入更多，作为大股东实际经营管理，如果你有其他顾虑，你就作为小股东辅助和监督公司经营，获取合理回报。

当然，我不指望通过这一本书就能改变这一部分老板的商业行为和法律认知，学业有先后，术业有专攻，老板只要把生意做好就行了，风险预防和控制的事情交给专业的律师去做就好。但我仍试图通过深入浅出的方式把公司章程和公司治理规则梳理一下，让这一部分老板读过这本书后能够明白公司管理的法律原则是什么、法律规则是什么，选择或者制定出符合自己需要的公司章程，让同行们读过这本书后能够给出评价“嗯，这一节、这一条、这一款写得不错，我可以借鉴所用”，这就足够了。

四、章程应当包括哪些条款

我们通常说，一个国家有宪法，一个公司有章程，章程就是公司的宪法。对外来说，公司以外的人需要通过公司的章程知道这家公司的股东是谁、治理结构如何，是董事会还是执行董事，股东会与董事会的职权如何划分，董事是股东会选举的还是委派的，公司的注册资本和股东的认缴出资期限如何安排等。同时，公司章程也是公司以外的人向公司的股东、董事、监事等高级管理人员主张权利的依据之一。对内来说，公司章程是公司与股东、股东与股东、股东与董事、监事、高级管理人员（本书中简称董监高）、公司与董事等高级管理人员之间行使权利、履行义务以及承担责任的依据。如果股东间发生纠纷，其他股东如何依据章程的规定向违约股东主张权利；如果董事和高管违反职业准则给公司或者股东造成损失，公司或者股东如何依据章程的规定要求董事和高管承担责任；当股东之间吵架时、当大股东压制小股东导致小股东无法有效行使知情权时、当小股东频繁骚扰大股东影响公司正常生产经营秩序时，如何依据公司章程维护己方权益，股东们往往在通用的范本章程中找不出依据和纠纷解决规则。因此，如果章程规定过于简单随意，只燃烧“热情”而忽略了“理智”，碍于各种情面或麻烦或者是自信而没有制定好一份适合自己的公司章程，那就会导致纠纷无法解决。

那么，到底哪个版本的章程是最好的？有没有一个通用的章程可以拿来使用？客观地说，并没有。可能7页的章程足够你用，也可能23页的章程也不够详细，所以我通常对来咨询的当事人说，如果你是公司的“大老板（控股股东）”，建议你用工商部门的标准版本，这个就是合适你的；如果你是小股东，那我要充分了解你的需求后才能做出一份合适你的章程，或者不需要一份完整的章程，一份约定特殊条款的股东间协议也能解决你的后顾之忧。因此，一个公司章程应当有什么内容，哪些是必备的内容、哪些是选备的内容，这些不同的内容是放置在公司章程中或者是股东会议事规则里，还是在股东间协议内落实，这是每一个股东都需要考虑的问题。

法律规则可分为强制性规范和任意性规范。强制性规范是指内容规定具有强制性质，不允许人们加以更改的法律规则；任意性规范是指允许法律关系的参加者自行确定其权利义务的法律规范。《公司法》有限度地规定了章程必备的内容，例如第 25 条①规定的内容。除第 25 条的规定以外，另有散见于其他条款对必要记载事项的内容作出了方向性的规定，并保留了股东通过自由约定的方式来进一步确定具体内容②。除此之外，还有任意记载事项，即股东可根据自己的意愿规定在公司章程中，如果记载了，则优先于公司法的规定适用。具体来说有三十一项③：（1）经营范围，《公司法》第 12 条第 1 款（本章节以下所引用法条均指公司法）；（2）法定代表人，第 13 条；（3）对外投资，第 16 条第 1 款；（4）股东会权限，第 37 条第 1 款第 11 项；（5）定期会议的召开，第 39 条第 2 款；（6）会议召开时间，第 41 条第 1 款；（7）表决权行使，第 42 条；（8）议事方式与表决程序，第 43 条第 1 款；（9）董事长和副董事长的产生，第 44 条第 3 款；（10）董事长任期，第 45 条第 1 款；（11）董事会职权，第 46 条第 11 项；（12）董事会

---

① 第 25 条（1）公司名称和住所；（2）公司经营范围；（3）公司注册资本；（4）股东的姓名或者名称；（5）股东的出资方式、出资额和出资时间；（6）公司的机构及其产生办法、职权、议事规则；（7）公司法定代表人；（8）股东会会议认为需要规定的其他事项。

② （1）第 13 条公司法定代表人按照公司章程的规定，由董事长、执行董事或者经理担任；（2）第 39 条第 2 款股东会的定期会议按照公司章程的规定召开；（3）第 44 条第 3 款董事长、副董事长的产生办法由公司章程规定；（4）第 45 条第 1 款董事任期由公司章程规定；（5）第 50 条第 2 款执行董事的职权由公司章程规定；（6）第 51 条监事会中职工代表监事的具体比例由公司章程规定；（7）第 70 条国有独资公司监事会成员中职工代表的具体比例由公司章程规定；（8）第 165 条第 1 款有限责任公司将财务会计报告送交各股东的期限由公司章程规定。

③ （1）第 16 条第 1 款公司章程规定公司对外担保的作出由股东大会或者董事会决定，并规定公司对外担保的限额；（2）第 37 条第 1 款第 11 项公司章程可以对股东会法定职权以外的职权作出规定；（3）第 41 条第 1 款公司章程关于召开股东会通知的规定，且该规定优先于《公司法》适用；（4）第 42 条公司章程关于股东在股东会上不按出资比例行使表决权的规定；（5）第 43 条公司章程关于股东会的议事方式和表决程序作出不违背《公司法》规定的规定；（6）第 46 条第 11 项公司章程对董事会法定职权范围之外的职权的规定；（7）第48 条第 1 款公司章程对董事会的议事方式和表决程序作出不违背《公司法》规定的规定；（8）第 49 条第 2 款公司章程对经理职权的规定，且该规定优先于《公司法》适用；（9）第 53 条第 7 项公司章程对监事会法定职权范围之外的职权的规定；（10）第 55 条第 2 款公司章程对监事会的议事方式和表决程序作出不违背《公司法》规定的规定；（11）第 71 条第 4 款公司章程对股权转让的规定，且该规定优先于《公司法》适用；（12）第 75 条公司章程对自然人股东死后继承问题的规定，且该规定优先于《公司法》适用；（13）第 169 条第 1 款公司章程规定公司聘用、解聘承办公司审计业务的会计师事务所由股东会或者是董事会决定；（14）第 180 条第 1 项公司章程对公司解散事由的规定；（15）第 216 条第 1 项公司章程对公司中高级管理人员范围的规定。

议事规则，第 48 条第 1 款；（13）经理职权，第 49 条第 2 款；（14）执行董事职权，第 50 条；（15）监事的比例，第 51 条第 2 款；（16）监事的改选，第 52 条第 2 款；（17）监事的职权，第 53 条第 7 项；（18）监事会的职权，第 55 条第 2 款；（19）国有独资公司章程，第 65 条；（20）国有独资公司监事会成员比例，第 70 条第 1 款；（21）股权转让，第 71 条第 4 款；（22）经营期限，第 74 条第 1 款第 3 项；（23）股权继承，第 75 条；（24）股份公司监事会议事方式和表决程序，第 119 条；（25）股份转让限制，第 141 条第 2 款；（26）忠实勤勉义务，第 147 条第 1 款；（27）财务报告，第 165 条第 1 款；（28）利润分配，第 166 条第 4 款；（29）会计师事务所，第 169 条第 1 款；（30）公司解散，第 180 条第 1 项；（31）高管人员，第 216 条第 1 项。

五、章程和股东间协议的区别

还有一个问题，公司章程和股东间协议有什么区别？哪些事项应当放在章程里，哪些事项可以放在股东间协议里？

章程和股东间协议是有明显的区别的。首先，从契约角度来说，章程也是一种特殊的协议，是股东对公司治理规则达成的一种协议。但章程和协议又不完全相同，章程首先受公司法约束，有必要记载事项，在公司法没有规则时，依《民法典》合同编规则约束。协议则直接受合同编规则的约束，为无名合同，没有必要记载事项。如果股东的权利被其他股东侵害，则其可依据公司章程向损害股东提出权利主张和赔偿请求，也可以依据股东间协议主张权利，但如果股东违反的是对公司的义务，则其他股东不能对该股东直接提出权利请求，而只能要求公司向该股东提出权利请求。其次，另一个很重要的区别是在修改上，第一个版本的章程需要全体股东签字同意，之后的修改按公司法规定，只需要三分之二以上表决权同意就可以修改，目前的司法裁判中也有些法院认为某些对股东的权利构成实质性影响的条款修改未经该股东同意的，这个修改对不同意的股东没有约束力。而协议不需要全体股东签字同意，既可以是部分股东签署，也可以是股东和董事、高管签署，修改的话需要订立协议的全体当事人协商一致同意才能修改，当然，协议只能约束签署的当事人，对于未签字的股东（包括董事和高管）则没有约束力。所以，实践中股东可针对不同事项选择使用不同的法律文件对不同的人和事项进行约束。

02

009-042

第一章 总则

第一条

公司基本情况

一、示范条款

（一）公司的基本情况

公司的名称是……，统一社会信用代码……，公司登记的住所……，公司的经营场所……。

（二）公司的经营范围和期限

公司的经营范围是……，公司的经营期限是……。

（三）设立公司的目的

设立公司的目的在于发挥各股东的资金、专业、市场资源……等优势，共同开发经营……，在……区域和领域为各股东实现最大化且合理的回报。

（四）公司的宗旨和基本原则

无论是本人或者是委托他人代持或代为行使股东权利，无论是自然人抑或法人（包括非法人组织）及其授权代表，各方均保证在签署章程前已经详细阅读并充分理解章程的全部条款，以及每一条款的真实意思表示，各方对条款的内容和具有的约束力以及违反条款的后果和法律责任均没有歧义和异议，各方完全出自真诚自愿且积极地履行任何一条款项下的义务，并自愿为违反义务的行为承担法定和约定的责任，未取得其他签署人员同意的，不得主张调整违约责任的承担方式，且无论是否担任公司的管理人员抑或作为股东，均勤勉尽责、毫不懈怠地履行义务和监督受章程约束之人员。

同时，各方在此进一步确保且毫无保留地确认，公司是以人合性为基础、资合性为辅的有限责任公司，无论股东是承诺以货币投资或者是非货币的实物或者知识产权投资，抑或结合了市场资源和专业知识、能力的混合投资，股东个人包括董事和高管的诚实信用和股东间的精诚合作是公司得以存续和稳健发展的基石。各方以及受章程约束之人员均承诺为公司利益、为各股东利益，基于合法同时亦合理、合乎市场交易习惯和职业道德准则的原则和精神行使权利、履行义务，如果股东违反了法律规定或者章程规定，或者可能严重影响公司或其他股东的权益时，公司或者其他股东得以要求其纠正不适当的行为；如果股东之间的分歧或者矛盾无法调和，丧失了信任的基础，则公司或者其他股东得以依据法律规定或者章程规定要求其承担责任，或者限制其股东权利，或者将其除名，或者解散公司。

修改公司名称、经营期限的，应当经股东会以【普通决议/其他决议】通过。

公司的名称、地址、经营范围和期限是公司法规定的章程必要记载事项。综合来看，本条款只是对公司基本信息和经营宗旨的陈述，没有明显的股东立场区别。

【决议】法律没有规定修改公司名称和经营期限的决议方式，小股东可以选择特别决议或者更严格的通过方式以此约束大股东。

二、条款解释

相当一部分公司章程的前几个条款都是“外交官辞令一样的话”，名称和住所、宗旨、经营范围、经营期限，内容几乎一样，谁都能写上几句，但是又好像每个人都写得不够实用，因为很少有人亲自写，多数都是网上“照葫芦画瓢”。那这几条真的不重要吗？真的就如《宪法》序言一样只是“装饰”吗？不不不，《宪法》序言也是《宪法》的一部分，和正文的效力没有区别，只是规范的内容不同。笔者在实务工作中向来很重视开篇明义的这几个条款，这几个条款和股东资格、股权转让和回购一样重要。每一家公司都应当重视这几条，这几条在实务中能够起到扭转乾坤的关键作用。

本条款需要规范的问题是：公司的名称和经营期限变更的程序和条件；经营场所、经营范围等事项变动后没有在规定时间内向登记机关备案的责任主体和责任；公司设立目的、经营范围和期限等。

（一）公司名称和住所

首先，公司名称可能是某些股东的“执念”，择过吉日、选过良辰，定过的名号一般不会轻易变动，这就和父母给孩子起名字一样，哪怕是父母离婚之后未经另一方同意也轻易不能改名字。公司名称也是一样，公司名称是法人人身权①的重要组成部分，一

① 《公司法修订草案二次审议稿》第6条第2款增加了“名称权”的规定。

个好的名称能够让市场熟知，如果大股东未经小股东同意而擅自变更公司名称的话，可能会让某些股东非常的“不爽”，因此小股东可考虑设置较高的表决比例通过公司变更名称的决议。此外，新修订的《企业名称登记管理规定》（2020 年 12 月 14 日国务院第 118 次常务会议修订，自 2021 年 3 月 1 日起施行）也对企业的名称作出了新的规范性要求。

其次，实际经营场所。为什么要登记实际经营场所？公司的住所与实际经营场所不一致又没有报送登记管理部门的，可能会导致被列入经营异常名录，影响公司声誉和信用、办理不了各类登记备案事项、限制参与政府采购和招投标、限制贷款和投资担保等金融行为。对于企业在投、融资项目中必做的尽职调查工作来说，专业机构的财务顾问或律师也会关注企业的信用状况。对于被列入经营异常名录的企业来说，虽然因变更地址未及时报备导致登记机关未能及时与企业取得联系而将该企业列入经营异常名录算不上什么较大或严重的信用危机，但至少也在另一个侧面说明了这个企业的经营管理不规范或者内部治理混乱，应当引起合作伙伴的注意。此外，公司住所也是确定诉讼管辖、确定法律文书送达、债务履行地等行为的依据，如果权利人提起的诉讼文书送达公司登记住所地，因地址变更未及时备案，就有可能因缺席判决而产生败诉的风险。因此，笔者建议在章程中明确因未及时报备信息导致公司被列为经营异常名录的责任主体和责任。

（二）为什么要约定经营范围

公司的经营范围是公司法规定的章程必要记载事项，但很多公司章程都是按照工商登记的内容复制过来的，并没有被引起重视。虽然按法律规定公司超出登记经营范围的行为或签署的合同并不构成无效，但是涉及限制经营、特许经营、法律法规禁止经营的则会被认为无效。对于小股东来说，公司的实际管理话语权在大股东手上，如果大股东违反共同设立公司的初衷超出经营范围营业导致亏损的，可能会导致小股东投资失败，全体股东均要在认缴出资的范围内对公司债务承担赔偿责任。尤其是对于以财务投资为目的的小股东来说，股东之间难以避免产生罅隙。因此，可以规定违反经营范围的责任主体和责任，以此作为解决股东间纠纷和替换董事、监事和高管的条件之一。此外，核定的经营范围也是区分公司合法经营和非法经营的法律界限，属于法律法规限制的项目在登记前应当得到有关部门的批准。

（三）为什么要约定经营期限

经营期限是一个很容易被忽略的问题，很多公司直接将经营期限登记为“长期”。是的，谁不希望自己的公司能够蒸蒸日上、松柏常青呢？但是换个角度看，经营期限也可以作为解决股东间纠纷的“节点和筹码”，尤其是对于创业的公司来说，三年仍未倒闭的基本上能够存活下来，五年仍未关门的基本可以步入稳定的轨道。故建议可以将经营期限设定为3～5年，或者与股权转让的锁定期关联［参考本书“第十一条　股权处置（转让、赠与、分割、被继承）”］。小股东还可以利用较短的经营期限届满时以不同意使公司存续为条件迫使大股东以合理条件收购其股权从而退出公司。当然，从企业的实际经营和大股东立场来看，过短的经营期限也不利于公司稳定发展，会使合作伙伴对公司的信用和经营能力产生怀疑，大股东更希望的是稳定和可持续发展。

（四）为什么要约定公司目的

笔者建议单独增加设立公司的目的和经营基本原则的条款，并且尽可能把目的内容细化，具有可实际解读性、可实操性，就好像我们的《宪法》序言一样，把设立公司的目的和经营基本原则明确和固定下来。诚如在合同纠纷中，如果一方想解除合同，通常的步骤是，有约定依约定，无约定依法定。先找合同约定条款，合同没写或者是语义含混不清无法判断是否可依约定解除的，再找法定条款，法律规则找不到的，再找法律原则。所以我们首先是仔细研判合同中的约定解除条款，因为依法定解除的合同在实践中确实少之又少，一方面法律规定的硬性解除条款本来就不多，另一方面是司法实践中为保障市场经济的运行稳定，慎用解除裁判。再进一步看，如果合同中没有约定赋予一方的单方解除权或者是约定不清晰怎么办？笔者通常会再看合同中有没有约定“本合同的目的是……”这个条款，如果有，那就结合合同各方的实际履行行为直接适用《民法典》第563条第1款第1项的规定以“……不能实现合同目的”为由解除合同。所以，在股东之间经营管理发生纠纷出现僵局的时候，如果章程中规定超出经营范围的行为属于违约行为应当承担（对股东）违约责任的，则其他股东（尤其是非参与实际经营的小股东）可以依此限制或剥夺责任股东（尤其是实际经营管理的大股东）的股东权利，这通常对于负责实际经营管理、有实际控制权的股东在经营管理公司时，超出设立目的和主营业务肆意扩大经营，可能导致公司亏损或产生不良影响的后果是一个有约束力的限制，可以促使其谨慎经营，如果违约行为严重到无法实现设立公司目的的，则股东可依此申请解散公司。

三、法律规定

《民法典》第511条、第563条

《企业信息公示暂行条例》第6～7条、第9～10条、第17条

《企业经营异常名录管理暂行办法》第4条、第9条、第14～15条

《企业名称登记管理规定》

《市场主体登记管理条例》

四、参考案例（2 件）

裁判观点：虽然公司章程规定延续条款需经全体股东一致同意，但基于公平考虑，兼顾公司利益、其他股东利益、债权人利益，其他股东通过收购异议股东的股权使得公司存续的决议有效。

裁判结果：驳回上诉，维持原判。

案例 1.（2013）沪二中民四（商）终字第 1282 号，孙某、张某与上海米蓝贸易有限公司（以下简称米蓝公司）、段某立、陈某斌股东会或者股东大会纠纷、董事会决议效力纠纷。上海市第二中级人民法院

本案争议焦点是：关于涉案《股东会决议（三）》应否认定无效的问题。

法院认为：对于上述股东会决议效力的认定问题，应从合理性、合法性以及是否有违米蓝公司章程规定等方面进行考量。合理性方面：（1）关于涉案《股东会决议（三）》的内容是否违反我国法律、法规的问题。我国 2005 年《公司法》相关条例分别对有限公司股东回购请求权和股份公司收购本公司股份的例外情况作出了规定。虽然我国 2005 年《公司法》第 75 条第 1 款第 3 项的规定，仅是赋予对以股东会决议方式延长公司经营存续期限投反对票的股东享有请求公司按照合理的价格收购其股权的权利，而并未直接赋予公司或持赞同意见的股东可以按照合理价格收购投反对票股东所持股权的权利，但这一法律条款内容至少可以证明，我国《公司法》认可在原公司章程规定的营业期限届满后，公司股东会会议可以通过决议修改公司章程使公司存续，同时反映我国《公司法》对于公司与股东之间或股东之间就延长公司经营期限所形成的僵局，隐含着可以通过股权收购方式加以解决的立法精神。但前提是保护好小股东的利益，即保证小股东在不愿继续经营却又无力阻止公司存续经营的股东会决议通过的情况下，可以通过让公司收购其股权的方式退出。因此，对于段某立、陈某斌要求强制收购孙某、张某所持公司股权的问题，应该不涉及违反我国法律禁止性规定的事实。

（2）关于涉案《股东会决议（三）》的内容是否有违米蓝公司章程规定的问题。米蓝公司章程第六章第 34 条规定“本公司自企业法人营业执照签发之日起，经营期限满十年即行解散，并在三十日内办理注销登记。如需延长，则在经营期限届满前 75 日做出决议报上海市工商行政管理局批准，办理变更登记注册手续”，因此，就米蓝公司自身章程而言，并不存在限制公司延长经营期限的问题。但问题在于，米蓝公司章程第七章第 38 条中有关“新章程须在股东会上经全体股东通过的约定”内容表明，对于因延

长公司经营期限所涉及的章程修正事宜，依约应由全体股东一致表决通过。客观事实是，在米蓝公司章程规定的十年经营期限届满后，公司的两名股东张某和孙某反对延长公司经营期限并坚决要求解散清算，为此，米蓝公司的四名自然人股东之间形成僵局。为解决股东间的僵局以及考虑到公司章程中就延长经营期限所涉及的章程修改内容须经全体股东通过的规定，段某立和陈某斌提出按合理价格对张某和孙某持有的公司股权进行收购，并因此形成涉案《股东会决议（三）》。

通常情况下，股东制定的公司章程只要不违反社会公共利益和法律的强制性规定，就应当得到法律的认可和保护。米蓝公司的四名自然人股东在制定公司章程时，可能是基于充分保护小股东利益的考量，约定了修改公司章程不依“资本多数决”而是顺经股东一致表决通过。但任何事情都不能一概而论，小股东在利用章程所赋予的权利对大股东进行限制时，亦应兼顾公司控股股东、债权人以及社会公众的利益。解散清算是股东以消灭公司人格的方式而退出对公司的经营，对于经营业绩良好的公司来说，绝非为股东间离散的最佳选择。而作为打破公司僵局的另一种救济措施的股权收购，则实际上是对公司进行重组，即在按章程规定让异议一方股东在公司经营期满后以股权出让方式退出的同时，又实现了另一方股东存续公司经营避免公司解散清算的目的，促使公司破裂的人合性恢复到原来的完满状态，从而以较小的代价化解了公司的僵局，进而保全了公司的主体经营资格。

诚如段某立和陈某斌所辩称的那样，由想存续公司经营的股东一方通过合理的价格收购另一方要求公司解散清算股东所持的股权，从而得以让一方股东退出公司经营，这不仅可以帮助想退出公司经营的股东取得公平合理的股权转让对价，而且也达到了另一方股东不想解散公司从而使公司经营得以存续的目的，且利益相关者的损失也会降到最低，因此，不失为一种“多赢”的救济措施。况且，在原公司经营期限已经届满，公司面临延长经营或解散清算两种选择的情形下，对于公司延长经营持反对意见的孙某、张某而言，只要保证两人的股权转让或收购价格合理且不低于公司解散清算所能获得的利益，选择服从合计持有公司76%股权股东的意见，以转让股权或请求收购股权的方式退出公司经营，从而解决公司股东间的僵局，对两人的股东权益实际并不会产生损害。同样如原审判决所认为的那样，当孙某、张某所持公司股权因被收购而退出公司后，则章程所对应规制的主体也发生了变更，即孙某、张某不再是米蓝公司的股东，对于米蓝公司因延长经营期限而涉及的章程修改事宜，也无须再由两人参与表决和通过。因此，涉案《股东会决议（三）》本身在于解决米蓝公司章程所规制的问题，故并不有违米蓝公司章程的规定。

裁判观点： 吊销企业法人营业执照，是工商行政管理机关依据国家工商行政法规对违法企业法人作出的一种行政处罚。企业法人被吊销营业执照后，应当依法进行清算，清算程序结束并办理工商注销登记后，该企业法人才归于消灭。被吊销营业执照后至被注销登记前，该企业法人仍应视为存续，可以自己的名义进行诉讼活动，其具备诉讼主体资格。

裁判结果： 驳回再审申请。

案例 2. （2021）最高法民申 2470 号，甘肃省工矿材料集团公司（以下简称工矿公司）与厦门市中汽国投贸易有限公司（以下简称中汽公司）、广州市花都区恒发房地产开发公司（以下简称恒发公司）案外人执行异议之诉。最高人民法院

本案争议焦点是：（1）恒发公司是否对涉案房地产享有足以排除强制执行的民事权益；（2）中汽公司在一、二审程序中诉讼主体资格及对委托诉讼代理人的授权是否合法；（3）一审程序是否存在违法情形。

法院认为：（1）关于恒发公司是否对涉案房地产享有足以排除强制执行的民事权益问题。首先，根据《物权法》（已失效）第 14 条和第 146 条，不动产登记簿是确定权利主体的根据，建设用地使用权与附着于该土地上的建筑物等一并处分。由此，根据涉案国有土地使用权登记在恒发公司和工矿公司广州房地产开发部名下，及工矿公司广州房地产开发部是工矿公司内设机构的事实，可以认定恒发公司和工矿公司为涉案房地产的共有人。当事人对共有形式没有约定，根据《物权法》第 103 条的规定，应视为由恒发公司和工矿公司按份共有。

其次，据此，中汽公司作为债权人，有权申请执行登记在工矿公司和恒发公司名下的涉案房地产，恒发公司不具备排除强制执行的民事权益。作为共有人，恒发公司所享有的共有份额受到法律保护，对共有财产份额的确认可以在执行程序中经当事人协商或通过诉讼途径另行解决。

（2）关于中汽公司在一、二审程序中诉讼主体资格及对委托诉讼代理人的授权是否合法问题。最高院认为，2007 年 6 月 2 日，中汽公司被吊销营业执照。吊销企业法人营业执照，是工商行政管理机关依据国家工商行政法规对违法的企业法人作出的一种行政处罚。企业法人被吊销营业执照后，应当依法进行清算，清算程序结束并办理工商注销登记后，该企业法人才归于消灭。因此，企业法人被吊销营业执照后至被注销登记前，该企业法人仍应视为存续，可以自己的名义进行诉讼活动，中汽公司具备诉讼主体资格。本案一、二审期间，中汽公司向法院出具了加盖有中汽公司公章的身份证明及授权委托材料，又佐以其法定代表人的授权说明，因此，中汽公司委托诉讼代理人的行为合法有效。

（3）关于一审程序是否存在违法问题。略。

第二条

法定代表人

一、示范条款

公司的法定代表人由【总经理/董事长/执行董事/自然人姓名】担任。

未经公司【董事会/股东会】同意或授权，法定代表人不得擅自代表公司参加诉讼活动，不得擅自作出变更或放弃诉讼请求和权利的意思表示；不得擅自代表公司对外签署担保、借款、赠与，以及单纯使公司履行义务或者承担责任或者权责利不对等的合同；不得代表公司对外签署标的金额超过【董事会/股东会】授权的合同，否则应当向公司承担责任。

法定代表人无须对在其职责范围内的职务行为承担个人责任，除非其行为构成营私舞弊、玩忽职守、肆意渎职或故意损害公司利益，若发生任何因与公司经营有关的针对其个人的索赔，且其因上述索赔而受到损失的，公司应对其损失予以赔偿。

如果公司经合法程序决策更换了法定代表人的，应当及时办理变更登记手续，原法定代表人应当按公司要求办理工作交接手续和变更，拖延或拒不配合给公司造成损失的，应当承担责任。

法定代表人可向【董事会/股东会】提出辞职的请求，经【董事会/股东会】同意后更换，在新法定代表人变更登记之前，原法定代表人仍应依照法律规定和章程规定履行职责。【如果公司未及时变更给原法定代表人造成损失的，公司应当承担赔偿责任】

法定代表人的权限除按法律规定外，以章程规定和股东会决议为准。

综合来看，法定代表人的规定并无明显的股东立场区别。其核心是规定由什么职务担任，而这个职务是由哪一方股东控制的。

【总经理/董事长/执行董事】法定代表人仅能从上述职务中选择担任，公司更换了职务人选的，法定代表人同时更换。

【自然人姓名】是否明确到某个人，法律没有规定，但如果把姓名直接写进章程中或者是对法定代表人的更换作出了特别约定，有可能造成某些股东不同意修改章程、表决权比例达不到三分之二（或者章程另行约定的比例）通过，法定代表人就无法更换的局面。这对于想长期把持公司控制权的股东来说，可能是有利的，但是对于想更换法定代表人的股东来说，可能是不利的。

【股东会/董事会】法定代表人的权限由股东会还是董事会约束，法律没有明确规定，股东可根据董事会或股东会由谁控制来决定。相比股东会，董事会召开和决议的程序较为简易。

【变更】通常来说，公司更换法定代表人无须原任同意，变更也无须其配合。是否允许法定代表人主动辞职？法律没有明确规定，如果法定代表人公开辞职了但公司拒不变更的，公司是否需要承担赔偿责任，笔者建议在章程中明确。

二、条款解释

本条款需要规范的问题是：哪些人可以担任法定代表人，哪些人不能；法定代表人的权力如何合理地限制；法定代表人违反章程规定给公司造成损失的，如何承担责任；法定代表人的辞职和变更等问题。

不同的市场主体对其“负责人”有不同的称谓，这些称谓原本散见于不同的单行法规定中，自 2022 年 3 月 1 日起施行的《市场主体登记管理条例》对各类常见的市场经济主体的“负责人”的称谓进行了统一的规范。有限责任公司、股份有限公司和农民专业合作社的“负责人”称为法定代表人，非公司企业法人的“负责人”即为负责人，合伙企业的“负责人”称为执行事务合伙人。

法定代表人，作为公司的“一把手”，曾经是公司老板（大股东、控股股东）当仁不让的位置，是身份的象征，是地位的象征，意味着权力和荣誉。但如今，越来越多的股东不愿担任法定代表人，而是将这把“交椅”让给小股东甚至员工担任。但是，法定代表人不是你想当就能当，想不当就能“辞职”的。

法人、法定代表人、法人代表如何称呼这个话题很有意思，笔者遇到的大部分老板都说自己是公司的法人，或者说我公司的法人如何如何……笔者当然听得懂老板的意思，笔者也不能纠正他说法人不是“人”吧！记得在 2019 年 11 月的时候，笔者给一个个体私营经济协会做法律知识培训，会场大概有二十多位各行业的老板，开场笔者就特别纠正了法定代表人、法人代表、法人的区别，可是话音刚落，一位老板就提问说：“我公司现在的法人是我，原律师，你建议要不要换一个人呢？”看来“法人就是人”

的概念深入人心，很难纠正。

法人，是指具有民事权利能力和民事行为能力，依法独立享有民事权利和承担民事责任的组织。法人是一个组织而不是自然人，法人是法律拟制的只存在于纸面上的人，公司是法人的一种，说我是法人等于说我是公司，自然是不符合逻辑的。

法定代表人，即法律直接规定代表公司的人。由于法人是虚拟人不能自己作出意思表示，因此它需要“人”代表“说话”，法律强制规定代表公司的人是法定代表人，也就是营业执照上的那个人。这就和国家一样，要设置一个机构、安排一个人员——国家主席以对外代表国家。相对于一般的民事行为代理来说，法定代表人代表制度是代理在商事企业法人领域的特别规定。法定代表人是指依照法律或法人章程规定代表法人行使民事权利、履行民事义务的主要负责人，是无须另行授权即依法对外代表公司的人。法定代表人的意义①在于向社会公示公司意志代表权的基本状态，其拥有的权利源于法律和公司章程的规定，其法律意义上的言、行均可被视为公司的言行。

至于法人代表，公司运行方方面面需要人手，有的事务需要公司授权才能进行，被授权的人就是法人代表，即法人单独授权行使某项具体事务的人，是一个临时的身份。也可以理解为，法人代表就是需要法人另行单独授权才能代表法人的人，不需要工商登记和变更，相比作为一个组织的法人来说，法定代表人和法人代表均是自然人。

法定代表人与公司之间是代表与被代表的关系，法人代表与公司之间是代理与被代理的关系。

（一）谁可以担任

依照《公司法》第25条的规定，法定代表人是公司章程的必要记载事项。但是很多公司都是简单的一句话“×××为公司的法定代表人”，而对于法定代表人的权限、责任和变更却只字未提。

首先，法定代表人谁可以担任？谁不能？法定代表人必须是具有完全民事行为能力的自然人，也就是说应当年满十八周岁且精神智力状况完全正常，至于在性别、学历、职称、工作年限等方面则没有要求，对国籍也没有要求，外国人也可以担任。《公司法》第13条规定法定代表人可以由董事长（或执行董事，董事长和执行董事是二选一）或者经理担任。董事长和经理均不必是公司股东，也无须持有公司股权，他们只是公司的高级雇员。而董事、高级管理人员又有条件限制，实际上就是法定代表人也应当满足法律规定的对董事、高级管理人员的任职要求。《公司法》第146条规定的不得担任公司董事、监事、高级管理人员的五种情形包括：（1）无民事行为能力或者限制民事行为能力；（2）因贪污、贿赂、侵占财产、挪用财产或者破坏社会主义市场经济秩序，被判处

① 参见最高人民法院公报案例（2014）民四终字第20号。

刑罚，执行期满未逾五年，或者因犯罪被剥夺政治权利，执行期满未逾五年；（3）担任破产清算的公司、企业的董事或者厂长、经理，对该公司、企业的破产负有个人责任的，自该公司、企业破产清算完结之日起未逾三年；（4）担任因违法被吊销营业执照、责令关闭的公司、企业的法定代表人，并负有个人责任的，自该公司、企业被吊销营业执照之日起未逾三年；（5）个人所负数额较大的债务到期未清偿。公司违反前款规定选举、委派董事、监事或者聘任高级管理人员的，该选举、委派或者聘任无效。董事、监事、高级管理人员在任职期间出现本条第一款所列情形的，公司应当解除其职务。《市场主体登记管理条例》第 12 条规定了六种不得担任公司、非公司企业法人的法定代表人的情形，其中前五种与《公司法》第 146 条第 1 款的规定一致，只有第 6 项增加了一个兜底条件，即法律、行政法规规定的其他情形。此外，《公务员法》第 59 条第 16 项规定公务员不得违反规定从事或者参与营利性活动，在企业或者其他营利性组织中兼任职务。

其次，从理论上来说，一个不参与公司经营管理的人，不可能也不应成为公司的法定代表人，因为他根本就不具备对外代表法人的基本条件和能力。公司的法定代表人应与公司之间存在实质关联性，也就是说，法定代表人对外无须授权即可代表公司，对内要参与公司的经营管理。但是在实践中，由于工商登记仅作形式审查，而不作实质审查，很多股东为了规避身份或责任，安排了可以控制但又不实际参与公司经营管理的人担任法定代表人，导致“挂名”法定代表人乱象丛生。很多“挂名”法定代表人认为自己只是挂个名而已没什么大不了，他们不关注公司的经营，实际上也无法参与、更无法管理公司，但是在法律层面，“挂名”法定代表人也一样要承担公司的责任。不过近年来随着普法工作的更加深入，人们法律风险意识的不断提高，现在很多人不愿意做“挂名”的法定代表人了。

最后，法定代表人到底是由董事长担任好，还是由总经理担任好？这还要从公司整体层面来看。股东可以从以下几个方面考虑：（1）公司的控制权。决定公司控制权的因素有公司法定代表人、董监高的构成、公司印章和法定代表人印章管理、财务审批和资料的掌控，等等。法定代表人的重要意义在于，通过签署文件和法定代表人私章的使用等行为控制公司的重大经营活动，以及对外代表公司开展业务。如果公章不由法定代表人掌握，当出现盖有公司印章的意思表示和法定代表人本人的意思表示冲突的时候应以哪一个为准？无论公司是否主张印章为伪造或者其他理由，司法裁判较为统一地认定以法定代表人的意思为准。（2）信任与制衡。从权力位阶上看，董事长高于总经理，当法定代表人的身份赋予董事长时，董事长的实际权力大增；当法定代表人的身份赋予总经理时，由于公司的经营由总经理组织实施，同时又能对外代表公司，故总经理的实际权力大幅膨胀，存在架空董事会、董事长的可能。因此在实务中，当一方股东提名董事长人选，另一方股东推荐总经理人选时，法定代表人由谁担任、财务负责人由谁委派，将对公司控制力直接产生重大影响。如何在董事长、总经理身上分配法定代表人，如何平衡公司经营管理的掌控权，更需股东综合考量后决定。

（二）权力、权限和责任

首先应明确的是，法定代表人对外代表公司，无论章程如何约束，除非相对人明知，公司均应当概括承担法定代表人的职务行为带来的后果。所以我们这里说的权限和约束是针对公司内部而言，约束法定代表人不得越权作出某些行为，或者在未经授权行事后应当承担何种内部责任，即使这种规定只对公司内部有效，对外部（公司与他人）签署的合同可能构成表见代理或法定代理而仍然有效，但也仍然可以为事后的内部追究责任起到前置的预防和铺垫作用。例如，可以通过章程规定法定代表人对外签订合同的年度最高限额或者单个合同标的金额的最高限额，避免因其滥用法定代表权肆意签署文件或者是空白文件损害公司利益，还可以规定在公司参加诉讼时不得私自委托诉讼代理人等。尤其是对于聘用职业经理人担任董事长或总经理同时兼任法定代表人的，更应当注意章程对法定代表人权限约束的规定。

权力对应着责任，法定代表人的好处是在一定程度上能够掌握公司的控制权，但不好的呢，一方面是影响法定代表人自己，其被禁止从事某些事务。另一方面就是其可能要承担公司的责任。

首先，影响自己创业。《市场主体登记管理条例》第 12 条规定了五种情形下不得担任公司、非公司企业法人的法定代表人。

其次，承担民事赔偿责任。一般情况下，公司以其自身的财产为限对外承担还款责任，但如果实际控制人操纵公司有虚假出资、抽逃出资等行为，或者在诉讼过程中有隐匿、转移资产，或者未经清算擅自处分财产等行为，法定代表人则也可能需承担相应的民事赔偿责任。此外，因法定代表人故意或过失给公司造成损失，公司有权就该损失向法定代表人主张赔偿责任，法定代表人滥用职权所得的收入，也应当归公司所有。

再次，可能被列为失信被执行人，影响信用、贷款、出行、消费。《最高人民法院关于公布失信被执行人名单信息的若干规定》、《严重违法失信企业名单管理暂行办法》（已失效）、《最高人民法院关于限制被执行人高消费的若干规定》等司法解释、部门规章均对法定代表人个人承担责任作出了规定。

此外，一些特别的行业针对法定代表人的责任有特殊的规定，例如，《建筑法》（2019 年）第 44 条第 2 款规定建筑施工企业的法定代表人对本企业的安全生产负责，《基本医疗卫生与健康促进法》第 103 条规定对违反药品采购投标、竞标的医疗卫生机构的法定代表人处以罚款，《药品管理法》（2019 年）第 30 条第 3 款规定药品上市许可持有人的法定代表人对药品质量全面负责，《环境影响评价法》（2018 年）第 32 条规定对环境影响报告存在重大缺陷、遗漏或者虚假的建设单位的法定代表人处以罚款，《食品安全法实施条例》（2019 年）第 75 条第 1 款规定对食品生产经营单位的法定代表人处以罚款。还有影视行业、商业银行行业等其他行业除了对单位有处罚之外，对单位的法定代表人也有单独的处罚规定。

复次，可能被限制行动或出境。当公司进入破产程序、被申请强制执行或欠缴税款时，在特定情形下，司法、行政机关有权对法定代表人采取相应的强制措施，如罚款、拘留、限制出境等。例如，在企业破产程序中，《企业破产法》第 15 条第 1 款第 4 项规定自人民法院受理破产申请的裁定送达债务人之日起至破产程序终结之日，法定代表人未经人民法院许可，不得离开住所地。在税收征管领域中，《税收征收管理法》第 44 条规定欠缴税款的纳税人或者他的法定代表人需要出境的，应当在出境前向税务机关结清应纳税款、滞纳金或者提供担保。未结清税款、滞纳金，又不提供担保的，税务机关可以通知出境管理机关阻止其出境。

最后，可能触犯刑罚。从刑事责任法律风险的角度来看，通常而言，对于公司从事的犯罪行为，应由公司承担刑事责任，法定代表人并不因此而承担刑事责任。但在我国《刑法》规定的某些单位犯罪的罪名中，除对单位进行处罚外，还可能追究“直接负责的主管人员和其他直接责任人”的刑事责任。例如，虚假出资、抽逃出资罪，非法吸收公众存款罪，私分国有资产罪，违规披露、不披露重要信息罪，虚开发票罪，等等。而对于上述“直接负责的主管人员”的具体范围，虽然法律未明确规定，但是司法实践通常均将法定代表人认定为单位“直接负责的主管人员”，并据此判定法定代表人对公司的行为亦应承担刑事责任。

此外，实践中还有不少公司的法定代表人为“挂名”，如虽然安排了张三为公司的法定代表人，但其实他在公司内没有任何实质的职务和权力，“挂名”的法定代表人是否也要承担公司的责任？从目前的司法实务裁判来看，可以明确的是，只要公司从事了法律所禁止的行为，其也要承担相应的责任。但如果能够证明挂名法定代表人不是单位主管人员和直接责任人，对相应的违法行为没有参与实施、也完全不知情的，也可以不对其处以刑罚。

一般而言，在民事活动中公司是独立的法人，公司的责任和法定代表人个人的责任是隔离的，有限公司以其财产范围为限独立对外承担民事责任，即公司的债由公司偿还，公司还不了的可以破产，法定代表人对公司的债务不承担责任，尤其是法定代表人不是公司股东的情况下。在执行程序中，作为被执行人的有限公司和其法定代表人是分别独立的民事主体，在法定代表人不是被执行人的情况下，人民法院无权查封其个人账户。除非有以下两种情况可以穿透公司直接要求法定代表人承担责任：一是如果作为被执行人的有限公司没有财产履行债务，同时，有充分证据证明其法定代表人转移公司资金到个人账户构成抽逃注册资金；二是有充分证据证明法定代表人个人账户的钱就是公司的钱，人民法院可以裁定变更或追加其法定代表人为被执行人，从而对其个人账户采取冻结措施。

权责利要平衡，从法定代表人的角度来看，除非违反法律法规或公司章程的规定，或因故意或重大过失实施营私舞弊、玩忽职守、渎职行为，否则无须承担职务行为带来的后果、造成的责任，如果因此遭受损失的，公司应当承担赔偿责任，笔者建议在章程中明确。

（三）与公司之间的法律关系

法定代表人与法人之间是代表与被代表关系，并非委托与代理关系。《公司法》第13条规定，法定代表人由董事长、执行董事或者经理担任。实践中，法定代表人的设立通常有四种方式：接受委任或委派兼具劳动者属性和雇主属性的法定代表人；公司股东担任法定代表人，但该股东不在公司任其他职务；虽不是公司股东但作为公司实际控制人的法定代表人；受托挂名的法定代表人。基于不同方式产生的法定代表人与公司之间是什么法律关系，是委托代理关系还是劳动关系？如果是劳动关系，是否需要签署劳动合同，法定代表人被公司撤换的话，其是否可以依据劳动法律关系提出权利主张要求赔偿？

法定代表人对外代表公司从事经营活动，对内代表全体股东和公司来管理公司经营事务，对于兼具劳动者属性和雇主属性的法定代表人来说，其实际上接受公司权力机构的管理，对权力机构负责，受公司章程和制度约束，完成公司安排的工作内容，领取工资报酬，其与公司之间实质存在的是聘用性质的劳动关系；对于公司来说，公司是其雇主，其是劳动者，其也接受公司对其的奖惩；对于公司其他雇员来说，其是雇主，其他雇员是劳动者，其又代表公司奖惩普通员工。其既领取工资报酬，也参与分享公司的利润。正如上海市二中院在（2015）沪二中民三（民）终字第747号①案件中论述："从目前的劳动立法现状看，我国亦尚未建立独立于劳动关系之外的委任制职业经理人制度，也无明确规定将高级管理人员排除在劳动法适用范围之外。反而，劳动合同法关于竞业限制条款规定中适用人群的界定还明确，竞业限制的人员限于用人单位的高级管理人员、高级技术人员和其他负有保密义务的人员。显然高级管理人员目前仍属于我国劳动合同法调整的对象，对其行使解雇权应当符合劳动合同法的规定。"

对于法定代表人同时又是公司股东的情况，如果其在公司的经营管理中行使的是股东权利、承担的是股东义务，那为此提供的"劳动"便不存在管理与被管理的关系，事实上就是自己管理自己、自己给自己打工，不存在雇佣关系，也不存在人身依附属性。

① 上海家化联合股份有限公司与王某劳动合同纠纷。

但如果作为股东的同时为公司提供劳动的，通过自己的劳动获取报酬的，也会被认定与公司之间存在劳动关系。北京市三中院在（2018）京 03 民终 8307 号[①]案中这样论述："柴某虽原为德晟公司的法定代表人且一直为德晟公司的股东，但柴某同时为德晟公司提供劳动，德晟公司支付柴某工资并为其缴纳了社会保险……认定二者成立劳动关系。"

对于作为实际控制人的法定代表人来说，因其实际系公司的管理者，对公司的权力机构是单向的控制关系，不存在被公司控制的情形，不具有劳动关系的属性，因此与公司之间不存在劳动关系。北京市房山区法院在（2017）京 0111 民初 10858 号[②]案中这样论述："户某对内因公司发起设立时投资入股而具备股东身份，对外因工商注册登记的公示效力而具备法定代表人身份，且从繁衣公司的实际运作层面而言，户某完全支配繁衣公司的经营、收益，自行决定劳动分配、工资数额及发放、社会保险缴纳等所有事务，其具备对繁衣公司排他、完全的控制权；从劳动报酬的角度出发，户某自述其报酬系根据公司的经营收益而定，主要体现的是对其经营管理的激励，而并非劳动者工资的对价性和保障性的结合。综上，从身份属性、产生方式和报酬性质等方面综合分析，户某作为繁衣公司的法定代表人与普通劳动者存在显著区别，其要求确认与繁衣公司 2012 年 6 月 1 日至 2016 年 5 月 1 日存在劳动关系的主张，本院难以支持。"

但对于挂名的法定代表人来说，因其对外并不真正代表公司，对内也无任何实际的管理控制，其与公司之间不存在劳动关系。

此外，公司的组织性质不同对法定代表人也有不同的认定标准。如果公司是国有企业，法定代表人由上级机关委派，其本身属于国家公务人员身份的，无论其是否担任公司的董事长或者经理，其与公司之间都不存在劳动关系。如果公司是非国有企业，其作为经理兼任法定代表人，但不是公司股东，则因其经理职务是由董事会聘任的，其本身属于职业经理人与公司签署了劳动合同，其便具有双重身份。其被公司更换了法定代表人的身份但仍保留经理职务的，不可因此对公司提起权利主张，例如不能提起劳动关系的权利，因为其还是公司的经理；其被公司辞退或者扣发了工资的，可依劳动合同对公司提起劳动权利的相关主张。其作为董事会聘任的人员，与公司之间的法律关系详见本书"第十五条　董事和董事会（执行董事）"。

因此，判断双方之间是否具有劳动关系的标准仍然要以劳动关系的三要素[③]为准，即劳动者与用人单位之间是否具有人身从属性和财产从属性。劳动者受用人单位的管理和指挥，受其规章制度的约束，并根据不同情形受其考核或惩戒。两者之间的区别在

---

① 德晟环宇（北京）管理咨询有限公司与柴某劳动争议。

② 户某与北京素裹繁衣服装有限责任公司劳动争议。

③ 参见劳社部发〔2005〕12 号《关于确立劳动关系有关事项的通知》。

于，劳动者是以自己的劳动换取劳动报酬，报酬由用人单位支付，接受用人单位的管理和安排，劳动工具和条件由用人单位提供，在职务范围内的责任和风险由用人单位承担。而法定代表人作为公司的代表，负责公司的经营和管理，其直接目的不是换取劳动报酬，而是获得公司的经营利益，追求公司利润最大化从而实现自己投资（如果是股东）利益的最大化。如果法定代表人（无论其是否为公司股东、是否与公司签署了书面劳动合同）不参与公司的日常工作，管理运作由其他人负责，就不能认定其与公司之间具有劳动关系。特别是在大股东把持公司的情况下，大股东可能会给自己安排一个董事长的职务，甚至与自己签署劳动合同、给自己支付高额的工资但却不实际负责公司经营管理，这实际损害了公司和股东利益，甚至有可能涉嫌构成抽逃出资，也应当否定双方之间具有劳动关系。

无论法定代表人与公司之间是否具有劳动关系，都不构成其对公司经营管理的阻碍，但如果是由聘请的职业经理人担任公司的法定代表人的，笔者建议在与其签署书面的劳动合同中，明确约定其所任职务的劳动条件和报酬，将经理的劳动关系的权利义务与法定代表人区分开，避免公司经营管理风险。

（四）如何变更，能否辞职

法定代表人变更这个问题很有意思，有一些委托人问我：原律师，听说法定代表人是很危险的，啥也没干也会替公司坐牢，我不想当了，我能辞职吗？我通常回答：你可以尝试，但很难！“啊？总统还能辞职呢，法定代表人为什么不能?!”这确实是一个法律问题，因为法律只是规定公司可以主动撤换，具体是股东会还是董事会有权决定更换法定代表人，由公司章程规定，但唯独没有规定法定代表人能否辞职、如何辞职。更换法定代表人并不需要征得原法定代表人同意，按法律和章程规定的程序表决通过即可，也无须其配合。但如果法定代表人主动公开辞职而公司仍然不作出决议更换的，法院也不能强制更换。那在章程中要怎么规定呢？

从公司角度来看，通常是强制更换法定代表人。法律没有规定法定代表人的具体产生方式，仅规定了由谁担任法定代表人，如果是将法定代表人绑定职务，例如，总经理，那么更换了总经理人选的，自然就可以变更法定代表人，同时也避免了修改章程的被动局面。从法定代表人角度来看，章程可以规定法定代表人有主动辞职的权利，其向公司提交辞职或者公开辞职后，公司应当在合理期间内选举或委派新的法定代表人，如果公司不变更的，原法定代表人不承担公司责任，给原法定代表人造成损害的，公司应当承担赔偿责任。但具体如何操作，还需要在实务中探索。

此外，如本条款的解释部分所述，如果在章程中明确了法定代表人由“董事长张三”担任的话，变更法定代表人是属于一般表决（过半数）事项还是属于修改公司章程的特别表决（超过三分之二）事项？笔者检索的案例数据显示，目前司法实践中已经形成较为统一的司法裁判观点，即使章程明确约定了法定代表人的姓名，也仍不支持变更属于修改公司章程的性质需经过三分之二以上表决通过的条件。新疆高院在（2014）新民再终字第1号①案件中这样论述："双方目前的争议主要是有限责任公司法定代表人变更是否须经代表三分之二以上表决权的股东通过的法律适用问题。我国公司法虽然规定股东会会议作出修改公司章程、增加或者减少注册资本的决议，以及公司合并、分立、解散或者变更公司形式的决议，必须经代表三分之二以上表决权的股东通过。但对于法定代表人变更事项的决议，并无明确规定，而房地产公司的章程对此也未作出特别约定。从立法本意来说，只有对公司经营造成特别重大影响的事项才需要经代表三分之二以上表决权的股东通过。公司法定代表人虽属于一项公司章程中载明的事项，但对法定代表人名称的变更在章程中体现出的仅是一种记载方面的修改，形式多于实质，且变更法定代表人时是否需修改章程是工商管理机关基于行政管理目的决定的，而公司内部治理中由谁担任法定代表人应由股东会决定，只要不违背法律法规的禁止性规定就应认定为有效。此外，从公司治理的效率原则出发，倘若对于公司章程制订时记载的诸多事项的修改、变更均需代表三分之二以上表决权的股东通过，则反而是大股东权利被小股东限制，若无特别约定，是有悖确立的资本多数决原则的。若更换法定代表人必须经代表三分之二以上表决权的股东通过，那么张某升、豪骏公司只要不同意就永远无法更换法定代表人，这既不公平合理，也容易造成公司僵局。因此，公司股东会按照股东出资比例行使表决权所形成的决议，理应得到尊重。只要公司更换法定代表人，股东会的召集程序、表决方式不违反公司章程的规定，即可多数决。"浙江省高院在（2019）浙民申1501号②案件中也持此观点，也即是说，除非章程有特别约定修改法定代表人需经过特别表决通过，否则只需要过半数通过即可。

此外，需要注意《市场主体登记管理条例》第24条第1款的规定，市场主体变更登记事项，应当自作出变更决议、决定或者法定变更事项发生之日起30日内向登记机关申请变更登记。第46条规定，市场主体未依照本条例办理变更登记的，由登记机关责令改正；拒不改正的，处1万元以上10万元以下的罚款；情节严重的，吊销营业执照。

三、法律规定

《民法典》第61～62条、第81条、第504条、第532条

《公司法》第13条、第146～149条、第152条

① 新疆豪骏贸易有限公司、张某升与乌鲁木齐市祥平实业有限公司、乌鲁木齐市祥平房地产开发有限公司公司决议撤销纠纷。

② 孙某庆与李某男、慈溪市西贝乐电器有限公司、李某伟、姜某请求变更公司登记纠纷。

《市场主体登记管理条例》

《企业信息公示暂行条例》第17条

《最高人民法院关于公布失信被执行人名单信息的若干规定》第6条

《最高人民法院关于限制被执行人高消费的若干规定》第3条

《企业破产法》第15条、第128条

《最高人民法院关于适用〈中华人民共和国企业破产法〉若干问题的规定（二）》第18条

《民事诉讼法》第48条、第85条、第121条、第125条、第165条、第241条、第245条、第250条

《最高人民法院关于适用〈中华人民共和国民事诉讼法〉的解释》

《最高人民法院关于适用〈中华人民共和国民事诉讼法〉执行程序若干问题的解释》第37条

《公务员法》第44条、第59条

《税收征收管理法》第44条

四、参考案例（17件）

（一）法定代表人职务行为和责任（5件）

裁判观点：法定代表人的职务行为即法人行为，其后果由法人承担。

裁判结果：被告支付工程款。

案例3.（2017）苏0106民初464号，葛某斌与南京师范大学装璜雕塑公司（以下简称南师大装璜公司）劳务合同纠纷。南京市鼓楼区人民法院

本案争议焦点是：葛某斌的工程款是应由南师大装璜公司承担还是由金某个人承担。

法院认为：首先，葛某斌提供的三份结账明细均是金某在担任南京市装璜公司法定代表人时书写，法定代表人是依法或依法人章程对代表法人行使职权的负责人，其对外的职务行为即为法人行为，其后果由法人承担，从金某在结账明细中书写的内容来看，其并未明确上述债务由其个人承担，故三份结账明细中金某书写的偿还工程款行为代表南师大装璜公司的行为。其次，从葛某斌从事的工程来看，南师大装璜公司对第一份结账明细的真实性不持异议，故葛某斌从事的工程均系以南师大装璜公司的名义承接。南师大装璜公司辩称系金某个人承接的工程，未能提供证据证明。最后，南师大装璜公司提供的与金某之间的承包合同、金某书写的债务偿还意见，真实性无法确认，即使上述

证据系真实的，其与金某之间的内部关系亦不能对抗善意第三人。综上，葛某斌主张的工程款应由南师大装璜公司支付。

裁判观点：公司的法定代表人在诉讼活动中当然可以代表公司，法定代表人可直接提出撤诉申请。

裁判结果：准许撤回再审申请。

案例4.（2018）最高法民申51号，辽宁金域食府餐饮有限公司（以下简称金域食府公司）、辽宁华龙贸易有限公司、沈阳金域房地产开发有限公司股东资格确认纠纷。最高人民法院

法院认为：根据《民事诉讼法》的相关规定，公司的法定代表人在诉讼活动中当然可以代表公司，因此金域食府公司的法定代表人撤回金域食府公司再审申请的请求，法院予以准许。

裁判观点：法定代表人代表公司参加诉讼，无须公司另行授权。

裁判结果：驳回再审申请。

案例5.（2014）民申字第698号，内蒙古新井煤业有限公司（原青铜峡市新井煤业有限公司）（以下简称新井煤业公司）与宁夏金力泰钢结构有限公司出资协议纠纷。最高人民法院

本案争议焦点是：（1）宁夏高院对本案是否有管辖权？（2）本案一审调解是否违反自愿原则及法律规定？

法院认为：（1）宁夏高院对本案是否有管辖权？略。（2）本案一审调解是否违反自愿原则及法律规定？2012年《民事诉讼法》第48条第2款规定，法人由其法定代表人进行诉讼。新井煤业公司至今工商登记记载的法定代表人仍然是陈某干，陈某干代表新井煤业公司所为之诉讼行为，直接对新井煤业公司发生法律效力，无须公司另行授权。

裁判观点：工商登记的法定代表人有权代表公司参加诉讼活动。

裁判结果：指令再审。

案例6.（2014）民申字第1313号，株洲梅赛德斯汽车改装维修服务有限公司醴陵分公司（以下简称梅赛德斯醴陵公司）与文某、唐某驰擅自使用他人企业名称纠纷。最高人民法院

法院认为：根据2012年《民事诉讼法》第48条第2款规定……梅赛德斯醴陵分公

司在工商行政管理部门注册登记的负责人是刘某云，因此不论梅赛德斯公司变更法定代表人的股东会决议以及刘某云依该股东会决议获得梅赛德斯公司法定代表人的身份是否有效，亦不论刘某云代表梅赛德斯公司申请变更梅赛德斯醴陵分公司负责人为其本人的行为是否有效，在梅赛德斯醴陵分公司的负责人没有依法作出变更登记前，刘某云能够代表梅赛德斯醴陵分公司进行诉讼。

裁判观点：法定代表人不得利用职权以公司财产为其个人偿还债务是公司法规定的忠实义务的基本要求，不论公司章程是否作出特别规定。

裁判结果：部分维持，部分撤销。

案例7.（2012）民提字第208号，宁波绣丰彩印实业有限公司（以下简称绣丰公司）、浙江杭州湾汽配机电市场经营服务有限公司（以下简称机电公司）、慈溪道新投资咨询有限公司（以下简称道新投资公司）、慈溪道新汽配贸易有限公司（以下简称道新汽配公司）、慈溪市一得工贸有限公司（以下简称一得公司）以及孙某生合同纠纷。最高人民法院

本案争议焦点是：孙某生签订房地产转让协议的行为效力及本案各方当事人的责任承担问题。

法院认为：（1）关于房地产转让协议的性质。略。（2）关于孙某生以机电公司名义签订协议的效力。2005年《公司法》第148条规定……法定代表人不得利用职权以公司财产为其个人偿还债务，是《公司法》规定的忠实义务的基本要求，不论公司章程是否作出特别规定。本案孙某生私刻公章，以机电公司财产偿还其个人及个人控制的一得公司的债务，属于违反法定忠实义务的无权代表行为。关于孙某生无权代表行为的对外效力。我国《合同法》（现为《民法典》合同编）第50条规定的相对人是否知道或者应当知道法定代表人越权，应当结合法律规定、交易的性质和金额以及具体交易情境予以综合判定。假定孙某生作为法定代表人以机电公司名义转让房产，绣丰公司向机电公司支付相应转让款，此属于公司正常的经营活动，即使机电公司内部章程对孙某生代表权有限制性规定，也不具有对抗外部相对人的效力。然而本案所涉的协议条款使机电公司只承担巨额债务而不能获得任何对价，不属于公司正常的经营活动，且孙某生同时代表公司和个人签约，行为后果是将公司利益转移给个人，具有明显的超越代表权的外观。《公司法》第16条第2款规定……该条款说明公司法对关联担保这种无对价的特殊交易，对代表权作了限制性规定，即公司提供关联担保必须经股东会同意。为股东及法定代表人清偿债务的性质较关联担保更为严重，公司直接对外承担债务而不能取得经营利益，如未经股东会同意，将构成侵占公司财产的行为。绣丰公司知晓机电公司由几名

股东组成，并专门聘请律师草拟协议，在孙某生不能提供股东会同意证明的情形下，绣丰公司根据协议内容理应知道孙某生的行为不是为机电公司经营活动所从事的职务行为，而是违反公司法强制性规定的侵占公司财产行为。故绣丰公司以协议和委托书加盖了机电公司公章为由主张善意信赖孙某生代表权的理由不能成立。综合考虑本案的交易过程和事实，绣丰公司应当知道孙某生的签约超越代表权限，绣丰公司不属于《合同法》第50条保护的善意相对人，浙江省高院认定孙某生代表行为无效、房地产转让协议不能约束机电公司并无不当。机电公司对本案协议的签订并不知情，对孙某生私刻公章的行为也不具有管理上的失职，绣丰公司要求机电公司依据房地产转让协议承担责任的诉请于法无据，最高院不予支持。（3）关于孙某生、一得公司、逍新投资公司和逍新汽配公司的责任。在房地产转让协议对机电公司没有约束力的情况下，孙某生应就其无权代表行为承担相应的责任。法定代表人代表制度是代理在商事企业法人领域的特别规定，在无明确规定时，可以适用代理的一般规定。

（二）公章和法定代表人的意思表示冲突的认定（2 件）

裁判观点：当仅加盖公章的文书与法定代表人意思表示不一致时，一般应以公司意思认定。

裁判结果：撤销原裁定，指令原审法院重新审查。

案例 8.（2017）最高法执监 412 号，威海双联起重挖掘有限公司（以下简称双联公司）、于某波金融借款合同纠纷。最高人民法院

本案争议焦点是：撤回复议申请是否为双联公司真实意思表示。

法院认为：公章是公司对外作出意思表示的重要外在表现形式，一般情况下，公章持有者具有公司授权，盖有公章的文书反映了公司的意思。但文书盖有公章，仅使该文书具有代表公司意思的外在形式要素，在公章持有者非基于公司意思持有公章等情况下，盖有公章的文书并不当然代表公司意思。同时，法定代表人是公司的诉讼意志代表主体，在公司章程或者公司权力机构对法定代表人代表权没有作出限制的情况下，法定代表人以公司名义从事的民事诉讼活动，一般即应视为公司的诉讼行为，其法律后果由公司承受。在盖有公章的文书与法定代表人意思表示不一致的情况下，如果公司章程或者权力机构对究竟是法定代表人还是盖有公司公章的文书代表公司意志作出过明确意思表示的，应是公司意思自治的范畴，宜按公司意思认定。

裁判观点：法定代表人的职务行为即公司行为，无须再审查公章真伪。

裁判结果：驳回再审申请。

案例9.（2017）最高法民申3977号，西安研苑置业有限公司（以下简称研苑公司）、西安建工大唐建设项目管理有限公司（以下简称大唐公司）委托代建合同纠纷。最高人民法院

法院认为：2014年8月15日至2016年7月27日，陈某城担任研苑公司的法定代表人。大唐公司与研苑公司签订委托代建合同后，又于2015年5月22日签订补充协议，该补充协议上除了加盖有研苑公司印章，还有陈某城的签字确认。陈某城在补充协议上签字系职务行为，代表研苑公司对委托代建合同进行追认。故陈某城的行为是否构成犯罪，不影响研苑公司对陈某城以研苑公司名义签订及履行委托代建合同、补充协议的后果依法承担责任。研苑公司及其股东对于公司法定代表人职权的限制属于研苑公司的内部行为，对大唐公司不具有约束力。

2017年《民事诉讼法》第48条第2款规定……大唐公司对研苑公司提起本案诉讼时，研苑公司时任法定代表人陈某城代表研苑公司委托律师应诉、答辩、参加庭审活动，属于职务行为，合法有效。陈某城在授权委托书上加盖的研苑公司印章是否与备案的公章一致，并不影响本案对陈某城委托林某、焦某两位律师参加诉讼行为的认定。

（三）法定代表人与公司的债务混同的认定和责任（2件）

裁判观点：法定代表人以公司名义借款，但款项实际进入个人账户，可以认定为债务的混同，法定代表人个人应与公司对该项债务承担连带责任。

裁判结果：驳回再审申请。

案例10.（2014）民申字第1250号，魏某钧、石某春与郑某茂、荆某成、讷河市盛达房地产开发有限责任公司（以下简称盛达公司）民间借贷纠纷。最高人民法院

本案争议焦点是：法定代表人以公司名义借款却汇入其个人账户的是否应与公司承担连带责任。

法院认为：（1）关于魏某钧在协议上签名是否属于职务行为的问题。魏某钧是盛达公司的法定代表人，其在三份涉案协议上的签名均分别紧随在盛达公司名称之后出现，根据《公司法》相关规定和盛达公司的公司章程，魏某钧作为法定代表人的签名，对外代表公司。但是，涉案借款在实际支付时分别打入了魏某钧和石某春的个人账户而非盛达公司账户，该情形实为以盛达公司名义借款，而款项实际进入股东个人账户，可以认定为债务的混同，魏某钧个人应与盛达公司对该项债务承担连带责任。（2）关于石某春在协议上签名是否属于职务行为的问题。从身份上看，石某春是盛达公司的财务经理而非法定代表人，无论是法律规定还是盛达公司的章程规定，都没有对石某春对外代表公

司订立合同进行授权。因此，石某春在还款协议和还款补充协议上的签名属于个人行为。并且，郑某茂、荆某成将部分借款打入了石某春个人账户，故应认定其签字行为构成债的加入，应与盛达公司就涉案借款共同承担责任。

裁判观点：法定代表人未办理交接手续擅自离开公司，但未有证据证明公司业绩下滑与其离开有因果关系的情况下，不支持赔偿。

裁判结果：驳回上诉，维持原判。

案例11.（2020）粤01民终19538号，广东品鸿装饰工程有限公司（以下简称品鸿公司）、周某艮损害公司利益责任纠纷。广东省广州市中级人民法院

本案争议焦点是：品鸿公司要求周某艮立即履行执行董事、经理的职责，并赔偿损失的主张能否支持。

法院认为：虽然《公司法》第147条第1款规定……周某艮作为公司法定代表人、执行董事在未办理交接手续的情况下擅自离开公司，确实未能尽其职责，但品鸿公司请求周某艮立即履行执行董事、经理的职责，该请求具有极强的人身属性，若周某艮无心经营公司，亦不适于强制履行。对品鸿公司的该项请求，本院不予支持。至于品鸿公司要求周某艮赔偿损失问题，《公司法》第149条规定……本案中，周某艮只是离开公司，并不属于执行公司职务时违反法律、行政法规或者公司章程的规定，给公司造成损失的情形。周某艮擅离岗位对公司正常经营造成一定影响，但品鸿公司提供的现有证据无法证实周某艮离开公司与公司业务下滑之间存在直接的因果关系，也即品鸿公司所主张的损失与周某艮的行为并不存在因果关系，品鸿公司要求周某艮赔偿损失20,000元，依据不足，广州市中院也未予支持。

（四）法定代表人与公司之间是否具有劳动关系（3件）

裁判观点：双方之间具有劳动关系。

裁判结果：部分维持，部分撤销，公司无须支付补偿金。

案例12.（2016）京03民终8895号，北京百合时代投资管理有限公司（以下简称百合时代公司）与赵某劳动争议。北京市第三中级人民法院

本案争议焦点是：双方是否存在劳动关系以及百合时代公司是否应支付赵某解除劳动合同经济补偿金。

法院认为：对于第一个争议焦点，本案中赵某与百合时代公司签订了书面劳动合同，能够证明双方已形成劳动关系。现百合时代公司提出赵某是百合时代公司的法定代表人、执行董事、股东、总经理，其与公司的纠纷不应当按照劳动纠纷处理的主张，因

我国《劳动合同法》和《劳动法》中并未对于公司法定代表人与公司之间的劳动关系持否定性的意见，故法院不予采信。

对于解除劳动合同经济补偿金一节，从本案查明的事实来看，双方对于解除劳动合同的事实均无异议，但对于由谁提出解除各执一词。从本案证据情况看，赵某据以认定劳动关系解除的依据为赵某在任法定代表人期间自行开具的辞退通知，而在双方往来函件中亦不能反映出系百合时代公司率先提出解除，现赵某未能提供确实、充分的证据证明系百合时代公司提出解除劳动关系，且百合时代公司又予以否认，故不符合《劳动合同法》第 38 条第 1 款规定的应支付解除劳动合同经济补偿金的情形。

裁判观点：劳动关系和通过平等协商与公司建立委任关系的具有特殊经营能力和知识的职业经理人显著不同，撤销总经理职务是对其岗位作出的变更，并不必然导致劳动关系的解除。

裁判结果：部分维持，部分改判，确认双方之间恢复劳动关系，改判支付工资金额。

案例 13. (2015) 沪二中民三（民）终字第 747 号，上海家化联合股份有限公司（以下简称上海家化公司）与王某劳动合同纠纷。上海市第二中级人民法院

本案争议焦点是：总经理等高级管理人员与公司发生争议是否适用劳动法律法规，上海家化公司解除劳动合同的理由是否成立，双方当事人是否存在恢复劳动关系的基础问题。

法院认为：本案系因上海家化公司董事会对王某作出解除总经理职务决定引发，要确定王某恢复劳动关系及支付工资的主张能否获得支持需解决如下几个问题：（1）总经理等高级管理人员与所服务的公司间发生争议是否适用劳动法律法规？公司董事会依据公司法及公司章程可对高级管理人员行使解聘权的规定与公司依照劳动法行使解雇权需受法定条件限制的规定是否存在冲突？（2）上海家化公司对王某作出解除劳动合同决定的理由是否成立？（3）王某与上海家化公司是否存在恢复劳动关系的基础？

关于问题（1）：上海家化公司认为，撤销公司作出的解除劳动合同的决定将导致事实上否定了公司董事会决议的合法有效性，造成劳动法和公司法的直接冲突；王某企图绕过公司法而达到推翻公司董事会决议的目的。王某则认为，王某虽是公司高级管理人员，但同时也是普通劳动者，公司对其作出解除劳动合同的决定必须符合劳动法的规定。

对此，上海市二中院认为，公司法与劳动法是调整不同领域社会关系的法律规范。公司法的调整对象主要是在公司设立、组织、运营或解散过程中所发生的社会关系。具体包括公司内部财产关系、公司外部财产关系、公司内部组织管理与协作关系、公司外部组织管理关系等。《公司法》第 113 条规定，股份有限公司的经理由董事会决定聘任或者解聘。经理依法行使职权，对董事会负责。公司董事、监事、高级管理人员应当遵守法律、行政法规和公司章程，对公司负有忠实义务和勤勉义务。上述人员违反对公司忠实义务所得的收入应当归公司所有，以及董事、监事、高级管理人员执行公司职务时违反法律、行政法规或者公司章程的规定，给公司造成损失的，应当承担赔偿责任。上述规定体现的是企业内部的组织管理关系，规定的是公司及高级管理人员基于公司法而享有的相应权利义务。

劳动法调整的是劳动者与用人单位之间在实现劳动过程中发生的社会关系（通常所称的劳动关系）及与劳动关系密切联系的其他社会关系，如社会保险方面关系、工会组织与用人单位之间发生的关系、处理劳动争议方面的关系、监督劳动法执行方面的关系等。劳动法是劳动者保护与劳动监管的统一，体现了公法与私法的混合性。劳动法中对于用人单位单方行使劳动合同解除权的限制性规定就体现了国家对劳动关系的积极干预。

对于签订劳动合同的高级管理人员而言，其受雇于公司，按公司董事会决议的要求开展生产经营，双方建立劳动关系的意思表示明确。而从目前的劳动立法现状看，我国亦尚未建立独立于劳动关系之外的委任制职业经理人制度，也无明确规定将高级管理人员排除在劳动法适用范围之外。反而，劳动合同法关于竞业限制条款规定中即适用人群的界定中还明确，竞业限制的人员限于用人单位的高级管理人员、高级技术人员和其他负有保密义务的人员。显然高级管理人员目前仍属于我国劳动合同法调整的对象，对其行使解雇权应当符合劳动合同法的规定。当然，因高级管理人员通常支配和控制着公司的各项重大事务和主要资源，并非普通劳动者，其举证能力高于普通劳动者，因而在劳动争议纠纷的处理中对其举证的要求比普通劳动者更为严格。对于建立劳动关系后被董事会聘任的高级管理人员而言，其作为公司员工，相关的劳动权利受劳动法保护。但劳动合同的履行并非一成不变，在确因生产经营需要的情况下，用人单位可以进行合理的变更以确保劳动合同得以顺利履行。董事会有权聘用或解聘高级管理人员是公司法赋予董事会的权利，该权利的行使亦是企业经营自主权的一种体现。董事会依公司法聘用或解聘高级管理人员应视为其对相关岗位的人事安排。对于已与公司建立劳动关系的高级管理人员而言，董事会通过决议解除其职务应视为对其岗位进行变更，并不必然导致劳动关系的解除。董事会决议是否有效应根据公司法的规定进行审查，公司基于劳动法享有的解雇权与其基于公司法享有的对高级管理人员的解聘权虽有牵连，但并不冲突。

王某1991年即入职上海家化公司并工作多年，期间虽出国留学，但回国后即回上海家化公司工作并与之建立了劳动关系。在原合同有效期内其被上海家化公司董事会聘任为总经理，双方未重新签订劳动合同，而是仅就岗位进行了变更。后因王某自2004年起在上海家化公司的连续工龄已满十年而与该公司签订了无固定期限的劳动合同，显然双方间对此时建立的仍是劳动合同关系的意思表示是明确的，该劳动合同中对于双方劳动合同解除的约定与劳动合同法规定一致。除此之外，双方并无其他特殊约定。由此可见，王某不同于那些通过平等协商与公司建立委任关系的具有特殊经营能力和知识的职业经理人，董事会作出聘任其为总经理以及以后撤销其总经理职务的决议均是对其岗位作出的变更，并不必然导致劳动关系的解除。上海家化公司认为基于董事会撤销王某总经理职务的决议即可与其解除劳动合同依据不足。

关于问题（2）：本案解除劳动合同的理由是否成立。本案中，上海家化公司向王某送达员工违纪处理通知书，确定对其作出辞退决定的理由为王某工作责任心不强，导致普华永道对公司内部控制出具了否定意见的审计报告并受到新闻媒体负面报道，对公司造成恶劣影响，对公司形象、名誉、财产和利益造成重大损失，认为王某严重违反公司规章制度及严重失职。

上海家化公司在诉讼期间对“严重失职”和“严重违反规章制度”作出了解释。严重失职是指王某作为公司内控小组负责人，未尽勤勉义务，使公司内控出现重大问题并由此给公司带来严重的负面影响；在2013年4月知道公司存在严重内控缺陷问题后，未进行有效的处理和解决，放任情况恶化。而中国证券监督管理委员会上海监管局对王某的行政处罚决定亦证实了王某未尽作为高级管理人员的勤勉义务。严重违反规章制度是指王某在其供职期间纵容包庇前董事长利用内部控制缺陷而私设小金库，对上述情况不仅瞒而不报，甚至阻挠相关调查。根据相关司法解释规定，作出解除劳动合同决定的，用人单位应对违纪事实、适用法律及处理程序合法性承担举证责任。对王某的行为是否构成严重失职应结合王某的职责范围、失职的程度等方面进行综合判断。上海家化公司系上市公司，公司为了依法经营配备了专门的部门及专门的人员以加强公司内控并为此制定了一系列制度规定。王某虽然抗辩称本案涉及的关联交易未依法披露的违法行为多发生在其担任公司副总经理期间，相应责任应由当时的总经理及负责内控的审计室负责人、财务负责人等承担。但上市公司信息披露的真实、准确、完整、及时、有效，有赖于全体董事、监事和高级管理人员全面尽责，实施必要的、有效的监督，这种监督包括通过日常履职和检查督促公司切实执行有关规定，及时督促公司改正，对拒不改正的要及时向监管部门举报，这是公司法确定的高级管理人员应承担的义务。根据中国证券管理监督委员会上海监管局的行政处罚决定，作为公司高管的王某与其他高级管理人员一样对其在职期间公司发生的信息披露违法行为存在不可推卸的责任，应依照公司法承担相应责任。有关部门对王某等高管的处罚即基于此。王某对公司发生的信息披露违法行为存在责任，但其毕竟不是主要责任人，上海家化公司主张王某在担任总经理后对内控出现的问题采取放任态度，亦无充足证据证实；而中国证券监督管理委员会上海监管局在行政处罚决定书中明确确定处罚幅度时已相应考虑相关人员案发后积极配合调查与整改等情况，故上海家化公司主张王某的行为已达到严重失职的程度依据不足。且上海家化公司对行政处罚决定书涉及的其他责任人亦未依据上述制度进行处罚，仅对王某一人作出解除劳动合同决定有失公允。

关于问题（3）：双方当事人是否存在恢复劳动关系的基础。略。

裁判观点：双方之间不成立劳动关系。

裁判结果：驳回原告户某的全部诉讼请求。

案例14.（2017）京0111民初10858号，户某与北京素裹繁衣服装有限责任公司（以下简称繁衣公司）劳动争议。北京市房山区人民法院

本案争议焦点是：户某作为繁衣公司的法定代表人是否具备劳动法律关系中的劳动者主体资格。

法院认为：首先，从法定代表人的身份定性来看，《公司法》第13条规定，公司法定代表人依照公司章程的规定，由董事长、执行董事或者经理担任，并依法登记。从该规定可知，不同于劳动者与公司之间所具有的身份隶属关系和劳动管理关系，法定代表人与公司之间的关系突出表现为投资关系、代表关系和控制关系。具体到本案，户某对内因公司发起设立时投资入股而具备股东身份，对外因工商注册登记的公示效力而具备法定代表人身份，且从繁衣公司的实际运作层面而言，户某完全支配繁衣公司的经营、收益，自行决定劳动分配、工资数额及发放、社会保险缴纳等所有事务，其具备对繁衣公司排他、完全的控制权。因此，无论从其与公司的投资关系、代表关系还是控制关系来看，户某作为法定代表人的身份定性与劳动者明显不同。其次，从关系建立的方式和途径来看，劳动者与用人单位建立劳动关系的通常途径为应聘和招工，在用人单位对劳动者的劳动技能、素养进行考量，劳动者对用人单位的薪资标准、福利待遇、劳动条件等进行比较的基础上，双方经合意从而建立劳动关系。而法定代表人则依据公司法和公司章程的规定，由董事会选举产生，经由董事会委任，在因股东人数较少或规模较小而不设董事会的有限责任公司，也可由股东会委任。本案中，繁衣公司未设董事会，但从其他股东从未质疑户某法定代表人身份的情形来看，户某担任法定代表人系得到全部股东认可，其法定代表人身份的任免受公司章程的规制，与劳动合同的订立、履行、终

止、解除规则完全不同。最后，从劳动报酬的角度考虑，户某自述其报酬系根据公司的经营收益而定，这主要体现的是对其经营管理的激励，而并非劳动者工资的对价性和保障性的结合。综上，从身份属性、产生方式和报酬性质等方面综合分析，户某作为繁衣公司的法定代表人与普通劳动者存在显著区别，其要求确认与繁衣公司2012年6月1日至2016年5月1日存在劳动关系的主张，法院难以支持。

（五）挂名法定代表人的责任（1件）

裁判观点：即使是挂名法定代表人也不免除其应当承担的责任。

裁判结果：判决被告偿还原告的款项。

案例15.（2014）盐商初字第0162号，盐城市中小企业贷款担保有限公司（以下简称中小企业担保公司）诉盐城市富瑞特电力器材制造有限公司（以下简称富瑞特公司）、江苏中美华铁塔工业有限公司、陈某楼、刘某凤、李某祥、朱某霞、周某萍、李某骅担保追偿合同纠纷。江苏省盐城市中级人民法院

法院认为：虽然富瑞特公司的实际控制人是李某祥，陈某楼只是该公司的普通员工，是挂名法定代表人，没有参与过富瑞特公司的经营和管理，但陈某楼与中小企业担保公司签订了反担保合同，且合同有效，中小企业担保公司即有权要求陈某楼承担连带偿还责任。挂名法定代表人为公司债务与他人签订担保合同，当担保事由出现时，应当承担担保责任，其责任不会因为挂名担任而减免。

（六）法定代表人变更的效力（4件）

裁判观点：法定代表人的变更应由公司决策机关作出更换的决定后才能办理变更登记。

裁判结果：驳回原告的诉讼请求。

案例16.（2014）海民（商）初字第26272号，郭某萌与北京能量娃教育科技有限公司（以下简称能量娃公司）请求变更公司登记纠纷。北京市海淀区人民法院

法院认为：根据《公司法》第13条的规定，公司法定代表人变更，应当办理变更登记。现郭某萌已辞去法定代表人职务并离职，能量娃公司股东会或董事会应及时推选新的法定代表人并办理法定代表人变更登记手续。能量娃公司以无法作出推举新的法定代表人的股东会决议为由怠于履行变更登记义务，若因此给郭某萌造成损失，由能量娃公司股东、董事负责赔偿。鉴于目前无证据表明能量娃公司已经推选产生新的法定代表

人，且法院不能强制其推选，故变更登记的条件尚不具备，郭某萌要求办理法定代表人变更登记手续，法院暂不予支持。

裁判观点：变更后的法定代表人未办理变更登记的，不影响其代表公司参加诉讼。
裁判结果：驳回上诉，维持原判。

案例17. (2014) 民二终字第261号，新华信托股份有限公司（以下简称新华信托公司）与北京时光房地产开发有限公司（以下简称北京时光公司）、兴安盟时光房地产开发有限公司（以下简称兴安盟时光公司）合同纠纷。最高人民法院

本案争议焦点是：（1）原审确认杨晓飞为兴安盟时光公司的法定代表人参加本案诉讼，是否违反了法定程序；（2）原审判令本案信托资金退出，并由北京时光公司向新华信托公司承担支付12173万元人民币的责任，认定事实及适用法律是否正确。

法院认为：本案诉讼发生时，尽管工商行政管理部门对该“变动事项”未办理登记，但这不影响对杨晓飞作为该公司法定代表人身份的认定。2012年《民事诉讼法》第48条第2款规定……该条虽未对“未经登记的法定代表人能否代表公司进行诉讼”作出规定，但亦未明确禁止。2015年2月4日起实施的《最高人民法院关于适用〈中华人民共和国民事诉讼法〉的解释》第50条第2款规定：“法定代表人已经变更，但未完成登记，变更后的法定代表人要求代表法人参加诉讼的，人民法院可以准许。”因此，本案中，原审法院准许杨晓飞作为兴安盟时光公司的法定代表人参加诉讼，并不违反我国《公司法》及《民事诉讼法》的相关规定，不存在违反法定程序的情形。

裁判观点：登记法定代表人与公司内部规定的不一致时，区分对内和对外的效力。
裁判结果：撤销原审判决，驳回原告的起诉。

案例18. (2014) 民四终字第20号，大拇指环保科技集团（福建）有限公司（以下简称大拇指公司）与中华环保科技集团有限公司（以下简称环保科技公司）股东出资纠纷。最高人民法院

本案争议焦点是：（1）双方当事人的诉讼代表权以及代理人的代理资格是否有效；（2）本案是否应当中止审理；（3）大拇指公司提起本案诉讼的意思表示是否真实，即工商登记的法定代表人与股东任命的法定代表人谁能代表大拇指公司的意志；（4）本案是否违反“一事不再理”原则；（5）环保科技公司是否应当履行出资义务。

法院认为：（1）关于本案双方当事人的诉讼代表权以及代理人的代理资格是否有效的问题。2012年《民事诉讼法》第48条第2款规定，“法人由其法定代表人进行诉

讼”。环保科技公司系新加坡法人，其已经按照新加坡法律先后进入司法管理以及清盘程序，环保科技公司的司法管理人以及清盘人是否有权代表公司参加本案诉讼，应当按照新加坡法律的有关规定进行认定。根据新加坡公司法227G（2）以及272（2）（a）的规定，环保科技公司的司法管理人以及清盘人均有权代表公司进行相关诉讼，亦有权委托代理人参加诉讼。（2）关于本案是否应当中止审理的问题。略。（3）关于大拇指公司提起本案诉讼的意思表示是否真实的问题。法律规定对法定代表人变更事项进行登记，其意义在于向社会公示公司意志代表权的基本状态。工商登记的法定代表人对外具有公示效力，如果涉及公司以外的第三人因公司代表权而产生的外部争议，应以工商登记为准。而对于公司与股东之间因法定代表人任免产生的内部争议，则应以有效的股东会任免决议为准，并在公司内部产生法定代表人变更的法律效果。因此，环保科技公司作为大拇指公司的唯一股东，其作出的任命大拇指公司法定代表人的决议对大拇指公司具有拘束力。本案起诉时，环保科技公司已经对大拇指公司的法定代表人进行了更换，其新任命的大拇指公司法定代表人明确表示反对大拇指公司提起本案诉讼。因此，本案起诉不能代表大拇指公司的真实意思，应予以驳回。环保科技公司关于本案诉讼的提起并非大拇指公司真实意思的上述理由成立。

裁判观点：法定代表人姓名记载于公司章程，变更法定代表人不必经股东会代表三分之二以上表决权的股东通过。变更公司法定代表人属于公司内部治理事项，无须审查更换原因。

裁判结果：维持二审判决。

案例19.（2014）新民再终字第1号，新疆豪骏贸易有限公司（以下简称豪骏公司）、张某升与乌鲁木齐市祥平实业有限公司（以下简称祥平实业公司）、乌鲁木齐市祥平房地产开发有限公司（以下简称祥平房地产公司）公司决议撤销纠纷。新疆维吾尔自治区高级人民法院

本案争议焦点是：有限责任公司法定代表人变更是否须经代表三分之二以上表决权的股东通过的法律适用问题。

法院认为：祥平房地产公司2009年9月9日章程第14条第1款规定的内容与公司法规定一致。我国《公司法》第43条虽然规定股东会会议作出修改公司章程、增加或者减少注册资本的决议，以及公司合并、分立、解散或者变更公司形式的决议，必须经代表三分之二以上表决权的股东通过，但对于法定代表人变更事项的决议并无明确规定，而祥平房地产公司的章程对此也未作出特别约定。

再者，祥平房地产公司章程规定股东会有权聘任和解聘公司经理。因此，房地产公

司 2010 年 3 月 25 日股东会决议中涉及更换法定代表人的内容本身并不违反公司章程。该股东会决议中虽然未写明更换法定代表人的原因，但由于公司法尊重公司自治，公司内部法律关系原则上由公司自治机制调整，司法机关原则上不介入公司内部事务。故法院应当尊重公司自治，本案中亦无须审查股东会决议更换法定代表人的原因是否存在，只要股东会议召集程序、表决方式未违反法律、行政法规或公司章程，决议内容未违反公司章程，那么更换法定代表人所依据的事实是否属实、理由是否成立，均不属于司法审查范围。

从立法本意来说，只有对公司经营造成特别重大影响的事项才需要经代表三分之二以上表决权的股东通过。公司法定代表人虽属于公司章程中载明的事项，但对法定代表人名称的变更在章程中体现出的仅是一种记载方面的修改，形式多于实质。公司内部治理中由谁担任法定代表人应由股东会决定，只要不违背法律法规的禁止性规定就应认定为有效。从公司治理的效率原则出发，倘若对于公司章程制定时记载的诸多事项的修改、变更均需代表三分之二以上表决权的股东通过，则反而是大股东权利被小股东限制，若无特别约定，是有悖于确立的资本多数决原则的。若更换法定代表人必须经代表三分之二以上表决权的股东通过，那么张某升、豪骏公司只要不同意就永远无法更换法定代表人，这既不公平合理，也容易造成公司僵局。因此，张某升及豪骏公司申请再审认为祥平实业公司法定代表人的变更须经代表三分之二以上表决权的股东签署通过的理由不能成立。

03

043-068

第二章 出资

第三条

注册资本、出资和投资总预算

一、示范条款

公司的注册资本×××万元，投资总预算×××万元。其中A认缴×××万元，占出资比例××%，B认缴×××万元，占出资比例××%，C认缴×××万元，占出资比例××%，D……。全体股东均以货币出资。【A以货币出资，B以知识产权出资，C以设备出资，BC承诺非货币出资的评估价值不低于其认缴的金额，否则应当由BC补足认缴出资与实际评估价值的差额部分】

非货币出资的应当委托专业机构进行评估，评估费用由公司承担。如果公司或其他股东对评估价值有异议的，可以另行共同委托其他评估机构重新评估。如果重新评估的价值显著低于原评估价值的，评估费用由该出资股东承担，且应当以货币补足差额；如果重新评估价值与原评估价值基本一致的，评估费用由异议人承担。非货币出资人不承担因市场变化或其他客观因素导致的资产自然贬值的责任。

各股东以认缴出资为限分期实缴出资，第一期出资占总注册资本的××%，股东按各自的出资比例在××××年××月××日实缴出资完毕，以非货币出资的应当在××××年××月××日前交付并办理完毕权属变更手续并将出资物实际交付给公司，变更的费用由【公司/出资人】承担。未办理权属变更手续但已经实际交付给公司的，不免除该出资股东继续完成权属变更手续的义务；虽然已经完成权属变更手续，但未实际交付给公司占有使用的，该出资股东应当承担违约责任。

后续在注册资本额度内的出资由【董事会/股东会】视公司经营需要决定。在超出注册资本以外、在投资总预算额度以内的部分，由【股东会/董事会】视公司经营需要决定，该部分出资原则上应当视为股东对公司的【增资/借款】；超出预算总投资以外的部分的投资，原则上应当视为【借款/增资】，各股东可视公司经营状况和自己的实际情况投资，股东应当与公司签署书面协议。

股东应当按章程规定和公司通知要求及时足额出资，未按约定出资的，【应当向公司支付逾期利息】、向其他已按期足额出资的股东承担违约责任。董事、高管和监事应当履行职责督促股东实缴出资，董事、高管和监事未尽忠实义务、勤勉义务，故意或重大过失给公司造成损失的，应当承担赔偿责任。经督促，股东在合理的期间内仍未足额实缴出资的，股东会可按本书“第六条　瑕疵出资和股东权利限制”的规定限制该股东的部分权利，直至该股东补足出资时止。

抽逃出资的，应当按法律规定承担责任。

股东应当保证出资来源合法，如果被司法机关或行政机关裁判确认为非法的，股东应当及时补足出资，因出资来源非法被拍卖或者变卖方式处置股权的，该股东应当向其他股东和公司承担违约责任。

【法律没有明确规定且未经股东会决议通过和公司确认的，股东对公司的出资义务不得与其对公司的债权互相抵销】

公司应当向股东签发出资证明书，出资证明书应当有【公司盖章和/或法定代表人的签字】。股东出资义务的履行以出资证明书为标志，除非全体股东一致确认或另有约定。

修改出资条款，无论是缩短出资期限加速出资的，还是延长出资期限的，应当由【普通决议/特别决议】通过。

综合来看，关于出资条款的基本内容并没有明显的股东立场区别，只是对于出资的基本信息和要求的客观陈述。

【货币/实物/权利】出资形式根据实际情况确定，但不论何种出资形式，均应登记认缴的金额和与注册资本的占比。

【非货币出资时间/变更费用】如果是分期出资的，由于非货币出资无法分期，应确定在哪一期或哪一日期前完成交付和权属的变更手续，变更的费用是由出资人承担还是由公司承担需要明确。因评估价值差异较大的重新评估费用由谁承担，需要明确。如果需要办理权属变更登记的，未办理而实际交付给公司的如何认定责任，办理了但未实际交付给公司占有使用的，如何认定责任。

【董事会/股东会】因公司运营是动态的，所需资金的金额与出资时间无法在设立时即确定，因此在章程内明确和固定出资日期并不实用，可约定由董事会或者股东会视情况需要通知股东分期缴纳，具体由哪个机构通知视实际需要，建议由相对灵活的董事会决定；但对于超出注册资本以外的、投资总额以内的出资，因为涉及股东的预期利益，故建议由股东会决定，超出投资总预算以外的部分不宜约定得过于明确。

【增资/借款】原则上在注册资本以内的出资除非有书面协议，否则均应认定为资本金，超出注册资本以外投资总预算以内的是明确为增资还是借款，各有利弊。在公司盈利的情况下，增资可以扩大股权比例进一步控制公司、分配更多红利；但在公司预期盈利不佳的情况下，借款则可以要求公司返还，降低股东投资风险，这需视具体情况确定。

【逾期出资利息】未按期足额出资的应当向公司补足出资，但法律未明确是否还要支付逾期利息，建议在章程中明确。逾期出资是否应当向其他股东承担违约责任在司法实践中未有统一，建议在章程中明确。

【董监高赔偿责任】如果将通知要求出资义务的权利交由董事会，那么因董事会致使股东未按要求出资给公司造成损失的，是否要求董事监事承担责任?《公司法司法解释（三）》第 13 条第 4 款规定了董事、高管对此承担连带责任，建议章程中增加对监事的约束。通常来说，大股东实际管理公司，董事大多数也是大股东选举或委派的占多数，从大股东的角度看，不规定会更加灵活；但从小股东的角度看，作出明确的规定对大股东更有约束力。

【出资义务和债权抵销】出资是股东的义务，公司对股东享有债权，股东向公司出借款项或代垫支出，股东对公司享有债权，两个债权能否相互抵销？从大股东的立场来看，不约定此内容更利于灵活管理公司和出资；但从财务规范和小股东的立场来看，为避免大股东利用漏洞规避出资义务，建议约定不能相互抵销。

【公章和/或法定代表人签字】考虑到出资证明书是公司发放给股东的，是内部文件并不对外使用，是否盖章和签字，或者是只具备其中一个即可，取决于对法定代表人的权限约束和公章保管使用制度。

【修改权限】尤其要明确出资加速到期的表决通过比例，从大股东的立场来看，大股东负有更重的出资义务，可能设定较高比例通过对大股东比较有利；但从小股东的立场来看，他们通常希望大股东能尽快完成出资，可能以普通决议通过更为符合期望。但不论哪种，都要避免针对个别股东作出出资加速到期的决议，此类决议可能会涉嫌滥用股东权利损害其他股东合法权益被法院认为无效或可撤销，或者在公司有较大负债无法偿还时作出延长出资的决定，此类决议也可能会被法院认为恶意逃避公司债务而无效或可撤销。

二、条款解释

2005 年《公司法》第 26 条第 1 款规定公司全体股东的首次出资额不得低于注册资

本的20%，也不得低于法定的注册资本最低限额，其余部分由股东自公司成立之日起两年内缴足；其中，投资公司可以在五年内缴足。正是因为有两年认缴期的限制，逃避出资的现象还比较少。但是自国务院在2014年2月7日发布了《注册资本登记制度改革方案》和《公司法》在2013年被修订后，取消了注册资本最低额度、货币比例、缴纳期限等限制，不再规定注册资本限额和实缴出资期限，这使很多股东对公司注册资本采取了一种放任的心态，不切实际需要地报大注册资本，把出资期限约定得很长，出现了三十年甚至九十九年的出资期限，甚至有些股东还通过修改章程的方式，将注册资本的实缴期限进一步延长。关于出资，在章程中只是简单地表述为“本公司注册资本×××万元，各股东认缴×××万元，按××期出资”，但实际上这么简单的约定远远不能预防和解决潜在的风险。

公司作为独立民事主体的基础之一是其所拥有财产的独立性，这和人的成长是一样的，子女在十八周岁以前虽然也是法律上独立的（限制民事行为能力）人，但不能独立承担民事责任，即使年满十八周岁后构成了法律上的完全民事行为能力人，但如果没有独立的财产，其独立承担民事责任也是“空洞”的。但是，公司资产的最初来源并非经营所得，而是来自股东的出资。股东签署设立协议或者章程，约定认缴的出资额度，股东与公司之间就出资建立了契约关系。就股东而言，股东负有对公司的出资义务（债务），股东将其资产用于实际出资之后，该财产的所有权转移给公司所有，其原拥有的财产所有权已经消灭，股东以出资换取了股权，即对公司治理的表决权和分红等一系列权利；就公司而言，“公司出售股权”获得经营所需资金，公司负有对股东出资的债权，股东出资形成了公司最基本的资产和对外信用基础，公司也因此具备了独立承担能力的基础保障。没有出资就没有权利是公司治理的基本原则，因此，详细约定股东出资的方式以及瑕疵出资的责任是章程中重要的条款。

本条款需要规范的问题是：出资形式，非货币出资的评估价值和认缴出资的差额如何补足，注册资本以内的出资性质、注册资本以外投资总预算内的出资性质，有权决定出资、延长出资和加速出资的机构，未及时、未足额出资或抽逃出资的对公司和对其他股东，以及公司债权人的责任承担方式，出资来源的合法和责任，出资义务是否可以和其他债权抵销，出资证明书的签发等问题。

（一）如何设定注册资本和出资形式

首先，注册资本和出资是章程的必备条款，在章程中作出明确的约定是毋庸置疑的，但是在认缴制下如何设定注册资本？虽然法律不强制要求股东实缴出资的时间，但认缴并不等于“任性”，股东以认缴出资为限对公司承担责任，如果公司负债，股东仍然要承担补充赔偿责任。笔者建议根据公司主营业务类型和实际需要设定注册资本，适度即好，如果在经营中认为注册资本过低的，可以启动增资程序，况且增资程序简便，公司的增资行为也会给合作伙伴和市场一种公司经营日益兴旺的良好印象。

其次，关于出资的形式。法律规定既可以是货币出资也可以是非货币的实物或知识产权出资，且没有非货币出资的比例限制，但以非货币出资的必须要评估。因此，章程中要明确的是出资方式是货币还是知识产权或者是实物，如果是非货币出资的如何评估，评估机构的选定和公允，如何办理权属变更手续？如果评估价值远低于该股东的认缴出资额，差额部分如何补足，是以其他种类物补足，还是以货币补足？且公司的出资形式不包括劳务，只有合伙企业才包括，因此针对以管理经验或专有技术（不是知识产权）或者市场资源出资的股东，如果其以“客户资源、渠道资源、市场资源”等方式出资的，是否合法有效，如何评估作价，如何与货币关联？笔者建议即使实质是以“资源”出资的，也仍要实缴一部分现金（哪怕只是象征性的1万元人民币），然后将该股东的承诺和其他股东认可的其他“投入”捆绑为该股东对公司和其他股东的义务，并在后续的分红中将出资分期扣除，抵作出资。此外，为平衡各方权益，可以将出资比例、表决权比例、分红比例作出不等比的特别安排（详见本书“第八条　股权比例”）。

最后，《公司法司法解释（三）》第7条规定，出资人以不享有处分权的财产出资的，适用善意取得的效力认定，以违法犯罪所得取得的货币出资并取得股权的，鉴于货币财产作为种类物和可替代物的属性，也认可出资的效力，只是在追究犯罪人的责任时，可以对股权进行处置，如拍卖。但此处有一个问题是，如果犯罪所得是非货币财产且也作为出资取得了股权的，应如何处置该股权呢？法律没有明确规定，笔者认为可以参考《刑事诉讼法》对赃物的处理规定，也可以适用善意取得的规定，有条件地认定出资有效。

还有另一个问题，如果投资人以土地使用权的部分年限出资，在使用权期限届满时政府收回土地，该投资人是否构成抽逃出资？最高院在〔2009〕民二他字第5号函《最高人民法院民二庭关于“股东以土地使用权的部分年限对应价值作价出资，期满后收回土地是否构成抽逃出资”的答复》中明确，根据我国公司法及相关法律法规的规定，股份有限公司设立时发起人可以用土地使用权出资。土地使用权不同于土地所有权，其具有一定的存续期间即年限，发起人将土地使用权出资实际是将土地使用权的某部分年限作价用于出资，发起人可以将土地使用权的全部年限作价用于出资，作为公司的资本。发起人将土地使用权的部分年限作价作为出资投入公司，在其他发起人同意且公司章程没有相反的规定时，并不违反法律法规的禁止性规定，此时发起人投入公司的资本数额应当是土地使用权该部分年限作价的价值。在该部分年限届至后，土地使用权在该部分年限内的价值已经为公司所享有和使用，且该部分价值也已经凝结为公司财产，发起人事实上无法抽回。由于土地使用权的剩余年限并未作价并用于出资，所以发起人收回土地使用权是取回自己财产的行为，这种行为与发起人出资后再将原先出资的资本抽回的行为具有明显的区别，不应认定为抽逃出资。发起人取回剩余年限的土地使用权后，公司的资本没有发生变动，所以无须履行公示程序。

（二）为什么要约定投资总预算

从某个角度来说，投资总预算这个概念是借鉴了《中外合资经营企业法》（已经被《外商投资法》废止）中的“投注差”的规定。股东投资经营企业，几乎没有哪个投资人不是持续性地向企业“输血”的，尤其是在进入稳定发展期以前，即使是在实缴了全部的注册资本以后，股东也仍然会向企业以各种方式持续出资。但如果企业不能自己“造血”，持续地输血也是无意义的，大股东可能执着创业不惜成本地投入，但其他小股东不一定能有耐心跟投。因此有必要在公司设立之初就约定好一个投资上限，把股东们对实现创业目标愿意投入的上限明确下来，给全部投资人一个“定心丸”。但很多股东在公司章程中只是约定了注册资本，对于投资总预算没有明确的约定，也没有明确出资在注册资本、投资总预算这两个额度中如何划分出资性质的问题，为股东间因出资产生纠纷埋下了隐患。

笔者给委托人起草或修改章程时都会加上投资总预算这个条款，明确规定在注册资本以内的出资是法定义务，在投资总预算以内的出资是约定义务，如果超出投资总预算后仍需要继续投入的，股东可再酌情考虑是否再投入。但是，这就衍生出一个问题，也是实践中产生较多纠纷的一个问题，即出资在什么情况下是缴纳注册资本金，什么情况下是借款，什么情况下是增资？在注册资本未出资完成前的股东出资是借款还是出资？超出注册资本以外的投资是借款还是增资？尤其是在股东转入公司账户的附言不明确的情况下（有时候可能备注是出资款，有时候可能备注是往来款，有时候可能没有任何备注），在公司财务不规范的情况下，这些所谓的“出资”可能被记载在不同的财务科目下，可能是股东借款，也可能是出资款，甚至与股东的真实意思相左，在这种情况下如何认定“出资”的性质？更有甚者，有些股东利用控制公司的便利将本意为出资款的款项在事后与公司签署“借款合同”，将该出资转变为“借款”，这对其他股东来说是不公平的，同时也涉嫌构成抽逃出资①。对此类问题，笔者建议在章程中作出规定，以避免潜在的纠纷。但需要说明的是，无论是借款还是增资均各有利弊，如果公司盈利，则增资可能会较为有利，因为可以占取更多比例的股权，有更多的分红、更多的控制权；但如果公司盈利不佳，则借款可能更有利，可以以债权方式先行收回部分投资减少损失。

笔者代理过的一个增资纠纷案件就非常的典型，原股东和自己的配偶、表弟投资成立了 A 教育公司，经营发展一直不理想，通过朋友推荐认识了专业投资人何某某（我的

---

① 参见最高人民法院民事判决书，(2014) 民提字 00054 号。

委托人)，何某某又引荐了其他几位投资人通过第一轮增资的方式成为 A 教育公司的股东，公司随之改组董事会和总经理团队成员，何某某为董事长，原股东为法定代表人。半年后公司经营仍需资金，全体股东讨论第二轮增资，二次增资第一次会议没有通过，在半个月后第二次会议通过，但原股东选择本次稀释股权不增资。因众多股东分散在世界各地，二次增资协议在传递签字过程中，何某某及其他几位股东已经陆续向公司投入新的出资款（未足额出资认缴的增资额)，转款附注中有的注明是投资，有的注明是往来，有的没有任何说明。随后在办理工商变更登记时发现无法办理，才发现是原股东隐瞒了其持有的股权早在二次增资的第二次股东会议时已经在另案的民间借贷案件中被第三人申请冻结的事实，但此时二次增资协议仍没有签字完毕且文件已丢失。再之后，公司因经营亏损停业，何某某以增资纠纷提起诉讼要求原股东赔偿损失。此案经两级审理均被法院驳回，法院认为现有证据无法证明何某某以及其他股东后来的出资是增资款，但判决书中也并未阐述原股东隐瞒股权被另案冻结的事实是否为导致增资纠纷的原因以及该股东是否应当承担责任。

（三）出资不足和超额出资的性质和责任

股东在认缴出资范围内对公司承担责任这一点是法律明确规定的，但前提是该期出资已经届至出资期限，这一点不再赘述。关于瑕疵出资的责任，《公司法司法解释（三)》将违反出资义务行为区分为瑕疵出资与抽逃出资两种，并对瑕疵和抽逃作出了较为详细的规定。实践中货币的瑕疵出资多表现为未按期限足额出资，非货币的瑕疵出资主要表现为交付了但未办理权属转移登记，或者办理了权属转移登记但未实际交付。这里需要留意的是，如果在合理期间内办理了权属变更的，出资人可自实际交付时享有股东权利，同样地，即使办理了权属变更但未实际交付的，在交付之前不享有股东权利。这里的问题是，瑕疵出资的股东除了按法律规定向公司补足出资，是否还要向公司支付逾期出资的利息，向其他按期足额出资的股东承担违约责任的方式，未履行职责导致瑕疵出资或抽逃出资的董事、高管是否也有责任，如何承担责任？笔者建议将这些潜在的纠纷解决规则在章程中明确，在出现问题后，即使不要求董事、高管承担赔偿责任，也可以借此理由更换董事，作为小股东取得公司控制权的一种方式。

（四）加速出资和延长出资的程序和责任

按《国务院关于印发注册资本登记制度改革方案的通知》（国发〔2014〕7 号）规定，除特别行业需要实缴出资以外，大部分公司都可以认缴分期出资。但是章程中如果明确约定了每一期出资的具体时间又过于死板，可能在未到期时公司就已经无资金可用，也可能届至出资时间但公司流动资金丰沛，而出资时间是《公司法》规定的章程必载事项，如何灵活安排出资是需要在章程中明确的。如果根据公司需要灵活安排出资时间的话，应赋予哪个机构要求股东出资的权利？笔者建议可根据注册资本、投资总预算的不同性质来分配给不同机构不同的权限。例如，将章程规定第一期出资以外的其他分期出资交由董事会视公司需要决定，毕竟在注册资本以内的出资是法定义务，董事会的召开和决议更加灵活；将注册资本以外的投资总预算以内的出资交由股东会较为审慎且合理。当然，是由股东会还是董事会要求出资取决于这两个机构由谁控制。对于小股东来说，为避免大股东长期不实缴出资或者利用控制地位、瑕疵出资或者抽逃出资，可以将要求出资的权利交由董事会，因为董事是按人头表决，小股东可能会有一定的话语权。

此外，在章程规定的出资期限未到期时，股东是否可以以资本多数决的方式通过修改公司章程以要求股东（加速）提前出资到期？有观点认为，法律不应要求股东出资加速，股东正是因为暂时的资金短缺或积极的未来预期，才会在公司最初设立时选择认缴出资，法律应当尊重股东的意定选择。况且，法律已经明确规定了股东应当以认缴的出资额为限对公司承担责任，就无须对加速出资再作出强制性的规定。

最高人民法院在2019年11月8日发布的法〔2019〕254号《九民会议纪要》中规定，在注册资本认缴制下，股东依法享有期限利益。债权人以公司不能清偿到期债务为由，请求未届出资期限的股东在未出资范围内对公司不能清偿的债务承担补充赔偿责任的，人民法院不予支持。但是，下列两种情形除外：（1）公司作为被执行人的案件，人民法院穷尽执行措施无财产可供执行，已具备破产原因，但不申请破产的，即执行不到位而“终本”的。（2）在公司债务产生后，公司股东（大）会决议或以其他方式延长股东出资期限的，即“恶意”延长出资期限的。

除上述规定以外，股东是否可以在章程中自行约定其他的加速出资到期的条件，法院是否应予支持？还有，如果大股东通过修改章程缩短出资期限使得小股东突然面临在短期内缴足注册资金的巨大压力，这时候小股东该怎么应对？如果大股东为拖延或逃避公司债务修改章程将出资延长，小股东如何实现救济？上海市二中院在（2019）沪02民终8024号案件中认为，有限责任公司章程或股东出资协议确定的公司注册资本出资期限系股东之间达成的合意，除法律规定或存在其他合理性、紧迫性事由需要修改出资期限的情形外，股东会会议作出修改出资期限的决议应经全体股东一致通过。公司股东滥用控股地位，以多数决方式通过修改出资期限决议，损害其他股东期限权益，其他股东请求确认该项决议无效的，人民法院应予支持。但该裁判观点尚未形成统一的司法裁判规则。笔者建议在章程中约定股东会（或者董事会）如何决议加速或延长出资的程序和表决机制，将这些潜在风险的解决规则提前写进章程中，以避免待纠纷发生时无依据可循致使股东对簿公堂。

（五）出资义务和债权的相互抵销

股东对公司负有的出资义务（债务）能否和公司对股东负有的其他债务冲抵？实践

中，这也是比较容易出现纠纷的一个问题。大股东往往利用管理公司的便利以向公司出借款项或代公司支付经营费用为由主张抵销出资，如果财务也由大股东控制，大股东通过控制公司的便利直接在财务账目上将自己的出资与自己对公司的债权相互冲抵，甚至自己与公司签署“××豁免协议”，小股东如果不能有效地监督公司款项的使用，大股东的上述行为便在客观上损害了小股东的利益。这种情况下小股东的权利应如何救济？笔者建议，在章程中明确除非经股东会决议和公司确认，否则不得免除股东的出资义务，当大股东因出资损害公司或其他股东利益时，更有利于小股东提出权利主张，当然从大股东的立场来说，对瑕疵出资的责任规定可能笼统或含糊一点比较好。

（六）出资证明书

关于出资证明书，很多公司是没有给股东签发过的，因为在绝大部分中小企业中所有权和经营权并未分离，股东既是董事也是公司的实际管理者，股东之间长期具有高强度的人合性信任基础，互相认可，所以股东对是否有出资证明书也不太在意。但出资证明书是《公司法》强制性规定要签发给股东的，故笔者建议将此条款加入章程中，以避免将来出现纠纷时需要二次证明股东出资的问题。

最后需要补充说明的是，依照法律规定，因未履行或未全面履行出资义务的，该股东对公司债权人承担的是（在未出资本息范围内）补充赔偿责任，发起人对债权人（与瑕疵出资的股东）承担的是连带责任；协助抽逃出资的董事、高管与抽逃出资的股东向公司债权人、公司、其他股东承担的是连带责任。

三、法律规定

《公司法》第 31 条、第 73 条

《公司法司法解释（三）》第 7～20 条

《国务院关于印发注册资本登记制度改革方案的通知》（国发〔2014〕7 号）

《市场主体登记管理条例实施细则》

《九民会议纪要》

四、参考案例（16 件）

（一）抽逃出资的认定（1 件）

裁判观点：股东以出资形式转入公司账户的款项，事后再与公司签署借条也不会改变款项的性质，实质构成抽逃出资。

裁判结果：撤销一审、二审判决，确认万某裕为公司股东。

案例20. (2014)民提字第00054号，万某裕与丽江宏瑞水电开发有限公司(以下简称宏瑞公司)、永胜县六德乡双河电站(以下简称双河电站)、北京博尔晟科技发展有限公司(以下简称博尔晟公司)、张某云、唐某云股东资格确认纠纷。最高人民法院

本案再审争议焦点是：万某裕是否为宏瑞公司的股东。

法院认为：(1)万某裕是否取得了宏瑞公司的股东身份。略。(2)万某裕对宏瑞公司的股权是否转变为债权。股东不得抽逃出资是公司法的一项基本制度和原则，我国《公司法》对此作了明确规定。股东向公司出资后，出资财产即转变为公司的法人财产，其独立于股东个人的财产而构成公司法人格的物质基础。股东从公司抽回出资，会减少公司资本，动摇公司的独立法人地位，侵害公司、其他股东和公司债权人的利益，因而为法律所严禁。本案中该510万元进入宏瑞公司的账户后，即成为宏瑞公司的法人财产，无论是万某裕主动要求宏瑞公司将其出资转变为借款，还是唐某云代表宏瑞公司向万某裕出具借条并将出资作为借款偿还，抑或万某裕与宏瑞公司协商一致，将出资转变为借款而归还，本质上都是根本改变万某裕对宏瑞公司出资性质的违法行为，都会导致万某裕抽回出资并退股的法律后果，这是有违《公司法》的禁止性规定的，因而上述行为均应无效，万某裕的股东身份自然也不应因此种无效行为而改变。最高院尤为强调的是，抽逃出资并不限于抽逃注册资本中已经实缴的出资，在公司增资的情况下，股东抽逃尚未经工商部门登记但已经成为公司法人财产的出资同样属于抽逃出资的范畴，亦在公司法禁止之列。

(二)逾期出资对公司和其他股东的责任(3件)

裁判观点：股东逾期出资的，除应当向公司补足出资外，还应当向已按期足额缴纳的股东承担违约责任，但是否向公司支付逾期出资的利息、是否向公司承担违约责任，应按公司章程规定。

裁判结果：驳回原告的诉讼请求。

案例21. (2010)二中民初字第08915号，深圳市佩奇进出口贸易有限公司(以下简称佩奇公司)与华诚投资管理有限公司(以下简称华诚公司)股东出资纠纷。北京市第二中级人民法院

法院认为：关于华诚公司投资不足部分的利息问题。根据《公司法》第28条第2款的规定，股东不按照前款规定缴纳出资的，除应当向公司足额缴纳外，还应当向已按期足额缴纳出资的股东承担违约责任，即股东不按规定缴纳出资的，除应承担补足出资的义务，还应向已按期足额缴纳出资的股东承担违约责任。佩奇公司请求按照《最高人

民法院关于逾期付款违约金应当按照何种标准计算问题的批复》（法释〔1999〕8 号），按逾期付款违约金标准计算华诚公司向佩奇公司支付欠缴注册资本金利息的诉讼请求缺乏事实及法律依据，北京市二中院不予支持。

裁判观点：股东应当按照章程规定，支付逾期出资的利息。

裁判结果：撤销一审判决，改判股东向公司出资。

案例 22. (2015）民二终字第 248 号，沧州华风国富良种繁育有限公司（以下简称沧州华风公司）与新疆天川毛纺织（集团）有限责任公司（以下简称天川毛纺织公司）及新疆天川华风生物科技发展有限责任公司（以下简称天川华风公司）股东出资纠纷。最高人民法院

本案争议焦点是：（1）天川毛纺织公司应否向天川华风公司缴纳 1200 万元的出资并支付利息；（2）天川毛纺织公司应否向沧州华风公司承担逾期出资的违约责任。

法院认为：（1）关于天川毛纺织公司应否向天川华风公司缴纳 1200 万元的出资并支付利息的问题。根据公司章程规定，各股东也负有按工商登记中承诺的出资方式履行出资义务。根据天川华风公司在工商登记申请书中的记载，沧州华风公司、昌吉市国资中心的出资方式均为实物出资，而天川毛纺织公司出资方式则为货币和实物。故天川毛纺织公司所承担的 1200 万元中的出资中既包括实物，也包括现金，其负有按法律规定的货币数额出资的义务。本案中，天川毛纺织公司未依章程规定全面履行出资义务，依法应当向天川华风公司承担相应的民事责任。同时，根据股东会纪要第 9 条“各股东应按本纪要商定的期限按期出资，凡逾期出资的，就加付银行利息”之约定，天川毛纺织公司应自 2009 年 11 月 8 日起，以未缴纳的 1200 万元出资额为基数，按照中国人民银行同期存款基准利率向天川华风公司支付未缴纳出资额的利息。

（2）关于天川毛纺织公司应否向沧州华风公司承担逾期出资的违约责任的问题。从公司章程和股东会纪要的内容看，已对合同中约定股东出资方式、出资时限及违约责任等进行了变更。股东的出资方式、出资时间及逾期出资的违约责任，应以变更后的合同来认定。天川毛纺织公司未按照公司章程和股东会纪要中的规定履行出资义务，相关民事责任的承担也应依章程和股东会纪要来确认。

裁判观点：要求未足额缴纳出资的股东承担违约责任的权利主体是按期足额缴纳出资的股东，而非公司。

裁判结果：驳回上诉，维持原判。

案例23. （2019）云07民终259号，丽江宏瑞水电开发有限公司、张某云股东出资纠纷。云南省丽江市中级人民法院

法院认为： 章程是以书面形式固定下来的全体股东的共同意思表示，公司章程一经签署和批准，其效力及于公司及所有股东，章程中关于各股东的出资方式及出资额的约定，是股东对公司的承诺并必须履行的义务。注册资本是公司最基本的资产，确定和维持公司一定数额的资本，对于奠定公司基本的债务清偿能力，保障债权人的利益和交易安全具有重要价值。股东出资是公司资本确定、维持原则的基本要求，股东按期足额缴纳出资是其最基本、最重要的法定义务。章程第14条规定，出资人按规定的期限于2008年8月28日前缴足认定资额，逾期未缴足出资的股东，向已足额缴纳出资的股东承担违约责任。上诉人张某云未按时足额缴纳货币出资的行为，违反了公司章程和公司法的规定，依法应当承担补足出资差额的民事责任。上诉人丽江宏瑞水电开发有限公司要求上诉人张某云补足出资额123.50万元的请求，事实依据充分，符合公司章程和公司法的规定。根据《公司法》第28条第2款的规定，要求未按期足额缴纳出资的股东承担违约责任的权利主体是已按期足额缴纳出资的股东，上诉人丽江宏瑞水电开发有限公司要求上诉人张某云承担未按期足额缴纳出资的违约责任，不符合法律规定的主体条件，没有法律依据，最高院不予支持。

（三）逾期出资对公司债权人的责任（1件）

裁判观点： 股东在认缴未实缴的范围内对公司的债权人承担补充赔偿责任，但未届出资期限的除外。

裁判结果： 撤销一审判决，改判在未缴出资范围内承担连带清偿责任。

案例24. （2019）粤01民终6584号，李某与胡某毅、李某英、铭居公司、李某刚执行异议。广东省广州市中级人民法院

法院认为： 一方面，铭居公司于2016年11月10日变更为自然人独资的有限责任公司，股东由被上诉人胡某毅、李某英变更为原审第三人李某刚，亦即被上诉人胡某毅、李某英在明知原审第三人铭居公司与上诉人李某存在债务纠纷的情况下，将其二人认缴的出资数额转让给原审第三人李某刚，明显具有逃避债务的恶意。另一方面，被上述人胡某毅、李某英的上述行为存在规避法律风险的嫌疑。事实上，无论是被上诉人胡某毅、李某英，还是原审第三人李某刚，至今的出资实缴金额均为0。因此，上诉人李某诉请被上诉人胡某毅、李某英应在其二人未足额缴纳出资的范围内，对已经发生法律效力的（2017）粤0111民初11080号民事判决书和（2018）粤01民终8326号民事判决书所确定的债务承担连带清偿责任合法有据，广州市中院予以支持。

（四）加速出资的前提条件（5 件）

裁判观点：加速出资应当具有合理性和紧迫性且不得损害其他股东的合法权益，否则股东会决议无效。

裁判结果：驳回再审申请。二审维持一审判决。

案例 25.（2017）沪 01 民终 10122 号、（2018）沪民申 188 号，上海自贸区咖啡交易中心有限公司（以下简称自贸区咖啡中心）与上海君客商务咨询有限公司（以下简称君客公司）、上海朗弘投资管理有限公司（以下简称朗弘公司）及上海皓听企业发展有限公司公司决议效力确认纠纷。上海市高级人民法院

本案争议焦点是：涉案 2016 年 4 月 25 日、2016 年 9 月 18 日两份股东会决议是否有效。

法院认为：关于 2016 年 4 月 25 日股东会决议的效力问题，自贸区咖啡中心成立时，公司章程载明君客公司认缴出资 450 万元，出资时间自营业执照签发之日起五年内（2020 年 3 月 26 日前）；朗弘公司认缴出资 300 万元，出资时间自营业执照签发之日起十年内（2025 年 3 月 26 日前）。2016 年 4 月 25 日股东会决议将股东出资期限提前到 2016 年 5 月 25 日。现自贸区咖啡中心未提供充分证据证明其要求股东提前出资的合理性和紧迫性，在这种情况下，出资期限提前涉及股东的基本利益，不能通过多数决予以提前，故该股东会决议无效。

裁判观点：公司经营发生了重大变化时，公司包括债权人可以要求公司股东缴纳出资，用于清偿公司债务。

裁判结果：驳回上诉，维持原判。

案例 26.（2016）苏 01 民终 7556 号，江苏东恒律师事务所（以下简称东恒律所）与罗某财、南京贝荣投资有限公司（以下简称贝荣公司）等合同纠纷。江苏省南京市中级人民法院

本案争议焦点是：（1）并购服务协议的性质和效力；（2）贝荣公司是否概括继受并购服务协议；（3）并购服务协议有无实际履行；（4）并购服务协议约定的支付条件是否已成就；（5）瞿某壮、刘某实际出资的金额；（6）瞿某壮、刘某补充清偿责任及范围。

法院认为：根据《公司法司法解释（三）》第 18 条的规定，瞿某壮、刘某作为贝荣公司的发起人，未履行出资义务即以 0 元对价转让全部股权，受让人罗某财对于瞿某

壮、刘某未实际出资是明知的，故瞿某壮、刘某在未出资本息范围内仍应对贝荣公司的债务承担补充清偿责任。

关于补充清偿责任的范围。股东对公司负有的缴纳出资义务是法定义务。《公司法》实行注册资本认缴制度，股东可以自主约定出资额、出资方式、出资期限，但股东的出资义务只是暂缓缴纳，而非永久免除。根据《公司法司法解释（二）》第 22 条规定，公司解散时，股东尚未缴纳的出资均应作为清算财产。股东尚未缴纳的出资，包括到期应缴未缴的出资，以及分期缴纳尚未届满缴纳期限的出资。公司财产不足以清偿债务时，债权人主张未缴出资股东，以及公司设立时的其他股东或者发起人在未缴出资范围内对公司债务承担连带清偿责任的，人民法院应依法予以支持。上述规定在公司破产清算状态下股东出资责任可以加速到期。本案所涉法律问题是：在股东出资期限尚未届满公司不能清偿到期债务但也未进入破产清算程序的场合下，股东出资责任可否加速到期。对此，公司法并未给予明确回答，学术界也存在否定说、肯定说和折中说的争论。

南京市中院认为，综合本案具体案情，应判令贝荣公司各股东的出资责任加速到期。理由为：首先，公司以其全部财产对公司的债务承担责任，而公司的全部财产由全体股东的出资构成，包括已经缴纳的部分出资和认缴后尚未到期的出资。当公司的全部财产不足以清偿到期债务时，债权人要求尚未缴足出资的股东承担补缴责任以清偿公司债务，并不违背股东以其认缴的出资额为限对公司承担责任的规定。本案中，东恒律所的诉请是要求各股东在未出资本息范围内承担补充清偿责任，即适用前提是公司财产无力清偿到期债务。此时，如果仍完全固守认缴制下股东一直到认缴期限届满时才可履行出资义务，则不仅将逼迫债权人提起破产清算程序，使本可以破解经营困境、能够渡过难关的公司彻底陷入生存危机，损害股东的长期收益，消耗有限的司法资源，而且也可能产生一种不适当的效果。相较之下，法院在审理中根据具体案件直接判令股东承担补充清偿责任，更能保护债权人的合法权益，维护市场正常经济秩序。其次，认缴期限是股东对社会公众包括债权人所作出的出资承诺，此承诺对股东来说是一种约束，对相对人如债权人来说则是一种预期。当公司无力清偿到期债务，且股东又违背承诺不履行到期出资义务时，相对人对股东原认缴期限的承诺的信任就会丧失，对原认缴期限的预期就会被颠覆。此时，如让股东继续享受延期缴纳出资的期限利益而不承担相应的风险和责任，则资本认缴制将有可能沦为个别股东逃避法律责任的借口。本案中，各股东均未缴纳首期认缴的到期出资，已经违背了认缴的出资承诺，债权人对各股东认缴期限的预期已失去了存续基础。最后，资本认缴制下法律赋予股东认缴期限的权利，旨在激活公司的市场活力和竞争力，发挥市场在资源配置里的基础性作用，资本认缴制不应成为个别股东转移公司财产、规避债务、损害债权人债权的“法宝”。本案中，罗某财、瞿某壮、刘某在诉讼中通过转让股权来变换出资责任人，试图悬空保全财产，规避出资义务，已损害了债权人的债权。鉴于此，南京市中院认为东恒律所要求各股东在认缴出资范围内承担补充清偿责任，具有充分的合理性和正当性，应予以支持。

裁判观点：章程约定的出资期限未到，股东已经实际履行部分出资义务，亦不符合破产条件，无须加速出资。

裁判结果：部分改判，部分撤销。

案例27. (2016) 沪01民终2471号，上海向灵经贸发展有限公司与王某、上海伟量经贸有限公司、上海南方万联国际投资发展有限公司民间借贷纠纷。上海市第一中级人民法院

浦东新区人民法院认为：本案系借款合同纠纷案件，两被告确认原告向被告宏活公司汇入款项36.50万元，但认为被告宏活公司的公章在原告法定代表人徐某的控制之下，故不认可代垫款协议和还款承诺书中的内容，并认为36.50万元的性质并非借款。对此，法院认为，根据原告与被告宏活公司的记账凭证及银行业务回单记载，均显示涉案的36.50万元系借款，且两被告并未举出相反的证据证明其主张，故对两被告的上述意见，法院难予采信。

就原告要求被告邓某扬在未出资范围内对被告宏活公司的债务承担连带责任的主张，根据被告宏活公司的章程，徐某和被告邓某扬均为被告宏活公司的股东，认缴出资额为12.50万美元，均自公司成立之日起十年内认缴出资，故两股东的出资义务均未到期。从《公司法司法解释（三）》第13条第2款规定可见，债权人要求公司股东对公司债务承担补充赔偿责任，需存在公司“不能清偿”债务之情形。本案中，首先，原告对被告宏活公司的债权尚未进入执行程序；其次，邓某长又确认其40万元的款项系被告邓某扬的出资款而非对被告宏活公司的借款，因此仅凭现有证据无法认定被告宏活公司存在“不能清偿”本案原告债务的情形，故原告现要求被告邓某扬承担补充赔偿责任，条件尚不完备，法院难予支持。

上海市一中院认为：股东作出的承诺，会对股东产生一定的约束作用，同时对于相对人（如债权人）来说，也会产生一定的预期。但是，任何承诺、预期都是在一定条件下作出的，这样的条件有可能会产生重大变化。在条件发生重大变化、足以改变相对人（债权人）预期的时候，如果再僵化地坚持股东一直到认缴期限届满时才有出资义务，只会让资本认缴制成为个别股东逃避法律责任的借口。在认缴出资期限尚未到期的情况下，不支持单独债权人要求公司股东出资承担补充赔偿责任，并明确在法院受理破产申请的前提下，才能适用认缴出资加速到期的规定。依照上述规定，未完全履行出资义务的股东应对公司债务承担补充清偿责任，但被上诉人宏活公司章程已经约定，其股东出

资期限为公司成立之日起十年，现该期限尚未到期，被上诉人邓某扬的出资义务尚在履行期内，其亦已实际履行了部分出资义务，故不能认定被上诉人邓某扬存在未完全履行出资义务的过错。现上诉人要求被上诉人邓某扬对被上诉人宏活公司的债务承担补充赔偿责任，实际系要求被上诉人邓某扬作为被上诉人宏活公司的股东提前履行其尚未到期出资义务。对此法院认为，《公司法》第 3 条固然规定公司以其全部财产对公司债务承担责任，股东以其认缴出资为限对公司承担责任，但该法第 28 条第 1 款同时亦规定股东应按期缴纳其出资。同时，《企业破产法》第 35 条对出资人认缴出资加速到期的规定，系以法院受理破产申请为前提；《公司法司法解释（二）》第 22 条第 1 款亦明确股东未缴出资作为清算财产的条件是公司进入解散阶段。依照上述法律及司法解释规定，应当认为债权人要求股东提前履行其出资义务，应具备相应的法定或约定条件，现上诉人与被上诉人宏活公司股东并未对此达成相应合意，被上诉人宏活公司亦未进入破产或解散程序，故上诉人要求被上诉人宏活公司股东提前履行其出资义务尚不具备相应条件，其相关主张缺乏法律依据，上海市一中院不予采信。

裁判观点：债权人认为债务人通过修改公司章程延长出资逃避债务的，可以公司恶意延长到期债权的履行期限为由提起撤销权之诉。

裁判结果：部分维持，部分撤销。

案例 28.（2018）鲁 01 民终 439 号，济南海大印联文化传媒有限公司（以下简称海大公司）、王某水与济南奥盛包装科技有限公司（以下简称奥盛公司）买卖合同纠纷。山东省济南市中级人民法院

法院认为：关于海大公司欠付货款的数额。略。关于股东王某水的责任承担。根据《公司法》的规定，公司股东的出资期限由股东自行决定，属于股东的法定权利，该法定权利只有在破产程序中才被限制。另外，公司股东或发起人的认缴和实缴的出资额、出资时间、出资方式等信息自形成之日起二十个工作日内通过上述系统向社会公示，应视为交易相对人对股东出资期限未到期知道或应当知道。在此种情况下，债权人仍然自愿与公司进行相关交易，不应在债权实现不能时再要求股东出资加速到期。《公司法司法解释（三）》第 13 条第 2 款中规定的“未履行或者未全面履行出资义务”，是针对已届出资期限的出资存在出资瑕疵的情形，该条款不能扩大适用全部未届出资期限的情况。海大公司认为存在相对方公司不断通过修改公司章程延长出资期限的可能。如果出现该种情况，债权人可以根据《最高人民法院关于适用〈中华人民共和国合同法〉若干问题的解释（二）》（已失效）第 18 条之规定，以公司恶意延长到期债权的履行期限为由，提起撤销权之诉。综上，本案中，奥盛公司在起诉海大公司时一并向出资期限尚未

届至的股东王某水主张连带清偿责任或补充赔偿责任，既不符合代位权制度中债权到期的要求，又缺乏侵权制度中主观过错等相关要件。因此，根据本案事实，王某水的出资义务不应加速到期。如海大公司不能通过融资或其股东自行提前缴纳出资等方式清偿债务，奥盛公司可以选择启动破产程序的方式实现债权。

裁判观点：不能简单适用资本多数决的规则修改公司章程，加速股东出资。

裁判结果：驳回上诉，维持原判。

案例29.（2019）沪02民终8024号，鸿大（上海）投资管理有限公司（以下简称鸿大公司）与姚某城及章某、蓝某球、何某松等公司决议纠纷。上海市第二中级人民法院

本案争议焦点是：（1）上诉人鸿大公司2017年7月17日章程是否系对合作协议书约定的股东出资作出了变更；（2）本案修改股东出资期限是否适用资本多数决规则；（3）鸿大公司是否存在亟须股东提前出资的正当理由。

法院认为：关于争议焦点（1）：略。关于争议焦点（2）：根据《公司法》第43条第2款的相关规定，修改公司章程须经代表全体股东三分之二以上表决权的股东通过。本案临时股东会决议第2项系通过修改公司章程将股东出资时间从2037年7月1日修改为2018年12月1日，其实质系将公司股东的出资期限提前。而修改股东出资期限，涉及公司各股东的出资期限利益，并非一般的修改公司章程事项，不能适用资本多数决规则。理由如下：

首先，我国实行公司资本认缴制，除法律另有规定外，《公司法》第28条第1款赋予公司股东出资期限利益，允许公司各股东按照章程规定的出资期限缴纳出资。股东的出资期限利益，是公司资本认缴制的核心要义，系公司各股东的法定权利，如允许公司股东会以多数决的方式决议修改出资期限，则占资本多数的股东将可随时随意地修改出资期限，从而剥夺其他中小股东的合法权益。

其次，修改股东出资期限直接影响各股东的根本权利，其性质不同于公司增资、减资、解散等事项。后者决议事项一般与公司直接相关，但并不直接影响公司股东之固有权利。如增资过程中，不同意增资的股东已认缴或已实缴部分的权益并未改变，仅可能因增资而被稀释股份比例。而修改股东出资期限直接关系到公司各股东的切身利益，如允许适用资本多数决，不同意提前出资的股东将可能因未提前出资而被剥夺或限制股东权益，直接影响股东根本利益。因此，修改股东出资期限不能简单地等同于公司增资、减资、解散等事项，亦不能简单地适用资本多数决规则。

最后，股东出资期限系公司设立或股东加入公司成为股东时，公司各股东之间形成

的一致合意，股东按期出资虽系各股东对公司的义务，但本质上属于各股东之间的一致约定，而非公司经营管理事项。法律允许公司自治，但需以不侵犯他人合法权益为前提。公司经营过程中，如有法律规定的情形需要各股东提前出资或加速到期，系源于法律规定，而不能以资本多数决的方式，以多数股东意志变更各股东之间形成的一致意思表示。因此，本案修改股东出资期限不应适用资本多数决规则。

关于争议焦点（3）：一般债权具有平等性，但司法实践中，具有优先性质的公司债权在一定条件下可以要求公司股东提前出资或加速到期。如公司拖欠员工工资而形成的劳动债权，在公司无资产可供执行的情况下，劳动者可以要求公司股东提前出资或加速到期以承担相应的法律责任。而本案并不属于该种情形。

（五）延长出资的条件和责任（2 件）

裁判观点：股东不得违反诚实守信原则通过修改公司章程延长出资来恶意规避公司债务，否则应向公司债权人承担补充赔偿责任。

裁判结果：驳回上诉，维持原判。

案例 30.（2017）浙 04 民终 2674 号，内蒙古中投佳沃农业技术有限公司（以下简称中投公司）与吴某渊、张某贤、冀某峰、徐某伟、宋某梅、董某杰、李某军、李某倪、许某贵、侯某霞股权转让纠纷。浙江省嘉兴市中级人民法院

本案争议焦点是：吴某渊在签订股权转让协议时是否未如实披露公司债务，以及张某贤等九人是否应承担补充赔偿责任。

一审法院认为：原告与被告中投公司的股权转让关系发生在 2014 年 6 月，而当时被告中投公司章程规定出资应于 2017 年 5 月 18 日前缴纳，这系被告中投公司股东对该公司所作的认缴出资的承诺，也是对公司债权人作出的承诺，这种承诺对公司债权人会产生一定的预期作用。2016 年 6 月 17 日，原告向法院起诉要求被告中投公司及该公司的股东承担相应的民事责任，而本案审理过程中，在出资期限将至的情况下，被告中投公司修改公司章程延长出资期限的行为涉嫌规避债务，有违“诚实守信原则”，损害了债权人的利益，故对该行为法院不予确认。因此，被告张某贤、冀某峰、徐某伟、宋某梅、董某杰、李某军、李某倪、许某贵、侯某霞作为被告中投公司的股东，应在未出资范围内对被告中投公司的涉案债务不能的清偿部分承担补充赔偿责任，而非原告诉请的连带清偿责任。

二审法院认为：关于张某贤等九人是否应当承担补充赔偿责任的问题，张某贤等九人作为中投公司的股东，在原公司章程约定的出资期限将至的情况下修改公司章程延长

缴款期限，该部分修改对于之前已经存在的债权并无效力，一审据此判决张某贤等九人在未出资范围内承担补充赔偿责任正确。

裁判观点：公司不能在不能清偿到期债务出现经营危机的情况下延长出资，违反诚实信用原则，但已全面履行出资义务的股东无须对公司债务不能清偿的部分承担补充赔偿责任。

裁判结果：部分维持，部分撤销。

案例31.（2017）渝01民终8515号，重庆泰顺机械制造有限公司（以下简称泰顺公司）与重庆东玉科技有限公司（以下简称东玉公司）、周某连、陈某、陶某春、毛某华、周某买卖合同纠纷。重庆市第一中级人民法院

本案争议焦点是：东玉公司股东周某连、陶某春、毛某华、陈某、周某以股东会决议延长认缴期限，是否可以免除对东玉公司债务承担补充赔偿责任。

法院认为：首先，公司股东对其公示的承诺履行的出资义务，是相对于社会的一种资本充实义务，其应当正当行使权利，不能对公司资本充实造成妨害，从而损害公司债权人基于公示的股东出资承诺和注册资本而产生的信赖利益；股东通过股东会决议修改公司章程延长出资缴纳期限，且是在公司不能清偿到期债务和出现经营危机的情况下延长出资期限，违反诚实守信原则；在公司债权人请求股东承担补充赔偿责任的情形下，应当不受延长出资期限的限制，公司股东构成出资不实。其次，根据《公司法司法解释（三）》第13条第2款的规定，泰顺公司作为东玉公司的债权人，请求未履行或者未全面履行出资义务的股东在未出资本息范围内对公司债务不能清偿的部分承担补充赔偿责任的，人民法院应予支持。

（六）出资形式的转化（3件）

裁判观点：公司被吊销后不免除股东的出资义务，但继续按章程规定的实物出资已没有意义，应变更为现金出资。

裁判结果：撤销一审判决，改判股东向公司出资。

案例32.（2015）民二终字第248号，沧州华风公司与天川毛纺织司及天川华风公司股东出资纠纷。最高人民法院

法院认为：天川毛纺织公司未依章程规定全面履行出资义务，依法应当向天川华风公司承担相应的民事责任。天川华风公司在沧州华风公司提起本案诉讼前，虽然已被吊销营业执照，但该事实并不影响股东继续向公司履行出资义务，也与股东在公司清算程序、破产清算中继续履行出资义务不相矛盾。根据公司章程规定，天川毛纺织公司应当

在2009年11月7日之前补足欠缴的注册资本1200万元。天川华风公司被吊销营业执照后，不再正常经营，且现已进入强制清算程序，天川毛纺织公司继续履行实物出资部分，确实已无任何意义。最高院认为，天川毛纺织公司应向天川华风公司缴纳1200万元的实物和现金出资，均应变更为现金出资，该变更有利于天川华风公司清算程序的进行，且也不会因此加重天川毛纺织公司的出资负担。

裁判观点：股东变更出资形式，应当修改公司章程。

裁判结果：撤销二审判决，撤销一审判决部分判项，维持一审判决部分判项，确认股东未全面履行出资义务。

案例33.（2016）最高法民再87号，海南三亚国家级珊瑚礁自然保护区管理处（以下简称珊瑚礁管理处）、周某梅等与珊瑚礁管理处、周某梅等股东出资纠纷。最高人民法院

本案争议焦点是：珊瑚礁管理处是否全面履行了股东的出资义务。具体包括：（1）本案纠纷是股东出资纠纷还是股东出资纠纷、项目合作纠纷；（2）珊瑚礁管理处的出资方式是否由实物出资变更为货币出资；（3）珊瑚礁管理处是否应将划拨土地使用权转移登记至中海公司名下。

法院认为：（1）关于本案纠纷是股东出资纠纷还是股东出资纠纷、项目合作纠纷的问题。民事案件纠纷性质应当依据当事人主张的民事法律关系的性质来确定。周某梅、中海公司以珊瑚礁管理处未履行出资义务为由提起本案诉讼，原审法院据此认定本案案由为股东出资纠纷，并无不当。珊瑚礁管理处虽提起反诉，但反诉应与本诉具有牵连性，即其需针对周某梅、中海公司依据股东出资义务所提出的本诉而进行反诉。一审法院结合上述事实和本诉请求，认定珊瑚礁管理处提出的关于解除合作合同的诉讼请求构成反诉，而其他反诉请求均与本诉无牵连关系，有事实和法律依据。

（2）关于珊瑚礁管理处的出资方式是否由实物出资变更为货币出资的问题。原审查明，珊瑚礁管理处与周某梅于2002年4月28日订立合作合同，约定共同设立中海公司，珊瑚礁管理处主要以9454平方米土地和已建好的码头设施参股。中海公司2002年公司章程载明，珊瑚礁管理处以9454平方米土地作价150万元出资。依据上述合同及公司章程，珊瑚礁管理处的出资义务应为实物出资，即其应向中海公司交付约定的9454平方米土地，并将该土地使用权变更登记到中海公司名下。中海公司设立后，珊瑚礁管理处将案涉土地交付给中海公司使用，但未办理权属变更手续。股东出资是指股东根据协议的约定以及法律和章程的规定向公司交付财产或履行其他给付义务，股东出资义务既属于约定义务又属于法定义务，故股东出资方式在公司设立后是否发生变更应结

合股东会决议、公司章程及公司工商登记事项作出综合认定。股东会决议载明公司章程修正案为修改公司的经营范围，并明确章程的其他各项不变，即中海公司未对珊瑚礁管理处的出资方式作出变更的决议，故珊瑚礁管理处虽主张其出资方式由土地使用权出资变更为货币出资，但提交的股东会决议及公司章程修正案等证据材料尚不足以证明该事项。

（3）关于珊瑚礁管理处是否应将划拨土地使用权转移登记至中海公司名下的问题。案涉出资土地系国有划拨用地，依据《土地管理法》等相关法律法规，划拨土地使用权只能用于划拨，不能直接用于出资。出资人欲以划拨土地使用权作为出资，应由国家收回直接作价出资或者将划拨土地使用权变更为出让土地使用权。《公司法司法解释（三）》第8条规定就是考虑到在司法实践中如果划拨土地使用权存在的权利瑕疵可以补正，且在法院指定的合理期限内实际补正的，可以认定当事人以划拨土地使用权出资的效力。但能否补正瑕疵的决定权在于土地所属地方政府及其土地管理部门，人民法院判断出资行为的效力应以瑕疵补正的结果作为前提。因而，人民法院应当在诉讼过程中给当事人指定合理的期间，由其办理相关的土地变更手续，并视变更手续完成的结果再行作出判决。本案中，最高院在再审审查期间已给予当事人相应的时间办理土地变更手续，再审审理过程中又为当事人指定了两个月（2016年4月23日至6月22日）的合理期限办理土地变更登记手续，但当事人未能在本院指定的期间内完成土地变更登记行为，即其无法自行补正划拨土地使用权出资的瑕疵。故珊瑚礁管理处虽将案涉土地交付给中海公司使用，但未将案涉土地过户登记至中海公司名下，因而其以案涉土地使用权出资的承诺并未履行到位。周某梅、中海公司请求确认珊瑚礁管理处未履行作为中海公司股东的出资义务，有事实和法律依据，最高院予以支持。但因案涉出资土地系划拨用地，当事人未能在本院指定的合理期间内办理土地变更登记手续，故周某梅、中海公司请求将案涉土地办理过户登记至中海公司名下，没有法律依据，最高院不予支持。一、二审法院直接判决珊瑚礁管理处将案涉划拨土地使用权变更登记到中海公司名下，适用法律错误，应予撤销。

裁判观点： 以非法财产出资取得的股东资格无效，取得的股权应当处置，由其他股东补缴出资取得。

裁判结果： 股东资格无效，该股权由其他股东取得并补缴相应出资。

案例34. 山东省昌邑市华星矿业有限责任公司诉姜某先股东资格确认和公司赢余分配权纠纷抗诉案。最高人民检察院公报2010年第3期（总期116号）

该案一、二审认定姜某先具有股东资格，但姜某先投资的货币属于犯挪用资金罪所得，不能合法地构成公司法人财产，故认定出资没有到位，以未实缴出资为由判决不支持其分红的主张。检察院抗诉的理由主要是，姜某先明知其出资是挪用国有企业的财产还虚构作为其个人的出资，并不构成实际出资，且有欺诈的故意，同时该虚假出资行为损害了国家的利益，因此其出资行为是无效的。山东省高院采纳了检察院的抗诉意见也兼顾了有限公司的人合性原则，认定姜某先的股东资格无效，没收追缴姜某先的出资款，对于其取得的股权由其他股东补缴出资并取得。

（七）出资义务和债权的抵销（1 件）

裁判观点：非货币出资的应当办理实物（权利）的权属转移，出资后，出资人对该实物（权利）即丧失了所有权，出资人再以该权利为自己取得权益属违约行为。

裁判结果：驳回再审申请。

案例 35.（2018）最高法民申 1950 号，东北制药集团股份有限公司（以下简称东北制药公司）、北京华德停车场管理有限公司（以下简称华德公司）合同纠纷。最高人民法院

本案争议焦点是：（1）原审认定东北制药公司未按合同约定履行出资义务构成违约是否存在错误；（2）原审判令解除合作协议是否属于适用法律错误；（3）东北制药公司再审申请提交的新证据是否足以推翻原审判决。

法院认为：第一，关于原审认定东北制药公司未按合同约定履行出资义务构成违约是否存在错误的问题。首先，根据案涉三方合作协议书和合作协议书（补充）的约定，东北制药公司系以专有技术出资。《合同法》第 347 条规定……案涉三方合作协议书第 6 条亦具体明确约定了东北制药公司应当提供技术资料。因此，技术秘密转让合同的让与人的首要义务是“提供技术资料”，技术资料交付后，为保证技术的实用性、可靠性，还应进行技术指导等合同从义务。最高院认为，虽然东北制药公司……但根据上述规定和协议约定，其行为仍然属于交付技术的从属义务。原审认定东北制药公司关于专有技术的交付乃是融入涵盖厂房设计与建设等一系列过程的主张不能成立，其不能证明已经向东药乌海化工公司交付了技术，存在违约行为，具有相应的法律和事实依据，并无不当。其次，2010 年 12 月 22 日，东药乌海化工公司与东北制药公司签署的技术转让协议约定……仍享有该项技术的使用权。最高院认为，三方合作协议中虽然没有明确约定东北制药公司系以专有技术所有权出资，但根据《公司法》第 28 条的规定，东北制药公司用以出资的丙炔醇安全生产技术作为非货币财产，只有可以完全转移权属和完整交付时，才能满足公司法对于非货币财产的出资要求。此外，《东北制药集团股份有限公司

资产评估报告书》中对于评估对象和评估范围明确表述为……故原审依据上述协议约定结合东北制药公司提交的委托评估报告，认定东北制药公司的出资应为以东北制药公司的专有技术所有权出资，具有法律和事实依据。由于东北制药公司应以专有技术所有权出资，其以自己名义为丙炔醇生产技术申请专利，因东北制药公司未提交证据证明申请专利的丙炔醇生产技术与案涉专有技术存在区别，原审认定系违约行为，亦无不当。

此外，东北制药公司还主张某德公司和双清公司起诉其未履行出资义务不具有适当身份，华德公司和双清公司未依约投入资金的违约行为才是导致协议无法履行的原因。本院认为，华德公司起诉东北制药公司违约未履行出资义务的基础系三方合作协议书和合作协议书（补充），上述协议不仅约定了各方的合作方式和性质，还对新公司成立的形式、注册资本、经营范围和期限、出资额及方式，以及新公司运行过程中各方的具体权利和义务进行了明确，既是各方合作与新公司运行的基础，也是各方权利义务的依据。因此东北制药公司、华德公司以及双清公司就东药乌海化工公司的出资和运行形成的权利义务关系，不仅应受到《公司法》和公司章程的约束，也应受到作为各方合作基础的合作协议书和合作协议书（补充）以及《合同法》的调整。华德公司根据协议约定和《合同法》的规定，起诉东北制药公司承担违约责任并要求解除合同，诉讼主体资格符合法律规定，原审有关认定并无不当。

第二，关于原审判令解除合作协议书是否属于适用法律错误的问题。略。

第三，关于东北制药公司再审申请提交的新证据是否足以推翻原审判决的问题。略。

04

069-116

第三章 股东

第四条

股东和股东资格

一、示范条款

（一）股东的基本信息

……公司，统一信用代码……，联系地址……，联系邮箱……。

……，居民身份号码……，联系地址……，联系电话……，联系邮箱……，联系微信……。

上述信息如发生变更的，应通知其他股东和公司，否则向上述地址发出的通知均视为有效送达。

此条款仅是股东基本信息的陈述，没有股东立场的区别。

如果股东是公司的，登记统一社会信用代码即可，法定代表人可不登记，因为法定代表人可能随时变更，登记的意义不大，联系地址应当是实际的经营地地址或可送达地址；如果股东是自然人的，应当登记公民身份号码，联系地址除了登记户籍地地址以外，还应当登记经常居住地地址。

随着社会的信息化逐步深入，除非特别重要的文件以外，使用传统的书面快递文件的方式较少，网络方式成为日常工作使用频率最高的方式之一，故建议登记邮箱。此外，鉴于微信或其他即时沟通工具使用频率越来越高，可登记微信号，以避免在送达产生纠纷时需要举证证明微信的实名认证和身份匹配问题。邮箱相比微信的优势在于，微信需要对方通过后才能加为好友进而发送信息，且可能被对方列入黑名单而致使信息无法送达，邮箱则不会有此问题，邮件也更适用于正式的通知送达和证据保全。

（二）股东名册

无论是通过原始取得还是继受取得方式成为公司的股东，公司均应当将股东信息记载于股东名册。股东信息发生变更的，公司应当更新信息并重新发放名册。

股东名册应当【加盖公司印章/法定代表人签字】。股东依据股东名册行使股东权利、履行股东义务。

修改股东的基本信息和出具更新后的股东名册无须经过股东会或董事会表决。

【股东名册】无论是有限责任公司还是股份有限公司，《公司法》均强制要求公司置备股东名册。股东名册相当于股东的身份证，记载于股东名册的股东可依名册主张行使股东权利。

【法定代表人签字】《公司法》并未明确股东名册的签发形式，股东名册是公司发放给股东的，是内部文件并不对外使用，是否需要公司盖章同时加注法定代表人签字，可结合本书“第二十八条　其他”的规定在章程中明确。

（三）股东资格的确认

继承人自继承之日起取得股权对应的财产价值，经全体股东【过半数以上/普通决议/特别决议】同意的，继承人可以取得股东资格，行使完整的股东权利。如果【过半数以上/普通决议/特别决议】不同意的，不同意的股东应当购买该股权，继承人也可将该股权转让给他人，其他股东在同等条件下【享有/不享有】优先购买权，该转让仍然需要满足章程规定的转让条件（如果有）。如果死亡股东未完全履行出资义务，则其继承人应在取得股东资格时【一次性缴足/书面承诺按照公司要求】出资，若继承人拒绝承担前述义务或责任的，则视为继承人放弃取得股东资格。【上述转让必须一次性全部转让，不得拆分】

股东因离婚（包括判决离婚或协议离婚）分割股权的，该股东应当向其他股东发出通知，要求其他股东在合理的期限（不少于三十日）内行使优先购买权，通知中应当包括转让股权的比例、价格、支付方式以及其他实质性条件。经其他股东过半数同意转让、其他股东均明确表示放弃优先购买权的，该股东的配偶可以成为公司股东；如果其他股东过半数以上不同意转让的，不同意的股东应当购买该股权，不同意又不购买的视为同意转让。【上述转让必须一次性全部转让和购买，不得拆分】

因股权让与担保登记为公司股东的人，如果其真实意思表示并不是受让股权的，公司和其他股东不承认其股东资格，仍由实际权利人行使股东权利，但是股东会决议或章程规定了限制股东权利的除外。

因受让行为的股东资格确认，按本书“第十一条　股权处置（转让、赠与、分割、被继承）”的规定执行。

因赠与行为的股东资格确认，适用本条的继承行为规定执行。

【各种条件取得股东资格】法律仅规定继承行为是否可取得股东资格交由章程自行约定，因继承行为发生的股权变动，其他股东是否有权主张优先购买权也交由章程自行约定。考虑到继承是法定无偿行为，影响的是原股东之间的人合性，笔者建议以人数而非出资的比例作为确认股东资格的表决方式。当然，还可以约定更为严格的通过条件，例如出资和人数的双过半，股东可根据年龄、婚姻状况、配偶和子女等第一顺位、第二顺位继承人的情况以及是否愿意保留紧密人合性结构等因素确定。但对于离婚的财产分割导致的股权转让，因是有偿行为且法律明确规定了其他股东的优先购买权，可考虑设定较低的通过比例。

【一次性缴足/承诺】因继承人的经济能力和意愿不确定，对于原股东未完全出资的情况，是否要求其继承人一次性缴足或是作出承诺作为其取得股东资格的先决条件？从小股东的立场来看，可以要求一次性缴足，能够更有效地降低其向公司债权人承担股东未实缴出资的连带责任的风险。

【合理期限】法律没有明确规定，笔者建议不少于三十日不超过九十日。

【全部/拆分】法律对此没有规定，笔者建议不允许拆分，否则会导致股东人数和股权比例更加混乱。

二、条款解释

股东，我出钱不就是股东吗？这还有什么好解释的?！是吧，大部分老板都是这样认为的，无论是设立时的原始股东还是后来通过受让或者增资的方式继受取得的，总之，我出了钱我就是股东！但真的是这样吗？如果公司也承认、其他股东也承认，当然没争议，但如果其他股东不承认呢？所以，本条款实际上是两部分内容，一部分是股东的基本信息，另一部分是通过原始或者继受方式拟成为股东的，在符合什么先决条件时才能够取得或者确认其具有股东资格。本条款需要规范的问题是：登记股东信息的内容，股东名册的形式和签发方式；除了原始取得股权的，对于以继受方式取得股权的，以无偿方式取得股权的股东资格如何确认。

（一）股东

首先，不同的市场主体对其“出资人”有不同的称谓，散见于不同的单行法规定中。在2022年3月1日起施行的《市场主体登记管理条例》对各类常见的市场经济主体的“出资人”的称谓进行了统一的规范。有限责任公司和股份有限公司的“出资人”称为股东，非公司企业法人的称为出资人和成员（指农民专业合作社或联合社），个人独资企业的称为投资人，合伙企业的称为合伙人，个体工商户的称为经营者和家庭成员。笔者在本书中所称的股东仅指有限责任公司的出资人。

其次，现行法律并未限制股东的自然条件，除几种“人”不能出资或受让成为公司股东以外，法律并不禁止未成年人可以登记为股东，也不禁止无民事行为能力人可以成为股东，无论是通过原始出资还是通过挂名、受让、受赠与、执行、继承等方式均可以登记为股东，只是对于限制或无民事行为能力的人，应当由其监护人代为行使权利。上述所指的几种不能出资成为股东的“人”包括：（1）公务员和参考公务员管理的人员（《公务员法》第59条第16项）。（2）党政机关干部和职工（《中共中央、国务院关于进一步制止党政机关和党政干部经商、办企业的规定》中发〔1986〕6号）。（3）省（自治区、直辖市）、地（市）党委、政府主要领导干部配偶、子女（《中共中央纪委关于省、地两级党委、政府主要领导干部配偶、子女个人经商办企业的具体规定（试行）》中纪发〔2001〕2号）。（4）县以上党和国家机关退（离）休干部（《中共中央办公厅、国务院办公厅关于县以上党和国家机关退（离）休干部经商办企业问题的若干规定》）。（5）县以上工会、妇联、共青团、文联以及各种协会、学会等群众组织的退休干部。（6）国有企业领导、其配偶、子女及其他特定关系人［《国有企业领导人员廉洁从业若干规定》（中办发〔2009〕26号）］。（7）现役军人（《中国人民解放军内务条令（试行）》军令〔2018〕58号）。（8）自然人投资设立的一人有限责任公司，不能再投资设立新的一人有限责任公司（《公司法》第58条）。（9）合伙企业等非法人企业，不能投资设立一人有限责任公司。（10）分公司，分公司不能对外投资设立公司。（11）商业银行，商业银行原则上不得成为非银行金融机构和企业的股东，但国家另有规定的除外，如商业银行依司法判决或因行使抵押权、质权而取得股权的，不属于主动投资行为，属于抵债资产。商业银行须根据相关规定履行抵债资产的清理、变现程序，如可先由具备法人资格的商业银行承接股权，并办理工商变更登记，但应按照《商业银行法》的规定，在两年内将所承接的股权予以处分。（12）职工持股会及工会［《中国证券监督管理委员会法律部关于职工持股会及工会持股有关问题的法律意见》（法协字〔2002〕第115号）］，根据该意见，对拟上市公司而言，受理其发行申请时，应要求发行人的股东不属于职工持股会及工会持股，同时，应要求发行人的实际控制人不属于职工持股会及工会持股。对于工会或职工持股会持有拟上市公司或已上市公司的子公司股份的，可以不要求其清理。（13）机关法人，原则上禁止机关本人投资设立公司，但经国家授权的机构或部门（主要是各级国有资产监督管理机构，有时也包括财政部门及其他机关法人，经授权的其他机关法人作为公司股东，例如国家外汇管理局出资设立的梧桐树投资平台有限责任公司）可以作为公司股东。（14）事业单位，具有社会公益性的事业单位法人，如高校、图书馆等，原则上禁止投资兴办企业。

（二）取得股东资格

我们所说的股东资格是什么，为什么要具有股东资格，或者说股东资格有什么实际的意义？

通常来说股东资格是指一个人对公司具有的一种特殊身份，只有具备这个特殊的身份——股东资格，才享有对这个公司可行使的股东权利。有限责任公司和股份有限公司不同，股份公司的股份是自由流通的，不考虑人合性要求，只要购买股份后即股东，具有股东资格；而有限公司有特殊的人合性要求，即使受让股权后也仍需经公司内部程序、经其他股东的确认后才能具备股东资格、享有完整的股东权利，而并非登记为股东即享有完全的股东权利。股东权利是股东最核心的也是最终的目的，对于任何一个股东来说，如果没有股东权利，做这个股东有何意义？而享有和行使权利的前提之一便是具有股东资格。但在现行法律规定下，除原始出资以外，继受方式并不一定当然取得股东资格，例如继承行为和离婚财产分割行为就不一定能够取得股东资格，还需要其他股东的同意。在某些纠纷下，只有确定了股东资格才能成为案件的适格当事人，如股东知情权纠纷、公司决议撤销纠纷、损害股东利益责任纠纷、股东损害公司债权人利益责任纠纷等，不具有股东资格是无法作为原告向公司或其他股东提出权利要求的。因此，明确股东资格是有实际意义的。此外，本条与本书“第十一条　股权处置（转让、赠与、分割、被继承）”的区别是，后者是从处置方的视角解决的是处置行为的程序和效力、责任等问题，对于处置方来说，是主动处置的行为；本条是从取得方的视角解决的是取得方取得的程序和资格认定的问题。

按股权取得方式是否支付对价来说，可分为有偿取得和无偿取得，无偿取得包括继承和赠与，有偿取得包括转让、增资、离婚分割等。转让和增资同属于股东主动处置的行为，对其他股东来说是有“预警”的，且均有一个前置的程序，因此在这两种方式下按本书“股权处置”和本书“增资”的规定解决。对于其他的几种取得方式详见下述。

1. 继承

第一，只有自然人才有继承行为的发生，法人（包括其他组织）是没有继承的。继承是法定行为，股东死亡后其股权（财产价值）作为遗产由继承人继承，这一点章程是不能对抗的，但是因为股权上附带的不仅有财产性权利还有人身性权利，章程不能否定也不能剥夺财产性权利的继承，但可以基于有限责任公司的人合属性否定人身性权利的继承。

有限责任公司的人合属性决定了股东之间的合作基础源于股东间的信任、能力、资源和人格魅力，公司也正是基于股东彼此的认可而得以稳定运营的，这也是现代企业治理和公司法体系下与股份有限公司最大的区别之一。其他股东并不会基于对前（死亡）股东的信任而自然转为对其继承人的信任，如果继承人众多且继承人与公司其他股东对公司的经营理念差异较大，继承人成为股东后，则股东间合作基础可能不再存在，导致经营决策、公司治理上的不顺，甚至形成公司治理僵局。因此，《公司法》第75条将继承行为是否可以取得股东资格的权利交由公司自治。

自治的结果可能是允许继承人取得股东资格，也可能是排除继承人取得股东资格。公司法将继承行为的股东资格交由公司自治的原因：一是因为继承是法定行为无法避免股权属于私人财产可以被继承的事实；二是继承是被动行为，无法预知股东何时死亡，公司的其他股东只能被动等待；三是继承是无偿行为，与转让、离婚分割的有偿性质不同；四是继承可能会带来一系列复杂的问题。公司法无法穷尽实践中可能出现的各种情况，例如，继承人人数众多。《公司法》第24条规定有限责任公司的股东人数上限是五十人，虽然实践中股东数量达到如此惊人的公司非常少，但如果公司原股东数量就有数十人，某个股东死亡后继承人多达十余人的话，例如某网络游戏公司的实际控制人某某多达十余名子女，加上原有的股东，就有可能超过法律规定的股东人数上限。对此种情况，是作为特殊情况可以超出五十人的上限，还是需要改变公司组织形式为股份有限公司，法律并没有作出明确的规定。广西贵港市港北区法院在（2019）桂0802民初447号①案中认为，由于法律规定有限责任公司的登记股东为五十人以下，以及广西壮族自治区贵港市食品有限公司（以下简称食品公司）规定出资额为3万元以上的才被登记为公司股东。食品公司设立时，实际出资人达到二百八十六人，陈某贤出资额为3000元，根据食品公司的内部规定，陈某贤未能登记为食品公司的名义股东，但食品公司应当将陈某贤是公司股东记载于股东名册上。根据工商登记信息记载，食品公司登记的名义股东为宁某明和贵港市万隆建材贸易有限公司，在名义股东未超过五十人的情况下，食品公司应当将陈某贤作为公司股东向工商登记部门申请办理登记手续。如果死亡股东没有第一顺位继承人，其股权由第二顺位继承人即兄弟姐妹、祖父母、外祖父母继承，继承中再引入转继承、代位继承等问题，则股权分配、公司治理问题将更加复杂，这对公司和其他股东来说将会是一场可怕的“灾难”。

第二，继承人成为新股东后，其他股东的持股比例并未发生变化，按出资比例表决的事项也并不会因继承人的加入而发生变化，但是在按股东人数的投票表决中，投票表决的格局可能会发生变化。例如，公司原有股东四个人，过半数同意是三个人，但其中

① 陈某贤与广西壮族自治区贵港市食品有限公司股东名册记载纠纷。

一个人死亡后，有五个继承人全部成为股东，该公司的股东人数变成了八个人，此时过半数即意味着只要这五个继承人不同意，该事项即不可能通过。从大股东的立场来看，适用《公司法》第 75 条的标准条款即可，或者干脆不作约定，但如果小股东不想将公司交由股东的继承人，而是想收回自己经营管理的话，则可以考虑设置确认资格的先决条件。

至于通过的比例，因继承后新股东的加入只是增加了股东人数，其他股东的出资比例没有变化，影响的是人合性，所以表决也应以人数而不是以出资比例（或者考虑人数和资本的双过半）为通过的条件。其他股东（达到设定的比例）同意的，即表示认可该继承人的人合性，其即加入公司中与原股东组成新的股东会；如果有股东不同意新股东加入的，不同意的股东应当购买股权，使继承人仅能取得股权的财产价值而不得进入公司，如果其他股东不同意又不购买的，应当视为同意。至于转让交易的价格可以由其他股东和股东以外的第三人竞价，否则无法有效保障继承人的法定继承权利。但如果继承人不作出任何意思表示或者积极行动，拖延或拒绝配合的，股东会很有可能因该部分股权无法有效行使而导致无法有效作出决议，致使公司运营出现困难。建议明确此种状态下限制或排除该部分股权的表决权。当然，为避免继承人太多，即使同意继承人取得股东资格的，章程也可以约定由多名继承人共同协商推选出一个继承人取得股东资格，其他继承人可作为该名代表的隐名股东，由继承人内部处理权益分配的问题。

第三，虽然法律并不禁止未成年人持有公司股权，但如果继承人是未成年人，或者是无民事行为能力人，继承人的意思表示由谁行使？是要求其监护人代持股权，还是要求其监护人作为受托人代其行使股东权利？如果持有股权的夫妻二人因意外死亡，其未成年子女的监护人由某组织担任，该未成年子女继承的股权是否也应由某组织委派一名代表或是其他方式行使？

第四，如果继承人中有法律意义上的外国人，公司性质可能将因股东“外国人”的身份发生变更，是否应强制要求公司变更登记为外资企业，受《外商投资法》约束？如果公司原有业务在外资准入负面清单内的，当内资公司变为外资公司后，原有业务还能否继续经营？

第五，职业经理人因股权激励方式取得股权，这类股权是股东基于对其个人在公司经营管理能力上的认可和信任而授予，这种能力附着于其个人，并不会被继承。当职业经理人意外死亡后该股权应如何处理？如果章程未作出规定，任由其继承人继承的话，那其继承人取得股权对公司来说毫无价值也无任何意义，这种情况下，公司是否可强制免费（如果是无偿授予的）收购该股权？

第六，司法裁判确认即使存在抽逃出资的情况，除非经股东会决议除名，也并不必然导致股东资格的丧失，只要死亡的股东在生前仍具有股东资格的，且章程没有限制或禁止性约定的，其继承人一样能够取得股东资格。在这种情况下，章程是否需要约定继承股东资格的前提是提前缴足出资，或者是出具特别承诺，承诺其有实力、有能力按照死亡股东之前的承诺继续履行出资义务？

第七，如果死亡股东原本为代持的，他的股权是由其继承人继承，还是由实际出资人显名？即使其他股东过半数同意实际出资人显名，但死亡股东的继承人要求行使法定继承权的，应当保障哪一个权利在先，如何解决这种潜在的纠纷？天津市高院在（2018）津民终 361 号①案件中认为实际出资人与继承人之间的股东权益纠纷属于内部纠纷，但并未在该案件中对这个问题一并作出裁判。

第八，还有一个司法实践中尚未明确的问题。为有效保障小股东合法权益、保障知情权行使，《公司法司法解释（四）》第 7 条第 2 款规定，"……但原告有初步证据证明在持股期间其合法权益受到损害，请求依法查阅或者复制其持股期间的公司特定文件材料的除外"，这个规定解决了股东丧失股东资格后也可以对其在持股期间可行使知情权的权利保护。但是对于继承行为来说，继承人在继承之日至被公司确认股东资格或转让股权而丧失股东资格期间，是否享有股东权利，该股东权利是完整的还是部分的？是否可以行使知情权或其他权利？如果继承人主张（或者通过诉讼方式救济权利）具有股东资格且行使知情权的，是可以在一个诉讼中一并提起，还是应当先诉讼确认具有股东资格后另行提起知情权之诉？山东省高密市法院在（2015）高法商初字第 73 号②案、北京市一中院在（2009）一中民终字第 14481 号③案中均确认如果章程没有限制或禁止性规定的，继承人从继承之日享有知情权，但河南省洛阳市中院在（2015）洛民终字第 1530 号④案中认为，如果股东资格存有争议的，不得在一个诉讼中直接要求行使知情权，应当在确认资格后另案提起知情权之诉。

此外，另一个矛盾的问题是，即使继承人放弃取得股东资格而转让股权的，由谁在转让协议的转让方处签字？原股东已经死亡了，而继承人在办理完毕继承未取得股权之前也无权签字，所以实践中有可能仍需要提起一个新的司法诉讼来确认完成转让。笔者建议在章程中对此类问题作出约定。

2. 赠与

公司法没有对赠与是否可取得股东资格作出明确规定，鉴于赠与与继承一样可以被

---

① 天津虹联创业投资有限公司与天津安捷医院有限公司、韩某玉、武某、马某菊、唐某珍、马某芬，天津亚得置业发展集团有限公司、王某元、李某仁股东资格确认纠纷。

② 孙某玉、马某军、单某军、陈某福、曹某秋、焦某训与山东高密市通达机械有限公司公司决议纠纷。

③ 王某发、王某青、陈某、王某轩与北京五岳机械设备有限责任公司、王某锁、崔某平股东知情权纠纷。

④ 程某、程某娟与河南地久置业集团有限公司股东知情权纠纷。

划分为无偿取得，可参照继承行为的规定。

3. 转让、增资

（详见本书股权处置和增资）。

4. 离婚财产分割

在婚姻关系存续期间，一方出资取得的股权作为夫妻共有财产是没有争议的，股权在离婚时应当被分割也是没有争议的，但是股权中既包括财产性权利也包括人身性权利，故共有财产中的“共有”是指股权中的哪个权益？《公司法》和《婚姻法》均对股权中的财产权利如何分割作出了较为详细的规定，江苏省苏州市中院在（2018）苏05民终322号①案件中认为夫妻共有的只是股权价值而非股权本身。也正因如此，公司法和婚姻法司法解释考虑到财产分割的有偿属性赋予了其他股东享有优先购买的权利，但对于其中的人身权利部分，规定了配偶一方拟取得股东身份，且经其他股东过半数同意的，该配偶方可成为公司股东。其他股东如果不行使优先购买权即等同于认可该股东的配偶可以取得股东资格，如果不予以认可的则必须行使优先购买权购买转让的股权，以此阻断该股东的配偶成为公司股东的可能性。与继承和赠与行为同理，离婚导致的股权分割影响的也是原有的人合性，而对其他股东的原有出资比例和持股比例没有影响。但对于以人数为表决通过的事项，则有可能因配偶的加入带来不确定的影响。例如，男方持有公司60%的股权，因离婚需要分割一半即30%给女方，在分割后男方就会失去对公司的控制权，因此和女方协商后只分割9%的股权给女方，自己仍然保留51%的股权以便于控制公司，男方另行以其他方式补偿给女方，对这种情况法律是否准许？笔者建议，在设计章程条款时要注意明确的是转让通知的内容应当构成实质条件、答复的合理期限、同意转让的表决方式和通过比例，以及是否准许转让部分股权，具体的规则需要视公司情况和股东的立场在章程中明确。

5. 解除代持后如何取得股东资格

关于代持这个问题，《公司法司法解释（三）》第25条第3款明确规定了经其他股东过半数同意（没有赋予章程自行约定的权利）的，实际出资人可以变更股东登记，章程中即使不约定也可以直接适用法律规定，其他股东如果不想让实际出资人显名的，可以行使否决权。但法律未规定在以该种方式变动时其他股东是否享有优先购买权。从法理上讲，代持的“还原”是无偿行为，没有优先购买权的基础，但股东可以事先在章程中规定，在登记股东与实际出资人解除代持协议时，其他股东是否可主张优先购买权以阻断实际出资人显名的路径。

① 陈某强与于某娟、苏州鑫志龙精密机械有限公司股权转让纠纷。

6. 执行

通过在执行程序中以拍卖方式取得股权的，因支付相应的对价，可以视为有偿取得，最高人民法院在《最高人民法院关于人民法院强制执行股权若干问题的规定》（法释〔2021〕20号）中已经作出了明确和可实操性的规定，笔者在此不做赘述。

7. 让与担保

通过让与担保方式虽然办理了股权"转让"且登记为股东的，但因其本意并不是受让股权，则不应当认定该登记股东的股东资格。笔者建议在章程中约定兜底的原则性条款，对形式上登记为股东的是否可行使股东权利作出约定，但是要注意避免与其他条款的冲突。

（三）丧失股东资格

股东资格既能够取得，也就能够丧失。关于股东资格的丧失在公司法中被表述为"解除"股东资格。从语义上来说，解除是动词，指的是一种动作，丧失是一种状态，是指解除后的结果。丧失股东资格后，理论上股东便不再享有股东权利。笔者建议，在章程中可直接约定：无论因任何原因，股东丧失股东资格后即不再享有股东权利。关于解除股东资格的条件和程序详见本书"第五条　股东除名"。

（四）股东名册

股东名册和出资证明书都是公司法强制性规定公司必备的资料，但实践中大部分中小企业都没有制作过股东名册，股东也没有签收过股东名册，因为这些企业的股东数量通常不超过五个人，彼此之间非常熟悉，企业并没有建立起完善的治理机制，所有权与经营权没有分割。

对于股东名册的效力，《九民会议纪要》明确股东名册记载事项具有证权登记的效力，明确除法定应当办理批准手续外，受让人可依照股东名册主张取得股权。同时明确股东名册记载的"证权登记"不具有对抗善意相对人的效力。虽然股东名册只是认定股东资格的形式要件而并非实质要件，也不是司法裁判确认股东行使权利的唯一依据，但名册仍然是法定的有力证据之一，笔者建议在章程中明确规定股东名册的制作、签发的责任主体。

三、法律规定

《公司法》第32条、第73条、第75条、第96条

《公司法司法解释（三）》第21~24条

《最高人民法院关于人民法院强制执行股权若干问题的规定》

《公务员法》第53条

《中共中央、国务院关于严禁党政机关和党政干部经商、办企业的决定》（中发

〔1984〕27 号）

《中共中央、国务院关于进一步制止党政机关和党政干部经商、办企业的规定》（中发〔1986〕6 号）

《中共中央办公厅、国务院办公厅关于县以上党和国家机关退（离）休干部经商办企业问题的若干规定》（中办发〔1988〕11 号）

《中共中央纪委关于“不准在领导干部管辖的业务范围内个人从事可能与公共利益发生冲突的经商办企业活动”的解释》（中纪发〔2000〕4 号）

《中共中央纪委关于省、地两级党委、政府主要领导干部配偶、子女个人经商办企业的具体规定（试行）》（中纪发〔2001〕2 号）

《国有企业领导人员廉洁从业若干规定》（中办发〔2009〕26 号）

《中国证券监督管理委员会法律部关于职工持股会及工会持股有关问题的法律意见》（法协字〔2002〕第 115 号）

《中国人民解放军内务条令（试行）》（军令〔2018〕58 号）

四、参考案例（20 件）

（一）股东资格的认定（1 件）

裁判观点：股东身份的确认应当根据出资情况以及是否以一定的形式为公众所知等因素综合判断。

裁判结果：撤销一审、二审判决，确认万某裕为公司股东。

案例 36.（2014）民提字第 00054 号，万某裕与丽江水电公司、双河电站、博尔晟公司、张某云、唐某云股东资格确认纠纷。最高人民法院

本案再审争议焦点是：万某裕是否为宏瑞公司的股东。

法院认为：股东身份的确认，应根据当事人的出资情况以及股东身份是否以一定的形式为公众所认知等因素进行综合判断。根据本案查明的事实，最高院认为万某裕已经取得了宏瑞公司的股东身份。

首先，万某裕已经向宏瑞公司实缴出资，万某裕打入宏瑞公司账户的 510 万元为出资款而非借款。2008 年 6 月，代表宏瑞公司处理日常事务的唐某云及宏瑞公司股东张某云与万某裕协商，由万某裕向宏瑞公司出资 510 万元，占宏瑞公司 30% 的股份。由此证明，万某裕在出资之前，已经与宏瑞公司及其股东就出资事宜达成了合意。2008 年 7 月 29 日，万某裕向云南省丽江市古城区信用合作社贷款 530 万元，贷款用途明确约定为“电站投资”。2008 年 8 月 4 日，万某裕将所贷的 510 万元打入了宏瑞公司的账户，实缴

了出资，履行了先前约定的出资义务，宏瑞公司的会计凭证也将该510万元记载为“实收资本”。直至2011年3月15日，唐某云还认可万某裕投入宏瑞公司的510万元是投资款。以上事实足以证明，万某裕已经按认缴的出资额向宏瑞公司实缴了出资，万某裕支付的510万元为出资款而非借款。

其次，万某裕的股东身份已经记载于宏瑞公司章程，万某裕也以股东身份实际参与了宏瑞公司的经营管理。2008年8月10日，唐某云、张某云和万某裕共同修订并签署了新的宏瑞公司章程。虽然在宏瑞公司章程上签字的自然人股东只有唐某云、张某云两人，但由于唐某云同时还代表宏瑞公司的另一法人股东博尔晟公司，故宏瑞公司章程的修改经过了代表三分之二以上表决权的股东通过，符合法定的修改程序，宏瑞公司的另一股东双河电站在本案二审中也明确表示认可修订后的宏瑞公司章程，故其应为合法有效。此外万某裕以宏瑞公司董事长的身份出席了双河电站的复工典礼，并多次参加宏瑞公司的股东会，讨论公司经营管理事宜，实际行使了股东权利。

（二）股东名册记载和变更纠纷（5件）

裁判观点：股权转让协议中约定变更公司法定代表人、变更股东名册、签发出资证明书、办理相关登记视为有效，无须另行召开股东会。

裁判结果：驳回上诉，维持原判。

案例37. （2018）川08民终1049号，罗某1、罗某2与谭某洲、旺苍县致远煤业有限公司、四川明嘉矿业集团有限公司股东名册记载纠纷。四川省广元市中级人民法院

法院认为：原告谭某洲按照约定的转让款金额、支付转让款的期限，履行了支付转让款的义务，被告旺苍县致远煤业有限公司应当按照约定将原告谭某洲记载于股东名册，为其签发出资证明并办理相关登记。旺苍县致远煤业有限公司的全体股东与被上诉人谭某洲签订的旺苍县致远煤业有限公司股份转让协议第7条明确约定，在协议签订并付清全部转让款项的10日内，向工商行政管理机关申请办理股权谭某洲法定代表人变更登记。该转让协议中关于“办理股权谭某洲法定代表人变更登记”应为全体股东一致决议，该决议内容清楚明了，不存在歧义，也无须再就法定代表人的变更另行召开股东会，在被上诉人谭某洲按期履行了付款义务后，旺苍县致远煤业有限公司及全体股东应当按约履行变更公司法定代表人为被上诉人的相应义务。

裁判观点：他人代为实缴出资不影响股东的认定。

裁判结果：驳回上诉，维持原判。确认原告为公司股东，公司应当记载于股东名册。

案例38. （2019）辽02民终3332号，大连高科结构加固工程有限公司（以下简称高科公司）、刘某霞、孙某股东资格确认纠纷、股东名册记载纠纷、请求变更公司登记纠纷。辽宁省大连市中级人民法院

法院认为： 依据《公司法》第二章第一节的规定及《公司法司法解释（三）》第16条、第22条的规定，具有股东资格与享有所有股东权利是不同的概念，已经认缴出资，且不违反法律法规强制性规定的，即具有股东资格。本案中，刘某霞已认缴出资，且不违反法律法规强制性规定，因此具有高科公司股东资格。《公司法司法解释（三）》第23条规定……本案中，他人以刘某霞的名义实缴出资15万元，高科公司应将刘某霞出资的15万元记载于股东名册，并向公司登记机关登记。刘某霞诉请记载并登记实缴出资10.5万元，系其对权利的处分，予以准许。至于刘某霞与实际缴纳15万元出资人之间，是民间借贷的债务关系，还是实际出资人与名义股东之间的关系，抑或其他法律关系，应另案处理，在本案中不予审理。刘某霞主张向夏某支付10.5万元并提供两张收条，该事实是否存在以及该事实所产生的法律后果，与本案诉讼标的无关，因此在本案中不予审理。高科公司及原审第三人孙某称，刘某霞已退出公司。所谓退出公司，有减少注册资本或者由他人缴纳相应的出资抑或转让股权等多种可能，均需按法定程序办理。而本案当事人未按法定程序办理，因此对该意见不予采纳。

裁判观点： 公司章程与股东名册不一致时，股东名册可以作为认定股东资格、享有股东权利的依据。

裁判结果： 部分维持，部分改判。确认原告为公司股东。

案例39. （2020）川04民终573号，许某1、邓某平与攀枝花能缘化工有限公司（以下简称能缘公司）股东资格确认纠纷。四川省攀枝花市中级人民法院

法院认为： 本案系股东资格确认纠纷，内容为能缘公司内部治理事项，就能缘公司本身的内部治理而言，股东名册载明的出资额、出资比例应当与备案的公司章程一致，当二者存在不一致或矛盾时，从《公司法》第32条第2款的规定可以得知，股东名册作为记载股东权利的证明，在股东权益受到侵害或股权存在争议时，股东名册可以起到证明股东身份及出资额、出资比例的作用，具有证明股东身份及出资额、出资比例的证明效力。公司章程并不能当然否定股东名册、出资证明书的效力。作为能缘公司出具的股东名册、出资证明书，虽然载明内容与能缘公司的章程不一致，但出资证明书得到了包括许某1在内的各股东的签字确认，出资证明书与公司股东名册记载完全一致，真实反映了能缘公司目前的股东人数及持股情况，故一审法院虽然查明邓某平6%的股权由许某2代持，但判决将许某1名下6%的股权变更登记在邓某平名下，与查明事实相符，

攀枝花市中院予以确认。

裁判观点：股东名册是取得股权和成为股东的标志，登记机关的变更登记仅具有对抗效力。

裁判结果：驳回上诉，维持原判。

案例40.（2020）闽02民终3117号，深圳前海汇亿银生商业保理有限公司（以下简称前海公司）与厦门智久共赢资产管理合伙企业（有限合伙）（以下简称智久合伙企业）、厦门龙泊投资咨询有限公司、张某1、张某2、智久（厦门）机器人科技有限公司（以下简称智久机器人公司）股权转让纠纷。福建省厦门市中级人民法院

本案争议焦点是：本案讼争股权转让是否生效，前海公司是否有权解除合同。

法院认为：本案讼争股权转让已经生效，前海公司无权解除合同。第一，前海公司与智久合伙企业签订的股权转让合同系双方当事人的真实意思表示，不违反法律、行政法规的强制性规定，系合法有效之协议，对双方当事人均产生法律约束力。股权转让是股权权属在转让人与受让人之间发生转移的行为，实际上是股权的交付行为。股权转让合同生效后，转让人智久合伙企业所负的主要合同义务是交付股权，受让人前海公司所负的主要合同义务是支付价款。只有通过股权转让合同的实际履行，才能发生股权转让。无论股东名册变更还是公司登记机关的变更均不是股权转让合同成立或者生效的条件。未将受让人记载于股东名册或未向登记机关办理变更登记的，不影响股权转让合同的效力。

第二，可见，有限责任公司股东名册记载与公司登记机关的变更登记虽然都属于登记范畴，但两者效力不同。其区别是，股东名册的登记作为股权变动的公示方式，自股东的姓名或名称记载于股东名册之时，股权权属即予确定，受让人因此取得了股权，可以以股东身份参与公司事务，实际享有股东权利。而公司登记机关的变更登记则应以股东名册的登记作为基础和根据，具有向社会不特定多数人公示的作用，股权转让后经公司登记机关变更登记，产生对抗效力。因此，“记载于股东名册”是受让人取得公司股权和成为公司股东的标志。本案前海公司已依约于2018年1月22日向智久合伙企业支付股权转让款1000万元，智久机器人公司亦于2018年6月12日将前海公司记载于股东名册，股权转让已经生效，前海公司已经成为智久机器人公司的股东，依法可以行使股东权利。未经公司登记机关的变更登记，不影响股权转让的生效。

第三，前海公司在本案诉讼前也认可其智久机器人公司的股东身份且行使了部分股东权利。略。

第四，前海公司主张股权转让合同和投资协议书均应作为本案认定双方责任的合同依据，办理股权变更登记是合同的主要条款之一，智久合伙企业未依约办理股权变更登记违反合同义务，但对于办理股权变更登记事宜，股权转让合同约定智久合伙企业予以配合，因此智久机器人公司才是办理工商变更登记的义务人。而智久机器人公司是否存在拖延办理变更登记，既不影响本案股权转让合同的效力，也不影响前海公司取得股权。

裁判观点：因改制过程中出资取得股东资格，虽然超出法律规定的股东人数五十人的上限，但仍应当将出资人登记在股东名册，并在登记股东不超过五十人的情况下办理工商变更登记。

裁判结果：驳回上诉，维持原判。

案例41.（2019）桂08民终1173号，食品公司、陈某贤股东名册记载纠纷。广西壮族自治区贵港市中级人民法院

一审法院认为：本案是食品公司在政府主导改制后，因公司股东资格的确认而发生纠纷。在此情况下，要确认该有限责任公司的股东资格，除根据《公司法》的有关规定外，还需综合考虑政府部门关于国有企业改制的有关政策和规定。陈某贤根据贵港市人民政府批复同意，认购贵港市食品总公司国有资产3000元，贵港市食品总公司经改制更名为食品公司后，陈某贤应当确认为食品公司的实际投资人，是食品公司的实际股东。由于法律规定有限责任公司的登记股东为五十人以下，以及食品公司规定出资额为3万元以上的才可以被登记为公司股东。食品公司设立时，实际出资人达到二百八十六人，陈某贤出资额为3000元，根据食品公司的内部规定，陈某贤未能被登记为食品公司的名义股东，但食品公司应当将陈某贤记载于股东名册上。根据工商登记信息记载，食品公司登记的名义股东为宁某明和贵港市万隆建材贸易有限公司，在名义股东未超过五十人的情况下，食品公司应当将陈某贤记载于股东名册上，并应向工商登记部门申请办理登记手续。因此，对陈某贤的该项请求，予以支持。

二审法院认为：关于被上诉人所持有的股权是否转让的问题，上诉人主张被上诉人所持有的股权已委托叶某才作为代表并经公司同意转让，但其所提交的证据未能推翻已生效的贵港市港北区人民法院（2016）桂0802刑初244号刑事判决书所认定的事实，故对上诉人的该主张不予采信。被上诉人所持有的股权字第287号股权证和贵港市港北区人民法院（2016）桂0802刑初244号刑事判决书可以证实被上诉人所持有的股权并未转让，在其股权未转让前其仍是上诉人公司的持股人之一。一审法院根据上诉人所提交到庭的《广西壮族自治区贵港市食品有限公司章程》的规定及所查明的现上诉人公司

登记的名义股东仅为宁某明和贵港市万隆建材贸易有限公司的事实，而判决上诉人应将被上诉人的姓名、出资额以及出资证明编号记载于股东名册并向公司登记机关申请办理被上诉人是上诉人公司股东的登记手续是符合公司法的相关规定的。

（三）配偶取得股东资格纠纷（3 件）

裁判观点： 其他股东同意转让或者视为同意转让的，配偶可以成为公司股东。
裁判结果： 驳回上诉，维持原判。

案例 42.（2019）京 03 民终 7816 号，胡某 2 与金某离婚后财产纠纷。北京市第三中级人民法院

法院认为： 当事人因离婚就财产分割达成的协议，对男女双方具有法律约束力。首先，股权属于财产权利，且该股权系祁某与金某婚姻关系存续期间取得，根据《婚姻法》（已失效）第 17 条的规定，在夫妻关系存续期间，夫妻一方用夫妻共同财产以一方名义在有限责任公司投入的资金应属夫妻共同财产，故祁某持有的恒丰达公司 20% 的股权应属夫妻共同财产；其次，根据祁某与金某在离婚协议 2 中的约定，离婚后公司股份共同持有各占一半，该约定系双方真实意思表示，且约定内容明确，合法有效，双方应当遵循该协议书的内容分割夫妻共同财产。祁某去世后，该协议对祁某的第一顺位法定继承人具有法律约束力。

关于确认金某为恒丰达公司股东是否侵犯公司股东优先购买权的问题，由于金某与恒丰达公司股东就转让价格并未达成一致意见，且各方主张的股权价值评估时点亦存在差异，同时因股权价值无法确定，进而股权转让无法进行，一审法院认定恒丰达公司股东不同意转让，也不愿意以同等价格购买该股权。根据《公司法》第 71 条第 2 款、《最高人民法院关于适用〈中华人民共和国婚姻法〉若干问题的解释（二）》（已失效）第 16 条第 2 项的规定，祁某名下的恒丰达公司股份的 20% 中的二分之一归金某所有。二审法院认为一审法院的认定正确。

裁判观点： 夫妻共有的是股权价值而非股权，仅登记股东有权处分股权。
裁判结果： 驳回上诉，维持原判。

案例 43.（2018）苏 05 民终 322 号，陈某强与于某娟、苏州鑫志龙精密机械有限公司（以下简称鑫志龙公司）股权转让纠纷。江苏省苏州市中级人民法院

法院认为： 陈某强要求确认于某娟持有的鑫志龙公司 7.5% 的股权属于其所有，但其未举证其与于某娟之间存在股权转让协议并已受让股权。陈某强主张其与于某娟存在股权转让法律关系的主要依据为 2014 年 10 月 16 日的股东会决议，该决议在形式上不同

于股权转让协议，体现的是公司及其他股东对于股权转让的意志。上述协议未载明股权转让价款这一股权转让协议的基本要素，陈某强就股权转让协议的主要权利义务内容并未举证，不足以认定陈某强与于某娟就涉案股权存在股权转让合意。

涉案股权在股东会决议作出时属于于某娟、沈某虎的夫妻共有财产。沈某虎在股东会决议上签字同意转让是处分夫妻共同财产的行为。根据《公司法》第32条、《最高人民法院关于适用〈中华人民共和国婚姻法〉若干问题的解释（二）》第16条的规定，于某娟持有的鑫志龙公司股份虽属于其与沈某虎的夫妻共有财产，但沈某虎并不因此取得股东身份，夫妻共同共有的应为股权价值而非股权，对股权的处分仍需具有股东身份方能作出。

裁判观点：未经其他股东同意，配偶一方不得成为公司股东。

裁判结果：驳回上诉，维持原判。

案例44. （2014）洛民终字第1267号，仇某某与张某某离婚后财产分割纠纷。河南省洛阳市中级人民法院

法院认为：仇某某与张某某之间签订的离婚协议系双方当事人的真实意思表示，依法有效。现仇某某起诉要求张某某协助将其所持有的两公司股份变更登记到仇某某名下，根据《最高人民法院关于适用〈中华人民共和国婚姻法〉若干问题的解释（二）》第16条第1项的规定，仇某某应提供证据证明两公司“过半数股东同意、其他股东明确表示放弃优先购买权”，但未提供相应证据，故其要求将张某某持有的两公司股份变更登记到其名下的上诉请求，法院无法支持。

（四）继承人取得股东资格纠纷（8件）

裁判观点：公司法并未要求股东出资与股东资格互为条件，即使存在抽逃出资的情况，也并不必然导致丧失股东资格，只要已故股东生前仍具有股东资格，其继承人就有权继受取得股东资格。

裁判结果：撤销原审判决，原告具有公司股东身份。

案例45. （2016）甘08民终59号，马某、任某盆、马某田与平凉市创新酒店管理有限公司（以下简称创新公司）、王某义、刘某苗股东资格确认纠纷。甘肃省平凉市中级人民法院

本案争议焦点是：马某、任某盆、马某田所要继承的马某生的股东资格是否存在。

法院认为：公司法并未要求股东出资与股东资格互为条件，即使存在抽逃出资的情况，也并不必然导致丧失股东资格，而是只限制抽逃出资股东的权利，限期返还出资，

如拒不返还，股东会可以决议方式解除该股东资格。所以，即使马某生抽逃出资的事实成立，在股东会未决议解除马某生股东资格前，马某生仍具有股东资格，只是公司有权限制马某生的股东权利。创新公司虽提交了 2014 年 12 月 22 日的股东会会议记录以证明其曾发出对马某生的解除股东资格的通知，但马某、任某盆、马某田否认该会议记录并认为通知没有盖公章是伪造的。结合工商处罚决定书认定的事实及创新公司认为在马某生死后公司查账时才发现其抽逃出资的陈述，可以确认创新公司并未作出因马某生抽逃出资而解除马某生股东资格的决议。根据《公司法》第 75 条的规定，自然人股东死亡后，其合法继承人可以继承股东资格。而创新公司章程未对股东资格继承作限制性规定。故马某生生前仍具有创新公司的股东资格，马某等上诉人作为马某生的继承人，有权继受取得马某生的股东资格。

裁判观点：若章程没有作出限制性或者禁止性规定，则继承股东资格的时间为自股东死亡之日起当然继承股东资格，无须经其他程序认可，享有包括股东知情权在内的法律和公司章程规定的完全的股东权利。

裁判结果：驳回上诉，维持原判。

案例 46.（2016）鲁 07 民终 1513 号，孙某玉、马某军等与山东高密市通达机械有限公司（以下简称通达机械公司）公司决议纠纷。山东省潍坊市中级人民法院

本案争议焦点是：“12.6 决议”中选举职工王某强和刘某华担任公司董事是否违反了法律、行政法规的强制性规定。

法院认为：原告方认为单某 1 持股为 54.6% 而非 67.42%，单某 2 享有财产继承权，而非股东身份权，身份权的取得需要相应程序确认，即或是通过公司进行确认登记在公司的股东名册中，或是通过工商行政管理机关的登记公示。根据《公司法》第 75 条的规定，单某 2 作为单某 1 之女，从单某 1 去世之日当然取得通达机械公司合法的股东资格，而无须其他程序认可。工商行政机关对股东资格登记或董事、监事备案只是以向社会公示之公益目的而为，其最多属于“证权性”登记而绝非“赋权性”登记，股东资格取得与否，与工商机关或公司的登记无关。原告认为在未经特定程序变更股东身份的议程前，单某 2 不具备股东资格，刘某华、王某强不是通达机械公司股东，故不能被选为公司董事，更不能通过股东会选举产生，另监事会选举中亦存在违规选举职工监事之情形。但我国法律、法规并未对股东资格继承及非股东担任公司董事作出限制性规定，且通达机械公司现行的公司章程亦不存在排除股东资格继承及非股东担任公司董事之约定。

裁判观点： 章程未约定继承办法的，继承人取得股东资格，且可以行使股东知情权。

裁判结果： 原告具有股东资格，可行使股东权利。

案例 47. （2018）鲁 05 民初 70 号，聂某与山东华星石油化工集团有限公司（以下简称华星公司）股东资格确认纠纷、股东知情权纠纷。山东省东营市中级人民法院

本案争议焦点是：（1）聂某能否继承其父聂某卿在华星公司的股权从而具有股东资格；（2）如果聂某具有股东资格，其诉请股东知情权的内容和范围是否符合法律规定。

法院认为： 关于焦点问题（1），在华星公司认可聂某的父亲聂某卿股东身份的情况下，本案聂某的股东资格确认纠纷实质为股权继承问题。对于股权继承问题，《公司法》第 75 条允许公司章程另行规定股东资格继承办法，主要是考虑到有限责任公司的人合性，且公司章程对股东资格继承的限制，也只能以合理为标准。如果公司章程中未约定继承办法的，应当按照该条规定的一般原则由继承人继承死亡股东的股东资格。本案中，无论其他继承人放弃涉案股权的继承权与否，在聂某卿于 2015 年 7 月 22 日去世后，聂某作为聂某卿涉案股权的合法继承人，依法可以继承涉案股权相应份额成为华星公司的股东，而在其他合法继承人书面放弃涉案股权继承权后，聂某作为唯一合法继承人只是继承了更多的股份数额。故原告聂某作为聂某卿的合法继承人可以继承聂某卿的股权从而具有华星公司的股东资格，并在此基础上依法行使其股东知情权。

关于焦点问题（2），法院认为，股东知情权是股东的一项身份权利，与股东身份紧密相关，是股东的基础性权利，也是股东行使资产收益权利、参与公司重大决策等股东权利的前提和基础。其中，查询、复制公司成立至今的公司章程、股东会会议记录、董事会决议、监事会决议和财务会计报告是股东知情权的重要内容。股东对公司经营状况的知悉，最重要的方式就是通过上述材料了解公司财务状况。据此，聂某的股东知情权的行使范围应当包括要求查阅、复制上述公司的特定材料。因聂某请求查阅和（或）复制公司特定文件行使股东知情权的范围未超出法律规定，华星公司亦未举证证明或在审理中认定聂某行使知情权具有不正当目的，并可能损害华星公司的合法权益，在聂某可以继承涉案股权从而具有华星公司股东身份的情况下，东营市中院对聂某行使股东知情权的诉请予以支持。

裁判观点： 股东行使知情权的前提是具有股东资格，在股东资格存有争议的情况下，不得行使知情权，应当另案诉讼确认股东资格后再行使。

裁判结果： 驳回上诉，维持原判。

案例48.（2015）洛民终字第1530号，程某、程某娟与河南地久置业集团有限公司（以下简称地久公司）股东知情权纠纷。河南省洛阳市中级人民法院

法院认为：上诉人程某、程某娟向地久公司行使股东知情权的前提是其具有该公司的股东资格。2015年7月9日洛阳市工商行政管理局出具的地久公司工商登记信息中并未显示程某、程某娟是地久公司的股东，地久公司也不认可程某、程某娟具有股东资格。鉴于目前双方对程某、程某娟是否具有股东资格存在争议，程某、程某娟在行使股东知情权之前，应先解决其股东资格问题。《公司法司法解释（三）》第21条规定，当事人向人民法院起诉请求确认其股东资格的，应当以公司为被告，与案件争议股权有利害关系的人作为第三人参加诉讼。依据上述规定，股东资格确认可能涉及案外相关利害关系人的利益，本案不予处理。在此情况下，程某、程某娟要求行使股东知情权，洛阳市中院未予支持。

裁判观点：章程规定了股东资格继承限制性条件的，按章程规定。

裁判结果：驳回上诉，维持原判。

案例49.（2013）苏中商终字第0331号，徐某霞、王某法、钱某妹与华芳集团有限公司（以下简称华芳公司）股权转让纠纷。江苏省苏州市中级人民法院

法院认为：王某生前系华芳公司股东，其去世后股东资格是否可由其继承人徐某某、王某某、钱某某加以继承，应依据相关法律规定及华芳公司的章程规定加以判断。依据《公司法》第75条的规定，如公司章程没有另外约定的，自然人股东死亡后其继承人可以继承股东资格。但华芳公司的章程明确约定，自然人股东死亡后未经股东会特别表决同意，其继承人不能继承其股东资格，故应适用章程的规定。

裁判观点：公司章程虽然未明确死亡股东资格不能继承，但结合公司章程的规定，公司高度的人合性和封闭性的特征，可以认定排除股东资格继承是章程的真实意思表示。排除股东资格继承后，标的股权如何处理属于公司内部治理事项，但财产权利应得到保障。

裁判结果：撤销一审判决，驳回原告诉讼请求。

案例50.（2018）最高法民终88号，启东市建都房地产开发有限公司（以下简称建都公司）、周某股东资格确认纠纷。最高人民法院

本案争议焦点是：周某要求确认其股东资格，并要求建都公司办理股权变更手续是否有事实和法律依据。

法院认为：《公司法》第75条规定赋予了自然人股东的继承人继承股东资格的权

利，但是同时亦允许公司章程对死亡股东的股权处理方式另行作出安排。因此，判断本案中周某是否有权继承其父周某新的股东资格，关键在于解读建都公司章程有无对股东资格继承问题作出例外规定。

公司章程作为公司的自治规则，是公司组织与活动最基本与最重要的准则，对全体股东均具有约束力。正确理解章程条款，应在文义解释的基础上，综合考虑章程体系、制定背景以及实施情况等因素加以分析，公司章程第 7 条第 3 款对死亡股东股权的处理已经作出了规定，虽然未明确死亡股东的股东资格不能被继承，但结合该条所反映的建都公司高度人合性和封闭性的特征，以及死亡股东应及时办理股权转让手续的表述，可以认定排除股东资格继承是章程的真实意思表示。本案应当认定公司章程已经排除了股东资格的继承。排除股东资格继承后，标的股权如何处理属于公司内部治理事项，不影响本案股东资格的判断。建都公司作为有限责任公司，具有独立的法人人格和治理结构，案涉股权排除继承后，究竟是由公司回购还是由其他股东受让，均可通过公司自治实现。这两种方式均有利于打破公司僵局，维持公司的人合性和封闭性，体现公司意志，保护股东权益。此外，周某虽无权继承股东资格，但其财产权利应当得到保障。

裁判观点：即使名义股东系代持，但章程没有限制继承人取得股东资格的，名义股东死亡后，其继承人可以取得股东资格。实际出资人与继承人之间的股东权益纠纷系其内部纠纷。

裁判结果：驳回再审申请。

案例 51.（2018）津民终 361 号，（2019）最高法民申 2884 号，天津虹联创业投资有限公司（以下简称虹联公司）与天津安捷医院有限公司（以下简称安捷医院）、韩某玉、武某、马某菊、唐某珍、马某芬及天津亚得置业发展集团有限公司、王某元、李某仁股东资格确认纠纷。最高人民法院

本案争议焦点是：虹联公司是否有权变更为安捷医院的股东。

法院认为：首先，《公司法司法解释（三）》第 24 条第 3 款是关于公司实际出资人取得股东资格的规定。在公司的名义股东与实际出资人不一致的情形下，实际出资人与名义股东之间有关投资权益的约定，属于双方之间的内部约定，仅对合同双方产生约束力。如果实际出资人主张公司办理变更股东、签发出资证明书等，其请求就突破了双方之间合同约定的范畴。为了保证有限责任公司的人合性，维护股东之间的相互了解、信任关系，《公司法司法解释（三）》第 24 条第 3 款对于实际出资人的显名化问题，即隐名股东转化为显名股东作出了限制性规定，要求公司其他股东半数以上同意。如果其他股东过半数不同意，则股权仍然归属于原显名股东。该规定旨在维护有限责任公司股东

之间良好的信赖关系，保障有限责任公司股东之间的合作及公司的日常经营和良性运行。

其次，虹联公司与案外人武某强签订的委托持股协议，只对虹联公司与武某强产生法律约束力，并不能约束协议双方之外的公司其他股东。虹联公司现以其为安捷医院的实际出资人为由，在武某强去世后要求确认股东资格并办理登记手续，仍需依法履行法定程序。在安捷医院的其他股东马某芬、唐某珍均明确表示不同意的情况下，虹联公司的诉讼请求缺乏法律依据，法院不予支持。

最后，虹联公司主张武某强已经去世，有限责任公司安捷医院的人合性已经不存在。对此，法院认为，《公司法司法解释（三）》第 24 条第 3 款关于人合性的考量，主要是为了维护股东之间建立的了解和信任关系，保障有限责任公司股东对于合作关系相对方的选择权。虽然武某强已去世，但是除公司章程另有规定外，武某强的继承人可以继承其在安捷医院的股权。马某芬、唐某珍对于武某强的继承人继承股权亦未提出异议。武某强的去世并不导致有限责任公司安捷医院人合性的丧失，虹联公司的主张缺乏法律依据。

裁判观点：股权价值为死亡股东的财产，即使限制股东资格，也仍可作为责任财产对外承担责任。

裁判结果：驳回执行异议。

案例 52.（2019）粤 0105 执异 170 号，阳西荣禾实业有限公司（以下简称荣禾公司）与吴某晴、黄某玲、梧州市苍梧宁和房地产开发有限公司民间借贷纠纷。广东省广州市海珠区人民法院

本案争议焦点是：法院应否解除对张某芬持有的荣禾公司 47.5% 股权的相应执行措施。

法院认为：关于荣禾公司主张张某芬已死亡，海珠区法院作出的冻结裁定书仍列张某芬为被执行人属于适用法律错误的问题。由于在海珠区法院作出冻结裁定书之前并未获悉张某芬已死亡的客观事实，也没有相关当事人就张某芬已死亡的事实向法院申请变更或追加被执行主体，故在此情况下所作出的冻结裁定书不宜认定存在错误。而且，即便张某芬已死亡，但其持有的荣禾公司的股权仍应属于其遗产，海珠区法院对该股权进行冻结处置并无不当，并不能因为冻结裁定书仍然列张某芬作为被执行主体而否定冻结措施的合法性。

关于荣禾公司以张某芬由于滥用股东权利、挪用公司公款、利用关联关系、抽逃出资，致使公司遭受重大损失等原因已被取消股东资格为由主张解除对股权的冻结以便其收回股权作转让或减资处理。张某芬是否存在荣禾公司所主张的上述情形属于张某芬与

荣禾公司的另一法律关系且涉及实体审查问题，本案不予直接审查处理。此外，张某芬或其继承人是否已经被限制或取消股东资格，是公司内部对股东权利的处分，属于法人内部管理行为，但即便股东资格被限制或取消，该股东所持有的股权所对应的价值仍属于该股东的财产，仍可作为责任财产对外承担责任，故荣禾公司以张某芬或其继承人的股东资格被取消为由主张该股权已不属于张某芬的个人财产，依据不足，法院不予支持。退一步讲，假设张某芬确实存在利用关联关系、滥用股东权利、抽逃出资等行为造成荣禾公司损失的，荣禾公司也理应通过其他法律途径主张权利，但由于张某芬持有的股权所对应的价值仍属于其名下的财产，如准许荣禾公司直接收回张某芬持有的股权用作转让或减资处理，无形之中却是将张某芬持有的股权直接或优先清偿张某芬因滥用股东权利或者关联关系等损害公司利益对公司所负的债务，这样将损害了张某芬其他债权人的利益，故荣禾公司据此主张解除对股权的冻结，依据不足，法院亦不予支持。

（五）代持解除后取得股东资格纠纷（3 件）

裁判观点：实际出资人未显名的，不能直接行使股东权利。

裁判结果：驳回上诉，维持原判。

案例 53.（2019）黔民终 483 号，赵某宾与朱某林、贵州兴中元投资开发有限公司（以下简称兴中元公司）、伍某媛、李某新、中国电建集团新能源电力有限公司股权登记纠纷。贵州省高级人民法院

本案争议焦点是：（1）赵某宾的出资份额是否登记在朱某林名下；（2）赵某宾解除代持关系及变更股权登记的诉讼请求能否得到支持。

法院认为：关于赵某宾的出资份额是否登记在朱某林名下的问题。贵州省高院认为，首先，兴中元公司的登记股东实质为三千多名实际出资人的股东代表，赵某宾的出资登记于何人名下，并非基于双方就代持股达成合意或双方之间签订代持股协议，而是基于兴中元公司的整体安排。其次，对于实际出资人与登记股东之间出资份额的权属应当据实予以认定。兴中元公司不能仅仅依据赵某宾不是公司登记股东就否认赵某宾系公司实际出资人并享有兴中元公司出资份额的事实。

关于赵某宾解除代持关系及变更股权登记的诉讼请求能否得到支持的问题。首先，前已述及，赵某宾的出资份额相继登记于伍某媛、朱某林名下，并非基于赵某宾与伍某媛、朱某林之间达成的代持协议，而是兴中元公司的整体安排……双方并非因合意而形成代持关系，不符合委托合同的法律特征。现赵某宾依据委托合同中委托人可以任意解除合同的规定请求解除其与朱某林的代持关系，并变更股权登记，不符合法律规定。其次，从兴中元公司登记股东的历次变更情况来看，其五次变更均经过股东会讨论决定，

赵某宾的出资份额最初由伍某媛代持到其后变更为朱某林代持均由股东会作出决议，并非实际出资人与代持人自行决定。最后，赵某宾作为实际出资人，其享有的出资人权益应当受到法律保护，但该保护并非全方位或无限制的，在实际出资人未能依法成为显名股东时，其权利的行使不能等同于公司显名股东甚至超越显名股东。

裁判观点：即使认定实际出资，但未经过其他股东过半数以上同意的，不能裁判直接确认股东资格。

裁判结果：撤销一审判决，驳回原告的诉讼请求。

案例 54.（2018）湘 06 民终 2162 号，刘某丹诉岳阳广济医院有限公司（以下简称广济医院）股东资格确认纠纷。湖南省岳阳市中级人民法院

本案争议焦点是：刘某丹是不是广济医院的股东？

法院认为：刘某丹、聂某华等七人合伙承租洞纺医院……合伙终止后，合伙人之间并没有就合伙终止事项进行清算，而是将合伙期间添附的相关资产及货币现金共计 900 万元以聂某华的名义入股广济医院。刘某丹作为原洞纺医院的承租合伙人之一，在合伙终止后，刘某丹将合伙投入及添附财产投入到了广济医院，刘某丹是广济医院的实际出资人，尽管刘某丹没有委托聂某华持有刘某丹的出资份额，但客观上刘某丹的出资额是由聂某华代持的。由于刘某丹对聂某华代持的出资额有异议，则在广济医院注册成立时，聂某华的出资中到底包含刘某丹多少数额的出资份额，刘某丹的合伙投入及添附财产有多少，还需刘某丹与聂某华等另外进行合伙清算。只有明确聂某华将属于刘某丹的多少合伙投入及添附财产投入到了广济医院，才能准确认定刘某丹的实际出资额。一审以刘某丹合伙期间的原始投入合伙资金 100 万元作为刘某丹的出资额，在广济医院成立后，根据广济医院和湖南广济置业有限公司的资产评估价值分别按比例增加计算为刘某丹的出资额增值，实际上是将刘某丹出资额所获利益转化为刘某丹的新增出资，该计算方法没有法律依据，对刘某丹也是不公平的，刘某丹上诉称一审判决第 1 项对其出资额对应的股份数额表述不明确具体的理由成立，岳阳市中院予以纠正。刘某丹的姓名并没有记载于广济医院和湖南省广济置业有限公司的股东名册、公司登记资料上，刘某丹自广济医院和湖南省广济置业有限公司成立开始，均未在公司登记机关办理股东登记。一审基于刘某丹对广济医院存在实际出资，进而认定刘某丹的股东身份，违反了上述法律规定，岳阳市中院予以纠正。在没有查清聂某华代持了刘某丹多少出资的情况下，刘某丹直接请求确认其在广济医院、湖南广济置业有限公司的出资金额的依据不足，岳阳市中院不予支持。刘某丹需要先另案进行清算确认。刘某丹能否登记为广济医院的股东，应由广济医院的股东会作出决议，一审法院在没有征得其他股东半数以上同意的情况

下，直接判决广济医院和湖南广济置业有限公司向公司登记机关办理刘某丹股东身份的登记，违反了上述司法解释的规定，广济医院的上诉理由成立，法院予以采纳。本案在无法径行确定刘某丹的出资额的情况下，也就无法确认刘某丹的股东地位，刘某丹请求确认其股东地位的依据不足，法院不予以支持。

裁判观点： 违反法律禁止性规定持有“干股”，且从未出资和参与经营管理，不享有股东权益。

裁判结果： 撤销原审判决，驳回原审原告的诉讼请求。

案例55. （2015）贺民二终字第132号，曾某龙与温某林、温某军、谢某先、刘某生、钟山县吉庆烟花爆竹有限公司（以下简称吉庆公司）、李某璋、李某股权转让纠纷。广西壮族自治区贺州市中级人民法院

本案争议焦点是： 上诉人曾某龙要求继续享有吉庆公司30%的股权，并据以主张被上诉人赔偿其经济损失是否合法有据。

法院认为： 民商事主体进行民商事活动必须遵守法律规定和公序良俗，违法行为不应当得到支持。上诉人曾某龙身为国家工作人员，违反国家法律和政策纪律有关严禁公职人员经商、办企业的禁令，其参与成立有限责任公司，从事营利性活动，并出任公司股东的行为本身是应当受到法律禁止和否定的，故上诉人曾某龙在本案中要求股东相关权益的诉讼主张，已经丧失了合法性基础，贺州市中院不予支持。而且，上诉人曾某龙在公司筹建、成立和经营过程中，从未进行过实际出资和经营管理，其持有公司30%“干股”，并据以主张其股东权益，违反了法律上权利和义务相一致的基本原则。根据《公司法司法解释（三）》（2014修正）（已被修改）第16条和第17条第1款的规定，本案公司的另两位实际出资的股东温某林和谢某先将公司股权转让和公司资产转让的款项在两位实际出资的股东之间进行分配，实际上是否定了上诉人曾某龙的股东资格，限制了上诉人曾某龙的利润分配、公司剩余财产分配以及股权转让款分配等相关权利。上诉人曾某龙没有履行作为股东的基本义务，另两位股东当然可以依据公司法的有关规定对抗曾某龙基于“干股”所主张的股东权益。

第五条

股东除名

一、示范条款

股东有下列情况的，公司可催告其在合理的期间【不少于两个月】内纠正不当行为，如果在合理的期间内仍未纠正的，股东会可作出决议限制该股东的部分权利，如果该股东仍不能消除不当行为的，为公司和其他股东之共同利益，股东会可决议将该股东除名：

1.《公司法》及相关司法解释规定的未履行出资义务或者抽逃全部出资，经公司催缴或者返还，在合理期间内仍未缴纳或者返还的；

2. 个人负有较大债务可能影响到行使股东权利或履行股东义务，股权可能会质押，或者可能被第三人查封等不利因素发生，经公司通知不能提供合理的解释或者在合理的期间内不能提供担保的；

3. 长期重病或因其他原因不能参加股东会，不能有效行使股东权利、履行股东义务的；

4. 严重违反诚实信用义务和股东义务，股东间已经不具备基本的信任关系，股东间矛盾已经无法调解的；

5. 公司章程其他条款单独规定的可除名的行为。

股东因上述行为被除名的，不以存在故意或过失为前提。

公司向股东发出纠正通知时，通知中应当明确不适当的行为、纠正的合理期间、不按期纠正行为的后果，以及向公司解释和申辩的权利。

除名决议应当经股东会【普通决议/特别决议】表决通过，并适用表决权回避规则，具体以股东会议事规则为准。除名决议应当包含对被除名股东的股权作出安排的方案。

除名决议自作出即时生效。被除名的股东对决议有异议的，可在决议作出之日起六十日内向公司所在地法院提起诉讼。如果被除名的股东已经向法院提起了诉讼，在该诉讼裁判未生效之前，公司不得办理变更登记。如果公司根据股东会决议和章程规定办理了变更登记，法院裁判决议无效或撤销决议的，公司应当向登记机关申请撤销变更登记。

股东被除名的，公司应当向被除名的股东按照【上一年度经审计的公司净资产对应的股权价值以其实缴出资比例/经协商后/原始出资/约定的评估方法】向其返还出资，并应当在三个月内将被除名股东的股权出售给其他股东或其他股东同意的人，如果三个月内未能出售的，公司应当办理减资。

被除名的股东因其行为给公司或者其他股东造成损失的，不因将其除名而免除其损害赔偿责任。

综合来看，法律仅规定了两种（未履行出资和抽逃全部出资）可解除股东资格的条件，以及要先履行催告义务、合理期间、股东会决议等程序。

【合理期间】考虑到限制股东权利是重大事项，建议期间不少于两个月。

【除名条件】个人负有较大债务可能导致股权质押或被冻结无法有效增资、融资，公司的信用受损；除非是纯粹的财务投资者，否则长期不能亲自有效行使股东权利的股东对公司来说并没有太多的价值；股东之间已失去信任关系、存在无法调和的矛盾，公司难以长期稳定运行，笔者建议将这几种条件作为解除股东间纠纷避免公司陷入僵局的情形之一。

【返还出资】返还出资是按照除名发生时公司净资产对应的股权价值，还是按照原始出资返还？从除名的原因看，因股东违反义务导致的被除名带有惩罚性质，因此可以选择二者中孰低的一个，具体可视股东立场确定。从大股东的立场来看，条件上可以简要概括性规定即可，合理期间可以设定三个月或者更长的时间，股东会决议通过的比例可以设置双重表决，例如人数和股比均三分之二以上通过，避免被小股东除名；从小股东的立场来看，建议增加其他的解除条件，股东会决议通过的比例设置较低，如人数过半。

需要提示的是，为体现公平合理，避免被认定为滥用股东权利损害特定股东的合法权益，建议限制股东权利和除名应当召开两次股东会会议，且都需要按照股东会召集、召开和表决的规则作出决议。

二、条款解释

本条款需要规范的问题是：除名的法定条件和约定条件，除名的程序，除名后的股权安排，除名的权利救济，除名股东的损害赔偿责任等。

股东除名是指在出现特定事由时，按照特定程序强制性地剥夺股东的股东资格，使其不再享有和行使股东权利，被除名的股东被动地退出公司。从词义上来说，除名是一个动词，股东资格是除名的目标物。

对于大部分中小企业来说，创始股东往往是具有相熟关系的亲戚、朋友、同事，彼此之间基于足够的了解和信任才会共同投资设立公司，各股东对公司的投资形式也不仅仅是货币，还随着个人的专业技术、知识产权、市场资源、经营管理经验等多种形式。在初创期各股东同时兼任了公司董事或者总经理等实际的职务，公司的所有权和经营权是混同的，公司人格和股东人格也是“混同”的。公司在创业初期能否存活和经营发展确实在很大程度上需要依赖股东个人的能力，这种依附于股东个人能力的投入无法被资本替代，这也是大部分公司初创期的特点，所以就更加需要股东之间的信任与合作。但是这种信任关系很有可能随着公司的经营发展或者个人原因而发生变化。无论是外部的市场环境、行业环境的变化、经营规模的增减，还是公司内人员的变动、组织架构的调整，都可能会发生变化，当各股东在设立之初承诺投入的“出资”未能兑现，或者股东之间因各种原因发生纠纷无法调和，彼此之间已经失去了基本的信任时，“共同参与、共同管理”不再起到积极的作用，反而成为一种桎梏，在限制股东权利无法实现目的的情况下，其他股东可以联合起来将某一股东除名。

大股东和小股东在解除股东资格上的立场是不一致的，甚至可以说是对立的。现实中出现的很多纠纷往往是大股东利用实际控制公司的优势侵害公司的利益，间接损害了小股东的权益。不及时有效地解决这些矛盾将会导致公司陷入僵局最终分崩离析，如何有效地解决矛盾，是任由其继续留在公司给公司和其他股东造成更加严重的损失，还是强制其转让股权，或者是解散公司？如果不符合强制股权转让的先决条件且这个股东又不主动“退出”，又如何解决，是否可以将其除名？因此，小股东应当更加关注股东除名条款，在公司设立时、在所有股东可以把盏言欢时就应根据自己的出资比例或表决权比例、参与公司经营管理的深度、股东知情权履行的尺度等多种因素设计除名的先决条件和对除名作出股东会决议的表决权比例。

首先，除名的法定条件和约定条件。目前只有《公司法司法解释（三）》第17条第1款对此作出了规定，可以除名的先决条件只有未履行出资义务或者抽逃全部出资，而章程是否可以约定更严格或者更宽松的条件，这些约定是否有效？例如，（1）股东未兑现出资。股东对公司的投入未能按承诺兑现，尤其是对于非货币的其他出资形式（特定物）未能兑现而又无法强制其履行时，导致公司无法实现设立目的和经营目标，此种情况下是否可以将该股东除名？（2）股东个人对外负有较大债务影响公司和其他股东权益。在实缴出资未完成的情况下，公司债权人可向该股东主张其在认缴出资范围内承担补充赔偿责任，其他股东应当承担连带责任，这将给公司或者其他股东带来潜在的风险。又或者，该股东的债权人查封其股权导致公司无法有效增资、融资，使公司治理陷入僵局，此种情况下是否可以将该股东除名？（3）股东因长期病重或失去自由等其他原因无法参加股东会，未能有效行使权利履行义务，也不能通过其他方式有效行使股东权利，且该股东占据较大份额的股权或表决权，导致公司无法有效作出股东会决议、无法形成有效决策，此种情况下是否可以将该股东除名？（4）股东间丧失信任。股东之间已经严重丧失了信任，无法通过其他方式解决僵局，此种情况下是通过申请公司解散的方式实现自我救济还是将不被信任的股东除名？

不同法院对此有不同的裁判观点。江苏省南京市中院在（2015）宁商终字第 737 号①案件中认为，章程中因“股东违规交易”而解除股东资格的条款无效；安徽省六安市中院在（2014）六民二终字第 00281 号②案件中否认了章程对法律规定作出进一步严格条件的约定的效力；广西容县法院在（2013）容民初字第 14 号③案件中认可章程中关于“股东滥用权利损害公司利益和其他股东利益”解除股东资格的条款有效；上海市一中院和上海市二中院也对章程中可自行约定解除资格的其他条件的效力给予认可。笔者认为，股东在章程中对解除资格在法律规定以外作出更多的约定是可行的。

其次，除名的程序。股东会将符合条件的股东除名应当向其发出通知，通知的具体内容是什么，合理期间是多长？参考《公司法司法解释（四）》第 19 条的规定，笔者建议催告的内容应当至少包括除名的理由、申辩的权利救济方式、纠正的方式等，纠正期间建议不少于两个月，并且允许和保障其进行申辩的权利。

再次，股东会议的表决权比例。根据《公司法》第 43 条第 2 款的规定，股东除名不属于特别决议，故在公司章程无特别约定的情况下只需过半数以上表决权通过。但对于决定股东“生死”的决议来说，仅为过半数通过明显过于草率，无论是从大股东还是小股东的权益保护立场来看，笔者都建议经过多次通知，递进式地限制其股东权利直至解除，且关于解除的决议应当由其他股东的双过半或一致同意通过。此外，表决是否适用回避规则，这一点是毋庸置疑的，上海市二中院作出的经典案例（2014）沪二中民四（商）终字第 1261 号④也对此给予了确认。否则当大股东持有多数表决权的时候，股东

---

① 赵某刚与南京悦昌五金制品有限公司与公司有关的纠纷。

② 金寨双河源农业技术开发有限公司与洪某成公司决议效力确认纠纷。

③ 某电子公司与肖某、郑某、马某确认公司股东决议效力纠纷。

④ 宋某祥、上海万禹国际贸易有限公司公司决议效力确认纠纷。

除名将无法作出有效决议，表决规则形同虚设。

最后，除名后该股东的股权如何处置和如何确认对价。股东除名按规则作出处置的决议没有问题，但这并不意味着被除名的股东“净身出户”，仍然要以合理的对价“收购”其股权，关键是以什么对价交易，也即应当支付给被除名股东多少钱。是按照被除名时公司净资产对应的股权价值，还是按照原始出资，抑或原始出资加上银行利息？从除名的本意来说，因该股东严重违反了公司章程，给公司和其他股东造成了严重的后果才导致其他股东被迫行使除名的权利，所以除名制度本身是带有明显的惩罚色彩，也因此笔者认为被除名股东不应再按现在的股权价值“安全”地退出，否则因其“犯错”被除名时还能取得投资溢价，对其他股东来说是不公平的，建议仅以其原始出资返还即可。当然，如果公司亏损，让其仍以原始投资退出则又相当于避免了投资失败的风险，对其他股东来说也是不公平的，建议以被除名时股权价值和原始出资中孰低的为准。此外还有一个衍生的问题，如果其他股东不购买而由公司回购的话，公司如何处置因受限于法律规定不能长期持有自己的股权？这一点可能是在除名没有争议后各方最为关注的问题，现行法律也没有对此作出规定，公司的实际情况不同，违规的原因也不同，笔者建议公司应当办理减资程序，并将此种情况下减资的规则在股东会决议中直接作出规定。

此外，需要说明的是，法律并未对除名行为提起的诉讼时效直接作出规定，因除名需要作出股东会决议，而决议有不成立、撤销、无效等形态，不同形态有不同的时效期间，因此确认除名决议无效的不适用时效，但撤销除名决议的适用六十日的除斥期间的规定，且此六十日是从股东会决议作出之日起计算，而不是从“知道或者应当知道”之日起计算。

三、法律规定

《公司法司法解释（三）》第 17 条

四、参考案例（20 件）

（一）除名决议无效的情形（7 件）

裁判观点：未履行前置程序催告缴纳出资的通知义务，除名决议无效。

裁判结果：驳回上诉，维持原判。

案例 56.（2017）黔 04 民终 750 号，关岭岭南驾校有限公司（以下简称岭南驾校）、卢某植、卢某涛、谭某林、罗某菊与王某美、王某贤、王某令公司决议效力确认纠纷。贵州省安顺市中级人民法院

法院认为：根据岭南驾校在工商管理部门登记的股东名册及其公司章程所示，卢某植、卢某涛、谭某林、罗某菊、王某贤、王某美为岭南驾校的股东。2017 年 3 月 16 日卢某植、卢某涛、谭某林、罗某菊、王某贤签订的《关岭岭南驾校股东协议》系股东会作出的决议，王某美作为股东要求确认该《关岭岭南驾校股东协议》无效。卢某植、卢某涛、谭某林、罗某菊、王某贤未通知王某美参加 2016 年 11 月 2 日的股东会议，王某美未参加该会议也未在《关于岭南驾校场地改造、三个月车款资金筹备会议决定》上签字确认，故《关于岭南驾校场地改造、三个月车款资金筹备会议决定》的相关内容不能约束王某美。岭南驾校、卢某植、卢某涛、谭某林、罗某菊上诉称王某美未按照《关于岭南驾校场地改造、三个月车款资金筹备会议决定》约定缴清出资，视为自动退股因此丧失股东资格的上诉理由不能成立。

卢某植、卢某涛、谭某林、罗某菊、王某贤即便认为王某美未履行出资义务，欲将其除名，也仍应向王某美催告缴纳并给予其一定的合理期间缴纳出资。但上诉人无证据证明已履行上述催告义务，且王某美能证明自己已履行了出资义务，不符合股东除名的实质要件。因此，《关岭岭南驾校股东协议》排除王某美股东资格并对公司各股东的股份进行了重新分配，损害了王某美的股东权利。王某美请求确认《关岭岭南驾校股东协议》无效，一审法院予以支持并无不当。

裁判观点：公司章程没有特殊约定的，以股东会决议的形式解除股东资格不予支持，股东资格不得被剥夺。

裁判结果：驳回上诉，维持原判。

案例 57. （2019）豫 04 民终 601 号，汝州凯德产业发展有限公司（以下简称凯德公司）、王某凯、袁某松与强某洪、董某股东出资纠纷。河南省平顶山市中级人民法院

法院认为：对凯德公司三人的第一个上诉请求，即改判确认强某洪转让给董某的 10% 股权减持至 1.6%（实缴出资 160 万元），分析如下：略。对凯德公司三人的第二个上诉请求，即确认凯德公司解除董某股东资格的股东会决议生效，分析如下：凯德公司是有限责任公司，具有人合公司的性质，其登记备案的公司章程对公司、股东等具有约束力，现登记备案的公司章程关于股东会职权中对解除股东资格没有约定，但该公司章程对登记自然人股东转让自持股权有明确约定，前提必须是该自然人股东具有完全民事行为能力时自愿处分，故凯德公司三人通过股东会的形式强行解除董某的股东资格，于法无据，法院不予支持。

对凯德公司三人的第三个上诉请求，即判令董某转让其在凯德公司股权，分析如

下：因凯德公司章程关于股权转让有明确约定，董某作为自然人股东转让其登记股权，必须以该公司章程相关规定各方协商一致后依法自愿处分。另外《公司法》第20条第1款规定，公司股东应当遵守法律、行政法规和公司章程，依法行使股东权利，不得滥用股东权利损害公司或者其他股东的利益。故在董某明确表示不同意转让案涉股权的情况下，凯德公司三人的该项上诉请求显然于法无据，法院不予支持。

裁判观点：章程无特别约定的情形下，股东刑事犯罪并不必然丧失股东资格。

裁判结果：维持原审判决，确认第三人不是公司股东。

案例58.（2017）鲁02民终4116号，刘某胜、王某花等二十人，王某利等五人，林某先等五人与刘某旻、朱某耀及王某华等十七人股东资格确认纠纷。山东省青岛市中级人民法院

本案争议焦点是：（1）被告主体是否适格；（2）是否违反一事不再理原则；（3）诉讼时效问题；（4）原告提起本案诉讼是否具有诉的利益；（5）应否确认刘某胜、王某花等20名原审原告的原企业股东资格；（6）原审原告要求否定原审被告及原审第三人的原企业股东资格是否成立。

法院认为：关于争议焦点（6），原审原告要求否定11名原审被告的股东资格问题。王某利虽存在刑事犯罪行为，侵占了公司资产，但刑事判决并未剥夺其个人的股权等民事财产权利，公司章程中并无该种情形下对股东资格的否定内容，《公司法》第146条第1款第2项也仅规定在该种情形下的股东不得担任公司的董事、监事、高级管理人员，并不能因此否定其股东资格。

裁判观点：股东因违规交易被取消股东资格的章程条款无效。

裁判结果：撤销原审判决，驳回公司的诉讼请求。

案例59.（2015）宁商终字第737号，赵某刚与南京悦昌五金制品有限公司（以下简称悦昌公司）与公司有关的纠纷。江苏省南京市中级人民法院

本案争议焦点是：（1）赵某刚是否向金固公司销售过印有“LH”标志的纸胶带；（2）若赵某刚存在上述销售行为，悦昌公司是否可以依据章程修正案规定取消赵某刚的股东资格并确认赵某刚不享有公司历年来的收益及积累。

法院认为：关于第二个争议焦点，《公司法司法解释（三）》第16条和第17条第1款是公司限制股东行使股东权利和对股东除名的规定，但适用对象主要是针对未履行或未完全履行出资义务的股东。由于法人或自然人基于向公司履行出资义务才得以成为公司股东，取得股东资格，获得依法享有资产收益、参与重大决策和选择管理者等权利，

因此股权作为股东的一项固有权利，未经法定程序不容剥夺。本案中，赵某刚已向悦昌公司履行了全部出资义务，亦不存在抽逃出资等情形，故即便赵某刚存在违规交易行为，悦昌公司章程修正案中有关取消股东资格和不享有分红权等条款也因违反法律规定而应属无效。

裁判观点：章程中约定的股东未按期限、数额缴纳出资的条款与《公司法解释（三）》的规定不符，该条款无效。

裁判结果：驳回上诉，维持原判。

案例60.（2014）六民二终字第00281号，金寨双河源农业技术开发有限公司（以下简称河源公司）与洪某成公司决议效力确认纠纷。安徽省六安市中级人民法院

本案争议焦点是：（1）双河源公司于2014年1月19日召开的股东会召集程序是否合法；（2）双河源公司解除洪某成股东资格的股东会决议内容是否无效。

法院认为：双河源公司解除洪某成股东资格的主要理由是洪某成未按约定的期限履行增资义务。根据《公司法司法解释（三）》第17条第1款规定，只有在股东未出资或者抽逃全部出资，公司在催告未果的情形下才可以通过股东会决议解除某一股东的股东资格。如上所述，洪某成不存在未出资或者抽逃全部出资的情形，不符合解除股东资格的实质条件，故双河源公司股东会决议关于解除洪某成股东资格的内容违反法律规定，应属无效。

裁判观点：股东未履行出资义务或者抽逃全部出资的前提条件不得扩大解释为“部分出资”，只有在股东完全未履行出资义务或者抽逃全部出资，并在公司催告未果的情况下，公司才可以启动除名程序。

裁判结果：驳回上诉，维持原判。

案例61.（2014）沪一中民四（商）终字第2047号，黄某贵与上海吾创园林建设有限公司（以下简称吾创公司）公司决议效力确认纠纷。上海市第一中级人民法院

本案争议焦点是：2014年3月26日吾创公司股东会决议是否有效，即系争决议第4条是否符合《公司法司法解释（三）》第17条的规定。

一审法院认为：根据《公司法》《公司法司法解释（三）》的相关规定，股东仅部分出资的，公司有权主张要求其完成出资义务，或者公司可根据股东会决议对其利润分配请求权、新股优先认购权、剩余财产分配请求权等财产性股东权利作出相应的合理限

制。但是，公司不得限制或剥夺股东继续出资取得股东资格的权利。对于剥夺股东资格的公司决议，应属无效。

二审法院认为：根据《公司法司法解释（三）》第17条的规定，通过股东会决议的形式对股东进行除名的行为应具备相应的条件和程序，本案中系争决议第4条的约定并不符合一定的条件和程序，具体理由如下：首先，解除股东资格措施应适用于严重违反出资义务的情形，即“未出资”或“抽逃全部出资”，而未完全履行出资义务和抽逃部分出资不应包括其中。审理查明的事实表明，本案中吾创公司的股东均已经履行了各自部分的出资义务。其次，在对股东予以除名前，公司应履行催告缴纳或者返还出资的程序。但系争决议第4条的内容中并不包括给予未出资股东在公司催告的合理期间的决议内容。鉴于此，二审法院认定系争决议第4条的约定违反了《公司法司法解释（三）》第17条的规定而无效。

裁判观点：公司不得限制或者剥夺认缴出资未到期股东的资格，“股东未履行出资义务”仅指出资时间到期未履行的情形。

裁判结果：驳回原告的全部诉讼请求。

案例62.（2017）沪0118民初3594号，上海科峰宾馆有限公司（以下简称科峰公司）与张某公司决议效力确认纠纷。上海市青浦区人民法院

法院认为：有限公司的股东会虽然是公司的最高权力机构，但也应当按照法律规定或其章程约定行使股东会的职权。我国《公司法》第28条第1款规定，股东应当按期足额缴纳公司章程中规定的各自所认缴的出资额。本案中，科峰公司章程中明确规定股东张某所认缴的5万元出资额的出资时间为2024年1月6日，至科峰公司2017年2月8日召开股东会时远未到期，故涉案决议中要求张某提前履行出资义务，并在张某拒绝后直接认定其拒绝履行股东义务，明显与上述我国《公司法》所规定的股东出资责任相违背。由此可见，公司以股东会决议解除股东资格仅适用于股东未履行出资义务或者抽逃出资，且经催告在合理期限内仍不缴纳或者返还出资的情况下。就本案而言，科峰公司章程所规定的张某出资时间尚未到期，张某并不存在不履行出资义务或抽逃出资的情形，因此，科峰公司于2017年2月8日作出股东会决议并未满足科峰公司可以解除张某自然人股东资格的前提条件。

（二）除名决议有效的情形（4件）

裁判观点：抽逃出资的情形下，小股东可解除大股东的股东资格。

裁判结果：撤销原审判决，确认股东会决议有效。

案例63. （2014）沪二中民四（商）终字第1261号，宋某祥、上海万禹国际贸易有限公司（以下简称万禹公司）与杭州豪旭贸易有限公司（以下简称豪旭公司）公司决议效力确认纠纷。上海市第二中级人民法院

本案争议焦点是：（1）豪旭公司在入股万禹公司9900万元后是否存在抽逃出资的情形；（2）应否排除豪旭公司在系争股东会决议审议中的表决权。

法院认为：关于第一个争议焦点，豪旭公司于2012年9月14日将9900万元入股款项汇入万禹公司验资账户，并在办理完相关验资手续后，完成了对万禹公司的出资义务。但在验资后的第三天，9900万元出资款即从万禹公司基本账户转入燕拓公司和风动公司，对于该两笔转账行为，豪旭公司未提供证据证明存在其他合理用途。而在同一天，燕拓公司和风动公司又将相同金额的款项分别汇入京地公司和子月公司，该两家公司系豪旭公司出资入股前汇集9900万元款项来源的公司。由此可见，豪旭公司应当明知其出资款项在短时间内即被全部抽回，其出资并未由万禹公司使用，没有证据证明该资金流向存在其他合理用途，豪旭公司之后亦未将其出资补足，豪旭公司的行为符合《公司法司法解释（三）》第12条第4项所规定的情形，即未经法定程序将出资抽回的行为应被认定为股东抽逃出资。故上海市二中院认定豪旭公司存在抽逃对万禹公司全部出资的情形，且在万禹公司向其催告后仍未返还。

关于第二个争议焦点，根据上海市二中院审理查明的事实和对前述第一个争议焦点的认定，万禹公司以股东会决议形式解除豪旭公司股东资格的核心要件均已具备，但在股东会决议就股东除名问题进行讨论和决议时，拟被除名股东是否应当回避，即是否应当将豪旭公司本身排除在外，各方对此意见不一。《公司法司法解释（三）》第17条第1款中规定的股东除名权是公司为消除不履行义务的股东对公司和其他股东所产生不利影响而享有的一种法定权能，是不以征求被除名股东的意思为前提和基础的。在特定情形下，股东除名决议作出时，有可能涉及被除名股东操纵表决权的情形。故当某一股东与股东会讨论的决议事项有特别利害关系时，该股东不得就其持有的股权行使表决权。本案中，豪旭公司是持有万禹公司99%股权的大股东，万禹公司召开系争股东会会议前通知了豪旭公司参加会议，并由其委托的代理人在会议上进行了申辩和提出反对意见，已尽到了对拟被除名股东权利的保护。但如前所述，豪旭公司在系争决议表决时，其所持股权对应的表决权应被排除在外。上海市二中院认为，本案系争除名决议已获除豪旭公司以外的其他股东一致表决同意，即以100%表决权同意并通过，故万禹公司2014年3月25日作出的股东会决议应属有效。

裁判观点：股东与公司解除劳动关系后丧失股东资格的章程条款约定有效。

裁判结果：确认股东会决议中股权收购价格的对应决议内容无效。

案例64.（2014）闵民二商初字第1949号，朱某与上海闵行置业发展有限公司公司决议纠纷。上海市闵行区人民法院

法院认为： 根据法律规定，公司股东会或者股东大会、董事会的决议内容违反法律、行政法规的无效。原告认为，被告强制原告退股，且被告按照单方面的财务审计报告作出了本案系争股东会决议，因此2014年7月8日的股东会决议无效。被告认为，股东会决议系按照公司章程作出，且审计报告系被告委托第三方制作，已经包含了被告全部资产，故系争股东会决议有效，法院认为，被告章程第18条约定：未到法定退休年龄与公司主动解除劳动关系的应退出其拥有的股权；股东退股应按公司上一年度财务报表所反映的净资产比例与其结算。该公司章程系经股东会决议表决通过，而原告在该章程上签名，也未对章程的该条款提出异议，表示原告自愿受该章程的约束，公司对于股东除名的条件以公司章程的方式予以确定，并且全体股东对于该除名制度均予以认可，属于公司全体股东的意思自治，于法不悖。目前，也没有生效判决否定该章程的效力，因此系争章程第18条系真实、有效，对全体股东具有约束力。又由于本案中，原告系主动提出辞职，经被告允许办理了退工手续，已符合章程第18条规定的除名条件，故被告由此作出对原告除名的股东会决议内容并未违反法律、行政法规的强制性规定，该决议内容合法、有效。

裁判观点： 章程规定对股东滥用权利损害公司利益或者其他股东利益予以除名的条款有效。

裁判结果： 判决除名的决议有效。

案例65.（2013）容民初字第14号，电子公司诉被告肖某，第三人郑某、马某确认公司股东决议效力纠纷。广西壮族自治区容县人民法院

法院认为： 原告公司是人资两合的有限责任公司，即不但具有公司股东通过各自对公司的出资取得相应股东权利的资合性，还应当具有以公司股东之间相互信任、共同维护公司利益作为合作基础的人合性。有限责任公司的章程，是公司全体股东依据我国公司法的规定经过自愿协商而设立的重要文件，公司章程一经登记机关备案登记，不但对公司股东具有合同性约束力，也具有对外的公信力。而有限责任公司依照法定程序召开股东会议作出的决议，只要其内容符合法律和公司章程的规定，全体股东都应当执行，如个别股东对决议有异议，应当按照法定的程序提出意见和主张。所以，有限责任公司的股东，都应当依照法律和公司章程的规定正确地行使股东权利和承担股东义务。我国《公司法》第20条第1款规定，公司股东应当遵守法律、行政法规和公司章程的规定，依法行使股东权利，不得滥用股东权利，损害公司、其他股东和公司债权人的利益。虽

然我国《公司法》对滥用股东权利损害公司或者其他股东利益的股东没有作出可以除名的规定，但公司可以依照《公司法》有关减资的规定，结合股东在公司章程中的约定，通过召开股东会议，对滥用股东权利、损害公司或者其他股东利益，致使公司股东之间丧失人合基础的股东作出除名的决议。

本案被告是原告公司的股东，在处分自己持有的公司股权时，违反了法律和公司章程以及股东协议的规定和约定，一再坚持要将其股权仅转让给与公司控股股东存在重大矛盾的公司之外的人，甚至委托其参加股东会议，致使股东会无法正常召开，这显然是一种滥用股东权利、损害公司和其他股东利益的行为。此外，被告在对待公司重大决策的问题上，不但经常不参加经公司通知召开的股东会议，并且在未经与公司和其他股东商议的情况下，滥用股东权利，随意否定经过自己表决作出的股东会决议，致使股东会议作出的重要决议不能正确实施，从而扩大了公司的经营成本，造成公司不必要的重大经济损失。综上所述，被告不正确行使股东权利的重大过错行为，不但已经直接损害了原告公司的利益，并且已经严重伤害了股东之间的信任感，公司其他股东与被告之间已经丧失了继续合作的基础。原告公司为了公司的正常经营管理和发展，维护公司其他股东的利益，依照法定程序召开股东会议，按照我国《公司法》和原告公司章程以及公司股东协议的相关规定，于2012年11月14日通过召开股东会议，作出对被告股东除名的决议，不但程序合法，事实和法律依据充分，对返还被告的出资款金额及给予适当经济补偿合理（被告坚持要将其所占股权转让给他人的价款是111.5万元），并且在对因被告被股东除名后造成减资的问题上，有了保证公司注册资本金不变的措施，不致于损害公司债权人的利益，所以，依法应当确认为有效的股东会决议。

裁判观点：公司给予未出资股东“合理期间”不宜过短，建议不少于一个月。

裁判结果：驳回上诉，维持原判。

案例66.（2016）沪01民终9059号，申屠某中与上海中科网威信息技术有限公司（以下简称上海中科公司）、北京中科网威信息技术有限公司（以下简称北京中科公司）、顾某中、刘某请求变更公司登记纠纷。上海市第一中级人民法院

本案争议焦点是：上海中科公司解除北京中科公司股东资格的行为是否具有效力。

法院认为：股东除名制度是指在出现特定事由时按照特定程序强制性地剥夺被除名股东的资格，使该股东退出公司的一种制度。该制度作为公司解决内部纠纷的一种机制，有利于维护公司资本的真实性、惩罚股东严重损害公司利益的行为、维护股东间的信任与公司秩序以及实现公司的个性化自治。但是，由于股东除名的后果是使相关股东

丧失股东资格，对该股东的权利影响重大，且对公司债权人利益产生重要影响，因此，公司通过股东会决议解除股东资格的行为必须符合一定的条件和程序。有限责任公司股东除名具有效力应当具备以下三个要件：一是股东存在严重违反出资义务的情形，即完全未出资和抽逃全部出资。也就是说，未全面履行出资义务或者抽逃部分出资的股东不适用该规则。二是履行前置催告程序，即公司应当对存在严重违反出资义务情形的股东进行催告，给予其在合理期间内补正的机会。三是公司召开股东会形成股东会决议。根据上述司法解释规定的实体和程序要件，上海市一中院认为，上海中科公司解除北京中科公司股东资格的行为不具有效力。

第一，北京中科公司不属于抽逃全部出资。略。第二，北京中科公司是在合理期间内返还部分抽逃出资的。《公司法司法解释（三）》第 17 条第 1 款规定了“合理期间”，北京中科公司只有在该期间内返还出资才能被认定为不属于抽逃全部出资。催告中 11 天的期限（期间有 7 天法定节假日）显然过短。且股东归还部分出资的时间只比公司催告的期间晚了 3 天，并且该还款行为发生在股东会召开之前，属于在合理期间内，因此股东会决议无效。事实上，我国的股东除名制度系借鉴德国法上的股东除名制度而来，根据《德国有限责任公司法》第 21 条第 1 款关于滞纳股东除名规定，股东迟延缴付出资时，可催告其在规定的宽限期内缴付，并提出警告可能因此没收其已缴的股份。此项催告应以挂号信的形式发出，宽限期至少为一个月。尽管我国司法解释没有如德国法那样明确规定催告的宽限期至少为一个月，但在文义表达上使用的是“合理期间”而非“公司催告的期间”，可见，公司催告的期间合理与否在判断解除股东资格行为的效力时至关重要。第三，在北京中科公司抽逃出资的错误已得到部分改正的情况下，如果认定上海中科公司解除北京中科公司股东资格的行为有效，上海中科公司势必进行减资，这不利于上海中科公司对债权人利益的保护。

（三）章程可自行约定除名条件（4 件）

裁判观点：公司可以在公司章程中自行增加股东除名的情形和条件。

裁判结果：驳回上诉，维持原判。

案例 67.（2013）沪一中民四（商）终字第 1963 号，胡某与 B 公司公司决议效力确认纠纷。上海市第一中级人民法院

法院认为：被上诉人公司章程经各股东签字确认，是各股东的真实意思表示，亦为公司意思自治的体现。该公司章程第 35 条关于股东资格自动丧失情形及股权处分的约定，并未违反法律、行政法规的强制性规定，当属有效。对于涉及上诉人胡某丧失股东资格的决议，根据该公司章程第 35 条第 4 项约定，股东与公司脱离人事关系（正常退

休仍可保留原股份）或将个人职业资格关系转移出公司的，股东资格自动丧失。经生效的民事判决确认，上诉人与被上诉人之间的劳动关系已解除，因上述约定的“股东与公司脱离人事关系”仅是一种事实状态，在没有其他证据予以反驳的情况下，上诉人与被上诉人之间劳动关系的解除符合股东资格自动丧失的情形，上诉人即丧失股东资格。被上诉人为此召开股东会只是对上诉人股东资格丧失的一种宣告，无须表决，被上诉人为了慎重起见召开股东会并进行股东表决，只是一种形式上的表决，其结果为何均不影响对上诉人丧失股东资格这一事实状态的认定。至于被上诉人处分上诉人股东权益的决议，根据上述认定的事实，此时上诉人已丧失股东资格即无表决权，被上诉人将上诉人原先持有的公司20%的股权按照各股东持股比例分配给其他股东，并未违反法律及公司章程的规定，亦为有效决议。

裁判观点：公司可以通过股东会决议的方式解除股东资格。

裁判结果：撤销原审判决，部分改判。

案例68.（2012）沪二中民四（商）终字第65号，上海宏胜物业有限公司（以下简称宏胜公司）与陈某某公司决议纠纷。上海市第二中级人民法院

本案争议焦点是：在宏胜公司完成转制及相应公司章程正式制定后，由陈某某等23名自然人投资股东在宏胜公司转制时所协商订立的股东投资协议，对上述股东是否仍具有法律约束力，即该投资协议的效力是否如原审判决认定的那样在宏胜公司完成转制及相应公司章程制定后即行自然终止。

法院认为：股东投资协议通常是指公司设立前，由全体投资人所共同参与订立的协议，其主要作用在于表明发起人设立公司的目的、确定公司的基本性质和结构，以及分配和协调发起人之间的权利义务关系，其协议本质应属于合同，依法受我国《合同法》一般规则的规范和调整。至于在公司设立过程中，由认缴注册资本的股东签署的公司章程，则具有公司自治规范的性质，依法属于我国《公司法》规制的范围，并对签署股东、公司以及公司董事、监事等人员具有规范和约束的效力。因此，股东投资协议与公司章程系由投资人形成的两种在本质上存在不同的协议安排，两者之间应为相互平行而非前后承接的法律关系。基于此，股东投资协议的效力存续与否，同公司章程的制定不存在效力上的关联性，依法只受限于该协议本身的约定条款内容以及我国《合同法》的相关调整规范。

事实上，在投资人订立的股东投资协议中，既有调整公司设立完成之前的事项，同时又有调整公司成立后股东之间、公司与股东之间的权利义务关系，以及公司治理结构的内容。且基于各种原因，其中的许多内容并未被纳入之后所订立的公司章程之中。况

且，有时股东投资协议中确实存在某些不便载入公司章程的约定内容。此外，往往还由于工商行政管理部门要求按照其统一制定的样本格式起草公司章程，造成许多股东间特别约定的协议内容无法被载入公司章程之中。在此情形下，股东投资协议实际上发挥着公司章程之外的规则性协议的功能。因此，在公司完成工商登记设立后，由全体投资人所共同参与订立的股东投资协议仍具有法律效力，其中涉及以公司成立后的股东之间、股东与公司之间的权利义务关系为调整对象的协议内容，只要未违反法律的强制性规定或不与公司章程的规定相冲突，就会对各缔约投资股东依法产生规范和约束的效力。需要说明的是，在我国公司立法中体现有这种效力的认定精神，我国 2005 年《公司法》第 84 条第 2 款规定："发起人不依照前款规定缴纳出资的，应当按照发起人协议承担违约责任。"上述规定表明，在公司成立后发起人协议的法律效力仍被确认。上述分析意见表明，公司成立后，股东投资协议在没有被修改、变更、解除以及不与公司章程的内容相悖的情况下，其效力并不自然终止或被公司章程的效力所取代，只是在具体个案的司法诉讼中，两者具有不同的证明和适用对象，不存在以两者中哪个为准的问题。

涉案股东投资协议由包括陈某某在内的 23 名自然人股东在宏胜公司改制时订立，应为该 23 名自然人股东的真实意思表示，故依法具有法律效力。虽然其中第 18 条的约定内容即有关取消股东出资资格的协议内容，未被载入宏胜公司之后制定的章程中，但该条款内容并未违反法律的强制性规定或并不与宏胜公司之后制定的章程内容相冲突，故依法对各缔约投资股东仍具有规范和约束的效力。因此，按照涉案股东投资协议的约定，宏胜公司超过三分之二以上出资额的出资股东有权通过召开股东会并以作出股东会决议的方式取消陈某某宏胜公司投资人资格，并由股东会处理其股东权益。故对于原审法院作出的涉案股东投资协议调整的仅是宏胜公司转制过程中的法律关系和法律行为，因而其效力期间为从转制行为开始至转制过程终止，公司转制完成后即意味着该协议效力终止的判决认定意见，上海市二中院未予认同，依法应予以纠正。

我国现已颁布的民商事法律及最高人民法院作出的相应司法解释中，对于有限责任公司股东资格解除的法律规定问题在最高人民法院于 2011 年 1 月 27 日颁布的《公司法司法解释（三）》中有相应的规定内容，虽然这些条款只是针对股东未履行出资义务或者抽逃全部出资的情况，规定公司可以通过股东会决议予以解除相应股东的股东资格，但由此并不能得出我国法律对于有限责任公司股东资格予以强制罢免或解除的事由，只限定在股东不履行出资义务这一范围内的结论。相反，上述司法解释条款的内容可以证明，公司可以通过股东会决议的方式解除股东的股东资格。

裁判观点：抽逃出资的股东在股东会除名决议上没有表决权。

裁判结果：驳回上诉，维持原判。

案例69.（2013）沪一中民四（商）终字第926号，黄某与甲公司公司决议撤销纠纷。上海市第一中级人民法院

本案争议焦点是：系争两份股东会决议的表决方式和表决程序是否违反公司法和公司章程之规定，是否应予以撤销。

法院认为：生效的民事判决已经确认尽管甲公司解除与胡某劳动关系的理由不成立，但是由于双方人合性的丧失，胡某与甲公司之间的劳动关系不予恢复。在没有相反证据足以推翻生效判决确认的事实的情形下，上海市一中院认定胡某与甲公司之间的劳动合同关系解除。甲公司公司章程第35条关于股东资格自动丧失的约定系各股东的真实意思表示，属于公司自治的体现，未违反法律、行政法规的强制性规定，应属有效。根据该条第4项规定，股东与公司脱离人事关系（正常退休仍可保留原股份）或将个人职业资格关系转移出公司的，股东资格自动丧失。该条并未将“股东与公司脱离人事关系”限定于股东与公司主动脱离人事关系的情形中，在没有其他证据予以反驳的情形下，胡某被甲公司解除劳动合同关系属于甲公司公司章程规定的“股东与公司脱离人事关系”。胡某被甲公司解除劳动关系符合公司章程规定的“股东资格自动丧失”的情形，但是，由于股东资格的丧失关涉公司全体股东的利益，属于公司经营中的重大事项变更，同时也为了避免公司控股股东滥用公司经营管理权以及保护关联股东的合法权益，关于股东资格的丧失应经股东会作出决定，只有在股东会作出除名决议并将该决议送达给被除名的股东时才会对被除名的股东发生法律效力，即胡某的股东资格自公司有效决议送达之时丧失。

甲公司公司章程第20条规定了股东会的议事方式和表决程序，股东会会议由股东按照出资比例行使表决权，必须经代表70%以上股权同意，同时必须由70%以上股东同意，才能形成决定并予以实施。对于公司除名决议来说，被除名股东不但要遵守表决权回避制度，而且其所拥有的表决权数也不应该记入为计算特定多数的总表决权之内，即公司章程规定的表决比例是以除了被除名股东以外的其他股东所持有的股份数作为基数的。由于胡某与涉案股东会决议存在利害关系，故应当排除其表决权。公司其余股东所持有的80%的股份应当折算成100%进行表决。本案所涉两份股东会决议的同意比例已经达到其余股东所持股权比例的75%，符合公司章程中确定的表决比例，故表决程序并无不当。

关于胡某是否应作为本案当事人的问题。上海市一中院认为，尽管胡某与本案的处理具有利害关系，但本案系股东会决议撤销之诉，甲公司的所有股东均有权提起本案诉讼，法院审查股东会决议是否应予撤销也主要是依据公司法和公司章程之规定进行判断，胡某是否参加诉讼并不影响对案件的处理，胡某并非必须追加为本案当事人。

裁判观点：抽逃出资的股东在股东会除名决议上没有表决权。

裁判结果：驳回上诉，维持原判。

案例70.（2017）苏12民终1020号，江苏省第一建筑安装集团股份有限公司（以下简称一建公司）与江苏省方圆建筑设计研究有限公司（以下简称方圆公司）、刘某泽股东资格确认纠纷。江苏省泰州市中级人民法院

法院认为：一建公司是否具有方圆公司股东资格，略。

关于方圆公司解除一建公司股东资格行为的效力。江苏省泰州市海陵区人民法院在一审中认为，股东除名制度系针对未履行出资义务或者抽逃全部出资的股东所设定的，未履行出资义务系违反股东基本义务，因未履行出资义务而被公司股东会除名的决议，对该股东应当适用表决权排除，如在此情形下不适用表决权排除，当该股东居于绝对控股地位时，除名决议几乎不可能通过，这将直接导致公司除名制度的规定虚置，且从股东除名的性质来看，其具有单方性与强制性的特征，作为一种单方变动法律关系的形成权，是不以考虑被除名股东的意思为前提的。泰州市中院在二审中认为，依据《公司法司法解释（三）》第17条的规定，股东除名制度系针对股东未履行出资义务或抽逃全部出资的情形而设。本案中，一建公司向方圆公司缴纳出资通过验资程序后短期内即抽逃全部出资，符合公司股东除名的适用条件。且方圆公司于2010年9月29日出具催告函，要求一建公司返还出资，但一建公司未按期返还出资。对于一建公司提出方圆公司解除其股东资格的股东会决议召集程序和表决方式违反法律、法规和公司章程，因而不成立且无效的主张，泰州市中院认为股东除名权是公司消除不履行义务的股东对公司及其他股东所产生的不利影响而享有的一种法定权利，是否对不履行义务的股东除名，不以征求被除名股东的意思为前提和基础。本案所涉除名决议已获得除一建公司以外的其他股东一致表决同意，且方圆公司另两位股东已补足一建公司抽逃的出资，故对一建公司上述主张，泰州市中院未予支持。

（四）除名的程序要求（3件）

裁判观点：除名的股东会应当符合召开的程序并保障被除名股东的申辩权利。

裁判结果：驳回上诉，维持原判。

案例71.（2019）沪01民终1946号，上海泛华环保投资有限公司（以下简称泛华公司）与上海美圣环保技术发展有限公司（以下简称美圣公司）、上海美升环保科技有限公司、于某洋、丁某燕公司决议效力确认纠纷。上海市第一中级人民法院

本案争议焦点是：系争 2018 年 5 月 18 日临时股东会决议召集程序是否符合法律、法规及美圣公司章程规定。

二审法院认为：当事人对自己诉讼请求所依据的事实或者反驳对方诉讼请求所依据的事实有责任提供证据加以证明，没有证据或者证据不足以证明当事人主张的，由负有举证责任的当事人承担不利后果。

法人依照法律或者章程规定的议事方式和表决程序作出决议的，该决议行为成立。因股东会决议效力首先在于召集程序符合法律、法规及公司章程的规定，泛华公司主张自 2017 年 4 月 28 日董事会召集的临时股东会未按时召开之后，董事会一直没有再次召开临时股东会，证明董事会不履行或不能履行召开股东会会议的职责，因此系争股东会由监事召集符合法律法规及公司章程的规定。对此上海市一中院认为，依据美圣公司章程第 11 条规定，股东会会议由董事会召集，董事长主持；董事长不能履行职务或者不履行职务的，由半数以上董事共同推举一名董事主持；董事会不能履行或者不履行召集股东会职责的，由监事召集和主持。泛华公司主张美圣公司董事会不能履行召集股东会职责的职责，未能提供相应证据予以证实，上海市一中院未予采信。在董事会能够履职的情况下，由监事直接召集股东会违反公司章程的相关规定，一审据此认定系争股东会召集程序违法，上海市一中院予以认同。关于股东会的召集通知送达情况等问题，一审法院也已经作出详尽、具体的分析，上海市一中院未作赘述。鉴于系争股东会决议内容是对部分股东的股东资格予以解除，一审法院认为应当确保拟被除名股东的合法权益，对相关股东会的召集、决议等程序问题严格按照法律、法规规定及公司章程予以审核，上海市一中院亦予以认同。

裁判观点：股东除名权是公司消除不履行义务的股东对公司及其他股东所产生的不利影响而享有的一种法定权利。是否对不履行义务的股东除名，不以征求被除名股东的意思为前提和基础。

裁判结果：驳回上诉，维持原判。

案例 72. （2017）苏 12 民终 1020 号，一建公司与方圆公司、刘某泽股东资格确认纠纷。江苏省泰州市中级人民法院

法院认为：关于方圆公司解除一建公司股东资格行为的效力。江苏省泰州市海陵区人民法院在一审中认为，股东除名制度系针对未履行出资义务或者抽逃全部出资的股东所设定的，未履行出资义务系违反股东基本义务，因未履行出资义务而被公司股东会除名的决议，对该股东应当适用表决权排除，如在此情形下不适用表决权排除，当该股东居于绝对控股地位时，除名决议几乎不可能通过，这将直接导致公司除名制度的规定虚

置，且从股东除名的性质来看，其具有单方性与强制性的特征，作为一种单方变动法律关系的形成权，是不以考虑被除名股东的意思为前提的。泰州市中院在二审中认为，依据《公司法司法解释（三）》第17条，股东除名制度系针对股东未履行出资义务或抽逃全部出资的情形而设。本案中，一建公司向方圆公司缴纳出资通过验资程序后短期内即抽逃全部出资，符合公司股东除名的适用条件，且方圆公司于2010年9月29日出具催告函，要求一建公司返还出资，但一建公司未按期返还出资。对于一建公司提出方圆公司解除其股东资格的股东会决议召集程序和表决方式违反法律、法规和公司章程，因而不成立且无效的主张，泰州市中院认为股东除名权是公司消除不履行义务的股东对公司及其他股东所产生的不利影响而享有的一种法定权利，是否对不履行义务的股东除名，不以征求被除名股东的意思为前提和基础。本案所涉除名决议已获得除一建公司以外的其他股东一致表决同意，且方圆公司另两位股东已补足一建公司抽逃的出资，故对一建公司上述主张，泰州市中院未予支持。

裁判观点：即使公司行使股东除名权而作决议时可以限制被除名股东的表决权，也不应排除被除名股东接收会议通知和参加会议的权利。

裁判结果：驳回上诉，维持原判。驳回原告要求确认董事会决议有效、解除被告股东资格的诉讼请求。

案例73.（2018）京03民终468号，盈之美（北京）食品饮料有限公司（以下简称盈之美公司）与泛金管理有限公司（以下简称泛金公司）、北京汇源佳必爽商贸有限责任公司（以下简称汇源佳必爽公司）公司决议效力确认纠纷。北京市第三中级人民法院

本案争议焦点是：案涉董事会作出股东除名的决议是否符合程序和实质要件要求，决议是否有效。

法院认为：根据法律规定，公司可以以股东会决议解除某股东的股东资格，但是必须符合以下条件：（1）股东未履行出资义务或者抽逃全部出资；（2）公司履行催告的前置程序，并给予股东弥补的合理期限；（3）公司以股东会决议的形式作出除名决议。

第一，关于股东未履行出资义务或者抽逃全部出资一项。北京市二中院认为，根据现已查明的事实情况，盈之美公司所提供的证据难以证明泛金公司构成未履行出资义务或者抽逃全部出资的情况。第二，关于公司履行催告的前置程序，并给予股东弥补的合理期限一项。北京市三中院认为，在《关于汇源佳必爽公司要求泛金公司配合盈之美公司办理营业执照及出资款事宜的通知函》的邮件中，并未给予泛金公司缴纳出资款的方式，亦未约定合理的期限，同时并没有告知泛金公司若不在合理期限内缴纳出资或向公

司明确说明、提出申辩，公司将启动除名程序。另外，实际上盈之美公司并未给予泛金公司缴足出资的合理期限即召开董事会并作出了决议，不符合前置程序的法律要求。第三，关于公司以股东会决议的形式作出除名决议一项。《公司法》第 16 条第 2 款是现行法律规定中对关联股东表决权限制的规定，除名决议与对外担保的决议相似，决议内容与被除名股东有直接利害关系，可以考虑限制被除名股东的表决权。但是，即使公司行使股东除名权而作决议时可以限制被除名股东的表决权，也不应排除被除名股东接收会议通知和参加会议的权利。公司欲召开会议审议股东除名事项时，应当通知未出资股东参加。虽然未出资股东对于其是否除名没有表决权，但是其有参加会议并对其未出资理由进行申辩的权利，公司不能以股东对会议审议事项有利害关系而不具有表决权为由不通知其参加该会议的审议过程。本案中，案涉董事会决议存在严重程序问题，盈之美公司以被除名股东不享有表决权为由主张案涉董事会决议有效，无事实和法律依据，北京市三中院未予采信。

（五）除名之诉的诉讼时效（2 件）

裁判观点：确认公司股东除名决议无效之诉不适用诉讼时效。

裁判结果：驳回再审申请。

案例74.（2015）沪一中民四（商）终字第1786 号，（2016）沪民申805 号，陆某兰与上海晶川贸易有限公司、陆某平公司决议效力确认纠纷。上海市第一中级人民法院，上海市高级人民法院

本案争议焦点是：（1）陆某平原审起诉时是否超过法定诉讼时效期间；（2）涉案两份决议能否视为已被陆某平追认。

法院认为：陆某平在本案的诉讼请求为依照《公司法》的规定要求确认公司决议无效，该确认之诉属于形成权，而诉讼时效的规定仅适用于请求权，故本案确认公司决议效力纠纷不适用诉讼时效的规定。

裁判观点：确认公司股东除名决议无效之诉不适用诉讼时效。

裁判结果：驳回上诉，维持原判。

案例75.（2017）京 03 民终 4214 号，赵某、北京同盛康医学技术有限公司（以下简称同盛康公司）公司决议效力确认纠纷。北京市第三中级人民法院

本案争议焦点是：（1）如何确认赵某在本案中的诉讼请求；（2）如何处理赵某的一审诉讼请求；（3）本案诉讼时效问题。

法院认为：（1）如何确认赵某在本案中的诉讼请求。略。

（2）如何处理赵某的一审诉讼请求。第一，同盛康公司 2012 年 12 月 20 日股东会决议关于同意赵某转让股权及免去赵某公司监事职务的决议效力问题。略。第二，关于恢复赵某股东身份的问题。根据法律规定，公司股东应以登记机关备案留存的股东名册记载为准，且本案所涉争议系股东会决议的效力问题，故决议内容无效不能直接产生股东身份回转的效力。加之赵某与案外人就系争股权存有争议，故一审法院基于审慎态度未直接支持赵某办理股权变更登记的请求并无不当，赵某关于恢复股东身份的请求可在明确其为系争股权的实际权利人后另行主张并申请变更登记。第三，赵某其他诉讼请求的问题。略。

（3）本案诉讼时效问题。根据法律规定，当事人可以对债权请求权提出诉讼时效抗辩。同盛康公司主张赵某的起诉已届诉讼时效，对此，北京市三中院认为，本案系公司决议效力确认纠纷，赵某主张并非基于债权请求权，故同盛康公司提出诉讼时效抗辩于法无据。加之相关决议无效实属自始、当然、绝对无效，其无效的确认不受诉讼时效规定所限，故北京市三中院对同盛康公司关于诉讼时效的抗辩不予支持。

05

117-278

第四章 股权

股权是一个相当庞大、复杂的话题，不是一个章节的篇幅能够说清楚讲明白的。本书的定位不是一本学术专著，而是一本实用工具手册，所以在本章节我们不过多展开学术和法理讨论，仅从公司章程的实用性、股东的不同立场和预防并解决纠纷的实操性出发对一些实务问题作以讨论、提出实务建议和规范。

股权是股东权利的简称，是指股东持有公司的股份（或股票），依据《公司法》和公司章程的规定享有的参与公司治理并从公司获得财产利益的权利。正如本书“第二章　出资”所述，股东的权利来源于股东的出资，无出资即无权利是股权的基本原则，由此形成了股权路径：（出资行为→公司财产）＋（股东加入→公司组织）＝公司法人→股东整体权益→分割为股份→股权。

第六条

瑕疵出资和股东权利限制

一、示范条款

未按章程规定或【股东会/董事会】要求实缴出资的瑕疵出资股东除应当向公司补足出资以外，【还应当向公司支付迟延出资期间的利息，向已经完全履行了出资义务的其他股东支付违约金，违约金标准为应出资金额的每日×%】，还应当赔偿因此给公司造成的损失。

经公司催告，瑕疵出资股东在催告通知的合理期限【不少于两个月】内仍未能履行出资义务的，股东会可决议对该股东的表决权、利润分配请求权、新股优先认购权、剩余财产分配请求权等股东权利作出临时限制。如果该股东在限制期限内仍未履行出资义务的，该未缴部分的出资可由其他股东按【认缴/实缴】出资比例或协商后认缴，同时不免除瑕疵出资股东的违约责任；如果其他股东均不认缴该未缴纳部分出资的，公司应当在合理的期限【不少于三个月内】内办理减资手续。

公司或已按约定实缴出资的股东有权要求未尽勤勉尽责义务而导致瑕疵出资的董事、高级管理人员就其过错程度承担相应责任，有权要求协助股东抽逃出资的其他股东、董事、高级管理人员或者实际控制人承担连带责任。

【瑕疵出资责任】除法律明确规定的向公司补足出资、向其他已经完全履行了出资义务的股东承担违约责任以外，是否还需要向公司承担支付逾期利息或违约金，以及向其他股东承担的违约责任标准如何，法律没有明确，建议在章程中明确。

【催告期】建议不少于三十日，不超过三个月。

【权利限制】未适当履行出资义务和未完全履行出资义务的后果是不同的，建议采用递进式对违约股东的权利行使作出限制。如果从大股东的立场来看，直接使用最低限度的法律规定即可，无须作出附加限制。

【减资】如果在权利限制期满后仍未实缴出资的，公司是否允许保留未实缴出资状态，还是办理减资，建议在章程中明确。

二、条款解释

本条款需要规范的问题是：什么样的出资属于瑕疵出资，未实缴出资的部分是由其他股东认缴或实缴还是减资；瑕疵出资股东要承担什么责任；股东会可以在什么情况下以何种决议限制股东的权利、限制什么权利。

（一）瑕疵出资的表现形式

瑕疵出资并不是公司法上的法律术语，《公司法》和相关司法解释中并没有作出法律定义，笔者这里的表述是实务中的总结，即瑕疵出资是指未按公司章程规定或公司要求，抽逃出资、逾期出资、未足额出资等未履行或未适当履行出资义务的行为。

股东在公司章程中约定的出资数额、出资时间构成了股东对公司和公司债权人所作认缴出资的承诺，并通过公司章程对外进行公示，公司和公司债权人基于该章程公示的内容产生信赖和预期利益。从广义来说，如果股东在章程规定的出资期限届满后仍未足额缴纳出资，或者出资期限届满后通过修改公司章程恶意延长出资期限的，均构成瑕疵出资。

瑕疵出资不一定全部是故意行为，按瑕疵出资的表现形式来看，货币出资的瑕疵主要是指未按期或未足额出资。非货币出资的瑕疵包括：（1）未经过评估作价。非货币出资是要评估的，且是强制评估，并不是股东之间互相认可出资物的价值就行了，因为这还涉及公司债权人的利益保护。如果经评估的价值明显低于该股东在章程中认缴的金额，应认定为瑕疵出资。（2）未转移登记。货币出资的将货币转入公司账户即视为交付，非货币的物如果需办理登记的还应办理权属变更登记，即使股东已将非货币出资财产实际交付公司使用，但尚未办理权属变更登记手续的，仍应认定为瑕疵出资。（3）未实际交付。非货币财产出资的应当实际交付公司使用，若股东未将非货币出资财产实际交付使用，即便已办理权属变更登记，也依然构成瑕疵出资。（4）出资物有权利负担。如果股东以设定权利负担的土地使用权或其他财产出资，或者以划拨土地使用权出资的，则可能导致出资物无法实际交付或转移登记，或者即使办理了转移登记，该物的他项权利人也可基于用益物权向公司或出资股东主张权利，这种情况下，仍应认定为瑕疵出资。此外，未完全履行出资义务和抽逃（全部）出资是一种非常严重的瑕疵出资，法律规定和司法裁判已经明确抽逃出资的具体表现形式，笔者在此不再赘述。

（二）瑕疵出资的责任

瑕疵出资是一种行为，对于公司和股东来说，需要关注的是行为带来的后果以及需承担何种责任。其中，瑕疵出资的补足和对其他股东的违约责任是法律明确规定的，章程中可以约定的是违约责任的具体标准，此点并无明显的股东立场区别。如果章程对瑕疵出资行为不加以规范或者阻止，就可能会出现一种情况：大股东利用控制公司的便利将公司资金转移，或者是不按股东间约定出资，却仍然把持公司的实际经营管理，损害公司和小股东利益。公司以其全部资产对外承担责任，这里面的全部资产不仅包括现有资产，还包括股东承诺认缴的出资，当债权人向公司主张债权得不到有效清偿时，还可以请求未履行或者未全面履行出资义务的股东在未出资本息范围内对公司债务不能清偿的部分承担补充赔偿责任。

但是对于股东权利作出限制性规定，《公司法司法解释（三）》第16条和第17条第1款是不同的，第16条规定的是“股东未履行或者未全面履行出资义务或者抽逃出资，公司根据公司章程或者股东会决议对其利润分配请求权、新股优先认购权、剩余财产分配请求权等股东权利作出相应的合理限制”，第17条第1款规定的是“未履行出资义务或者抽逃全部出资……公司以股东会决议解除该股东的股东资格”。两条规范的内容是不同的，先决条件以及结果也不同，一个是限制，另一个是解除。这里面就尤其值得探讨了。首先，合理限制的合理指的是什么，是权利内容的限制还是时间的限制，抑或在一定时间内对不同的权利内容作出限制？这一点可以在章程中细化。其次，除上述三个权利外的“等股东权利”还可以包括什么，是否可包括表决权？这也是可以在章程中细化的。从不同的股东立场来看，这一点对于实际经营管理的大股东来说没有必要，因为其已经是大股东，出资最多（通常情况下）、权利与分红也最多，没必要给自己多添加一道枷锁。但是对于小股东来说，就很有必要，因为这可以防止大股东利用控制地位损害小股东利益，如果损害足够严重，小股东可以请求撤销决议或确认决议无效，但如果损害不严重或者没有直接损害的，小股东就会“无计可施”。因此，小股东可以考虑在章程中加入瑕疵出资股东与股权之间的“共振”关系，当大股东有瑕疵出资时，小股东可行使章程规定的权利限制大股东的相关权利，并且当股东不按承诺实缴出资时，可以强制将该出资让与其他股东或者规定公司应当办理减资，重新调整和分配出资与股权比例，平衡股东权利。

此外，基于投资关系产生的缴付出资请求权不适用诉讼时效的规定，债权人对公司的债权未过诉讼时效，请求未履行或者未全面履行出资义务或者抽逃出资的股东承担赔偿责任，股东仅以出资义务已经超过诉讼时效为由抗辩的，法院不予支持。

综上来说，瑕疵出资的股东对公司承担的是补足差额的责任，返还出资（如果是抽逃）的责任，赔偿公司损失的责任；对其他股东承担的是违约责任；对公司债权人承担的是补充赔偿责任或连带责任。

（三）股东权利限制

股东权利限制是指法律或者公司章程规定对股东违反规定未履行股东义务时，对其行使股东权利作出一定的限制。如本书“第九条　股东权利”表述，股东权利包括自益权和共益权，其中共益权是指股东为公司利益而参与公司决策、经营、管理、监督和控制而享有的权利，自益权是指与财产有关的权利内容。通常认为，共益权是股东的固有权利，除非法律强制性规定否则不可被限制和剥夺。司法裁判也支持此观点，例如，浙江省湖州市南浔区法院在（2016）浙0503民初490号①案件中认为，股东出资瑕疵不影响股东知情权的行使。北京市二中院在（2013）二中民终字第17025号②案件中认为，股东的表决权属于共益权，是股东参与公司管理的重要权利，非经法定条件不得予以限制。

但是，股东权利内容很多，也并非所有权利均可以被限制。哪些权利在什么条件下可以被限制甚至剥夺？即针对瑕疵出资的这种行为可以限制或剥夺股东的哪些权利，以及通过什么机构、什么程序作出限制或剥夺的决定。如果该股东最终仍未缴纳出资，对于该未缴的出资应如何处理，是否可由其他股东认缴或者是公司减资？哪些权利又是股东固有的权利，无论股东有何种违约行为，只要还没有被除名均不能被限制或剥夺？在股东的众多权利中，利润分配请求权、新股优先认购权、剩余财产分配请求权的限制已经为《公司法司法解释（三）》第16条明确规定，但如表决权、知情权、提案权等权利是否可以被限制?《九民会议纪要》中对表决权能否被限制是这样表述的，（表决权能否受限）股东认缴的出资未届履行期限，对未缴纳部分的出资是否享有以及如何行使表决权等问题，应当根据公司章程来确定。公司章程没有规定的，应当按照认缴出资的比例确定。如果股东（大）会作出不按认缴出资比例而按实际出资比例或者其他标准确定表决权的决议，股东请求确认决议无效的，人民法院应当审查该决议是否符合修改公司章程所要求的表决程序，即必须经代表三分之二以上表决权的股东通过。符合的，人民法院不予支持；反之，则依法予以支持。由此可知，对于股东认缴出资未缴纳完成的情形，可根据公司章程或股东会决议约定解决股东表决权限制问题。如股东违反出资义务即出资瑕疵时，可根据股东会决议按实缴出资额来限制股东表决权的行使。对于其他股东权利，例如提案权、代表诉权等是否可以限制，法律没有明确规定，笔者建议可以通过股东间协议作出限制约定。

此外，对于限制或剥夺股东权利的程序性规定，笔者建议以股东会议事规则为准，采用递进的方式，即对于瑕疵出资的股东，应当首先给予其催告期，如果该股东在催告

① 张某林与湖州高衣制衣有限公司股东知情权纠纷。

② 吕某与北京贝瑞德生物科技有限公司公司证照返还纠纷。

期内仍未能纠正不适当行为的，再召开股东会会议，决议（注意通过的比例和表决权排除规则）限制该股东的部分权利。且该限制也应当是有一个期限的，并且应当允许该股东在限制期内继续纠正其不适当的行为，如果纠正的，应恢复该股东的完整权利；如果仍然未能有效纠正的，可再次召开股东会决议将该股东除名（应当符合本书“第五条 股东除名”的条件，把权利限制与股东除名关联起来，将限制作为除名的前置条件）。

三、法律规定

《公司法》第27～28条

《公司法司法解释（三）》第7～20条

四、参考案例（6件）

（一）抽逃出资的认定（2件）

裁判观点：股东是否构成抽逃出资，应当以股东是否损害了公司的财产权益为认定标准，而与其他股东对抽逃出资行为是否知晓无关。

裁判结果：驳回再审申请。方某涛构成抽逃出资。

案例76.（2015）民申字第1467号，方某涛、深圳市博世汽车电子科技有限公司（以下简称博世公司）、王某富追收抽逃出资纠纷。最高人民法院

法院认为：股东是否构成抽逃出资，系以股东是否损害了公司的财产权益为认定标准，而与其他股东对抽逃出资行为是否知晓无关。因此，无论王某富是否知晓或同意方某涛从博世公司账户中取出100万元，只要方某涛不能证明取出的款项用于博世公司的生产经营，即不影响方某涛构成抽逃出资的认定。而其他股东知晓并协助其抽逃出资的，将产生承担连带责任的法律后果。

裁判观点：股东以出资形式转入公司账户的款项，事后再与公司签署借条也不会改变款项的性质，实质构成抽逃出资。但股东的身份不会因此而改变。

裁判结果：撤销一审、二审判决，确认万某裕为公司股东。

案例77.（2014）民提字第00054号，万某裕与宏瑞公司其他股东权纠纷。最高人民法院

本案争议焦点是：万某裕是否为宏瑞公司的股东。

法院认为：（1）万某裕是否取得了宏瑞公司的股东身份。略。

（2）万某裕对宏瑞公司的股权是否转变为债权。根据既有的法律规定，综合考虑案

件事实情况，最高院认为万某裕对宏瑞公司的股权并未转变为债权。

股东不得抽逃出资是公司法的一项基本制度和原则，我国《公司法》对此作了明确规定。股东向公司出资后，出资财产即转变为公司的法人财产，其独立于股东个人的财产而构成公司法人格的物质基础。股东从公司抽回出资，会减少公司资本，动摇公司的独立法人地位，侵害公司、其他股东和公司债权人的利益，因而为法律所严禁。本案中，该510万元进入宏瑞公司的账户后，即成为宏瑞公司的法人财产，无论是万某裕主动要求宏瑞公司将其出资转变为借款，还是唐某云代表宏瑞公司向万某裕出具借条并将出资作为借款偿还，抑或万某裕与宏瑞公司协商一致，将出资转变为借款而归还，本质上都是根本改变万某裕对宏瑞公司出资性质的违法行为，都会导致万某裕抽回出资并退股的法律后果，这是有违《公司法》的禁止性规定的，因而上述行为均应无效，万某裕的股东身份自然也不应因此种无效行为而改变。最高院尤为强调的是，抽逃出资并不限于抽逃注册资本中已经实缴的出资，在公司增资的情况下，股东抽逃尚未经工商部门登记，但已经成为公司法人财产的出资同样属于抽逃出资的范畴，亦在公司法禁止之列。

（二）不得限制股东的共益权（2件）

裁判观点：知情权属于共益权，非经法定条件不得被限制。

裁判结果：公司应提供章程、会议记录、会计资料和原始凭证。

案例78.（2016）浙0503民初490号，张某林与湖州高衣制衣有限公司股东知情权纠纷。浙江省湖州市南浔区人民法院

本案争议焦点是：股东出资瑕疵是否影响股东知情权的行使。

法院认为：原告张某林在公司章程、工商登记材料上都被登记为股东。股东权利包括共益权和自益权，股东知情权属于共益权。共益权是指股东为公司利益而参与公司决策、经营、管理、监督和控制而享有的权利，没有直接的财产内容，与股东是否享有股东身份密切联系，而与股东是否实际出资联系较远。因此，瑕疵出资股东的共益权不应受到限制，故原告要求行使股东知情权符合法律规定。

裁判观点：章程未作出特殊限制的，不得限制表决权。

裁判结果：驳回原告的诉讼请求。

案例79.（2019）浙0212民初615号，钟某海与宁波荣文能源科技有限公司、广东荣文能源科技集团有限公司公司决议撤销纠纷。浙江省宁波市鄞州区人民法院

《公司法》第42条与宁波荣文能源科技有限公司章程规定，股东会会议由股东按

照出资比例行使表决权。前述出资比例应当理解为工商登记的出资比例。原告主张广东荣文能源科技集团有限公司抽逃出资，应限制抽逃出资额相对应的表决权，宁波市鄞州区法院认为，现并无生效判决确认抽逃出资事实，退一步讲，即便存在抽逃出资，原告主张限制其相对应的表决权亦缺乏事实和法律依据。《公司法司法解释（三）》第 16 条也并未明确规定股东会决议可对股东表决权作出限制，倘若公司需对股东表决权进行限制，就相当于需修改公司章程关于表决权的规定。根据《公司法》及公司章程规定，修改公司章程的决议须经代表三分之二以上表决权的股东通过。现在未经三分之二以上股东通过表决权修改方案的情况下，原告钟某海在第三人广东荣文能源科技集团有限公司缺席的情况下，独自召开股东会并作出决议，该次会议无论从出席会议的股东所持表决权（49%）的比例来看，还是从决议表决结果的通过比例来看，都不符合法律规定。

（三）可限制股东权利（2 件）

裁判观点：股东可通过公司章程自治限制股东权利。

裁判结果：驳回上诉，维持原判。

案例 80.（2018）湘 12 民终 1608 号，通道侗族自治县天宏水电发展有限公司（以下简称天宏水电公司）、龙某池、田某安股东出资纠纷。湖南省怀化市中级人民法院

法院认为：龙某池、田某安对彭某刚的出资义务承担连带责任，必须具备二者明知前手彭某刚存在抽逃出资的情况还予以受让这一前提。但从本案情况来看，法院强制执行时并未明确表明该股权存在瑕疵，龙某池、田某安基于对法院强制执行过程中表明的股权状况描述的合理信赖而受让，应当推定二者为善意第三人，对受让股权有瑕疵这点不应当认定为明知。因此，上诉人要求龙某池、田某安对其前手彭某刚的抽逃出资承担连带补足出资责任，于法无据，怀化市中院未予支持。但是，根据《公司法司法解释（三）》第 16 条规定，天宏水电公司有权对龙某池、田某安的股东权利予以合理限制。

裁判观点：公司限制股东权利属于公司自治范畴，可根据章程规定作出决议，无须请求法院判决确认。

裁判结果：驳回原告的诉讼请求。

案例 81.（2018）黔 0382 民初 4891 号，贵州百草精髓保健酒有限公司与潘某确认股东资格纠纷。贵州省仁怀市人民法院

法院认为：《公司法司法解释（三）》第 16 条将限制瑕疵出资股东权利的权利赋予

了公司或者股东会，属于公司自治的范畴，而非司法救济的范畴。如贵州百草精髓保健酒有限公司认为潘某未履行或者全面履行出资义务，应由贵州百草精髓保健酒有限公司根据公司章程或者通过股东会决议决定是否限制潘某相应的股东权利。故贵州百草精髓保健酒有限公司请求法院判决潘某不享有股东权利，无法律依据，仁怀市中院未予支持。

第七条

股权共有和代持

一、示范条款

【各股东均没有代任何第三方持有公司股权，也均没有授权第三方代其行使股东权利，但有书面授权且告知全部股东的除外。】

各股东一致确认，公司仅接受登记在股东名册的股东或者全体股东一致确认的人行使股东权利，其他共有人或实际出资人在未按法律规定和章程规定显名登记或者被全体股东一致确认之前，不得直接行使股东权利。如果有第三方向公司或者向其他股东主张权利的，该股东应当积极、及时妥善解决第三方的诉求，避免给公司或其他股东造成不良影响，造成损失的，该股东应当承担赔偿责任。

【如果有代持的，公司有权要求登记股东提交其与实际出资人签署的代持协议。如果股权为共有的，公司有权要求登记股东和其共有人出具书面声明，声明由该登记股东行使全部股东权利。】

【代持限制】严格来说股权并无共有的概念，因遗产继承或夫妻关系的股权共有无论是按份还是共同的，共有的仅是股权财产价值，在其他股东确认继承人或者配偶具有股东资格可以显名之前，其他人不得直接行使股东权利。但为避免“权利人”给公司带来影响，可以在章程中约定原则上公司保留要求其共有人或实际出资人出具声明，指明由登记股东行使股东权利的权利。

二、条款解释

股权共有和代持相对简单，本条款需要规范的问题是：股东权利行使的认定标准是什么，是仅认可登记在股东名册的股东还是有其他的认定标准，以及权利如何行使。

实际上股权共有与代持是两个问题，即共有和代持。共有的表象必定是由某个人代持，也就是说背后有共有的，前端必定有代持，但有代持的背后不一定有共有。

（一）共有

首先，严谨来说股权并不能共有，公司法也没有确认股权共有制度。如笔者在本章开篇说过的，股权是股东向公司出资换来的一种混合了人身权利和财产权利的综合权利，股东将其财产出资给公司后，无论该财产在出资前是否属于夫妻共有或家庭共有，财产的所有权即已经发生了转移，股东以交出其对财产的所有权换取了对公司的股权，公司取得该财产的所有权而交付了股权。那么，股东既已丧失了对该财产的所有权，就不再存在“共有”。又如前文所说，股权既包括财产权属性，又包括人身权属性，股东有权利基于股权而获得公司的分红，这个“红利”才是婚姻法上的夫妻共有财产（但如果只是决议分红还没有实际分配，非持股一方的配偶是否享有对公司的利润分配请求权？还是只能向其配偶即持股的股东主张债权或物上请求权，目前法律并没有明确），而该股权上的人身权利，例如知情权是不能共有的。这和婚姻内的其他财产权是一样的，例如一方创作的知识产权，另一方仅能主张其中的财产性收益而不能要求共有署名权。

其次，共有的几种表现形式。依照《民法典》的规定，共有可以分为按份共有和共同共有，还可以分为法定共有和约定共有。无论是哪种共有，本条款指称的共有或代持仅是指股权中的财产权益，公司章程条款不能约束共有人内部之间的权责，也不能对抗和否认持股人与他人的共有法律关系，其内部如何约定由其内部自行解决，章程即使制定相应条款实际上也无法对非登记为股东的第三人产生约束力。章程要解决的是如何规范共有对登记股东、对公司内部治理的影响和责任的问题。例如，张三持有公司的股权，但该股权可能是其与配偶在婚姻关系存续期间的共同财产或与父母子女的家庭共有财产出资换取，也可能是其与李四基于合伙关系的共有而取得的。对于公司来说，可以当然地只认可张三是公司的股东、行使股东权利。在共有人内部不产生纠纷期间，这个“共有”对公司和其他股东不产生纠纷和影响，但如果共有人内部产生纠纷的，例如张三拟转让股权，其他股东主张行使优先购买权，共有人（其配偶或李四）主张行使共有人的优先受让权，二者就会发生谁更“优先”的冲突。无论是保护基于民法物权的共有优先，还是保护基于商法上的股东权利的优先购买权优先？再如，张三是登记股东，代李四（实际出资人）持有公司股权，张三死亡后，张三的配偶要求继承张三的股权，即使公司的其他股东过半数同意李四显名，但在此种情况下，张三的股权应当按照继承归属其配偶，还是按照代持归属于李四？笔者建议在章程中明确，避免其他权利人和登记股东之间就股权之间的纠纷影响公司的经营治理。

（二）代持

通常所称的代持、隐名，在公司法上的概念叫作“实际出资人、登记股东”，除上市公司的股份代持被认定为无效以外，法律并不禁止有限责任公司的股权代持。具体代持的原因多种多样，比如规避身份，为规避身份而进行的代持的不一定就是违法的、无效的。按照目前较为统一的裁判观点，法律规则区分为效力性强制性规定和管理性强制性规定，只有违反效力性强制性规定的股权代持才属于无效。例如，禁止公务员经商的规定就属于管理性强制性规定，为此而设置的股权代持虽然规避法律，但并不影响其效力。不过，对于为规避银行业、保险业股东资格和股权比例等要求的效力性强制性规定的股权代持行为，最高院相关判决明确该类合同无效。

关于隐名股东显名的问题，如果代持股东一开始即公开代持的存在，其他股东均明知且实际出资人实际参与公司经营管理行使股东权利，甚至在股东会决议上有签字的，在这种情况下，代持通常不存在争议。但在实践中实际出资的人并非必然为隐名股东，未实际出资的人也不一定就不是隐名股东，因为股东并不需要自己出资，其也可委托他人代为出资。因此，隐名股东主张权利并非必须证明出资系其自有资金，而是要看其真实意思表示。基于有限责任公司人合性的特点，《公司法司法解释（三）》第 24 条第 3 款对此作出了较为明确的规定，即实际出资人如果要登记成为公司的股东应当经公司其他股东半数以上同意。这里强制规定的是“过半数”，也即与约定表决权没有关系，是排除了名义股东本人的其他人数的过半。《九民会议纪要》中对实际出资人显名规则进行了宽松解释，将《公司法司法解释（三）》规定的“同意”延伸为“不反对即视为同意”，但仍然规定在隐名股东显名之前其不能直接行使股东权利，即隐名股东不能绕过名义股东直接向公司主张权利，只有登记股东才有权主张包括利润分配请求权在内的股东权利，而隐名股东只能依据代持协议向登记股东主张权利。

此外还有一个问题，即使实际出资人和名义股东内部之间签署了代持协议，但如果其他股东不知情，代持协议约定不明，没有约定代持有效期，或者没有约定什么条件下哪一方有解除权，或者是没有约定在解除后代持的股权如何处置的，实际出资人要求名义股东转让股权从而将其显名的，“过半数”不同意的其他股东是否可以要求行使优先购买权？此时，是实际出资人的优先购买权优先，还是其他股东的优先购买权优先？江西省高院在（2019）赣民终 180 号①案件中回避了这个问题，广西高院在（2018）桂民申 1773 号②案件中认为，只有其他过半数股东同意名义股东与实际出资人之间的“股权转让”且放弃了优先购买权的情况下，实际出资人才能够显名。笔者建议在章程中明确

---

① 朱某中、江西松柏实业有限公司、吴某清与蔡某堤股权转让纠纷。

② 南宁市东宇运输有限公司与朱某林及朱某美、刘某雪、陈某喜、苏某琰、胡某海、刘某德、李某鸿、许某芳、刘某金、南宁市红木棉运输有限责任公司合同纠纷。

代持协议解除后的股权如何处理，解除是否视同为“股权转让”，以及优先购买权的冲突解决问题，避免实际出资人和登记股东之间的纠纷影响到公司的经营治理。

三、法律规定

《公司法司法解释（三）》第24条

四、参考案例（7件）

（一）股东资格认定（5件）

裁判观点：实际出资人与名义股东之间的权利义务为合同关系，不具有对世性，不得对抗合同之外的公司、其他股东、债权人。代持关系的认定不以实际出资人实际履行了出资义务为前提。隐名出资合同中未明确约定解除代持关系时应将股权转给实际出资人的，双方应当另行达成股权转让的合意。

裁判结果：驳回再审申请。

案例82.（2018）桂民申1773号，南宁市东宇运输有限公司（以下简称东宇公司）与朱某林及朱某美、刘某雪、陈某喜、苏某琰、胡某海、刘某德、李某鸿、许某芳、刘某金、南宁市红木棉运输有限责任公司（以下简称红木棉公司）合同纠纷。广西壮族自治区高级人民法院

本案争议焦点是：一是东宇公司与朱某林之间是否存在合法有效的隐名出资合同法律关系；二是东宇公司能否依据该法律关系主张朱某林在红木棉公司所持有股权的投资权益归东宇公司所有并请求将朱某林名下11.5%的股权变更至东宇公司名下。

法院认为：本案案由为合同纠纷，当事人讼争的基础法律关系实质上是隐名出资法律关系。隐名出资合同主要内容为公司实际出资人与名义出资人约定以名义出资人为名义股东但由实际出资人出资并享有投资权益、承担投资风险。对于该合同效力的判断以《合同法》（已失效）第52条规定的情形为依据。该种协议属于实际出资人与名义出资人的内部法律关系，受合同相对性原则约束，当事人的权利仅为合同权利，不具有对世性，不得对抗合同关系之外的公司、其他股东、债权人等第三人。因此，名义出资人实质上具有股东资格，其在公司中享有股东权益并承担股东义务与责任，其不得以隐名出资关系对抗公司、其他股东及债权人向其主张相关股东义务与责任；实际出资人实质上并非公司股东，其不享有任何公司股东权利，不得以隐名出资关系向公司直接主张股东权利，其仅有权依据隐名出资合同向名义股东主张合同权利。

对于第一个问题，广西高院认为，判断标准是当事人之间是否存在某种形式的合同法律关系。第一，合同关系是当事人意思表示一致的产物，表意行为既可以是书面形式也可以是口头形式，既可以是语言表达等明示方式也可以是依特定行为或情形推定的默示方式。本案主要表达了以下内容：一是东宇公司领导班子通过认购出资可以获得新成立公司的股东资格，并独立承担相关公司股东的义务与责任；二是东宇公司领导班子并不实际出资，故不享有股东权益，相应的股东权益应归东宇公司所有；三是东宇公司领导班子在实际支付出资后即可自己享有相关股东权益。由于当事人对于相关法律效力的理解存在偏差，以上表意不能完全从字面内容体现，但以朱某林的公安询问笔录以及东宇公司提供的已实际支付出资的初步证据作为佐证，东宇公司与朱某林等班子成员之间的表意、承诺以及相互行为初步表现了隐名出资关系的行为模式与法律特征，且该隐名出资关系自东宇公司领导班子实际支付出资后即消灭。第二，实际出资人是否实际履行出资义务是隐名出资关系当中的合同义务履行问题，其可以佐证合同关系的存在，而不应成为合同关系成立的要件。故一审法院以“实际出资人必须实际履行了出资义务”作为判断隐名出资关系存在的法律依据不够准确。至于《公司法司法解释（三）》第24条第2款并非隐名出资关系的成立要件，而是依据隐名出资关系主张权利的前提要件，即实际履行了出资义务，且主张权利也仅限于相关合同权利。第三，本案主要审理东宇公司与朱某林之间的隐名出资关系，不必然牵涉朱某林的股东资格认定、履行出资或抽逃出资认定等问题。隐名出资关系的存在并不意味着合同约定的名义股东已经有效取得股东资格，也不意味着名义出资人或实际出资人已实际完成出资义务；反之，合同约定的名义股东是否取得股东资格或是否履行出资并不影响相关隐名出资关系的认定。本案中，二审法院通过确认朱某林的股东资格以及出资义务的履行而否定东宇公司依据隐名出资关系主张权利，显属不当，广西高院予以纠正。

对于第二个问题，东宇公司主张朱某林在红木棉公司所持有股权的投资权益归东宇公司所有并请求将朱某林名下的股权变更至东宇公司名下。该主张的基础法律关系是东宇公司与朱某林之间的隐名出资关系，但隐名出资关系的存在并不等同于人民法院应当支持东宇公司的主张。第一，东宇公司主张投资权益的前提是其实际履行了出资义务，东宇公司对此负有举证证明责任，其在此所负担的举证证明义务要重于其仅主张隐名出资关系存在的举证证明义务。在前一种情形中，实际出资人要充分证明其已实际履行出资义务，方有权请求名义股东支付投资权益；而在后一种情形中，实际出资人证明其履行出资义务的目的仅在于佐证其与名义股东之间存在隐名出资关系。此外，实际出资人还应就名义出资人已基于其股东资格取得了相关投资权益提供证据证明。因此，东宇公司在本案原审中并未提供充分证据证实其已履行出资义务，且原审法院已查明红木棉公司从未向朱某林分红，故原审法院对东宇公司的主张不予支持并无不当。

第二，隐名出资关系的主要内容为以名义出资人为名义股东但由实际出资人出资并依合同享有投资权益、承担投资风险。该种法律关系并不当然包含实际出资人是否有权或如何成为显名股东的内容，实际出资人想要成为显名股东，实质上是要形成新的股权转让关系，即由名义股东将其股权转让给实际出资人。若当事人在隐名出资合同中明确约定隐名出资关系解除时名义股东应将股权转给实际出资人，则可视为双方已达成股权转让合意，在实际出资人并非公司股东的情况下，其他股东半数同意且放弃优先购买权的，实际出资人方有权请求成为显名股东。若当事人在隐名出资合同中没有约定隐名出资关系解除时应如何处理名义股东的股权，双方在解除关系后也未就股权转让达成补充协议的，实际出资人不得以其隐名出资关系中的合同权利向名义股东或公司请求变更股权，名义股东仅向实际出资人承担隐名出资合同中的补偿或赔偿责任。本案中，即使朱某林在实际支付出资之前可能与东宇公司存在隐名出资关系，但东宇公司与朱某林之间并未约定股权转让的内容及条件或其他股权处理方法，也未就此达成任何补充协议，东宇公司仅以隐名出资关系为由主张将朱某林名下的股权变更至东宇公司名下没有法律与事实依据，原审法院对东宇公司的主张不予支持，在实体结论上并无不当。

裁判观点：实际出资并不是确认股东资格的唯一依据，还应当与名义股东达成合意。
裁判结果：撤销原审判决，驳回原告的诉讼请求。

案例83. （2019）最高法民终568号，哈尔滨市自然资源和规划局、哈尔滨市城乡规划设计研究院（以下简称规划设计院）与吴某庆、哈尔滨现代房地产开发有限公司、张某确认合同无效，股东资格确认纠纷。最高人民法院

本案争议焦点是：（1）本案是否属于人民法院受理民事诉讼范围；（2）本案吴某庆起诉是否属于重复诉讼；（3）吴某庆是否拥有兴市公司50%的股权。

法院认为：（1）关于本案是否属于人民法院受理民事诉讼范围的问题。略。

（2）关于本案吴某庆起诉是否属于重复诉讼的问题。略。

（3）关于吴某庆是否拥有兴市公司50%的股权的问题。该焦点问题又包括以下几个具体问题：第一，关于吴某庆是否出资25万元的问题。经过调查均确认吴某庆系兴市公司实际出资人。因此，对于吴某庆出资25万元的事实，应予认定。第二，关于吴某庆出资25万元的性质问题。对此，最高院认为，应结合时代背景、企业性质、合同内容以及《公司法》的规定对25万元出资的性质及法律后果予以认定。“隐名股东”是指虽然对公司进行了出资并实质占有股份，但在公司章程、股东名册、工商登记等公司注册文件中未记载其姓名或名称的自然人、法人或其他主体。根据《公司法司法解释（三）》第24条第1款规定，隐名股东若想主张投资权益，除已实际出资外，还应与名

义股东达成享有投资权益的明确合意。首先，本案中兴中公司为集体所有制企业，不存在吴某庆为公司股东的可能性。其次，吴某庆与规划设计院签订的承包经营合同中确认兴市公司“注册资金来源”由规划设计院投入25万元，由公司经营者自行筹集25万元，无论是规划设计院还是吴某庆的相应权益，均未表述为“股东权益”，双方亦未私下签订所谓的隐名股东合同，前述事实，仅能证明兴市公司注册资金中有25万元系吴某庆筹集，无法据此认定该25万元的性质为股东权益性质而非承包经营的资格对价。因此，不能因吴某庆为兴市公司注册资金筹集25万元及双方在最高院（2007）民一终字第80号案件调解过程中认可吴某庆是实际出资人，即认定兴市公司性质是“混合所有制企业”，以及吴某庆是占兴市公司50%股份的股东。

裁判观点：即使认定实际出资，但未经过其他股东过半数以上同意的，不能裁判直接确认股东资格。

裁判结果：撤销原审判决，驳回原告的诉讼请求。

案例84.（2018）湘06民终2162号，刘某丹、广济医院股东资格确认纠纷、股东名册记载纠纷、股东出资纠纷、公司盈余分配纠纷、损害股东利益责任纠纷。湖南省岳阳市中级人民法院

本案争议焦点是：刘某丹是不是广济医院的股东。

法院认为：刘某丹、聂某华等七人合伙承租洞纺医院，刘某丹合伙投入100万元，成立广济医院时，合伙终止，合伙人之间并没有就合伙终止事项进行清算，而是将合伙期间添附的相关资产及货币现金共计900万元以聂某华的名义入股广济医院。刘某丹作为原洞纺医院的承租合伙人之一，在合伙终止后，刘某丹的合伙投入及添附财产投入了广济医院，刘某丹是广济医院的实际出资人。刘某丹的姓名并没有记载于广济医院和湖南省广济置业有限公司的股东名册、公司登记资料上，刘某丹自广济医院和湖南省广济置业有限公司成立开始，均未在公司登记机关办理股东登记。一审基于刘某丹对广济医院存在实际出资，进而认定刘某丹的股东身份，违反了上述法律规定，岳阳市中院予以纠正。刘某丹能否登记为广济医院的股东，应由广济医院的股东会作出决议，一审法院在没有征得其他股东半数以上同意的情况下，直接判决广济医院的和湖南广济置业有限公司向公司登记机关办理刘某丹股东身份的登记，违反了上述司法解释的规定。

裁判观点：未经过半数股东同意，实际出资人不能显名。

裁判结果：驳回再审申请。

案例85. （2019）赣民申632号，孙某辉、新余市新良城乡公交有限公司（以下简称新良公司）股东资格确认纠纷。江西省高级人民法院

法院认为：根据《公司法》的规定，确认股东身份的依据是工商登记、股东名册、出资证明和公司章程中的相关记载。本案中，因孙某辉并无新良公司收取其投资款的出资证明，新良公司章程及其工商档案亦未载明孙某辉系其公司股东，结合孙某辉在一审民事诉状中自认其为隐名股东，多年来孙某辉均是从刘某华处而非直接从新良公司收取公司投资收益等事实表明，孙某辉提交的《新余市新良客运有限公司股东成员及股份所占比例情况》仅是新良公司确认刘某华是新良公司占股20%的五大股东之一，孙某辉是刘某华名下隐名股东的证明文件。本案中仅能证明其是新良公司股东刘某华名下的隐名股东，且其要求将在刘某华名下2.5%的股权变更登记至孙某辉名下的主张未得到新良公司过半数以上股东同意。

裁判观点：代持协议仅对合同双方具有约束力，在未有证据证明其他股东对代持协议知情、实际出资人已经实际行使股东权利的情况下，不支持显名。

裁判结果：驳回再审申请。

案例86. （2019）最高法民申2884号，虹联公司、安捷医院、韩某玉、武某、马某菊、唐某珍、马某芬及天津亚得置业发展集团有限公司、王某元、李某仁股东资格确认纠纷。最高人民法院

（天津市高级人民法院认为）本案争议焦点是：虹联公司是否有权变更为安捷医院的股东。首先，《公司法司法解释（三）》第24条第3款是关于公司实际出资人取得股东资格的规定。在公司的名义股东与实际出资人不一致的情形下，实际出资人与名义股东之间有关投资权益的约定，属于双方之间的内部约定，仅对合同双方产生约束力。如果实际出资人主张公司办理变更股东、签发出资证明书等，其请求就突破了双方之间合同约定的范畴。为了保证有限责任公司的人合性，维护股东之间的相互了解、信任关系，《公司法司法解释（三）》第24条第3款对于实际出资人的显名化问题，即隐名股东转化为显名股东作出了限制性规定，要求公司其他股东半数以上同意。如果其他股东过半数不同意，则股权仍然归属于原显名股东。该规定旨在维护有限责任公司股东之间良好的信赖关系，保障有限责任公司股东之间的合作及公司的日常经营和良性运行。

其次，虹联公司与案外人武某强签订的委托持股协议，只对虹联公司与武某强产生法律约束力，并不能约束协议双方之外的公司其他股东。虹联公司现以其为安捷医院的实际出资人为由，在武某强去世后要求确认股东资格并办理登记手续，仍需依法履行法定程序。在安捷医院的其他股东马某芬、唐某珍均明确表示不同意的情况下，虹联公司

的诉讼请求缺乏法律依据，法院不予支持。

最高人民法院认为：本案再审审查涉及的主要问题是隐名股东虹联公司的显名诉请能否得到支持。本案并无证据证明安捷医院其他股东唐某珍、马某芬对此事先知情。而在虹联公司提起显名之诉后，该二人明确表示不同意虹联公司成为公司股东，也不同意办理股权变更手续。根据《公司法司法解释（三）》第24条第3款规定，在安捷医院其他股东事先对武某强代持股事实不知情，事后又均反对虹联公司显名的情况下，自然谈不上其他股东过半数以上同意的问题。

鉴于虹联公司提交的所谓新证据既不足以证明安捷医院的过半数其他股东知道其实际出资的事实，也不足以证明其已经实际行使股东权利的事实，故其此项再审申请理由亦不能成立。

（二）实际出资人的权益主张（2件）

裁判观点：实际出资人不能直接向公司主张权益，其只能向登记股东主张。

裁判结果：撤销部分判项，变更部分判项。

案例87. （2018）湘民终128号，永州市冷水滩宋家洲综合开发总公司（以下简称宋家洲公司）与惠州市大亚湾发展总公司（以下简称大亚湾公司）、湖南潇湘综合开发有限公司（以下简称潇湘公司）、永州盛湘电力开发有限公司（以下简称盛湘公司）、集盛国际有限公司（以下简称集盛公司）确认企业出资人权益纠纷。湖南省高级人民法院

本案争议焦点是：（1）宋家洲公司提起上诉是否合法、本案是否应追加集盛公司的其他股东、一审法院是否有权管辖本案；（2）一审法院判决确认大亚湾公司享有潇湘、盛湘两公司21.6%投资权益是否正确。

法院认为：（1）关于宋家洲公司提起上诉是否合法、本案是否应追加集盛公司的其他股东、一审法院是否有权管辖本案。略。

（2）关于一审法院判决确认大亚湾公司享有潇湘、盛湘两公司21.6%投资权益是否正确。大亚湾公司主张其以集盛公司名义向潇湘、盛湘两公司投资，所形成的投资权益的占有者为集盛公司，大亚湾公司请求确认该等投资权益应归属于其公司。本案系大亚湾公司与集盛公司之间的出资人投资权益归属之争议，并非大亚湾公司与潇湘、盛湘两公司之间的股东资格确认之争议。根据大亚湾公司的起诉请求、所依据的事实和理由，其主张确认的投资权益系其以集盛公司名义向潇湘、盛湘两公司投资而形成的，该部分投资权益由集盛公司占有，即大亚湾公司系向集盛公司请求确认享有该部分投资权益。根据《公司法司法解释（三）》第24条第2款的规定，大亚湾公司通过集盛公司对原潇

湘公司出资3460余万元，该部分出资以集盛公司名义登记，相应的投资权益由集盛公司享有，大亚湾公司有权向集盛公司主张该部分投资权益。一审判决确认大亚湾公司直接在潇湘、盛湘公司享有投资权益，超出大亚湾公司的诉讼请求不当，湖南省高院予以纠正。

裁判观点：代持协议约定名义股东协助办理工商变更登记，但该相对义务人是公司而非股东，主张突破了合同相对性，显名实质上是股权转让，未经其他股东过半数同意。不能显名，其他股东不同意实际出资人显名并要求行使优先购买权的，应当独立提出诉讼请求。

裁判结果：驳回上诉，维持原判。原审判决未支持显名的变更登记。

案例88.（2019）赣民终180号，朱某中、江西松柏实业有限公司（以下简称松柏公司）与蔡某堤股权转让纠纷。江西省高级人民法院

本案争议焦点是：（1）朱某中要求确认持有松柏公司10%股权并显名登记为公司股东的请求应否支持；（2）吴某清要求优先购买蔡某堤10%股权的请求应否支持。

法院认为：（1）关于朱某中要求确认其持有松柏公司10%的股权并显名登记为公司股东的问题。朱某中与蔡某堤于2012年10月31日签订的投资协议书和2012年12月20日签订的合作协议书，均系双方当事人的真实意思表示，内容不违反法律、行政法规的强制性规定，合法有效。由此可见，朱某中与蔡某堤之间所签订的协议实际为隐名投资合同，即系朱某中对蔡某堤所持松柏公司股权的投资行为。朱某中依据双方签订的协议，拥有蔡某堤所持有松柏公司股份中10%的股权收益权。该权益为财产收益权，而非股东权益。对于朱某中是否享有股东权益，双方在协议中亦作了明确的约定，即朱某中的10%的股权以蔡某堤的名义持有，蔡某堤拥有股权的全部权能。该约定表明，朱某中的股权隐名于蔡某堤的股权之下，蔡某堤是松柏公司的名义股东。因此，蔡某堤将其持有的松柏公司10%的股权转让给蔡某堤的行为系朱某中与蔡某堤之间的内部行为，根据合同相对性原则，仅对其双方产生法律效力，并不能对合同以外的第三人产生法律约束力。

朱某中上诉主张根据双方合同约定，在其需要将该股权变更到自己名下时，蔡某堤应协助办理该股权的变更登记手续；蔡某堤的承诺即为松柏公司的承诺，股权变更登记义务人是松柏公司，一人公司股东行为与公司行为发生竞合，故要求判决蔡某堤协助松柏公司办理工商变更登记，将朱某中显名登记为松柏公司持股10%的股东。江西省高院认为，朱某中与蔡某堤2012年12月20日签订合作协议书时蔡某堤的股权已由100%变更为51%，且合同也明确约定了蔡某堤仍然拥有松柏公司股权的全部权能，即使按2012

年 10 月 31 日的投资协议书所约定的朱某中需要将该股权变更到自己名下时，蔡某堤应协助办理该股权的变更登记手续，该内容确定的也只是蔡某堤的协助义务。如果朱某中需要变更工商登记，成为松柏公司的显名股东，其主张已经突破了双方合同约定的内容，需要符合公司法关于股权转让的相关规定。

根据《公司法司法解释（三）》第 24 条第 3 款的规定，松柏公司的其他股东为吴某清，未经吴某清同意，朱某中要求确认其享有松柏公司 10% 的股权，并要求显名登记为松柏公司股东的主张缺乏事实和法律依据，江西省高院未予支持。

（2）关于吴某清要求优先购买蔡某堤 10% 股权的请求应否支持的问题。江西省高院认为，股东主张优先购买权是一个独立的诉讼请求，应当通过诉讼主张权益。吴某清在本案一审中未提出优先购买权的诉请，而是将其仅作为答辩提出的抗辩理由。因此，松柏公司和吴某清对蔡某堤 10% 股权以同等价款行使优先购买权的上诉请求不在本案的审理范围。

第八条

股权比例

一、示范条款

股东按【实缴出资比例/认缴出资比例】行使股东权利，但法律规定和章程其他条款规定了其他比例的除外。

【张三的出资比例是 ×%，表决权比例是 ×%，分红的比例是 ×%；李四的……】

【比例】法律不限制有限公司章程规定股东行使权利的基础比值，且不必与出资比例同比挂钩，股东可根据出资形式和立场确定。

二、条款解释

股权比例的内容较为简单，从章程的整体结构性安排来看，这一条款显得并不是很必要，既可将本条款内容分散到各条款中单独约定，也可以集中在一个条款中方便其他条款引用。本条款需要规范的问题是：是否需要约定出资比例与表决权比例、分红比例的不同比值。

我国《公司法》规定的表决权行使方式按出资比例是原则，一人一票是例外，我国台湾地区的“公司法”规定有限责任公司一人一票是原则，按出资比例是例外。但我国大陆《公司法》又赋予了有限责任公司章程可自治部分股东权利的权利，可以将出资、表决、分红这三个核心权利的比值设置为不等，也即通常所说的“同股不同权”，这给了有限责任公司公司治理极大的个性化操作空间。但是对于股份公司来说，我国《公司法》并未设置允许“同股不同权”的规则。2022 年拟修订的新公司法（征求意见稿）则规定了类别股，允许“同股不同权”的设定。但其实早在 2018 年 9 月，在《国务院关于推动创新创业高质量发展打造“双创”升级版的意见》第七部分第26条即提出，推动完善公司法等法律法规和资本市场相关规则，允许科技企业实行“同股不同权”治理结构。从正式的法规文件方面来说，2019年科创板设立并试点注册制时，便允许拥有特别表决权股份的公司上市。2019年1月，证监会发布《关于在上海证券交易所设立科创板并试点注册制的实施意见》等配套制度，“同股不同权”的特别表决权制度落地，此后“新三板”改革中也确立了“同股不同权”的制度安排。2019年12月，证监会修改了《非上市公众公司监督管理办法》（已被修改），在第20条提出了股票公开转让的科技创新公司中存在特别表决权股份的，需在公司章程规定特别表决权相关事项。2020年6月，证监会发布创业板注册制改革配套制度，亦认可了存在特别表决权股份的企业可以在创业板上市。而上述这些针对股份有限公司的股份权利限制性规定在有限责任公司中便无须顾虑，有限公司天然地允许设置“同股不同权”，可以将出资、表决、分红的权利割裂分配，以达到股东个性化治理公司的目的。笔者在为委托人做公司重组或者为新创业的技术型公司做治理规则设计时通常会在特殊的时期或者特定的期间内设置三个权利不同的比值。

《公司法》中提到的“比例”仅有“出资比例”，并没有“表决权比例”和“分红比例”。《公司法》第34条规定，股东按照实缴的出资比例分取红利；公司新增资本时，股东有权优先按照实缴的出资比例认缴出资。但是，全体股东约定不按照出资比例分取红利或者不按照出资比例优先认缴出资的除外。第42条规定，股东会会议由股东按照出资比例行使表决权；但是，公司章程另有规定的除外。第166条第4款规定，公司弥补亏损和提取公积金后所余税后利润，有限责任公司依照本法第三十四条的规定分配；股份有限公司按照股东持有的股份比例分配，但股份有限公司章程规定不按持股比例分配的除外。第186条第2款规定，公司财产在分别支付清算费用、职工的工资、社会保险费用和法定补偿金，缴纳所欠税款，清偿公司债务后的剩余财产，有限责任公司按照股东的出资比例分配，股份有限公司按照股东持有的股份比例分配。上述规定中，最核心的是“出资比例”，其他权利的行使都是以出资比例为基础，但同时《公司法》也赋予了章程自由约定的权利，可以对股东的“出资比例、表决权比例、分红权比例”在特定的期间内作出个性化的安排。例如，初创公司是以专有技术研发、应用为核心业务的，那么技术的持有人或者开发核心成员在前期可能是公司的核心资产价值，但此时因技术尚在研发阶段还没有形成成果，没办法以公司名义申请专利等知识产权，同时又受限于现行法律规定不允许股东以劳务出资，此种情况下就可以考虑该技术专长的股东以象征性的货币为出资形式，其他财务投资人以较大金额的货币为出资形式。在前期的研发阶段给予技术专长的股东大比例的表决权，以便于其可以主导技术研发工作和研发投入，还可以对研发成果转化后的前几年分红的比例在技术人员和财务投资人之间作出特别的安排，结合研发周期设置各个比例的衰减，以此平衡技术投资人、市场投资人、财务投资人在不同时期、不同阶段的投资目的和利益。例如，公司注册资本为100万元，张三以技术研发“出资”，实际货币出资1万元，预计研发周期三年，出资比例是1%，前三年的表决权比例是51%；财务投资人出资99万元，出资比例是99%，表决权比例是49%，在技术成果转化后、公司有盈利可分红的前三年内的分红比例是60%，第四年开始分红比例逐年衰减，而表决权比例上升，以此达到合理平衡技术出资与财务投资在不同发展阶段的利益诉求。

三、法律规定

《公司法》第34条、第42条、第57条、第166条、第186条

四、参考案例（2件）

裁判观点：在公司注册资本符合法定要求的情况下，各股东的实际出资数额和持有股权比例应属于公司股东意思自治的范畴。股东持有股权的比例一般与其实际出资比例一致，但有限责任公司的全体股东内部也可以约定不按实际出资比例持有股权，这样的约定并不影响公司资本对公司债权担保等对外基本功能实现。如该约定是各方当事人的真实意思表示，且未损害他人的利益，不违反法律和行政法规的规定，应属有效。

裁判结果：撤销一审、二审判决，驳回一审原告的诉讼请求。

案例89.（2011）民提字第6号，深圳市启迪信息技术有限公司（以下简称启迪公司）与郑州国华投资有限公司（以下简称国华公司）、开封市豫信企业管理咨询有限公司（以下简称豫信公司）、珠海科美教育投资有限公司（以下简称科美投资公司）股权确认纠纷。《最高人民法院公报》2012年第1期（总第183期）

本案争议焦点是：以启迪公司名义对科美投资公司500万元出资形成的股权应属于国华公司还是启迪公司。

法院认为：股东认缴的注册资本是构成公司资本的基础，但公司的有效经营有时还需要其他条件或资源，因此在注册资本符合法定要求的情况下，我国法律并未禁止股东内部对各自的实际出资数额和占有股权比例作出规定，这样的规定并不影响公司资本对公司债权担保等对外基本功能实现，并非规避法律的行为，应属于公司股东意思自治的范畴。章程均约定股权按照启迪公司55%、国华公司30%、豫信公司15%的比例持有。

国华公司7000万元资金收回完毕之前，公司利润按照启迪公司16%、国华公司80%、豫信公司4%分配。国华公司7000万元资金收回完毕之后，公司利润按照启迪公司55%、国华公司30%、豫信公司15%分配。根据上述内容，启迪公司、国华公司、豫信公司约定对科美投资公司的全部注册资本由国华公司投入，而各股东分别占有科美投资公司约定份额的股权，对公司盈利分配也作出了特别约定。这是各方对各自掌握的经营资源、投入成本及预期收入进行综合判断的结果，是各方当事人的真实意思表示，并未损害他人的利益，不违反法律和行政法规的规定，属于有效约定，当事人应按照约定履行。

在公司注册资本符合法定要求的情况下，各股东的实际出资数额和持有股权比例应属于公司股东意思自治的范畴。股东持有股权的比例一般与其实际出资比例一致，但有限责任公司的全体股东内部也可以约定不按实际出资比例持有股权，这样的约定并不影响公司资本对公司债权担保等对外基本功能实现。如该约定是各方当事人的真实意思表示，且未损害他人的利益，不违反法律和行政法规的规定，应属有效，股东按照约定持有的股权应当受到法律的保护。

裁判观点：有限责任公司全体股东可以约定不按实际出资比例持有股权。

裁判结果：撤销原审判决，驳回原告的诉讼请求。

案例90.（2018）豫11民终1975号，漯河泓顺农业发展有限公司、王某达、河南省中合联信农业发展有限公司合同纠纷。河南省漯河市中级人民法院

法院认为：在公司注册资本符合法定要求的情况下，各股东的实际出资数额和持有股权比例应属于公司股东意思自治的范畴。股东持有股权的比例一般与其实际出资比例一致，但有限责任公司的全体股东内部也可以约定不按实际出资比例持有股权，这样的约定并不影响公司资本对公司债权担保等对外基本功能实现。如该约定是各方当事人的真实意思表示，且未损害他人的利益，不违反法律和行政法规的规定，应属有效，股东按照约定持有的股权应当受到法律的保护。本案中，项目公司注册资本为人民币5000万元，其中甲方出资人民币3000万元，占项目公司80%股份；乙方出资人民币2000万元（其中壹仟万元作为20%股份的溢价款作为甲方出资），占项目公司20%股份。甲方分配项目公司管理层12%的股份作为管理层持股，项目公司实际股权比例为甲方占项目公司68%的股份，乙方占项目公司20%的股份，管理层占项目公司12%的股份。《中国供销·临颍国际辣椒产业园项目合作协议书》第2条合作基础2.2约定内容是中农批电商、胡桥园林公司的真实意思表示，且未损害他人的利益，不违反法律和行政法规的规定，应属有效，王某达按照约定持有的股权应当受到法律的保护。

第九条

股东权利

随着《民法典》的实施，原有的一大批法律诸如合同法、物权法、侵权责任法被废止，《民法典》作为民法领域的基础法典开启了新时代。而作为商法领域的基础法律《公司法》在2005年大修后，为进一步深化市场经济改革、优化营商环境，在历经了2013年和2018年两次修订以及五部司法解释后也即将迎来新一轮大修，2022年版的《公司法》修订草案已经向社会公开征求意见。

一、示范条款

股东享有包括但不限于下列列举的权利。股东恶意或者滥用权利给公司或其他股东造成损失的，应当承担赔偿责任。

（一）表决权

股东有参与公司经营管理、向公司作出意思表示或指示并形成决议进而形成公司意志之权利。

股东按【章程规定的比例】行使表决权。但章程其他条款有特别约定以其他方式行使表决权的，从其约定。

普通决议是指出资比例超过半数（不包括半数）通过，特别决议是指【出资比例和股东人数均超过半数/出资比例和股东人数均超过三分之二】通过，一致同意是指全部股东同意。

【如果股东会会议表决的事项涉及某个股东的权益的，该股东可参与讨论、发表意见，但表决时应当排除该股东，以其他股东的人数和表决权的比例为基数，按章程或股东会议事规则规定的比例通过。】

【股东权利的基准】股东权利是以取得股东资格为基准，还是以登记在股东名册为基准，抑或以工商登记为基准，建议在章程中明确。

【普通决议/特别决议】普通决议通常是指出资比例超过半数以上。特别决议则可以灵活设计，例如出资比例超过三分之二以上，双过半（出资和人数），双过三分之二等，视各股东立场和所议事项确定。

【表决权回避】原则上凡是涉及某个股东利益的表决，该股东均应被排除表决，但《公司法》仅在个别事项中明确规定了表决权回避规则，例如股东除名决议时排除了被除名股东的表决权。从小股东的立场来看，建议进一步约定凡涉及权益事项表决的均排除该股东的表决权。

（二）知情权

股东有要求查阅、复制公司章程、股东会会议记录和决议、董事会会议决议、监事会会议决议、财务会计报告、公司年度经营计划、年度经营报告，以及其他重大事项或重要文件之权利。

股东有要求查阅、【复制】公司账簿【和原始记账凭证等会计资料①】之权利，股东要求查阅和复制的，应向公司提出书面请求并说明目的。

股东行使知情权可以委托专业人员辅助行使，【但该股东必须亲自、全程在现场参与和完成】。如果查阅复印的内容较多，一次或当日无法完成的，可分多次连续行使知情权，但不得将文件资料原件带离工作现场，不得影响公司正常的生产经营。

公司无正当理由不满足股东行使知情权的，股东可向公司提起诉讼。

【复制】公司法对除会计账簿以外的其他资料规定允许复制，但对会计账簿却只规定了允许查阅，是否允许股东复制会计账簿和原始记账凭证等资料，历年以来的司法裁判标准不一，从小股东的立场来看，允许复制会计账簿和原始记账凭证等资料会更有利于保障自身权益。

【查阅方式】股东可以委托专业人员协助查阅是《公司法》明确规定的，但对是否可要求该股东也必须亲自全程在场，以及文件资料过多是否可分批分次查阅复制未明确。从大股东的立场来看，建议约定强制该股东亲自全程在场以及不得将原件带离现场以保护公司秘密和利益，且必须一次性连续行使知情权等条件。

① 《公司法》修订草案征求意见稿中已经将查阅、复制会计原始凭证明确为强制规定。

（三）提案权

股东有向股东会提出提案的权利。股东应按股东会议事规则行使提案权。

（四）质询权

股东有向董事、监事和其他高级管理人员、其他股东提出质询的权利。被质询的人应当回答股东的质询。

（五）会议召集和主持权

股东有召集、主持股东会会议的权利。股东应按股东会议事规则行使召集和主持权。

（六）申请决议无效或撤销权

股东会会议或董事会会议召开的程序或内容违反法律和章程规定的，或者表决方式违反章程规定的，股东有要求撤销决议或确认决议不成立或者确认决议无效之权利。

决议的部分内容无效或者被撤销的，不影响其他内容的效力。

【与股东会会议有关的权利】提案、质询、会议召集和主持，申请决议不成立、无效和撤销是股东的基本权利，并无明显的股东立场区别。这几项权利的具体行使规则可单独在股东会议事规则中明确。

（七）申请解散权

股东有申请解散公司之权利。

（八）代表诉权

股东有代表公司向其义务人提起诉讼之权利。

【股东的代表诉权不因所诉事项发生时该股东尚未具备股东资格而不享有。】

【权利救济】申请公司解散在《公司法司法解释（二）》中有较为明确的规定，章程可以结合公司僵局的条款对此作出更为详细的规定。股东代表诉讼在《公司法司法解释（四）》中有较为明确的规定，股东代表诉权不受可诉行为发生时该股东是否具备股东资格的限制。例如，可诉行为发生在一年前，而提起诉讼的股东在今天才取得股东资格，但其仍然可以对一年前的行为提起代表之诉。

（九）分红权（利润分配请求权）

股东有要求公司向其分配红利之权利。股东按章程规定的条件和比例行使分红权。

（十）优先购买权

股东有在新增资本、股权转让等事件发生时要求优先购买的权利。但章程其他条款另有规定的除外。

（十一）剩余财产分配请求权

股东有要求公司在清算后分配剩余财产的权利。

（十二）处置权

股东有依据其意愿处置股权的权利。但章程另有规定的除外。

【处置】包括主动行为和被动行为，具体参见本书“第十一条 股权处置（转让、赠与、分割、被继承）”的规定。

二、条款解释

正如本章节开篇所述，股东权利是一部庞杂的内容，本条款并不试图展开过多的学术讨论，而是结合现行法律规定和已明确的司法裁判规则针对未完善之处和可能产生的纠纷在章程中作以弥补和预防。本条款需要规范的问题是：股东有哪些法定权利和约定的权利，这些权利的内容和边界是什么，行使规则是什么，是否可被限制和限制的规则，以及权利的救济方式。

股权也即股东权利，是股东持有公司的股份（或股票）作为公司的股东依据《公司法》和公司章程的规定而享有的参与公司治理并从公司获得财产利益的权利。股权既包括财产性权利，也包括人身性权利。财产性权利可以以金钱计算价值，应当具有天然的可流动性，一般来说应当能够转让和受让，受到侵害时也可以以现金方式予以救济，包括利润分配请求权、新股优先认购权、剩余财产分配请求权等；而人身性权利则必须依附于股东个人，只能由特定的股东个人行使，包括表决权、知情权、代表诉权、申请决议无效或撤销权、优先购买权等，进一步地说，人身性权利只能由登记股东行使。正如婚姻法和《公司法》之间的交叉关系，《婚姻法司法解释（二）》第 16 条第 1 款规定，非登记为股东的配偶一方在离婚时可分割作为夫妻共有财产的股权权益。但就公司事务参与权而言，其权利的行使不属于财产权问题，是基于人身权利的股权内容，故不属于婚姻法夫妻财产制度所调整的对象，也因此配偶是否可以取得股东资格并不由婚姻法规范，而是交由《公司法》和公司章程规定。

股权从功能上可分为共益权和自益权。自益权是指股东专为自己利益的目的而行使的权利，自益权通常与财产权益密切相关，包括分红权（利润分配请求权），新增资本优先认购权，处置权，优先购买权，优先清偿权，剩余财产分配请求权；共益权是指股东以参与公司经营为目的的权利，或者说是股东以个人利益为目的兼为公司利益而行使的权利，权利的行使不单单代表自己，还可能会影响其他人，可使股东间接受益或受损，包括表决权、代表诉权、知情权、公司解散请求权、提案权等。

（一）表决权的问题

表决权是指股东基于其股东身份而享有的以公司治理为目的，通过股东会议的形式作出一定意思表示的权利。公司是法律上拟制的人，有自己独立的意志、独立的财产，独立承担责任，公司的意志不直接等同于股东的意思表示（一人公司除外），而是由股东会通过集中股东的表决权并根据股东会议事规则进而将股东的意思表示经合法程序形成公司意志，对公司实现经营管理和控制。表决权也是解决股东之间、股东与公司之间利益冲突的重要手段，小到公司名称的变更，大到公司解散清算，从公司“出生”到“死亡”贯彻公司始终。《公司法》第 4 条规定公司股东依法享有资产收益、参与重大决策和选择管理者等权利，即对表决权最直接的规定。

1. 表决权如何分配

表决权是股东的核心权利之一。一般而言，股东表决权的分配依照其出资比例或持股份额决定，比例或份额越大，其个人利益与公司越紧密，其对公司的影响就越大，这也是所谓的“资本多数决”基本原则。但是基于有限责任公司的人合性特征，《公司法》第 42 条规定有限责任公司的表决权可以不根据出资比例设定，股东可以自行约定，这就赋予了股东以不同的出资形式对公司实施决策管理的个性化安排的权利。

理论上表决权是共益权，其所追求或应当追求的首先是公司的利益，进而才能实现股东的利益。但是股东是市场环境下的典型“经济人”或“理性人”，他们投资的首要目的是获得利益，因此他们天然地会作出对自己有利的决策，当某个股东的表决权份额达到能够影响甚至决定公司决议的比例阈值时，他就可能利用其表决权为自己谋利，将其个人意志强加于公司意志之上，就有可能损害公司、其他股东的利益。因此，表决权的核心在于如何在不同的出资形式、不同的发展阶段，在各股东之间合理分配，以及如何合理平衡各股东之间的利益，保障股东的权益不受侵害。

可以基于什么来确定出资比例和表决权比例的不同或是相同，通常来说，有一元结构和二元结构。一元结构是指直接按各自出资分割股权、分享股权决策权及分红权，即出资比例 = 表决权比例 = 分红比例，这是最简单的、最传统的股权架构类型。采用该种股权架构，看似简单地解决了股权分配的难题，但由于股东之间的股权比例只能根据其出资来确定，对于初创企业尤其是技术创新型企业的技术创始人而言，因其没有更多的现金出资，其表决权比例不足，导致其对企业控制权缺少自主性和灵活性，没有办法以不同的方式在创造不同价值的股东之间作出灵活的调整，甚至很容易因企业融资或因他人恶意争夺企业控制权，或是其他的意外变故而丧失对企业的控制。

比一元结构更灵活一些的还有二元结构。二元结构应用在国外比较普遍，二元股权架构是指在表决权、分红权之间作出不等比例的安排，将股东出资和股东权利进行分离设计，能帮助创始人或核心团队（不仅仅指出资最多）在公司融资时仍能保持对公司的有效控制。这种结构设计更适合那些需要将分红权倾斜给特定的股东（如财务投资人），但将较大的决策权分配给创始人的公司。例如，在技术创新型企业中，资本方通过出资掌握公司的控制权，但并不掌握公司的核心技术；技术团队掌握核心技术但没有资本话语权和对公司的控制权，为保障前期开发顺利，可以将作为股东之一的核心技术开发团队的表决权在开发期间内设计为逐年衰减，从有控制权的比例衰减至其实际出资或实际投入价值。

需要明确的是，《公司法》强制规定有限责任公司的下列事项必须经过全体股东表决权三分之二以上通过：（1）修改公司章程；（2）增加或者减少注册资本；（3）公司合并、分立、解散；（4）变更公司组织形式。对于这几个事项，章程没有自行约定的权利，且也不能排除某些股东的表决权。

2. 表决权的委托

表决权是否可以委托、如何委托。理论上来说，除极个别与人身有关的权利（如继承权、肖像权等）不得由委托人行使以外，大部分的权利是允许委托他人行使的。表决权委托的法律依据来自《公司法》第 106 条规定，但是否可以约定只能委托其他股东或董事而不能由其他身份的人行使，抑或在某些特定会议中——例如每年的定期股东会议，必须由本人参加不得委托他人，以此避免公司经营信息和商业秘密泄露给他人知晓？鉴于固定会议和临时会议讨论和表决的内容有所不同，固定会议通常审阅年度经营计划和利润分配等，笔者建议规定在固定会议中只能由股东本人亲自参加，其他临时会议可视会议内容另行委托他人行使表决权。

3. 表决权的限制、回避和排除

表决权是股东的固有权利还是非固有权利在理论上存有一定的争议。如果是固有权，则除非取得了股东本人同意，否则不得以公司章程或者股东会决议形式予以剥夺或者限制；而非固有权利则可以通过公司章程和股东会决议予以限制。除《公司法司法解释（三）》和本书“第六条　瑕疵出资和股东权利限制”中规定的可限制的权利以外，表决权是否也可以因某些条件被限制？

首先，实践中一般认为股东表决权可以经两个理由受到限制：（1）表决权作为股东参与公司管理的权利，原则上属于共益权，股东通过少数服从多数决的表决权机制实现对公司的有效管理和控制，其中也包括控制公司财产权，故表决权实质上是一种控制权，且《公司法》允许有限责任公司股东在章程中对表决权是因资本比例还是因人数比例作出特别的约定，具有一定的特殊性，同时亦兼有保障股东自益权行使与实现的功能，具有工具性质，因此可以作出限制；（2）从股东的权责利对等的角度来看，没有出资即没有权利是基本原则，如果让未尽出资义务的股东通过行使表决权控制公司，就不符合权利与义务对等、利益与风险一致的原则，因此可以作出限制，《公司法》对此规定的股东除名规则即是“釜底抽薪”式地永久排除了该股东的表决权。

《九民会议纪要》中对表决权能否被限制是这样表述的：股东认缴的出资未届履行期限，对未缴纳部分的出资是否享有以及如何行使表决权等问题，应当根据公司章程来确定。公司章程没有规定的，应当按照认缴出资的比例确定。如果股东（大）会作出不按认缴出资比例而按实际出资比例或者其他标准确定表决权的决议，股东请求确认决议无效，人民法院应当审查该决议是否符合修改公司章程所要求的表决程序，即必须经代表三分之二以上表决权的股东通过。符合的，人民法院不予支持；反之，则依法予以支持。江苏省南京市中院在（2012）宁商终字第 991 号[①]案中认为，股东表决权是股东通过股东大会上的意思表示，可按所持股份参加股东共同的意思决定的权利。表决权是股东的一项法定权利，但表决权应否因股东未履行或未全面履行出资义务而受到限制，《公司法》对此并未作出明确规定。《公司法司法解释（三）》第 17 条规定……该条司法解释虽然明确规定公司可对瑕疵出资股东的利润分配请求权、新股优先认购权、剩余财产分配请求权等股东权利进行限制，但限制的权利范围只明确为股东自益权，并未指向股东共益权。自益权是股东获取财产权益的权利，共益权是股东对公司重大事务参与管理的权利。表决权作为股东参与公司管理的经济民主权利，原则上属于共益权，但又具有一定的特殊性，股东通过资本多数决的表决权机制选择或罢免董事、确立公司的运营方式、决策重大事项等，借以实现对公司的有效管理和控制，其中也包括控制公司财产权，故表决权实质上是一种控制权，同时亦兼有保障自益权行使和实现之功能，具有工具性质。如果让未尽出资义务的股东通过行使表决权控制公司，不仅不符合权利与义务对等、利益与风险一致的原则，也不利于公司的长远发展。因此，公司通过公司章程或股东会决议对瑕疵出资股东的表决权进行合理限制，更能体现法律的公平公正，亦符合《公司法》和司法解释有关规定之立法精神，可以得到支持。

但是，也有观点认为股东的表决权不应受到限制，其认为：（1）股东表决权是基于股东身份取得，是股东的一项固有的法定权利，无法律明确规定不得限制，也就是说，只能在法律明确规定的范围内限制股东权利；（2）表决权属于股东共益权，非股东自益权，共益权不应当受到限制。《公司法司法解释（三）》第 16 条规定公司章程可以对未

---

① 俞某根与梁某力、南京云帆科技实业有限公司、华某平股东会决议效力纠纷。

足额出资的股东的权利作出限制，但明确限定的三种股东权利均为股东自益权，并不包括共益权。也正因如此，《公司法司法解释（三）》第 16 条在最后定稿时把“表决权”从讨论稿中删去。河南省信阳市中院在（2018）豫 15 民终 2446 号①案件中即持此观点。

其次，表决权回避或者说表决权排除规则如何设定。从广义上来说，表决权回避是指当某一股东与股东（大）会讨论的决议事项有关联交易或特别的利害关系时，该股东或其受托人均不得对该事项作出表决。依照《公司法》第 16 条、第 42 条规定，当公司为股东提供担保时，该被担保的股东不得参加该事项的表决，即其表决权被排除在外，但对于其对其他事项的表决权是否也可以被排除没有明确，在司法实践中存在一定争议。河南省信阳市中院在（2018）豫 15 民终 2446 号②中认为，股东表决权排除的适用范围通常有以下几种：（1）关联交易；（2）限制股东权利；（3）免除股东义务或责任；（4）追究股东责任；（5）股东董事、股东监事薪酬的决定；（6）其他与股东具有利益冲突关系的表决事项。结合《公司法》和相关司法解释关于股东表决权排除的规定，仅限于公司为股东提供担保时，被担保股东的表决权排除；公司股东未履行或者未全面履行出资义务或者抽逃出资时，未出资、抽逃出资股东的表决权排除。排除股东的表决权必须基于法律的明确规定，不能随意对法律进行扩大解释，法律未规定排除股东表决权的，则不能排除股东的表决权。

此外，如果想要对表决权作出限制，是由什么机构、通过什么方式作出？笔者认为，全体股东一致通过的章程或者股东会决议作出限制应当是没有争议的，这属于全体股东一致同意对自身权利作出的处分，不违反法律的禁止性规定，但表决权三分之二以上通过的章程修正案增加的限制性条款对不同意的三分之一的股东是否也具有约束力，实践中司法裁判也有不同的认定。湖南省岳阳市中院在（2021）湘 06 民终 2164 号③案中认为，并非所有表决通过了法律规定和章程规定的比例（如已经通过三分之二以上）的决议都是合法有效的，如果章程没有明确约定可限制的事项和条件，且该结果涉及股东切身利益的，该表决的结果应当经其本人同意，否则容易产生大股东滥用控制权损害小股东利益的情形。此类决议因违反公平、自愿原则而被法院裁判无效，或者对不同意的股东无效。为保证约定的效力，笔者建议股东间可通过签署单独的协议来约束各自的权利义务。

4. 一票否决制度

一票否决权的实质是股东间约定公司治理的事项均应当由全体股东一致同意才能通过。据业内传闻，小黄车 ofo 正是源于未经证实的“五张一票否决权”制度，导致融资

---

① 姚某清与信阳市华珍矿业有限责任公司及余某雨、余某发、陈某兵公司决议撤销纠纷。

② 同上。

③ 湖南华尔德教育文化有限公司与湖南郡华教育投资有限责任公司公司决议撤销纠纷。

受阻、公司治理结构瘫痪，最终黯然退场。任何一个公司的股权架构和管理机制的设计，其目的都是有效决策、审慎高效，避免公司僵局。但是如果每一个股东都有一票否决权，那就相当于所有的事情都需要全体股东一致同意，这将使管理机构的存在变得毫无意义，也将会导致公司无法在瞬息万变的市场中作出及时有效的决策。

但是，一票否决制度是否有效？司法机构对此认定不一。有支持约定有效的，例如，上海市二中院在（2014）沪二中民四（商）终字第330号①案中认为，赋予奇虎三六零软件（北京）有限公司（以下简称奇虎三六零公司）对一些事项包括股权转让的一票否决权，系奇虎三六零公司认购新增资本的重要条件，这种限制是各方基于各自利益需求协商的结果，符合当时股东的真实意思表示，未违反公司法的强制性规定，应认定符合公司股东意思自治的精神，其效力应得到认可。江苏省南京市中院在（2017）苏01民终8178号②案中，也认可章程规定的特殊事项需经过具有特殊身份的董事一致同意方可通过的效力。但为保证董事会一票否决权具有对外效力，应将内容明确到公司章程上，并通过章程的公示效力来保护相关方的利益。为了保持一票否决权的有效性和延续性，笔者建议在条款后面加注：此条款的修改或废除，必须经过全体股东一致同意。

本章节讨论的是股东的表决权，董事的表决权详见本书“第十五条　董事和董事会（执行董事）”。

（二）知情权的问题

股东知情权是股东固有的基础性权利，是股东了解公司运营状况，参与公司决策、运营的重要手段，但同时股东知情权的行使又关系到公司管理成本、经营信息乃至商业秘密等切身利益。因此，股东知情权和股权转让是公司纠纷中发生最高的两种纠纷。虽然《公司法司法解释（四）》对一些常见的股东知情权争议处理作出了细化规定，但仍然未能完全覆盖司法实践的需求。

1. 股东何时享有知情权

既然知情权是股东固有的、基本的权利，股东自然且天然的享有，为何还要提“何时享有知情权”？这里面忽略了一个问题——股东资格，原始取得股东身份或者通过增资、受让、分割等有偿方式取得身份的，已经经过其他股东同意或者视为同意，即在取得股权的时候已经具有股东资格，自然享有知情权。但是通过继承行为取得股权（准确地说是股权价值）但未取得股东资格的，此时该继承人是否享有知情权，是否可以主张行使知情权？法律没有明确规定，司法裁判也有不同的观点。北京市一中院在（2009）

① 奇虎三六零软件（北京）有限公司与蒋某文、上海老友计网络科技有限公司、胡某请求变更公司登记纠纷。

② 南京赛世仙林房地产开发有限公司、计某、史某新与党某公司决议效力确认纠纷。

一中民终字第14481号[①]案件、山东省东营市中院在（2018）鲁05民初70号[②]案件中均确认，在章程没有限制性规定的前提下，继承人自继承开始取得股东资格并享有知情权。但是河南省洛阳市中院在（2015）洛民终字第1530号[③]案件中认为，因继承行为在没有确认取得股东资格前并不当然享有知情权，应当在取得资格后另行提起诉讼主张知情权。从上述司法裁判案例可知，在其他股东不确定该继承人是否可以与大家成为“同路人”之前，继承人是否可有效行使知情权存在不确定因素。笔者建议在章程中明确“股东仅在取得股东资格后得以行使股东知情权”。

2. 行使知情权的主体

具有股东身份或者说股东资格的人当然可以行使股东知情权，这一点毫无争议，但是对于某些特殊状态下的股东行使知情权仍存有争议，例如，股权转让后的前股东是否可以行使、如何行使？隐名股东是否可以行使、如何行使？继承的股东在未取得股东资格前是否可以行使，是可以在主张确认股东资格时一并行使，还是要将确认资格和知情权行使分开两步？如果股东与董事、经理及其他高级管理人员的身份重叠，例如，股东本身就是董事长或者财务负责人的，其本身就掌握公司的“经营信息”，是否可以再次以股东身份主张行使知情权？

第一，原股东行使知情权的问题。这个问题在《公司法司法解释（四）》出台前较有争议，在出台后基本统一了认定。在该司法解释出台前，法院普遍认为知情权是附属于股东身份的权利，一旦该身份丧失，则其不得再行向公司主张，而无论其主张查阅了解的资料是否属于其担任股东期间的材料或其主张是否有合理的理由。例如，在（2009）辽民二终字第19号[④]案中，股东主张公司隐瞒真实经营状况，截留巨额利润，损害其合法权益，但法院对此没有作出审查，直接以其不再具备股东身份为由驳回其诉讼请求。《公司法司法解释（四）》出台后，已退股股东能否行使知情权的争议获得部分解决。《公司法司法解释（四）》规定将股东身份作为起诉条件，原告不具备股东身份的，应当驳回其起诉而非驳回其诉讼请求，已退股股东在特定情形下可以主张知情权，而非一概不予准许。但《公司法司法解释（四）》第7条第2款规定的合法权益受损害的初步证明具体是指什么，标准是什么，仍然有待理论和实务总结与细化。实务中比较常见的主张是，已丧失股东资格的原股东主张股权价值或公司经营状态等被控制公司的控股股东隐瞒、信息披露不真实不完整，导致其放弃股东身份、转让股权，其合法权益受到侵害。对于此类主张，若其能够提供初步证据证明的，法院应该予以支持。法

---

① 王某发、王某青、陈某、王某轩与北京五岳机械设备有限责任公司、王某锁、崔某平股东知情权纠纷。

② 聂某与山东华星石油化工集团有限公司股东资格确认及股东知情权纠纷。

③ 程某某、程某娟与河南地久置业集团有限公司股东知情权纠纷。

④ 沈阳可口可乐饮料有限公司与沈阳市八王寺汽水厂、沈阳八王寺食品饮料有限公司股东权益纠纷。

院支持原股东行使知情权的权利保护期间是其作为股东期间，超出此期间的不在其权利保护范围内。

第二，隐名股东行使知情权的问题。根据《公司法》和相关司法解释的规定，实际出资人在显名之前无权查阅、复制公司经营的有关材料。其背后隐含的逻辑是，既然实际出资人选择躲在名义股东身后充当“影子”，其无法直接享有和行使相应的股东权利是选择隐名的合理代价，其股东权利应当通过名义股东代其行使。但是，如果当实际出资人与名义股东产生冲突，名义股东对实际出资人的投资权益漠不关心，实际出资人多次要求行使知情权而被名义股东拒绝的，此时如何确保实际出资人通过某种途径了解公司的经营状况来保障自己的投资权益？实际出资人能否绕过名义股东进而直接向公司主张权利？在司法裁判实践中，法院均以名义股东作为知情权主体，对于隐名股东主张知情权的，要求先履行显名手续，在此之前其只能通过名义股东行使权利，而不能自行主张。值得注意的是，河南省高院在（2019）豫民申1958号①案的再审裁定中，似乎为此提供了一种更为有效的解决方案。在该案例中，实际出资人、名义股东、公司三方之间签订了股权代持协议，公司作为股权代持协议的见证方在协议中签章，协议约定名义股东应当按照实际出资人的意愿行使股东知情权，现实际出资人要求直接行使知情权，法院支持了其诉求。该判例的意义在于法院认可在公司同意的情况下，实际出资人与名义股东可以就股东知情权的行使作出不违反法律法规强制性规定的自主安排。

笔者建议，章程中可以规定如果隐名股东、名义股东与公司签署了三方协议，隐名股东可直接行使股东知情权，无须再履行名册变更或者股东变更等手续。

第三，股东和高管身份重叠的行使知情权的问题。如果股东本身就是公司财务负责人，其是否还有权要求行使查阅账簿的权利，或者说公司是否可以拒绝其行使股东知情权？对此种情况，陕西省高院、湖南省高院、广西高院均认为，当事人具有股东与公司高管职务双重身份，该双重身份具有的权利、义务各不相同，其行使权利、承担义务的条件也各不相同。只要当事人具有股东身份，就有权行使知情权，不能因其基于职务身份知晓公司财务状况而阻却其行使股东知情权。

第四，继受股东如何行使知情权的问题。在继承人未获得股东资格之前的这一段“真空状态”期间如何行使知情权？在股权转让的情形下，转让协议生效后、受让人未及时办理变更登记前，受让人能否行使知情权？在当前的司法裁判中，法院均坚持登记主义的原则，认为登记股东可以行使知情权，在继承人或者受让人未登记为股东的情况下不得主张知情权。同时，股权受让人一旦登记为股东，无论其是否足额支付股权受让款，是否与转让股东之间存在未决的纠纷或诉讼，均不影响其行使股东权利。

---

① 上海群策投资发展有限公司与平顶山市群策协力置业有限公司股东知情权纠纷。

第五，非登记股东配偶行使知情权的问题。夫妻一方为公司现任股东，另一方是否能够以共有人的身份主张股东知情权呢？答案是否定的，股东知情权具有人身性，非登记股东配偶不能当然取得股东资格，也就不能当然行使股东权利。

第六，股东知情权义务主体。股东知情权义务主体当然是公司，但是被吊销营业执照的公司能否成为义务主体，不同法院可能有不同观点。在（2015）渝高法民终字第00335号[①]案中，重庆市高院认为，即使公司被吊销营业执照，公司的法人资格也仍然存续，故判决公司承担相应的配合义务。但在（2016）最高法民申3785号[②]案中，最高院则基于公司被吊销营业执照以及其他公司停止经营的因素，认定公司意思自治的正常治理结构已经解体，申请查阅的通知无法到达公司，认为继续审理的条件客观上已不具备，驳回股东的起诉。笔者认为，最高院考虑的因素更加全面，若有证据证明公司客观上已经无法被送达行权申请，且无法提供配合，则应该驳回股东起诉，待成立清算组之后，股东可以另行主张权利。

3. 知情权的行使方式、前置程序

首先，知情权和表决权不同，表决权需要以股东会为载体行使，即不召开股东会会议是无法行使表决权的；而股东可以自行行使知情权，并不需要以其他机构为载体，此自不待言。但股东能否委托他人代为行使或协助其行使知情权，《公司法司法解释（四）》第10条第2款规定股东可以委托他人协助查阅，但必须委托会计师、律师等依据执业行为规范负有保密义务的中介机构执业人员辅助进行。这里又衍生出一个新的问题，如果有专业人员辅助，那么股东是否必须亲自到场，是否允许委托非专业人士？从司法实践来看，法院的立场较上述司法解释立场更为宽松，法院认为可以允许股东委托他人代为行使知情权，而非仅仅协助行使。至于受托人，允许委托公司员工（股东为法人和其他组织的情况下）或他人，而不限定于专业人士。笔者认为，行权方式是否需要限定，需要考虑利益平衡及合理性的问题，一概否定委托行使权利并不具有当然的正当性，尤其对于自然人股东而言，因为个别股东确实不具备法律或财务的方面专业知识，查阅相关文件会有阻碍；而对于公司股东而言，允许其员工（财务或者法务）协助也并无不可。再说，委托本来就是法律所允许的当事人扩张自己行为的合法方式，且法律后果也由本人承担，应允许委托，而非一概予以否定。当然，从大股东的立场而言，为避免别有用心的小股东频繁滥用知情权影响公司运营，可以在章程中约定更严格的条件，例如必须要求专业人士，必须股东本人全程亲自在场，并且限定在公司经营场所内，且应当向公司出具保密承诺，如果其因查阅、复制公司资料而泄密的，公司或其他股东可对该

---

① 宁源国际有限公司与重庆中原房地产开发有限公司、中国银行股份有限公司重庆九龙坡支行、中国东方资产管理公司重庆办事处、浙江融达企业管理有限公司股东知情权纠纷。

② 参见重庆市高级人民法院民事判决书，（2015）渝高法民终字第00335号。

股东提起损害赔偿诉讼。

其次，行使知情权是否需要履行前置程序，向谁提出、如何提出？《公司法》第33条规定股东查阅公司章程、会议记录和决议、财务会计报告是不需要合理理由的，但是对于查阅会计账簿的，应当（1）书面请求；（2）说明目的；（3）公司十五日内书面答复。如果股东要求行使查阅会计账簿的权利而不得，股东向法院提出权利主张的，又如何认定之前的前置程序救济已经穷尽？或者股东能否以向法院提交的起诉状和法院发给公司的传票作为上述前置程序的替代？还是说股东只能先向公司提出请求，等待十五日而不得后才能向法院提起诉讼？实践中，对于前置程序的穷尽有三种不同的观点。第一种观点认为，前置程序是起诉受理的条件，穷尽公司内部程序而不得才能提起诉讼，否则应当驳回起诉，例如，山西省泽州县人民法院在（2018）晋0525民初973号①案件中即持此观点；第二种观点认为，前置程序是权利受保护的实体要求，未达成的应驳回股东诉请，例如，江苏省张家港市人民法院在（2020）苏0582民初7957号②案件中即持此观点；第三种观点认为，股东起诉视为向公司提出申请，若公司拒绝，应支持股东诉请，例如，上海市静安区人民法院在（2016）沪0106民初6038号③案件中即持此观点。

如果股东履行了前置程序，也即向公司提出了权利主张，但没有严格依照《公司法》第33条第2款之规定，在公司尚未拒绝查阅时即向法院提起了诉讼，或者在书面请求中未能明确说明目的，这种情况下的知情权如何保障？司法实践中一般认为，对于前置程序有瑕疵的应区分处理：如果股东在起诉前向公司提出了书面查阅申请并说明目的，但未等公司在15日内书面答复期满就起诉的，视为股东未完全按照《公司法》第33条第2款规定主张权利履行前置程序，其主张存有瑕疵，可通过诉讼程序救济。但如果公司正常治理结构陷入僵局或已经解体，股东查阅申请无法送达从而导致股东无法履行行使知情权的前置程序的，股东也可以直接向法院提起诉讼。

4. 如何认定不正当目的

依照《公司法》第33条第2款的规定，公司可以股东具有不正当目的为由拒绝股东查阅公司会计账簿。但是该条款不具有可操作性。《公司法司法解释（四）》第8条进一步提出了几种具体化的不正当目的：（1）同业竞争、通报信息可能损害公司利益；（2）三年内曾通报信息损害公司利益。其中同业竞争指的是股东自营或者为他人经营与公司主营业务有实质性竞争关系的业务。上述规定对于不正当目的采取的是以客观事实证明主观目的的事实推定模式。司法实践中对不正当目的的审查也是较为严格地限定在法律明确规定的几种情形中，对于公司提出的“股东查询资料用于与公司对抗的

① 泽州县下村镇史村村村民委员会诉泽州县荣盛丰建材有限公司股东知情权纠纷。
② 孟某与张家港市鑫塘精密模具有限公司股东知情权纠纷。
③ 上海福萌投资管理有限公司与上海国信新能源有限公司股东知情权纠纷。

诉讼、仲裁及保全，股东查询资料是为了高价收购公司股权，股东存在违规、违约情形，如股东存在发布公司虚假信息、撕毁公司资料等违规行为，股东违反设立公司的合作协议等，公司的股东存在犯罪行为，股东查询资料是为了诽谤、诬告管理层，侵害公司商业秘密”等诸多理由均不予认同。在（2003）苏民三终字第029号①案中，江苏省高院认为，即使股东所经营的其他公司的经营范围与公司相同，也不能直接认定股东具有不正当目的，公司还须另行举证证明股东行为侵害或可能侵害公司商业秘密或为其经营公司同业竞争提供条件。笔者赞同法院的观点，不能直接以经营范围相同为由直接认定股东具有不正当目的，特别是在公司设立之前股东已投资了其他公司且经营同样业务的情况下更是如此，因为在市场经济环境下股东之于公司是投资人而非实际经营者，而股东基于商业投资需要往往会同时对多家公司出资，此为正常的商业行为，股东自由经营的权利应该得到尊重及保障，不能以此为由限制股东知情权。反过来看，即使股东所经营的其他公司的经营范围与公司经营范围不同，也不意味着股东目的正当，在两者业务有实质性竞争关系的情况下仍可能具有不正当目的。河北省高院在（2018）冀民终4号②案中认为，两公司虽然属于上下游关系，不属于相同的经营范围，但正是这种生产与销售的关系可能会影响原告公司在北美的销售情况，进而影响该公司利益，故而认定股东具有不正当目的。

5. 知情权的内容和边界

广义上来说，知情权的客体包含公司的一切信息和经营状态；狭义上来说，知情权的客体通常是指公司的章程、会议记录、决议、财务资料等。《公司法司法解释（四）》第9条明确规定了股东知情权不属于公司自治的范畴，公司章程或者股东之间的协议不得实质性剥夺股东知情权。从司法实践来看，无论是以瑕疵出资或是其他理由的，只要没有解除股东资格，股东的知情权均应当得到保障。但是，实践中请求行使知情权的股东通常因时间、内容以及其他非法定资料的边界发生纠纷。

首先，时间范围争议。实践中各方的争议主要是股东是否只对书面申请之前的资料具有知情权，也就是说，股东在提起权利主张到其实现权利目的之间可能是一个较长的过程，而公司经营又处于动态的变化中，股东是否仅能以提起权利主张的时间节点为边界查阅此前的资料？对此，不同法院有截然不同的看法。在（2015）苏商外终字第00035号③案中，江苏省高院认为只要股东资格与公司仍然存续，由于公司的生产经营和财务状况必然发生变化，故股东对于书面申请之后的资料也具有知情权。但在

---

① 南京南连光华液化气有限公司与詹德威股东知情权纠纷。

② 阿特拉斯设备有限公司与河北阿特拉斯设备制造有限公司股东知情权纠纷。

③ ROONEYLIMITED、常州雍康置业有限公司股东知情权纠纷。

（2017）黔民终109号①案中，贵州省高院则认为股东仅能对书面申请时间点之前的资料具有知情权。笔者并不认同贵州省高院的理由和结论，如果仅能以提出权利的时间为节点查阅的话，那无异于要求股东对于不同时间段的资料反复提起权利主张，不合理地增加当事人与法院的负担，徒添讼累。

其次，内容争议。依据《公司法》第33条的规定，股东知情权纠纷中所指向的特定文件材料包括两种类型：一是股东享有绝对查阅权的资料，包括公司章程、股东会会议记录、董事会会议决议、监事会会议决议和财务会计报告，对此股东可以无条件地查询并复制，并不需要说明目的；二是股东享有相对查阅权的资料，法律规定的是会计账簿，对此股东仅能查询，且需说明正当目的。但是会计凭证是否在允许查阅的范围内？对股东的该类请求是否支持？在司法实践中，不同时期的不同法院存在不同的裁判结果。最高院在（2012）民申字第635号②案中认为，虽然公司法没有明确规定股东可以查阅会计凭证，但基于利益平衡以及确保信息真实的考虑，知情权范围不宜限定在一个不可伸缩的区域，尤其对于人合性较高的有限责任公司来说，严格限定知情权范围并不利于实现知情权制度设置的目的，故认为会计凭证可以纳入知情权范围。自此判例后，实践中大部分法院沿循上述最高院的裁判思路，以利益衡量或确保信息真实为由，支持股东有关查阅会计凭证的诉请。但也有法院根据个案的实际情况否定了股东要求查阅会计凭证的请求，还有个别法院明确将会计账簿与会计凭证区分，进而以法无明文规定为由驳回股东对查阅会计凭证的诉请（详见本章节案例部分）。《公司法司法解释（四）》在征求意见稿中曾经规定股东可以查阅原始会计凭证，但在最终通过的版本中删除了该部分内容。但是到了2019年，在（2019）最高法民申6815号③案件中，最高院认为，《会计法》第13条第1款规定，会计凭证、会计账簿、财务会计报告和其他会计资料，必须符合国家统一的会计制度的规定。第14条第1款规定，会计凭证包括原始凭证和记账凭证。根据前述法律规定，会计账簿不包括原始凭证和记账凭证。股东知情权和公司利益的保护需要平衡，故不应当随意超越法律的规定扩张解释股东知情权的范畴。《公司法》仅将股东可查阅财会资料的范围限定为财务会计报告与会计账簿，没有涉及原始凭证。从上述最新裁判结果来看，对于股东行使知情权能否查阅原始凭证的问题，最高院的最新观点又收紧了，这可能会成为今后股东知情权案件审判中新的裁判指引。

最后，其他非法定资料争议。除上述资料以外，股东是否可查阅其他资料，如董事

---

① 贵州合润铝业新材料科技股份有限公司与周某辉股东知情权纠纷。
② 天津北方食品有限公司与香港捷成有限公司股东知情权纠纷。
③ 富巴投资有限公司、海融博信国际融资租赁有限公司股东知情权纠纷。

会议记录、监事会议记录。最高院在（2016）最高法民终 324 号[①]案中，对其他非法定资料的知情权采限定性立场。实际上，司法实践对此问题的处理有较大自由裁量权。例如，在（2006）一中民初字第 12369 号[②]案中，北京市一中院认为股东有权查阅董事会会议纪要，而在（2016）苏民终 618 号[③]案中，江苏省高院则认为董事会会议记录并非股东有权查阅、复制的公司资料。

笔者认为，股东对于非法定形式的资料主张知情权的，可以遵循以下思路处理：一是章程有约定的依照章程规定。章程是股东意思自治的产物，若章程扩大了知情权范围，则不存在限制股东权利的问题，故应该予以准许，按照章程规定进行裁判，此与《公司法司法解释（四）》第 4 条规定的股东可以依据章程规定主张股东知情权是一致的。二是即使章程未约定，对于依法（如《会计法》）与法定资料直接关联的资料，其作为印证、核实法定资料真实性的依据，应当结合股东要求查阅的必要性、查阅目的的正当性，以及是否属于公司商业秘密等情形，综合判断应否纳入股东知情权范围，而非一概以法无明文规定为由予以驳回。笔者建议，小股东为自己的股东权益能够有效行使和得到保障，可以要求在章程中对此作出细致明确的规定。

（三）与股东会议有关的权利的问题

与股东会议有关的股东权利包括向会议发出提案的权利，向其他股东和董事、监事、高管提出质询的权利，召集和主持会议的权利，申请股东会决议、董事会决议不成立、撤销或无效的权利等。

1. 关于提案

首先，《公司法》第 53 条和第 102 条分别对公司（不区分公司组织类型）监事会（监事）以及股份有限公司股东的提案权及提案程序作出了明确规定，但并没有对有限责任公司股东是否有提案权以及如何提案作出规定，结合《公司法》第 40 条的规定，笔者认为，有限责任公司的股东也是有提案权的。

其次，提案的权利人是股东、义务人是公司，这一点是毫无疑问的，但接受机构是股东会还是股东会召集人，抑或董事会或董事长，法律并没有明确。笔者建议约定为董事会，同时考虑到董事长、监事会不履行职责的情况下股东也可以自行召集和主持，也应当赋予召集人（当董事会履行职责时召集人即董事会）作为提案的接受人。此外，是否需要限定股东持股的连续时间或者比例？例如刚成为公司的新股东是否有权提案，或者是参考股份公司持股 3% 以上的股东才有提案权，在有限责任公司章程中也规定为连

---

① 仲圣控股有限公司与鲁能仲盛置业（青岛）有限公司、山东慧谷商贸有限公司、青岛海信房地产股份有限公司与公司有关的纠纷。

② 益业有限公司与北京中海海洋花园房地产开发有限公司公司知情权纠纷。

③ 海亚管理有限公司、常熟精艺皮件有限公司股东知情权纠纷。

续一百八十天以上单独或合并持有公司3%以上股份的股东才有权向公司提出提案？从保护小股东参与公司经营管理的权利的视角来看，笔者不建议对股东提案权作出高于公司法规定的限制，毕竟有限责任公司股东人数较少且互相之间容易沟通。此外，也应当允许董事、监事、经理、财务负责人提出提案。

再次，对于提案的期间，《公司法》第102条第3款明确规定股东大会不得对未通知的事项作出决议，这是因为股份公司通常股东人数较多，采用董事会为主的治理结构，如果允许股东提出临时提案，股东大会将无法决议。但是对于股东较少的有限责任公司来说，法律没有明确规定提案的期间。笔者建议规定为定期会议的提案在确认召开日期前两周内提出，临时会议的提案在召开前均可提出，至于在会议中临时提出的提案，交由股东现场决定是否需要作出表决。

最后，关于提案的审查是交由董事会审查还是由召集人审查可根据实际情况作出约定，但审查也应当仅限于形式要件，而无须对内容进行实质审查。如是否属于股东会讨论的职权范围、是否有明确议题和具体决议事项，是否违反相关法律、行政法规和公司章程的规定，若审查发现提案不符合公司章程规定的“形式要件及/或合法性要件”的，可以向提案人提出反馈意见，若提案人拒绝修订存在的问题，则董事会可拒绝将提案提交至股东会讨论和表决。当然，如果是临时股东会或者召集人不是董事会的，则交由召集人审查。

此外，还有一个问题是，对于提案在表决时是否可以拆分。也就是说，表决时是否可以只对提案的部分内容通过或者附条件通过，还是说不能修改提案内容，只能就提案内容作出同意或否决的决定。若两个人围绕同一事项提案或者是提案的主旨基本一致，董事会是否可以将提案合并后提交给股东会进行表决？笔者建议在章程或者股东会议事规则中明确。

2. 关于质询

首先，股东质询权从广义来说是指股东为了解公司经营的相关信息而向董事会、高级管理人员及监事会提出问题并要求其说明的权利。狭义的股东质询权仅指出席股东会的股东要求董事、监事、经理及财务负责人就提案或相关的问题进行说明的权利。股东质询权不是章程的必备条款，但质询权是股东固有的权利，即使章程中没有约定也不影响股东行使该权利。依照《公司法》第150条第1款的规定，股东是质询的权利主体，董监高是质询的义务主体。股东质询权对于处于相对弱势地位的中小股东打破公司与中小股东间的信息不对称格局、真正发挥股东对公司管理层的监督、优化和完善公司治理等方面有重要意义。

其次，股东质询权与查阅复制权（知情权）有所不同的是，一般而言，质询权需要股东在股东会议上行使，而知情权则不需要，可以随时行使。质询的内容应与股东会要讨论的内容直接相关，并且是为了充分理解提案的内容所需要的，而知情权限定在特定的文件资料。

再次，从《公司法》第 150 条第 1 款的规定可以看出，董监高有两个义务：列席股东会的义务和接受质询并向股东说明的义务。但《公司法》对该项权利没有规定具体的行使程序，笔者建议在章程中对此具体化，这有助于保障股东权利的有效行使。例如：（1）扩大股东质询权的行使时间。《公司法》只规定了在股东会上行使质询权，但是现实中很多公司不召开股东会，导致质询权得不到保障，所以有必要在章程中将行使时间扩大为任意时间。（2）规定董监高的答复时间。如果股东提出的问题简单，规定即时答复；如果提出的问题需要查找数据才能回答的，规定预留合理的时间。

最后，质询权如何救济。也就是说，如果被质询人未按要求答复，股东如何救济？笔者建议在章程中约定董监高对股东质询的答复质量作为考核的标准之一，考评为不合格的，可以认为不具有相应的能力胜任该职务，将其替换。以此间接作为小股东对抗大股东“霸占”公司经营管理的一种手段。

3. 关于召集和主持

首先，《公司法》第 39 条第 2 款规定，三分之一以上的董事，监事会或者不设监事会的监事，代表十分之一以上表决权的股东，都有权提议召开临时会议。《公司法》第 40 条规定，股东会召集和主持的顺序是：董事会→监事（会）→代表十分之一以上表决权的股东。上述人员的召集和主持是强制性法定权利，章程不可剥夺，若召集人违反上述顺序，股东会的召集将会被认定为程序违法，股东可向法院申请撤销决议。但是董事会和监事会不是一个人，而是一个机构，具体由谁来代表董事会作出意思表示？如果章程中没有对董事会的意思表示规则作出特别约定，或者没有按照董事会的表决规则约定为过半数以上董事同意、签字方可成立的话，那就很容易造成僵局。

北京市第三中级人民法院在（2014）三中民终字第 11950 号①案中认为，2013 年第一次临时股东会系贾某明以中国技术创新有限公司（以下简称中创公司）董事长名义召集，而非由中创公司董事会召集，董事长不等同于董事会，中创公司现亦不能证明该召集事项经过了中创公司董事会审议通过，故一审法院认定 2013 年中创公司第一次临时股东会召集程序不符合《公司法》规定及公司章程规定应予撤销并无不妥。浙江省高院在（2017）浙民申 77 号②案中认为，公司章程的相关内容改变了公司治理的一般原理，不宜倡导。但是，章程就其性质属于公司自治规范，章程的形成符合股东的真实意思表示，不存在对其他小股东利益压榨的情形。宁波开元华城置业有限公司已经解散并进入

① 中国技术创新有限公司与深圳世纪星源股份有限公司公司决议撤销纠纷。

② 华城地产集团有限公司与宁波开元华城置业有限公司、杭州开元房地产集团有限公司与公司有关的纠纷。

清算状态，原有的公司治理状态在清算过程中已经改变，华城地产集团有限公司再行提起本案诉讼，请求否定章程相关治理结构的内容，已经缺乏实质意义。

其次，董事会作为第一顺位的股东会召集人，是否必须召开董事会作出决议才能作为程序合法的召集会议通知？北京市二中院在（2017）京02民终6137号①案件中认为，《公司法》及北京家有儿女文化发展有限公司的公司章程均未规定有限责任公司董事会履行召集股东会会议职责的具体方式和程序，只要董事会发出的召集通知体现了董事会成员集体的意志，公司以该种方式召集股东会临时会议，并不违反法律、行政法规或者公司章程的规定。

从上述司法案例可以看出，股东可在章程或股东协议中扩大或细化股东会召集、召开和主持的程序，既保证程序的合法有效，又能做到繁简由己。此外，股份有限公司和上市公司召开临时股东大会的，符合条件的股东必须经过“请求”的程序，且只能召集主持临时股东大会；有限责任公司符合条件的股东可以自行召集和主持，不需要另外征求董事或监事的意见，且也可以主持定期会议。

最后，法律并没有规定会议主持人有何种权利。实践中，如果会议因讨论某些事项股东各方意见相左导致长时间无法作出决议，或者是本次会议的既定讨论和表决的事项已经完成，会议主持人是否可宣布本次会议结束以避免会议“难产”的僵局。笔者建议在议程中的提案均经过充分讨论后，无论作出或者未作出决议的，赋予主持人宣布本次会议结束的权利。如果有未决事项的，可由新的召集人在下一次会议中继续讨论和表决。

4. 关于决议不成立、撤销和无效

首先，基于公司自治理念，原则上一旦决议形成即认为是有效的，无须再进行司法审查和确认，所以也不存在确认决议有效之诉。

其次，为保障异议股东的合法权益，《公司法》第22条第1款、第2款和《公司法司法解释（四）》第5条将股东会决议、董事会决议进一步分为“不成立、可撤销、无效”三种状态，如果是没召开会议直接作出决定的、未对未决议事项表决的、出席会议人数或表决权不符合法律或章程规定的、表决结果未达到法律或章程规定的比例的，这几种情况下的决议不成立；如果股东会、董事会会议的召集程序、表决方式违反法律、行政法规或者决议的内容违反公司章程，则属于可撤销；如果公司股东会、董事会作出的决议实体内容违反了法律、行政法规的规定，属于无效。可撤销和不成立的主要区别在于撤销的前提是决议已经成立，而导致不成立的程序瑕疵具有一定的事后不可治愈、不可弥补的特点。现行法律在这方面已经作出了较为详细实用的规定。

再次，从权利和义务主体来看，可以申请决议（股东会决议和董事会决议）无效或

① 北京家有儿女文化发展有限公司与李某宏公司决议撤销纠纷。

不成立的权利人是股东、董事、监事，且没有时效限制；而申请决议撤销的权利主体则只有股东，且应当在决议作出之日起六十日内向法院起诉。决议撤销与决议无效在诉讼程序上最大的区别在于：决议撤销必须在决议作出之日六十日内提起，否则撤销权消灭，而提起决议无效之诉不受时间限制，股东随时都可以要求确认公司决议无效。关于此处的六十日，有观点认为，小股东可能不知道由大股东把持的公司已经作出了决议，待小股东得知时已经超过了六十日，为了避免小股东的程序权利被变相架空，应当从“知道或应当知道决议作出之日起”计算。①“决议作出之日起六十日”的除斥期间是公司法的明文规定，前述理解超过了公司法规定的范畴。且对于公司这种组织体而言，与决议相关的公司内外部法律关系相比普通民事法律关系要更为复杂，如果以“知道或应当知道决议作出之日起六十日”作为决议撤销的除斥期间，会导致决议效力长期处于可能受挑战的状态，与公司法追求的宗旨不符。至于此种情况下股东的权利如何保护，一般来说，股东不知道相关决议的存在都是因为会议在召集、通知时蓄意遗漏了股东。这种情况属于公司决议在程序上的重大瑕疵，可以通过决议不成立之诉的相关制度予以解决。如果公司的决议已经执行完毕，股东再提起决议撤销之诉已没有意义，在此情况下，股东可以根据《公司法》第 20 条、第 21 条的规定提起诉讼，请求赔偿损失，没有必要再纠结于股东“知道或者应当知道”决议什么时候作出。

广东省高院在（2020）粤民申 10657 号②案件中即以上述规定的六十日为除斥期间驳回一审原告的再审申请。但也不是所有的会议召集程序、表决方式违反法律、行政法规或者公司章程的规定，或者决议内容违反公司章程规定的决议都会被撤销，如果仅仅是轻微瑕疵，并不会对会议的目的和结果产生实质性影响的，则可能无法撤销。

笔者建议，这里有一个变换的思路是，如果有异议的原告（因撤销、不成立和无效的原告不同，这里使用“有异议”来表述）因超过了决议作出的六十日而丧失了申请撤销的胜诉权的，则可以主张决议不成立或无效，这样的话就不受时效的限制。当然，这仅仅是权利主张，诉求最终能否得到法院支持还是需要看实体。

最后，需要明确的是，如果在决议被裁判无效或撤销之前公司已经执行了决议事项，与善意相对人形成了其他法律关系的，则不受影响，有异议的股东只能要求公司内部的责任人承担相应的后果。

（四）解散和代表诉权的问题

1. 关于申请解散

申请公司解散权是指股东依照法律规定的条件和程序申请解散公司使公司法人主体

---

① 杜万华主编：《最高人民法院公司法司法解释（四）理解与适用》，人民法院出版社 2017 年版，第 120 页。

② 戴某与中山市南方新元食品生物工程有限公司、刘某峰公司决议撤销纠纷。

予以消亡的权利。申请公司解散权不是章程的必备条款，但是股东的固有权利章程不得限制或者剥夺，即使章程没有约定也不影响权利的行使。

首先，申请解散权的权利和义务人。《公司法》第 182 条明确规定了申请解散权的主体为单独或合计持有全部表决权 10% 以上的股东，没有但书条款。《公司法司法解释（二）》第 4 条规定了解散之诉的被告是公司，其他股东是第三人。

其次，《公司法》第 180 条规定了解散的法定条件是：（1）公司章程规定的营业期限届满或者公司章程规定的其他解散事由出现；（2）股东会或者股东大会决议解散；（3）因公司合并或者分立需要解散；（4）依法被吊销营业执照、责令关闭或者被撤销；（5）人民法院依照本法第一百八十二条的规定予以解散。《公司法》第 182 条规定在“公司经营管理发生严重困难，继续存续会使股东利益受到重大损失，通过其他途径不能解决的”情况下，股东也有权提起解散之诉。但什么是“严重困难”法律并没有明确，为解决这个实践中难以把握的问题，《公司法司法解释（二）》第 1 条第 1 款又进一步规定了“（1）公司持续两年以上无法召开股东会或者股东大会，公司经营管理发生严重困难的；（2）股东表决时无法达到法定或者公司章程规定的比例，持续两年以上不能做出有效的股东会或者股东大会决议，公司经营管理发生严重困难的；（3）公司董事长期冲突，且无法通过股东会或者股东大会解决，公司经营管理发生严重困难的；（4）经营管理发生其他严重困难，公司继续存续会使股东利益受到重大损失的情形”，列举了两年不开股东会、表决无法通过、董事长期冲突等细化的情形。但市场主体中每个公司的情况都不一样，法规也不可能穷尽所有情况，例如有的公司规定三年召开一次股东会，那是否两年不召开就可以认定为达成了解散的条件？由于一旦股东行使解散的权利，可能导致的后果是公司作为法人主体的生死存亡，严重影响到其他股东、公司债权人的权益，从稳定市场秩序、防止股东滥用解散权利的角度来看，解散条件也不是越宽松越好，笔者建议还是要根据公司自身情况、股东人数、各股东的出资比例和表决权规则确定。

此外需要说明的是，解散和清算是两项权利，不能同时行使，即不能同时提起解散和清算之诉。《公司法司法解释（二）》第 2 条规定，股东提起解散之诉同时申请对公司清算的，法院对清算的请求不予受理，在判决解散后股东可自行清算或者另行申请法院组织清算。

有关解散的详细解释见本书“第二十五条　公司僵局和解散”。

2. 关于股东代表之诉和股东直接诉讼

《公司法》对损害公司利益或者股东利益的诉讼规定了公司直接诉讼、股东直接诉讼、股东代表诉讼三种。公司受到了董监高的损害，公司应当起诉董监高，是公司直接诉讼；股东受到了董监高的损害，股东起诉董监高，是股东直接诉讼。两种诉讼的区分就在于受损害的主体不同，一个是公司受损害，另一个是股东受损害。但如果公司利益受到了把控公司的董事损害，导致公司无法行使自己的独立意志维护权益的时候，如何维护公司的合法权益？《公司法》第 151 条规定了股东代表诉讼制度，即董事、高管、他人、监事有损害公司利益的行为时，股东可以向监事或者董事提出要求，要求其代表公司对侵害人提起诉讼，如果被请求的监事或者董事拒绝的，股东可以以自己的名义直接提起诉讼，此即股东代表诉讼。

首先，股东直接诉讼和代表诉讼的利益归属不同。股东直接诉讼是指当股东的利益遭受侵害时，股东可以依法径直向法院提起诉讼，要求董事和高级管理人员承担损害赔偿责任，诉讼的利益和结果归属于股东自己。股东代表诉讼制度的本意是为维护公司合法权益这一目的所构建，其核心含义是指当公司的合法权益遭受不法侵害，而公司无法或拒绝抑或怠于主张权利时，符合法定条件的股东为维护公司利益以自己的名义对侵害人提起诉讼，避免因公司不行使或消极行使诉权而遭受损失，从而间接维护股东自身权益的诉讼制度，本质是为公司利益的“代表公司”之诉，诉的利益归属于公司，是从公司直接诉讼中派生出来的，因此又称为派生诉讼。《公司法》第 149 条、第 151 条和《公司法司法解释（四）》第 23 ~ 26 条对此作出了比较细致的规定。

其次，直接诉讼和代表之诉的程序不同，代表之诉有前置程序，只有当股东书面请求前一个主体而该主体不履行法定义务（拒绝提起诉讼，或者收到请求的三十日内未提起诉讼，或者情况紧急）时，股东才能提起代表之诉，而直接诉讼没有此前置程序；主体不同，直接诉讼的原告是股东，被告是董事、高管，代表之诉的原告为有限责任公司股东无限制，但股份公司有持股时间和持股比例的限制，公司在代表之诉中是第三人；撤诉条件不同，代表之诉的撤诉相对更严格，而直接诉讼与普通的民事诉讼没有差别。

再次，直接诉讼和代表诉讼的法律关系和诉的性质不同，不能在同一案件中审理。重庆市五中院在（2011）渝五中法民终字第 3948 号①案件中即以“提起股东派生诉讼和股东直接诉讼应分别满足受理条件。同一案件中，公司股东既提起股东派生诉讼，又提起股东直接诉讼，将两个不同之诉混淆，主张的利益可能存在冲突，法院亦不宜合并审理”为由驳回起诉（本案以当事人申请撤诉结案）。

最后，代表之诉的前置性救济程序应当穷尽。但何为“已经穷尽”？最高院在（2015）民提字第 230 号②案件中这样论述：《公司法》第 151 条在赋予股东为了公司的利益以自己的名义直接向人民法院提起诉讼即股东代表诉讼之权利的同时，规定提起股

---

① 重庆利豪实业发展有限公司与郭某、毛某某，王某某损害公司利益纠纷。

② 陈某与何某强、罗某兴、罗某秋、何某珍及广州天奥企业文化咨询有限公司损害公司利益责任纠纷。

东代表诉讼须以股东经书面请求监事会或监事、董事会或执行董事提起诉讼而监事、执行董事等拒绝或者怠于提起诉讼为条件，亦即“竭尽公司内部救济”的前置程序。设定该前置程序的主要目的和意义在于促使公司内部治理结构充分发挥作用，以维护公司的独立人格、尊重公司的自主意志以及防止股东滥用诉权、节约诉讼成本。根据该条款的文字内容和生活常理，应当认为《公司法》规定的该项“前置程序”所针对的是公司治理形态的一般情况，即在股东向公司的有关机构或人员提出书面申请之时，后者是否会依股东的请求而提起诉讼尚处于不定状态，抑或存在监事会、监事或者董事会、执行董事依股东申请而提起诉讼的可能性；换言之，法律不应要求当事人徒为毫无意义之行为，对于股东申请无益即客观事实足以表明不存在前述可能性的情况，不应理解为《公司法》第151条所规制的情况。本案中，原审已经查明嘉莉诗公司仅有陈某和何某强、罗某兴三名股东，公司不设董事会和监事会，何某强、罗某兴分别担任该公司的执行董事和监事，而陈某代表公司提起诉讼所指向的被告恰是何某强、罗某兴等人，且在陈某提出起诉前，双方已就诉争的事实产生争议。由此表明，即使陈某就相关事实请求分别作为公司执行董事和监事的何某强、罗某兴提起诉讼，何某强、罗某兴必然拒绝。故本案中不存在公司的执行董事或监事接受股东申请对股东所主张的被告提起诉讼的可能性，亦可谓公司内部的救济途径已经穷尽，据此应当认为陈某提起本案诉讼并不违反《公司法》第151条的规定。

在《九民会议纪要》出台后，对代表之诉的主体资格、前置性程序、调解等问题又给出了新的指导意见。《九民会议纪要》的意见一是不强制要求“同期所有权规则”的适用，即被告不得以原告在行为发生时尚未成为公司的股东作为抗辩事由；二是纠正了前置程序适用过于死板的规定，如果前置程序不具有适用可能性，应果断予以司法豁免；三是被告以原告恶意起诉侵犯其利益的，不构成有效反诉，不能并案处理；四是鉴于股东代表诉讼具有代表性和公益性的特点，如果进行调解，应当由公司机关作出同意调解的决议后，法院方可予以确认。作出决议的公司机关由公司通过章程自治解决，如果章程没有明确规定的，应以权力机关股东（大）会行使该职权。

此外还有一个问题是，股东代表之诉的被告拒不执行生效判决的，谁可以申请执行？最高院在（2016）最高法执复28号①案件中认为，当股东代表诉讼进入执行程序后，股东代表基于继续维护公司利益的目的，向人民法院申请执行，符合股东代表诉讼这一制度设计的内在逻辑。因此，公司怠于主张自身权利时，股东有权向法院申请执行。股东代表为了维护公司利益已经申请执行时，公司未经申请执行股东认可就与被执

---

① 东风汽车贸易公司、内蒙古汽车修造厂与内蒙古环成汽车技术有限公司、内蒙古东风汽车销售技术服务联合公司共同侵权纠纷。

行人达成和解协议，和解协议内容为抵销股东代表诉讼效果的，不能对抗股东代表诉讼的判决。

（五）财产权利的问题

股东通过投资公司获取财产性收益主要是通过利润分配请求权与剩余财产分配请求权两项权利实现，因此笔者把这两项权利归纳在财产性权利一个小节中。两者的区别在于：一个是发生在公司的正常生产经营中，对经营所得利润的分配请求；另一个是发生在解散清算过程中，对公司的剩余财产分配的请求。

1. 关于分红

首先，分红的比例。正如前文所述，相较于是否设立公司、与谁合作成立公司，股东更关注的是如何获得公司的红利。尤其是对于不同投资目的、不同出资形式的股东来说，股东在背景、能力、资源、诉求等方面均会有所差异，有的股东（财务投资人）并不看重对公司的实际控制，愿意从治理结构上让渡一部分权力，但希望在红利分配上作适当倾斜；有的股东前期并不谋求公司是否盈利和分红，只希望能够把控公司、让公司按照自己的意愿和方向发展。对此，《公司法》第 34 条规定了通用规则，即股东按照实缴的出资比例分取红利，但同时充分尊重股东意思自治，允许股东以约定方式改变红利的分配规则，改变后的分配比例、方式没有任何限制，完全由股东约定。这种差异化的约定既可以在章程中固定下来，也可以通过股东会决议的方式对某一次分红作出单独的约定。但实践证明，一旦公司成立、股东签署第一个版本的章程之后，股东间再达成新的约定或者修改公司章程是非常困难的。《公司法》第 34 条规定，改变分红规则应当由全体股东约定，如果只是部分股东约定的，则对未经同意的股东不具有约束力。笔者建议，如果需要对不按照出资比例分红、优先认股、行使表决权作出约定的，应在公司设立时即明确载于公司章程之中。例如，股东张三的出资比例为 20%，考虑到张三作为公司的技术负责人，对公司创业初期具有不可替代的作用，如果公司有利润的，自可分配红利的第一年开始至第三年，张三的分红比例为 40%、30%、20%。或者也可以将红利部分或全部优先向一部分股东分配，例如，如果公司有利润的，张三应分得的利润不低于××万元，如果在分配了张三的红利之后仍有剩余的，其他股东按照实缴的出资比例分配。

其次，如果股东在股东会决议分配红利前转让股权的，此时公司的红利还不存在，股东的利润分配请求权还没有内容，如果嗣后公司分配红利的话，红利也是新股东的。湖北省十堰市张湾区法院在（2018）鄂 0303 民初 63 号①案中即持此观点。但如果是在

① 湖北良全科技有限公司与十堰中燃良全清洁能源有限公司、十堰东风中燃城市燃气发展有限公司公司盈余分配纠纷。

股东会决议分配红利后、实际分配前转让了股权的，那这个红利是属于原股东的还是新股东的？应当首先看股权转让协议，如果转让协议中没有约定的，默认属于新股东；如果转让协议约定属于原股东，而此时原股东因转让股权已经失去了股东资格，其是否还享有向公司主张利润分配的权利？从法理上来说，如果决议中明确了分配红利给原股东，则原股东作为债权人享有对公司的债权，且转让协议中原股东并未将该债权转让给第三人（新股东），原股东作为债权人仍可依股东会决议要求公司履行债务。河北省衡水市中院在（2019）冀11民终2514号①案中认为，利润分配请求权是股东基于股东资格和地位的一种专属性自益权利，股东转让股权或者被人民法院强制处分股权后，利润分配请求权随之丧失。江苏省常州市中院在（2018）苏04民终3723号②案中论述，三德利公司各股东是在李某转让部分股权且退股之前，通过协议书的形式作出向股东分配公司剩余利润的决议。因此，尽管李某现已不具有股东资格，但在股权转让前形成的公司股利分配决议，确立了公司与原股东李某之间的债权债务关系，故李某基于债权可主张权利，此系股东实现利润分配请求权的形式要件。

最后，关于强制分配利润的问题。在实践中最常出现的问题是，小股东通过参与公司管理或者是行使知情权，了解到公司有盈利且具备利润分配的条件，但是大股东利用资本表决权多数的优势和控制地位，滥用股东权利不作出分红的决议，而大股东通过报销和高额的薪酬等方式变相地获取了“投资回报”，那么，大股东滥用股东权利是否构成小股东要求强制分配利润的理由？最高人民法院杜万华大法官的观点认为，滥用股东权利的表现主要是：（1）给在公司任职的股东或者其指派的人员发放与公司规模、业绩营收、同行业薪酬水平明显不符的过高薪酬，变相给部分人分配利润；（2）购买与经营不相关的财产或服务，供某些股东消费或者使用，变相给部分股东分配利润；（3）为了不分配利润隐瞒或者转移公司利润。但基于公权力有限干预私法领域自治的原则，在章程规定不明确的情况下，小股东通过诉讼很难有效维护其权益。笔者建议，从保护小股东权益的立场出发，可以在章程中明确：公司在依法缴纳税款和提取各项积金后仍有利润的，每年至少分配一次利润，且实际分配的利润不得少于可分配利润的50%；或者公司连续三年有盈利，但大股东拒绝表决通过分配红利的决议的，小股东可强制要求公司按照前三年平均利润的50%分配红利。

2. 关于剩余财产分配

剩余财产分配请求权和其他权利比较明显的一个区别是，这项权利行使的前提是公司已经进入清算程序才得以主张，并且公司财产在分别支付清算费用、职工工资、社会

① 河北亿鑫通讯设备有限公司与景县市政工程有限公司、河北景州农村商业银行股份有限公司公司盈余分配纠纷。

② 李某与江苏三德利牧业发展有限公司、和盛食品集团有限公司公司盈余分配纠纷。

保险费用和法定补偿金、缴纳所欠税款及清偿公司债务后存在剩余部分的，股东才得以请求分配。

首先，剩余财产分配的权利能否被限制。上海市一中院在审理的Z公司诉F公司股东出资纠纷案中认为，公司剩余财产是否能够清偿债务不影响清算组在清算过程中依据公司法的相关规定要求股东补缴出资款的权利，至于公司清算财产具体如何分配和处置与本案无关。但是，如果股东在解散通知后的清算阶段已经按照股东会决议要求补缴出资，此时股东会能否限制该股东的剩余财产分配权利？在（2013）沪二中民四（商）终字第1009号①案件中，一审法院认为，戴某已经按时补缴了出资款，依据《公司法》第186条第2款的规定，股东会决议有关内容与公司法中有限公司的剩余财产分配的规定相违背，应为无效。但是该案二审法院认为，《公司法司法解释（三）》第17条第1款规定，股东未全面履行出资义务，公司根据股东会决议对其剩余财产分配请求权等作出合理限制的，属于有效行为。基于此，捷仁公司股东会决议作出的按照戴某实缴出资比例分配公司剩余财产的规定不违反前述法律规定，并体现了公平合理的原则，对捷仁公司股东会决议的效力进行了认可。

其次，剩余财产分配前，如果在清算阶段未实缴出资完毕的股东认为公司的剩余财产已经足够清偿对外债务的，该股东是否可不再补缴出资？股东出资是否应当加速到期？这种情况在现实中并不少见，有些中小企业的股东实际上出了很多钱，甚至是超过了注册资本，但是财务一直是以股东借款方式记账，实缴资本为0元。这种情况下如何处理既能保障公司债权人权益，又能合法合规注销？江苏省南京市中院在（2020）苏01民终571号②案中认为，公司因解散进入清算程序的，股东的出资义务加速到期，股东尚未缴纳的出资均应作为清算财产，因此股东仍应当在未缴纳出资的范围内对公司债务不能清偿的部分承担补充赔偿责任。

最后，剩余财产分配请求权是股东对公司所能行使的最后一项权利，当公司经过法定的清算程序后，公司的剩余财产应归属于全体股东，由股东共同决定如何分配，但该项权利能否转让或者由他人代为行使？笔者认为，在公司剩余财产分配方案通过之前，股东的剩余财产分配请求权并不确定，仅是一种期待性的权利，它与股东资格密不可分，单独转让不具有可操作性。但是，当股东会通过了剩余财产的分配决议后，具体可分配的剩余财产金额已经明确，此时股东的剩余财产分配请求权已经具体化为一种债权性的权利，是一种既得权，此时便可按照普通债权进行转让。

（六）处置和优先权利的问题

股权处置的权利是一个广义的概念，既包括主动的，如转让受让、强制购买；又包

① 上海捷仁建设有限公司与戴某公司决议效力确认纠纷。

② 朱某媛与刘某、南京鹏石工艺品有限公司、杨某刚合同纠纷。

括被动的，如被强制收购和回购、离婚财产分割；也包括无偿的继承和赠与等股权变动。笔者在本节要说明的是股东享有这个权利，但具体的权利是否受到行使时间限制或者是内容限制，根据不同性质的变动和不同的视角有不同的处置规则，详见本书“第十一条　股权处置（转让、赠与、分割、被继承）”和本书“第四条　股东和股东资格”。

关于优先购买权详见本书“第十三条　优先购买权”。

三、法律规定

《公司法》第16条、第33条、第42条、第43条

《公司法司法解释（二）》

《公司法司法解释（三）》第7~9条、第12条

四、参考案例（57件）

（一）表决权纠纷（12件）

裁判观点：章程没有明确约定的情形下，行使表决权的出资比例应当理解为认缴出资比例。

裁判结果：驳回上诉，维持原判。

案例91.（2015）沪一中民四（商）终字第288号，上海上工房产实业有限公司与上海工惠房产经纪有限公司公司决议撤销纠纷。上海市第一中级人民法院

本案争议焦点是：（1）原告的诉讼主体资格；（2）原告行使表决权的比例；（3）2014年7月20日的三份决议是否有效。

法院认为：对于争议焦点（1），略。对于争议焦点（2），被告所称原告抽逃部分出资的事实在双方存在争议的情况下，并未经司法裁判认定。被告在会议通知中提出的原告不提出异议则视为原告默认其实际出资额为139,382.6元的要求系其单方意思表示，原告并无回应的义务，原告不提出异议不产生默认的法律后果。即使原告存在抽逃部分出资的行为，被告股东会也仅有权对其利润分配请求权、新股优先认购权、剩余财产分配请求权等股东权利作出相应的合理限制，而无权对股东行使表决权进行限制。被告于2014年7月20日作出的第一份股东会决议内容超出股东会的权限范围，当属无效。被告章程规定，股东参加股东会议并根据出资比例行使表决权。由于被告章程对股东行使表决权的比例并无特别规定，故被告召开股东会时，其股东应按照出资比例行使表决权，此处的出资比例应为认缴出资的比例。对于争议焦点（3），略。

裁判观点： 章程中约定一票否决权规则是各方基于各自利益需求协商的结果，符合股东的真实意思表示，未违反公司法的强制性规定。

裁判结果： 驳回上诉，维持原判。

案例92. （2014）沪二中民四（商）终字第330号，奇虎三六零公司与上海老友计网络科技有限公司（以下简称老友计公司）、蒋某文等请求变更公司登记纠纷。上海市第二中级人民法院

本案争议焦点是：（1）投资协议书中关于一票否决权的约定是否已被纳入老友计公司的章程内容；（2）关于其他股东转让股权须经奇虎三六零公司同意且该公司对此拥有否决权的规定是否合理；（3）老友计公司所作出的上述规定是否可以对抗善意受让人，系争股权转让协议是否应予继续履行。

法院认为： 关于争议焦点（1）：奇虎三六零公司、老友计公司、胡某及李某三方共同签订的投资协议书中约定：奇虎三六零公司对老友计公司从事包括任何股份的出售、转让、质押或股东以任何方式处置其持有的公司股权的部分或全部等行为均享有一票否决权。之后，老友计公司于当年6月13日制定的章程第16条规定：董事会对所议事项作出的决定由二分之一以上的董事表决通过方为有效，并应作为会议记录，出席会议的董事应当在会议记录上签名；但以下事项的表决还需取得股东奇虎三六零公司委派的董事的书面同意方能通过（根据协议添加至此处）。由于各方在投资成立老友计公司过程中仅形成过投资协议书，并无其他协议，故章程第16条中“根据协议添加至此处”应理解为将投资协议书的内容添加至该条款处。对于所涉投资协议书具体内容的认定，本院认为，章程中规定该部分事项应取得奇虎三六零公司委派董事的书面同意方能通过，反之如董事不同意则不能通过，其目的及作用与投资协议书中奇虎三六零公司对相关事项可予一票否决的约定一致。故就老友计公司原股东之间而言，章程中“根据协议添加至此处”的内容能理解为奇虎三六零公司可行使一票否决权的相关内容。

关于争议焦点（2）：关于章程能否对股权转让设定限制条款问题，我国《公司法》对有限责任公司和股份有限公司作了不同规定，其中，涉及有限责任公司股权转让部分的《公司法》第71条第4款规定公司章程对股权转让另有规定的，从其规定，即有限责任公司的章程可以约定对股份转让的限制。为维护股东之间的关系及公司自身的稳定性，章程可以对有限公司的股权转让作出相应的限制和要求，这是公司自治及人合性的重要体现，也是诚实信用原则和当事人意思自治原则的体现。故公司章程中对股权转让所作的特别规定各方均应遵守。本案中，赋予奇虎三六零公司对一些事项包括股权转让的一票否决权，系奇虎三六零公司认购新增资本的重要条件，这种限制是各方基于各自

利益需求协商的结果，符合当时股东的真实意思表示，未违反公司法的强制性规定，应认定符合公司股东意思自治的精神，其效力应得到认可。

关于争议焦点（3）：胡某在转让股权之前于2013年8月12日分别向股东奇虎三六零公司及李某发出关于行使优先购买权的通知，虽然该通知未询问奇虎三六零公司是否行使一票否决权，但奇虎三六零公司在知道胡某拟转让股权以及转让对象的情况下未予回复，亦未对此提出异议，怠于行使自己的权利。如果奇虎三六零公司对此行使一票否决权，则胡某将始终被锁定在老友计公司，在双方已产生矛盾且老友计公司并非正常运营的情况下，奇虎三六零公司原本的投资目的也很难达到。因奇虎三六零公司拒绝购买该部分股权，致使胡某股权无法退出的同时也缺乏其他救济渠道，如有受让人愿意接手可促进股权流转及公司的发展。奇虎三六零公司认为胡某在投资资金使用完毕后欲转让持有股权退出公司，故不同意其转让公司股权。对此，奇虎三六零公司如有证据证明胡某确实存在损害公司利益的情况，其可另行主张权利。

裁判观点：根据权利与义务统一、利益与风险一致原则，因瑕疵出资限制其表决权合理。

裁判结果：驳回上诉，维持原判。

案例93. （2020）鲁民终2501号，威海汤泊温泉度假有限公司（以下简称汤泊公司）、烟台虹口大酒店有限公司（以下简称虹口大酒店）、王某京、山东黑豹集团有限公司（以下简称黑豹公司）公司决议效力确认纠纷。山东省高级人民法院

本案争议焦点是：（1）一审法院审判程序是否合法；（2）虹口大酒店是否在涉案股东会决议作出前补足出资；（3）涉案股东会决议是否有效。

法院认为：关于涉案股东会决议是否有效的问题。首先，股东出资不到位并不影响其股东资格的取得，但其享有股东权利的前提是承担股东义务，违反出资义务也就不应享有股东的相应权利，这是民法中权利与义务统一、利益与风险一致原则的具体体现。股东在没有履行出资义务的情况下行使股东全部权利明显有违公平的原则，亦损害其他股东利益，因而瑕疵股东对限制其股东权利的股东会决议不应享有表决权，如果允许瑕疵股东对限制其股东权利的议题参与表决，且该决议需经代表公司三分之二以上表决权的股东通过，则该表决形同虚设，故对瑕疵出资股东的表决权进行合理限制是必要和合理的。因此，虹口大酒店应当按照其实际出资比例行使表决权。本案中，2016年8月27日股东会以黑豹公司150万元、王某京2910万元、虹口大酒店519.8万元出资额确定有效表决权总额为3579.8万元，并因王某京、黑豹公司对会议议题投赞成票占有效表决

权比例的85.48%通过涉案股东会决议，符合公司章程及法律规定，应认定合法有效。其次，汤泊公司上诉主张涉案临时股东会并未实际召开。最后，汤泊公司在山东省高院二审期间提交会议纪要一份，主张黑豹公司在汤泊公司的股份已于2009年划归文登市开发区管委会，所以其不具有诉讼资格。

裁判观点：表决权排除规则仅限于法律规定，不能随意扩大解释。

裁判结果：部分维持，部分撤销。

案例94. (2018) 豫15民终2446号，姚某清、信阳市华珍矿业有限责任公司（以下简称信阳华珍矿业公司）、余某雨、余某发、陈某兵公司决议撤销纠纷。河南省信阳市中级人民法院

法院认为：第一，关于解除姚某清在信阳申雅矿业公司的中方股东信阳华珍矿业公司股东资格和姚某清所持公司40%的股份由信阳华珍矿业公司收回的争议。略。

第二，关于姚某清不再享有按所持40%的股份比例每年分取信阳申雅矿业公司给信阳华珍矿业公司的股份红利的争议。略。

第三，关于姚某清在信阳华珍矿业公司3月18日股东会的表决权是否应受到限制的争议。股东表决权排除制度的核心是其适用范围的界定，即针对公司股东大会的哪些决议事项，应当对某股东的表决权行使进行限制。股东表决权排除的适用范围通常有以下几种：(1) 关联交易；(2) 限制股东权利；(3) 免除股东义务或责任；(4) 追究股东责任；(5) 股东董事、股东监事薪酬的决定；(6) 其他与股东具有利益冲突关系的表决事项。结合《公司法》和公司法司法解释关于股东表决权排除的规定，仅限于公司为股东提供担保时，被担保股东的表决权排除；公司股东未履行或者未全面履行出资义务或者抽逃出资，未出资、抽逃出资股东的表决权排除。排除股东的表决权必须基于法律的明确规定，不能随意对法律进行扩大解释，法律未规定排除股东表决权情形的，不能排除股东的表决权。

裁判观点：除《公司法》规定或公司章程规定之外，表决权不发生回避。

裁判结果：驳回上诉，维持原判。

案例95. (2016) 苏06民终549号，郁某才与启东市医药药材有限公司（以下简称启东医药公司）公司决议纠纷。江苏省南通市中级人民法院

本案争议焦点是：案涉股东会决议是否存在《公司法》第22条第2款规定的可撤销事由。

法院认为：启东医药公司于2015年9月6日召开临时股东会，根据其章程规定，其

应于召开十五日前通知全体股东参会。启东医药公司确认未通知郁某才参会，也未能提供证据证明其向其他七位未能通知到的股东尽到通知义务。根据《公司法》第 22 条第 2 款规定，郁某才请求撤销案涉瑕疵决议，于法有据。启东医药公司辩称因案涉股东会决议系针对郁某才本人作出，其理应回避。对于股东参加股东会应当回避的情形，《公司法》只有第 16 条对公司为公司股东或者实际控制人提供担保的情形作出了表决权回避的规定，除此之外，《公司法》并未对股东其他应当回避的情形作出规定。因此，启东医药公司认为郁某才应当回避没有法律依据，其不通知郁某才参加股东会的理由不能成立。

裁判观点：公司针对表决权回避制度可以通过章程自行约定扩大适用范围，当股东与股东大会讨论表决的事项有特别利害关系时，该股东不得就其持有的股份行使表决权。

裁判结果：驳回上诉，维持原判。

案例 96.（2016）浙 07 民终 2331 号，李某明与义乌市住宅建筑工程有限公司公司决议确认效力纠纷。浙江省金华市中级人民法院

一审法院认为：关于涉案股东会第（4）项决议，该决议涉及股东表决权排除（又称表决权回避）规则，即当某一股东与股东大会讨论表决的事项有特别利害关系时，该股东不得就其持有的股份行使表决权。《公司法》第 16 条规定了公司为公司股东或者实际控制人提供担保的，必须经股东会决议，该股东或该受实际控制人控制的股东不得参与表决。虽然除上述规定以外《公司法》没有再明确规定其他的表决权排除情形，但并不意味着法律法规未规定的情形就不能适用股东表决权排除规则，如果出现大股东滥用资本多数决规则损害公司利益和少数股东的利益的，仍应适用该规则。涉案股东会第（4）项决议表决的事项为公司向股东及股东的实际控制人支付利息的事项，该事项与相关股东存在利害关系，在表决中排除利害股东的表决权，是符合法律规定的。

二审法院认为：针对涉案股东会第（1）项决议，该决议的实质是公司回购股东股权。法院认为，当前公司法对于有限责任公司主动回购股东股权的行为并无明确的规定，但按照私法“法不禁止即可为”的原则，原则上不应当禁止有限责任公司回购股东股权。公司法虽然规定股东不得抽逃出资，但公司法并不禁止股东在公司成立之后以合法方式退出公司或减少出资，包括以公司回购股权的形式退出公司或减少出资，公司回购不能简单地认定为抽逃出资。另外，《公司法司法解释（三）》第 5 条第 1 款也规定了允许公司与股东在公司解散诉讼案件中协商由公司回购股东股权，那么在部分股东和其他股东及公司发生纠纷之初，也应当允许以公司回购股东股权的方式打破公司僵局，这

也符合有限责任公司封闭性、人合性的特点和公司法的立法本意。公司存在的意义不在于将股东困于公司中不得脱身，而在于谋求股东利益最大化，通过合理利用公司回购股东股权的方式能够有效实现股东和公司权益最大化，在不违反法律、行政法规强制性规定的情况下，不应当参照股份有限公司的规定过分限制有限责任公司回购股东股权的权利。但是，有限责任公司回购股东股权的权利不得滥用，公司回购股东股权必须基于一定的前提，除不得违反法律、行政法规强制性规定之外，还应当坚持资本维持原则，并同时不得侵害其他股东和公司债权人利益。公司回购股东股权的行为必然会导致公司资产减少，故公司有义务向其他股东和公司债权人表明公司回购行为不会损害其利益。本案中，公司回购的股权比例高达61%，但上诉人却未提供完整的资产报告，上诉人在原审中提交的黄某民的申请并不能全面反映公司资产情况，上诉人也未提供公司的债务情况。在无法完全明晰公司资产和债务的情况下，无法判断公司的回购行为是否违反了资本维持原则，也无法判断是否侵害了其他股东和公司债权人利益，故涉案股东会第（1）项决议在作出时因有效条件尚不具备，应当认定无效。针对涉案股东会第（4）项决议，法院认为，马某宜的出借行为与陈某进的出借行为虽然是各自独立的两个行为，但两个行为具有同质性，且属于同一项议案，两人在该表决问题上具有利益相关性，故即便分成两个子表决分别计算表决票，马某宜及陈某丽、金某娥也应当在另一方的表决中适用表决权回避规则。故涉案股东会第（4）项决议应当认定无效。

裁判观点：为股东的关联企业提供担保并不等同于为股东提供担保，无须排除该股东的表决权。

裁判结果：驳回上诉，维持原判。

案例97.（2018）川11民终1000号，周某君、峨眉山市锦琳投资有限责任公司（以下简称锦琳投资公司）公司决议撤销纠纷。四川省乐山市中级人民法院

本案争议焦点是：对诉争股东会决议，股东武某翔是否有表决权。

法院认为：《公司法》第16条是对股东表决权的限制规定，即将公司对外担保的行为进行区分，当公司为股东或者实际控制人提供担保时，该股东或者被实际控制人支配的股东应当回避表决。具体到本案，案涉股东会决议的事项系锦琳投资公司为峨眉山市恒迈酒店有限公司和峨眉山市恒迈酒店管理有限公司对外贷款提供担保，峨眉山市恒迈酒店有限公司系峨眉山市恒迈酒店管理有限公司的全资子公司，尽管锦琳投资公司的股东武某翔是峨眉山市恒迈酒店管理有限公司的大股东，本次对外担保系为股东的关联企业提供担保，但因现有证据并不能证明股东武某翔与峨眉山市恒迈酒店有限公司和峨眉

山市恒迈酒店管理有限公司存在人格混同的情形，因此，为股东的关联企业提供担保的行为不能等同于为股东提供担保的行为，股东武某翔对案涉股东会所议事项行使表决权并未违反前述规定。

裁判观点：法律并没有要求股东对所有有利害关系的事项实施表决回避，无须排除该股东的表决权。

裁判结果：驳回上诉，维持原判。确认决议部分内容无效，驳回撤销决议的诉讼请求。

案例98.（2017）湘05民终1485号，朱某、张某鹏、肖某宏、杨某斌、杨某银与湖南威亚牧业科技有限公司、林某书公司决议撤销纠纷。湖南省邵阳市中级人民法院

本案争议焦点是：股东大会决议是否可撤销或者无效。

法院认为：关于股东会召集程序问题，根据《公司法》第39条第2款的规定，代表十分之一以上表决权的股东有权利提议召开临时会议，赵某成等人提议召开临时股东大会符合《公司法》的规定，故上诉人提出股东大会的召集程序不合法的理由不能成立。关于股东表决回避的问题，虽然赵某成系公司的承包经营人，表决的事项确与其存在利益关系，但是要求对有利害关系的事项都回避不利于保护大股东的合法权益，且现有法律规定并没有要求股东对所有存在利害关系的事项实施表决回避，大股东作为承包人参与研究与承包相关事项并不违反法律规定，故上诉人提出违反了表决回避的理由不能成立。关于股东大会记录的问题，现有证据不能证明股东大会记录被篡改，且双方所争议的是否增加的那部分内容并没有影响会议记录的实质内容，对大会的决议也没有影响，故上诉人提出因会议记录被篡改而导致表决事项无效的理由不能成立。关于表决事项与会议通知是否相符的问题，根据召开股东会通知，股东会表决事项的第3项和第4项内容并没有超出该通知中第3项内容，股东会的表决事项与股东会通知审议事项并非不相符，故上诉人提出审议事项的第3项和第4项与通知事项不符的理由不能成立。

裁判观点：涉及股东的自我交易事项，应当表决权回避。

裁判结果：驳回异议。

案例99.（2013）南市执异字第4号，广西江山投资有限公司（以下简称江山公司）申请执行北海市水产供销总公司、北海市水产供销总公司鱼肝油制药厂、北海市水产供销总公司水产品加工厂执行异议。广西壮族自治区南宁市中级人民法院

本案争议焦点是：在法院委托拍卖江山公司所持有对北海水产及其下属公司的债权

包时郑某克是否具有竞买人资格，郑某克是否为善意买受人。

法院认为：关于郑某克是否具有竞买人资格的问题。根据《公司法》第 148 条第 1 款第 4 项的规定，公司董事、高级管理人员不得违反公司章程的规定或者未经股东会、股东大会同意，与本公司订立合同或者进行交易这一规定明确了公司董事、高管的自我交易限制义务。公司董事、高管的自我交易是指公司董事、高管为自己或为他人利益与其任职公司进行的交易，该交易是公司与董事、高管之间的直接交易，以公司和董事、高管为交易当事人。自我交易中董事、高管与公司有相反利益，必须对其进行限制，限制的方法是自我交易必须有公司章程规定的依据或经股东会、股东大会同意。也就是说，我国《公司法》对于未经披露的董事、高管自我交易是采取禁止的态度。本案中，郑某克作为江山公司持股 50% 的控股股东、董事和法定代表人，依法负有董事的自我交易限制义务。虽然江山公司对北海水产及其下属公司的债权包系经强制执行程序而由法院对外委托拍卖，但强制拍卖只是执行措施之一，其目的仍在于处置被执行人的财产而取得价金以清偿债务，故强制拍卖是公法上的处分行为，其实施后果即为拍定人支付拍卖价款而取得被执行人财产，仍为交易的一种方式。因此，郑某克作为江山公司的董事参与竞买江山公司的资产，已构成董事的自我交易，应受我国《公司法》第 148 条第 1 款第 4 项的规范和调整。对于上述交易，郑某克提供 2007 年 11 月 12 日江山公司董事会决议，意图证明该项自我交易已经取得法律规定的实施要件。我国《公司法》第 148 条第 1 款第 4 项规定，自我交易须经公司股东（大）会的同意而非董事会的同意，且对于是否准许自我交易这一表决事项而言，无论是公司董事会还是公司股东会，郑某克作为与公司交易的董事、股东应当回避，此为表决权排除制度的适用，即公司股东与董事和股东（大）会或董事会表决的议案存在特别关联关系时，这些关联股东或董事及其代理人不能以其所持表决权参与表决，所适用情形包括“批准公司与股东或董事之间的交易”。因此，郑某克并不具备竞买资格。

裁判观点：违反股东表决权排除规则的决议，并不导致公司对外合同无效。

裁判结果：判决被告偿还原告借款本金。

案例 100.（2014）长法民初字第 04620 号，李某 1 与杨某明，李某 2 等民间借贷纠纷。重庆市长寿区人民法院

法院认为：关于被告金榜公司是否应当承担担保责任的问题。金榜公司的股东会决议虽违反《公司法》第 16 条第 2 款、第 3 款规定的利害关系股东表决权排除规则，但该条并未对违反该规定的法律后果作出规定，同时根据《最高人民法院关于适用〈中华人民共和国合同法〉若干问题的解释（二）》（已失效）第 14 条的立法精神，强制性规

定包括效力性强制性规定和管理性强制性规定，只有违反效力性强制性规定才是导致合同无效的法定事由之一，而《公司法》第16条应为管理之目的而设立，故违反该项规定并不导致合同无效的后果，也即本院认为金榜公司为其股东提供担保的行为有效。

裁判观点： 即使公司行使股东除名权而作决议时可以限制被除名股东的表决权，也不应排除被除名股东接收会议通知和参加会议的权利，被排除表决权的股东所拥有的表决权数不应计入总数内。

裁判结果： 驳回上诉，维持原判。驳回原告要求确认董事会决议有效、解除被告股东的诉讼请求。

案例101. （2018）京03民终468号，盈之美公司等与泛金公司公司决议效力确认纠纷。北京市第三中级人民法院

本案争议焦点是： 案涉董事会作出股东除名的决议是否符合程序和实质要件要求，决议是否有效。

法院认为： 根据法律规定，公司可以以股东会决议解除某股东的股东资格，但是必须符合以下条件：（1）股东未履行出资义务或者抽逃全部出资；（2）公司履行了催告的前置程序，并给予股东弥补的合理期限；（3）公司以股东会决议的形式作出除名决议。第一，关于股东未履行出资义务或者抽逃全部出资一项。本案中，盈之美公司以泛金公司未实际出资为由主张解除泛金公司作为盈之美公司股东的资格。对此，泛金公司不予认可。根据中外合资经营企业合同以及公司章程约定，泛金公司应当以价值相当于132.5226万美元的进口机器设备入资，占36.56%。盈之美公司主张泛金公司从未实际出资，公司的生产线非由泛金公司出资，其提交了一份其用于购买生产线的协议。泛金公司对该协议不予认可，其主张已经出资完毕，盈之美公司现使用的生产线系其出资。北京市三中院认为，根据现已查明的事实情况，盈之美公司所提供的证据难以证明泛金公司构成未履行出资义务或者抽逃全部出资。

第二，关于公司履行催告的前置程序，并给予股东弥补的合理期限一项。根据《公司法司法解释（三）》第17条第1款的规定，公司行使股东除名权需要经过一定的前置程序：一是要先行催告出资并给予合理的时间。当股东未履行出资义务或者抽逃全部出资时，公司首先应当催告该股东缴纳或返还出资，只有在经催告后在合理期限内股东仍未缴纳或返还出资的，公司才可以召开股东会审议股东除名事项。2016年2月23日，汇源佳必爽公司以EMS形式向泛金公司寄送《关于汇源佳必爽公司要求泛金公司配合盈之美公司办理营业执照及出资款事宜的通知函》，要求泛金公司在15日内配合盈之美公司换领新版营业执照并马上缴清成立盈之美公司时的出资款。二是该邮件被拒收。经

询，汇源佳必爽公司和盈之美公司未再以其他方式催告泛金公司缴纳出资。3 日后，盈之美公司发出了《关于召开盈之美股东会（董事会）的通知》，且董事会于 2016 年 4 月 10 日对泛金公司作出了除名决议。北京市三中院认为，在《关于汇源佳必爽公司要求泛金公司配合盈之美公司办理营业执照及出资款事宜的通知函》的邮件中，并未给予泛金公司缴纳出资款的方式，亦未约定合理的期限，同时并没有告知泛金公司若不在合理期限内缴纳出资或向公司明确说明、提出申辩，公司将启动除名程序。另外，实际上盈之美公司并未给予泛金公司缴足出资的合理期限即召开董事会并作出了决议，不符合前置程序的法律要求。

第三，关于公司以股东会决议的形式作出除名决议一项。《公司法》第 16 条第 2 款是现行法律规定中对关联股东表决权限制的规定，除名决议与对外担保的决议相似，决议内容与被除名股东有直接利害关系，可以考虑限制被除名股东的表决权。但是，根据即使公司行使股东除名权而作决议时可以限制被除名股东的表决权，也不应排除被除名股东接收会议通知和参加会议的权利。公司欲召开会议审议股东除名事项时，应当通知未出资股东参加。虽然未出资股东对于其是否除名没有表决权，但是其有参加会议并对其未出资理由进行申辩的权利，公司不能以股东对会议审议事项有利害关系而不具有表决权为由不通知其参加该会议的审议过程。本案中，案涉董事会决议存在严重程序问题，盈之美公司以被除名股东不享有表决权为由主张案涉董事会决议有效，无事实和法律依据，北京市三中院未院不予采信。

裁判观点： 一人有限公司为实际控制人提供担保并未损害其他股东利益，股东会决议合法有效。

裁判结果： 驳回再审申请。

案例 102.（2018）最高法民申 3659 号，合肥信政置业发展有限公司（以下简称信政公司）、杨某文民间借贷纠纷。最高人民法院

本案再审争议焦点是：（1）杨某文与李某、陈某的借款合同是否真实有效；（2）信政公司应否为本案借款在案涉 15 套备案房产的价值范围内承担连带清偿责任；（3）原审是否存在程序违法的情形。

法院认为：（1）案涉借款合同真实有效。略。（2）信政公司应为本案借款在案涉 15 套备案房产的价值范围内承担连带清偿责任。2011 年 9 月 3 日信政公司的股东会决议合法有效。欧联公司及其法定代表人……应当认定股东会决议是欧联公司（信政公司 100% 股权的股东）的真实意思表示。《公司法》第 16 条第 3 款规定的特殊担保下股东回避表决旨在维护股东大会决议的公正性，避免表决事项所涉及的股东特别是控股股东

滥用资本多数表决的原则，谋求与公司利益不符的利益，损害公司和其他股东的利益，确保公司更加客观、公正地决定是否为其股东进行担保，而并非禁止或限制该类特殊担保。一人公司唯一的股东同意提供担保不仅体现了股东意志，也体现了公司意志，在没有其他利害关系股东存在的情形下，更谈不上损害其他股东的利益。本案中，欧联公司行使股东职权作出担保的决定，制作了书面股东会决议并签章后置备于公司，该证据已经在法庭质证中出示，现未有证据证明该股东会决议违反法律规定或公司章程，应当依法认定该股东会决议合法有效。综合上述情况，原审判决认为信政公司在案涉15套备案房产的价值范围内为李某、陈某的债务向杨某文承担连带清偿责任并无不当。

（二）知情权纠纷（10件）

裁判观点：股东行使知情权的前提是具有股东资格，在股东资格存有争议的情况下，不得行使知情权，应当另案诉讼确认股东资格后再行使。

裁判结果：驳回上诉，维持原判。

案例103. （2015）洛民终字第1530号，程某、程某娟与地久公司股东知情权纠纷。河南省洛阳市中级人民法院

法院认为：上诉人程某、程某娟向地久公司行使股东知情权的前提是其具有该公司的股东资格。2015年7月9日洛阳市工商行政管理局出具的地久公司工商登记信息中并未显示程某、程某娟是地久公司的股东，地久公司也不认可程某、程某娟具有股东资格。鉴于目前双方对程某、程某娟是否具有股东资格存在争议，程某、程某娟在行使股东知情权之前，应先解决其股东资格问题。《公司法司法解释（三）》第21条规定，当事人向人民法院起诉请求确认其股东资格的，应当以公司为被告，与案件争议股权有利害关系的人作为第三人参加诉讼。

裁判观点：股东提起诉讼视为向公司提出了申请，公司可在庭审中阐明拒绝查阅理由，如果公司不同意查阅又没有合法的理由，应当允许股东查阅。

裁判结果：驳回上诉，维持原判。

案例104. （2017）沪02民终967号，上海国信新能源有限公司（以下简称国信公司）与上海福萌投资管理有限公司（以下简称福萌公司）股东知情权纠纷。上海市第二中级人民法院

本案争议焦点是：（1）福萌公司是否具有股东资格；（2）福萌公司是否有不正当目的；（3）福萌公司诉前是否提出书面申请。

法院认为：国信公司工商登记资料、公司章程均显示福萌公司系国信公司股东，国信公司以福萌公司未出资为由抗辩福萌公司不能行使股东知情权，并无依据，一审法院不予采纳。所谓“正当目的”，系指与维护股东投资价值直接相关的合理目的，股东查阅资料的目的就是了解公司经营状况以充分实现自身的投资利益。国信公司确认福萌公司间接投资的东方风力发电厂成立的时间早于国信公司成立时间，说明国信公司是知晓福萌公司上述间接投资事项的，对此，国信公司并未提出异议。现在，国信公司认为福萌公司提起本次诉讼的目的是窃取商业秘密，再以福萌公司间接投资的公司与国信公司投资的公司在同一地域经营范围有所重叠为依据，不足以证明福萌公司有不正当目的，故对于国信公司的上述主张一审法院不予采纳。国信公司以未收到书面申请提出抗辩，并辩称福萌公司明知国信公司未在注册地经营，仍向注册地寄送书面申请，福萌公司故意阻扰的行为应视为未提出申请。一审法院认为，其一，福萌公司同日就同一事由分别向国信公司注册地和法定代表人寄送 EMS 快递，并在封面上写明查阅申请，说明福萌公司有履行诉前书面申请的意思表示；其二，即使国信公司诉前不知，福萌公司就本案提起诉讼的行为业已表明了其要求行使股东知情权的本意，国信公司对此也表示拒绝，福萌公司仍可提起诉讼。

裁判观点：前置程序是诉前必经程序，股东在诉前如果未向公司提出书面申请，未穷尽公司内部救济，不能直接向法院起诉。

裁判结果：驳回上诉，维持原判。

案例 105. （2016）京 03 民终 12795 号，詹某太等与北京年轮中医骨科医院（以下简称年轮中医院）股东知情权纠纷。北京市第三中级人民法院

法院认为：詹某太作为年轮中医院的股东，有权查阅年轮中医院的财务会计报告，年轮中医院以湖南年轮公司自 2013 年 6 月 1 日起从詹某太处接手年轮中医院经营作为上诉理由，不能成立。詹某太作为年轮中医院的股东，同样有权查阅公司会计账簿，但应履行通知年轮中医院的前置程序。詹某太提交的查阅会计账簿通知书的快递邮单上填写地址与年轮中医院的登记地址并非完全一致，年轮中医院否认收到该通知，特别是邮单上签收人的签名无法辨认，詹某太也未能提供与邮单对应的邮寄过程网络流程单。因此，北京市三中院无法确认年轮中医院已经收到詹某太寄送的查阅会计账簿通知书，詹某太可在完善会计账簿查阅的前置程序后另行诉讼解决。

裁判观点：股东可以查阅财务会计账簿和会计凭证，但不得复制。

裁判结果：部分维持，部分变更。

案例106.（2016）黔民终744号，遵义市华玮房地产开发有限公司（以下简称华玮公司）、龙某涛股东知情权纠纷。贵州省高级人民法院

本案争议焦点是：（1）龙某涛提起股东知情权诉讼是否系滥用诉权；（2）华玮公司是否有义务提供财务账簿和会计凭证给被上诉人复制。

法院认为：关于焦点（1），首先，股东知情权是法律赋予股东通过查阅公司之财务会计报告、会计账簿等有关公司经营、管理、决策的相关资料，实现了解公司的经营状况和监督公司高管人员活动的权利。龙某涛系华玮公司股东，依法享有股东知情权，应予保障。龙某涛诉请查阅、复制公司章程、股东会会议记录、财务会计报告，查阅公司财务账簿、会计凭证，未超出《公司法》第33条规定的股东知情权范围，其系依法行使自己的权利。其次，龙某涛起诉要求行使知情权，是否系滥用诉权。根据《公司法》第33条第2款规定，股东提起知情权诉讼的前置条件，是股东以书面方式向公司提出查阅相关资料的请求且公司拒绝提供查阅。设定该前置程序的目的是保障股东在其查阅权受侵犯时有相应的救济途径。据EMS全球邮政特快专递……应当认定龙某涛已经完成以书面方式向公司提出查阅相关资料请求的程序，且上诉人庭审答辩以及上诉状均明确表示拒绝被上诉人的查阅、复制相关资料的请求。至此，被上诉人有理由认为其知情权受到侵犯进而寻求司法救济，此时应对本案作出实体处理，既避免当事人不必要的讼累，又促进本案纠纷的有效解决。关于焦点（2），一方面，被上诉人龙某涛在一审诉讼中，诉请华玮公司提供财务账簿、会计凭证供其及所委托的注册会计师查阅，并无复制的诉讼请求。另一方面，《公司法》第33条第2款仅规定股东可以要求查阅公司财务会计账簿，并未规定可以复制。因此，一审判决华玮公司财务账簿和会计凭证由龙某涛及其委托的会计师在该公司内复制不当，贵州省高院予以纠正。

裁判观点：法律没有明确规定会计凭证属于知情权可查阅内容，不予支持。
裁判结果：撤销原审判决，予以改判。

案例107.（2018）黔民终1215号，王某元、凯里市黔甬蓝莓有限公司（以下简称黔甬蓝莓公司）股东知情权纠纷。贵州省高级人民法院

本案争议焦点是：（1）王某元行使股东知情权是否符合法律规定；（2）其主张股东知情权受到损害的理由能否成立，诉讼请求应否支持。

法院认为：王某元是黔甬蓝莓公司的股东，王某元就其股东知情权等事项向黔甬蓝莓公司发出律师函，黔甬蓝莓公司亦回函拒绝，但黔甬蓝莓公司并未提供证据证明王某元要求行使股东知情权有不正当目的，故王某元要求行使股东知情权符合《公司法》第33条之规定。同时，根据本案审理查明的案件事实，现王某元在诉讼前已复制了黔甬蓝

莓公司的公司章程、股东会会议记录等，已领取了黔甬蓝莓公司104本账本并进行了查阅，也打印了黔甬蓝莓公司2014年的银行流水，已行使了部分股东知情权。但从审理查明的事实可知，黔甬蓝莓公司成立于2005年，至今仍在经营，王某元已查阅的资料并不全面，王某元也主张会计资料不完整，蓝莓基地转让、土地征收、土地出让竞拍等重大事项不透明并要求查阅公司相关资料。从公司的正常经营过程来判断，公司经营过程中的公司章程、股东会会议记录、董事会会议决议、监事会会议决议和财务会计报告、会计账簿等公司决策和经营资料，是公司经营过程中的必要资料，公司应当制作并加以保管，黔甬蓝莓公司主张已无其他资料可提供的抗辩不能成立。因此，王某元主张要求查阅、复制黔甬蓝莓公司自成立起至实际履行之日止的公司章程、股东会会议记录，黔甬蓝莓公司自成立起至实际履行之日止的财务会计报告，查阅黔甬蓝莓公司自成立起至实际履行之日止的会计账簿的诉讼请求依法成立，依法应予支持。同时，由于王某元不是专业的会计人员，其主张要求支持其聘请会计师、律师等依法或者依据执业行为规范负有保密义务的中介机构执业人员辅助进行上述股东知情权的行使亦符合客观情况，依照《公司法司法解释（四）》第10条第2款之规定，予以支持。另外，王某元主张要求查阅公司会计凭证的诉讼请求，因《公司法》第33条并没有明确规定股东可以查阅公司原始会计凭证，故对王某元的此项诉讼请求，依法不予支持。

裁判观点：两次行使知情权的权利内容不同，提起两次诉讼并不构成重复诉讼，法院应当受理并作出裁判。

裁判结果：驳回上诉，维持原判。

案例108.（2018）沪02民终4247号，国信公司与福萌公司股东知情权纠纷。上海市第二中级人民法院

本案争议焦点是：被上诉人（原审原告福萌公司）提起诉讼是否构成重复诉讼，以及被上诉人是否有权查阅系争会计凭证及其他会计资料。

法院认为：被上诉人一审中要求查阅的材料，在6038号案件诉讼中并未提及，即两次诉讼请求并不相同，上诉人主张被上诉人构成重复起诉的条件不能成就，故一审法院认定被上诉人一审诉讼并未违反一事不再理原则，于法有据，上海市二中院予以认可。关于被上诉人是否有权查阅系争会计凭证及其他会计资料一节，我国《公司法》第33条虽未将会计凭证及其他会计资料列入股东知情权的范畴，但会计凭证是会计账簿形成的基础，会计凭证及其他会计资料亦是判断会计账簿真实性、完整性的依据。判断股东知情权的适用范围时，应结合法律规定及对应的立法目的来综合予以认定，即股东知情权系股东依法享有对公司经营、管理、决策等重要情况或信息真实了解和掌握的权

利，被上诉人要求查阅的会计凭证及其他会计资料符合其了解公司经营状况的目的。股东有权查阅会计凭证及其他会计资料，本质上属于我国《公司法》实现充分保障股东知情权的应有之义，故一审法院支持被上诉人的一审诉请，于法不悖，上海市二中院予以认可。

裁判观点：股东知情权应在合理的时间和地点行使。

裁判结果：部分维持，部分撤销。

案例109.（2016）川01民终4662号，李某与成都航天橡塑件制造有限公司股东知情权纠纷。四川省成都市中级人民法院

本案争议焦点是：（1）李某行使案涉查阅权的范围；（2）原审法院确定的查阅时间、地点是否适当。

法院认为：（1）关于李某行使案涉查阅权的范围。第一，公司章程、股东会会议记录、董事会会议决议、监事会会议决议和财务会计报告。《公司法》第33条第1款明确规定股东对公司章程、股东会会议记录、董事会会议决议、监事会会议决议和财务会计报告享有查阅权，李某作为航天公司的股东提出该项诉讼请求于法有据，成都市中院予以支持。前述资料的查阅需要一定的时间，李某在一审庭审中对航天公司提出的当庭查阅予以拒绝不等于对该项权利的放弃，航天公司认为李某已放弃查阅上述资料权利的上诉理由不成立，成都市中院未予支持。至于其所提及的李某对其他生效判决申请终止执行的问题，既未提交证据证明，也与本案无关，成都市中院不予支持。原审法院对上述资料的查阅范围及时间的认定于法有据，本院予以确认。查阅上述材料无须借助专业知识，故对于李某要求委托会计师事务所查阅上述材料的主张，成都市中院未予支持。

第二，会计账簿和会计凭证。《公司法》虽未明确规定会计凭证属于股东可查阅的内容，但其规定了股东可以要求查阅公司会计账簿，而根据《会计法》第9条、第15条第1款的规定，会计凭证是会计账簿形成的基础，也是验证会计账簿对公司财务状况的记录是否完整准确的依据，因此股东有权要求查阅公司的会计账簿及会计凭证。股东查阅公司会计账簿、会计凭证均需履行提出书面申请并说明目的的前置程序。本案中，李某虽向航天公司寄送了查账申请书，提出查阅会计账簿、会计凭证的请求，但其在查账申请书中并未说明目的，未履行前置程序，且根据公司自治原则，该前置程序中的瑕疵不能通过诉讼程序得到救济。因此，对于李某要求查阅会计账簿及会计凭证的主张，成都市中院未予支持。

（2）原审法院确定的查阅时间、地点是否适当。查阅权是法律赋予股东的权利，但任何权利的行使都不能没有约束，公司为了保障股东行使查阅权，必然需要承担支持该

权利行使的附加成本，安排人力、物力、场所等予以配合，这些成本的耗费会挤占公司经营成本，因此股东查阅权的行使不能影响公司的运营效率，不能过度行使，故原审法院确定查阅时间及地点并无不当，成都市中院予以确认。李某认为不应限制其查阅的时间和地点的上诉理由不成立，成都市中院未予支持。

裁判观点：股东向公司委派了管理人员不影响股东行使知情权，不正当目的的举证责任应当由公司承担。

裁判结果：驳回再审申请。

案例110.（2012）民申字第635号，天津北方食品有限公司（以下简称北方食品公司）、香港捷成有限公司（以下简称捷成公司）股东知情权纠纷。最高人民法院

法院认为：现代公司所有权与经营权的分离和公司法人财产权的确定促成了相对独立的三方利益主体——公司、股东和董事。法律与公司章程则尽可能作出相应规定，以平衡三方利益。我国《公司法》明确规定股东知情权，即股东享有知道和了解公司经营状况重要信息的权利，就是为了能够有效保护股东的权益。对于股东要求查阅、复制公司章程、股东会会议记录、董事会会议决议、监事会会议决议和财务会计报告的，《公司法》第33条第1款没有规定股东在符合特定条件的情况下才可以主张该权利，即没有特别限制；对于股东要求查阅公司会计账簿的，由于会计账簿能够体现公司深层次的经营管理活动，为了防止股东有“不正当目的”，维护公司的正常经营秩序，《公司法》第33条第2款则明确要求股东应当向公司提出书面请求，说明目的，股东不得有可能损害公司合法利益的“不正当目的”。本案中，捷成公司是合资企业北方食品公司的外方股东，因此，其有权查阅并复制北方食品公司的董事会会议决议、财务会计报告等资料，捷成公司曾向北方食品公司提出书面请求，北方食品公司未予回复，且北方食品公司并没有举出证据证明捷成公司有“不正当目的”，二审判决支持捷成公司查阅北方食品公司的会计账簿是正确的。捷成公司是否委派人员担任北方食品公司的经营管理人员，并非捷成公司主张股东知情权的预设条件。也就是说，李某是否被捷成公司撤换不影响捷成公司主张股东知情权。

虽然《公司法》没有明确规定股东可以查阅会计凭证，但是基于利益平衡以及确保信息真实的考虑，知情权范围不宜限定在一个不可伸缩的区域，尤其对于人合性较高的有限责任公司，严格限定知情权范围并不利于实现知情权制度设置的目的。因此，二审判决支持捷成公司查阅北方食品公司会计凭证的诉讼请求，并无不妥。

裁判观点：实际出资人在显名前不享有股东知情权。

裁判结果：撤销原审判决，驳回原告的诉讼请求。

案例 111. （2017）湘民再 234 号，湖南航天卫星通信科技有限公司与胡某成、王某旭、王某兵、蒋某成、赵某安、刘某平、黄某晖、孙某、曾某石及郑某岗、刘某龙股东知情权纠纷。湖南省高级人民法院

本案争议焦点是：九名被申请人是否享有股东知情权。

法院认为：股东知情权是股东身份权的派生权利，股东的身份权是基础权利。从本案事实来看，九名被申请人主张股东知情权的诉讼请求没有事实和法律依据，理由是：第一，九名被申请人未在湖南省工商行政管理局登记备案公司名册以及未在企业注册登记资料中被记载为公司股东，也不具备公司股东应有的外观特征。第二，《公司法》第 24 条规定，有限责任公司应当由五十个以下的股东出资设立本案九名被申请人因企业改制进入公司时，作为公司的自然人投资人已达八十九人，超过《公司法》规定的法定人数，九名被申请人于 2004 年 10 月 18 日签订两份委托书已委托郑某岗、刘某龙代表其九人股东。在其股权证“注意事项”第 5 项也已明确“公司只承认已登记股东为本证绝对所有者”，故九名被申请人持有公司发放股权证只能证明出资，而不能证明股东身份，本案九名被申请人的身份应为实际出资人。第三，根据《公司法司法解释（三）》第 24 条第 3 款的规定，九名被申请人作为实际出资人，其要变更并成为公司股东，可向公司主张权利，但需要经公司其他股东半数以上同意，否则不能作为公司的股东。

裁判观点：股东知情权是共益权，不得以出资为由限制股东查阅包括会计账簿在内的公司资料。

裁判结果：公司应当提供会议资料和报告给股东查阅复制，提供会计账簿和会计凭证给股东查阅。

案例 112. （2019）晋 0830 民初 1441 号，马某福与芮城县欣隆公交客运有限公司股东知情权纠纷。山西省芮城县人民法院

法院认为：原告身为股东，理所应当地享有《公司法》第 33 条规定的股东知情权。股东因为出资（认缴或实缴）当然地成为股东拥有股权，股权权能以股东行使目的或权利内容为标准分为自益权与共益权。自益权是股东获取财产利益的权利，而共益权是股东对公司的重大事务参与管理的权利。自益权是财产利益权，股东自益权的内容主要包括：股利分配请求权、新股优先认购权、剩余财产分配请求权、建设利息分配请求权、股份买取请求权、可转换股份转换请求权、股份转让权等。共益权是参与管理权，共益权的内容主要包括：表决权、股东大会召集请求权和召集权、提案权、质询权、知情权、董事监事和清算人解任请求权、董事会违法行为制止请求权、公司解散请求权和公司重整请求权等。获得红利分配是股东最重要的财产权利，股东的其他财产权利都是围

绕红利分配产生，那么股东出资和股东的财产权利之间就有原因与结果、手段和目的的直接关系，对这些权利在股东出资瑕疵的情况下当然应予限制，因此我国《公司法》规定对自益权原则上应当限制。共益权表现为对公司经营决策的参与和对公司行为的监督与纠正，没有直接的财产内容，与出资的联系比较远，因此股东共益权原则上不应限制。当然，股东知情权也不应受到限制。所以，股东虽然有出资瑕疵或未完成出资义务等问题，但其享有的股东知情权仍然存在，现原告的请求属于行使股东共益权的范围，被告限制原告的股东知情权和解除原告的股东资格，均无法律依据。

（三）与股东会会议有关的纠纷（14 件）

裁判观点：召集股东会会议属于董事会的职权，董事长的意思表示并不能代表董事会，章程规定股东会由董事会召集的，董事长召集不符合程序。

裁判结果：驳回上诉，维持原判。

案例113.（2014）三中民终字第11950号，中创公司与深圳世纪星源股份有限公司（以下简称世纪星源公司）公司决议撤销纠纷。北京市第三中级人民法院

本案争议焦点是：2013年中创公司第一次临时股东会召集程序、表决方式是否违反法律或公司章程，以及决议内容是否违反公司章程。

法院认为：关于会议的召集程序一节，有限责任公司设立董事会的，股东会会议由董事会召集，董事长主持。中创公司章程规定，股东会会议由董事会召集，董事长主持，中创公司设立董事会，成员七人，由股东会选举产生。2013年第一次临时股东会系贾某明以中创公司董事长名义召集，而非由中创公司董事会召集，董事长不等同于董事会，中创公司现亦不能证明该召集事项经过了中创公司董事会审议通过，故一审法院认定2013年中创公司第一次临时股东会召集程序不符合《公司法》规定及公司章程规定应予撤销并无不妥。中创公司认为提议召开股东会的股东表决权比例已经超过60%，即便召开董事会也无法否决提议的上诉理由于法无据，北京市三中院确难以支持。关于会议的表决方式一节，股东会的议事方式和表决程序除《公司法》有规定的外，由公司章程规定。中创公司章程规定股东会会议应对所议事项作出决议。股东会应当对所议事项的决定作出会议记录，出席会议的股东应当在会议记录上签名。中创公司2013年第一次临时股东会会议是通过股东书面投票的方式对议案内容进行表决，世纪星源公司在投票页上对议案四项内容均明确投反对票，但在股东会议决议内容上对其表决意见记载为未明确投票，未能真实反映世纪星源公司的意思表示，不符合公司章程的规定。关于决议内容，董事会设董事长一人，可以设副董事长。董事长、副董事长的产生办法由公司章程规定。有限责任公司可以设经理，由董事会决议聘任或解聘。中创公司章程规定选

举和更换董事是股东会的职权，董事会设董事长一人、常务副董事长一人、副董事长一人，由董事会选举后产生；公司设总经理一名，由董事会聘任或者解聘。双方均确认在2013年第一次临时股东会召开之前，曾某松为中创公司副董事长、董事和总经理。副董事长由董事会选举产生，总经理的聘任或解聘都在董事会的职权范围内，故中创公司在2013年第一次临时股东会决议中免去曾某松副董事长、董事、总经理的内容违反公司章程规定，应予撤销。

裁判观点：股东会不可剥夺董事会的法定权利/职权，章程也不得将董事会的全部职权授权给董事长行使。

裁判结果：驳回再审申请。

案例114.（2017）浙民申77号，华城地产公司与宁波开元公司与公司有关的纠纷。浙江省高级人民法院

本案二审争议焦点是：涉案章程第15条第3项、第17条、第23条、第25条约定是否存在笔误及效力如何认定。

二审法院认为：关于华城地产公司提出章程争议条款中“董事长”的表述系笔误应为“董事会”的主张，二审法院认为，章程经全体股东签字盖章、完成法定登记事项并适用多年，且章程中部分约定已经以手写形式将打印字体“董事长”变更为“董事会”，而涉案约定条款有争议部分的内容未经变更，故华城地产公司该项主张缺乏法律及事实依据，二审法院难以支持。关于华城公司提出章程争议条款因违反《公司法》立法精神及法律规定而无效的主张，本院认为，章程第15条第3项约定与《公司法》第36条（与2005年起适用的《公司法》相关规定一致）规定确有不同，但股东会系公司的权力机构，且《公司法》第37条第1款第11项授权公司章程对股东会其他职权另行约定，涉案章程约定股东会有权审议批准董事长报告不影响股东会对董事会报告的审议批准权利，该约定属于《公司法》赋予公司自治的范围，依法有效。章程第17条、第23条、第25条约定与《公司法》第40条、第46条、第49条规定确有不同（与2005年起适用的《公司法》相关规定内容一致），但章程上述约定并未违反法律禁止性规定，一审法院对此进行了论述，本院对其分析予以采纳。涉案章程系在双方股东协商一致的基础上达成，且章程第23条第9项前半部分还对董事长职权作了特殊调整，故应认为章程形成的内容系两股东的真实意思表示，在未明确违背法律禁止性规定的前提下，二审法院确认上述争议条款有效。

本案再审争议焦点是：宁波开元公司章程的效力。

再审法院认为：经查，宁波开元公司章程第15条第3项、第17条、第23条、第25

条约定与《公司法》的相关规定不一致，章程的相关内容改变了公司治理的一般原理，不宜倡导。但是，章程就其性质而言属于公司自治规范，本案的特殊情况是，宁波开元公司作为有限责任公司，其股东就是华城地产公司和杭州开元公司，不涉及第三方股东利益；章程的形成符合股东的真实意思表示，不存在对其他小股东利益压榨的情形。再审法院还注意到，宁波开元公司已经解散并进入清算状态，原有的公司治理状态在清算过程中已经改变，华城地产公司再行提起本案诉讼请求否定章程相关治理结构的内容，已经缺乏实质意义。原审法院驳回华城地产公司要求确认宁波开元公司章程无效的诉请，有相应的依据。

裁判观点：法律和章程没有规定董事会履行召集股东会会议职责的具体方式和程序，即使没有召开董事会并作出召开股东会会议的决议，超过章程规定比例的董事签字的召集股东会会议通知也为有效召集。

裁判结果：撤销原审判决，驳回原告的诉讼请求。

案例115.（2017）京02民终6137号，家有儿女公司与李某宏公司决议撤销纠纷。
北京市第二中级人民法院

本案争议焦点是：家有儿女公司于2016年3月30日召开的临时股东会的召集程序是否违反法律、行政法规或者公司章程，进而上述临时股东会作出的决议应否被撤销。

法院认为：根据《公司法》第39条第2款的规定，代表十分之一以上表决权的股东提议召开股东会临时会议的，应当召开股东会临时会议。本案中，股东周某斌提议召开股东会临时会议，且其代表的表决权超过十分之一，因此家有儿女公司应当依照上述法律规定召开股东会临时会议。根据查明的事实，家有儿女公司根据股东周某斌的提议于2016年3月30日召开了股东会临时会议。李某宏认为公司董事会并未就召集该次股东会临时会议召开董事会审议讨论，因此该次股东会临时会议是以公司董事长的名义召集的，并非依照法律的规定由董事会召集，故该次股东会临时会议的召集程序违反法律规定，依照《公司法》第22条第2款的规定，应予撤销。北京市二中院认为，根据《公司法》第40条第1款的规定，有限责任公司设立董事会的，股东会会议由董事会召集。同时《公司法》又在第46条第1项明确规定召集股东会会议是董事会的一项职权。但是《公司法》及家有儿女公司章程均未规定有限责任公司董事会履行召集股东会会议职责的具体方式和程序，因此，李某宏关于家有儿女公司董事会在召集股东会会议之前应当先召开董事会会议的主张，没有法律依据。而且，家有儿女公司章程规定，董事会作出的决议，均须经半数以上的董事通过，并允许通过采纳书面议案、电话会议的方式代替召开现场董事会会议。家有儿女公司董事会由七名董事组成，就召开2016年3月

30 日的股东会临时会议而向股东发出的《关于召开临时股东会的通知》的落款处有姚某敏、魏某、周某维、周某斌 4 名董事签字，因此关于召开临时股东会的通知的内容体现了董事会成员集体的意志，家有儿女公司通过该种方式召集股东会临时会议，并不违反法律、行政法规或者公司章程的规定。李某宏提出撤销家有儿女公司 2016 年 3 月 30 日股东会临时会议作出的《家有儿女公司关于股权转让的股东会决议》的理由不能成立，一审法院判决支持其诉讼请求有误，北京市二中院予以纠正。

裁判观点：法律和章程规定召集股东会会议由董事会履行召集职责，股东应当向董事会提出召开股东会的要求。

裁判结果：驳回上诉，维持原判。

案例 116. （2014）三中民终字第 13067 号，北京宏福源科技有限公司（以下简称宏福源公司）与安泰科技股份有限公司、珠海金峰航电源科技有限公司（以下简称金峰航公司）公司决议撤销纠纷。北京市第三中级人民法院

本案中，宏福源公司于 2012 年 9 月 13 日召开股东会并作出股东会决议，宏福源公司称该股东会所作决议合法有效。法律规定，股东会会议由董事会召集，宏福源公司所示现有证据不能证明 2012 年 9 月 13 日的股东会系由董事会召集，系董事会的意思表示。同时，宏福源公司设有董事会和监事会，金峰航公司要求召开股东会，应向董事会提议，董事会不履行召集职责的，金峰航公司应向监事会提议，监事会不履行召集职责的，金峰航公司作为代表十分之一以上表决权的股东可以自行召集和主持股东会。现有证据不能证明金峰航公司向宏福源公司董事会和监事会提出过召开股东会的要求。

裁判观点：召集股东会会议应按法律和章程规定的程序进行，违反规定的会议决议应被撤销。

裁判结果：撤销一审、二审判决，撤销股东会决议，确认董事会决议无效。

案例 117. （2017）豫民再 226 号，河南林都实业有限公司（以下简称林都公司）、河南鄢陵花木交易中心有限公司（以下简称花木公司）股东会决议纠纷。河南省高级人民法院

本案二审争议焦点是：中远公司提议并自行召集的花木公司 2014 年第一次临时股东会决议是否应予以撤销，花木公司 2014 年第一次董事会决议是否有效。

二审法院认为：股东会是公司最高权力机构，依法作出的股东会决议具有法律效力。但股东会的决议应当程序合法、内容合法、符合公司章程有效条款规定。本案各方当事人的根本分歧是花木公司章程第 17 条内容效力认定问题。花木公司章程第 17 条规

定：“股东会会议由董事长召集和主持；董事长不能履行职务或者不履行职务的，由监事召集和主持；监事不召集和主持的，代表十分之一表决权的股东可以自行召集和主持。”根据2013年《公司法》第40条的规定，显然公司章程第17条与《公司法》第40条内容冲突。关于该公司章程条款的效力问题，该院认为，公司法虽然是私法，但也包含了较多的强行性规范，是公司和公司股东及高级管理人员必须遵守的。股东会的召集程序和董事会的议事规则等，均必须遵守法定程序。公司章程是公司法的调整对象，公司自治是相对的，其内容不得违反公司法强制性规范。《公司法》第39条第2款规定，代表十分之一以上表决权的股东、三分之一以上的董事等提议召开临时股东会的应当召开临时股东会。中远公司作为占72%表决权的股东享有召开临时股东会的提议权。在其提议后，董事会应当组织召开临时股东会。董事会是有限责任公司的业务执行机构，享有业务执行权和日常经营决策权。在《公司法》第46条第1项规定了董事会的职权为召集股东会，并向股东会报告工作等。董事长的职权是主持股东会会议，召集和主持董事会会议。公司法未赋予董事长召集股东会的职权，股东会的召集权属于董事会。董事长在没有经过董事会讨论并作出决定的情况下，无权擅自召集股东会。花木公司章程规定由董事长个人行使本应由董事会这个组织机构行使的职权，违反了公司法规定，可能损害公司、股东的权益或影响董事会及其他董事的权利行使，应为无效条款。花木公司原董事长姚某平在接到股东中远公司召开临时股东会的提议后，未召集董事会讨论，也未答复。其发出的《关于召开2014年第一次临时股东会的通知》中的议案内容在没有召开董事会进行讨论、决定的情况下直接对中远公司议案内容进行否定，超越了董事长的职权范围。中远公司根据公司法规定，自行召集花木公司2014年第一次临时股东会于法有据。花木公司2014年第一次临时股东会决议召集程序、表决方式不违反法律、行政法规和公司章程有效条款的相关规定，内容也不违反公司章程有效条款的规定，林都公司请求撤销的依据不足，不予支持。花木公司2014年第一次董事会决议内容不违反法律和行政法规的规定，林都公司请求宣告董事会决议内容无效没有事实和法律依据。至于董事会决议中姚某平、常某涛名字有误，经该院审核股东会和董事会的决议、记录及其他相关证据材料认为，该错误应系笔误，并不会影响对姚某平、常某涛身份的认知。林都公司认定董事会决议无效的理由不成立。一审判决认定事实清楚，适用法律正确。

再审法院认为：（1）关于花木公司2014年第一次临时股东会决议是否应予撤销的问题。花木公司章程规定的股东会会议的召集和主持人依次为董事长、监事、代表十分之一表决权的股东。比较两者，花木公司章程与《公司法》的相关规定尽管不一致，但并未构成实质性冲突，故花木公司章程及相关条款并不因此而无效。公司章程及其有关条款的效力判断，应以是否违反法律、行政法规的强制性规定为依据。花木公司章程第

17 条规定了临时股东会会议的召集程序及主持人，且明确在董事长、监事不履行召集和主持股东会会议职务的情况下，代表十分之一表决权的股东可以自行召集和主持股东会会议。本案中，中远公司召集并主持花木公司 2014 年第一次临时股东会会议，但其并未提供证据证明花木公司董事长不履行召集和主持股东会的职责，或者在董事长不履行上述职责后公司监事亦不履行职责，故其召集和主持临时股东会会议的程序违反了公司章程规定，亦与《公司法》的相关规定不符。花木公司 2014 年第一次临时股东会会议的召集程序违反《公司法》及花木公司章程规定，形成的决议应予撤销。（2）关于花木公司 2014 年第一次临时董事会决议效力问题。花木公司 2014 年第一次临时股东会决议被撤销后，其选举的董事、监事自始不具有董事、监事资格，由其召集并主持的董事会形成的决议不具有合法性，应属于无效决议。

裁判观点：在章程或议事规则未对表决方式明确约定，未在召集前通知股东和股东明确反对审议和表决的情况下，决议不成立。

裁判结果：确认股东会决议不成立。

案例 118.（2018）沪 0114 民初 1331 号，乐迈文化发展（上海）有限公司（以下简称乐迈公司）与丁某公司决议效力确认纠纷。上海市第二中级人民法院

法院认为：股东会或者股东大会、董事会会议未对决议事项进行表决，当事人主张决议不成立的，人民法院应当予以支持。根据本案查明事实，2017 年 10 月 24 日被告乐迈公司确实召开了股东会，四方股东均参会。从被告乐迈公司提供的股东会会议记录来看，原告及陈某蔚均未签字确认。鉴于被告未提供证据证明其在该次股东会召集之前已将上述议题通知了原告，故在原告提出反对对上述议题进行审议和表决的情况下（事实上原告亦未就上述议题进行表决），被告乐迈公司的部分股东径行制作书面决议，以默认反对表决的股东为投反对票的方式所形成的决议，依法应当认定为不成立。关于被告乐迈公司辩称诉争股东会决议仅存在轻微的程序瑕疵，不影响最终股东会决议效力的意见，上海市二中院认为，股东参加公司股东会并就议题进行充分审议、表决，是股东的一项基本权利。被告乐迈公司章程对于股东表决方式并未作出明确具体的规定，故股东表决应当以通常理解的、能真实准确表达股东意愿的方式作出，故在原告及陈某蔚并未就相关议题进行充分有效表决的情况下，不能直接认定原告及陈某蔚就相关议题投反对票或赞成票。

裁判观点：违反公司章程的股东会决议可以撤销。

裁判结果：驳回上诉，维持原判。

案例 119. (2021)鄂 01 民终 1741 号，宜昌金碧花园房地产开发有限公司（以下简称宜昌金碧公司）、武汉市为民府贸易有限公司（以下简称武汉为民府公司）公司决议撤销纠纷。湖北省武汉市中级人民法院

本案争议焦点是：（1）股东会会议是否召开；（2）若股东会会议已召开，其召集程序、表决方式、决议内容是否违反了公司章程规定。

法院认为：对于第一个争议焦点，根据本案已查明的事实，2020 年 6 月 22 日已形成了股东会决议，股东会已召开，股东恒大金碧公司参加了会议，股东武汉为民府公司未参加会议。武汉为民府公司关于未召开股东会的观点无相应证据予以佐证，故对武汉为民府公司关于未召开股东会的观点不予支持。对于第二个争议焦点，宜昌金碧公司虽然提前十五日向武汉为民府公司发出了关于召开案涉股东会会议的通知，但在指定日期的指定时点并未召开股东会会议，也没有提前通知武汉为民府公司会议召开的时点推迟，故该召集程序存在瑕疵，但未违反法律、法规及章程的规定。对于决议内容及表决方式，本案中，宜昌金碧公司办理变更前的原章程第 14 条规定：股东会对公司增加或减少注册资本、分立、合并、解散或者变更公司形式以及公司章程的修改所作出的决议，必须经过全体股东通过。结合本案查明的事实，案涉股东会会议表决通过的事项包括“通过公司章程修正案”，而宜昌金碧公司办理变更前的原章程规定，修改章程的决议必须经过公司全体股东一致同意才能表决通过，在武汉为民府公司未参加案涉股东会会议且对决议事项事后不予追认的情况下，该修改章程事项视为未通过表决。因此，对武汉为民府公司关于案涉股东会决议的决议内容、表决方式违反了公司章程的观点，予以支持。根据《公司法》第 22 条及第 42 条的规定，案涉股东会决议的决议内容以及表决方式违反了宜昌金碧公司办理变更前的原章程的规定，属于法律规定可撤销公司决议的情形。

裁判观点：撤销权的六十日是除斥期间，期限届满，诉权即消灭。

裁判结果：驳回上诉，维持原判。

案例 120. (2019)赣 01 民终 935 号，上海正烨国际贸易集团有限公司、江西萍钢实业股份有限公司、西藏华豪投资有限公司公司决议效力确认纠纷。江西省南昌市中级人民法院

一审法院认为：案涉《江西萍钢实业股份有限公司 2012 年第三次临时股东大会决议》第 2 项涉及普通股股份转为优先股，而决议通过时我国法律、行政法规尚未有优先股的相关规定，案涉股东大会决议第 2 项的内容并未违反法律、行政法规的规定。公司股东应当遵守法律、行政法规和公司章程，依法行使股东权利，不得滥用股东权利损害

公司或者其他股东的利益，故表决时，与决议事项有利害关系的股东应当回避，不得就该决议事项行使表决权，也不得由他人代理或者代理他人行使表决权。原告作为公司股东可根据《公司法》第22条第2款的规定自决议作出之日起六十日内请求人民法院撤销，但原告并未在规定的期间内行使其撤销权，其撤销权已消灭。

二审法院认为：根据《公司法》第22条的规定，股东会、董事会的决议瑕疵有内容瑕疵和程序瑕疵，对内容违反法律、行政法规的决议，股东可以提起效力确认诉讼；对程序上的召集程序、表决方式违反法律、行政法规或公司章程的决议，股东可以提起撤销决议效力诉讼。上诉人在上诉状中提出，股东会决议因违反《公司法》第103条第2款关于股东会决议通过的强制性规定而自始无效，本院认为上诉人提出被上诉人违反《公司法》第103条第2款的规定通过表决行为，属于表决方式瑕疵。对于表决方式瑕疵，根据《公司法》第22条第2款的规定，股东可以自决议作出之日起六十日内，请求人民法院撤销。该六十日期间是不可变法定期间，不适用诉讼时效关于中止、中断、延长的规定，无论股东知道与否或应当知道与否，期间届满，诉权即消灭。

裁判观点：对公司董事、经理等重要职位，公司章程可赋予小股东人事提名权，大股东不可利用表决权的优势地位形成股东会决议剥夺该提名权，否则股东会决议无效。

裁判结果：驳回上诉，维持原判。

案例121.（2015）潭中民三终字第475号，湖南胜利湘钢钢管有限公司（以下简称湖南胜利公司）与湖南盛宇高新材料有限公司（以下简称盛宇公司）公司决议纠纷。湖南省湘潭市中级人民法院

法院认为：股东会表决过程即公司股东的表决过程，股东会决议是公司股东表决的体现，也是公司股东会对公司股东表决的认可。股东在表决时违反上述规定，公司股东会仍然据此作出决议的，其实质是滥用“资本多数决”原则，将股东滥用权利作出的表决意见上升为公司意志。该公司决议系公司股东滥用股东权利形成，应当受到公司法的规制。本案中，湖南胜利公司的控股股东山东胜利公司和湘潭钢铁集团以公司决议的形式损害了盛宇公司作为少数股东的利益，侵害了小股东参与公司经营管理权等股东权利。原审法院适用《公司法》有关规定处理本案正确。

资本多数决是公司运作的重要原则，但多数股东行使表决权时，不得违反禁止权利滥用原则和诚实信用原则，形成侵害小股东利益的决议。滥用资本多数决原则作出的决议无效。本案中，上诉人湖南胜利公司修改公司章程的决议，经出席会议的股东所持表决权的三分之二以上通过，程序上符合法律规定。但公司决议要有效，不仅要求程序合

法，还要求内容合法。本案中，对于被上诉人而言，其通过安排的副总经理和董事各一人，对公司的经营状况进行了解并参加公司的经营管理，行使股东权利。上诉人的两名大股东通过公司决议的方式随意剥夺被上诉人提名副总经理和董事各一人的权利，是一种滥用股东权利损害其他股东利益的行为。涉案公司决议系滥用资本多数决原则作出，因此，该决议内容因违反法律、行政法规而无效。

裁判观点： 大股东滥用股东权利形成的股东会决议为小股东增设义务或限制权利的，决议无效。

裁判结果： 确认增资的股东会决议无效，恢复至工商变更登记之前的状态。

案例 122. （2014）鲁商初字第 23 号，周某生与裕昌投资控股集团有限公司（以下简称裕昌公司）、吕某涛等、山东聊城天恒置业有限公司及信诚传统（北京）投资有限公司公司决议效力确认纠纷。山东省高级人民法院

本案争议焦点是：（1）关于被告裕昌公司注册资本变更的股东会决议的效力；（2）原告周某生在被告裕昌公司持股 5% 的股权状态应否予以恢复；（3）吕某涛及其他被告股东是否应当赔偿原告周某生经济损失及损失数额如何确定。

法院认为：（1）关于被告裕昌公司注册资本变更的股东会决议的效力。关于注册资本增加的六次股东会决议，虽然具有股东会召开的外观存在，满足三分之二股东多数决，形成股东会决议，具备股东会决议成立的构成要件，但资本多数决的适用应符合有利于公司发展的整体利益，具有正当的商业目的。因此，如果公司大股东为了追求自己的利益，形成的股东会决议影响小股东的个人利益，为小股东增设义务或限制权利，应得到小股东的同意。因本案六次股东会决议是在股东周某生未参加会议的情况下，由他人伪造周某生签字作出的，事后周某生亦不予认可，故该六次决议并非周某生真实意思表示，侵犯了周某生的姓名权，干涉了周某生依照自己的真实意思对公司事项进行表决的权利，进而侵害了周某生的增资优先认缴权，属于违反法律规定的侵权行为。被告吕某涛及裕昌公司其他被告股东在本案六次股东会会议分别召开时明知周某生未参加会议，不可能在股东会决议上签字，仍表决通过了相关股东会决议，应视为被告吕某涛及裕昌公司其他被告股东构成恶意串通的行为。因本案六次股东会决议违反了法律强制性规定，故应认定为无效。

（2）关于原告周某生在被告裕昌公司持股 5% 的股权状态应否予以恢复。法院认为：公司股东会决议被确认无效后，对公司内部关系具有溯及力，公司内部法律关系应回归到决议作出之前的状态。本案被认定为无效的六次股东会决议内容均系公司增资，故该六次股东会决议无效的后果应是恢复至 2007 年 5 月 18 日第一次增资的股东会决议

作出之前公司的注册资本状态与当时股东的持股状态。

裁判观点：大股东滥用股东权利给小股东造成损失，可以提起损害赔偿之诉，不能诉请确认股东会决议内容无效。

裁判结果：驳回上诉，维持原判。

案例123.（2015）渝一中法民终字第00865号，深圳市国瑞投资咨询有限公司（以下简称国瑞公司）与西部航空有限责任公司（以下简称西部航空公司）、建盈投资有限公司公司决议效力确认纠纷。重庆市第一中级人民法院

法院认为：西部航空公司于2012年4月6日通过的《2012年第2次临时股东会会议决议》内容，涉及公司增资扩股的事项，属于公司经营过程中的自治行为，决议内容并不违反法律、行政法规，因此，根据《公司法》第22条的第1款的规定，不能认定股东会决议无效。国瑞公司认为股东会决议存在大股东滥用股东权利，损害小股东利益的行为。对此，重庆市一中院认为，首先，即使国瑞公司能够证明公司股东滥用股东权利给其造成损失，根据《公司法》第20条第2款的规定，国瑞公司也只能提起损害赔偿之诉，而不能依据该条规定确认股东会决议内容无效；其次，股东会决议实行多数决机制，即少数服从多数，此种机制是保证公司治理正常进行和公司利益最大化的前提，投反对票的少数股东必然认为决议不符合其利益需求，如果人民法院都将此种情形下的决议判定为无效，一是将导致公司无法正常经营，二是与公司多数决的治理机制不符，三是存在司法干预公司自主经营权的问题，因此，不能以损害小股东利益为由确认股东会决议无效；最后，股东会决议是否无效只涉及决议内容是否违法的问题，不涉及商业判断，人民法院应尊重股东作出的选择。

裁判观点：在有限责任公司章程未明确规定提案规则的情况下，不能认定临时提案的程序违法。

裁判结果：驳回上诉，维持原判。

案例124.（2014）一中民（商）终字第9092号，魏某萍与北京京鲁伟业科技发展有限公司（以下简称京鲁公司）等公司决议撤销纠纷。北京市第一中级人民法院

法院认为：（1）关于召集程序问题。魏某萍主张李某升、刘某生、贾某艺、付某华已经退出京鲁公司，不具有股东资格，无权召集临时股东会，但无任何生效法律文书确认上述四人不再具有京鲁公司股东资格，故对魏某萍的该项主张，北京市一中院未予采

信。虽然京鲁公司章程第 16 条规定，股东会会议由董事会召集，董事长主持，但京鲁公司董事会、董事任期于 2007 年届满后未重新选举董事会；京鲁公司董事长张某锐已经去世，亦无法履行职务；而魏某萍与李某升、贾某艺、刘某生、付某华同为原董事会成员却已经产生分歧并发生诉讼，以董事会名义召集股东会已不具备可行性。在京鲁公司章程本身未对董事会无法召集股东会的上述情况作出规定时，李某升、贾某艺、刘某生、付某华作为合计持有京鲁公司 49% 股权的股东提议并召集股东会解决公司经营状况及未来发展规划问题，是股东行使其经营决策和管理职权以维护公司正常经营的客观需要，亦符合《公司法》第 39 条第 2 款的规定。故北京市一中院对魏某萍关于临时股东会召集主体不合法，京鲁公司没有合法的召集主体的上诉意见，不予支持。

（2）关于参会人员和表决方式问题。魏某萍认为祝某君在临时股东会表决时不具有股东身份，无权行使表决权。京鲁公司对自然人股东死亡后的股东资格问题并未有规定，则祝某君作为张某锐的合法继承人，可以继承张某锐在京鲁公司的股东资格，且除魏某萍之外的京鲁公司其他股东对此亦不持异议，在此情况下，祝某君参加临时股东会并行使表决权，并无不当。魏某萍主张张某锐生前抽逃公司资金，祝某君未补足出资，故不得行使表决权的问题，与本案不属于同一法律关系，不属于本案审理范围。且即便张某锐存在抽逃出资行为，根据《公司法司法解释（三）》第 17 条第 1 款的规定，在公司章程或股东会决议未对抽逃出资股东表决权作出限制规定的情况下，亦无法直接认定股东对公司决议无表决权。综上，北京市一中院对魏某萍的该项上诉主张，亦不予支持。

（3）关于会议通知内容的问题。《公司法》及京鲁公司章程均未有有限责任公司临时股东会议案必须提前明确议题和具体议事事项，否则临时股东会决议不具有合法性的规定，魏某萍依据《公司法》第 102 条关于股份有限公司临时股东会的规定主张有限责任公司临时股东会决议通知不合法，无事实及法律依据，北京市一中院不予采信。

（4）关于决议内容违法的问题。首先，公司决议撤销之诉应就会议召集程序、表决方式是否违反法律、行政法规或者公司章程，以及决议内容是否违反公司章程进行审查，而股东是否滥用权利损害公司利益，其本质属于公司决议无效纠纷，不是公司决议撤销之诉所应审理的范畴。其次，临时股东会决议第 9 项针对的是魏某萍对李某升、刘某生、贾某艺、祝某君提起损害公司利益责任纠纷案件中京鲁公司是否作为第三人应诉、委托何人为公司代理人以及代理权限等问题，第 10 项、第 11 项是针对以何种方式对李某升、刘某生、贾某艺、祝某君追索债权问题，三项决议研究、讨论的是公司处理对外纠纷的程序、方式问题，未涉及公司内部实体权利的处分，且公司参加损害公司利益责任纠纷诉讼也是公司了解诉讼、维护权利的客观需要，不仅不损害公司利益，反而有利于维护公司权益，第 10 项、第 11 项两项决议本身也没有表示各股东放弃向李某升等人追索债权，亦无法认定该决议结果损害了公司利益。最后，《公司法》及京鲁公司章程未对有限责任公司股东会决议事项所涉及的股东不得对与其有关的决议行使表决权进行限制。此外，即便李某升、刘某生、贾某艺、祝某君对上述决议涉及其本人事项应当回避，则表决也已经由出席会议的其他股东所持表决权的过半数通过，表决结果合法有效，即涉及李某升回避的事项，刘某生、贾某艺、祝某君的表决权超过魏某萍的表决权，以此类推，其他人所持表决权之和均超过魏某萍所持表决权，在此情况下，李某升本人是否回避不影响表决结果。魏某萍主张该项撤销事由亦不成立，北京市一中院未予支持。

裁判观点：质询权只能由公司股东行使。

裁判结果：驳回原告的诉讼请求。

案例125.（2015）宁民初字第2137号，王某平与天津合荣钛业有限公司股东知情权纠纷。天津市宁河县人民法院

法院认为：股东知情权是法律赋予公司股东了解公司信息的权利，是法律规定的股东享有的一项重要且独立的权利，不依附于其他股东权利。享有股东知情权的诉讼主体只能是股东，而股东的范围既包括经过工商备案登记而具有公示效力的股东，亦应包括未经工商备案但在公司的股东名册中被明确记载的股东。本案中，原告王某平既非被告天津合荣钛业有限公司记载于出资证明书并经登记备案的股东，亦无实际出资，并非登记在股东名册记载的股东，因此并不具有被告天津合荣钛业有限公司的股东身份，不享有被告天津合荣钛业有限公司的股东知情权。关于原告王某平主张其为被告天津合荣钛业有限公司的唯一法人股东自贡大西洋澳利矿产有限责任公司的股东，应认定其为被告天津合荣钛业有限公司的间接股东，享有对所在公司的投资公司股东知情权的意见。法院认为，被告天津合荣钛业有限公司的唯一股东为自贡大西洋澳利矿产有限责任公司，则享有针对被告天津合荣钛业有限公司股东知情权的亦应当是自贡大西洋澳利矿产有限责任公司，而非该公司的股东，即使自贡大西洋澳利矿产有限责任公司授权公司股东或者其他人查阅被告天津合荣钛业有限公司的相关材料，享有股东知情权的依然是法人股东本身，而非接受授权人。

裁判观点：质询的回复主体是董监高，股东要求公司书面回复缺乏法律依据。

裁判结果：驳回上诉，维持原判。

案例126.（2019）粤03民终1843号，叶某娟、深圳市电达实业股份有限公司（以下简称电达公司）股东知情权纠纷。广东省深圳市中级人民法院

法院认为：叶某娟主张电达公司应当书面答复其本人对电达公司长期侵害其股东大

会出席权及表决权等问题的质询。股东质询是指出席股东会的股东为行使股东权，而请求董事、监事、高级管理人员就公司经营的相关问题进行说明的权利。质询属于公司内部事务，股东质询的对象是公司内部的董事、监事、高级管理人员，而非公司。叶某娟请求电达公司回复其相关问题的质询无法律依据，深圳市中院未予支持。

（四）解散纠纷

详见本书“第二十五条　公司僵局和解散”。

（五）代表之诉和直接诉讼纠纷（14 件）

裁判观点： 提起股东代表之诉应当具有股东身份，丧失股东身份的，法院裁定驳回起诉并无不当。

裁判结果： 驳回再审申请。

案例 127. (2013) 民申字第 645 号，南京东驰汽车工业（集团）有限公司（以下简称东驰公司）与江苏春兰自动车有限公司（以下简称春兰自动车公司）、泰州春兰销售公司（以下简称春兰销售公司）及一审第三人南京徐工汽车制造有限公司（以下简称徐工汽车公司）股东滥用股东权利赔偿纠纷。最高人民法院

法院认为： 本案系股东滥用股东权利赔偿纠纷，主要涉及东驰公司在二审诉讼过程中丧失股东资格后，法院裁定驳回起诉，适用法律是否错误的问题。

（1）关于东驰公司在二审诉讼过程中丧失了股东资格，是否也相应地丧失股东代表诉讼的主体资格问题。股东代表诉讼是指当公司的正当利益受到控制股东、董事、高级管理人员或者其他人的侵害，而公司怠于通过诉讼追究侵害人的责任以及实现其他民事权利时，具备法定资格的股东为了公司的利益，依据法定程序以自己的名义提起的诉讼。根据《公司法》第 151 条第 1 款、第 2 款的规定，公司董事、高级管理人员或公司控股股东侵犯公司合法权益，给公司造成损失的，有限责任公司的其他股东可以书面请求监事会或者不设监事会的有限责任公司的监事向人民法院提起诉讼，监事会、不设监事会的有限责任公司的监事，或者董事会、执行董事收到股东书面请求后拒绝提起诉讼，或者自收到请求之日起三十日内未提起诉讼，或者情况紧急、不立即提起诉讼将会使公司利益受到难以弥补的损害的，股东有权为了公司的利益以自己的名义直接向人民法院提起诉讼。根据上述规定，具备公司股东身份是有限责任公司股东提起股东代表诉讼的身份要件。本案中，虽然东驰公司提起诉讼时持有徐工汽车公司 40% 的股份，具备徐工汽车公司股东的身份，符合法律关于股东代表诉讼原告资格的要求，但是，在二审法院审理过程中，东驰公司将其所持股份全部转让给徐工机械公司并办理了工商变更登

记，由此，东驰公司已丧失了徐工汽车公司股东的身份，不符合股东代表诉讼的主体资格要求，丧失了在本案中继续以徐工汽车公司股东身份进行股东代表诉讼的资格。因此，二审法院认定东驰公司在丧失徐工汽车公司股东身份时，相应地丧失了股东代表诉讼的诉讼主体资格，有事实和法律依据。

（2）关于东驰公司丧失股东代表诉讼的主体资格后应否裁定驳回其起诉的问题。根据《公司法》第152条的规定，公司高级管理人员或控股股东等以不当行为侵害公司利益，公司在不当行为控制之下不能或怠于以自己名义主张权利，公司股东为了公司利益，以自己的名义对不当行为人提起诉讼的，人民法院应予受理。提起诉讼的原告应是公司现任股东，被告应为有不当行为的董事、监事、经理等高级管理人员、控股股东以及相关交易相对人，公司应作为第三人参加诉讼。本案中，东驰公司在二审诉讼过程中已丧失了徐工汽车公司股东的身份，不符合股东代表诉讼原告的要求，相应地丧失了股东代表诉讼的诉讼主体资格。因此，二审判决认为“东驰公司在丧失徐工汽车公司股东身份之后，再以自己的名义要求春兰自动车公司、春兰销售公司向徐工汽车公司进行赔偿，无相应的法律依据”，并无不当。二审法院在东驰公司已不再具备诉讼主体资格的情形下，依据《公司法》第152条及2007年《民事诉讼法》第108条、第153条第1款第3项的规定，裁定驳回东驰公司的起诉，适用法律并无不当。

裁判观点：股东同时又是法定代表人损害公司利益的，公司董事或者监事可以以诉讼代表人身份以损害公司利益责任纠纷为由起诉该股东。

裁判结果：撤销一审裁定，指令一审法院受理。

案例128. （2021）桂10民终2968号，百色市福龙投资有限公司（以下简称福龙公司）、黄某所、百色市圣泰装饰工程有限公司（以下简称圣泰公司）等损害公司利益责任纠纷。广西壮族自治区百色市中级人民法院

一审法院认为：首先，原告的诉讼主体不明确。本案的原告主体系福龙公司，岑某军系原告诉讼代表人，但是，起诉状又有如此表述：被告私下把与原告（岑某军）共同共有的具有收费项目的停车场、广告位等发包给了第三人，而每年仅收管理费2000元。由此可见，被告与第三人签订的物业委托管理合同严重损害了原告的利益。综上，黄某所的行为严重损害公司利益，原告岑某军已按《公司法》第23条的相关规定，作为福龙公司的诉讼代表人，代表公司提起诉讼，要求黄某所承担损害公司利益的责任，并赔偿原告的损失。引据上述诉请，无法分清原告是福龙公司还是岑某军本人，两者混同。

其次，法人与法定代表人的关系具有同一性，相互之间不能直接诉讼。因此，法定代表人的意思表示即代表法人的意思表示，法定代表人以法人的名义进行民事法律行

为，最后的法律责任直接由法人承担。根据上述规定，福龙公司作为企业法人，涉及其参与的诉讼活动应当由其法定代表人黄某所参加，而本案中原告起诉的被告又是黄某所，即相当于黄某所自己起诉自己，显然不符合法律规定。因此，无论是基于实体法还是程序法，本案福龙公司都无权对黄某所进行起诉，黄某所不是本案适格的被告，岑某军代表福龙公司进行诉讼亦不符合法律规定。

再次，法人追究法定代表人赔偿责任的诉讼途径，可以采取监事（会）或股东代表诉讼方式，也可通过先行更换法定代表人而后提起诉讼的方式。公司的法定代表人通常是董事长或高管，其实施侵害公司利益的行为，无论是依照《公司法》还是《侵权责任法》（已失效），均应对公司承担赔偿责任。但鉴于法人与法定代表人关系的特殊性，公司无法直接起诉其法定代表人，故根据《公司法》第 151 条第 1 款、第 2 款规定，只能由公司的监事（会）代为起诉，或者当监事（会）不履职时，由股东代为起诉。当然，代表公司起诉所得利益均应由公司来承受。

最后，撇开民事法律行为的有效与否，仅从诉讼法的角度考虑，福龙公司起诉由黄某所代表自己与第三人圣泰公司签订的物业管理合同无效，也应当只列合同的相对方圣泰公司为被告，而黄某所根本不具备被告的主体资格，因为物业管理合同本身就是福龙公司与圣泰公司两方所签署，所以，福龙公司起诉黄某所而把圣泰公司列为第三人，是法律关系与诉讼程序的双重错误。

二审法院认为：关于本案定性为损害公司利益责任纠纷是否正确的问题。损害股东利益责任纠纷是指公司董事、高级管理人员违反法律、行政法规或者公司章程的规定，损害股东利益，应当对股东承担损害责任而与股东发生的纠纷。所谓公司高级管理人员包括公司的经理、副经理、财务负责人、上市公司董事会秘书和公司章程规定的其他人员。而损害公司利益责任纠纷，是指公司股东滥用股东权利或者董事、监事、高级管理人员违反法定义务，损害公司利益而引发的纠纷。故本案应定性为损害公司利益责任纠纷，一审法院对本案的定性准确。

关于本案当事人的诉讼主体资格是否适格的问题。股东滥用股东权利损害公司利益责任纠纷，是指因股东滥用股东权利给公司造成损害的，应当承担损害责任的民事纠纷。公司股东应当在法律、行政法规和规章的框架下行使权利，滥用股东权利损害公司或者其他股东利益的，应当依法承担损害责任。岑某军作为上诉人福龙公司股东及执行董事、监事，以诉讼代表人的身份代表上诉人福龙公司，对另一公司股东黄某所提起损害公司利益责任纠纷之诉，符合法律规定的诉讼主体资格要求。

裁判观点： 股东为了公司的利益以自己的名义向法院提起诉讼（股东代表诉讼），应当履行前置程序，但是在特殊情形下，为维护公司利益，可不履行该前置程序。

裁判结果： 撤销一审、二审判决，指令再审。

案例129.（2015）民提字第230号，陈某与何某强、罗某兴、罗某秋、何某珍及广州天奥企业文化咨询有限公司损害公司利益责任纠纷。最高人民法院

法院认为：《公司法》第151条在赋予股东为了公司的利益以自己的名义直接向人民法院提起诉讼即股东代表诉讼之权利的同时，规定提起股东代表诉讼须以股东经书面请求监事会或监事、董事会或执行董事提起诉讼而监事、执行董事等拒绝或者怠于提起诉讼为条件，亦即“竭尽公司内部救济”的前置程序。设定该前置程序的主要目的和意义在于促使公司内部治理结构充分发挥作用，以维护公司的独立人格、尊重公司的自主意志以及防止股东滥用诉权、节约诉讼成本。根据该条款的文字内容和生活常理，应当认为《公司法》规定的该项“前置程序”所针对的是公司治理形态的一般情况，即在股东向公司的有关机构或人员提出书面申请之时，后者是否会依股东的请求而提起诉讼尚处于不定状态，抑或存在监事会、监事或者董事会、执行董事依股东申请而提起诉讼的可能性；换言之，法律不应要求当事人徒为毫无意义之行为，对于股东申请无益即客观事实足以表明不存在前述可能性的情况，不应理解为《公司法》第151条所规制的情况。本案中，原审已经查明嘉莉诗公司仅有陈某和何某强、罗某兴三名股东，公司不设董事会和监事会，何某强、罗某兴分别担任该公司的执行董事和监事，而陈某代表公司提起诉讼所指向的被告恰是何某强、罗某兴等人，且在陈某提出起诉前，双方已就诉争的事实产生争议。由此表明，即使陈某就相关事实请求分别作为公司执行董事和监事的何某强、罗某兴提起诉讼，何某强、罗某兴也必然会拒绝。故本案中不存在公司的执行董事或监事接受股东申请对股东所主张的被告提起诉讼的可能性，亦可谓公司内部的救济途径已经穷尽，据此应当认为陈某提起本案诉讼并不违反《公司法》第151条的规定。裁定撤销广东省高级人民法院和广东省佛山市中级人民法院的民事裁定，指令广东省佛山市中级人民法院对本案进行审理。

裁判观点： 损害公司利益诉讼的原告是董事、监事或符合一定条件的股东，股东未穷尽前置条件直接以个人名义提起诉讼不符合法律规定。

裁判结果： 驳回上诉，维持原裁定。驳回原告的起诉。

案例130.（2021）鲁02民终1113号，李某真、王某梅损害公司利益责任纠纷。山

东省青岛市中级人民法院

法院认为：本案为损害公司利益责任纠纷。根据《公司法》第151条的规定，提起损害公司利益责任纠纷诉讼的原告是执行董事、监事或者符合一定条件的股东。股东派生诉讼有前置程序的限制，根据《公司法》第152条的规定，股东派生诉讼前置程序具体表现如下：（1）原告股东需首先书面请求监事会或监事向人民法院提起诉讼；如果是监事侵害公司权益，则向董事会或执行董事提出上述请求。（2）监事会、监事、董事会、执行董事收到前述书面请求后拒绝提起诉讼，或者自收到请求之日起三十日内未提起诉讼。在符合上述条件时，股东方可向法院提起诉讼。但是在情况紧急，不立即提起诉讼将会使公司利益受到难以弥补的损害时，原告股东可以直接向法院起诉。本案上诉人李某真在原审中未提交证据证实本案存在上述情形，故上诉人李某真以原告身份提起诉讼不符合公司法的规定。

裁判观点：股东提起代表之诉的前置程序有顺序区别，应当先向公司的董事提出请求。

裁判结果：驳回原告的起诉。

案例131.（2019）渝0115民初6915号之一，林某华与华盛置业集团重庆华融置业发展有限公司（以下简称重庆华融置业公司）廖某康等不当得利纠纷。重庆市长寿区人民法院

本案争议焦点是：（1）原告林某华履行股东代表诉讼的前置程序是否合法；（2）本案是否存在股东代表诉讼前置程序的豁免情形。

法院认为：对第一个问题。被告重庆华融置业公司、林某、廖某康、刘某中系厦门海林公司之外的民事主体，属于《公司法》第151条第3款规定的“他人”。而“他人”侵犯公司合法权益的，符合法律规定条件的股东可以依照该条第1款、第2款的规定提起股东代表诉讼，但对于原告应当向谁提出先诉请求，《公司法》第151条第3款没有明确规定。《公司法司法解释（四）》第23条第2款规定，董事会或者不设立董事会的有限责任公司的执行董事依据《公司法》第151条第1款规定对监事提起诉讼的，或者依据《公司法》第151条第3款规定对他人提起诉讼的，应当列公司为原告，依法由董事长或者执行董事代表公司进行诉讼。法院认为，该规定实系明确了股东依据《公司法》第151条第3款规定提起诉讼时，其先诉请求的对象为董事会或者不设立董事会的有限责任公司的执行董事。本案中，原告林某华作为股东，其先诉请求的对象为第三人厦门海林公司的执行董事林某，而非监事林某生。故原告林某华履行股东代表诉讼的前置程序不符合法律规定。

对第二个问题。根据《公司法》第151条的规定，结合本案事实，显然不存在该条规定的法定豁免情形。而对于本案中是否存在可以酌定豁免前置程序的情形，原告林某华应负担举证责任。经查明，《厦门海林资产管理有限公司股东会决议》作为生效决议，对第三人公司及股东具有法律效力。故基于林某同时作为第三人公司股东，原告提起本案诉讼客观上于其有益的事实，以及维护第三人公司独立地位的考量，法院认为，原告在本案中未举示充分证据证明存在足以酌定免除本案诉讼前置程序的事实，应当承担举证不能的不利后果。

裁判观点：监事可以代表公司对“他人”损害公司利益提起诉讼。

裁判结果：驳回上诉，维持原判。判决驳回原告的全部诉讼请求。

笔者不认同二审法院对监事有权代表公司诉讼的认定，《公司法司法解释（四）》第23条明确规定了对他人损害公司利益可以提起诉讼的原告只有董事或者执行董事可以代表公司，并未赋予监事此权限，而二审法院引用《公司法》第151条的规定认定监事也有权代表公司提起诉讼，确有不妥。

案例132.（2020）粤01民终17723号，广州百嘉信集团有限公司（以下简称百嘉信公司）与吴某健、陈某、列某洪、瑞晟房地产开发（深圳）有限公司（以下简称瑞晟公司）、广州戎威物业管理有限公司（以下简称戎威公司）损害公司利益责任纠纷。广东省广州市中级人民法院

本案争议焦点是：（1）瑞晟公司、戎威公司是否为适格的主体；（2）百嘉信公司的利益是否受到了损害。

一审法院认为：本案系损害公司利益纠纷，是指公司股东滥用股东权利或董事、监事、高级管理人员违反法定义务，损害公司利益而引发的纠纷。根据法律规定，黄某金作为百嘉信公司的监事，仅仅有权对损害公司利益的董事、高级管理人员提起诉讼。本案中，瑞晟公司系百嘉信公司的股东，戎威公司相当于公司以外的第三人，黄某金无权代表百嘉信公司对瑞晟公司、戎威公司提起诉讼并主张公司权利。

二审法院认为：本案为监事代表公司提起的损害公司利益责任纠纷，故应先审查清楚被告主体是否适格。首先，关于瑞晟公司和戎威公司能否作为适格的被告问题。《公司法》第151条第1款规定，董事、高级管理人员有本法第149条规定的情形的，有限责任公司的股东、股份有限公司连续一百八十日以上单独或者合计持有公司1%以上股份的股东，可以书面请求监事会或者不设监事会的有限责任公司的监事向人民法院提起诉讼。第151条第3款又规定，他人侵犯公司合法权益，给公司造成损失的，本条第1款规定的股东可以依照前两款的规定向法院提起诉讼。此处的“他人”并未限定为公司

的董事、高级管理人员。因此，在出现上述第 3 款规定的情形时，股东可以书面请求监事提起诉讼。本案中，黄某金作为监事代表公司对“董事、高级管理人员”以外的“他人”提起诉讼符合公司法的规定，故瑞晟公司、戎威公司应为本案适格的被告。一审法院认定黄某金无权代表百嘉信公司向瑞晟公司、戎威公司提起本案诉讼并主张权利，属于适用法律错误，二审法院依法予以纠正。

其次，关于百嘉信公司的利益是否受到损害的问题。本案为损害公司利益责任纠纷，本质上仍然属于侵权责任纠纷，故应查明被诉侵权客体是否为百嘉信公司所属。而本案所诉的侵权行为指向的是将华骏公司所属的案涉物业委托给戎威公司进行管理，戎威公司由此收取了商场租金、物业管理费等收益 7, 707, 560. 43 元。法院认为，第一，公司人格独立和股东有限责任是公司法的基本原则，而否认公司独立人格则是例外情形。本案中，案涉物业的产权人为华骏公司，其虽然为百嘉信公司的全资控股公司，但华骏公司作为公司法人享有独立的法人人格和财产权，百嘉信公司尚未有证据证实与华骏公司存在人格混同的情形时，该行为的侵权客体更直接地体现为华骏公司。如果确有证据证实他人侵犯华骏公司合法权益，给华骏公司造成损失的，也应由华骏公司的股东即百嘉信公司依照《公司法》第 151 条的规定，书面请求华骏公司的监事提起诉讼。华骏公司的监事可代表该公司提起损害公司利益责任纠纷的诉讼。第二，百嘉信公司在本案中向法院申请调取百嘉信公司、华骏公司的账册，但是百嘉信公司的账册是其公司所属物品，华骏公司的账册亦是百嘉信公司作为股东可查阅的材料，现因公司内部治理出现的知情权纠纷宜通过另诉的方式处理，一审法院未接受其提出调取证据的申请符合法律规定，并无不当。因此，百嘉信公司在本案中提供的现有证据尚不足以证实公司合法利益受到损害，应承担举证不能的不利后果。故对其主张，二审法院不予支持。

裁判观点：监事不构成损害股东利益的义务主体。

裁判结果：驳回上诉，维持原判。

案例 133. (2019) 京 03 民终 12952 号，孙某明与苑某礼、边某胜等损害股东利益责任纠纷。北京市第三中级人民法院

本案争议焦点是：苑某礼、边某胜是否对孙某明的股东权益造成了损害，是否应对孙某明承担损害赔偿责任。

法院认为：(1) 边某胜不应作为承担股东权益损害赔偿责任的主体。根据《公司法》第 152 条，损害股东利益的责任主体为公司董事或高级管理人员，但边某胜为北京山川公司的监事，不符合《公司法》规定的条件，孙某明要求边某胜承担责任，无事实及法律依据，一审法院不予支持。(2) 孙某明提供的证据无法证明苑某礼对孙某明的股

东利益造成了损害。略。

裁判观点：董事、高管损害公司利益之诉的原告是公司，监事会不具有主体资格。

裁判结果：驳回上诉，维持原裁定。驳回监事会的起诉。

案例134.（2019）豫05民终411号，安阳珍鼎食品酿造有限责任公司监事会、赵某林损害公司利益责任纠纷。河南省安阳市中级人民法院

法院认为：《公司法司法解释（四）》第23条第1款规定，监事会或者不设监事会的有限责任公司的监事依据《公司法》第151条第1款规定对董事、高级管理人员提起诉讼的，应当列公司为原告，依法由监事会主席或者不设监事会的有限责任公司的监事代表公司进行诉讼。根据上述法律规定，本案以安阳珍鼎食品酿造有限责任公司监事会名义为起诉主体不适格。

裁判观点：对于双重代表诉讼问题，股东不得对所投资公司的子公司提起股东代表诉讼。

裁判结果：驳回上诉，维持原裁定。

案例135.（2016）苏民终568号，王某斌、南京广厦（集团）万杰置业有限公司（以下简称广厦万杰公司）、南京兆润投资发展有限公司（以下简称兆润公司）损害公司利益纠纷。江苏省高级人民法院

本案争议焦点是：乔某是否有权提起本案诉讼。

法院认为：乔某在本案指令审理期间变更后的诉讼请求为要求王某斌向广厦万杰公司赔偿款项，王某斌、广厦万杰公司赔偿乔某利息损失，其另陈述其行使请求权系依据股东代表诉讼的法律规定，故其诉讼主张实质是其认为广厦万杰公司的合法权益受损而提起股东代表诉讼。但《公司法》第151条仅规定股东可为维护自己直接出资的公司利益提起股东代表诉讼，而本案中，乔某仅系兆润公司的股东，并非广厦万杰公司的股东。如兆润公司的合法权益可能受到他人侵害，在兆润公司拒绝提起诉讼的情况下，从维护兆润公司的利益角度出发，乔某有权依法以兆润公司股东身份提起股东代表诉讼。但不能当然据此认定在广厦万杰公司权益可能受损，而其股东兆润公司拒绝行使诉讼权利的情形下，乔某亦有权以兆润公司股东身份为维护广厦万杰公司利益而提起股东代表诉讼。因乔某不具备广厦万杰公司股东身份，其提起本案诉讼，应认定其诉讼主体不适格。如广厦万杰公司的合法利益可能受到损害，应当由具备诉讼资格的合法权利人依照法律规定另行处理。

裁判观点：对于双重代表诉讼问题，在母公司和子公司之间形成了绝对控制关系的情况下，股东可以对所投资公司的子公司提起股东代表诉讼。

裁判结果：部分维持，部分撤销。

案例136.（2016）陕民终228号，海航酒店控股集团有限公司（以下简称海航控股公司）与赵某海、陕西海航海盛投资有限公司（以下简称海航投资公司）、陕西皇城海航酒店有限公司（以下简称皇城酒店公司）损害公司利益责任纠纷。陕西省高级人民法院

本案焦点问题是：（1）本案赵某海作为原告提起诉讼主体资格是否适格；（2）原审判决是否超出赵某海的诉讼请求；（3）原审判决关于皇城酒店公司的损失及损失计算方式是否正确；（4）原审判决认定海航控股公司向海航投资公司履行损失赔偿义务是否正确。

法院认为：（1）本案赵某海作为原告提起诉讼主体资格是否适格。依照《公司法》第151条的规定，公司董事、高级管理人员执行公司职务时违反法律、行政法规或者公司章程的规定，给公司造成损失的，或者他人侵犯公司合法权益，给公司造成损失的，有限责任公司的股东在履行了相关前置程序后，有权为了公司的利益以自己的名义直接向人民法院提起诉讼。在母公司对子公司形成绝对资本控制的情形下，母公司的股东为了子公司的利益以自己的名义直接向人民法院提起诉讼，亦不违反公司法规定。在本案中，海航投资公司系皇城酒店公司的唯一股东，海航投资公司是母公司、皇城酒店公司是子公司，海航投资公司与皇城酒店公司之间形成了绝对的资本控制关系。在海航投资公司内部，海航控股公司持有其60%股权，赵某海系持有其40%股权的股东。赵某海于2014年1月24日致函海航投资公司监事会及主席（召集人）王某华，请求海航投资公司监事会诉请侵害公司利益的股东即海航控股公司承担损失赔偿责任，但海航投资公司监事会在收到该请求后三十日内并未作为皇城酒店公司股东向海航控股公司提起该诉讼，此时若否定赵某海作为海航投资公司股东提起本案诉讼的原告主体资格，则将无法保护皇城酒店公司的利益，进而导致海航投资公司利益受损，亦与《公司法》第151条的立法本意相悖。故赵某海作为原告提起本案损害公司利益责任纠纷诉讼主体适格。

（2）原审判决是否超出赵某海的诉讼请求。略。

（3）原审判决关于皇城酒店公司的损失及损失计算方式是否正确。略。

（4）原审判决认定海航控股公司向海航投资公司履行损失赔偿义务是否正确。略。

裁判观点：损害公司利益纠纷属于与公司有关的纠纷，应当由公司所在地法院管辖。

裁判结果：驳回上诉，维持原裁定。

案例137.（2018）最高法民辖终90号，赵某娟、北京杰德仕顿投资管理有限公司（以下简称杰德仕顿公司）损害公司利益责任纠纷。最高人民法院

法院认为：杰德仕顿公司作为瑞成置地公司股东，认为赵某娟作为瑞成置地公司的执行董事兼法定代表人，存在利用自身职务便利与张某勇、祝福控股公司、郑州碧桂园公司串通，共同实施损害瑞成置地公司利益的行为，在多次要求瑞成置地公司监事何某采取法律措施维护瑞成置地公司利益未果后，遂提起损害公司利益责任之诉。根据《公司法》第151条的规定，该诉讼属于公司股东以公司董事、高级管理人员与他人共同损害公司利益为由，为了公司的利益以自己的名义直接向人民法院提起的诉讼，系公司股东代表公司进行的诉讼。本案所涉及的公司股东身份认定、代表诉讼前置程序、代表诉讼中当事人的地位确定、胜诉利益归属等均具有公司的组织法性质，涉及公司利益，对该纠纷适用公司法。故本案属于2017年《民事诉讼法》第26条规定的公司诉讼，应当以瑞成置地公司住所地确定管辖法院。

裁判观点：损害公司利益纠纷实质为侵权之诉，不具有公司组织行为诉讼的特征，无须适用与公司相关的特殊地域管辖规则，应适用有关侵权的一般地域管辖规则。

裁判结果：驳回上诉，维持原裁定，由公司住所地人民法院管辖。

案例138.（2019）最高法民辖终325号，谭某仁、云南永保特种水泥有限责任公司（以下简称永保水泥公司）损害公司利益责任纠纷。最高人民法院

本案争议焦点是：谭某仁与西南水泥有限公司的仲裁约定能否排除人民法院对本案的管辖；如果不能排除，那么由四川省高院管辖是否符合地域管辖的规定。

法院认为：关于本案应否由法院管辖的问题。本案系永保水泥公司以谭某仁、西南水泥有限公司损害公司利益为由提起诉讼，与谭某仁及西南水泥有限公司之间的股权转让纠纷并非同一法律关系。谭某仁以其与西南水泥有限公司签订股权转让协议时约定的仲裁条款，否定协议之外的主体永保水泥公司向人民法院提起诉讼的权利，缺乏法律依据，最高院不予支持。

关于四川省高院受理本案是否符合地域管辖要求的问题。有关公司设立、确认股东资格、分配利润、公司解散等公司组织行为的诉讼，往往涉及与公司组织相关的多数利害关系人的多项法律关系变动，常出现就同一个公司的同一个组织行为提起多个诉讼的情形。为避免案件管辖过于分散，影响司法效率或产生相同事实相异判决等情形，2019年《民事诉讼法》第26条就公司诉讼管辖作出特殊地域管辖规定。本案系公司以特定董事、股东损害公司利益为由提起诉讼，不符合公司组织诉讼的上述特征，应适用民事

诉讼法地域管辖的一般规定而非特殊地域管辖规定，故被告之一西南水泥有限公司的住所地人民法院四川省高院对本案有管辖权。

裁判观点：股东提起代表之诉的胜诉利益应当归属于公司。

裁判结果：撤销一审判决，驳回原告的诉讼请求。

案例139.（2018）粤民终2510号，张某顺与郭某金、南澳县恒泰房地产开发有限公司（以下简称恒泰公司）与公司有关的纠纷。广东省高级人民法院

本案争议焦点是：（1）张某顺申请对双方合作开发的“恒泰××花园”进行投资收益结算，并确认其投资收益的诉讼请求能否成立；（2）张某顺要求郭某金归还挪用公司的资金，恒泰公司对此造成的损失承担连带责任的诉讼请求能否成立；（3）张某顺要求公司财务章及公司账户交由其管理的诉讼请求能否成立。

法院认为：关于张某顺申请对双方合作开发的“恒泰××花园”进行投资收益结算，并确认其投资收益的问题。略。关于张某顺要求郭某金归还挪用公司的资金，恒泰公司对此造成的损失承担连带责任的问题。广东省高院认为，第一，张某顺未提交证据证明郭某金挪用公司资金，故应承担举证不能的不利后果。第二，在恒泰公司进入破产清算程序之前，根据《公司法》第151条的规定，损害公司利益责任纠纷的适格原告应为恒泰公司，只有在“用尽内部救济程序”及“情况紧急”时，张某顺才可提起股东代表之诉。退一步而言，即使本案案情属于情况紧急、不立即提起诉讼将会使公司利益受到难以弥补的损害的情形，张某顺可以提起股东代表之诉，但根据《公司法司法解释（四）》第25条的规定，张某顺要求恒泰公司对于郭某金挪用公司资金造成的损失承担连带责任，明显不符合股东代表之诉的含义，且要求郭某金和恒泰公司向其赔偿损失，亦于法无据，广东省高院不予支持。第三，恒泰公司进入破产清算程序后，即使郭某金存在损害公司利益的行为，根据《企业破产法》第36条的规定，也应由破产管理人作为恒泰公司的诉讼代表人参加诉讼，张某顺提起损害公司利益责任纠纷，主体不适格。综上，张某顺主张郭某金归还挪用公司的资金，恒泰公司对此造成的损失承担连带责任，缺乏事实和法律依据，广东省高院不予支持。

关于张某顺要求公司财务章及公司账户交由其管理的问题。略。

裁判观点：股东提起代表之诉的合理费用的范围如何认定。

裁判结果：驳回上诉，维持原判。

案例140.（2020）苏01民终7400号，江苏苏尊容大律师事务所（以下简称苏尊容大律所）、兆润公司与乔某委托代理合同纠纷。江苏省南京市中级人民法院

本案争议焦点是：（1）乔某以兆润公司名义与苏尊容大律所签署的案涉委托代理协议对兆润公司是否具有约束力；若有约束力，该协议中约定的代理费收取标准是否应予调整。（2）该协议约定的代理费支付条件是否已经成就。

法院认为：关于争议焦点一，首先，7525 号案件系乔某作为兆润公司的监事代表兆润公司起诉王某斌、王某林损害万杰公司利益，该行为已得到生效裁判文书的确认。其次，根据《公司法》第 56 条的规定，乔某行使监事职权所必需的费用应由兆润公司承担。乔某为提起 7525 号案件及争取该案胜诉所支出的必需费用，应由兆润公司承担。在乔某已委托大成律所参加诉讼的情况下，另行代表兆润公司委托苏尊容大律所作为诉讼代理人参与 7525 号案件的审理及执行过程，并不违反法律规定，生效判决亦予以确认，该委托行为应对兆润公司产生约束力。再次，监事履职所支出的费用应为必需的费用，结合《公司法司法解释（四）》第 26 条的规定，可以认定该项支出的费用亦应为合理的费用。乔某代表兆润公司提起的诉讼请求为王某斌、王某林向万杰公司返还 4800 万元及利息，而其与苏尊容大律所签订的委托代理合同约定以诉讼标的的 20% 收取风险服务费，显然超出合理、必需的限度，该超出部分对兆润公司不产生约束力。最后，一审法院综合考虑 7525 号案件的审理情况、苏尊容大律所参与诉讼的时间及所作工作量等因素，酌定兆润公司应支付苏尊容大公司律师代理费的金额为 80 万元，符合《关于明确我省律师服务收费试行标准的通知》，可予维持。苏尊容大律所虽在本案起诉前曾向乔某提出过律师代理费的主张，但乔某并未向兆润公司的法定代表人或其他股东告知，且律师代理费的支付主体为兆润公司，乔某虽为监事，但其在该事项上并不具有当然的代理权，结合委托代理合同约定律师代理费超过合理限度对兆润公司不产生约束力的事实，苏尊容大律所要求兆润公司支付逾期付款违约金的主张一审法院未予支持，并无不当。关于第二个争议焦点，略。

（六）分红权纠纷（6 件）

裁判观点：股东在未实缴出资的情况下无权要求分配红利。

裁判结果：驳回上诉，维持原判。

案例 141. （2020）鲁 02 民终 11470 号，任某杰、青岛欣鑫置地有限公司（以下简称欣鑫置地公司）、栾某科与公司有关的纠纷。山东省青岛市中级人民法院

法院认为：任某杰作为股东，要求欣鑫置地公司返还其股权收益的实质是要求分配利润。根据我国《公司法》第 34 条的规定，股东享有分取红利的股东权利的前提是其实际缴纳了出资。本案中，欣鑫置地公司、栾某科提交的证据足以证明任某杰并未实际

缴纳出资，而且公司章程中也未对此作出相反的规定。另外，任某杰未提交载明具体分配方案的股东会决议，表明欣鑫置地公司的股东也未就红利的分配达成合意，故一审法院认为任某杰在未实际缴纳出资的情况下无权要求分配公司红利，青岛市中院予以维持。

裁判观点：股东未提交载明具体分配方案的股东会决议，法院不予支持其主张。

裁判结果：驳回上诉，维持原判。

案例142. （2021）最高法民终489号，山西南耀集团昌晋苑焦化有限公司（以下简称昌晋苑公司）、山西三元煤业股份有限公司（以下简称三元公司）与山西长治郊区三元南耀小常煤业有限公司（以下简称小常煤业公司）与公司有关的纠纷。最高人民法院

本案争议焦点是：（1）三元公司是否应向昌晋苑公司支付3.15亿元股权转让价款；（2）小常煤业公司是否应当分配利润以及若应当分配利润应如何分配；（3）三元公司是否应当就迟延支付4.5亿元股权转让款承担违约金、利息以及利息的具体金额；（4）昌晋苑公司起诉是否超过诉讼时效期间。

法院认为：（1）关于三元公司是否应向昌晋苑公司支付3.15亿元股权转让价款问题。略。（2）关于小常煤业公司是否应当分配利润以及若应当分配利润应如何分配问题。第一，关于2011年利润分配问题……形成了《一届一次股东会决议》，全票通过了《关于山西长治郊区三元南耀小常煤业有限公司2010年和2011年利润分配方案》。根据该利润分配方案，三元公司实际领取2011年红利1亿元。三元公司领取该笔1亿元红利系小常煤业公司股东会会议决议的内容之一，昌晋苑公司要求三元公司返还该款项缺乏事实与法律依据，不能成立。三元公司何时向昌晋苑公司付款，与是否向小常煤业公司出资并无法律关联。在前述股东会决议合法有效的情况下，昌晋苑公司以三元公司支付股权转让款的时间晚于股东会决议时间为由主张三元公司无权取得2011年利润分配，法院不予支持。第二，关于2012年之后的利润分配问题。本案中，根据《山西长治郊区三元南耀小常煤业有限公司章程》，制定小常煤业公司利润分配方案和弥补亏损方案系董事会的职责，而小常煤业公司董事会由七人组成，其中由昌晋苑公司四人担任董事，且董事长系由昌晋苑公司委派，但昌晋苑公司并未举证证明其所委派的董事长或董事曾经要求召开董事会讨论利润分配事宜，亦未举证证明三元公司存在滥用股东权利导致公司不分配利润的行为。故一审判决昌晋苑公司关于利润分配以及三元公司返还分红款的主张未予支持并无不当，最高院予以维持。

裁判观点：未经全体股东一致同意的不按实缴出资比例分配红利的方案，对未同意的股东不产生约束力。

裁判结果：驳回再审申请。

案例143.（2020）最高法民申3891号，四川国栋建设集团有限公司（以下简称国栋公司）与刘某琼、王某衡、王某鸣与公司有关的纠纷。最高人民法院

法院认为：首先，国栋公司章程第26条及第27条第1款第4项、第2款第1项规定，出席股东会的股东超过全体股东表决权的半数以上，方可召开股东会，由股东按照出资比例行使表决权；股东会审议批准公司年度财务预、决算方案，利润分配方案；股东会的利润分配方案须经半数以上表决权的股东同意通过。本案中，临时股东会由占公司股权75%的股东出席并进行表决。《2016年利润分配股东会决议》系经过代表国栋公司75%股权的股东同意而形成的分配决议，符合国栋公司章程的规定。刘某琼、王某衡虽未参加该临时股东会，但事后对股东会的召开进行了认可。虽召集程序与决议程序存在瑕疵，但该决议是经过公司占75%股权的股东同意，符合公司法及该公司章程的有关规定，且剩下占公司25%股权的股东事后对该决议内容进行了确认，因此并没有对决议内容产生实质性影响，该临时股东会决议的召集程序与决议程序有效。

其次，在该临时股东会上一致审议并由公司占75%股权的股东通过了公司2016年年度财务报表及企业所得税汇算报告，并在此基础上，决议将税后利润进行全部一次性分配。本次分配决议是依据该公司的财务报表及企业所得税汇算报告作出的，也按照决议的内容向王某鸣支付了分红，王某鸣对此也予以承认。故该项公司股东会决议虽然存在召集程序上的瑕疵，但基于公司资本多数决的原则，出席本次股东会的股东所占比例达到75%，该股东会决议经占75%的股权股东同意产生效力，且也对公司利润进行了分配，并交纳了个人所得税。因此，临时股东会决议对确认进行税后利润分红的部分应属有效。

再次，由于股东享有的分红权属于股东自益权，系股东为自己利益而行使的权利，因此，公司一般应按股东实缴出资比例分配红利。若公司决定不按出资比例分配利润，则必须经过全体股东约定，不得采取多数决的方式决定，其目的在于防止占多数股份的股东因滥用股东权利和违反公司资本多数决的原则侵害小股东的合法利益，以大股东股权上的优势侵害小股东享有的分红权利。此外，国栋公司章程第13条第4项亦约定“股份按出资比例分取红利”。据此，当国栋公司股东会约定不按出资比例对公司利润进行分配时，需经公司全体股东同意。而刘某琼、王某衡并未在《2016年利润分配股东会决议》上签字，则该决议上载明的股东分配比例并未经过全体股东一致同意，因此，该

决议载明的利润分配比例并不符合《公司法》第 34 条的规定以及公司章程的约定，故对刘某琼、王某衡并不产生约束力。

复次，根据已查明的事实，国栋公司已按《2016 年利润分配股东会决议》载明的方案进行了完税，并将税后利润进行了分配，故《2016 年利润分配股东会决议》并不属于无利润分配方案的决议。因此，原审判决依据公司法以及国栋公司章程关于股东利润分配的规定，以《2016 年利润分配股东会决议》确定的利润总额为基础，并按照刘某琼、王某衡二人的实际持股比例分配利润，有事实和法律依据。

最后，股东会决议中部分事项的决议无效并不必然影响利润分配决议的效力。本案中，临时股东会决议虽同时载明了利润分配方案和股东之间的股权赠与，但股权赠与系股东与股东之间的法律行为，与公司与股东之间的利润分配关系并非同一法律关系，故原审认定临时股东会决议中关于股权赠与和利润分配的内容系各自独立的，股东之间的股权赠与并不影响公司已作出的利润分配方案。因此，国栋公司申请再审称刘某琼、王某衡需要以承认临时股东会决议全部内容为主张利润分配的基础的理由不能成立。

裁判观点：股东间约定不按出资比例分配红利，且约定差额补偿的，法院应当给予支持。

裁判结果：驳回再审申请。

案例 144. (2018) 最高法民申 6136 号，吴某 1、吴某 2 与贵州贵航实业有限公司（以下简称贵航实业公司）公司增资纠纷。最高人民法院

法院认为：民事主体从事民事活动，应当遵循诚信原则，秉持诚实，恪守承诺。吴某 1、吴某 2 再审申请中并不否认《未来收益承诺书》的真实有效，其应当受该承诺书约束。从承诺书约定的内容来看，其中第 1 条确系对标的公司 2014 年至 2019 年利润的承诺，但第 3 条同时约定，“若当年会计年度标的公司实际净利润数低于我方在本承诺书中承诺的标的公司的净利润预计数情形的，则我方将就该标的公司实际净利润与预测净利润的差额对贵公司进行补偿。”从上述约定来看，吴某 1、吴某 2 不仅对标的公司的利润作出了承诺，而且向新投资者贵航实业公司也作出承诺进行利润差额补偿。吴某 1、吴某 2 主张《未来收益承诺书》仅是对标的公司利润的承诺，无事实依据。《公司法》第 34 条虽规定了股东按照实缴的出资比例分取红利，但同时规定全体股东可以约定不按照出资比例分取红利。本案中，《未来收益承诺书》是原股东吴某 1、吴某 2 对不按照出资比例分取红利的承诺，该承诺符合公司法的上述规定，二审判决吴某 1、吴某 2 向贵航实业公司支付相应年度的利润差额，有事实和法律依据。《未来收益承诺书》是为实现贵航实业公司对标的公司的增资扩股及保障贵航实业公司的投资利益而作出的，与

《增资扩股协议》有密切联系。因吴某1、吴某2违反《未来收益承诺书》，二审判决认定其承担本案律师费及支付贵航实业公司违约金，并无不当。

裁判观点：证据达到高度盖然性标准，可以认定股东存在滥用权利导致公司不分配利润的情形。

裁判结果：驳回上诉，维持原判。驳回再审申请。

案例145.（2018）粤03民终18665号、（2019）粤民申9324号，深圳昂兴供应链股份有限公司（以下简称昂兴公司）与陈某梅公司盈余分配纠纷。广东省深圳市中级人民法院，广东省高级人民法院

本案再审争议焦点是：昂兴公司2014年、2015年是否存在可分配利润，陈某梅是否有权请求昂兴公司分配利润。

再审法院认为：（1）关于昂兴公司2014年、2015年是否存在可分配利润。陈某梅提交的电子邮件、FMS数据由昂兴公司时任工作人员发送，且相关数据与2015年12月14日的股东会决议书等证据相互印证。昂兴公司主张股东会决议书非真实有效，但未举证证明，亦未对决议上股东邓某辉的签字以及昂兴公司的公章进行合理解释与证明。陈某梅对未分配利润的举证已经达到高度盖然性标准，一、二审判决对昂兴公司2014年、2015年可分配利润的认定，并无不当。（2）关于陈某梅是否有权请求昂兴公司分配利润。《公司法司法解释（四）》第15条规定，股东未提交载明具体分配方案的股东会或者股东大会决议，请求公司分配利润的，人民法院应当驳回其诉讼请求，但违反法律规定滥用股东权利导致公司不分配利润，给其他股东造成损失的除外。昂兴公司2014年、2015年均存在可分配利润，但其对此明确否认，在陈某梅未参加的两次股东大会会议中亦称2014年度、2015年度不符合股东分红条件，且昂兴公司存在对陈某梅行使股东知情权设置障碍的行为并引发了相关诉讼。综合以上情形，昂兴公司股东违反法律规定滥用股东权利导致公司不分配利润，给陈某梅造成损失，一、二审判决认定陈某梅有权请求昂兴公司分配利润并无不当。

裁判观点：公司财务账目显示有可分配利润的，应当分配利润。

裁判结果：驳回上诉，维持原判。判决公司向股东分配利润。驳回再审申请。

案例146.（2020）豫09民终141号、（2020）豫民申2753号，濮阳市银龙典当有限公司（以下简称银龙典当公司）、濮阳市铁龙石油化工有限公司（以下简称铁龙石化公司）、苏某鲁、苏某涛公司盈余分配纠纷。河南省濮阳市中级人民法院，河南省高级人民法院

本案争议焦点是：（1）苏某鲁是否享有分配银龙典当公司利润的主体资格；（2）银龙典当公司应否向苏某鲁支付利润 3, 658, 348. 24 元；（3）苏某鲁请求的利息应否得到支持。

二审法院认为：关于第一个争议焦点，苏某鲁是否享有分配银龙典当公司利润的主体资格。略。关于第二个焦点，银龙典当公司应否向苏某鲁支付利润 3, 658, 348. 24 元。根据《公司法》第 34 条的规定，作为实际股东苏某鲁享有分取红利的权利。苏某鲁未实际参与银龙典当公司的经营，在其通过诉讼查阅银龙典当公司账簿时，发现账簿显示公司提取的 2010 年第二季度至第四季度的红利已按出资比例进行了分配，其应分配利润 3, 001, 326. 24 元及 2012 年 1 月 1 日结转上年利润余额 657, 022 元，遂请求银龙典当公司向其支付利润分配款 3, 658, 348. 24 元，虽然苏某鲁未能提交对具体分配方案形成的股东会决议，但根据账册也可以说明曾形成过具体的分配方案，故苏某鲁的该项请求有事实和法律依据，应予支持。关于第三个焦点，苏某鲁请求的利息应否得到支持。由于双方对应否分配存在争议，且对何时分配亦无股东会决议印证，苏某鲁仅依据记账凭证记载的时间请求支付利息证据不足。故一审判决未支持苏某鲁的利息请求并无不当，苏某鲁的上诉理由二审法院不予采纳。

再审法院认为：（1）关于苏某鲁是否具有请求分配公司利润的主体资格。根据公司法的规定，公司盈余分配请求权是作为公司股东基于其股东资格而对公司享有的一项股东权利，因此能够请求公司盈余分配的须具有公司股东资格。根据本案已查明事实……有事实依据。（2）关于苏某鲁主张分配公司利润应否支持。根据银龙典当公司的财务账目，该账目记载有应向苏某鲁分配的 2010 年第二季度至第四季度利润为 3, 001, 326. 24 元及 2012 年 1 月 1 日结转上年利润余额 657, 022 元，银龙典当公司也未提出公司该年度无利可分的主张，该方案符合《公司法》和公司章程的规定，应视为有效，应当付诸实施。根据《公司法司法解释（四）》第 14 条的规定，原审法院认定该财务账目具有真实性，铁龙石化公司、苏某鲁、苏某涛有权要求银龙典当公司按分配方案执行，于法有据。关于银龙典当公司主张应分得利润冲抵了苏某鲁的借款，因两者属于不同法律关系性质的款项，本案无须对苏某鲁的借款纠纷予以审理，银龙典当公司可另行主张。

（七）剩余财产分配纠纷（1 件）

裁判观点：股东未按约定出资，公司对该股东的剩余财产分配权作出限制的，符合法律规定。

裁判结果：驳回再审申请。

案例147.（2019）苏民申4217号，吴某与张某华、顾某娣等清算责任纠纷。江苏省高级人民法院

法院认为：（1）吴某未能履行公司章程规定的出资义务。吴某以专有技术代替磷化液的金属表面处理剂及制备方法和用途作价40万元作为出资，自公司成立之日起两年内缴足。精饰公司于2012年12月3日设立，实收资本160万元，天鹅公司已履行出资义务。吴某于2013年10月16日获得上述专有技术发明专利证书，但直至2017年5月23日精饰公司注销，吴某并未与精饰公司办理专利所有权的转移手续，应认定其未按章程规定的方式履行出资义务。（2）精饰公司对吴某的股东权利进行限制符合法律规定。根据《公司法司法解释（三）》第16条的规定，因吴某对精饰公司未出资到位，故精饰公司对吴某的剩余财产分配权进行限制符合法律规定。2017年5月10日精饰公司清算报告中虽然列明吴某出资40万元，但公司财产评估中仅有库存资产122.23万元，并不包含专利技术价值，且专利权利一直归吴某所有。因此，吴某要求分配精饰公司剩余财产亦违背公平原则，江苏省高院不予支持。

（八）股权处置纠纷

详见“第十一条　股权处置（转让、赠与、分割、被继承）”。

（九）优先购买权纠纷

详见“第十三条　优先购买权”。

第十条

股东义务

一、示范条款

股东应当恪尽职守、勤勉尽责，遵守法律和章程的规定履行股东义务。

虽然章程没有明确规定，但为公司利益或股东的共同利益，股东会可决议股东应当遵守的其他义务。股东违反义务或其行为可能给公司造成严重影响或损失的，股东会可按章程规定决议限制股东的部分权利，或者解除该股东的股东资格。

股东因其行为给公司造成损失的，应当承担赔偿责任。

（一）出资义务

股东应当按章程规定和【股东会/董事会】的要求履行出资义务，不得抽逃出资。

（二）清算义务

公司解散和破产时，股东应当履行清算义务。

（三）竞业限制义务

【股东应当如实向公司和其他股东告知其是否有投资或参与经营管理与本公司同类或近似的业务，是否有构成利益冲突，未经公司和其他股东同意，不得在业务范围、业务性质、客户对象、产品可替代性等方面存在可能损害本公司利益的竞争。

除非经其他股东同意，股东在退出公司或丧失股东资格后的两年内，仍应当遵守竞业限制的义务。】

法律明确规定的股东义务仅有出资义务和清算义务，这两个义务并没有明显的股东立场区别，可直接参考示范条款使用。但需与本书“第三条　注册资本、出资和投资总预算”中的规定一致。

【竞业限制和竞业禁止】竞业禁止并不是股东的法定义务，公司法规定的竞业禁止义务人是董事和高管（不包括监事），如果股东不担任董事和高管的话，是不受此义务约束的。是否对股东也实施一定限度的限制，视公司业务和股东利益需要。通常来说，大股东是直接参与公司的经营管理的，与公司的权益更为密切，因此大股东可以考虑是否设置此条款以避免小股东利用知情权在获取公司秘密后与公司展开同业竞争。约定是完全禁止还是有条件限制，或者只是告知，是事先同意还是事后报备，建议在章程中明确。

二、条款解释

无论是大陆法系还是英美法系均认同一个基本原则，即在封闭公司中的股东应当承担高于公开公司的股东的诚信义务，这一点在我国的《合伙企业法》和《公司法》中对投资人（合伙人和股东）的不同规定能看得出来，对于普通合伙企业、有限合伙企业、有限责任公司、股份有限公司，法律规定对投资人的义务和责任是从严到宽的趋势的。关于出资义务和责任，详见本书第二章，关于清算义务和责任，详见本书第九章。

关于竞业禁止与竞业限制。

首先，《公司法》第 148 条第 1 款第 5 项规定，董事、高级管理人员不得有未经股东会或者股东会或股东大会同意，利用职务便利为自己或者他人谋取属于公司的商业机会，自营或者为他人经营与所任职公司同类的业务。可见竞业禁止是公司董事、高管负有的法定义务，其目的是约束董事、高管作为公司的经营管理者的行为，维护公司和股东的利益。竞业限制是用人单位为避免其商业秘密被侵犯，与劳动者约定在劳动关系存续期间或劳动关系结束后的一定时期内，不得到生产同类产品或经营同类业务且具有竞争关系的其他单位兼职或任职，也不得自己生产与原单位有竞争关系的同类产品或经营同类业务。竞业限制约束的是作为劳动者的高级管理人员、高级技术人员和其他负有保密义务的人员，目的是防止公司的商业秘密被泄露或侵犯。违反竞业限制义务，需要按约定向用人单位支付违约金；违反竞业禁止义务，公司可行使“归入权”，要求义务人将竞业行为所产生的收益归入公司。可见，竞业禁止义务针对的是董事、高管，而竞业限制针对的是与公司有劳动关系的人员，两者有明显的区别。但无论是竞业禁止还是竞业限制，都没有约束股东。

其次，如果股东担任董事或高级管理人员，即具有双重身份，则以董事和高级管理人员的身份负有竞业禁止义务，也就是说“竞业禁止义务”是来源于其董事或高管的身份而不是股东。但是，股东不负有竞业禁止义务也并非绝对，例如，上市公司控股股东的投资或经营行为就要受到一定程度的限制。《上海证券交易所上市公司控股股东、实际控制人行为指引》（已失效）第 2. 6. 1 条规定："控股股东、实际控制人应当支持并配合上市公司建立独立的生产经营模式，不得与上市公司在业务范围、业务性质、客户对象、产品可替代性等方面存在可能损害上市公司利益的竞争。"

再次，竞业限制也不是股东的法定义务，股东作为公司的投资人与董事、高管的根本区别是，董事、高管是通过付出自己的劳动从公司获取报酬，而股东是作为投资人通过出资从公司获取分红而获得回报。投资人为了追求回报最大化和分化风险可能会投资不同领域和行业的很多家公司，因此从理论上来说，限制股东的竞业是不合理的。但如果股东同时也作为公司员工为公司提供劳动的，尤其是因股权激励而获得公司股权成为股东的，在签署的劳动合同中可以进一步约定竞业限制条款。需要注意的是，由于约定竞业限制影响到公民的劳动权，因此，在对股东作出竞业限制时，应明确其竞业限制期限和经济补偿金。笔者建议可参照《劳动合同法》第 24 条第 2 款的规定，从解除劳动关系之日起开始计算竞业限制时间不得超过二年，同时应该给予一定的经济补偿金。

最后，监事是否受竞业禁止义务的约束？我国公司法对公司治理学习借鉴了德国和日本的模式，德国和日本均要求公司设立监事（会），直接对股东会负责，与董事会互相独立、互不隶属。我国公司法对董事、高级管理人员规定了竞业禁止义务，但对于监事来说，仅有《公司法》第 146 条规定的任职资格和第 147 条规定的忠实义务与其相关，而第 148 条规定的禁止性行为并未将监事列入在内。司法实践中，有的法院对此持肯定的观点，认为监事应当遵从与董事一样的竞业禁止义务，有的则严格按照法条规定，否定了要求监事履行竞业禁止义务的请求。

无论是竞业禁止还是竞业限制，只要是股东间的真实意思表示不违反法律法规的强制规定，通过自治约定对自身权利作出限制的，均属于对自身权利的处分，应当视为有效。但应当是全体股东一致约定，如果是大股东利用三分之二以上表决权修改公司章程对其他小股东作出的限制，此"禁止性规定"是否对不同意的小股东有约束力，对修订章程后新加入的股东是否具有约束力，司法实践中有不同的裁判标准。笔者建议在实践中至少应要求股东向公司报备其投资的其他公司，以避免构成利益冲突、损害公司利益，同时也可以作为股东行使知情权的不正当目的预设甄别的条件之一。

三、法律规定

《公司法》第 25 条、第 147 条、第 148 条、第 183 条

四、参考案例（3 件）

关于出资义务的参考案例见本书"第三条　注册资本、出资和投资总预算"，关于清算义务的参考案例见本书"第二十六条　清算和剩余财产分配"。

裁判观点：转、受让双方之间基于真实意思表示约定的竞业限制条款不违反法律强制性规定，双方应当遵守。

裁判结果：驳回再审申请。竞业限制条款有效。

案例148.（2019）最高法民申5690号，石某春与北京四方继保自动化股份有限公司股权转让纠纷。最高人民法院

本案争议焦点是：（1）股权转让协议、补充协议约定的竞业限制条款是否违反了法律强制性规定；（2）石某春是否存在违约行为；（3）二审法院关于违约金数额的认定是否正确。

法院认为：关于股权转让协议、补充协议约定的竞业限制条款是否违反了法律强制性规定的问题。石某春主张，竞业限制的条款应类推适用《劳动合同法》第24条的规定，竞业限制的期限不得超过两年。股权转让协议第7.1.5条和补充协议第4.5条关于竞业限制八年的约定，违反了法律强制性规定而应认定无效。最高院认为，本案诉争源于双方之间签订的股权转让协议、补充协议，上述协议并不涉及用人单位与劳动者之间的劳动关系，即石某春系基于股权出让人的身份而非保定三伊公司聘用人员身份（作出的竞业限制承诺），故二审法院关于案涉协议竞业限制的约定不适用《劳动合同法》的认定，并无不当。石某春关于股权转让协议、补充协议竞业限制条款违反相关法律规定，应认定无效的再审申请理由，不能成立。

裁判观点：转让协议约定转让方在转让后有竞业限制义务的条款，合法有效，双方应当遵守。

裁判结果：驳回上诉，维持原判。

案例149.（2017）苏04民终1880号，刘某因胡某洁股权转让纠纷。江苏省常州市中级人民法院

本案争议焦点是：刘某在案涉协议的履行过程中是否存在违约行为，如存在违约行为，双方约定的违约金是否过高。

法院认为：针对合同的效力问题合法有效。各方当事人均应按合同约定行使权利，履行义务。关于胡某洁主张刘某在案涉协议履行过程中违反协议部分条款，构成违约的问题。刘某与胡某洁于2016年9月8日签订的股权转让协议书中约定：刘某在协议签订后三年内，不能注册与新能公司相同类别产品的生产型企业，胡某洁与刘某约定竞业限制条款的目的，系防止刘某在股权转让后通过自己所掌握的信息或资源等条件，损害新能公司的利益。因此，对上述条款应当结合双方订立合同的目的进行理解和解释，而不

能仅理解为刘某本人不得以个人名义从事上述行为，刘某采用其他方式可能造成上述结果的，亦构成违约。据此，常州市中院依法认定，刘某违反了双方协议中约定的竞业禁止条款，构成违约。关于违约金的数额问题。双方在股权转让协议中仅明确了刘某负有竞业禁止的义务，但并未约定刘某的权利及刘某应当承担的违约责任。为避免双方讼累，径行判决刘某向胡某洁支付150万元违约金，并无不妥。

裁判观点：约定的竞业禁止期间为终身的，损害当事人的基本生存权利，不利于市场竞争机制的形成和科学技术的进步，依法调整为两年。

裁判结果：驳回上诉，维持原判。

案例150.（2014）沪二中民四（商）终字第567号，刘某清与上海峰渡水净化工程有限公司股权转让纠纷。上海市第二中级人民法院

本案争议焦点是：（1）刘某清提起本案诉讼是否超过诉讼时效；（2）刘某清逾期支付股权转让款，是否导致2008年1月18日《股份转让协议书》中“竞业禁止”条款丧失约束力；（3）原审判决对该“竞业禁止”条款履行期限的认定及违约金的调整是否正确。

法院认为：……关于争议焦点（2）：股份转让协议书中“竞业禁止”等条款仍然有效，该认定充分合理，并无不当。

关于争议焦点（3）：2008年1月18日股份转让协议书签订时，杨某系凡清公司股东。该协议中关于杨某及其领导或关联企业不得生产经营同类技术和产品等内容，既非《公司法》所规定的公司特定主体基于忠实义务在职期间所应当承担竞业禁止义务的范畴，亦非《劳动合同法》所规定的特定劳动者在解除或终止劳动合同后，所应当承担的竞业限制义务。该条款内容应当理解为缔约双方在系争股份转让协议中，就杨某将其名下全部股份转让给刘某清后，即杨某与刘某清之间共同投资经营凡清公司的合同关系终止后，杨某所应当承担的后合同义务的约定。杨某理应按照该约定内容，遵循诚实信用原则，履行不得生产经营同类技术和产品等义务。原审判决认定杨某实施了违约行为，其理应按约承担相应赔偿责任。关于杨某所应当承担后合同义务的期限问题，上海市二中院认为，应当基于当事人的合意及公平原则进行认定，参照相关法律认定该期限为两年，并无不当。

第十一条

股权处置（转让、赠与、分割、被继承）

以股权转让为轴心存在两个类别的法律规则：一是针对作为财产权利而存在的股权，由《民法典》中以合同和物权为中心的财产法律制度进行调整。现行理论认为，将公司理解为财产的集合体，因公司衍生出的股权也是“物”，由物权调整更属当然。因此，从这方面来说，股权与其他商品作为交易标的物在履行、付款条件、给付瑕疵等方面并无二致，股权纠纷与其他类型的买卖合同纠纷本质相同。二是股权作为面向公司组织，以公司法为主的社团法律制度进行调整。公司作为法律上拟制的法人，围绕股东会或董事会形成了集中的、纵向的权力架构，作为组成要素的“股权”，交易也必然是对世的、具有涉他性的，因此，对股权的处置既受到公司法的调整，又受到民法上物权的约束。

从某个角度来说，股权处置的条款是公司章程中最为重要的条款之一，与公司有关的纠纷最多的就是股权转让纠纷。但为什么不定义为股权转让而称之为“股权处置”，是因为转让只是股权变动中的方式之一，而“处置”是指股东对其持有的公司股份（权）作出变动的行为，既包括主动的方式，例如转让、赠与、协议分割；也包括被动的方式，例如被继承、判决分割。本条款要约定的是股东是否可以作出以及如何作出这些行为。（股权受让后是否取得以及如何取得股东权利和股东资格的规定参见本书“第四条　股东和股东资格”）

按现行的法律规定，股东可约定股权转让的简化规则，甚至简化到无须征得同意、无须通知，也可约定使转让变得更加复杂，甚至限制部分股东的转让权利。

一、示范条款

（一）股东之间的股权转让

股东之间可以【转让部分/全部】股权，其他股东的异议不影响股权转让的效力。但非经【全体股东一致同意/其他条件】，股东在公司成立的【二年内/其他条件】不得转让全部股权，不得通过形式上的转让或者其他方式达到实质上退出公司的目的。

如果拟转让的股东对公司的出资形式还包括了除货币以外的其他形式的，在其他形式出资未完成之前，非经【全体股东一致同意/其他条件】，或者受让的股东承诺按照原出资方式出资的，该股权不得转让。

股东之间转让股权的，【受让/转让】股东应当在【转让前十日/转让后十日】内告知全体股东本次股权转让的情况。

修改本条款，应当经【全体股东一致同意/其他条件】。

【转让比例】股东之间转让股权没有破坏原有的人合性结构，原则上不应被限制，但是否允许通过转让全部股权的方式变相退出公司需要约定明确，尤其是对于非货币出资的，因出资物可能无法被替代，全部转让会造成非货币的出资无法完成，股东可根据出资形式和出资比例确定股东间转让股权的限制性条件。

【时间限制】无论是否允许转让全部或完全禁止转让，均建议设置一个限制期间而不是永久，可根据公司业务类型和创业形态约定为 1 ~ 3 年。

【决议限制】符合约定的转让无须股东同意，不符合约定的由多少表决权比例的股东同意可视股东立场确定。

【通知义务】即使是符合约定的转让也应当规定转/受让方通知其他股东股权变动的义务，不符合约定的转让应当提前征得其他股东意见。

【修改权限】从小股东的立场看，建议约定全体股东一致同意或较高的通过比例，否则当大股东持有绝对控制表决权时，此条款将变得无意义。

（二）股东向股东以外的人转让股权

除非经过【全体股东一致同意/其他条件】，否则在公司成立的【三年内/其他时间】不得向股东以外的人转让股权。

股东向股东以外的人转让股权，应当就转让事项书面通知其他股东，该书面通知应当包含转让的股权比例和价格、支付方式和期限以及其他实质性的转让条件。其他股东自接到通知之日起三十日内未答复的，视为放弃优先购买权。如果其他股东在放弃优先购买权后发现实际转让条件与通知的条件不一致的，其他股东有权要求转让的股东按照通知的条件转让，或者按照通知的价格和实际转让的价格的差额或者其他可计算的金额的【双倍/其他条件】向其他股东承担赔偿责任。两个或以上的股东均行使优先购买权的，协商确定各自购买的比例，协商不成的，按照转让时各自的【认缴/实缴】出资比例购买。

如果其他股东在主张优先购买权后，转让股东又不再转让股权的，其他股东有权按照通知的条件强制购买，或者有权要求该转让股东赔偿其合理的损失。

修改本条款，应当经【全体股东一致同意/其他条件】。

【转让限制】应当经其他股东同意的比例视股东立场确定，对期间的限制条件应当高于内部转让限制。

【转让责任】对小股东来说，灵活机动退出公司、合理收回投资或者获取回报（或是止损）是优选方案之一，在有多个受让方、受让条件不同时肯定择优而售，不希望承担过高的违约责任。对大股东来说，其与公司利益捆绑得更紧密，大股东较少概率对外转让股权（融资除外），章程可约定违反诚信义务的转让股东承担赔偿责任。

【强制购买/双倍责任】如果通知条件宽于实际转让条件的，其他股东可选择按照通知条件购买，或者要求按照差额返还或双倍赔偿。同理，基于诚信原则，如果转让方发出通知，购买方主张购买后转让方又反悔的，可赋予购买方强制购买的权利，或要求转让方赔偿其为购买而支出的合理成本。

（三）配偶处分权限制

非经【全体股东一致同意/其他条件】，公司股权结构不因股东婚姻状况的变化而受影响。各股东同意：

1. 于本章程签署之日未婚的股东，在结婚后不应将其在公司持有的股权约定为与配偶的共同财产，但有权自行决定与配偶共享股权的财产性权利和收益。

2. 于本章程签署之日已婚的股东，应自本章程签署之日起【三十日内/其他时间】与配偶签署协议，确定其在公司持有的股权为其个人财产，或者虽属于夫妻共同财产，但该股权的人身性权利不得转让或分割，其配偶自愿放弃取得公司的股东资格，但该股东有权自行决定与配偶共享股权的财产性权利和收益。且应将该协议的一份原件交由公司留存。

3. 在退出事件发生之前，若任何股东违反本条第 1 款的规定，将其在公司持有的股权约定为夫妻共同财产，或未能依据本条第 2 款的规定与配偶达成协议的，该股东与配偶无论是协议离婚或者是诉讼离婚，且该股东在公司持有的一半（或任何其他比例）的股权被认定为归配偶所有的，则该股东应自确认解除婚姻关系之日起 30 日内购买其配偶的股权，以保证该股东原持有的公司股权不会因离婚而被分割，公司原有的股东人合性不会因此发生变化。若该股东未能在上述期限内完成股权购买的，该股东应赔偿因此给其他股东或者公司造成的损失。

修改本条款，应当经【全体股东一致同意/其他条件】。

【配偶股权限制】虽然公司法和婚姻法司法解释对离婚的股权分割作出了规定，但因离婚导致的公司股东纠纷甚至僵局仍然占有纠纷中较高的比例，股东可视立场决定是否约定更严格或宽松的条件。

（四）特殊身份和其他情况的股权转让

股东被追究刑事责任，无论最终是被免予刑事处罚还是被不起诉或被判处缓刑的，在该事实发生之日起，股东会可决议对该股东的表决权、利润分配请求权等权利作出有条件的限制；被司法机关生效的裁判确认承担刑事责任的，股东会可决议强制该股东转让其持有的全部股权，具体细则按股东会决议执行。

股东违反法律和章程规定的股东义务，发表不适当的政治言论或其他言论，给公司或其他股东造成严重影响或损失的，股东会可决议限制该股东的表决权、利润分配请求权等权利，并要求其在合理期间内纠正不适当行为，如果在合理的期限内该股东仍未能纠正，未能消除给公司造成的严重影响的，股东会可决议强制该股东转让其持有的全部股权，具体细则按股东会决议执行。

因股权激励或其他方式取得的股权按股权激励或相关的文件执行。

因公务员身份，或者公司的组织形式、经营范围受法律法规的强制性规定，不具备或者具有特殊身份的人员不得再担任公司股东的，股东会可决议强制该股东转让其持有的全部股权，具体细则按股东会决议执行。

【刑事责任】为防止股东因失去人身自由导致无法有效行使股东权利、履行股东义务，或者个人信用不良（刑事处罚记录）导致公司运营（如融资）受到影响，建议设置此条款约定当出现此类情况时该股东的股权如何处置。其中的时间条件可根据实际情况调整，转让价格可按原始出资价值或者净资产对应价值，或者约定一种估值方法。

【爱国条款】建议规定股东触发爱国条款（发表不适当政治言论）的后果是递进式的，例如首先剥夺董监高身份，进一步可限制股东权利，再进一步可强制转让股权或将其除名，每一个处罚都应当由股东会决议作出，并且给予合理期间以等待其改正，合理期间可根据实际情况调整。

【特殊身份或特殊限制】因具体导致限制或者不得继续担任股东的原因多种多样，建议此处预留开放式条款。

（五）瑕疵出资股东的股权转让限制和责任

瑕疵出资股东拟转让股权时应如实告知拟受让人真实的出资情况。

公司有权要求瑕疵出资股东在转让股权前履行实缴出资义务，或有权要求转让方、受让方将转让款优先用于补缴出资，转让款不足以补足出资的，转让方与受让方在未能补足出资的范围内对公司承担连带责任。

【瑕疵转让限制】虽然转、受让双方在转让合同中通常会约定补充出资义务的责任主体，但是鉴于合同相对性，公司无权要求转、受让方将转让对价优先作为补足出资，且新股东可能会利用表决权优势改变原股东间约定的出资条件和承诺，建议在章程中规定此条款以保障公司和其他股东的权益。

（六）股权交付和登记

股东变更登记完成，或者受让方已经实际履行股东义务或行使股东权利，或者转让文件明确了股权交付方式的，视为股权交付。

受让方无论通过何种方式取得股权并取得股东资格后，都可要求公司在股东名册中登记并发放出资证明书，公司应当注销原股东的出资证明书并变更股东名册。

【股东名册和交付】现行法律并未明确规定股权交付的具体标准，且股权作为一种无形的权利资产，如何认定实际交付和转移控制？为防止产生股东资格确认纠纷，建议在章程中规定此条款，同时，也可进一步规定公司未变更股东名册和未签发出资证明书的责任。

二、条款解释

股权，是股东“拥有”公司的载体和证明，当股东持有一家公司的股份时，就可以说这家公司归他所有。当然，还要看他持有这家公司多少股份，准确地说，是持有多少表决权。但是，股东持有股份并不是永久的，股东在符合法律规定和章程规定的前提下，可以将股权主动地处置（包括转让、赠与、协议分割等）给他人，从而出售或者“退出”了这家公司；或者是以被动的方式由他人继承或判决分割给他人而“失去”了这家公司。

（一）内部转让的问题

首先，股东间的股权转让能否被限制？股权作为财产权利的一种，应当具有天然流动的属性，因此《公司法》第 71 条第 1 款直接规定了有限责任公司股东之间可以相互转让股权，概是因为股权的内部转让不会改变公司的人合性，不会动摇股东间的信任基础，且股权在股东间转让不会对公司产生实质性影响，因而大多数国家的公司法对此都没作出很严格的限制。如果是部分股权转让的，股东人数不会发生变化，对于某些以人数为表决权单位的特殊表决规则也不会产生影响；对于以资本为表决权单位的，转、受让双方可能在此前已经达成了“联盟”，对决议事项采取一致行动，表决结果也不会发生变化，因此对于部分转让的，无论是法律还是章程均应当允许完全自由。但是，如果股东想转让全部股权呢？如果某一股东转让了全部股权，即等同于该股东“退出”了公司，股东人数会发生变化，对于以人数为表决权单位的特殊表决规则就会产生影响，股东是否要对此种情况作出预防机制，或者作出限制性规定？有观点认为，股权作为一种财产性权利，合理的流动是天然属性，完全禁止转让是不合理的。司法实务中对有限责任公司的人合性一直持尊重的态度，所以对于公司法强制规定条款以外的规则，尤其对于有限责任公司的股东自愿在章程中约定附加条件持较为开放的支持的态度，这一倾向在最新的《公司法司法解释（五）》中也能得到印证。因此，除了无条件禁止转让，违反法律强制性效力规定、公序良俗等被认定为无效之外，一些常见的限制，如限制受让人、限制受让时间、附加转让的前置性程序等规则，法院还是充分尊重公司章程的自治性，认定该类限制有效，但具体的限制边界尚未明确。笔者建议，考虑到公司成立的前几年为股东间的磨合期，股东可根据实际情况约定是否经全体一致或一定比例的表决权通过后才能限制（或允许）在一定期限内（两年或三年）转让全部股权。

其次，内部转让是否可行使优先购买权。因为内部转让并没有破坏有限责任公司的人合性和封闭性，因此法律并没有赋予内部转让时其他股东的优先购买权。

最后，对内部转让的程序是否可以作出限制性规定。例如，须在转让前或者转让后的一定期限内向董事会或股东会报备等，也可以在章程中作出规定。

（二）对外转让的问题

首先，《公司法》第 71 条第 2 款规定，股东向股东以外的人转让股权，应当经其他股东过半数同意。股东应就其股权转让事项书面通知其他股东征求同意，其他股东自接到书面通知之日起满三十日未答复的，视为同意转让。其他股东半数以上不同意转让的，不同意的股东应当购买该转让的股权；不购买的，视为同意转让。但同时在第 4 款又规定了“公司章程对股权转让另有规定的，从其规定”。这里第 71 条第 2 款规定的“过半数”指的是人数的过半数，而非表决权。该规定一方面允许股权作为财产的自由流动，另一方面也体现了公司法对有限责任公司人合性的尊重，赋予了股东可通过章程自由约定更严格的限制股权转让条件的权利。但有限责任公司股东基于人合性和封闭性的考虑是否可通过章程规定完全禁止或在一定期限内完全禁止股权对外转让，或者要求转让方必须在实缴出资后才能转让，抑或要求转让方将获得的交易价款首先用于补足出资？在司法审判实践中，各地法院对这一款规定的适用有不同的观点，有的法院认为公司章程可以作出附条件限制股权对外转让的规定，从而保障股权结构的相对稳定，保维护市场经济秩序的稳定，最高院在指导案例第96号①案中持此观点。多数法院则认为无条件限制股权转让因违反了股权自由流动的原则而无效，吉林省长春市中院在（2018）吉01民再122号②案件中即持此观点。

其次，大股东和小股东在公司中的立场和权益不同，在所有权与经营权混同、股东兼任公司董事或实际管理者的公司，往往大股东担任董事或总经理，小股东担任财务或者监事，股东既是所有者又是经营者，公司初期的发展在很大程度上依赖大股东的投入。那么，小股东往往担心的是在公司盈利时，大股东强制利用增资或融资稀释小股东的权益；在公司经营亏损时，大股东承诺的出资不到位或者偷偷退出，以及因大股东离婚或者意外死亡导致公司动荡。因此大股东和小股东对股权处置的痛点和诉求是不同的。如果大股东实际经营管理公司，那么可以考虑在一定时间（如公司成立的三年内）限制小股东对外转让股权，以避免小股东将股权转让后新股东进入公司给大股东的经营管理带来不确定的影响。对于小股东来说：一方面，可以考虑限制大股东在一定时间（如公司成立的两年内）无论对外还是对内均不得转让股权，或者在某些约定的投资承诺（除现金的渠道或技术或者特殊身份等资源）未兑现时不得转让股权，避免大股东失去控制地位，或者要求行使随售权，避免大股东在公司经营状况不好时先于小股东“脱身”；另一方面，可考虑限制大股东在未完成实缴出资前不得转让股权或者必须将转让价款优先用于补足未缴出资，避免新股东利用受让后作为大股东改变出资方式和出资条件。

再次，转让通知的内容和形式、答复的方式。法律仅规定对外转让的应当发出通知，但具体通知的内容是什么，有没有必须包括的事项，法律没有作出细致的规定，实践中因转让通知内容模糊导致其他股东无法作出答复产生的纠纷并不少见。四川省成都市中院在（2018）川01民终10062号③案中即以转让通知不具备实质条件为由认定不足以证明取得了其他股东过半数同意，其（受让人）尚未成为该公司股东。笔者建议在章程中要特别注意明确和细化通知的内容和方式，例如转让的比例和对价，支付的方式是分期还是一次性，是否还有其他的附加条件，通知的方式是以书面邮寄为主还是电子邮件等网络方式，答复是否可以改变受让条件，抑或视为提出一个新的要求，或者是只能概括性承受？此外，如果多人答复均要求行使优先购买权的，是按照收到答复的先后顺

---

① （2014）陕民二申字第00215号，宋某军与西安市大华餐饮有限责任公司股东资格确认纠纷。

② 张某鹏与吴某、魏某及周某歌股权转让纠纷。

③ 周某丽与重庆和航科技股份有限公司、四川德泽四方科技有限责任公司、蒋某、刘某新股权转让纠纷。

序转让给第一个答复人，还是按照答复人各自的认缴出资比例分配？

最后，无论是转让方或受让方抑或其他股东因转让受到损害的权利救济方式。例如，转让方通常是与受让方达成了意向后才会对外发出通知，要求其他股东就本次转让是否行使优先购买权作出表示，拟受让的一方已经对此形成了可期待的利益，但如果此时其他股东接受“同等条件”而要求行使优先购买权的，则拟受让方的期待利益就会落空。拟受让方是否会要求转让方承担缔约（如果签署了具有法律约束力的文件）过失责任？如果转让方在其他股东答复购买的情况下，是否会认为股权价值比心目中期待的有更高的溢价从而改变转让条件？此种情况下，其他股东的权利如何实现救济，是否允许其他股东可以按照通知的条件强制购买？另外，如果在转让完成后其他股东发现实际转让的条件与通知中的条件不一致，导致本来有意购买的其他股东没有买到，其他股东是否有权要求转让方承担赔偿责任？

从上述实践中可能产生的纠纷来看，笔者建议，(1) 对外转让股权的，设置一定期限（可参考公司成立的前三年）为生存期，在生存期内采取双重表决（人数和持股比例双过半）甚至是全体股东一致同意通过，才可对外转让股权，在第四年开始的发展期放开通过的比例，或者采取逐年衰减的表决通过比例；(2) 明确转让通知的内容和形式，明确答复的期限；(3) 针对通知后转让方变更同等条件或者不再出售的，或者实际转让条件与通知条件不符的，增加赔偿条款或者强制购买条款。

（三）夫妻财产分割的股权处置

股权作为一种财产可以交易也可以分割，对于夫妻共同财产的股权来说也一样存在在夫妻离婚后（婚内财产也可以分割）被分割的命运。股东因婚姻状况变化导致的股权变动是产生股权纠纷的原因之一，如果离婚后非登记为股东的配偶成为股东进入公司，可能更容易导致股东决策陷入僵局。无论是亚马逊的贝索斯天价离婚案，还是真功夫的“土豆条款”，现实中的案例都足以警示股东应当提前做好风险预防的准备，因为这不仅关乎到离婚股东自身的权益，也关系到其他股东对公司治理的稳定性。如果股东与配偶之间的矛盾没有消除，其配偶成为股东进入公司后也将严重影响到股东的表决，影响到公司治理的稳定性与其他股东的利益。

首先，因离婚导致的股权分割视同有偿转让，也适用优先购买权的规定。《最高人民法院关于适用〈中华人民共和国民法典〉婚姻家庭编的解释（一）》第 73 条第 1 款对此作出了明确的规定，司法审判实践中也没有什么争议。其次，非登记为股东的配偶一方无权直接行使股东权利，类似于显名股东和隐名股东，仅登记股东可以股东名义行使权利。

笔者建议在章程中规定，当股东因婚姻关系解除导致其持有的公司股权被分割的，该股东应当自行购买其配偶有权分得的股权，从而保证公司的人合性结构不会因其离婚而发生变化，或者当股东因离婚对股权进行分割而发出通知询问其他股东是否行使优先购买权时，其他股东得以按照事先约定的估值方法收购该股权。例如大股东持有60%的股权，因离婚被平均分割为30%和30%，如果其股权被分割则将失去大股东或实际控制人地位，而此时大股东不能或者拒绝自行购买另一半股权以保证其大股东地位的，其他股东有权按照事先约定的估值方法购买该股权，调整大股东，避免公司陷入治理僵局。

（四）特殊情况下的股权处置

1. 继承

继承是法定行为，章程不能禁止股权中财产权利的继承，但股权中的人身权利并不是当然取得的，依据《公司法》第75条的规定，章程可以约定继承人是否可以取得股东资格，以及在未取得股东资格之前是否具有完整的股东权利。如果章程没有特别约定，默认继承是可以取得股东资格的。山东省青岛市中院在（2018）鲁02民再125号[①]案中即持此观点，如果章程约定排除了继承人可以取得股东资格或者是继承人必须具备特殊条件才能取得股东资格的，该约定有效，最高院在（2018）最高法民终88号[②]案中对此作出了较为详细的论述和认定。为避免因继承可能导致权利处于不确定状态，可以在章程中明确当继承行为发生时，股东应当在三十日内召开股东会会议，经过半的比例表决通过后，该继承人可以取得股东资格。当继承行为开始后，会议表决通过前的这一期间，该继承人处于一种什么权利状态，其是否享有完整的股东权利，是否可以行使表决权、知情权，如果会议表决未能通过，其无法取得股东资格的，其持有的股权又如何处置？

笔者建议，章程可以规定：在继承人未取得资格到处置了股权失去资格期间，其股东权利受限，仅可行使财产性权利而不能行使表决权、知情权等权利。如果表决未通过，继承人无法取得股东资格的，继承人应当在决议作出的九十日内将该股权转让，如果九十日内未能转让的，其他股东应当在一百八十日内购买该股权。

2. 赠与

广义来说，赠与也是转让的一种，是一种无偿转让。和有偿转让一样，赠与可以分为股东间内部赠与和股东对外赠与。内部赠与，无非是股权比例发生变化（部分赠与）或是股东人数减少（全部赠与），没有新股东的加入，也没有影响有限责任公司的人合性。因此，内部赠与可参考内部转让的规则。但是对于对外赠与来说，股东向原股东以外的人赠与股权，无论是部分还是全部，都会有新股东加入。此种形式下虽然受让人是

① 肖某与汪某风、汪某晖、青岛首创房地产开发有限公司、李某薪、李某琴股权转让纠纷。
② 启东市建都房地产开发有限公司与周某股东资格确认纠纷。

无偿取得股权，但因为打破了有限责任公司的人合性和封闭性，新股东因无偿取得股权进入公司后，是否会影响公司原有的经营管理模式以及原股东的权益分配，均可能存在不稳定因素。笔者认为，此种情况下应当赋予其他股东有按照合理价格购买转让股权的权利，以避免原有的人合性遭到破坏。之所以用合理价格而不是同等条件，是因为赠与是无偿的，赠与的原因也是多种多样的，有的是为了换取其他的利益，例如换取子女的升学学位，也有的是为了情感回报，赠与人与受赠人之间不存在明显的对价关系，很难认定“同等条件”，又或者这些条件附属于人身，其他股东无法提供。笔者建议，可在章程中明确规定，当发生对外赠与时其他股东能否以合理价格购买该股权，以此阻断“外人”成为“同路人”的可能性。

3. 股权激励

目前的司法实践已经形成较为统一的观点，支持“人走股留”的规定具有约束力，公司可以在各方签署的股权激励文件中规定，当该股东失去特殊身份时，强制其应当将股权转让给实际控制人或者持股平台。同时也可以在章程中进一步规定，如果发生诉讼的，在争议解决期间，该股东的权利受限。

4. 失去人身自由和爱国条款

股东因刑事侦查或犯罪而被限制人身自由的，将会导致该股东无法及时有效行使股东权利，或者继续允许其行使股东权利会给公司造成更严重的损失，或者因发表违法或不适当的言论（触发爱国条款）给公司造成严重影响导致公司商誉受损甚至承担责任时，公司该如何处理？如果章程没有特别约定此类条款的，公司或者其他股东将很难限制或者剥夺该股东的权利，将会导致有些决议无法通过。笔者建议章程置备此类条款，当出现此类事件时，公司可以警告该股东纠正其不当行为，如果未能有效纠正的，其他股东可以召开股东会会议作出决议限制该股东的权利，甚至可以进一步决议将其除名。

5. 个人负债较大且无法提供担保的

依据《公司法》第146条的规定，禁止性行为限制的是公司的董事、监事、高管等人员，并不包括股东，但如果股东负有较大债务不能及时清偿的，公司可能会因其个人原因导致其持有的股权被查封，严重影响公司的声誉或者对外的融资。同上述爱国条款一样，笔者建议章程规定，当出现此类事件时，其他股东可要求该股东作出承诺或者提供担保，避免因其个人债务影响公司的正常生产经营。

6. 公务员、具有或者不具有特殊身份

受限于公务员法和其他法规的约束，公务员不得参与营利性活动或者在营利性组织中兼任职务，如果某人在作为股东或担任高管职务时尚不具备公务员身份，当然没有违反法律规定，而后又基于其他原因具有该身份的，或者其隐瞒了特殊的身份作为股东，导致公司可能被处罚，公司是否要罢免其职务或者要求其转让股权？针对上述情况，笔者建议在章程中设置兜底条款，当股东在公司设立时尚不具备特殊身份，没有违反相关规定，但在之后具有了特殊身份依照法律规定而不得再作为股东时，公司或其他股东可以为公司和其他股东的利益强制其转让股权。同时，可以和本书“第六条　瑕疵出资和股东权利限制”和本书“第五条　股东除名”相关联，针对不同情况以不同方式解决纠纷，避免影响公司的稳定经营和防止出现僵局。

（五）瑕疵股权转让

首先，司法裁判已经明确瑕疵出资的股权转让并非无效，此处无须赘述。其次，转让前后的出资义务。《公司法司法解释（三）》第18条第1款规定，有限责任公司的股东未履行或者未全面履行出资义务即转让股权，受让人对此知道或者应当知道，公司请求该股东履行出资义务、受让人对此承担连带责任的，人民法院应予支持；公司债权人依照本规定第13条第2款向该股东提起诉讼，同时请求前述受让人对此承担连带责任的，人民法院应予支持。但在实践操作中，作为受让方有可能在成为公司股东之前并不清楚章程规定的股东权利和义务，或者说作为受让方在正式成为公司股东之前，对原章程仅能概括性承受而无法提出意见。如果章程中规定了股东在未实缴出资完毕之前转让股权，公司有权要求转让方将取得的转让款首先用于补缴出资，或者要求受让方承诺对原股东未实缴出资的部分完成出资的，则可有效保障公司和其他股东的合法权益。最后，鉴于非货币形式出资往往具有不可替代性，如果转让方原有承诺的出资是非货币出资，除非受让方可替代转让方以同等类物完成出资义务，否则在其未完成出资前，未经全体股东一致同意的，该股权不得转让。

（六）股权交付

股权作为一种看不见、摸不着的无形资产，应以什么作为交付的认定，是以登记机关的变更登记作为交付的认定，还是以转让合同约定和转让款（如果有）的支付作为交付的认定，或者以股东名册的变更作为交付的认定？现行法律对此并未作出明确规定，鉴于股权转让发生在转让人和受让人之间，合同以外的其他股东很难知晓合同的实际履行情况，且基于合同相对性，章程对尚未成为股东的受让方也无法构成约束。笔者建议在章程中明确，如果在转让合同约定不明确且转、受让双方之间因股权是否交付发生纠纷的情况下，暂时限制该部分争议的股权权利，在未经权利人确认或者未经生效的司法裁判确认之前，仍以股东名册的登记人作为权利人。《九民会议纪要》第8条也持此观点，规定“当事人之间转让有限责任公司股权，受让人以其姓名或者名称已记载于股东名册为由主张其已经取得股权的，人民法院依法予以支持，但法律、行政法规规定应当办理批准手续生效的股权转让除外。未向公司登记机关办理股权变更登记的，不得对抗善意相对人”。

三、法律规定

《公司法》第 71 ~73 条、第 75 条

《公司法司法解释（三）》第 18 条、第 23 条

《公司法司法解释（四）》第 16 条、第 18 条、第 22 条

《最高人民法院关于适用〈中华人民共和国民法典〉婚姻家庭编的解释》第 73 条

《九民会议纪要》

四、参考案例（21 件）

（一）章程规定了限制转让（2 件）

裁判观点：公司章程中关于股东转让部分或全部出资需征得其他股东同意的内容可以限制对外转让，但如果也限制对内转让，因违反立法本意，违反公司法的规定和股权自由转让的基本原则，应为无效。

裁判结果：撤销一审、二审判决，驳回原告的诉讼请求。

案例 151.（2018）吉 01 民再 122 号，张某鹏诉吴某、魏某、周某歌股权转让纠纷。
吉林省长春市中级人民法院

本案再审争议焦点是：原审适用法律是否正确。

法院认为：关于原审适用法律是否正确的问题。根据《公司法》第 71 条第 1 款："有限责任公司的股东之间可以相互转让其全部或者部分股权"的规定，肯定和鼓励股权资本的合理流动，是《公司法》的原则和立法精神，股东对股权应当享有合理范围内的自由处分权。虽然该条第 4 款规定了"公司章程对股权转让另有规定的，从其规定"，但结合该条第 1 款的规定，公司章程对股东转让股权作出限制是有边界的，若公司章程过度限制甚至剥夺股东转让股权的权利，将导致股东的退出途径被封闭，造成股权财产性权利缺少，不仅不符合《公司法》精神，且有违商业常识。因此，依据《公司法》第 71 条第 1 款的规定，适用该条第 4 款的规定是受严格条件限制的；理解第 71 条第 4 款的规定，应当结合第 1 款的规定一并解读，只有这样才能正确适用此条文。长春市臻万美容美体有限公司章程第 13 条规定"任何一方转让其出资额，不论全部或部分，都须经其他方同意，未经同意转让的，转让行为无效。一方转让时，其他方有优先购买权……"中的"都须经其他方同意"的内容，产生于该公司设立时只有两名股东的情形，明显是针对对外转让股份而限制的条件；如果在股东增加的情况下，对内转让亦要求满足该条件，将限制《公司法》第 71 条第 1 款赋予有限责任公司的股东依法转让股

权的法定权利，导致股权不能实质上转让。且吴某、魏某在原审中未提出购买张某鹏股权的意思表示，吴某此次再审明确表示无论当时还是现在都不会购买张某鹏的股权，因此该规定对本案的各方当事人没有约束力。作为股东的魏某、吴某依据章程第13条规定，请求确认另外两名股东周某歌、张某鹏于2015年5月14日签订的股东股份转让协议书无效的主张，不应得到支持。原审以周某歌与张某鹏未征得公司股东魏某、吴某的同意而签订了股东股份转让协议书，违反了公司章程第13条规定，判决周某歌与张某鹏签订的股东股权转让协议书无效属于适用法律错误。

裁判观点：对股权转让的限制应当合理，不能阻止股权的合理流动，且应当设定相应的补救措施。禁止转让违反了基本原则，应属无效。

裁判结果：驳回上诉，维持原判。

案例152.（2017）苏05民终409号，吴某、王某与黄某、王某兵股权转让纠纷。江苏省苏州市中级人民法院

一审法院认为：《公司法》第71条第4款规定，公司章程对股权转让另有规定的，从其规定。故公司章程可以对股权转让作出限制性约定，这种约定是章程制定者为了维护自身及公司利益达成合意的体现。同时，公司股东自身亦依法享有资产收益、参与重大决策和选择管理者等基本权利。另外，公司股东也应当遵守法律、行政法规和公司章程，依法行使股东权利，不得滥用股东权利损害公司或者其他股东的利益。故公司章程中的这种限制性约定是应当受到制约的，对于违法的或者违反公司法的限制性条款，不应认定其效力。本案中，吴某、王某提交的公司章程中约定了其他三分之二以上股东不同意转让股权的，股东不能转让。吴某、王某称该条款的设定系因为公司股东本身就是公司员工，属于核心技术员工，由上市公司拟投资，所以要保持员工的稳定，但吴某、王某未能就此提交相应证据予以证实。且该条款也未设定相应的补救措施。这种对股权转让的限制可造成股权转让被禁止的后果，违反了股权转让的基本原则，也剥夺了股东依法享有的基本权利，应属无效。

二审法院认为：首先，吴某、王某提交的《苏州工业园区禾润嘉科技有限公司章程》未经工商登记备案，且吴某、王某对该章程的形成过程等均未作出说明。一审对该章程的效力不予认定并无不当。其次，吴某、王某提交的公司章程中约定了其他三分之二以上股东不同意转让的，股东不能转让股权。该约定属于限制性条款，造成股权转让被禁止的后果，违反了股权转让的基本原则，剥夺了股东的基本权利，也应属无效。

（二）离婚财产分割导致股权变动（6件）

裁判观点：其他股东明确表示放弃优先购买权的，配偶一方可以成为公司的股东。

裁判结果：驳回上诉，维持原判。

案例153. (2019) 京01 民终1962 号，卢某与余某离婚后财产纠纷。北京市第一中级人民法院

法院认为：依据离婚协议的约定，余某应于协议离婚后三个月内将其所属的某公司20%股权过户至卢某名下，若逾期办理，应按每月1万元向卢某支付违约金。现卢某要求余某将其所属的阿儿法营公司20%股权过户至其名下并支付违约金，具有事实及法律依据，且该公司其他股东明确表示放弃优先购买权，故北京市一中院对其上述诉请予以支持。

裁判观点：夫妻一方因离婚财产分割取得的股权，仅享有股权所代表的财产性权利，并非当然成为股东，其仍需要在满足公司法及公司章程规定的条件后，方能取得股东身份。

裁判结果：驳回再审申请。

案例154. (2014) 民申字第2195 号，杨某妹与刘某香、梁某荣、谭某周、家荣实业公司、深圳市龙岗区平湖新南家荣棉业制造厂、侯某生侵害股东权益纠纷。最高人民法院

本案重点审查的问题是：二审判决不支持杨某妹享有股权的主张，认定事实及适用法律是否错误。

法院认为：根据《婚姻法》第17条第1款第2项的规定，夫妻在婚姻关系存续期间所得的生产、经营的收益，归夫妻共同所有。但一方以个人名义投资有限责任公司或合伙企业的，另一方仅对投资份额所代表的财产享有权利，并不当然成为股东或合伙人，不能直接行使股东或合伙人的权利。在夫妻共同财产分割过程中，如果另一方希望取代投资一方成为股东或合伙人，仍需要满足《公司法》关于股权转让以及《合伙企业法》关于入伙的相关规定。

裁判观点：协议约定取得股权一方的配偶并不当然取得股权，应当另行向公司其他股东提起是否行使优先购买权之诉。

裁判结果：确认离婚协议有效，驳回其他诉讼请求。

案例155. (2017) 黔0303 民初3950 号，罗某与余某离婚后财产纠纷。贵州省遵义市汇川区人民法院

法院认为：余某在习水县恒源爆破工程有限公司的股权属于罗某与余某夫妻关系存续期间的共同财产，二人离婚时签订离婚协议书约定该股权归罗某所有，该离婚协议书系双方真实意思的表示，不违反法律法规的禁止性规定，合法有效，对男女双方具有法律约束力。法院确认离婚协议书有效，根据合同相对性规则，该合同仅在罗某与余某之

间产生效力，不涉及第三人，双方均不能以该合同的有效性对抗第三人。且该协议有效，不代表罗某当然成为习水县恒源爆破工程有限公司的股东。根据《最高人民法院关于适用〈中华人民共和国婚姻法〉若干问题的解释（二）》（已失效）第16条……罗某若要成为习水县恒源爆破工程有限公司的股东，应当依据《公司法》之规定需要向公司其他股东征询是否同意该股权变动的意见，是否行使优先购买权，须另案诉讼。

裁判观点：登记在一方名下的公司股权在转让时无须征得配偶同意。

裁判结果：驳回原告的全部诉讼请求。

案例156.（2017）湘0104民初10430号，王某华诉陈某强、吴某耀、湖南省熙日实业投资有限公司股权转让纠纷。湖南省长沙市岳麓区人民法院

本案争议焦点是：（1）未登记在册的原告王某华是否对其配偶被告陈某强的涉案股权享有共有权；（2）未经原告王某华同意，涉案股份的转让行为是否合法有效。

法院认为：本案系股权转让合同纠纷，原告王某华因被告陈某强与吴某耀所签股权转让协议，向法院提出确认股权转让协议无效、返还涉案股份的诉讼请求，系基于特定的商事法律关系产生的纠纷，故在法律适用层面应优先适用《公司法》中相关调整股权转让交易的法律规范，若《公司法》未作明确规定时，则应补充适用《合同法》中的相关法律规范。

首先，我国《公司法》及相关司法解释并未规定在夫妻关系存续期间，一方以及个人名义将夫妻共同财产投资于有限责任公司，在单独获得股东身份后，其股权转让行为须以另一方配偶的同意为该股份转让行为之前提。其次，从股权的权利属性审视，有限责任公司是由一定数量的民事主体基于相互的信任，为了共同的利益，依契约约定，以各自的一定财产投入设立起的具有拟制的独立法律人格的民事主体，公司形态兼具资合与人合的双重属性。基于有限责任公司的人、资二合属性，其股东必然是公示在册登记的主体，对应的股东权亦应区别于一般的民事权利，表现出很强的人合性特征。我国《公司法》对股东权益进行了举例，股东权除具备一般的财产性权益外，还包括参与决策、选择管理者等社员性权利，具有与其股东个人特定社员身份、品格密不可分的人格、身份权特性。因此，有限责任公司的财产、人格独立性，均要求公司的财产与股东家庭财产及收益上和负债上都相分离，恰如股东仅以出资为限承担责任，公司债权人无权要求股东以其其他家庭财产承担公司债务。如未经事先的特别约定，一律将股权视为夫妻共有权利，那么任何股东的配偶都有权主张“未经同意，股东表决无效”，这不仅使公司的决策、结果处于飘忽不定的状态，公司特定的人合性、有限性及公司的独立性将荡然无存，也必将损害其他股东、第三人的权益以及商事交易的稳定性。最后，根据

《婚姻法》（已失效）及相关司法解释，夫妻共同财产为“夫妻关系存续期间所得的生产、经营性收益”。根据《最高人民法院关于适用〈中华人民共和国婚姻法〉若干问题的解释（二）》第16条，股东转让股权必须征得过半数股东的同意，并非必须征得其配偶的同意。即使有限责任公司的出资系夫妻共同财产，但非公司股东的配偶要成为公司的股东，还须征得其他股东的同意，只有在其他股东明确表示放弃优先购买权的情况下，股东的配偶才可以成为该公司的股东。在过半数股东不同意转让，但愿意以同等价格购买该出资额的情况下，只能对转让出资所得财产进行分割。综上所述，如无事先特别约定之前置条件，对于自然人股东而言，股权仍属于商法规范内的私权范畴，其各项具体权能应由股东本人独立行使，不受他人干涉。在股权流转方面，我国《公司法》确认的合法转让主体也是股东本人，而不是其家庭成员。

裁判观点： 虽然登记在一方名下但属于共同财产的公司股权，登记股东未征得配偶同意转让股权，转让行为有悖常理的，转让行为无效。

裁判结果： 转让协议无效。

案例157. （2017）辽0281民初2134号，陶某诉栾某军、刘某平股权转让纠纷。辽宁省瓦房店市人民法院

本案争议焦点是： （1）被告栾某军持有的金北轴承公司的股权是否属于其和原告陶某的夫妻共同财产，原告是否为适格诉讼主体；（2）被告栾某军未征得原告陶某同意将其持有的金北公司的股权转让给被告刘某平的股权转让协议是否有效。

法院认为： 本案的案由是股权转让纠纷，根据《公司法》第4条和第71条规定，公司股权包含财产权利、决策权利和管理经营权利。因股权中包含财产权利，该财产属于夫妻共同财产，因此该股权的转让协议是否有效，则还应适用《合同法》《物权法》《婚姻法》的规定综合判断。《合同法》第52条规定……本案被告栾某军将其持有的金北公司的股权转让给被告刘某平，刘某平却未支付对价款，该转让行为有悖常理。其股权转让行为损害原告合法权益，综合原告提供的证据分析，该股权转让行为属于《合同法》规定合同无效的情形，故被告间的股权转让行为应当认定无效。

裁判观点： “同等价格”并非转让股东一方提出的价格，也并非转让股东与拟受让股东约定的转让合同价格，异议股东仍可与转让股东协商或评估确定股权价值。

裁判结果： 撤销一审判决。确认股权归蒋某宇所有。

笔者对苏州市中级人民法院的上述判决持不同意见。如果对同等价格不同理解为转

让方发出的“交易条件”而被认为当其他股东持有异议时，仍可以再行与转让股东“协商”甚至是“评估”的话，转让方和受让方之间的交易就变成了一种不确定的、不可期待的状态。那么，这样的认定是否侵犯了转让方和拟受让方之间的“公平交易”？此外，对于交易来说，交易对价是核心条件之一，如果转、受让双方之间的价格都未确定，其他股东又如何明确在什么条件下购买？或者是不论任何交易条件都主张优先购买权？此时又何来“不影响”其他股东行使优先购买权？此外，通知的义务人是转让方还是受让方，是否可以以其他股东已经明知转、受让方即将发生的交易来替代转受让方的通知义务？再者，工商登记公示的效力只及于对抗第三人，并不构成股东享有股东权利的条件，股东是否持有股权、享有股东权利取决于公司章程和其他股东的确认，判决为何确认受让方自工商登记为股东之日起享有股东权益？笔者认为，该判决中二审法院的认定理由过于牵强。

案例158.（2016）苏05民终7381号，蒋某宇诉苏州市永星房地产有限公司、陈某萱、陈某康、陈某、张某颐股东资格确认纠纷。江苏省苏州市中级人民法院

本案争议焦点是：蒋某宇能否取得股东资格。

一审法院认为：首先，（2010）苏中商终字第0559号民事判决书认定将蒋某宇和陈某萱在离婚协议书中约定“男女双方在公司的股权归男方”理解为夫妻双方在各公司拥有的股权都归蒋某宇所有较为符合常理，其中应包含陈某萱在永星公司的股权，即应理解为按照该离婚协议书，蒋某宇和陈某萱协商一致将陈某萱在永星公司的出资额全部转让给蒋某宇。其次，根据《最高人民法院关于适用〈中华人民共和国婚姻法〉若干问题的解释（二）》第16条的规定……本案中，根据上述民事判决书的认定，离婚协议书约定将陈某萱在永星公司的出资额全部转让给蒋某宇，蒋某宇则需在满足上述法律规定的情况下才可以成为永星公司的股东。永星公司的股东为陈某萱、陈某康、陈某，陈某康、陈某均明确表示不同意该转让事宜也未放弃优先购买权，因此不符合第1项条件。而就陈某萱在永星公司的出资额转让给蒋某宇的转让价格，陈某萱和蒋某宇未能协商一致，因此，其余股东并无行使优先购买权的基础，故也不符合第2项条件。因此，一审认为，鉴于陈某萱和蒋某宇未能就出资额转让价格协商一致，其余股东在不同意转让的情况下，无法以同等价格购买该出资额，并不能视为其余股东不愿意以同等价格购买该出资额，故也不能视为其余股东同意转让，因此蒋某宇不能据此成为永星公司股东。最后，退一步讲，即使不存在转让价格的问题，蒋某宇向陈某康、陈某所发出的征询函中也并未载明购买价格。蒋某宇在庭审中明确购买价格为2.56亿元的依据是2013年的审

计报告，该报告是在发出征询函之后作出的，显然并非征询函中所称的“具体购买价格”，因此该征询函并未提供其余股东行使优先购买权所需的同等价格，故不能基于陈某康、陈某未予答复即视之为第二人不愿意以同等价格购买该股权，即不能视之为同意转让，则蒋某宇仍不能据此成为永星公司的股东。

永星公司是有限责任公司，其作为社团法人的人合性是在处理其股东资格纠纷中应当考虑的重要属性。有限责任公司的股东根据公司法及公司章程规定而享有的从公司获取经济利益并参与公司治理的权利即为股权，股权是属于一系列权利的集合体，其中既包含财产权性质的权利也包含人身权性质的权利。在有限责任公司中，由于人合性较强，对于股权中的处分权能进行一定的限制，这既是股东资格的转移需要获得其他股东同意的原因之一，也是优先购买权制度设立的理论基础。无论是在离婚分割夫妻共同财产时还是一般的股权转让中，涉及股权中的人身权性质的权利转移，都应首先以转让双方的合意为前提条件，其次以其他股东的同意和优先购买权的行使为必要条件。《最高人民法院关于〈中华人民共和国婚姻法〉适用若干问题的解释（二）》第 16 条的立法意图也在于此。如果两项条件均不能符合，则人民法院在离婚案件中也不能直接分割股权，而是应当考虑股权的价值和相应的财产权益，从而与其他财产一并考虑，进行平衡的分割。本案中，蒋某宇和陈某萱是协议离婚，就离婚协议书中双方的约定是否包含对永星公司股权的处分即有非常大的争议，转让双方缺乏合意基础，蒋某宇也未能按照法律规定进行优先购买权的征询程序，其他股东对于该转让也表达了强烈的反对，倘若蒋某宇据此获得股权，则永星公司的人合性将几近丧失。

二审法院认为：陈某萱与蒋某宇在 2007 年的离婚协议书中约定“男女双方在公司的股权归男方”，故应归蒋某宇所有。陈某萱持有永星公司 36.4% 的股份系蒋某宇与陈某萱夫妻关系存续期间取得的共同财产。此前双方作出的承诺书明确要将取得的股份赠与女儿，但根据《合同法》第 186 条第 1 款的规定，赠与人在赠与财产的权利转移之前可以撤销赠与，陈某萱与蒋某宇于 2005 年 5 月在离婚协议书上约定“所有关于女方的股权全部转为男方”，该约定实为对承诺书内容的否定，即赠与人蒋某宇与陈某萱行使了任意撤销权。因此，陈某萱关于 36.4% 的股份系代女儿持有的主张缺乏依据。

离婚时，夫妻一方名下股权经协商归另一方所有，但现行法律未规定另一方当然取得股东身份，因此另一方是否取得股东身份的争议仍应根据《公司法》第 71 条规定进行处理。解决该争议还涉及《最高人民法院关于适用〈中华人民共和国婚姻法〉若干问题的解释（二）》第 16 条规定的适用问题。二审法院认为，其他股东不同意转让的，应当依照《公司法》第 71 条第 2 款规定进行购买，这是异议股东的义务，该购买价格由异议股东与转让股东协商解决，无法协商的，在评估确定的价值基础上进行交易，与转让股东和股东之外的人签订的转让合同是否约定价格、价格之大小无关。《最高人民法院关于适用〈中华人民共和国婚姻法〉若干问题的解释（二）》第16条第1款第2项所称“同等价格”，并非简单指异议股东应按转让合同的价格完成交易，仍包括异议股东与转让股东之间的协商价格以及评估价格。如果将“愿意以同等价格”理解为“必须以同等价格”：一方面限制了转让股东与其他股东之间的自由交易；另一方面也不符合立法意图，因为在约定一个高额价格的情况下，其他股东只要不同意，即以该价格交易，明显不公正。因此，《最高人民法院关于适用〈中华人民共和国婚姻法〉若干问题的解释（二）》第16条第1款第2项规定中的“同等价格”属于《公司法》第71条第2款规定中的“购买价”，二者并不冲突。

就本案中当事人提出的抗辩，二审法院认为，首先，陈某萱作为转让股东未发书面通知征求其他股东意见，不影响其他股东购买股权。《公司法》第71条第2款规定的书面通知实质上是保障股东的转让权，防止其他股东的不当或者消极阻扰。本案中，陈某萱未书面通知，但陈某康、陈某明知蒋某宇与陈某萱因离婚而分割股权，在不同意转让时有义务购买股权。其次，蒋某宇与陈某萱分割股权时未约定价格，不影响其他股东购买股权。《公司法》第71条第2款规定的购买是其他股东不同意转让后的义务，此时的购买价系股东之间的合意问题，不受股权分割所涉价格影响。最后，关于优先购买权的规定。本案中，陈某康、陈某不同意转让，故不涉及《公司法》第71条第3款规定的优先购买权的评判。根据上述分析，陈某康、陈某不同意转让也不同意购买，视为同意转让，蒋某宇请求成立，能行使自其工商登记为股东之日起依法享有的股东权益。

（三）继承导致股权变动（2件）

裁判观点：公司章程没有特殊约定的，继承人取得股东资格。
裁判结果：维持二审判决。

案例159.（2018）鲁02民再125号，肖某与汪某风、汪某晖、青岛首创房地产开发有限公司（以下简称首创公司）、李某崭、李某琴股权转让纠纷。山东省青岛市中级人民法院

本案争议焦点是：（1）2008年9月5日股权转让协议和股东会决议是否溯及自始没有法律效力；（2）肖某是否构成善意取得，汪某风二人能否继承股东资格。

法院认为：《公司法》第75条规定了股权继承的一般原则，即自然人股东的合法继承人可以继承股东资格，同时为了维持公司的人合性，允许公司章程就此作出另外规定。本案中，肖某并未提交证据证明首创公司的章程对股东资格的继承作出限制性规定，因此，一审法院基于对王某红合法继承人资格的审查判令由汪某风二人分别继承王某红的股权，并判令首创公司、肖某、李某崭、李某琴配合办理工商登记变更并无不当。

裁判观点：股东死亡后其股权属于遗产仍可作为责任财产对外承担责任，公司不得以该股东抽逃出资或者滥用股东权利为由收购其股权或者减资，损害该股东其他债权人的利益。

裁判结果：驳回执行异议。

案例160.（2019）粤0105执异170号，荣禾公司与吴某晴、黄某玲、梧州市苍梧宁和房地产开发有限公司民间借贷纠纷。广东省广州市海珠区人民法院

本案争议焦点是：法院应否解除对张某芬持有的荣禾公司47.5%股权的相应执行措施。

法院认为：关于荣禾公司主张张某芬已死亡，海珠区法院作出的冻结裁定书仍列张某芬为被执行人属于适用法律错误的问题。由于在海珠区法院作出冻结裁定书之前并未获悉张某芬已死亡的客观事实，也没有相关当事人就张某芬已死亡的事实向法院申请变更或追加被执行主体，故在此情况下所作出的冻结裁定书不宜认定存在错误。而且，即便张某芬已死亡，但其持有的荣禾公司的股权仍应属于其遗产，海珠区法院对该股权进行冻结处置并无不当，并不能因为冻结裁定书仍然列张某芬作为被执行主体而否定冻结措施的合法性。

关于荣禾公司以张某芬由于滥用股东权利、挪用公司公款、利用关联关系、抽逃出资致使公司遭受重大损失等原因，已被取消股东资格为由主张解除对股权的冻结以便其收回股权作转让或减资处理。张某芬是否存在荣禾公司所主张的上述情形属于张某芬与荣禾公司的另一法律关系且涉及实体审查问题，本案不予直接审查处理。此外，张某芬或其继承人是否已经被限制或取消股东资格，是公司内部对股东权利的处分，属于法人内部管理行为，但即便股东资格被限制或取消，该股东所持有的股权所对应的价值仍属于该股东的财产，仍可作为责任财产对外承担责任，故荣禾公司以张某芬或其继承人的股东资格被取消为由主张该股权已不属于张某芬的个人财产，依据不足，法院不予支持。退一步讲，假设张某芬确实存在利用关联关系、滥用股东权利、抽逃出资等行为造成荣禾公司损失的，荣禾公司也理应通过其他法律途径主张权利，但由于张某芬持有的股权所对应的价值仍属于其名下的财产，如准许荣禾公司直接收回张某芬持有的股权用作转让或减资处理，无形之中却是将张某芬持有的股权直接或优先清偿张某芬因滥用股东权利或者关联关系等损害公司利益对公司所负的债务，这样将损害了张某芬其他债权人的利益，故荣禾公司据此主张解除对股权的冻结，依据不足，法院亦不予支持。

（四）赠与导致股权变动（2 件）

裁判观点：股权赠与因具有无偿的特性，故不同于股权转让，正因为其不存在对价关系，因而也不存在其他股东可以行使优先购买权的“同等条件”。

裁判结果：驳回上诉，维持原判。驳回原告的诉讼请求。

案例 161.（2018）苏民终 768 号，李某哲与陈某确认合同无效纠纷。江苏省高级人民法院

本案争议焦点是：李某哲确认涉案股权赠与协议无效的诉讼请求是否应予支持。

法院认为：要判断涉案股权赠与协议的效力，首先应当确定涉案股权赠与协议的性质。关于合同性质，不能仅凭合同的名称予以确定，而应根据合同所涉法律关系结合合同实际履行情况进行判定。本案中，陈某自天目湖俱乐部成立以来一直担任总经理职务，负责天目湖俱乐部的日常经营管理，而签订股权赠与协议时李某哲持有天目湖俱乐部 40% 的股份，其股权收益与天目湖俱乐部职业经理人的经营管理成果密切相关。陈某系具有天目湖俱乐部所经营的高尔夫球场运营经验的职业经理人，李某哲给予陈某一定的天目湖俱乐部股份能够将陈某的收益与其经营管理天目湖俱乐部的成果相挂钩，激励陈某在天目湖俱乐部长期服务，提高其工作的积极性和能动性。因此，虽然涉案股权赠与协议名为赠与协议，但该协议并非一般意义上的赠与合同，而更多体现的是等价有偿的股权激励合同的性质。李某哲将其 5% 的天目湖俱乐部股份给予陈某，实际上并非没有对价的“无偿赠与”，而是涉案股权赠与合同所约定的“管理奖励”，即李某哲给予陈某 5% 的天目湖俱乐部股权的对价是陈某担任天目湖俱乐部的职业经理人并提供长期服务。基于上述关于合同性质的判断，李某哲在本案中根据赠与合同的法律规定主张涉案股权赠与协议已被其撤销而无效的上诉理由，江苏省高院不予采信。

裁判观点：公司系人资两合组织，股东之间的信任系公司建立的基石，在无偿转让股权的情形下，股东的同意权及优先购买权更应保障。

裁判结果：转让协议无效。

案例 162.（2011）石民初字第 4369 号，蒋某保诉张某平、李某峰股权转让纠纷。北京市石景山区人民法院

法院认为：根据 2005 年《公司法》第 72 条第 2 款规定，且奇正耘公司的公司章程中亦作出了相同约定。张某平此次转让股权属于无偿转让，如蒋某保不予同意，且张某平不愿将股权无偿转让给蒋某保，二人应就所转股权议价或张某平放弃转让，蒋某保的股东权利就此可以得到保障。公司系人资两合组织，股东之间的信任系公司建立的基

石，在无偿转让股权的情形下，股东的同意权及优先购买权更应保障。现张某平与李某峰就股权转让事宜未依法通知蒋某保，侵犯了蒋某保的股东权利，二人的股权转让协议应属无效。

（五）特殊身份导致股权变动（2 件）

裁判观点： 修改公司章程取消股东资格的规定未经全部股东确认的，该条款对未确认的股东不具有约束力。

裁判结果： 驳回上诉，维持原判。

案例 163. （2015）红中民一终字第 250 号，金平恒益印刷有限责任公司（以下简称恒益公司）诉杨某明股东资格确认纠纷。云南省红河哈尼族彝族自治州中级人民法院

本案争议焦点是：（1）上诉人恒益公司作出的《关于解除原董事长杨某明劳动关系的决定》中有关杨某明一次性退股的决定是否有效，上诉人恒益公司应否恢复被上诉人杨某明的股东资格；（2）被上诉人杨某明的起诉是否超过诉讼时效。

法院认为： 关于股东资格的问题。股东资格确认纠纷是指股东与股东之间或者股东与公司之间就股东资格是否存在或因具体的股权持有数额、比例等发生争议而引起的纠纷。公司股东取得完整股东资格和股东权利，必须符合实质要件和形式要件。实质要件是向公司依法出资或者认缴出资，或者依法受让或继受公司股权；形式要件是对股东出资的记载和证明，即公司章程记载、股东名册记载、工商部门登记。实际出资是股东履行对公司最重要的义务，也是股东取得股东资格的重要依据。在本案中，上诉人恒益公司于 2000 年 1 月成立，公司成立前，被上诉人杨某明即以货币出资方式对恒益公司履行了出资义务，该出资不违反法律及行政法规的强制性规定，后通过验资登记，杨某明已取得恒益公司的股东资格。股东取得股东资格后，非因法定事由并经法定程序，不被剥夺。上诉人恒益公司于 2009 年 3 月 16 日召开股东会会议，决定对公司原章程进行修改，制定公司新章程。修改后的章程第 20 条第 5 项规定："股东因触犯法律释放、假释、缓刑或解除劳教人员，公司按有关规定给予辞职、除名与公司脱离劳动关系，公司一次性退还股本金。" 2009 年 12 月 21 日，杨某明因职务侵占罪被处予刑罚。恒益公司依据公司新章程第 20 条第 5 项的规定，于 2010 年 3 月 25 日作出金恒字〔2010〕03 号文件《关于解除原董事长杨某明劳动关系的决定》，要求杨某明一次性退股本金，因杨某明不服该决定，双方未实际履行。法院认为，该决定虽符合公司章程的规定，但章程第 20 条第 5 项的特别约定是修改公司章程后增加的，修改公司章程时，杨某明仍是公司的股东，而公司并未通知其参与股东会表决，事后杨某明也未予追认，故该章程对杨某明不

具有约束力，恒益公司依据2009年3月16日修改后的公司章程第20条第5项的规定，要求杨某明一次性退股本金，即取消杨某明股东资格的决定属于无效民事行为，杨某明并未丧失恒益公司的股东资格，其要求恒益公司恢复其股东资格的诉讼请求，应予支持。

裁判观点：公司章程经法定程序修订并生效后，股东应当受章程约束，股东离职时强制其转让股权条款有效。

裁判结果：驳回上诉，维持原判。

案例164.（2014）烟商二终字第355号，姜某兰诉烟台三环锁业集团有限公司股权转让纠纷。山东省烟台市中级人民法院

本案争议焦点是：2007年10月21日被上诉人第二届第五次董事会关于将上诉人姜某兰所持有的8%的股权以每股1.34元的价格转让给王某超的决议是否有效。

法院认为：有限责任公司的公司章程中关于股东离开公司时必须将股权转让给其他股东的规定合法有效。理由：（1）从公司章程的性质看。公司章程是规定公司组织及行为的基本规则的重要文件，订立公司章程是股东的共同行为，除公司法规定的公司章程必要的记载事项外，股东在公司章程中约定股东离开公司时以股权转让的方式退股，属于公司意思自治的范畴，不违反法律的规定。（2）从有限责任公司的性质看。有限责任公司的性质兼具资合性与人合性，它的建立是以股东间的相互信任为基础，具有较强的人合性特征，这就使得股东间的相互信任和股东的稳定对公司而言至关重要，股东的加入与退出均是建立在公司全体股东相互信任的基础上的，以股权转让的方式退出，正是公司人合性的体现。（3）从股东个人的角度来看。在公司章程中约定股东离开公司时必须退股，实为附条件的民事法律行为，由于该退股行为系采取股东事先约定主动转让股权的方式，因此，该条件并不违反法律法规的强制性规定，合法有效。故有限责任公司的公司章程中关于股东离开公司时必须将股权转让给其他股东的规定合法有效。

本案中，被上诉人于2007年6月6日召开的股东大会对公司章程进行了修正，规定股东离开公司时应当将其持有的公司股权转让给其他股东，并对股权转让的价格标准进行了规定。该股东会决议的内容合法有效，股东会的召集方式和表决程序也未违反公司法的程序性规定，该股东会决议已经发生法律效力。根据2007年6月6日公司章程的规定，被上诉人于2007年10月21日作出了第二届第五次董事会决议，该董事会决议的内容既包括将上诉人持有的股权转让给其他股东，还包括按照2007年6月6日公司章程第三次修正案规定的标准确定股权转让价格，董事会决议的内容完全符合公司章程的规

定，也符合法律规定，董事会的召集方式和表决程序也不违反法律法规的强制性规定，董事会决议合法有效。

（六）转让价格和同等条件纠纷（6件）

裁判观点：其他股东未按转让股东通知的条件行使优先购买权购买的，不视为同等条件。

裁判结果：驳回原告的全部诉讼请求。

案例165.（2017）粤0604民初16172号，陈某福诉周某、杨某在、广东省佛山土产进出口有限公司（以下简称土产公司）与公司有关的纠纷。广东省佛山市禅城区人民法院

本案争议焦点是：原告诉请优先购买权是否超过法定行使期间，若未超过，原告诉请的交易条件是否符合同等条件。

法院认为：陈某福在2027号案件中提交了土产公司股东会决议以及周某和杨某在签订的股权转让协议作为证据，故可推定其至少在2017年1月22日已知晓周某向杨某在转让土产公司股权的事实及转让条件。根据《公司法司法解释（四）》第21条第1款规定，原告并未提交相关证据证明其曾于2017年2月21日前主张优先购买权，应承担举证不能的不利后果。虽原告对股权变更登记行为持有异议，并申请了行政复议，但复议行为并不具有行使优先购买权的效力，原告在复议过程中亦未表达其具有行使优先购买权的意愿。据此，原告行使优先购买权已超出法定期间。此外，即便原告在法定期间行使优先购买权，其诉请的交易条件与股权转让协议约定的交易条件显然不属于同等条件，不符合《公司法》第71条第3款的规定。

裁判观点：转让通知应当载明实质条件，否则不产生法律效力。

裁判结果：撤销一审判决，改判赔偿原告损失。

案例166.（2018）川01民终10062号，周某丽与重庆和航科技股份有限公司（以下简称重庆和航公司）、四川德泽四方科技有限责任公司（以下简称德泽四方公司）、蒋某、刘某新股权转让纠纷。四川省成都市中级人民法院

本案争议焦点是：（1）蒋某应向周某丽赔偿损失的金额如何确定；（2）刘某新、重庆和航公司、德泽四方公司是否应对蒋某该项义务承担连带清偿责任。

法院认为：（1）关于蒋某应向周某丽赔偿损失的金额如何确定的问题。成都市中院认为，蒋某违反其与周某丽达成的《离婚协议》，将协议约定转让给周某丽的德泽四方公司股权另行转让给其他人，构成违约，造成了周某丽损失，应向周某丽承担赔偿责

任。对于赔偿金额，成都市中院认为，周某丽的损失应为蒋某向案外人转让案涉股权的市场价值，而德泽四方公司系有限责任公司，有限责任公司的股权价值基于公司性质、理论及司法实务并无普遍认同的计算方式进行确认，因此，对于有限责任公司股权价值判断应结合案件证据予以考量。

（2）关于刘某新、重庆和航公司、德泽四方公司是否应对蒋某前述债务承担连带赔偿责任的问题。周某丽上诉认为其向刘某新、重庆和航公司送达了《关于受让德泽四方公司法定代表人蒋某全部股权通知书》，而刘某新、重庆和航公司未行使股东优先购买权，则其与蒋某之间的股权转让行为对刘某新、重庆和航公司、德泽四方公司产生法律效力，三者构成共同侵权，应承担连带赔偿责任。依照《最高人民法院关于适用〈中华人民共和国婚姻法〉若干问题的解释（二）》第16条之规定，基于有限责任公司的人合性，夫妻离婚分割夫妻财产时，虽然可以将以一方名义在有限责任公司的出资额转让给配偶，但该配偶要想取得股东地位，仍要按公司法和公司章程规定的程序办理。本案中，周某丽向刘某新、重庆和航公司送达《关于受让德泽四方公司法定代表人蒋某全部股权通知书》并不符合《公司法》第71条关于股权转让事宜通知主体的规定；同时，前述通知书亦未载明周某丽受让案涉股权的数量、价格、支付方式及期限等因素，则该通知书对刘某新、重庆和航公司并不产生法律效力。因此，周某丽提供的证据不足以证明其取得了德泽四方公司过半数股东同意，其尚未成为德泽四方公司股东，据此，德泽四方公司没有义务为其签发出资证明书、变更股东名册、修改公司章程。同时，刘某新、重庆和航公司亦不存在侵权行为。故周某丽关于要求刘某新、重庆和航公司、德泽四方公司就蒋某的前述债务承担连带赔偿责任的上诉理由不能成立，成都市中院不予支持。

裁判观点：公司和其他股东以实际行为拒不配合对拟转让股权价值进行评估的，可视为不同意转让也不愿意以同等价格购买股权。

裁判结果：驳回上诉，维持原判。

案例167.（2019）京03民终7816号，胡某2等与金某离婚后财产纠纷。北京市第三中级人民法院

法院认为：当事人因离婚就财产分割达成的协议，对男女双方具有法律约束力。关于一审法院确认金某为恒丰达公司股东是否侵犯公司股东优先购买权的问题，祁某1与金某双方在离婚协议2中对恒丰达公司的股份约定了共同持有各占一半，应当视为双方协商一致的结果，祁某1在恒丰达公司的股份一半归金某所有，现金某和祁某3、祁某2、徐某、秦某、胡某2、胡某1、黄某、恒丰达公司就转让价格并未达成一致意见，且各方

主张的股权价值评估时点亦存在差异，在恒丰达公司表示同意配合工作的情况下，一审法院对金某提出的审计和评估申请予以准许。但在审计和评估过程中，审计机构和评估机构均因恒丰达公司未按要求提供相关材料而终止工作，并向一审法院退案。恒丰达公司不履行配合义务，未向鉴定机构提供相关材料，导致鉴定工作不能完成。因股权价值无法确定，进而股权转让无法进行，一审法院认定恒丰达公司股东不同意转让，也不愿意以同等价格购买该股权，该认定正确。

裁判观点： 其他股东放弃优先购买权后又反悔，主张在同等条件下继续行使优先购买权的，其反悔行为无效。

裁判结果： 驳回原告的诉讼请求。

案例168. （2018）赣民初37号，刘某鹏与戚某林、杨某华股权转让纠纷。江西省高级人民法院

法院认为： 刘某鹏主张其在收到股权转让征询函后三十日内向戚某林主张了优先购买权，戚某林在通知中确定的时间短于三十日。对此，根据《公司法司法解释（四）》第19条，在公司章程没有规定股东优先购买权行使期间或者规定不明确的，而通知确定的期间短于三十日时，主张优先购买权的股东可以在三十日内行使权利。在本案中，戚某林在通知中确定的期间虽短于三十日，但刘某鹏已经在其确定的期限内放弃股东优先购买权，是其自己对期限利益的放弃。刘某鹏在放弃股东优先购买权后又向戚某林主张优先购买权，系反悔行为，不适用《公司法司法解释（四）》第19条的规定。根据《民法总则》第7条，刘某鹏在放弃优先购买权后又主张在同等条件下继续行使股东优先购买权，违反了诚实信用原则，其反悔行为无效。因此，对其主张在同等条件下行使股东优先购买权的诉讼请求，不予支持。

裁判观点： 转让人以低于之前通知的同等条件实际转让了股权，但其他股东在知悉实际转让条件和转让行为后未提出异议的，视为放弃优先购买权并认可转让行为。

裁判结果： 驳回原告的诉讼请求。

案例169. （2014）攸法民二初字第474号，刘某姑诉攸县科华实业有限责任公司（以下简称科华公司）、张某生、尹某灵、胡某龙、刘某牛股权转让纠纷案。湖南省攸县人民法院

本案争议焦点是：（1）被告科华公司与张某生之间的股权转让行为是否侵犯了原告刘某姑享有的公司股权优先受让权；（2）被告科华公司与张某生于2012年10月23日

签订的股权转让协议是否有效。

法院认为：2012 年 9 月 11 日被告科华公司公布持有星能公司股份转让条件后，原告刘某姑于 2012 年 9 月 25 日声明同意放弃科华公司持有的星能公司 67% 股权的优先受让权，被告科华公司以低于上述公布的转让条件将其持有的星能公司 67% 的股权转让给张某生。此后，原告刘某姑并未采取有效措施以维护其享有的公司股权优先受让权。并且刘某姑于 2014 年 4 月 1 日与受让科华公司持有的星能公司 67% 股权的新股东张某生及其合伙人尹某灵、刘某牛代表星能公司与胡某龙签订了星能公司上云桥电站承包协议，还收取了胡某龙所交纳的承包款。原告刘某姑已经以其实际行为放弃了其享有的星能公司股权优先受让权并认可了被告科华公司与张某生之间的股权转让行为。故被告科华公司与张某生之间的股权转让行为没有侵犯原告刘某姑享有的公司股权优先受让权。另外，因被告尹某灵、胡某龙、刘某牛并未与被告科华公司签订股权转让协议，也不存在侵犯原告享有的公司股权优先受让权的行为。

裁判观点：转让股东改变了已经通知的转让条件，视为并非“同等条件”，即使其与股东以外的受让人签署了转让协议，其他股东仍可按通知的“同等条件”购买股权，已经签署的转让协议无效。

裁判结果：撤销一审判决，改判确认转让协议无效，确认其他股东有优先购买权。

案例 170. （2018）粤 03 民终 18489 号，深圳市新通宝运输有限公司（以下简称新通宝公司）与深圳市安道运输集团有限公司（以下简称安道公司）、深圳市中南运输投资有限公司（以下简称中南投资公司）股权转让纠纷。广东省深圳市中级人民法院

法院认为：本案中，安道公司向股东以外的人即中南投资公司转让股权，双方签订的股权转让协议、借款协议约定，股权转让对价为支付转让金 500 万元及提供无息免担保借款 5000 万元，该两项款项支付后办理股权过户，借款日期未明确。安道公司将该两份协议发送给其他三位股东，深圳市宝安区投资管理有限公司、深圳市中南运输集团有限公司同意转让，新通宝公司不同意转让并主张优先购买权。安道公司向新通宝公司发送的股权转让协议、借款协议文本明确约定 5000 万元借款的支付时间为借款协议生效后五个工作日内，即与中南投资公司的股权转让条件并非“同等条件”。而且，从工商登记信息以及各方庭审陈述等情况来看，安道公司在认为新通宝公司已放弃优先购买权后即与中南投资公司履行 2018 年 5 月 28 日股权转让协议，在该协议约定的股权过户条件未成就的情况下，安道公司将涉案 1% 股权过户至中南投资公司名下，中南投资公司自认仅支付股权转让金 500 万元。由此可见，安道公司、中南投资公司实际履行的情

况与双方之间签订的合同、通知新通宝公司的条件（如转让对价、履行期限等）均不同。深圳市中院认为，安道公司以2018年5月28日股权转让协议设定非真实的转让条件，损害了其他股东的优先购买权，违反法律强制性规定，依法应认定为无效。安道公司转让股权给中南投资公司的对价实际仅为股权转让金500万元，新通宝公司主张按照500万元的价格受让安道公司转让的西部公汽1%的股权，有事实和法律依据，深圳市中院予以支持。

（七）股东名册登记纠纷（1件）

裁判观点：受让方履行了付款的义务，公司应当按合同约定将受让人记载于股东名册。

裁判结果：驳回上诉，维持原判。

案例171. （2018）川08民终1049号，罗某1、罗某2与谭某洲、旺苍县致远煤业有限公司、四川明嘉矿业集团有限公司股东名册记载纠纷。四川省广元市中级人民法院

一审法院认为：原告谭某洲以协议各方作为当事人提起诉讼，符合法律规定，属于合法的诉讼主体。原告谭某洲与被告罗某1、罗某2、四川明嘉矿业集团有限公司签订的《旺苍县致远煤业有限公司股份转让协议》，是各方的真实意思表示，合法有效，予以确认。原告谭某洲按照约定的转让款金额、支付转让款的期限履行了支付转让款的义务，被告旺苍县致远煤业有限公司应当按照约定将原告谭某洲记载于股东名册，为其签发出资证明并办理相关登记。对于是否应当变更法定代表人登记的问题，根据全体股东签订的协议，结合一审庭审情况可以确认，原告谭某洲支付转让款后，全体股东一致同意原告谭某洲为被告旺苍县致远煤业有限公司法定代表人，公司股东享有选择管理者的权利，被告旺苍县致远煤业有限公司全体股东一致同意公司法定代表人变更为原告谭某洲不违反法律规定，各被告应当按照约定办理变更登记。被告罗某1、罗某2、四川明嘉矿业集团有限公司系被告旺苍县致远煤业有限公司股东，在收到原告谭某洲全部转让款后，应当按照约定协助其办理相关登记及变更事项。

二审法院认为：关于上诉人提出在公司章程经股东会决议修改前，直接确认被上诉人为公司法定代表人错误的问题。虽然《公司法》第13条规定公司法定代表人依照公司章程规定，但该法第37条第2款同时规定，对修改公司章程，在股东以书面形式一致表示同意时，可以不召开股东会会议，直接作出决议。旺苍县致远煤业有限公司的全体股东与被上诉人谭某洲签订的《旺苍县致远煤业有限公司股份转让协议》第7条明确约定，在协议签订并付清全部转让款项的十日内，向工商行政管理机关申

请办理股权谭某洲法定代表人变更登记。该转让协议中关于“办理股权谭某洲法定代表人变更登记”应为全体股东一致决议，该决议内容清楚明了，不存在歧义，也无需再就法定代表人的变更另行召开股东会，在被上诉人谭某洲按期履行了付款义务后，旺苍县致远煤业有限公司及全体股东应当按约履行变更公司法定代表人为被上诉人的相应义务。

第十二条

异议回购和强制出售、收购

一、示范条款

出现下列情况之一的，对股东会该项决议投反对票的股东可以请求公司按照合理的价格收购其股权：

1. 公司连续五年盈利，且符合公司法或章程规定的分配利润条件的，但股东会决议不分配利润，或董事会实际未分配利润。

2. 公司合并、分立、转让主要财产的，主要财产是指超过公司净资产50%或者是主要利润来源的资产。

3. 章程规定的营业期限届满或者解散事由出现，股东会决议使公司存续的。

【4. 改变业务形态，或者放弃主营业务的，背离公司设立目的的】

请求回购的股东应当在决议作出的【七日】内向董事会/执行董事提出异议回购的请求，请求的内容应当包括回购股权的比例、价格和支付的条件。【异议股东仅能要求公司回购其持有的全部股权，不得拆分】如果双方就回购的价格未能协商一致，【可参考公司前三个自然年度的平均净资产为基准，按照回购的股权比例折算】逾期未提出的，视为放弃该项权利。

自股东会决议作出之日起六十日内，股东与公司不能达成股权回购协议的，股东可自股东会决议通过之日起九十日内向人民法院提起诉讼。

因股权激励或其他法律关系取得股权的，当该股东失去特殊身份或不再满足取得股权时约定的条件的，自【该事件发生之日/权利人提出收购之日】起该股东即已不再具有股东资格、不再享有股东权利，权利人可强制要求该股东出售股权或收购该股东的股权。

未经【其他股东一致同意/其他条件】，控股股东或实际控制人向股东以外的人转让股权，导致其失去对公司控制权或实际脱离公司经营管理的，其他股东有权要求控股股东或实际控制人收购其持有的部分或全部股权，或者要求以同等条件加入该交易。【如果其他股东未能以同等条件跟随出售，控股股东或实际控制人不得实施该次交易】

【异议回购】除异议股东的回购外，法律没有规定其他条件的强制收购和回购。司法裁判有条件地支持"人走股留"的个案认定。配合本书"股东资格"的规定，笔者建议增加异议回购的具体请求内容和对价参考标准。

【强制收购】在资本市场运作中，公司对外融资时通常原始股东或投资人有附加要求，例如拖售权、随售权。从不同股东立场来看，可考虑在章程中加入如果控股股东或实际控制人对外出售股权，其他股东为保障自己权益的救济措施。

二、条款解释

从回购/出售的相对方来说，可以分为股东之间的强制回购/出售和公司与股东之间的强制回购/出售；从法定和约定来说，有异议股东的强制回购和章程或股东间约定的强制出售。本条款要规范的问题是：除法律明确规定外，是否需要增加异议回购、强制收购或者强制出售的其他条件，在什么条件下，赋予谁有"强买"或者"强卖"的权利或义务，以及如何确定交易对价以及违约责任。

（一）异议回购

法律有明确规定的异议回购，又被称异议股东回购请求权，是中小股东打破公司僵局的有效解决途径之一，即当大股东利用资本表决权占多数的优势"滥用"股东权利和控制地位损害小股东权益或者拒不分红，小股东无法有效参与公司治理、保障自身权益的时候，可以选择"用脚投票"，要求公司以合理的价格收购其股权进而退出公司的一种权利救济方式。《公司法》第74条明确规定的是三种情形，即利润分配的异议、合并分立的异议、解散的异议。除此之外，是否允许股东自行约定其他回购的条件，《公司法》没有明确，实践中也有不同观点。在（2011）普民二（商）初字第1185号案中，上海市普陀区人民法院认为，公司以股转债的方式收购股东王某某所持有的股权并不在《公司法》第74条规定的情形内，且有悖于股权回购的立法精神，违反了公司资本维持原则，损害公司和债权人的利益，应属无效。但是在最高院的（2009）民申字第453号①案

① 沛县舜天房地产开发有限公司与叶某文股权转让纠纷。

中，法院认为，股东通过公司回购股份退出公司，并不仅限于《公司法》（2005 年）第 75 条规定的情形，在股东之间就公司治理发生严重分歧，或者股东因自身原因长期不能正常行使股东权利时，股东通过与公司达成协议由公司回购其股权既符合有限责任公司人合性和封闭性的特点，又可以打破公司僵局、避免公司解散，使公司、股东、债权人的利益平衡且得到有效保护，不违背立法本意。笔者认为，从稳定市场经济、优化营商环境，尽可能使公司存续、保持公司价值的角度来看，司法实践中会有条件地认可章程自行约定的异议回购的效力。

（二）强制出售和收购

拖售权（又称领售权或强制出售权）是指如果有第三方向部分股东发出要约，要求收购该部分股东的股权且这些股东接受要约的，则其有权要求其他股东一起按照相同的出售条件和价格向该第三方转让股权。随售权（又称参售权或共同出售权）通常在风险投资交易中用来保护少数股东的权益，即当多数股东（或控股股东）在出售其股权时，少数股东有权加入交易以同等条件出售股权的权利。

强制收购和强制出售在本质上来说没有区别，二者都是通过股权变动的方式使一方在触发约定的先决条件时“转让股权”。区别在于：强制收购是从买方角度出发，是买方强制购买其他股东的股权；强制出售是从卖方角度出发，卖方强制买方购买自己的股权，一个是“强买”，另一个是“强卖”。

从实践来看，强制收购多用于股权激励场景中。通过股权激励方式取得股权的人在丧失了约定的身份后被公司或相关权利人强制要求其出售取得的股权，即所谓的“人走股留”。随着创业合伙人制度的流行，股权激励也越来越多被“创始人”们使用。尤其在庚子鼠年这一场突如其来的新冠疫情影响下，企业比以往更加意识到危机就在身边，单打独斗已不再适应现今的创业环境，曾经还在构想中的合伙人制度已经提前实施了。笔者为多家企业做过股权激励，既有传统的生产制造企业，也有 IT 程序开发企业，还有电商企业等。在一个传统的生产制造企业实施的股权激励项目中，几个高管跟了老板十多年“打江山、守江山”，现在高管年纪和职业晋升都到了“天花板”，老板为给他们提供安全和保障，让他们能够安心地继续留在企业，委托笔者设计一套类似“股权激励”的方案。笔者根据生产制造型企业的特点、针对技术开发岗位和管理岗位的不同，分别设定了不同的行权条件和赎回条件。在另一个委托人为电商类（运营型）企业的股权激励项目中，电商类轻资产企业的核心资产就是人，因此股权激励显得更为重要，为这类型企业设计激励方案，应当更多关注稳定和业绩指标，以及同业竞争的约束。

强制出售常用于收并购或者私募股权投资，通常是财务投资者或者小股东为防止大股东或实控人“套现跑路”而要求大股东在对外融资或转让股权时，财务投资者或小股东可选择跟随大股东以同等条件出售全部或部分股权而设置的条款。显而易见，如果企业经营得好、盈利可观，大股东又怎么会卖掉股份套现“跑路”呢？除非是为了较大金额地融资需要释放较小比例的股权，所以小股东就特别关注，如果大股东出售的股权比例过大导致大股东失去实际控制权，即可触发“强制出售条款”，小股东可以依据条款强制捆绑大股东，要求其搭售自己持有的股权，有效保障自己的权益。

市场上有名的案例即“俏江南事件”，餐饮集团为谋求上市，引进投资人鼎晖时约定了“强售权条款”。俏江南上市失败后，鼎晖向欧洲私募股权基金 CVC 转让俏江南 10.53% 的股份，张某被迫跟随出售 72.17% 的股份，同时，由于转让股权超过了 50%，可以视作为清算事件，所以又连环触发了当时投资时所签订的优先清算权条款，鼎晖入股时约定了投资款 2 倍的回报，则转让 10.53% 的股份的转让款与投资款 2 倍的差额部分需要由张某出售股权的款项弥补，最终导致创始人张某“出局”。

但是在实务中，中小微企业在发展壮大之前并没有在章程中约定此类条款，有些股东可能觉得公司运营没多久，距离投融资的阶段尚远，先“活”下来再说，现在就约定这些为时过早，等到需要的时候再行制作。但是，公司不是靠一个股东发展起来的，还需要经营管理团队。公司在初创时股东们激情如火，心聚一起、目标一致，但是随着公司的发展，发展的速度、发展的方向的变化，以及不同的管理者对人和事务管理的尺度不一样，公司的发展状况可能并不符合和满足每一个股东在最初设立公司时的愿景，有些股东就可能会考虑出售自己的股权变现后退出公司，或者大股东希望吸引外部的投资者，又或者公司为发展实施了股权激励，有些核心人员通过股权激励获得了股权，但后来又因各种原因离职或者被辞退。如果章程中没有对应的强制收购或者可制出售条款，就会导致“无规可依”，很容易引起纠纷。

此外，强制收购条款还可以用于对违约股东的“惩罚性措施”，或称作对其他股东的“救济性措施”，例如股东个人负有较大债务，可能到期无法清偿的，或者涉及诉讼有可能被其债权人采取了财产保全冻结其股权的措施，进而可能严重影响公司的稳定的，又或者其个人信用严重不良影响公司投融资发展的，又或者其触犯刑法失去人身自由导致无法有效行使股东权利影响公司运营的，又或者因发表不当言论严重影响公司声誉和持续稳健发展的，对此，其他股东可以启动该条款解决纠纷。笔者建议与本书“第六条　瑕疵出资和股东权利限制”和本书“第五条　股东除名”相关联。

但需要注意的是，强制收购和强制出售条款在司法实务中的认定标准并不统一，不同时期、不同地区的裁判结果也不统一。经全体股东一致同意在章程中规定“人走股留”或“强制离职股东转让股权”等类似条款，很大概率是被认为有效的，但是通过三分之二以上表决权修改公司章程增加类似的条款，对于三分之一不同意的股东来说，此类条款可能对其不具有约束力，以个人负有较大债务可能无法清偿或者因人身自由被限制而无法有效行使股东权利为条件设置强制收购或出售的约定是否有效也存在变数。

三、法律规定

《公司法》第 74 条

《公司法司法解释（一）》第 3 条

四、参考案例（6 件）

裁判观点： 初始章程对股权转让进行限制，明确约定公司回购条款，只要不违反公司法等法律强制性规定，可认定为有效。

裁判结果： 驳回再审申请。

案例 172. （2014）陕民二申字第 00215 号，宋某军诉西安市大华餐饮有限公司（以下简称大华公司）股东资格确认纠纷。《最高人民法院关于发布第 18 批指导性案例的通知》（法〔2018〕164 号）指导案例 96 号

本案争议焦点是： （1）大华公司的公司章程中关于“人走股留”的规定，是否违反了《公司法》（2013 年）的禁止性规定，该章程是否有效；（2）大华公司回购宋某军股权是否违反《公司法》（2013 年）的相关规定，大华公司是否构成抽逃出资。

法院认为： 针对第一个焦点问题，首先，大华公司章程第 14 条规定，“公司股权不向公司以外的任何团体和个人出售、转让。公司改制一年后，经董事会批准后可以公司内部赠与、转让和继承。持股人死亡或退休经董事会批准后方可继承、转让或由企业收购，持股人若辞职、调离或被辞退、解除劳动合同的，人走股留，所持股份由企业收购”。依照《公司法》（2013 年）第 25 条第 2 款“股东应当在公司章程上签名、盖章”的规定，有限公司章程系公司设立时全体股东一致同意并对公司及全体股东产生约束力的规则性文件，宋某军在公司章程上签名的行为，应视为其对前述规定的认可和同意，该章程对大华公司及宋某军均产生约束力。其次，基于有限责任公司封闭性和人合性的特点，由公司章程对公司股东转让股权作出某些限制性规定，系公司自治的体现。在本案中大华公司章程将是否与公司具有劳动合同关系作为取得股东身份的依据继而作出“人走股留”的规定，符合有限责任公司封闭性和人合性的特点，亦系公司自治原则的体现，不违反《公司法》的禁止性规定。最后，大华公司章程第 14 条关于股权转让的规定，属于对股东转让股权的限制性规定而非禁止性规定，宋某军依法转让股权的权利没有被公司章程所禁止，大华公司章程不存在侵害宋某军股权转让权利的情形。

针对第二个焦点问题，《公司法》第 74 条所规定的异议股东回购请求权具有法定的行使条件，即只有在第 74 条规定的三种情形下，异议股东有权要求公司回购其股权，对应的是公司是否应当履行回购异议股东股权的法定义务。而本案属于大华公司是否有

权基于公司章程的约定及与宋某军的合意而回购宋某军股权，对应的是大华公司是否具有回购宋某军股权的权利，二者性质不同，《公司法》第74条不能适用于本案。另外，《公司法》所规定的抽逃出资专指公司股东抽逃其对于公司出资的行为，公司不能构成抽逃出资的主体。

裁判观点：为公司利益，以资本多数决的方式修改公司章程，决议“人走股留”的规定不违反法律强制性规定，且符合公司利益，符合有限责任公司人合性特点，规定合法有效。

裁判结果：驳回再审申请。

案例173.（2012）苏民监字第0059号，王某与南京金凌石化工程设计有限公司（以下简称金凌公司）股东会决议效力确认纠纷。江苏省高级人民法院

法院认为：金凌公司的改制及王某股东资格的取得源于在全国推行的新一轮的国有企业改革举措，即在国有企业改制中建立职工持股制度。这种制度让原国有企业职工转变为新公司的股东，职工同时具备股东和职工双重身份，职工的利益与企业的前途紧紧相连，从而形成一种按劳分配与按资分配相结合的新型利益激励及制衡机制。在这种制度下改制成的金凌公司的股东身份与职工身份密切相关，王某与金凌公司解除劳动关系，丧失了其职工身份，因而其股东资格也就失去了存续的基础。金凌公司在给予王某相应对价补偿的基础上要求王某让出股东身份，符合权利与义务相一致的原则。同时，金凌公司的性质和经营范围决定了一定数量的专业技术人员是支撑该公司生存和发展的必要基础，而王某等40多名具有相应技术职称的专业技术人员或技术骨干的股东在离职后，前往其他与金凌公司有相同主营业务的公司从事相同工作的行为，已妨碍到金凌公司及其在职股东的合法权益。金凌公司的股东会为维护公司的持续稳定发展，以资本多数决修改公司章程、作出要求离职股东转让股权的决议，是公司的自治行为和自救之策，其并不违反诚实信用原则，且符合公平原则，应当认定为有效。

裁判观点：经合法程序通过的公司章程体现的是全体股东的共同意志，不仅约束投赞成票的股东，也约束持反对意见的股东，章程中规定股东退休后即不再具有投资人的身份，不得再行使股东权利的规定有效。

裁判结果：驳回上诉，维持原判。

案例174.（2016）苏01民终1070号，戴某艺与南京扬子信息技术有限责任公司（以下简称扬子信息公司）与公司有关的纠纷。江苏省南京市中级人民法院

本案争议焦点是：2013年11月30日后，戴某艺是否还是扬子信息公司的股东，能

否行使股东权利。

法院认为： 根据扬子信息公司股东会决议通过的《扬子信息公司章程》第 26 条的规定，公司股东因故（含辞职、辞退、退休、死亡等）离开公司，其全部出资必须转让。此后，该公司股东会决议通过的《股权管理办法》规定，公司股东因故（含辞职、辞退、退休、死亡等）离开公司，亦应转让其全部出资。虽然戴某艺主张第一次股东会决议中的签名并非其所签，但章程系经过股东会决议通过，其不仅约束对该章程投赞成票的股东，亦同时约束对该章程投弃权票或反对票的股东。反之，如公司依照法定程序通过的章程条款只约束投赞成票的股东而不能约束投反对票的股东，既违背了股东平等原则，也动摇了资本多数决的《公司法》基本原则。且本案中，第二次股东会决议中所通过的股权管理办法，戴某艺亦签字确认。故上述《扬子信息公司章程》及《股权管理办法》中的规定，体现了全体股东的共同意志，是公司、股东的行为准则，对全体股东有普遍约束力。本案中，戴某艺于 2013 年 11 月 30 日退休，故从该日起，戴某艺不再具有扬子信息公司出资人身份，也不应再行使股东权利。

裁判观点： 章程可规定不符合条件的股东在丧失了股东身份后失去了股权的人身属性，但如果没有规定如何转让、以什么价格转让，应视为未就转让方式和价格达成意思表示一致，强制转让无法实际履行，该股权对应的权利仍属于原权利人。

裁判结果： 驳回上诉，维持原判。

案例 175. （2013）宁商终字第 1337 号，南京市规划设计研究院有限责任公司（以下简称规划公司）与彭某公司盈余分配纠纷。江苏省南京市中级人民法院

本案争议焦点是： 彭某是否享有自其离职之日即 2005 年 3 月 11 日之后的分红权。

法院认为： 股东的分红权是股东的一项重要权利。彭某离职后能否取得分红，应取决于彭某的股东资格是否丧失和何时丧失。首先，股权具有财产性和身份性的双重属性，虽然股权中部分权能的行使会受限于公司的意思，但对于具有财产属性的自益权仍应遵循私有财产不受侵犯的民法基本原则，非经股东本人同意或法定的强制执行程序，不得以股东大会决议的方式予以强制处分。在规划公司未与彭某就股权转让协商一致的情况下，规划公司无权强制转让股东依法享有的股权。

其次，规划公司章程仅规定了“和公司的正式劳动关系是股东的必要条件，和公司终止劳动合同关系的股东必须转让其出资”，但离职股东的股权如何转让，以什么价格转让并没有约定，且无“股东资格自然丧失”或“不再享有股东权利”等类似的约定，

故仅凭规划公司章程，并不能构成一个完整的股权转让合同，不足以确定股东自离职之日起即已丧失了股东资格。

最后，股权自由转让是《公司法》赋予股东的法定权利，股权的管理，特别是对于股权的处分，并非公司自治的范畴，除非股东自己作出同意转让的意思表示。虽然规划公司的股东均应受公司章程和《股权管理办法》中“股随岗变”规定的约束，但股东对其所有的股权仍享有议价权和股权转让方式的决定权。（2007）宁民二终字第 642 号民事判决已明确认定了对《股权管理办法》确定强制股权转让的价格仅对投赞成票的股东有约束力，即投赞成票的股东，如 19 号案中的朱某远因认可《股权管理办法》中对于股权转让价格和股权交付方式的规定，实质上与规划公司之间已经就股权转让事宜达成了意思表示一致。对于投不同意票、弃权票的股东，《股权管理办法》中的股权转让价格条款和股权转让的方式对其不生法律效力，因此应当认定双方就股权转让价格和股权转让方式并未达成意思表示一致。在该两项内容双方未能协商一致或通过诉讼以公允方式予以明确的情况下，该股权的强制转让无法实际履行，即不当然产生权利变动的法律后果，其对应的权利仍应属于原权利人，即彭某。

裁判观点：虽然公司章程规定延续条款需经全体股东一致同意，但基于公平考虑，兼顾公司利益、其他股东利益、债权人利益，其他股东通过收购异议股东股权使得公司存续的决议有效。

裁判结果：驳回上诉，维持原判。

案例 176. （2013）沪二中民四（商）终字第 1282 号，孙某、张某与上海米蓝贸易有限公司（以下简称米蓝公司）、段某立、陈某斌股东会或者股东大会纠纷、董事会决议效力纠纷。上海市第二中级人民法院

法院认为：（1）关于《涉案股东会决议（一）》应否予以撤销的问题。略。

（2）关于《涉案股东会决议（三）》应否认定无效的问题。孙某、张某对此所持的理由为……对于上述股东会决议效力的认定问题，应从合理性、合法性以及是否有违米蓝公司章程规定等方面进行考量。关于其合理性的问题，原审判决已经从社会效应、经济效应等方面进行了充分的阐述，本院予以认同不再赘述。关于其合法性以及是否有违米蓝公司章程规定的问题，本院的认定意见为：①关于《涉案股东会决议（三）》的内容是否违反我国法律、法规的问题。我国现行《公司法》（2005 年）第 75 条和第 143 条，分别对有限公司股东回购请求权和股份公司收购本公司股份的例外情况作出了规定。虽然我国《公司法》（2005 年）第 75 条第 1 款第 3 项的规定，仅是赋予对以股东会决议方式延长公司经营存续期限投反对票的股东享有请求公司按照合理的价格收购其股

权的权利，而并未直接赋予公司或持赞同意见的股东可以按照合理价格收购投反对票股东所持股权的权利。但这一法律条款内容至少可以证明，我国《公司法》（2005 年）认可在原公司章程规定的营业期限届满后，公司股东会会议可以通过决议修改公司章程使公司存续，同时反映我国《公司法》（2005 年）对于公司与股东之间或股东之间就延长公司经营期限所形成的僵局，隐含着可以通过股权收购方式加以解决的立法精神。但前提是保护好小股东的利益，即保证小股东在不愿继续经营却又无力阻止公司存续经营的股东会决议通过的情况下，可以通过让公司收购其股权的方式退出。因此，对于段某立、陈某斌要求强制收购孙某、张某所持公司股权的问题，应该不涉及违反我国法律禁止性规定的事实。

②关于《涉案股东会决议（三）》的内容是否有违《米蓝公司章程》规定的问题。《米蓝公司章程》第六章第 34 条规定“本公司自《企业法人营业执照》签发之日起，经营期限满十年即行解散，并在三十日内办理注销登记。如需延长，则在经营期限届满前七十五日做出决议报上海市工商行政管理局批准，办理变更登记注册手续”。因此，就米蓝公司自身章程而言，并不存在限制公司延长经营期限的问题。但问题在于，《米蓝公司章程》第七章第 38 条中有关“新章程须在股东会上经全体股东通过的约定”内容表明，对于因延长公司经营期限所涉及的章程修正事宜，依约应由全体股东一致表决通过。而客观事实是，在《米蓝公司章程》规定的十年经营期限届满后，公司的两名股东张某和孙某反对延长公司经营期限并坚决要求解散清算，为此，米蓝公司的四名自然人股东之间形成僵局。为解决股东间的僵局以及考虑到公司章程中就延长经营期限所涉的章程修改内容须经全体股东通过的规定，段某立和陈某斌提出按合理价格对张某和孙某持有的公司股权进行收购，并因此形成《涉案股东会决议（三）》。

通常情况下，股东制定的公司章程只要不违反社会公共利益和法律的强制性规定，就应当得到法律的认可和保护。米蓝公司的四名自然人股东在制定公司章程时，可能是基于充分保护小股东利益的考量，约定了修改公司章程不依“资本多数决”而是须经股东一致表决通过。但任何事情都不能一概绝对而论，小股东在利用章程所赋予的权利对大股东进行限制时，亦应兼顾公司控股股东、债权人以及社会公众的利益。解散清算是股东以消灭公司人格的方式而退出对公司的经营，对于经营业绩良好的公司来说，绝非为股东间离散的最佳选择。而作为打破公司僵局的另一种救济措施的股权收购，则实际上是对公司进行重组的过程，即在按章程规定让异议一方股东在公司经营期满后以股权出让方式退出的同时，又实现了另一方股东存续公司经营、避免公司解散清算的目的，促使公司破裂的人合性恢复到原来的完满状态，从而以较小的代价化解了公司的僵局，进而保全了公司的主体经营资格。

诚如段某立和陈某斌所辩称的，由想存续公司经营的股东一方通过合理的价格收购另一方要求公司解散清算股东所持的股权，从而得以让一方股东退出公司经营，这不仅可以帮助想退出公司经营的股东取得公平合理的股权转让对价，而且也达到了另一方股东不想解散公司从而使公司经营得以存续的目的，且利益相关者的损失也会降到最低，因此，不失为一种“多赢”的救济措施。况且，在原公司经营期限已经届满，公司面临延长经营或解散清算两种选择的情形下，对于公司延长经营持反对意见的孙某、张某而言，只要保证两人的股权转让或收购价格合理且不低于公司解散清算所能获得的利益，选择服从合计持有公司76%股权股东的意见，以转让股权或请求收购股权的方式退出公司经营，不仅可以解决公司股东间的僵局，而且对两人的股东权益实际并不会产生损害。

同样如原审判决所认为的，当孙某、张某所持公司股权因被收购而退出公司后，则章程所对应规制的主体也发生了变更，即孙某、张某不再是米蓝公司的股东，对于米蓝公司因延长经营期限而涉及的章程修改事宜，也无须再由两人参与表决和通过。因此，《涉案股东会决议（三）》本身在于解决米蓝公司章程所规制的问题，故并不有违《米蓝公司章程》的规定。

裁判观点：虽然无法律明文规定，但原则上不禁止有限责任公司主动回购股东股权，在不侵害其他股东和公司债权人利益且符合法定程序的前提下，公司回购股权不能简单认定为抽逃出资。

裁判结果：驳回上诉，维持原判。

案例177.（2016）浙07民终2331号，李某明与义乌市住宅建筑工程有限公司（以下简称义乌市住宅公司）公司决议确认效力纠纷。浙江省金华市中级人民法院

法院认为：针对涉案股东会第1项决议，该决议的实质是公司回购股东股权。《公司法》（2013年）对于有限责任公司主动回购股东股权的行为并无明确的规定，但按照私法“法不禁止即可为”的原则，原则上不应当禁止有限责任公司回购股东股权。《公司法》（2013年）虽然规定股东不得抽逃出资，但《公司法》（2013年）并不禁止股东在公司成立之后以合法方式退出公司或减少出资，包括以公司回购股权的形式退出公司或减少出资，公司回购不能简单地认定为抽逃出资。另外，《公司法司法解释（二）》（2014年）第5条也规定了允许公司与股东在公司解散诉讼案件中协商由公司回购股东股权，那么在部分股东和其他股东及公司发生纠纷之初，也应当允许公司以回购股东股权的方式打破公司僵局，这也符合有限责任公司封闭性、人合性的特点和《公司法》的立法本意。

公司存在的意义不在于将股东困于公司中不得脱身，而在于谋求股东利益最大化，合理利用公司回购股东股权的方式能够有效实现股东和公司权益最大化，在不违反法律、行政法规强制性规定的情况下，不应当参照股份有限公司的规定过分限制有限责任公司回购股东股权的权利。但是，有限责任公司回购股东股权的权利不得滥用，公司回购股东股权必须基于一定的前提，除不得违反法律、行政法规强制性规定之外，还应当坚持资本维持原则，同时不得侵害其他股东和公司债权人利益。公司回购股东股权的行为必然导致公司资产减少，故公司有义务向其他股东和公司债权人表明公司回购行为不会损害其利益。本案中，义乌市住宅公司回购的股权比例高达61%，但上诉人却未提供完整的资产报告，上诉人在原审中提交的黄某民的申请并不能全面反映义乌市住宅公司资产情况，上诉人也未提供义乌市住宅公司的债务情况。在无法完全明晰义乌市住宅公司资产和债务的情况下，无法判断公司的回购行为是否违反了资本维持原则，也无法判断是否侵害了其他股东和公司债权人利益，故涉案股东会第1项决议在作出时因有效条件尚不具备，应当认定无效。

第十三条

优先购买权

一、示范条款

股东向股东以外的人转让股权，在同等条件下，其他股东（包括同意转让和不同意转让的股东）有优先购买权。两个以上股东均主张行使优先购买权的，协商确定各自的购买比例，协商不成的，按照转让时各自的【认缴/实缴】出资比例行使优先购买权。

股东向股东以外的人转让股权，该股东未就转让事项征求其他股东意见，或者以欺诈、恶意串通等手段损害其他股东的优先购买权的，其他股东仍有权要求按照同等条件购买该转让的股权，但其他股东已经明示放弃了优先购买权或者自股权变更登记之日起超过一年的除外。

【如果其他股东在主张优先购买权后，转让股东又不同意转让股权的，其他股东可要求转让股东按照通知的条件强制出售，或者要求该转让股东赔偿其合理的损失。恶意行使优先购买权给转让股东造成损失的，行为人应当赔偿转让股东的损失。】

优先购买权按以下方式行使：

1. 股东之间的股权转让，其他股东没有优先购买权。

2. 股东向股东以外的人转让股权，其他股东有优先购买权。

3. 因赠与或继承的股权转让，其他股东【没有/有】优先购买权。

4. 实际出资人与登记股东之间解除股权代持关系并要求显名，登记股东将代持的股权转让给实际出资人的，其他股东【没有/有】优先购买权。

5. 公司解散时，股东购买其他股东的股权使公司存续的，其他股东没有优先购买权。

【主张优先购买权的股东，仅得以按转让股东发出的通知的条件购买全部股权，如果对转让条件提出新的购买条件，视为新的购买要约。但转让通知不符合约定的除外。】

【非货币形式为转让支付对价和条件，导致其他股东无法以“同等条件”主张优先购买权的，其他股东可以选择行使“随售权利”要求转让股东以合理价格购买其持有的部分或全部股权。】

【优先购买权不得分割行使。】

优先购买权的行使期间为自收到通知之日起【三十日】，超出期间仍未答复的，视为【放弃/同意】。

本章程其他条款对优先购买权另有规定的，从其规定。

从司法实践的案例来看，因优先购买权发生的纠纷并没有明显的大股东和小股东立场差异。

【可行使优先购买权的类别】《公司法》第 71 条没有规定因继承导致的股权变化其他股东是否具有优先购买权，但《公司法司法解释（四）》第 16 条又将此约定赋予了章程可自行约定，此处是否允许其他股东行使，可视股东立场确定，但注意应当与章程的规定一致。

【同等条件】主张优先购买权的股东对转让的条件提出要求，是否仍可视为同等条件，或者被视为新的要约，原则上取决于通知是否构成实质的要约内容，以及提出的要求是否符合新的要约，建议在章程中明确。

【优先购买权分割】主张权利人是否可对拟转让的股权分割行使优先购买权，可在章程中明确。

【强制出售】是否强制要求已经发出转让通知要求其他股东行使优先购买权的股东不得撤回要约，强制其出售，或是要求其赔偿合理损失，取决于股东是否想继续加强控制或者是“套现”。

【行使期间】除《公司法》第 72 条对强制执行中的行使期间为二十日外，法律并没有明确规定优先购买权的行使期间，建议不少于三十日不超过六十日。

二、条款解释

本条款要规范的问题是：除法定条件外，其他股权变动行为的，其他股东是否享有优先购买权，以及优先购买权行使规则和权利救济途径。

优先购买权是指当某一股东拟转让其持有的公司股权时，其他股东拥有的在同等条件下优先于其他人购买的权利。法律设置优先购买权规则的立法本意是为了保障有限责任公司的人合性和相对封闭性，尽可能保护原股东之间的人身信赖关系，使得股权结构和公司控制权相对稳定。因此，对股东内部之间互相转让的，因其没有改变人合性结构，故也没有赋予优先购买权的权利。对股东以外的人转让股权的，其他股东有同意权、优先购买权，异议股东有购买义务，而股东之间的股权转让则没有，但对于其他股权变动行为，法律没有明确。但是，优先购买权的目的在于平衡“财产可流动的天然属性”与“维系有限责任公司人合性”之间的矛盾，而并非绝对禁止股权的变动。因此，优先购买权只存在于有限责任公司中，对于单纯由资合性质组成的股份有限公司来说，则无优先购买权的规则。

（一）特殊情况下的优先购买权

并不是任何一种股权变动都可行使优先购买权，传统理论认为，只有基于意思表示的有偿合同关系且破坏原有的人合性结构的股权变动，其他股东可行使优先购买权利才符合法理，所以股东之间内部转让是没有优先购买权的。对于赠与或者是继承等这类非意思表示、无偿的股权变动，也没有优先购买权的法理基础。但实践裁判中也有法院认为，优先购买权是防止新股东的加入对公司人合性及原股东的合理期待造成影响，赠与是无偿转让的一种形式，和有偿转让一样，会引起新股东的加入，同样会对公司人合性及原股东的合理期待造成影响，因此在股权赠与情形下，其他股东仍然有权行使优先购买权。如果赠与情形下排除了其他股东的优先购买权，则股东可以利用赠与行为来规避其他股东的优先购买权，甚至是“明修栈道，暗度陈仓”利用赠与改变原有的股东结构，以及达到特殊的目的。

首先，在代持关系解除、实际出资人受让登记股东代持的股权进而显名时，其他股东是否可行使优先购买权存有争议。《公司法司法解释（三）》第 24 条第 3 款规定，实际出资人未经公司其他股东半数以上同意，请求公司变更股东、签发出资证明书、记载于股东名册、记载于公司章程并办理公司登记机关登记的，人民法院不予支持。《九民会议纪要》对实际出资人显名的条件这样解释，实际出资人能够提供证据证明有限责任公司过半数的其他股东知道其实际出资的事实，且对其实际行使股东权利未曾提出异议的，对实际出资人提出的登记为公司股东的请求，人民法院依法予以支持。公司以实际出资人的请求不符合《公司法司法解释（三）》第 24 条的规定为由抗辩的，人民法院不予支持。但上述规定仍然未对其他股东在此种情况下是否享有优先购买权作出规定。有一种观点认为，隐名股东显名不能等同于股权转让，其他股东不享有优先购买权。因为登记股东并非该股权的实际权利人，隐名股东的显名化在本质上并不是股权转让，所以不存在优先购买权权利行使的基础。湖北省荆门市中院在（2017）鄂08民终1232号①、江苏省常州市中院在（2020）苏04民终4604号②案件中即持此观点。但也有观点认为，显名也是登记股东将股权转让给股东以外的人（非登记股东），也应当适用股权外部转让的规则，同样应当适用优先购买权。在实践中，如果显名股东未履行通知义务与隐名股东签署了转让协议甚至办理了股权变更（特别是代持股权的是实际控制人时），其他股东能否主张转让协议（或者转让行为）无效或者可撤销？鉴于司法实践的裁判观点和结果不统一，笔者建议在章程中明确，代持股权的显名时其他股东是否享有优先购买权以及权利救济方式。

其次，夫妻财产分割导致股权“转让”的，其他股东是否可主张优先购买权在司法实践中是明确的，此种情况下的分割视同为“有偿转让”，其他股东可以行使优先购买权。

（二）同等条件的认定

在《公司法司法解释（四）》未出台之前，对于“同等条件”的表述仅有《公司法》第71条第3款的一句话，没有具体可操作细则，因此实践中出现了大量的纠纷。为此，《公司法司法解释（四）》第18条对同等条件采用简单列举方式，表述为“应当考虑转让股权的数量、价格、支付方式及期限等因素”。但没有进一步规定不符合上述“同等条件”的，转让行为的效力如何、转让股东是否要承担责任、承担何种责任。

如果转让股东发出的通知中并未包含全部的转让条件，导致其他股东无法有效判断作出同意或否定的决定，或者转让股东与第三人恶意串通恶意抬高转让条件，或者同等条件无法量化的，如何认定同等条件？例如，以货币作为转让对价支付方式的话，同等条件很容易比对，但如果是以其他非种类物作为支付方式，以某个特殊地段、特殊位置、有学位指标的房屋作为交易对价的支付，其他欲购买股权的股东又如何满足这个同等条件？又或者大股东为了引进某个具有特殊市场资源或者管理经验的人进入公司成为股东，其他小股东不同意但又无法提供特殊的资源或者经验的，致使其他股东无法满足同等条件、无法有效行使优先购买权，这种情况下其他股东如何救济？法律并未对此作出细致的规定。笔者建议，如果转让的同等条件无法量化而其他股东又无法接受新股东，其他股东可以要求行使随售权利，将自己的股权也转让给转让股东或者是新股东，从而退出公司，或者是设置其他合理的权利救济途径保障其他股东的合法权益。

（三）行使的程序和责任

首先，权利的主体。优先购买权的权利主体比较明确——其他股东，这里面的“其

---

① 京山县慧丰置业发展有限公司与孙某、王某富，蒋某清股东资格确认纠纷。

② 胥某嘉与樊某栋、常州百隆微创医疗器械科技有限公司、尚某建、尚某新股权转让纠纷。

他股东”既包括“不同意转让要求行使优先购买权的股东”，也包括“同意转让不行使优先购买权的股东”，但并不包括公司。

其次，通知的方式。如果通知内容无法判断出实质转让条件，导致其他股东无法行使优先购买权进而要求转让方进一步明确的，该通知是否算有效通知？其他股东同意或不同意的答复采用默示还是明示的方式？如果其他股东主张行使优先购买权，是否只能按照通知的条件购买？如果对于同等条件提出新的要求，是否被视为新的要约？如果购买的话，是必须一次性全部购买还是可以只购买其中的部分股权？例如转让股东拟转让20%的股权，主张购买的其他股东只要求购买10%，或者两个股东分别购买10%的股权。笔者建议，如果转让股东发出的要求其他股东是否行使优先购买权的通知不符合法定或者章程规定的必备要件和形式，其他股东要求转让股东进一步明确的，优先购买权的行使期间从明确之日起计算；如果在行使期间内未给予答复，默示应当是放弃；如果其他股东对同等条件提出了新的要求，例如转让方要求一次性支付转让款，其他股东要求分期支付的，应当视为改变了同等条件，转让股东可以同意也可以拒绝，但并不影响原有通知的效力。上述可能发生纠纷的问题，笔者建议在章程中作出明确的规定。

最后，恶意行使优先购买权的责任。如果转让股东在发出通知后其他股东均要求行使优先购买权，转让股东为了逐利可能会提高转让条件，或者撤回或者拒绝转让，此种情况下，其他股东是否可以要求该股东必须按照通知的条件强制出售？反之，也有可能发生其他股东在答复了转让股东优先购买后又反悔不再购买，转让股东可能损失了向第三方的转让机会，此种情况下，转让方是否可强制其他股东（已经答复行使优先购买权的）购买？或者要求行使优先购买权的其他股东承担其对第三人的缔约过失责任（如果有）？对此，笔者建议也在章程中作出明确的规定。

此外需要提醒注意的是，《公司法司法解释（四）》第21条第1款规定的侵害优先购买权的合同效力应为可撤销，但受“三十日”“一年”两个除斥期间的限制。

（四）合同效力和行为效力

在触发优先购买权的转让中包括两个行为和两个合同：对外的转让行为和对内的其他股东要求优先购买的行为，转让方与第三方签署的转让合同（也可能是框架协议或者意向书）和转让方与要求行使优先购买权的其他股东签署的转让合同。但是，合同效力和行为效力并不相同，行为无效不一定合同无效，合同效力的认定标准来自合同当事人的民事行为能力和真实意思表示，以及法律禁止性规定。

股东优先购买权的行使目的在于通过保障其他股东优先获得拟转让股份而维护公司内部信赖关系稳定，因此，法律所要否定的是股东以外的股权受让人优先于公司其他股东取得公司股权的行为，而不是否认转让股东与股东以外的股权受让人之间签订的股权转让合同的效力，并不是只有撤销股权转让合同或否定股权转让合同的效力才能保护其他股东的优先购买权。事实上，合同的效力是可以与权利变动的结果相区分的，也即是说，在未违反法律法规禁止性规定、没有特别约定的情况下，合同经双方签字即已经生效，即使转让方与第三方签署了转让合同，甚至是履行了转让合同，也并不一定能够发生股权变动的效果，因为其他股东仍然可以要求行使优先购买权以阻断转让方与第三方之间的股权变动行为的效力，但是，这并不能够否定转让方与第三方之间签署的转让合同的效力，只是该合同履行不能而已。从法理上来说，如果否定合同效力，第三人只能通过缔约过失的责任机制获得救济，如果肯定合同效力，第三人则可以根据合同违约条款追究转让股东的责任。合同有效下的违约责任与合同不生效或无效下的缔约过失责任，无论在归责要件上还是在追责力度上都不可相提并论，违约责任可以不以违约方的过错为要件，只要合同未能履行，违约方就要承担违约责任，但缔约过失责任则必须以缔约当事人的过错为责任要件；违约责任不仅可以就守约方的实际损失请求赔偿，而且还可以就间接损失即合同履行后可得利益的损失请求赔偿，但缔约过失责任的赔偿范围则只能限于当事人实际遭受的损失。总之，转让股东和第三人之间订立的股权转让合同，与转让股东和其他股东之间订立的股权转让合同，二者可以相互独立①。

司法实践中，各地法院也多数持同类的观点。贵州省高院在（2018）黔民终1025号②案中认为，当事人针对公司的股权主张享有优先购买权，并不导致相应的股权转让协议无效。首先，《公司法》第71条第2款、第3款之规定并非法律的强制性规定，而系选择适用和推定适用的任意性规范，退一步说，即便将其认定为强制性规范，该规定也属于强制性规定中的赋权性规定，而非禁止性规定，在违反法定规则与第三人签订转让合同的情况下优先购买权并未丧失，仍可以行使，这并不能说是已经侵犯了优先购买权而应当使合同归于无效。另外，是否行使优先购买权具有不确定性，如果认定相应的股权转让协议无效，当事人选择放弃优先购买权，股权转让双方则须重新缔结合同，这明显违反商事经济、效率的原则。其次，基于负担行为与处分行为的区分，处分行为无效不影响负担行为的效力，股权转让合同并不必然导致股权变动。即使认定股权转让协议有效，也并不必然对优先购买权产生实质性侵害，如果当事人主张行使优先购买权，该股权转让合同将难以实际履行，也就是说，股权转让的限制仅仅构成对股权物权性的限制，不会对股权转让合同的效力产生影响。最后，优先购买权仅具有债权效力，而不具有可以对抗第三人的物权效力，其仅产生内部效力；而且即便是物权效力的优先购买权，也只具有外部效力，从而影响出卖人和第三人之间的法律关系，但该外部效力并不

---

① 参见最高人民法院民事审判第二庭编著：《〈全国法院民商事审判工作会议纪要〉理解与适用》，人民法院出版社2019年版，第143～144页。

② 陈某、许某文、李某平与向某、贵州汉世矿业有限公司及田某松、沿河县乌江矿业有限公司股权转让纠纷。

影响出卖人与第三人间买卖合同的效力，仅对标的物所有权之变动产生作用。

三、法律规定

《公司法》第 34 条、第 71～72 条、第 75 条

《公司法司法解释（四）》第 16～22 条

四、参考案例（14 件）

（一）合同效力和行为效力（5 件）

裁判观点：其他股东未明确表示放弃优先购买权的，股权转让协议不发生效力。
裁判结果：驳回原告的诉讼请求。

案例 178.（2016）沪 0115 民初 8797 号，徐某某与张某某离婚后财产纠纷。上海市浦东新区人民法院

本案争议焦点是：原告和被告的上述约定是否能够发生股权转让的效力。

法院认为：（1）上述有关股权转让的约定未经龙雀公司其他股东过半数同意。结合本案，被告未经公司另一股东即第三人同意的情况下，擅自向原告转让其出资额的行为显然失当，该处分行为不仅违反了龙雀公司的章程规定，亦违反我国《公司法》（2013 年）有关有限责任公司股权转让的相关规定。（2）上述有关股权转让的约定侵害了第三人的股东优先购买权。结合本案案情，第三人并未明确表示放弃优先购买权，但其对原告所提出的被告所持股权价值 1000 万元不予认可，要求原告将涉案股权提交审计鉴定部门进行估价后提出合理对价。对此，法院认为，原告作为《协议书》约定中受让龙雀公司相关财产权益的一方，其已实际接手龙雀公司的经营管理，并提起本案诉讼要求取得股东地位，但因相关股权转让未经第三人同意，且原告要求第三人以 1000 万元为对价行使股东优先购买权显然缺乏依据，故第三人提出原告应就涉案股权提交审计鉴定部门进行估价后提出合理对价的请求合理正当，本案原告就其依据《协议书》约定所受让的被告所持有的龙雀公司的股权价值负有举证责任。但在法院指定的期限内，原告并未向法院提出估价申请，故相应举证不利的法律后果应当由原告负担。

裁判观点：转让股东未书面通知转让事项征求其他股东优先购买权的，不符合合同法对无效合同规定的条件，转让协议并不当然无效。损害优先购买权的权利人可向转让人主张权利，但请求确认转让协议无效没有法律依据。
裁判结果：驳回上诉，维持原判。

案例179.（2015）吉中民三终字第137号，段某强与段某刚、董某霞、董某莉、邱某股权转让纠纷。吉林省吉林市中级人民法院

法院认为：本案系确认“股权转让协议无效”之诉，股权转让合同固然要受《公司法》的规范，但作为合同的一种，在《公司法》没有特别规定时，其也应受《合同法》的调整。虽然段某刚向董某霞、董某莉转让股权时没有通知段某强，段某强亦没有书面同意，违反了《公司法》第71条的规定，但《公司法》第71条没有规定违反此条款的转让合同无效，规定“公司章程对股权转让另有规定的，从其规定”，由此可见该条款不属于效力性的强制性规定，不能就此认定股权转让合同无效。由于《公司法》对于侵犯股东优先购买权的股权转让合同效力没有明确规定，因此，探讨其效力应当从《合同法》关于合同效力的一般规定入手。《合同法》第52条规定了合同无效的法定事由，本案股权转让协议的订立和履行涉及的是个人之间的权利义务关系，不存在《合同法》关于合同无效的五种情形。即便段某强的股东权益受到侵犯，侵犯其权益的是转让人段某刚，其可依法向段某刚主张权利，段某强请求确认段某刚与董某霞、董某莉股权转让协议无效没有法律依据。

裁判观点：股权转让协议损害了其他股东的优先购买权，转让协议无效。

裁判结果：驳回再审申请。二审判决确认转让协议无效，受让人应当将转让款返还给转让人。

案例180.（2016）苏民申1346号，李某柱与徐某生股权转让纠纷。江苏省高级人民法院

二审法院认为：《公司法》第72条第2款规定，本案中李某柱与徐某生签订的股份转让协议，因未经生隆公司其他股东过半数同意，违反了法律的强制性规定，故依法应认定为无效合同。

再审法院认为：李某柱并非生隆公司股东，徐某生与李某柱订立股权转让协议，并未遵循《公司法》（2013年）第71条第2款规定的订立程序，书面通知其他股东征求意见，而且公司其他股东张某1、陈某、张某2知道后均不同意徐某生将其股权转让给李某柱，该股权转让协议损害了其他股东的优先购买权，二审判决认定该股权转让协议无效并无不当。

裁判观点：其他股东放弃优先购买权后又反悔，主张在同等条件下继续行使优先购买权的，其反悔行为无效。

裁判结果：驳回原告的诉讼请求。

案例181.（2018）赣民初37号，刘某鹏与戚某林、××华股权转让纠纷。江西省高级人民法院

法院认为：刘某鹏（原告）主张其在收到《股权转让征询函》后三十日内向戚某林主张了优先购买权，戚某林在通知中确定的时间短于三十日。对此，本院认为，根据《公司法司法解释（四）》（2017年）第19条规定，在公司章程没有规定股东优先购买权行使期间或者规定不明确的，而通知确定的期间短于三十日时，主张优先购买权的股东可以在三十日内行使权利。在本案中，戚某林在通知中确定的期间虽短于三十日，但刘某鹏已经在其确定的期限内放弃股东优先购买权，是其自己对期限利益的放弃。刘某鹏在放弃股东优先购买权后又向戚某林主张优先购买权，系反悔行为，不适用《公司法司法解释（四）》（2017年）第19条。根据《民法总则》（现为《民法典》总则编）第7条规定，刘某鹏在放弃优先购买权后又主张在同等条件下继续行使股东优先购买权，违反了诚实信用原则，其反悔行为无效。

裁判观点：其他股东未及时行使优先购买权的，视为放弃。

裁判结果：驳回上诉，维持原判。

案例182.（2019）辽03民终3915号，王某、王某英、史某、孙某兰、鞍山金美科技有限公司股权转让纠纷。辽宁省鞍山市中级人民法院

本案争议焦点是：王某英向股东以外的人转让股权，是否侵犯了王某作为股东的优先购买权。

法院认为：根据《公司法》第71条，《公司法司法解释（四）》第18条、第19条之规定，本案中，王某英将本案争议股权转让给非公司股东史某、孙某兰、鞍山金美科技有限公司，其应先行就案涉股权转让事宜书面通知王某征求意见。现王某对王某英已经书面征求其意见并无异议，且王某亦明确表明要求优先购买。则本院从王某英向史某、孙某兰、鞍山金美科技有限公司转让股权是不是同等条件，以及王某是否在同等条件下未能行使优先购买权两方面评析王某英转让股权是否侵害王某的股东优先购买权。

关于王某英向史某、孙某兰、鞍山金美科技有限公司转让股权是不是同等条件一节。王某英在2018年3月23日向王某发送的征询函中写明，拟转让所持股权10%，分别转让给5人，每人2%，每1%作价40万元，若王某同意购买，在回复后三日内签订股权转让协议，同时支付全款。最终王某英将6%的股权每人2%转让给征询函中列明的部分人员，每1%作价40万元，股权受让方均在股权转让协议签订当日全款支付转让款。虽然王某称其收到的股权转让协议写明转让10%股份，实际每个受让人受让2%，不属于同等条件。但王某英的征询函中，明确写明转让10%，每人2%，且写明了拟转

让的人员名称，故王某可以对拟转让的10%股权的全部或者部分主张优先购买，是其表示全部优先购买，王某英才拟定了10%的股权转让协议邮寄给王某。故应当认定王某英向史某、孙某兰、鞍山金美科技有限公司转让股权与其征询王某是否同意购买股权征询函，在转让数量、价格、支付方式、期限方面均一致，符合同等条件的法律规定，即史某、孙某兰、鞍山金美科技有限公司受让股权的条件并不低于王某购买股权的条件。

关于王某是否在同等条件下未能行使优先购买权一节。王某英在2018年3月23日发送征询函给王某，并要求其在30日内给予回复。王某在2018年4月20日表示不同意对外转让，要求优先购买。王某英在2018年5月3日发送股权转让协议给王某，要求王某在三日内签字付款。王某认为相关细节应当再行协商，未签字未付款。至此，王某英已经依据法律规定，通过发送书面征询函问询是否优先购买、给予王某三十日提出购买请求的方式充分保障了王某的股东优先购买权。并且王某英亦通过拟定股权转让协议的方式积极推动股权转让最终完成。王某既然做出了不同意对外出售股权，要求优先购买的意思表示，就有义务提出切实可行的购买方案，以最终行使优先购买权。王某在二审举证时称王某英在2018年6月11日又召开了股东会议，讨论议题仍为案涉股权转让事宜，但在此期间，王某亦从未提出过任何购买股权的方案。故根据《公司法司法解释（四）》第19条的规定，可以认定王某没有在法定期限内提出实际的购买请求，应视为其放弃优先购买权。故王某英对外转让股权是因王某放弃行使优先购买权，该对外转让股权行为，没有侵害王某的股东优先购买权益。

（二）可行使优先购买的事项（5件）

裁判观点：夫妻离婚分割股权的，仍应保障其他股东的优先购买权。

裁判结果：不支持原告要求确认被告持有的公司股权的一半归其所有的诉讼请求。

案例183. （2017）川1622民初2193号，欧某与杨某离婚后财产纠纷。四川省武胜县人民法院

本案争议焦点是：（1）案涉公司股权和两套房屋是否系原告欧某与被告杨某的夫妻共同财产；（2）争议财产在双方协议离婚时是否分割；（3）争议财产在本案中如何处理。

法院认为：（1）对于被告持有的厦门市银竑机电设备有限公司5%股权如何处理？根据《最高人民法院关于适用〈中华人民共和国婚姻法〉若干问题的解释（二）》（已失效）第16条的规定，原告没有提供证据证明厦门市银竑机电设备有限公司过半数股东同意、其他股东明确表示放弃优先购买权的证据，直接处理被告杨某持有的5%的公司股权，侵害了其他股东的优先购买权。故对原告要求确认被告杨某持有的厦门市银竑

机电设备有限公司5%的股权归原告欧某所有的诉讼请求，法院不予支持。

（2）对于被告杨某在其与原告欧某夫妻关系存续期间所购买的两套房屋后出售所得价款139万元如何分割？略。

裁判观点：隐名股东显名不能等同于股权转让，其他股东同意隐名股东还原的，视为放弃优先购买权，不能再主张行使优先购买权。

裁判结果：驳回上诉，维持原判。原审判决确认实际出资人为公司股东。

案例184.（2017）鄂08民终1232号，京山县慧丰置业发展有限公司（以下简称慧丰公司）、孙某、王某富、蒋某清股东资格确认纠纷。湖北省荆门市中级人民法院

本案争议焦点是：（1）孙某、王某富分别与蒋某清构成何种法律关系；（2）蒋某清将其代持的案涉股权归还孙某、王某富持有是否违反《公司法》及公司章程的规定。

法院认为：慧丰公司在增资扩股吸收蒋某清为公司新股东时，蒋某清出资的部分资金由孙某、王某富提供，双方为此达成代持股的约定。另2017年7月2日慧丰公司的股东会决议亦表明，蒋某清代孙某、王某富持有慧丰公司部分股权的事实，公司其他股东是知晓的，且全体股东一致同意蒋某清将代持的公司股权归还本人，接受孙某、王某富为公司股东。据此，孙某、王某富与蒋某清之间系实际出资人与名义股东的代持股关系。至于孙某、王某富分别与蒋某清签订的股权转让协议，并非双方之间达成的真实股权转让合意，而是以股权转让的方式，将蒋某清代持的股权份额，归还给孙某、王某富本人持有。孙某、王某富实际亦未向蒋某清支付股权转让款。据此，孙某、王某富与蒋某清之间无股权转让关系的法律实质要件，双方并非股权转让合同关系。慧丰公司主张适用解决股权转让纠纷的法律规定处理本案，不能成立，法院不予支持。

孙某、王某富基于其为案涉股权实际出资人，请求慧丰公司确认其股东资格。孙某、王某富的该项要求已经突破其与蒋某清关于隐名出资约定的范围，将从慧丰公司的外部进入公司内部，成为公司的成员，对于慧丰公司和其他股东而言，该股权变动类似于发生股权的对外转让。为维护公司内部关系的稳定性，此种情形下可参照《公司法》关于股权外部转让的规则，最高人民法院作出的《公司法司法解释（三）》（2014年）第24条第3款规定，即实际出资人欲请求公司确认其股东资格，必须经公司除名义股东以外的其他股东半数以上同意，才可获得股东资格。本案中，蒋某清将其代持的股权归还给孙某、王某富本人，已经慧丰公司全体股东一致同意，孙某、王某富的请求满足该条规定的条件。而慧丰公司的公司章程第10条亦规定股东转让出资由股东会讨论通

过，股东向股东以外的人转让其出资时，必须经全体股东一致同意，孙某、王某富的请求亦符合公司章程的该条规定。慧丰公司辩称蒋某清将股权转让给孙某、王某富，未征求其他股东是否优先购买意愿，侵犯其他股东的优先购买权，转让无效。如前所述，蒋某清与孙某、王某富之间并非股权转让关系，而是以股权转让的形式将代持股权归还给实际出资人。在此种情形下，实际出资人股东资格的取得并不是完全适用《公司法》关于股权外部转让的规则，即在其他股东同意转让的情形下，其他股东仍具有优先购买权；而是，其他股东同意的意思表示包括同意对外转让与放弃优先购买权双重意思表示，即其他股东过半数同意，此时其并没有优先购买权，不能优先购买该股权；同样地，其他半数股东不同意转让时，其他股东亦不能优先购买，名义股东仍为公司股东。因此，慧丰公司其他股东同意蒋某清将代持股权归还实际出资人，视为慧丰公司其他股东放弃优先购买权。

裁判观点： 无偿转让也应当保障其他股东的优先购买权的转让，否则转让协议无效。

裁判结果： 转让协议无效。

案例 185. （2011）石民初字第 4369 号，蒋某保与张某平、李某峰股权转让纠纷。北京市石景山区人民法院。

法院认为： 根据《公司法》第 72 条第 2 款的规定，另外奇正耘公司的公司章程中亦做出了相同约定，张某平此次转让股权属于无偿转让，如蒋某保不予同意，且张某平不愿无偿转让给蒋某保，二人应就所转股权议价，或张某平放弃转让。蒋某保的股东权利就此可以得到保障。公司系人资两合组织，股东之间的信任系公司建立的基石，在无偿转让股权的情形下，股东的同意权及优先购买权更应保障。现张某平与李某峰就股权转让事宜未依法通知蒋某保，侵犯了蒋某保的股东权利，故二人的股权转让协议应属无效。

裁判观点： 以股权激励方式取得的股权，在达到约定条件时，公司可依约定收回该股权并另行分配给他人，新的受让人无须向原持有人支付转让对价。在股权赠与的法律关系中，赠与人可在权利转移前撤销赠与。

裁判结果： 驳回原告要求对方将赠与的股权办理变更的诉讼请求。

说明：该案经（2017）苏 0412 民初 7789 号判决驳回原告的诉讼请求，（2018）苏 04 民终 1899 号裁定撤销上述原审判决，发回重审，再经（2018）苏 0412 民初 9039 号重审一审判决驳回原告的诉讼请求，经（2020）苏 04 民终 370 号驳回上诉，维持原判，经（2021）苏民申 3124 号裁定驳回原审原告的再审申请。

案例 186. （2020）苏 04 民终 370 号，窦某鸣与盛某 1、江苏欧密格光电科技股份有限公司（以下简称江苏欧密格公司）、王某明、盛某 2、宋某荣、殷某海股权转让纠纷，江苏省常州市中级人民法院

（2017）苏 0412 民初 7789 号判决认为：根据《公司法》第 71 条规定，股权赠与是一种特殊的股权转让形式。股权赠与也必须适用《公司法》及公司章程的规定，即应得到其他股东的同意才能赠与。虽然《意向协议书》《补充条款》以及工商备案的股权转让协议系同一天签署，但是在双方办理股权变更手续后，窦某鸣已非江苏欧密格公司的股东，因此盛某向窦某鸣赠与 3% 的股权属于向公司股东以外的其他人通过赠与方式转让股权，这就产生了股东赠与权与其他股东优先购买权之间的冲突。《公司法》对股东向非股东转让股权设置了一定程序性限制条件，2014 年 5 月 9 日盛某 1 与窦某鸣签订《补充条款》约定赠与股权时，盛某 1 作为公司股东并未完成上述法律规定和公司章程规定的程序性条件，因此股权转让未生效。此外，根据《最高人民法院关于贯彻执行〈中华人民共和国民法通则〉若干问题的意见（试行）》（已失效）第 128 条的规定，公民之间赠与关系的成立，以赠与物的交付为准。《合同法》第 186 条，赠与人在赠与财产的权利转移之前可以撤销赠与。本案中盛某 1 作为股权出让方所赠与的股权权利尚未转移，其有权行使撤销权。且在（2016）苏 0412 民初 2199 号案件的审理中，江苏欧密格公司也明确表示不同意股权赠与。因此，该股权赠与合同应属可撤销合同，在赠与人撤销赠与后，无须再履行合同义务。因此，窦某鸣无权要求盛某 1 将持有的江苏欧密格公司 3% 股权变更至其名下并办理相关手续。

（2018）苏 04 民终 1899 号裁定以事实不清为由撤销原审判决，发回重审。

（2018）苏 0412 民初 9039 号判决中认为，本案争议焦点是：（1）原告窦某鸣原持有的 9% 的股权的性质及其是否有权要求被告盛某支付股权转让对价；（2）原告窦某鸣要求被告盛某 1 将江苏欧密格公司 3% 的股权变更登记至其名下的诉讼请求，是否能够得以支持。

法院认为：股权转让是公司股东依法将自己持有的股东权益有偿转让给他人，使他人取得股权的民事法律行为。民事法律行为是公民或者法人设立、变更、终止民事权利和民事义务的合法行为。意思表示是行为人向外部表明意欲发生一定私法上法律效果之意思的行为，即包括主观上的“意思”和客观上的“表示”两个要件。

关于争议焦点（1）：第一，原告窦某鸣原持有的常州欧密格公司 9% 的股权的性质问题。案涉顾问聘任协议书表明，聘任窦某鸣为公司顾问并向其赠与 9% 的激励股权是常州欧密格公司的公司意志。据此，原告窦某鸣原持有的 9% 的股权，其基本性质应为激励股权，原告窦某鸣获得该 9% 的股权是附条件的。第二，关于原告窦某鸣退股条件是否成就的问题。其一，原告窦某鸣对公司回购其股权是认可的。其二，顾问聘任协议

书约定的原告窦某鸣退股的条件已经成就，第三人江苏欧密格公司有权收回窦某鸣持有的9%的股权，并将该9%的股权登记在股东盛某1名下。第三，2014年5月9日的股东会决议、股权转让协议、意向协议书、意向协议书（补充条款）及董事长盛某2所发邮件的形成过程及效力问题。综上所述，结合全案证据可以认定，常州欧密格公司及其股东与原告窦某鸣就股权激励、股权激励取得和退还条件达成一致的意思表示。原告窦某鸣取得股权后确实履行了相应义务，但各方约定的退股条件已然成就，据此，双方于2014年4月19日作出对原告窦某鸣因股权激励取得的股权9%进行稀释的股东会决议，系双方一致的意思表示。2014年5月9日的股东会决议和股权转让协议、意向协议书、意向协议书（补充条款），均系为落实2014年4月19日的股东会决议而实施的行为，主要目的系办理股权工商注册变更登记。因此，原告窦某鸣以378万元有偿转让（受让）9%的股权给被告盛某1，不是原被告一致意思表示，双方之间的股权转让不能成立。原告窦某鸣退股条件已成就，被告盛某1代常州欧密格公司收回原告窦某鸣持有的9%的股权，无须支付对价。

关于争议焦点（2）：第一，根据《公司法》第71条的规定，常州市中院认为，《公司法》为有限责任公司的股权对外转让股权设置征求同意程序和先买权程序，其主要目的在于维护有限责任公司的人合性，股权赠与与股权转让一样，均为股权继受取得的方式，因此，除公司章程另有规定外，同样也要遵循上述法律的限制性规定。原告窦某鸣将持有的9%的股权移转给被告盛某1，并于2019年5月30日办理了工商变更登记，其已不再是江苏欧密格公司的股东。本案诉讼过程中，第三人均表示对意向协议书（补充条款）的签署并不知情，第三人也不同意协议内容。因此，被告盛某向原告窦某鸣赠与3%的股权，未完成上述法律规定和公司章程规定的程序性条件，可能侵害其他股东的先买权，该赠与合同并未生效，不具备履行条件。第二，根据《合同法》第185条、第186条第1款的规定，赠与合同是赠与人将自己的财产无偿给予受赠人，受赠人表示接受赠与的合同。赠与人在赠与财产的权利转移之前可以撤销赠与。意向协议书（补充条款）约定，在上述股权转让手续完成后1年半内（2015年11月8日前）股权受让方盛某1同意赠与股权出让方窦某鸣3%欧密格公司的股权。本案中，被告盛某1作为股权赠与人，并未将股权移转给受赠人，其有权行使撤销权。且在（2016）苏0412民初2199号案的审理中，被告盛某1也多次表示撤销赠与。因此，被告盛某1无须再履行赠与3%股权的义务。

（2020）苏04民终370号案件的争议焦点是：（1）窦某鸣是否有权要求盛某1支付股权转让款378万元；（2）窦某鸣是否有权要求盛某1继续履行赠予协议将3%的股份变更至窦某鸣名下。

关于争议焦点（1），根据案情可以认定盛某1是代常州欧密格公司回购窦某鸣持有的9%的股权，无须支付对价。关于争议焦点（2），赠与人在赠与财产的权利转移之前可以撤销赠与。窦某鸣要求盛某1将其所持有的江苏欧密格公司3%的股权变更登记至其名下的主张缺乏事实和法律依据，不能成立。

裁判观点：执行程序中的以物抵债也应当保障其他股东的优先购买权。

裁判结果：驳回复议申请。

案例187.（2019）粤执复952号，冠粤集团有限公司（以下简称冠粤公司）、广州市润树实业有限公司（以下简称润树公司）、广州市番禺区桥梁开发建设集团公司借款合同纠纷。广东省高级人民法院

本案需要审查的问题是：（1）优先购买权人能否在以物抵债程序中主张行使优先购买权？（2）本案中复议申请人冠粤公司是否还能行使优先购买权？

法院认为：（1）关于优先购买权人能否在以物抵债程序中主张行使优先购买权的问题。依我国现行法律、司法解释的规定，民事执行程序中对执行标的物的变现方式主要有拍卖、变卖和以物抵债三种方式。虽然现行法律、司法解释仅对拍卖、变卖程序中优先购买权的保障作了明确规定，但通常来讲，以物抵债程序虽与拍卖、变卖程序不同，但其目的仍在于通过对执行标的物的转移而代替债务人应偿付的金钱给付，在此程序中，优先购买权人在同等条件下主张行使优先购买权，转让人也因此能够获得物的对价以此偿还债务，对于以物抵债的双方当事人而言，并不会导致以物抵债的目的丧失，故应在以物抵债程序中允许优先购买权人依法主张行使优先购买权。《最高人民法院关于人民法院办理执行异议和复议案件若干问题的规定》（2015年）第5条第3项规定，当事人以外的公民、法人和其他组织，认为人民法院的拍卖、变卖或者以物抵债措施违法，侵害其对执行标的的优先购买权的，可以作为利害关系人提出执行行为异议。该规定亦表明以物抵债和行使优先购买权可以竞合的立法精神。故对于广州中院作出的"以物抵债的权利是申请执行人或其他执行债权人专有的权利"不符合以物抵债的目的及上述规定的精神的认定，广东省高院予以纠正，应允许符合法律规定的优先购买权人在以物抵债程序中主张行使优先购买权。

（2）关于本案中复议申请人冠粤公司是否还能行使优先购买权的问题。《公司法》第72条规定、《公司法司法解释（四）》第18条规定，有限责任公司股权转让时，享有优先购买权的基础是包含同等的价格在内的"同等条件"，并约定了行使期限的限制，即"自人民法院通知之日起满20日"。本案中，执行法院于2018年11月23日告知冠粤公司申请执行人申请以物抵债的情况，但该司于11月26日向执行法院提出执行异议，以"在第一次网拍过程中，因网拍保留价过高，异议人及其他报名人均未报价，以期再

次拍卖对起拍价下调后再进行竞价”等为由请求执行法院再次拍卖涉案股权。冠粤公司提出该异议的目的在于要求对涉案股权降低保留价进行二次拍卖，在其明知申请执行人申请以原拍卖保留价以物抵债的情况下，其提出该异议的行为应视为不能接受原拍卖保留价，不符合行使优先购买权的“同等价格”的条件，应视为冠粤公司在同等抵债价格行使优先购买权和要求降价进行二次拍卖之间选择了降价二次拍卖。且从另一角度来谈，优先购买权的行使建立在“同等条件”之上，该“同等条件”包括“同等期限”的限制。合理确定优先购买权的行使期限，在保证相关财产关系稳定的同时，能最大限度地防止一方滥用该权利对转让人和第三人的合法权益造成损害。《公司法》第 72 条“自人民法院通知之日起满二十日”的规定，就是对股权转让过程中优先购买权的期限限制。本案中，冠粤公司在知道申请执行人申请以物抵债的情况后，虽然先行主张了优先购买权，但该司在此之后提出上述异议，视为对之前主张优先购买权的否定。上述异议复议程序之后，执行法院已于 2019 年 8 月 12 日裁定将涉案股权以物抵债给申请执行人润树公司，此时冠粤公司再行主张优先购买权，超出上述法律规定的合理期限。故冠粤公司再行请求在以物抵债中保障其优先购买权，广东省高院不予支持。

（三）同等条件的认定（2 件）

裁判观点：同等条件应当考虑转让股权的数量、价格、支付方式及期限等因素。

裁判结果：驳回上诉，维持原判。

案例 188. （2020）粤 01 民终 883 号，广州金旸企业管理有限公司（以下简称金旸公司）与广州君源置业有限公司（以下简称君源公司）、王某，玉溪市祥瑞房地产开发有限公司（以下简称祥瑞公司）、泉州市豪佳贸易有限责任公司（以下简称豪佳公司）与公司有关的纠纷。广东省广州市中级人民法院

本案争议焦点是：（1）金旸公司的股东优先购买权是否被侵害；（2）王某与祥瑞公司、豪佳公司签订的股权转让合同是否无效。

法院认为：（1）关于金旸公司的股东优先购买权是否受到侵害的问题。根据《公司法》第 71 条第 2 款、第 3 款的规定，有限责任公司的股东对公司其他股东的股权享有在同等条件下的优先购买权。该规定以维持有限责任公司的人合性为目的，同时兼顾保障股权的合法正常流通，合理平衡转让股东、公司其他股东和外部受让人三方之间的利益。各方均应遵循诚实信用原则，而不能滥用自己的权利。本案中，判断金旸公司的股东优先购买权是否受到了侵害，应审查股权转让方王某是否履行了通知义务，金旸公司购买涉案股权的条件是否与外部受让人的条件同等，金旸公司是否在合理期限内行使了

优先购买权。首先，根据《公司法司法解释（四）》第 17 条的规定，转让股东对外转让股权时，对其他股东的通知并不限于一次，通知的方式既包括书面，也包括其他能够确认收悉的合理方式。本案中，王某履行了第一次股权转让通知义务。但因该次通知未列明股东转让的同等条件，故金旸公司无法行使优先购买权。君源公司法务工作人员再次向金旸公司邮寄《关于召开临时股东会的通知》，该通知载明了附件含有《股权转让协议》……一审法院根据双方之前的邮寄习惯，认定金旸公司收到了 2018 年 8 月 28 日寄出的股东优先受让权通知的邮件，并无不当，广州市中院予以维持。其次，根据《公司法司法解释（四）》第 18 条的规定，人民法院在判断股东转让的同等条件时，应当考虑转让股权的数量、价格、支付方式及期限等因素。本案中，在工商部门备案的《股权转让合同》与君源公司主张在 2018 年 8 月 24 日邮寄的《股权转让协议》在形式上存在差异……因此，法院认定两者转让条件属于同等。最后，根据《公司法司法解释（四）》第 21 条的规定，有限责任公司的股东向股东以外的人转让股权，未就其股权转让事项征求其他股东意见的，其他股东主张优先购买权的，人民法院应予以支持，但其他股东自知道或者应当知道行使优先购买权的同等条件之日起三十日内没有主张，或者自股权变更登记之日起超过一年的除外。该期间属于不变期间，不适用中止、中断和延长的规定。本案中，即使按照金旸公司的主张，王某未将股权转让的同等条件通知金旸公司，但金旸公司最迟已在 2019 年 3 月 18 日从工商部门复印的档案资料中知悉了涉案股权转让的全部条件，金旸公司未提供充分的证据证明其已在三十日内向王某要求按照同等条件行使优先购买权。

（2）关于王某与祥瑞公司、豪佳公司签订的股权转让合同是否无效的问题。金旸公司主张，股权转让合同无效的原因是金旸公司的股东优先购买权被侵犯，但前文已论述，金旸公司的该项主张不成立。金旸公司又未能提供证据证明涉案股权转让合同存在《合同法》第 52 条以及《民法总则》规定的合同无效的情形，故金旸公司请求确认涉案股权转让合同无效，并将王某恢复为君源公司股东，于法无据，广州市中院不予支持。

裁判观点：优先购买权的答复期限应从通知具备实质条件时开始计算，对转让股东发出通知中的同等条件提出新的要求的，不满足同等条件要素。

裁判结果：驳回再审申请。

案例 189.（2019）鄂民申 3497 号，娄某共与郑某庆、章某仁、崇阳弘大房地产开发有限公司股权转让纠纷。湖北省高级人民法院

法院认为：《公司法》第 71 条第 2 款规定……视为同意转让。《公司法司法解释（四）》第 19 条规定……行使期间为三十日。根据上述两条规定，股权对外转让程序可

分为“征求其他股东同意阶段”和“优先购买权的行使阶段”。规定相关期限，既是为了保障公司其他股东行使同意权并在同等条件下对转让的股权享有优先购买权，同时也是为了保障转让股东对其私权的自由处分。如果出让股东在前期“书面通知”中只表达了拟将其股权进行转让的意愿，而未对拟转让的股权数量、价格、付款方式、付款期限等作出明确说明即要求其他股东在收到通知后三十日内表态是否同意转让并提出购买请求，对其他股东过于苛刻，也有违诚信和公平原则。反之，如果转让股权的书面通知中，已经包含了拟转让股权的类型、数量、价格、支付方式、履行期限等股权转让合同的主要内容，考量是否行使优先购买权的信息已为公司其他股东所知悉和了解，综合平衡股权对外转让的效率和其他股东优先购买权的保障，优先购买权的期限可以从其他股东收到此通知之日时开始起算。本案中娄某共虽然表示有意购买，但未在章某仁要求的期限内与章某仁签订合同购买章某仁持有股权，而是提出了“或部分受让，或全部受让，有待征求意见并详细面谈”以及要求章某仁“清晰你所转让的57%股权相对应的1526.68万元所涵盖的资产”等新的受让条件。娄某共提出的上述要求系与公司管理有关事项，已超出了股东行使优先购买权“同等条件”的范围。因此，娄某共行使优先购买权，向章某仁提出了更高要求，不满足“同等条件”的要素。章某仁与本案股权受让人郑某庆磋商并最终签订《股权转让合同》约定的股权交易条件并未超出章某仁向娄某共告知条件和范围，章某仁已依法保障了在“同等条件”下娄某共的优先购买权。娄某共明知公司股权对外转让的情况下，未在章某仁限定的期限内出资购买章某仁所转让的股权，应视为其同意转让并放弃了优先购买权。因此章某仁与郑某庆签订的《股权转让合同》合法有效。

（四）优先购买权的诉讼时效（2件）

裁判观点： 优先购买权的一年期间属于不变期间，不适用中止、中断、延期的时效规定。

裁判结果： 驳回上诉，维持原判。

案例190.（2018）粤03民终12930号，深圳华益润生医药投资有限公司（以下简称华益润生公司）、中国信达资产管理股份有限公司深圳市分公司（以下简称信达公司）股权转让纠纷。广东省深圳市中级人民法院

本案争议焦点是： 华益润生公司提起本案诉讼是否超过时效。

法院认为： 根据《公司法》第71条第2款、《公司法司法解释（四）》第21条第1款的规定，国银公司和信达公司主张某益润生公司自知道或者应当知道行使优先购买权的同等条件之日起三十日内没有主张优先购买权，已经丧失行使优先购买权的条件……

但华益润生公司对于国银公司拟转让三九公司股权的事实是知晓的，其在此后未就优先购买权问题向国银公司提出过异议；其次……此时华益润生公司对于其行使三九公司10%股权的优先购买权的同等条件应当已经知晓。华益润生公司向本案提起诉讼的时间为2016年7月18日，距华益润生公司知道或者应当知道行使优先购买权的同等条件之日已经超过了三十日的期限。

裁判结果：驳回上诉，维持原判。

案例191.（2019）鲁06民终1424号，董某强与烟台爱心药业有限公司、王某娟、山东艾灸堂健康产业股份有限公司、任某崎股东资格确认纠纷。山东省烟台市中级人民法院

本案争议焦点是：（1）2016年10月31日的《烟台爱心药业有限公司股权转让协议》是否有效；（2）上诉人董某强是否系爱心药业的股东；（3）上诉人董某强对任某崎转让的股权行使优先购买权的期限是否已过。

法院认为：关于焦点问题（3），根据《公司法司法解释（四）》第21条第1款之规定了上述期间为除斥期间。上诉人董某强知道了该事实，但并未在知道该事实之日起三十日内向被上诉人任某崎主张同等条件下的优先购买权。且上诉人董某强主张行使优先购买权的时间在涉案股权转让变更登记七年以后，也超过上述法律规定的一年期限。

06

279-368

第五章 组织机构

公司决议由股东（大）会以及董事会等公司意思形成机关来作出，是法人或由若干人组成的机构（如社团）的董事会通过语言形式表达出来的意思形成结果即语言表达方式[①]。股东会和董事会作为公司权力机关，需要通过股东会决议、董事会决议对公司进行经营管理，即股东或董事将个人的意思表示通过召开会议并作出决议的形式形成公司的意思表示，对公司全体股东、经营者乃至未来加入公司的股东形成拘束力[②]。

从现代公司治理来说，由“议、决、行、监”职能组成的“三会一班子”是一个法人组织能够有效和持续稳健运行的基本组织架构和基础保障。

---

① 参见［德］卡尔·拉伦茨：《德国民法通论》，王晓晔等译，法律出版社2003年版，第433页。

② 参见刘俊海：《现代公司法》（上册），法律出版社2015年版，第392页。

第十四条

股东会

股东会是公司的最高权力机构，公司的一切权力源于股东会，只是为了更高效地运行公司，股东会才让渡出一部分权力交给董事会；同理，为更有效率执行股东会决议和董事会决议，董事会也让渡出一部分职权给予经理，以增强公司的执行力和反应力。

一、示范条款

股东会是公司的最高权力机构，由全体股东组成，公司运行的一切权力来自法律规定和股东会的授权。

股东会按法律规定和议事规则行使职权，股东会会议是股东行使股东权利的主要形式，首次股东会会议由【认缴/实缴】出资最多的股东召集和主持。

股东会会议分为定期会议和临时会议，会议按议事规则召集、召开、审议和表决。全体股东一致同意并在决定文件上签名、盖章的，可以不召开会议直接作出决定。

股东会决议一经作出即视为有效，对公司、全体股东、董事、监事、高级管理人员具有约束力。

股东、董事、监事认为股东会决议内容违反法律法规和章程规定的，可以书面向公司提出异议，并说明理由和法律依据。股东会应当在收到异议的【十五日/其他时间】内回复该异议。

股东会决议内容违反法律、行政法规的无效。

股东认为股东会的会议召集程序、表决方式违反法律法规或者章程的，或者决议内容违反公司章程的，可自决议作出之日起六十日内请求人民法院撤销。

如果股东会、董事会有下列情况之一，股东、董事、监事可以请求人民法院确认决议不成立：

1. 公司未召开会议的，但依照《公司法》第37条第2款或者公司章程规定可以不召开股东会而直接作出决定，并由全体股东在决定文件上签名、盖章的除外。

2. 会议未对决议事项进行表决的。

3. 出席会议的人数或者股东所持表决权不符合法律法规和章程规定的。

4. 会议的表决结果未达到法律法规和章程规定的通过比例的。

【首次股东会】法律仅规定由出资最多的股东召集和主持，具体是指认缴还是实缴，法律没有明确，考虑认缴的义务和责任，建议此处以认缴为准，也可视股东立场不同作出不同的规定。

【无效/撤销/不成立】《公司法司法解释（四）》对三种状态规定的比较详细，如果有需要，可以考虑设置提出不成立和无效的前置协商时间，在规定的时间内协商不能解决纠纷的才可以提起诉讼，避免异议股东任意提起诉讼影响公司运行的稳定性。

二、股东会议事规则（示范文本）

第一条 为促进公司规范运作，科学合理决策，提高股东会议事效率，保障股东合法权益，保证股东会会议程序和决议内容的合法有效性，依据《公司法》和本公司章程的规定，并结合公司实际情况，制定本规则。

第二条 未经全体股东一致同意，本规则不得与公司章程相抵触，抵触的无效。本规则自生效之日起，即成为规范股东会、股东、董事、监事、总经理和其他高级管理人员的具有约束力的文件。

第三条 股东有权利也有义务出席股东会会议。经召集人同意出席股东会的还可以包括：非股东的董事、监事及公司高级管理人员，公司聘请的会计师事务所会计师、律师事务所律师和【会议召集人同意的】其他人员。

非股东就所议事项没有表决权。

第四条 股东会行使下列职权：

1. 决定公司的经营方针和投资计划；

2. 【选举/委派】和更换非由职工代表担任的董事、监事，决定有关董事、监事的报酬事项；

3. 审议批准董事会报告，监事会报告；

4. 审议批准公司的年度财务预算方案、决算方案，利润分配方案和弥补亏损方案；

5. 审议批准公司对外的任何形式和金额的担保事项；

6. 审议批准公司对外单一项目投资金额累计或单笔超过【 】元的事项；

7. 审议批准金额超过公司最近一期经审计净资产的30%或单份合同金额超过【 】元以上的合同；

8. 审议批准公司聘用、解聘律师事务所、会计师事务所等专业机构；

9. 对公司合并、分立、解散、清算或者变更公司组织形式作出决议；

10. 对公司增加或者减少注册资本作出决议；

11. 对发行公司债券作出决议；

12. 检查和监督董事会、总经理执行职务的行为，依法律法规和章程的规定对违规的股东、董事、监事和其他高级管理人员作出处罚的决定；

13. 讨论、审议、表决股东的提案，以及应当由股东决定的其他事项，必要时，可以采取临时措施限制或扩展董事会和总经理的部分职权；

14. 修改公司章程。

股东会审议有关事项时，可以要求董事会和监事会提供书面意见，董事会、监事会应当按要求提供。

对上述所列事项全体股东以书面形式一致表示同意的，可以不召开股东会会议，直接作出决定，并由全体股东在决定文件上签名、盖章。

第五条 股东会会议分为定期会议和临时会议。

会议应当有代表二分之一表决权且不得低于一半以上的股东出席方能举行。如果出席股东未达到标准，会议应当延期，延期会议应在一个月内召开；如果延期后的会议出席人数和表决权仍达不到上述标准，则应当解散本次会议。

第六条 定期会议每年召开【一】次，原则上应当在每年的【十二月第二周内】召开。

有下列情形之一的，董事会应当【五个工作日】内组织召开临时会议：

1. 代表十分之一以上表决权的股东请求，三分之一以上的董事认为必要，监事会提议；

2. 董事或监事申请辞职或被罢免或被解除职务，导致董事、监事人数不足《公司法》规定的三人，或者少于章程所规定人数的二分之一；

3. 股东或董事或监事或高级管理人员死亡，或者丧失民事行为能力，或者被限制人身自由；

4. 公司未弥补的亏损达净资产或者注册资本的三分之一；

5. 公司面临紧急情况需要对外提供担保；

6. 公司面临紧急情况需要签署标的额达【 】元的合同；

7. 会计师事务所、律师事务所提出辞聘的。

第七条 定期会议必须采用现场形式，原则上应当在公司住所地或实际经营地址召开，临时会议可采用现场或网络的形式召开。采用网络形式召开的，应当全程录音录像。

第八条 会议由董事会召集，董事长主持。董事长不能履行职务或者不履行职务的，由副董事长主持；副董事长不能履行职务或者不履行职务的，由半数以上董事共同推举一名董事主持；董事会未指定会议主持人的，由出席会议的股东共同推举一名股东主持会议；如果因任何理由无法推举会议主持人，应当由出席会议的持有最多表决权的股东（或代理人）主持。

首次会议由认缴出资最多的股东召集和主持。

第九条 监事会有权以书面形式向董事会提议召开临时会议并提交提案。董事会应当在收到提议后【三个工作日】内作出同意或不同意召开临时会议的书面回复。董事会同意召开临时会议的，应在【两个工作日】内发出召开临时会议的通知，通知可增加但不得变更监事会列明的提案。董事会不同意召开临时会议或者在收到提议后【三个工作日】内未作出回复的，视为董事会不能履行或者不履行召集会议职责，监事会可以自行召集和主持。

第十条 代表十分之一以上表决权的股东有权以书面形式向董事会请求召开临时会议并提交提案。董事会应当在收到请求后【三个工作日】内作出同意或不同意召开临时会议的书面回复。董事会同意召开临时会议的，应在【两个工作日】内发出召开临时会议的通知，通知可增加但不得变更股东提出的提案。董事会不同意召开临时会议或者在收到提议后【三个工作日】内未作出回复的，代表十分之一以上表决权的股东有权以书面形式向监事会提议召开临时会议。

监事会同意召开临时会议的，应在收到请求后【两个工作日】内发出召开临时会议的通知，通知可增加但不得变更股东提出的提案。监事会不同意召开临时会议或者在收到请求后【两个工作日】内未作出回复的，视为监事会不召集和主持会议，代表十分之一以上表决权的股东可以自行召集和主持。

第十一条 监事会或股东决定自行召集和主持会议的，应书面通知董事会，董事会应予以配合。会议所必需的费用公司承担。

第十二条 如果本次会议目的已经实现，或者主持人有合理的理由认为本次会议目的无法实现的，主持人可宣布本次会议结束。

【主持人必须由股东或董事或监事担任，不得委托他人担任。】

第十三条 召集人应在定期会议召开前十个工作日内、临时会议召开前以能够送达的方式通知全体股东。召集人应视会议的议题、提案，决定是否通知董事、监事、其他高级管理人员、其他人员列席会议。收到通知的人员应当列席会议。

第十四条 会议（包括临时会议）通知应包括以下内容：

1. 召集人关于召开会议的决议、决定和流程；

2. 会议的日期、地点和预计持续的时间；

3. 提交会议讨论和表决的事项；

4. 会议联系人姓名、联系方式。

下列文件应作为通知的附件：

1. 提交会议讨论的所有提案的具体内容；

2. 为使股东对将讨论的事项进行充分的讨论并作出决定所需要的资料和解释，尤其是在公司提出合并、分立，增资、减资，回购股权、股权激励等重大事项时，应当提供交易的具体条件或合同，并对其起因和后果作出解释；

3. 披露与将讨论的事项有重要利害关系的董事、监事、经理或其他高级管理人员，包括该利害关系的性质和程度；

4. 拟通过的决议全文。

如果会议拟讨论选举或委派董事、监事事项，会议通知中应充分披露董事、监事候选人的详细资料，至少包括以下内容：（1）教育背景、工作经历、兼职等个人情况，包括推荐人；（2）与公司或公司的控股股东或实际控制人是否存在关联关系；（3）持有公司股权比例。

第十五条 召集人发布召开会议的通知后，不得无故延期召开会议，必须延期召开的，应在原定会议召开日前至少两个工作日发出通知并说明原因，公布延期后的召开日期。

召集人发布召开会议的通知后，不得随意更改会议议题和提案，确需更改的，应在原定召开日前至少两个工作日发出通知说明原因及更改后的议题，否则股东有权拒绝对更改后的提案审议和表决。

第十六条 股东可以亲自出席会议，也可以委托代理人代为出席和表决。委托应当采用书面形式。委托人为法人的，应当加盖法人印章和法定代表人亲笔签字。

代理人应当是具有完全民事行为能力的自然人。

第十七条 股东出具的委托他人出席会议的授权委托书应当载明下列内容：

1. 代理人的姓名，联系方式；

2. 是否具有表决权，分别对列入会议议程的每一审议事项投赞成、反对或弃权票的指示，对可能纳入会议议程的临时提案是否有表决权，如果有表决权，则应行使何种表决权的具体指示；

3. 委托书签发日期和有效期限。

委托书应当注明如果股东不作具体指示或指示不明确，代理人是否可以按自己的意思表决。

代理人的行为由委托人承担责任。

第十八条 主持人应制作出席会议人员的签名册。签名册载明参加会议人员的姓名（或名称）、身份识别号码、住所、持有或者代表有表决权的出资比例、被代理人姓名（或名称）等事项。参加会议的全部人员均应当签名确认。

第十九条 会议提案应当是由股东会讨论的事项所提出的具体议案，董事、监事、股东可在收到会议召集通知后、会议召开前向召集人提出书面提案，召集人应当在收到提案的次日内向全体股送达。如果提案人已经告知召集人但召集人未发出通知，则提案人有权直接在会议上提出。

提案应有明确的可讨论的内容和需表决的选项，应当属于股东会职权范围。未按上述要求提出的提案，股东有权拒绝在会议中讨论和表决。

股东可以在会议上临时提出提案，但是否需要在会议上讨论和表决应先由股东会作出决定。

第二十条 在定期会议上，董事会应当就上一次会议以来股东会决议中应由董事会办理的各事项的执行情况向股东会作出报告和说明。

第二十一条 董事会应将每年的财务预算方案、决算方案，弥补亏损方案和利润分配方案提交每年第一次定期会议讨论。

第二十二条 会计师事务所或律师事务所的聘任和解聘，由董事会提出提案，股东会表决通过。董事会提出聘任或解聘会计师事务所或律师事务所的提案时，应事先通知该会计事务所或律师事务所，并向股东会说明理由。会计师事务所或律师事务所可以向股东会陈述意见。

会计师事务所或律师事务所提出辞聘的，辞聘的会计师事务所或律师事务所有责任以书面形式或派人出席股东会，向股东会作出说明。

会计师或律师对公司出具的报告中有解释性说明、保留意见、无法表示意见或否定意见的，董事会应当将导致会计师或律师出具上述意见的有关事项向股东会作出说明。

第二十三条 股东出席会议，有权在会议上发言和提出质询。发言与质询包括口头和书面两种方式。

第二十四条 股东会应当对所有列入的议题和提案进行表决，不得以任何理由搁置或不予表决。

会议主持人应当当场宣读表决结果，表决结果载入会议记录。

第二十五条 如果讨论和表决的事项涉及关联交易，主持人应当将关联情况向参会股东作出说明，与该关联事项有关联关系的股东（包括股东代理人）可以出席股东会作出说明，但该关联股东（包括股东代理人）无权就此事项表决，其所代表的表决权不计入有效表决总数，该事项的表决由其他股东表决通过。如果对是否属于关联交易有争议，可以由股东会作出决定。

公司为股东提供担保的表决按照本条款上述规则执行。

第二十六条 选举或罢免董事、监事的提案，应当对每一个董事、监事候选人逐个进行表决。选举或罢免董事、监事提案获得通过的，新任或被罢免的董事、监事在会议结束之后立即生效。

第二十七条 决议分为普通决议和特别决议。

普通决议应当经代表二分之一以上表决权的股东同意通过，特别决议应当经【代表三分之二以上表决权/四分之三以上表决权/人数和表决权双超过半】的股东同意通过。公司章程其他条款对表决规则有特殊约定的，按其规定。

表决权的标准按照章程规定。

第二十八条 下列事项以普通决议通过：

1. 董事会和监事会的工作报告；
2. 董事会拟定的利润分配方案和弥补亏损方案；
3. 董事和监事的任免及其报酬和支付方法；
4. 公司年度财务预算方案、决算方案；
5. 除法律法规或者公司章程应当以特别决议通过以外的其他事项。

第二十九条 下列事项以特别决议通过：

1. 公司增加或者减少注册资本；
2. 发行公司债券；
3. 公司的分立、合并、解散和清算；
4. 公司章程和本规则的修改；
5. 公司在一年内购买、出售重大资产或者担保金额超过公司最近一期经审计总资产30%的；
6. 公司主营业务转让或者改变主营业务形态；
7. 以租赁或承包经营转变公司经营方式；
8. 公司对外为第三人或股东提供担保；
9. 改变公司组织形式；
10. 董事会议事规则；
11. 因股东违反法律和章程规定，限制该股东的部分权利；
12. 股东会认为以普通决议会对公司产生重大影响的、需要以特别决议通过的其他事项。

章程其他条款规定了表决规则的，从其规定。

第三十条 会议应有会议记录，会议记录应当记载以下内容，并应当由出席会议的股东签字，对该表决事项持反对意见的股东也应当签字，但可注明其表决意见。会议记录应当长期保存：

1. 出席会议的人员、各自的出资比例、表决权比例；
2. 召开会议的日期、地点，开始时间和结束时间；
3. 会议主持人姓名、身份，会议议题和提案；
4. 发言人对每个议题和提案的发言要点；
5. 股东的质询、意见及董事会、监事会的答复或说明等内容；
6. 每一提案事项的表决结果。

会议可同步录音录像。

第三十一条 表决通过后应形成书面决议，决议自各股东签字时生效。

第三十二条 决议由董事会负责执行或按决议的内容交由公司总经理组织有关人员具体实施，决议由监事会办理的事项直接由监事会组织实施。

决议的执行情况由承办人向董事会报告，并由董事会在下一次股东会议上报告，涉及监事会实施的事项由监事会直接向股东会报告，监事会认为必要时也可先向董事会通报。

董事长对除应由监事会实施以外的决议执行情况进行督促检查，必要时可召开董事会会议听取和审议关于决议执行情况的汇报。

第三十三条 利润分配方案、弥补亏损方案、公积金转增股本方案经表决通过后，董事会应当在通过后两个月内执行完毕。

第三十四条 本规则自各股东签字之日起生效并实施，经特别决议表决通过后修改。

三、条款解释

股东会是公司的最高权力机构，如果把公司比作一个国家，那股东会就是“人民代表大会”，董事会就是“常委会”，经理就是“总理”。股东会由股东组成，除了一人有限责任公司之外，公司的意志并不直接等同于股东个人意思表示，股东与公司是两个独立的“人”，股东完成对公司的出资义务后，二者之间并不存在上下级的隶属关系，股东需要通过股东会集体决策的方式作出决议进而形成公司意志。本条款需要规范的问题是：股东会议事规则。

（一）股东会职权

股东会并不是一个常设机构，《公司法》第 37 条第 1 款规定的前十项股东会职权，均是指公司的经营管理事项，并不涉及股东个人管理的事项。这十项内容公司章程不能作出调整，主要包括：决定经营方针和投资计划；选举和更换董事、监事（非职工代表的）；审议批准 2 个报告、2 个方案；决议 5 个事项；修改章程。第 11 项是一个兜底项，赋予了公司章程在此之外可以自行规定其他职权。但股东是否可以出于治理效率的考虑将本应属于股东会的部分职权下沉到董事会甚至经理？或者出于对相关重大事项风险把控的考虑将董事会甚至经理的法定职权提到股东会？对此，法律没有明确规定，而不同的法院有不同的裁判结果。基于有限责任公司人合性的特点，笔者建议可以在章程中规定股东会可以特别决议的方式将部分职权在一定期限内作出调整，下沉给董事会或者提级到股东会，但调整应当是临时性的，而非永久的，或者是“一事一议”的。

（二）股东会会议

《公司法》对有限责任公司股东会会议只规定了定期会议和临时会议，不同于直接规定了股份公司的股东大会每年至少召开一次的规则，没有直接明确地硬性规定定期会议多长时间召开一次、采用什么形式召开，而是将更多的规则交由股东自治。

依照《公司法》第25条的规定，公司章程中应当有《股东会议事规则》，议事规则一般应涵盖以下内容：（1）股东会的职权；（2）首次股东会会议和会议的形式、召开的频次；（3）会议通知和提案；（4）会议的召集和主持，召集的例外；（5）决议的形成和执行；（6）非会议形式产生决议的条件；（7）会议记录。由于股东会、董事会、监事会议事规则涉及内容较多，如果都放在公司章程正文中，易造成各部分内容的比重失衡，笔者建议作为公司章程附件单独制定。

1. 会议召开的通知时间

《公司法》第41条规定，应当在会议召开十五日前通知全体股东，这里的十五日不区分是固定会议还是临时会议，但同时也规定了公司章程可以另有约定。实务中，对于固定会议，笔者建议设置一个固定的时间段，例如每年的十二月第二周，这样就避免会议前再单独通知的较长等待期。对于临时会议来说，通常有紧急情况才会召开，如果再硬性规定十五日的通知期间，已经失去了临时会议的意义，笔者建议对于临时会议，提前通知时间不超过三日。

2. 会议的形式和召开的频次

笔者建议结合公司规模、股东人数、股东出任董事的人数等因素确定。一般情况下，股东人数少且居住集中的，可以适当规定较多的会议次数；股东人数多且居住分散的，且董事会成员多由主要股东出任的情况下，可以适当减少会议次数。但是结合《公司法司法解释（二）》对公司僵局的认定条件，笔者建议定期会议每年至少召开一次，且时间相对固定在每年底，便于审议年度经营方针和投资计划、年度报告等。

3. 会议的召集、主持

关于召集人和主持人，法律已较明确规定了顺序和人员，即首次会议由出资最多的股东召集和主持，此后的会议由董事会、董事长——监事会——代表十分之一表决权的股东召集和主持，但是，会议在通知的时间和地点开始后，在什么情况下以及谁有权利宣布会议结束，法律并未明确。如果各股东和谐、讨论的事项简单，会议会自然结束，但如果股东间本来就不和，或者某些事项涉及关联交易或者是影响某些股东的权益，就有可能发生争吵。笔者办理过的一个案件就发生了这样的情况，该公司没有单独制定股东会议事规则，召开临时会议后，其中一个需要表决的事项涉嫌与大股东有关联交易，大股东想联合其他两个股东表决权过半数通过，但另外的几个股东要求查看专项报告，会议从早上 9 时一直开到晚上 10 时仍不能结束。这种情况下会议是继续召开直到作出表决还是第二天继续开呢？对此，笔者建议规则中明确赋予主持人可以宣布会议结束的权利，在已经达成或者无法达成会议目的时宣布结束本次会议，如果个别股东要求对某些未决事项作出表决，可以另行召集下一会议。

4. 关于提案和通知

股东有提案权是毫无争议的，即使因瑕疵出资或其他原因被限制股东权利的，只要还没有被除名，均应当有提案的权利。提案应当送达给会议召集人，召集人将提案送达给全体参会人员。但召集人是否有审查提案的权利（或者只是形式审查）还是只能将提案原样送达给参会人员？笔者建议可以赋予召集人对提案形式审查的权利，审查是否属于股东会的职权范围，对于明显不属于股东会职权的，可不予列表表决事项，但对于属于职权范围内的事项应当原样送达给参会人员，不得修改。此外，对于超出通知时间的提案，原则上应不予在本次会议上表决，除非过半数表决同意纳入本次会议的表决事项。

5. 决议通过的比例

《公司法》将章程事项分为两级表决通过的比例，除特殊条款明确以人头过半数为通过的标准以外，特殊事项（修改章程、增资、减资、合并、分立、解散、变更公司形式）由超过三分之二以上表决通过。但《公司法》同时赋予股东可以自行约定除上述强制规定事项外的其他事项的表决规则。鉴于实务中股东需讨论表决的事项千差万别，建议至少设置为几种表决比例：资本多数决的过半数，资本多数决的过三分之二，资本和人数均超过半数，一致同意等四个级别，并针对不同事项由重至轻对应不同的表决通过比例，再设置兜底的其他事项为普通资本多数决的过半数通过。

（三）决议的效力

《公司法》仅规定了决议的两种形态：无效和可撤销，《公司法司法解释（四）》进一步从三个方面完善了决议效力瑕疵诉讼的法律适用规则：一是增加了决议不成立的一种形态，并且赋予了诉权；二是明确了决议效力案件的原告范围；三是明确了确认决议无效或者撤销决议的法律效力。因此，决议共有四种形态：有效决议、不成立的决议、可撤销的决议、无效的决议。

首先，股东无须提起确认决议有效之诉，决议在一经作出后即成立、发生效力，除非经司法裁判确认决定无效，否则决议是一直有效且持续的。《民法典》第 134 条第 2 款规定："法人、非法人组织依照法律或者章程规定的议事方式和表决程序作出决议的，该决议行为成立。"但成立的前提是"依方式、依程序"作出，即决议行为与单方或多方民事法律行为不同，决议行为一般不需要所有当事人意思表示一致才能成立，而是多数人意思表示一致就可以成立，也因此，决议的程序合法、程序正义就比决议的结果更加重要，即决议必须依一定的程序作出。结合《公司法司法解释（四)》第 5 条的规定，笔者认为，决议成立应具备四个基本要件，即召集、召开、有法定人数出席、表决比例达要求。

其次，只有决议内容违反法律法规和章程规定的，才属于无效。确认无效之诉的原告可以是股东、董事、监事，被告是公司，与决议有利害关系人可以列为第三人。无效的后果当然是自始无效，因此股东会既不能补正，也不能再作出相同内容的决议。

再次，召集程序、表决方式违反法律法规和章程规定，或者决议内容违反章程规定的，属于可撤销，即"程序瑕疵"。根据瑕疵程度的不同，又可分为三类，分别对应不同的后果。一是轻微程序瑕疵，对应《公司法司法解释（四)》第 4 条规定的会议召集程序或者表决方式仅有轻微瑕疵，且对决议未产生实质影响，不属于可撤销范围；二是一般程序瑕疵，即《公司法》第 22 条表述的可予撤销的程序瑕疵；三是严重程序瑕疵，即《公司法司法解释（四)》第 5 条规定的将导致决议不成立的程序瑕疵。显然，轻微与一般虽然也是决议程序上存在问题，但不必然影响决议效力，股东会修正了程序的瑕疵后可再作出同样的结果的决议，而严重程序瑕疵则会从根本上导致决议不成立。但区分这三种瑕疵的程度，法律并无详细规定。主流观点认为，如果这个瑕疵不具有影响决议结果的可能性，或者说在修正了瑕疵后仍然可作出与被撤销的决议同样的结果的，此类瑕疵即非严重。但也有一点，如果是召集对象瑕疵的可导致决议不成立，因为召集对象上的瑕疵将直接导致部分股东无法获知股东会会议的召开信息，对该股东而言其已经丧失了公平地参与会议的机会，完全被剥夺了作出意思表示的权利，且无论其表决权是否足够将其个人的意思表示形成通过的决议，此种情况下形成的所谓决议自然也不是对全体股东具有约束力的股东会决议。

复次，申请撤销之诉的原告只能是股东且在起诉时应当具有股东资格，被告是公司，与决议有利害关系人可以列为第三人，如果起诉时已经不具备股东资格，法院应当是驳回起诉。但如果仅是召集程序和表决方式有轻微瑕疵，对决议结果没有实质影响的，法院不会裁判撤销。但如果在决议形成时并不具有股东身份，起诉时才具有，如通过有偿受让方式取得的，或者通过受赠或继承方式取得的，能否提起撤销之诉？又或者在起诉时具有股东资格，但在诉讼过程中转让了股权失去了股东资格，此时法院是应当直接判决驳回原告的诉讼请求，还是驳回原告起诉？对此，法律没有明确。从实务中的裁判结果来看，法院倾向是认为失去股东资格后，即不具有诉讼的主体资格，应当裁定驳回起诉。

最后，《公司法司法解释（四）》又新增加了一种决议的状态：不成立。不成立的价值更利于保护股东的救济权。如前文所述，不成立的一项重要优势即在于其并无诉讼时效限制。不成立包括以下几种情形：（1）公司未召开会议即作出决议的，但依据《公司法》第37条第2款或者公司章程规定可以不召开股东会而直接作出决定，并由全体股东在决定文件上签名、盖章的除外；（2）会议未对决议事项进行表决的；（3）出席会议的人数或者股东所持表决权不符合公司法或者公司章程规定的；（4）会议的表决结果未达到公司法或者公司章程规定的通过比例的；（5）导致决议不成立的其他情形。决议不成立之诉的原告是股东、董事、监事，被告是公司，与决议有利害关系人可以列为第三人。

此外，公司根据无效和被撤销的决议与善意相对人已经形成的法律关系不受影响。对于监事会决议来说，法律并没有规定可诉性。

四、法律规定

《公司法》第22条、第36～43条

《公司法司法解释（四）》第1～6条

五、参考案例（16件）

（一）决议有效（2件）

裁判观点：股东可以提起确认股东会决议有效之诉。

裁判结果：驳回再审申请，维持一、二审判决。

案例192.（2018）川民申511号，北川金翔汽车内饰件有限公司（以下简称金翔公司）、王某玲与石某金公司决议效力确认纠纷。四川省高级人民法院

法院认为：（1）关于石某金能否提起决议有效之诉的问题。判断原告能否提起确认股东会决议有效之诉的关键在于原告对此是否具有诉的利益。诉的利益是指当事人所提起的诉中应具有的法院对该诉讼请求作出判决的必要性和实效性。就本案而言，原告石某金起诉要求确认2016年10月16日《股东会决议》有效，被告金翔公司及第三人王某玲在本案诉讼中均对决议效力提出异议，原告与被告、第三人之间的主张形成对抗，人民法院有必要对案涉股东会决议是否有效作出认定。且《公司法》和《民事诉讼法》并未将确认股东会决议有效之诉排除在法院的受理范围之外，在金翔公司未能按照股东

会决议的内容办理相应的工商变更登记手续、《股东会决议》的履行存在障碍的情形下，石某金的利益无法得到保障，其提起本案诉讼要求确认案涉股东会决议有效具有诉的利益，符合人民法院立案条件，一审法院受理本案并无不当。

（2）关于2016年10月16日《股东会决议》是否有效的问题。2016年10月16日《股东会决议》的内容系解除股东王某玲的股东身份。略。

裁判观点： 有限责任公司章程未明确规定提案规则的情况下，不能认定为临时提案的程序违法。

裁判结果： 驳回上诉，维持原判。

案例193. （2014）一中民（商）终字第9092号，魏某萍与北京京鲁伟业科技发展有限公司（以下简称京鲁公司）、祝某君、李某升、刘某生、贾某艺、付某华公司决议撤销纠纷。北京市第一中级人民法院

法院认为： （1）关于召集程序问题。虽然根据《京鲁公司章程》第16条的规定，股东会会议由董事会召集，董事长主持。但京鲁公司董事会、董事任期于2007年届满后未重新选举董事会；京鲁公司董事长张某锐已经去世，亦无法履行职务；而魏某萍与李某升、贾某艺、刘某生、付某华同为原董事会成员却已经产生分歧并发生诉讼，以董事会名义召集股东会已不具备可行性。在《京鲁公司章程》本身未对董事会无法召集股东会的上述情况作出规定时，李某升、贾某艺、刘某生、付某华作为合计持有京鲁公司49%股权的股东提议并召集股东会解决公司经营状况及未来发展规划问题，是股东行使其经营决策和管理职权以维护公司正常经营的客观需要，亦符合《公司法》（2013年）第39条的规定。故法院对魏某萍关于临时股东会召集主体不合法，京鲁公司没有合法的召集主体的上诉意见，不予支持。

（2）关于参会人员和表决方式问题。魏某萍认为祝某君在临时股东会表决时不具有股东身份，无权行使表决权。根据《公司法》（2013年）第75条的规定，加之京鲁公司对自然人股东死亡后的股东资格问题并无规定，则祝某君作为张某锐的合法继承人，可以继承张某锐在京鲁公司的股东资格，且除魏某萍之外的京鲁公司其他股东对此亦不持异议，在此情况下，祝某君参加临时股东会并行使表决权，并无不当。魏某萍主张张某锐生前抽逃公司资金，祝某君未补足出资，故不得行使表决权的问题，与本案不属于同一法律关系，不属于本案审理范围。且即便存在抽逃行为，根据《公司法司法解释（三）》第17条的规定，在公司章程或股东会决议未对抽逃出资股东表决权作出限制规定的情况下，亦无法直接认定股东对公司决议无表决权。

（3）关于会议通知内容的问题。《公司法》及《京鲁公司章程》均未规定有限责

任公司临时股东会议案必须提前明确议题和具体议事事项，否则临时股东会决议不具有合法性，魏某萍依据《公司法》（2013 年）第 102 条关于股份有限公司临时股东会的规定主张有限责任公司临时股东会决议通知不合法，无事实及法律依据，法院不予采信。

（4）关于决议内容违法的问题。首先，《公司法》（2013 年）第 22 条第 2 款规定："股东会或者……法院撤销。"公司决议撤销之诉应就会议召集程序、表决方式是否违反法律、行政法规或者公司章程，以及决议内容是否违反公司章程进行审查，而股东是否滥用权利损害公司利益，其本质属于公司决议无效纠纷，不是公司决议撤销之诉所应审理的范畴。其次，临时股东会决议第 9 项针对的是魏某萍对李某升、刘某生、贾某艺、祝某君提起损害公司利益责任纠纷案中京鲁公司是否作为第三人应诉、委托何人为公司代理人以及代理权限等问题，第 10 项、第 11 项是针对以何种方式对李某升、刘某生、贾某艺、祝某君追索债权问题，三项决议研究、讨论的是公司处理对外纠纷的程序、方式问题，未涉及公司内部实体权利的处分，且公司参加损害公司利益责任纠纷诉讼也是公司了解诉讼、维护权利的客观需要，不仅不损害公司利益、反而有利于维护公司权益，第 10 项、第 11 项两项决议本身也没有表示各股东放弃向李某升等人追索债权，亦无法认定该决议结果损害了公司利益。最后，《公司法》及《京鲁公司章程》未对有限责任公司股东会决议事项所涉及的股东不得对与其有关的决议行使表决权进行限制。此外，即便李某升、刘某生、贾某艺、祝某君对上述决议涉及其本人事项应当回避，则表决也已经由出席会议的其他股东所持表决权的过半数通过，表决结果合法有效，即涉及李某升回避事项，刘某生、贾某艺、祝某君的表决权已超过魏某萍的表决权，依此类推，其他人所持表决权之和均超过魏某萍所持表决权，在此情况下，本人是否回避均不影响表决结果。魏某萍主张该项撤销事由亦不成立，北京市一中院不予支持。

（二）决议不成立（5 件）

裁判观点： 伪造签名可以通过其他途径维护权益，决议不成立仅能按照法律规定的条件作出判断，没有证据证明决议不成立的，法院不予支持。

裁判结果： 驳回再审申请。二审判决撤销一审判决，驳回原告的诉讼请求。

案例 194. （2018）吉 01 民终 3534 号，（2019）吉民申 254 号，蔚某与长春果品批发市场有限公司（以下简称果品公司）与公司有关的纠纷。吉林省长春市中级人民法院，吉林省高级人民法院

二审法院认为： 股东会决议是有限责任公司股东依照法律及公司章程规定对所议事项作出的决议，是股东参与公司经营管理、行使股东权的重要表现。依据《公司法》及

《公司法司法解释（四）》相关规定，公司决议分为无效、可撤销、不成立三种情形。蔚某一审诉请股东会决议对其不生效，不属于民事诉讼案由裁判范围，于法无据。根据《公司法司法解释（四）》第5条的规定，股东会决议不成立主要指未召开股东会、股东会未满足召开条件、表决结果不符合法律或公司章程规定、未就决议事项进行表决等情形。本案中，蔚某以2017年7月5日股东会决议“蔚某”签名系伪造为由主张股东会决议对其不成立，果品公司虽认可“蔚某”签名系伪造，但蔚某未就前述股东会决议不成立提供其他证据加以证明，且依据《公司法》第22条之规定，股东会召集程序或表决方式违反法律规定形成的股东会决议属于可撤销范畴。蔚某未在法律规定期限内行使撤销权，而是径行主张2017年7月5日股东会决议对其不成立，于法有悖，不应得到支持。

再审法院认为：（1）关于蔚某再审申请中主张果品公司延期经营股东会决议的效力问题。首先，一审中蔚某主张该股东会决议对其不生效和不成立，二审改为主张该股东会决议不成立。对此，二审法院认为蔚某一审诉请股东会决议对其不生效不属于民事诉讼案由裁判范围。其次，蔚某以股东会决议“蔚某”签名系伪造为由主张股东会决议对其不成立。一方面其主张情形不符合《公司法司法解释（四）》第5条规定情形；另一方面其又不能提供证据予以证明股东会决议不成立的情形存在，是故驳回了蔚某的诉讼请求。最后，二审判决从未明确该股东会决议的效力为何。仅就股东会决议上“蔚某”签名伪造问题，蔚某亦可以通过正确行使诉权来维护其正当的股东固有权利和投资计划。作为理性的商主体，其有自由投资的权利，也有正当的权利救济途径，但如果不正确行使权利，那么其必然不能达到其投资或退出的目的。

（2）关于蔚某再审申请中主张依据《公司法》第74条规定由果品公司收购其1%股权问题。因蔚某不具备该条款规定的主体资格，故其诉讼请求不能得支持。该条款规定“对股东会该项决议投反对票的股东可以请求公司按照合理的价格收购其股权”，但仅就本案而言，蔚某没有参加股东会，其不可能是该项决议（经营期限延期事项）投反对票的股东。虽然其事后多次表示其意欲“投反对票”，但对于股东会该项决议来说，仍无法视为其投的是“反对票”。蔚某依据《公司法》第74条的诉讼请求只是假想其投了反对票而已，并不是现实。

裁判观点：如公司未向全体股东发出股东会会议召集通知，导致未被召集的股东完全丧失了公平参与多数意思表示形成的可能，即使该股东持股比例较低，仍应认定相关股东会决议不成立。

裁判结果：驳回上诉，维持原判。

案例195.（2019）沪01民终10925号，上海康浦码头装卸有限公司（以下简称康浦公司）与上海福集建筑材料有限公司（以下简称福集公司）公司决议效力确认纠纷。上海市第一中级人民法院

本案争议焦点是：2018年8月3日康浦公司股东会会议是否存在召集程序瑕疵，以及该瑕疵是否影响系争股东会决议的成立。

法院认为：（1）2018年8月3日康浦公司股东会会议的召集程序存在瑕疵。根据《公司法》第41条第1款的规定，召开股东会会议，应当于会议召开十五日前通知全体股东。康浦公司的《公司章程》第10条亦规定，股东会会议应当于会议召开十五日以前通知全体股东。但本案中，康浦公司仅提供2018年6月其向福集公司寄送快递的面单，上载“关于按时交还码头的通知函”，该通知函上亦未记载召开股东会会议的事宜。因此，现有证据不足以证明康浦公司曾向福集公司发出将于2018年8月3日召开股东会会议的通知，即康浦公司上述股东会会议未召集全体股东，存在召集对象上的瑕疵。

（2）根据《公司法》（2017年）第22条和《公司法司法解释（四）》第5条规定，股东会会议召集及表决中的程序瑕疵，依其严重程度的不同可能导致股东会决议可撤销或不成立的法律后果。召集对象存在瑕疵将属于严重的程序瑕疵，对股东会决议的成立有根本性影响，理由有三：首先，股东会决议的成立须经正当程序，召集对象上的瑕疵直接导致会议无法形成有约束力的决议。决议行为与单方或多方民事法律行为不同，决议行为一般不需要所有当事人意思表示一致才能成立，而是多数人意思表示一致就可以成立。这种“多数决”的正当性就在于程序正义，即决议必须依一定的程序作出。《民法总则》（已失效）第134条第2款即规定，法人、非法人组织依照法律或者章程规定的议事方式和表决程序作出决议的，该决议行为成立。其中，股东会召集程序体现了股东会会议发起的正当性和合法性，提供了使股东意思归属于公司的前提基础，不存在召集就不存在股东的集会和表决，也就不存在决议行为。而召集对象上的瑕疵直接导致部分或者全部股东无法获知股东会会议的召开信息，对该部分股东而言即不存在股东会会议的召集，故而也不可能形成能够约束全体股东的股东会决议。

其次，未通知股东参会的行为与诸如提前通知不足法定期间、表决方式未按章程约定等股东会召集、表决过程中的一般程序瑕疵明显不同，其后果并非影响股东表决权的行使，而是从根本上剥夺了股东行使表决权的机会和可能。特别对于小股东而言，虽然其所持表决权占比低，不足以实质性改变股东会决议结果，但其依然可能通过在股东会会议上的陈述等影响其他股东的表决行为，不能因为其表决权占比低就忽视其行使表决权的权利。

最后，未通知股东也使相关股东因不知晓股东会决议的存在而无法及时主张权利救济。在未向全体股东发出股东会会议的召开通知时，如认为股东会决议依然成立，则未

获通知的股东只能基于《公司法》第 22 条第 2 款规定，自决议作出之日起六十日内，请求人民法院撤销该决议。但上述六十日的期间并无中止或中断之可能，且既然有股东未获股东会会议召开的通知，则其很可能亦无渠道及时获知已有股东会决议作出，难以苛求其能够在六十日内提起相应诉讼。故此，如此时仍认为股东会决议成立会不合理地限制未获通知的股东寻求救济的权利。

综上所述，2018 年 8 月 3 日康浦公司的股东会会议因存在召集程序上的严重瑕疵，根据《公司法司法解释（四）》第 5 条第 5 项的规定，系争股东会决议不成立。

裁判观点：决议是否有效的前提是决议已经成立，不成立的决议不能被认定为无效。

裁判结果：撤销一审、二审判决，改判撤销工商变更登记内容，驳回原告的诉讼请求。

案例 196.（2017）苏民再 124 号，马某勇、蒋某美与南京峰缘光学仪器有限公司（以下简称峰缘公司）公司决议纠纷。江苏省高级人民法院

本案争议焦点是：（1）关于确认案涉《股东会决议》无效的诉请能否得到支持；（2）关于峰缘公司向公司登记机关申请撤销上述决议相应变更登记备案的内容的诉请能否得到支持。

二审法院认为：在本案中，马某勇、蒋某美并未参加案涉的股东会会议，该股东会决议中的签字不能代表马某勇、蒋某美的真实意思表示。峰缘公司的章程规定股东按照出资比例行使表决权，马某勇、蒋某美的出资比例合计为 51%，故马某勇、蒋某美在股东会中所占表决权为 51%。案涉《股东会决议》上第 1 项、第 2 项表决事项，系公司经营范围变更及董事会人员变更，依照公司章程规定，须代表二分之一表决权的股东通过，《股东会决议》中的第 3 项表决事项为同意修改公司章程，依照相关法律规定，须由代表三分之二以上表决权的股东通过。因马某勇、蒋某美拥有的表决权为 51%，即使案涉《股东会决议》中其他股东的签名均是真实的，因该两人的签字并非其真实意思表示，《股东会决议》上的三项表决事项均不能达到章程规定或法律规定的表决通过方式，属于可撤销内容。因马某勇、蒋某美起诉主张的诉讼请求为要求确认案涉《股东会决议》无效，经二审法院释明，马某勇、蒋某美仍坚持其诉讼请求不变更，故对其诉讼主张，因缺乏法律依据，二审法院不予支持。

再审法院认为：关于第一个争议焦点，判断股东会决议是否有效的前提是股东会决议已经成立或存在，如果股东会决议本身不成立或不存在，当然无法对其内容作是否违反法律、行政法规的效力判断。依照《公司法》（2013 年）等相关法律规定，有限责任公司的股东会议，应当由符合法律规定的召集人依照法律或公司章程规定的程序，召集全体股东出席，并由符合法律规定的主持人主持会议。股东会议需要对相关事项作出决

议时，应由股东依照法律、公司章程规定的议事方式、表决程序进行决议，达到法律、公司章程规定的表决权比例时方可形成股东会决议。本院认为，案涉《股东会决议》因下列情形，应当确认为不成立。其一，在本案中，马某勇、蒋某美认为《股东会决议》上两人的签名系伪造，公司就决议的作出事实上并未召开过股东会。峰缘公司虽对此予以否认，但不能提供就案涉决议曾通知、召开过公司股东会的证据，也不能证明案涉决议的作出符合《公司法》（2013 年）第 37 条的规定，即股东以书面形式对表决事项一致表示同意的。故案涉《股东会决议》因公司未召开会议应认定为不成立。其二，退一步说，即使如峰缘公司主张就案涉《股东会决议》的作出确召开过股东会，案涉《股东会决议》第 1 项、第 2 项表决事项，系公司经营范围变更及董事人员变更，依照公司章程规定，需代表二分之一以上表决权的股东通过；案涉《股东会决议》第 3 项表决事项为同意修改公司章程，根据《公司法》（2013 年）第 43 条第 2 款的规定，股东会决议作出修改公司章程、增加或者减少注册资本的决议，必须经代表三分之二以上表决权的股东通过。由于峰缘公司章程规定股东是按照出资比例行使表决权，马某勇、蒋某美的出资比例合计为51%，故两人在股东会所占表决权为51%，马某勇、蒋某美认为其并未参与表决通过案涉《股东会决议》，峰缘公司虽主张《股东会决议》上该两人的签名系其委托他人代签，但马某勇、蒋某美对此不予认可，峰缘公司也不能提供证据证明代签行为得到了马某勇、蒋某美的授权，故《股东会决议》的表决结果因该两人未同意通过而不能达到法律或者公司章程规定的通过比例，在此情况下，仍应认定《股东会决议》不成立。

裁判观点： 虽然存在伪造签字的现象，但同时相关决议并未实际召开会议或表决的，应认定该决议不成立，而非无效或者可撤销。

裁判结果： 确认转让协议不成立，确认股东会决议不成立。

案例 197. （2018）川 0107 民初 4110 号，刘某与张某莲、四川智恒鑫建筑工程有限公司（以下简称智恒鑫公司）股权转让纠纷。四川省成都市武侯区人民法院

法院认为：（1）本案争议焦点是伪造股东签名转让股权的行为效力。第一，关于刘某股东身份的确认。本案中智恒鑫公司设立时，刘某与张某莲对于公司设立有过协商，在设立过程中也使用刘某的身份证件办理公司登记手续。智恒鑫公司章程、股东会决议、工商登记备案均记载了刘某系智恒鑫公司的股东。2012 年 2 月 17 日验资报告载明了刘某的出资金额及方式。在双方讼争的 2017 年 10 月 23 日《股权转让协议》《股东会决议》中，刘某的身份也是智恒鑫公司的股东。故法院确认刘某具有股东资格。

第二，关于案涉股权转让协议的效力。张某莲辩称，代刘某签名系双方在公司设立及经营中形成的习惯。法院认为股东权具有财产权与身份权的双重属性，非经权利人的意思表示或者法定的强制执行程序不能变动。股权转让合同系股权转让方与受让方协商一致的合同行为，合同的成立需要双方具有转让、受让股权的真实意思表示。故对张某莲的主张不予认可。本案中，刘某与张某莲的股权转让协议中刘某签名系伪造，且刘某未委托他人代签，刘某无股权转让的意思表示，无向张某莲转让其股权之要约，故股权转让协议不成立。

第三，关于案涉股东会决议的效力。有限责任公司通过股东会对股权转让等事项作出决议，实质是公司股东通过参加股东会议行使股东权利、决定变更其自身与公司的民事法律关系的过程，股东会决议属于民事法律行为。因此，公司股东实际参加股东会并作出真实意思表示，是股东会决议成立的必要条件。2017 年 10 月 23 日智恒鑫公司《股东会决议》上刘某的签名系伪造，也无证据证明作出《股东会决议》的股东会真实召开，故法院认定《股东会决议》不成立。

（2）关于智恒鑫公司是否应撤销相关工商变更登记。张某莲伪造刘某的签名，制作虚假的《股东会决议》《股权转让协议》等。另外，根据本案现有的证据，不能证明陈光辉在股权受让过程中存在恶意，以及协议约定的股权受让价格不合理等情况，故可以认定陈光辉受让股权系善意。刘某主张撤销相关工商变更登记、恢复股东身份的请求，法院不予支持。

裁判观点：未召开股东会会议形成的决议为不成立。

裁判结果：驳回原告的诉讼请求。

案例 198. （2018）黔 2636 民初 588 号，黄某军与贵州添辉精密钣金有限公司、王某刚公司决议纠纷。贵州省丹寨县人民法院

法院认为：公司股东会或者股东大会、董事会的决议内容违反法律、行政法规的无效。本案中，被告贵州添辉精密钣金有限公司依据 2015 年 8 月 11 日的股东会决议、借条等材料在丹寨县扶贫开发公司获得 100 万元的借款。贵州添辉精密钣金有限公司股东既然授权第三人王某刚对公司进行管理，决定向扶贫开发公司借款的事实也是进行经营管理的行为。从决议的内容来看，决议表决的内容并未违反法律规定；从决议形成的方式来看，决议的形成并未召开股东会，公司股东也没有对决议事项即向丹寨县扶贫开发公司借款的事实进行表决。根据《公司法司法解释（四）》（2017 年）第 5 条的规定，原告诉讼涉及的股东会决议的状态应当是不成立，而非无效。故对原告的诉请，法院不予支持。

（三）决议无效（4件）

裁判观点：违反法律规定的决议无效。
裁判结果：指令贵州省高院再审。

案例199.（2016）最高法民申334号，夏某中与贵州省黔西交通运输联合有限公司、何某阳、潘某华公司决议效力确认纠纷。最高人民法院

法院认为：案涉股东会决议于2010年作出，本案应适用2005年修订版《公司法》。根据一审、二审查明的案件事实，夏某中向代明贵出具的授权委托书并不包括代其参加股东会并对决议内容发表意见的内容，于2010年3月30日、6月20日、6月24日、6月29日，黔西交通公司召开的股东会所作出的关于增加注册资本以及修改公司章程的股东会决议内容，没有经过当时仍持有公司93.33%股权的夏某中的同意，也没有证据证明夏某中就公司的该次增资已知悉并明确放弃了优先认缴权，故上述决议内容违反了《公司法》（2005年修订版）第35条关于“股东有权优先按照实缴的出资比例认缴出资”的规定，侵犯了夏某中认缴增资的合法权益，依据《公司法》（2005年修订版）第22条第1款规定，应认定无效。

裁判观点：决议侵犯了股东的股东权利，内容违法，决议无效。
裁判结果：确认原告持有被告的股权。

案例200.（2018）鄂0112民初2656号，朱某良与武汉市走马岭建筑工程有限公司（以下简称走马岭建工公司）、宗某朗、张某义股权转让纠纷。湖北省武汉市东西湖区人民法院

法院认为：根据走马岭建工公司设立时的股东会纪要、武汉兴业会计师事务有限责任公司的验资报告、工商注册登记的原始资料以及股东张某义的陈述，均能够与朱某良的主张相印证，可以证实朱某良自公司设立之初即已为走马岭建工公司股东，持股比例为22.22%。根据验资报告及工商登记资料可以证实，原武汉市国营走马岭建筑工程公司资产转让给朱某良、宗某朗等四股东后，四股东以上述资产作为对新设立的走马岭建工公司的实物出资。因此，被告走马岭建工公司、宗某朗提出原告朱某良没有参与改制的辩称意见，不能成立，法院不予采纳。

被告走马岭建工公司自2001年9月3日至2015年2月3日，对公司注册资本进行了变更登记，并将公司营业期限自2015年1月14日延至2035年1月14日。审理中，原告朱某良及第三人张某义陈述，历次工商变更登记股东会决议并非其本人所签，也未授权他人代签，被告走马岭建工公司虽辩称股东会决议均系授权委托人代签，但其未能

提供证据证明。而根据走马岭建工公司的章程，增加公司注册资本应由股东会作出决议，由此可以认定历次公司注册资本变更登记均未通过合法、有效的股东会决议。走马岭建工公司由宗某朗、朱某良等四股东设立，公司设立时朱某良持有 22.22% 的股权，在朱某良没有对其股权依公司章程及法律规定作出处分的前提下，除非走马岭建工公司进行了合法增资，否则朱某良的股权比例不应降低。但走马岭建工公司历次增资的股东会均不能证实朱某良知晓，其作出的决议不符合公司章程的规定。因此，在走马岭建工公司、宗某朗不能举证证明朱某良知晓并在股东会上签名同意公司增资的情况下，对走马岭建工公司设立时的股东内部而言，该增资行为损害了原有股东的合法权益，应属无效，即对朱某良没有法律约束力，不应以工商变更登记后的注册资本金额来降低朱某良的持股比例。综上所述，原告朱某良的诉讼请求有事实和法律依据，法院予以支持。

裁判观点：伪造签名股东的投票权影响最终决议结果，内容违法，决议无效。

裁判结果：确认股东会决议、转让协议、章程修正案无效，恢复工商登记至变更前的内容。

案例 201. (2019) 鲁 1312 民初 862 号，李某与临沂庆华机械有限公司股权转让纠纷。山东省临沂市河东区人民法院

法院认为：2017 年 12 月 26 日形成的《临沂庆华机械有限公司股权转让协议》中的李某签名不是其本人所签，该协议内容不是原告李某的真实意思。原告李某对该公司持有 50% 的股权，根据《公司法》(2013 年) 第 43 条第 2 款的规定，2017 年 12 月 26 日作出的股东会决议违反了上述法律规定，根据《公司法》(2013 年) 第 22 条的规定，上述股东会决议无效。被告辩称，股权转让是经原告同意的，但并未提交证据证实，法院对其辩称不予支持。故依据该无效股东会决议作出的股东决议、公司章程修正案和股权转让协议无效。

裁判观点：会议召开程序、表决方式违反章程规定，以及签名系伪造不构成决议无效的理由。

裁判结果：驳回上诉，维持原判。

案例 202. (2020) 甘 09 民终 1483 号，郑某 1 与甘肃省嘉祥矿业有限公司（以下简称嘉祥矿业公司）、郑某 2、王某、杨某公司决议纠纷。甘肃省酒泉市中级人民法院

本案争议焦点是：2014 年 5 月 8 日形成的股东会决议是否无效。

法院认为：涉案股东会决议的事项为公司认缴资本和各股东认缴资本的增加以及公

司章程中所涉注册资本、各股东认缴资本条款的修改，郑某1在2018年11月28日起诉要求撤销嘉祥矿业公司2018年9月13日所作出的股东会决议时，在事实和理由部分对涉案股东会决议内容进行陈述并引用，且郑某1自2013年嘉祥矿业公司成立以来至2019年一直担任公司总经理，以上事实足以证实郑某1对涉案股东会决议内容是知情的，且该股东会决议内容并未违反法律、行政法规的规定，不符合我国《公司法》关于股东会决议被确认无效的法定条件。从郑某1起诉要求确认股东会决议无效的事实理由来看，其主张涉案股东会决议无效的理由为股东会的召开程序、表决方式违反了公司章程以及股东会决议中郑某1的签名非本人所签，由此可见其要求确认无效所依据的理由与决议内容是否违反法律、行政法规的规定无关联，其亦未举证证明决议内容存在违反法律和行政法规的情形，故应承担举证不能的法律后果。

（四）决议撤销（5件）

裁判观点：股东可以和公司以其他情形通过协议，由公司回购股东股权，公司回购股东的股权不构成该股东以此对抗公司债权人的理由。

裁判结果：驳回再审申请。

案例203.（2009）民申字第453号，叶某文诉沛县舜天房地产开发有限公司（以下简称舜天公司）股权转让纠纷。最高人民法院

本案争议焦点是：（1）本案所涉股东会决议和《股权转让协议》是否有效；（2）原审判决适用法律是否正确。

法院认为：关于申请再审人舜天公司提出的舜天公司股东会决议和公司与叶某文签订的《股权转让协议》无效的问题。对协议效力的认定，主要的依据是协议是不是当事人的真实意思、是否符合法律的规定。本案的董事会决议和《股权转让协议》是双方的真实意思表示。从董事会的决议以及《股权转让协议》内容来看，其不属于《公司法》（2005年）第36条规定的抽逃出资范畴。根据《公司法》第36条的规定，在公司成立后，股东不得抽回出资，即公司法的资本维持原则。本案的股东会决议以及《股权转让协议》，未明确是增加公司注册资本，但诉讼中本案当事人一致确认公司增资是为了开发新的项目，因此，股东会决议以及《股权转让协议》系公司在决议增资扩股的情况下作出的，其内容不属于抽逃资金的范畴。此外，《公司法》（2005年）规定股东不得抽逃出资，但《公司法》（2005年）并不禁止股东在公司成立之后以合法方式退出公司，包括以公司回购股权的形式退出公司。《公司法》（2005年）第75条规定的股东回购请求权是法定的股东回购请求权，根据该条规定的情形，股东可以请求公司按照合理价格收购其股权，股东与公司不能达成协议的，股东可在法定期限内向人民法院提起诉讼。

除该条规定的情形股东可行使法定的回购请求权外，《公司法》（2005 年）上仍有股东与公司于其他情形通过协议而由公司回购股东股权的余地。最高人民法院《公司法司法解释（二）》（2008 年）第 5 条规定，人民法院审理解散公司诉讼案件，当事人协商同意由公司或者股东收购股份，或者以减资等方式使公司存续，且不违反法律、行政法规强制性规定的，人民法院应予支持。显然，股东通过公司回购股份退出公司，并不仅限于《公司法》（2005 年）第 75 条规定的情形。公司的成立本身就是股东意思表示一致的结果，公司存在的意义不在于将股东困于公司中不得脱身，而在于谋求股东利益最大化。在股东之间就公司的经营发生分歧，或者股东因其自身原因不能正常行使股东权利时，股东与公司达成协议由公司回购股东的股权，既符合有限责任公司封闭性和人合性特点，又可打破公司僵局、避免公司解散的最坏结局，使公司、股东、公司债权人的利益得到平等保护。《公司法》允许公司与股东在公司解散诉讼案件中，协商由公司回购股东股份，以打破公司僵局，使公司保持存续而免遭解散，那么允许公司与股东在公司僵局形成之初、股东提请解散公司之前，即协商由公司回购股份以打破公司僵局、避免走向公司解散诉讼，符合《公司法》立法原意。通过公司回购股东股份，使公司继续存续，可以保持公司的营运价值，并不必然导致公司债权人利益受损。而公司回购股东股份之后，法院适用《公司法司法解释（二）》（2008 年）第 5 条的规定，或者转让，或者将该股份通过减资程序注销。无论注销或转让，均应符合《公司法》（2005 年）关于保护公司债权人的相关规定，即股份转让或者注销之前，原告不得以公司收购其股份为由对抗公司债权人。申请再审人舜天公司只有在解散公司的诉讼中，才能提出适用《公司法司法解释（二）》（2008 年）第 5 条规定，其申请再审的理由，不符合《公司法》第 75 条的立法原意和目的。因此，二审判决认定股东会决议和公司与叶某文签订的《股权转让协议》有效是正确的。

关于申请再审人舜天公司提出法律规定公司收购股东股权，必须是公司与原告股东达成股权收购协议，必须对股权处理作出适当安排，否则人民法院不予支持的问题。本案的被申请人已经与公司达成了股权转让的协议，并且已经部分履行。就合同履行的结果而言，前已述，舜天公司可以转让该股权，也可以将该股份通过减资程序注销，并在工商行政管理机关进行相应的变更登记，舜天公司不存在无法对股权作出适当安排的问题。

关于申请再审人舜天公司提出，本案的协议损害公司股东的利益和债权人利益的问题，根据《公司法》（2005 年）第 44 条和第 178 条规定可知，本案的股东会决议符合《公司法》规定的程序。本案的协议约定："叶某文将总投资 129 万元作价 295.18 万元转让给舜天公司"，属于双方约定的溢价收购……未明显低于 1080 万元的注册资本，更没有低于《城市房地产管理法》和国务院《城市房地产开发经营管理条例》规定的法定资本。同时，在案件的审理过程中，申请再审人舜天公司并未提出公司所负的债务是多少，也未提出债权人主张的债务是多少。依照《公司法司法解释（二）》（2008 年）第 5 条的规定：人民法院审理解散公司诉讼案件，应当注重调解。当事人协商同意由公司或者股东收购股份，或者以减资等方式使公司存续，且不违反法律、行政法规强制性规定的，人民法院应予支持。当事人不能协商一致使公司存续的，人民法院应当及时判决。经人民法院调解公司收购原告股份的，公司应当自调解书生效之日起六个月内将股份转让或者注销。股份转让或者注销之前，原告不得以公司收购其股份为由对抗公司债权人。因此，本案的被申请人叶某文在其股份未转让或者注销之前，不得以公司收购其股份为由对抗公司债权人，不会出现损害公司债权人的情形。此外，股权转让协议的生效与股权转让的生效也是不同的。股权转让协议生效后，尚须当事人的履行行为，即股份转让或注销、办理工商变更登记手续，在未进行上述行为时，依照法律的规定，同样不产生对抗公司债权人的效力。

裁判观点：因“代签”而程序违法的决议，应予撤销。
裁判结果：撤销股东会决议。

案例 204.（2018）甘 0921 民初 1922 号，郑某臣与甘肃省嘉祥矿业有限公司公司决议撤销纠纷。甘肃省金塔县人民法院

法院认为：甘肃省嘉祥矿业有限公司在 2018 年 9 月 13 日召开股东大会时，原告郑某臣仍系该公司股东，故原告有权作为公司决议撤销纠纷案件的主体提起诉讼。根据《公司法》第 41 条规定，召开股东会会议应当于会议召开十五日前通知全体股东，但公司章程另有规定或者全体股东另有约定的除外。股东会应当对所议事项做成会议记录，出席会议的股东应当在会议记录上签字。同时，2014 年 5 月 8 日形成的《甘肃省嘉祥矿业有限公司章程》第 14 条第 6 项也规定，召开股东会会议应于会议召开 15 日前通知全体股东，股东会应当对所议事项的决议作出记录，出席会议的股东应当在会议记录上签字。而通过审理，被告在 2018 年 9 月 13 日召开股东会议时，并没有按照法律或者公司章程规定通知原告郑某臣，也没有在股东会议期间形成会议记录，被告召开股东会的程序存在违法行为，故原告请求撤销股东会上形成的决议内容有事实依据和法律依据，应予支持。被告虽在庭审中辩称已经用微信通知了原告，但没有提供相应的证据，应当承担举证不能的法律后果。

裁判观点：伪造签字属程序违法，但因经过除斥期间而丧失实体法上的撤销权。
裁判结果：驳回上诉，维持原裁定。

案例205. （2017）粤01民终522号，李某会与广州万典商务服务有限公司（以下简称万典商务公司）、张某达、苏某民、苏某华、周某英等损害股东利益责任纠纷。广东省广州市中级人民法院

本案争议焦点是： 涉案万典商务公司股东会决议及公司章程应否被撤销。

法院认为：《公司法》（2013年）第22条规定："公司股东会或者……变更登记。"审中，李某会主张涉案万典商务公司股东会决议及公司章程上李某会的签名并非其本人签写，损害了其利益，应予以撤销。原审中，万典商务公司、苏某民等人对决议上李某会签名不真实的事实亦予以确认。可见，涉案股东决议实际上并未得到全体股东的一致同意，该股东会决议召集程序及表决均有瑕疵。但根据《公司法》（2013年）第22条的规定，李某会可以在股东会决议作出之日的六十日内请求撤销，即应在2015年9月28日起的六十日内提出。但李某会于2016年1月22日方提起撤销涉案股东会决议及章程的诉请，超出了公司法限定的时间，故原审认为李某会丧失了实体法上的撤销权，驳回李某会的起诉并无不妥，法院予以维持。原审中李某会仅提出撤销股东会决议的诉请，并未提出确认无效的诉讼请求。李某会二审提出要求确认涉案股东会决议无效的主张已超出其诉讼请求的范围，则本案对该请求不予审理。

裁判观点： 伪造签名属于程序违法应适用撤销，要求判决决议无效的不予支持。

裁判结果： 驳回上诉，维持原裁定。

案例206. （2016）桂01民终1899号，林某英、廖某新、李某香、梁某丽、孙某璐与南宁市邕宁医药有限公司（以下简称邕宁医药公司）公司决议撤销纠纷。广西壮族自治区南宁市中级人民法院

法院认为： 本案系因公司股东会决议引起的纠纷，应适用《公司法》（2013年）的相关规定。根据《公司法》（2013年）第22条第1款、第2款的规定，股东会、董事会决议的瑕疵分为内容瑕疵和程序瑕疵。对于实体上的内容违反法律法规的决议，股东可以向法院提起效力确认诉讼。对于程序上的召集程序、表决方式违反法律、法规和公司章程的，或者内容违反公司章程的，股东可以向法院提起撤销决议效力的诉讼。本案中，五位上诉人主张从未在被上诉人邕宁医药公司于2014年8月28日作出的《邕宁医药公司股东大会决议》上签字，也未委托任何人在该决议上签字，因此股东会决议上的上诉人签字属于无效情形。该主张属于股东会决议表决方式违反法律法规的程序瑕疵情形，对此，五位上诉人可以向法院提起撤销决议效力的诉讼。另外，五位上诉人的在一审的诉讼请求和事实理由及上诉事实理由中均未对公司股东会的该决议内容是否违反法律、行政法规而无效作出主张，因此，本案不属于上诉人主张的公司决议效力确认纠

纷，而应为公司决议撤销纠纷。根据《最高人民法院关于民事诉讼证据的若干规定》（2008 年）第 35 条的规定，一审法院在查明事实后认定本案实为公司决议撤销纠纷后向上诉人林某英、廖某新、李某香、梁某丽、孙某璐释明其可变更诉讼请求，但上诉人未变更诉讼请求，故一审法院裁定驳回上诉人林某英、廖某新、李某香、梁某丽、孙某璐的起诉并无不当，法院予以维持。

裁判观点：向股东地址发出了召开会议的通知且实际有签字通过的决议的，不能以未召开、表决程序不合法为由认定为不成立。

裁判结果：驳回上诉，维持原判。

案例 207.（2021）京 01 民终 205 号，上海汉景玄淼投资合伙企业（有限合伙）（以下简称汉景合伙）与北京智眸科技有限公司（以下简称智眸公司）、鲁某杰、李某公司决议纠纷。北京市第一中级人民法院

法院认为：在本案中，汉景合伙诉请确认案涉股东会决议不成立，理由包括：智眸公司的举证不能证明其已向公司全体股东发出股东会召开的通知，亦不能证明公司全体公司已经收到了开会通知；根据《投资协议》、2016 年《投资协议》的约定，智眸公司解散事项应由汉景合伙和上海景玄投资中心（有限合伙）批准，在未经批准的情况下，案涉股东会决议不能成立。

针对汉景合伙的上述理由，北京市第一中院分述如下：首先，关于案涉股东会的召集程序问题。根据现有证据，可证明智眸公司已按公司章程约定的期限要求，提前向各股东发出了召开股东会的通知。无论是智眸公司工商登记的股东，还是 2016 年《投资协议》约定的新投资人，智眸公司均向约定地址发出了开会通知，符合智眸公司公司章程约定的公司股东会召集程序的要求。

其次，关于案涉股东会的表决程序问题。《投资协议》与 2016 年《投资协议》约定智眸公司的解散须经汉景合伙、上海景玄投资中心（有限合伙）派出的董事同意，但结合在案事实，《投资协议》签订后，智眸公司的公司章程中，就公司重大事项的表决，仍约定为"经代表三分之二以上表决权的股东通过"，就汉景合伙的一票否决权，在后的公司章程中并未约定，故汉景合伙主张智眸公司解散须经其批准，与在后签订的章程约定不符，对此北京市第一中院不予采信。另上海景玄投资中心（有限合伙）并未派出董事参与智眸公司经营管理，2016 年《投资协议》签订后，智眸公司的公司章程亦未进行相应变更，故现汉景合伙依据 2016 年《投资协议》的相关约定，主张案涉股东会表决程序不合法，缺乏事实依据，亦不予支持。

第十五条

董事和董事会（执行董事）

一、示范条款

（一）董事

公司的董事、监事和高级管理人员应当具备《公司法》第 146 条规定的资格，履行和承担第 147 ~ 152 条规定的义务和责任。

董事由股东会【选举或聘任产生，其中 × 名董事由股东委派产生，其中 × 名由非股东担任。】董事每届任期为【1/2/3】年，可【连选/连委派】连任。

董事任期届满未及时改选，或者董事在任期内辞职导致董事会成员低于法定人数的，在改选出的董事就任前，原董事仍应当依照法律、行政法规和公司章程的规定履行董事职务。董事在任期内辞职的，股东应当按照章程规定召开股东会，重新【选举/委派】董事。

董事不符合《公司法》和章程规定的资格，或者在任期内出现不符合资格的情形的，该董事自动失去董事身份，无须经股东会决议。公司应当在十五日内召开股东会，重新选举或委派新的董事。

（二）董事会

董事会是公司的执行机构，由全体董事组成，按法律法规和章程规定、股东会的授权行使职权。

董事会成员为【3 ~ 13】人，董事会组成人数应当为单数。其中董事长一人，【副董事长一人/其他人数】。

【董事长和副董事长由全体董事过半数选举产生和罢免/董事长由 × 股东委派产生，副董事长由 × 股东委派产生。】董事长和副董事长任期【 × 】年，可【连选/连委派】连任，但每届不得超过其作为董事的任期。

股东认为董事会的会议召集程序、表决方式违反法律法规或者章程的，或者决议内容违反公司章程的，可自决议作出之日起六十日内请求人民法院撤销。

二、董事会议事规则（示范文本）

第一条 为规范董事会议事方式与程序，提高董事会议事效率，保证董事会决策的科学性，切实行使董事会的职权，根据《公司法》及本公司章程规定，制订本规则。本规则对全体董事具有约束力。

第二条 董事会是公司决策机构，对股东会负责并向其报告工作。

第三条 董事会会议是董事会议事的主要形式，董事按规定参加董事会会议是履行董事职责的基本方式。

第四条 根据法律和公司章程规定，以及股东会授权，董事会依法行使下列职权：

1. 召集股东会，并向股东会报告工作；
2. 执行股东会的决议；
3. 决定公司的经营计划和投资方案；
4. 制定公司的年度财务预算方案、决算方案；
5. 制定公司的利润分配方案和弥补亏损方案；
6. 制订公司增加或者减少注册资本方案；
7. 制订公司重大收购和合并、分立、解散及变更公司形式的方案；
8. 决定公司内部管理机构的设置；
9. 聘任或者解聘公司经理；根据经理的提名，聘任或者解聘公司副经理、财务负责人等高级管理人员，并决定其报酬事项和奖惩事项；
10. 制定公司的基本管理制度；
11. 在股东会授权范围内，决定公司对外投资、收购出售资产、资产抵押、对外担保事项、委托理财、关联交易等事项；
12. 决定公司职工的编制、工资、福利、奖惩的基本方案；
13. 制订章程的修订案；
14. 向股东会提请聘请或更换公司审计的会计师事务所、律师事务所；
15. 听取公司经理的工作汇报并检查其的工作；
16. 法律、法规或者公司章程规定以及股东会授予的其他职权。

股东会可依法决议扩大或收回董事会部分职权。

第五条 审批权限

1. 投资、担保。【 】万元人民币以内的投资由总经理决定，【 】万元以内且不超过最近一期经审计净资产的百分之【 】的投资由董事会批准，超过上述标准的应当提交股东会批准。

【任何金额的对外担保，均应当提交股东会批准。】

2. 收购或出售资产。被收购、出售资产的总额未超过公司最近一期经审计净资产的百分之【 】以上；被收购、出售资产相关的净利润或亏损未超过公司最近一期经审计净利润的百分之【 】以上；被收购、出售资产时，公司的应付、应收金额未超过公司最近一期经审计净资产总额的百分之【 】的，由总经理决定，超过上述标准任一的由董事会批准。

3. 关联交易。公司与关联方签署的一次性协议或连续十二个月内签署的不同协议，所涉及的金额【 】万元至【 】万元或占净资产的百分之【 】的，由董事会批准；超出上述标准的应当提交股东会批准。

4. 提取资产减值准备和损失处理。核销和计提资产减值准备金额低于公司最近一期审计净资产总额百分之【 】的由董事会批准；超过上述标准的应当提交股东会批准。

第六条 会议由董事长召集和主持，董事长不能履行职务或者不履行职务的，由副董事长召集和主持；副董事长不能履行职务或者不履行职务的，由半数以上董事共同推举一名董事召集和主持。

第七条 会议分为定期会议和临时会议。定期会议每个季度召开一次，原则上应当在每个季度的第一周内在公司经营场所内召开，遇特殊情况时，可召集临时会议。

第八条 下列情形之一的，董事长应在五个工作日内召集临时会议：

1. 董事长认为必要时；
2. 三分之一以上董事联名提议时；
3. 监事（会）提议时；
4. 总经理提议时。

临时会议在保障董事充分表达意见的前提下，可以用电子邮件或网络视频会议方式进行，网络视频会议的，应当全程录音录像。

第九条 会议召集人应当在定期会议举行三日前，临时会议举行前通知全体董事。通知应载明召集事由和开会时间、地点，送达全体董事。

第十条 会议通知包括以下内容：

1. 会议日期和地点；
2. 会议预计可持续时间；
3. 需讨论和决议的事由。

第十一条 公司董事、监事、经理可以向董事会提交提案，提案内容应随会议通知一起送达全体董事和需要列席会议的有关人员。会议期间，董事有权提交临时提案，临时提案是否在本次会议中表决，由董事会决定。

第十二条 会议应当由二分之一以上的董事出席方可举行。

董事会会议应当由董事本人出席，董事因故不能出席的，可以书面委托其他董事代为出席。委托书应当载明代理人的姓名以及代理事项、权限和有效期限，并由委托人签名。代为出席会议的董事应当在授权范围内行使权利。董事未出席董事会会议，亦未委托代表出席的，视为放弃在该次会议上的投票权。

第十三条 董事会认为提案重大复杂的，可以聘请有关专家、专业人员对事项进行评审和发表意见，以利于全体董事科学、审慎审议。

除董事以外的其他列席人员有发言权，但无表决权。董事会在作出决定之前，应当充分听取列席人员的意见。

第十四条 董事会决议表决方式为举手表决。实行一人一票制。

董事与决议事项有关联关系的，不得对该事项表决，也不得代理其他董事行使表决权。出席会议的无关联董事人数不足 3 人的，应将该事项提交股东会审议。

第十五条 董事会决议分普通决议和特别决议。普通决议必须经全体董事超过半数通过，特别决议必须经全体董事超过三分之二以上通过。

涉及修改公司章程、利润分配、弥补亏损、重大项目等重大问题应以特别决议通过。

第十六条 特别约定

以下事项须获得【 】方所提名董事的赞成，方可形成有效的董事会决议：

1. 公司进行合并、分立、增资、减资、发行可转换债券、回购股本；

2. 公司清算、解散、变更公司形式或修改公司章程；

3. 公司拟以控股、参股、合伙等形式对外投资或受让其他企业股权，或对外转让公司的子公司的股权，且所涉金额较大；

4. 公司拟收购其他企业的资产业务（含负债）或转让本公司的资产业务（含负债），且所涉金额较大；

5. 公司对外提供担保；

6. 公司对外捐赠、豁免债务、放弃权利，所涉金额在一个会计年度内拟超过 × 万元；

7. 公司为他人代垫款项、对外发放贷款，所涉金额在一个会计年度内拟超过 × 万元；

8. 公司以发行债券、银行贷款等方式进行债权融资，融资金额在一个会计年度内拟超过公司最近一期末经审计净资产额的 × %；

9. 公司与关联方发生关联交易；

10. 聘任或解聘公司总经理、副总经理、董事会秘书或财务负责人等高级管理人员等。

未按上述规则通过但已实施上述事项的，行为人应当赔偿公司损失，且应当更换有责任的董事。

第十七条 会议应当有书面记录，出席会议的人应当在会议记录上签名。出席会议的董事有权要求在记录上对其在会议上的发言作出说明性记载。会议记录应与决议长期保存。

会议记录应当包括：（1）会议召开的日期、地点和召集人姓名；（2）出席董事的姓名，包括委托和受托董事姓名；（3）董事发言要点；（4）每一决议事项的表决方式和结果。

拒绝在会议记录上签名的，视为未参加本次会议。

第十八条 董事应当对董事会的决议承担责任。董事会决议违反法律、法规或者公司章程，致使公司遭受损失的，参与决议的董事对公司负赔偿责任。但经证明在表决时曾表示异议并记载于会议记录的，该董事可以免除责任。

第十九条 董事会决议由总经理或指定人员落实和执行，并将执行结果向董事会汇报。

第二十条 董事的报酬由股东会确定。

第二十一条 本规则由股东会决定修订。

三、条款解释

公司法的一个重要特征，就是它打造了一种结构，使人们得以仅通过出资购买股权（或股份）而共同投身于规模更大、风险更高的事物，并且使这种投资参与权与公司的实际经营管理权相分离，将经营管理权被委任给一小群专业人士，组成董事会。因此在通常意义上，董事会的议事规则和表决程序主要指董事会召集、召开、会议记录和决议形成等事项，以程序性内容为主。同时，基于有限公司有较强的人合性，公司法在有限公司的董事会议事方式和表决程序上规定的条文较少，仅规定了董事会会议由董事长召集和主持，董事会应当对所议事项作成会议记录，并由出席会议董事签名等，具体议事方式和表决程序尊重公司有关主体的意思自治，由公司章程约定。本条款要规范的问题是：董事的产生、更换规则，董事会的议事规则。

《公司法》第 50 条规定："股东人数较少或者规模较小的有限责任公司，可以设一名执行董事，不设董事会。执行董事可以兼任公司经理。执行董事的职权由公司章程规定。"根据这一条款的规定来看，表面上执行董事是董事会的替代，但执行董事是否完全适用《公司法》对董事会的规定呢？显然不是。因为董事会的职权是由《公司法》第 46 条明确规定（如果设置了董事会）的，是《公司法》的强制性要求，主要包括：召集股东会会议、执行股东会决议；决定 4 个事项；制订 7 个方案；制定 1 个制度。而执行董事的职权是由公司章程规定而不是法定。因而，执行董事和董事会在公司的地位相当，但不能等同，这也给了设置执行董事结构的有限责任公司更大的自治空间。

（一）董事

首先，按照现代公司治理理念，股东与董事是两个不同的主体，董事无须具有股东的身份，股东也不必担任公司董事，本质上来说，董事是股东（会）聘请回来的依靠专业技能和管理经验为公司提供服务的职业经理人。

对于很多中小企业来说，基于有限责任公司封闭性、人合性、可控性强的特点，并没有设置董事会的必要性，或者即使设置了董事会的，董事也与股东重叠。股东即是董事、董事也是股东，股东会的职权与董事会的职权几乎重叠，在作出决议的时候甚至无法区分是以董事身份作出的董事会决议还是股东身份作出的股东会决议。在此种结构下，董事会存在没有实质的意义，笔者建议仅设置执行董事即可；将执行董事的职权合理规范，区分执董和总经理的职权。

其次，董事只能由自然人担任，且应当具有一定的资格。董事与企业的关系更为密切，了解和熟悉企业的商业秘密，负责企业的日常决策，可以调用企业的资金，如果不对董事加以约束，董事在失守了职业道德的情况下很容易将企业“掏空”，损害股东利益。因此《公司法》第六章对董事、监事、高管的任职资格作出了限制。例如，（1）无民事行为能力或者限制民事行为能力；（2）因贪污、贿赂、侵占财产、挪用财产或者破坏社会主义市场经济秩序，被判处刑罚，执行期满未逾五年，或者因犯罪被剥夺政治权利，执行期满未逾五年；（3）担任破产清算的公司、企业的董事或者厂长、经理，对该公司、企业的破产负有个人责任的，自该公司、企业破产清算完结之日起未逾三年；（4）担任因违法被吊销营业执照、责令关闭的公司、企业的法定代表人，并负有个人责任的，自该公司、企业被吊销营业执照之日起未逾三年；（5）个人所负数额较大的债务到期未清偿。有上述条件的人员不得担任公司的董事、监事、高级管理人员。如果公司违反前款规定选举、委派董事、监事或者聘任高级管理人员，该选举、委派或者聘任无效。董事、监事、高级管理人员在任职期间出现上述所列情形的，公司应当解除其职务。但在实务中有不少公司的大股东自行担任执行董事或总经理兼任法定代表人，而其因个人负有较大到期债务无法偿还，被列为失信人，但仍把持公司不放手，小股东因表决权比例不过半而无法撤换。笔者代理的一个案件即存在这个情况，委托人作为小股东持股35%，实际经营管理公司，大股东持股65%，自己担任执行董事兼任法定代表人，但其在另案中被列为失信人，导致公司无法融资，无法办理主营业务所需的特许证照。小股东虽然提议召开过多次会议，但皆因小股东所持表决权不过半，双方也无法达成更换法定代表人的决议，导致公司陷入僵局。笔者建议在章程中特别明确，当董事、高管出现禁止性规定或者不再具有相应的身份时，该人自动失去董事身份，股东必须在限期内召开会议重新选举或委派新的董事，否则由行为人承担违约责任。

当然，当董事不存在章程规定的情形，亦不存在法定不得担任董事的情形时，公司不也得无故随意解除董事职务，否则董事有权请求撤销公司作出的董事任免决议。但同时《公司法司法解释（五）》第3条规定，董事任期届满前被股东会或者股东大会有效决议解除职务，其主张解除不发生法律效力的，人民法院不予支持。河南省高院在（2021）豫民申8586号①案中认为：对刘某伟所称的解除其职务依据不充分，即使是在股东请求撤销股东会决议的诉讼中，法院也应仅审查会议召集程序、表决方式及决议内容是否违反法律及公司章程规定，而对变更执行董事所依据的事实是否属实，理由是否成立，法院尊重公司自治，不属于司法审查范围。可见司法实务中法院仍然尊重公司自治，轻易不以公权力干预私法领域的自治权利。

再次，董事的任期。董事的任期按照《公司法》第45条规定，由公司章程规定，每届最多不得超过三年。但并没有规定必须是三年，也可以是一年。如果多数董事由股东出任的情况下，笔者建议董事任期按最高上限三年即可；如果是职业经理人担任的，建议规定每届一年。

复次，董事的义务。除了《公司法》第146条规定的义务中，实务中容易混淆的是董事在《公司法》范畴内的法定义务与其同时作为公司员工的劳动者应负有的义务的混同，尤其是竞业禁止和竞业限制义务的混同。董事的竞业禁止是法定义务，受《公司法》的强制性规定约束，公司无须与其另行签订书面协议。而竞业限制是约定义务，是劳动法范畴下约定产生的义务，在双方未签订竞业限制协议的情况下，公司无权干涉董事、高管离职后的行为。从法律关系上来说，竞业限制与竞业禁止是不同的法律调整范畴，竞业限制约束的是负有保密义务之人员离职之后的行为，属于民法范畴，而竞业禁止约束的是董事、高管在职期间的行为，属于公司法范畴。如果董事、高管在职期间从事了损害公司利益的行为，公司或监事或股东当然可依据《公司法》的规定对其提起诉讼，但如果其离职后从事竞业行为，公司应当提起劳动仲裁或者民事诉讼追究其违反约定的竞业限制义务的责任。也就是说，董事和高管在离职不再具有身份后，且未有约定的情况下，公司起诉要求其承担竞业禁止和竞业限制责任的，法院不予支持。

最后，董事的辞职。董事如果在任期届满前辞职，或者被股东会罢免的，如何安排，董事是否可以要求公司重新选举或委派董事？或者要求撤销罢免的决议？依据《公司法》第45条第2款规定：董事任期届满未及时改选，或者董事在任期内辞职导致董事会成员低于法定人数的，在改选出的董事就任前，原董事仍应当依照法律、行政法规和公司章程的规定，履行董事职务。但法律没有进一步规定公司应当在多长时间内改选董事，实务中各地法院均认为，公司如何召开股东会选举或者委派董事是公司内部治理

① 刘某伟与洛阳华视地产营销策划有限公司公司证照返还纠纷。

范畴，不宜过多干涉。这样就可能导致董事辞职，但公司拖延不改选，该董事无法脱离董事的身份，需要继续履行相应的义务，尤其是在职业经理人担任董事的情况下，会导致出现不公平的情况。如果董事到期但股东不召开股东会议，按法律规定董事仍应继续留任和遵守相应的义务，董事是否可提起诉讼要求股东会重新选举董事？四川省成都市中院在（2021）川 01 民终 11250 号①案中认为，公司与董事之间属于委任关系，在法律和公司章程没有相反规定的情况下，公司董事辞职一般应于董事提交的辞职书送达公司董事会时发生法律效力。本案中，李某于 2019 年 8 月 5 日向未来乐创公司提交了关于辞去董事及董事长职务的辞职函。未来乐创公司签收了该辞职函并表示尽快办理完毕工商变更登记，则李某的辞职已经生效。但因未来乐创公司现有董事 3 名，李某辞去董事及董事长职务后，未来乐创公司董事人数将低于《公司法》第 44 条规定的法定人数，依据《公司法》第 45 条第 2 款规定，在未来乐创公司未作出有效股东会决议改选新的董事就任前，李某仍然需要继续履行董事职务。该条款的规定不可突破，但如何解决董事辞职后公司怠于更换，导致董事仍受需履行法定义务的不公平问题，笔者建议公司可以在章程中规定董事在任期内辞职后的改选期限，甚至可以进一步规定，因公司违反章程规定怠于召开股东会改选董事，给辞职的董事造成损失的，应当承担赔偿责任。

（二）董事与公司的关系

董事与公司之间是一种什么样的法律关系，董事是公司的员工吗？是否要与公司要签署劳动合同，或者形成事实上的劳动关系？如果董事与公司之间是委托关系，那基于委托合同关系委托人是否享有任意解除权？在《公司法司法解释（五）》施行之前，司法裁判并不统一，但其施行后，司法裁判逐步统一了认定的标准。

最高院在（2020）最高法民再 50 号②案中认为，从公司法的角度看，公司依据章程规定及股东会决议聘任董事行使法定职权，董事同意任职并依法开展委托事项，公司与董事之间即形成委任关系，从双方法律行为的角度看实为委托合同关系。但公司与董事之间的委任关系并不排斥劳动合同关系的存在，即二者之间在符合特定条件时还可以同时构成劳动法上的劳动合同关系。

笔者建议，如果仅是作为董事履行义务，除股东会决议外，再出具一份委任书，明确是否有报酬以及标准。如果其还负责具体的公司日常经营管理事务，遵守公司规章制度，按月领取工资，则公司应当与其签署《劳动合同》。同理，在解除其职务时，也应当明确是解除其董事职务，还是解除其员工身份的劳动关系，或者是同时解除，明确是否补偿以及补偿金额。

---

① 李某与四川未来乐创企业管理有限公司请求变更公司登记纠纷。

② 孙某祥与吉林麦达斯轻合金有限公司劳动争议纠纷。

（三）董事会的组成

首先，董事会由董事组成，这一点是毫无争议的。《公司法》第 48 条明确规定董事会的表决实行一人一票制，没有比例的区分，也没有权重的区分，没有赋予章程自治的空间。《公司法》第 44 条仅规定了董事会成员为三人至十三人，并没有规定是单数或者是偶数。实务中会产生一个问题，如果成员是偶数四人，在一人一票的情况下，对某个事项表决结果出现二对二怎么办？因此，笔者建议有限责任公司董事会成员的人数在一般状态下规定三人为宜，中型企业或者股东人数较多的，可考虑五人以上，但无论哪一种，都建议是单数。

其次，董事长如何产生。有不少的公司章程中未明确规定董事长的产生办法，或者简单表述为“董事长、副董事长的产生按法律规定执行”，但其实《公司法》对有限责任公司的董事长、副董事长的产生并无明确规定，只是对股份有限公司强制性规定了“董事长和副董事长由董事会以全体董事的过半数选举产生”。湖北省武汉市武昌区人民法院在（2017）鄂 0106 民初 531 号①案中认为，在公司制企业中，公司董事长处于极其重要的地位，其不仅熟悉、掌管公司的内部事务和业务秘密，而且在法律和公司章程的范围内被授予了广泛管理公司事务和处置公司财产的权力。现行法律对其任职资格和产生程序设定了较为严格的要求，关于董事长的产生方式，我国《公司法》对于两类公司的规定存在差异。对于有限责任公司，《公司法》第 44 条第 3 款第 2 句规定：“董事长、副董事长的产生办法由公司章程规定。”对于股份有限公司，则并没有给公司章程自行规定留有余地。《公司法》第 109 条第 1 款第 2 句规定：“董事长和副董事长由董事会以全体董事的过半数选举产生。”鑫德莱公司章程对董事长的产生办法作出明确规定，即“董事长由董事会全体董事的过半数选举产生”。现代公司法是以所有权和经营权相分离作为预设构建法律规范体系的，对于公开公司来说，这一趋势更为明显。由于投资股东和投机股东的存在——他们不像实业股东那样关注公司经营，而只关心公司盈余分配或股价涨跌并从中牟利——《公司法》对于股东会的职权有一定的限缩。在理论和实务上，对于股东会与董事会的权限划分，认为属于强制性规范。“股东大会只能就公司法以及公司章程所规定或者约定的事项进行决议”，尽管股东会是公司的权力机构，对于公司来说，公司的章程是约束公司运作的自治规范，是有关公司组织和行为的基本规则，素有“公司宪章”之称，《公司法》第 11 条规定：“设立公司必须依法制定公司章程。公司章程对公司、股东、董事、监事、高级管理人员具有约束力。”有限责任公司具有人合性质，公司设立时的章程内容必须经全体股东协商一致，“股东共同制定公司章程”是设立有限责任公司的必要条件。《公司法》第 25 条第 2 款规定：“股东应当在

---

① 武汉供销集团有限公司与武汉市洪山区鑫德莱小额贷款股份有限公司公司决议撤销纠纷。

公司章程上签名、盖章。”公司个性是通过公司章程来体现的，不同公司可以针对本公司的特点，通过制订、修改公司章程来对公司的运营和管理作出安排。现行《公司法》是一部以私法为基础的法律规范，尊重公司自治，充分扩张了公司与股东的自治空间，其主要手段就是通过公司章程自治来实现，允许公司及其股东对公司章程作出个性化设置，并在较大范围内允许公司章程可以排除公司法制度而优先适用。鑫德莱公司章程中所规定的“董事长由董事会全体董事的过半数选举产生”的内容具有法律效力，在鑫德莱公司章程未经法定程序修改前，罢免和选任董事长应当遵照公司章程的规定。

由上述法律规定和司法裁判可知，对有限公司而言，董事长的产生可完全由股东自行设置。例如规定“董事长由×方股东委派”，再加上“公司法定代表人由董事长担任”的条款，在这种规则下，公司的法定代表人就可以牢牢地被把握在某一方股东控制下。

（四）董事的一票否决制度

第一，股东会是否可将股东会的部分职权授权给董事会行使？如果股东对董事会的决议不满意，是否可以召开股东会议直接撤销或否决董事会的决议？

上海市一中院在（2013）沪一中民四（商）终字第822号①案中认为，关于15时股东会决议的效力问题，根据该份股东会决议的内容，系“从2008年度起，由董事会制订并经股东会授权董事会决定的上岗股东奖（指在公司8小时正常上班的持股员工奖金发放）分配方案”“以前及今后由董事会决定的上岗股东奖金分配方案，股东会均表示认可”等。结合被上诉人B公司13时股东会决议中将公司其余未分配利润作为上岗股东奖等分配资金进行分配发放的情况，可知15时股东会决议的内容一方面是股东会追认2008年起至表决日止的上岗股东奖分配方案；另一方面则是概括性授权董事会从2010年起在公司股东利润中决定上岗股东奖，因此上述概括性的授权是对公司将来未分配利润总额的分配进行新的调整。根据《公司法》规定，股东按照实缴的出资比例分取红利，但是全体股东约定不按照出资比例分取红利的除外。可见，资产收益是公司股东享有的根本权利之一，应由公司全体股东决定公司未分配利润的分配方案，即使存在不按照出资比例分取红利的情况，也应建立在公司全体股东对分配方案认可的基础上。现15时股东会决议中概括性授权董事会决定上岗股东奖的分配方案问题，并约定“以前及今后由董事会决定的上岗股东奖金分配方案，股东会均表示认可”，该决议内容未考虑到今后公司是否有利润、利润多少、上岗股东具体奖金利润分配方案，即股东在无法预见自己利益损失且未经全体股东充分讨论的情况下制定了该决议，也未告知议事事项供股东分析该决议对自己的股东利益是否有损，故该决议内容限制了股东对未知奖金利润分配方案行使否决的行为，一旦实施完全有可能终止或者限制股东的资产收益权，因

① 袁A与B公司公司决议效力确认纠纷。

此股东会决议的该条内容违反了法律的规定，应确认为无效。

贵州省高院在（2015）黔高民商终字第61号①案中认为，董事会、股东会均有法定职权和章程规定职权两类，但无论是法定职权还是章程规定职权，强调的都是权利，在没有法律明确禁止的情况下，股东可以通过公司章程调节股东会和董事会的权利边界。但是，修改公司章程、增加或者减少注册资本的决议，以及公司合并、分立、解散的决议有且只有公司股东会才有决定权，这是股东会的法定权利，公司章程将股东会的法定权利规定由董事会行使，违反了公司法强制性规定，该类条款无效。

根据上述判决内容，笔者认为，经对比《公司法》第37条对股东会职权的规定、第46条对董事会职权的规定，将股东会的法定职权授权董事会行使有被认定无效的风险。如果股东对董事会的决议不满意，也不能以股东会决议的形式直接撤销董事会的决议，可以更换董事，重新组成董事会，再作出新的决议否决上一个决议，但不能直接推翻。

第二，公司章程是否可以赋予董事有一票否决权？这也要区分有限责任公司和股份有限公司的不同规定，《公司法》第48条第1款对有限责任公司董事会规定为："董事会的议事方式和表决程序，除本法有规定的外，由公司章程规定。"而第111条对股份有限公司规定则没有赋予章程自由约定的权利，因此，在股份有限公司的董事会中设置董事会一票否决权缺乏相应的理论基础和法律依据。但在有限责任公司的司法实务裁判中，是支持一票否决规则的。江苏省南京市中院在（2017）苏01民终8178号②案中对此即持肯定的观点。

四、法律规定

《公司法》第146条

《公司法司法解释（四）》第1~6条

《公司法司法解释（五）》第3条

五、参考案例（10件）

（一）董事的义务和报酬（4件）

裁判观点：法定代表人辞职的，公司应当作出股东会决议重新推举新的法定代表人，公司怠于履行变更登记义务的，应当赔偿损失。但公司未经合法程序推选新的法定代表人的，法院不能强制。

裁判结果：驳回原告的诉讼请求。

① 徐某霞与安顺绿洲报业宾馆有限公司、贵州黔中报业发展有限公司公司决议效力确认纠纷。

② 南京赛世仙林房地产开发有限公司、计某、史某新与党某公司决议效力确认纠纷。

案例208. (2014) 海民(商)初字第26272号，郭某萌与北京能量娃教育科技有限公司(以下简称能量娃公司)请求变更公司登记纠纷。北京市海淀区人民法院

法院认为： 根据《公司法》(2013年)规定，依法设立的公司，由公司登记机关发给公司营业执照。公司营业执照应当载明公司的名称、住所、注册资本、经营范围、法定代表人姓名等事项。公司营业执照记载的事项发生变更的，公司应当依法办理变更登记，由公司登记机关换发营业执照。公司法定代表人依照公司章程的规定，由董事长、执行董事或者经理担任，并依法登记。公司法定代表人变更，应当办理变更登记。现郭某萌已辞去法定代表人职务并离职，能量娃公司股东会或董事会应及时推选新的法定代表人并办理法定代表人变更登记手续。能量娃公司以无法作出推举新的法定代表人的股东会决议为由怠于履行变更登记义务，若因此给郭某萌造成损失，由能量娃公司股东、董事负责赔偿。鉴于目前无证据表明能量娃公司已经推选产生新的法定代表人，且法院不能强制其推选，故变更登记的条件尚不具备，郭某萌要求办理法定代表人变更登记手续，法院暂不予支持。另公司董事、经理非法定登记事项，在能量娃公司已向郭某萌出具离职证明的情况下，郭某萌要求对此办理工商变更登记，法院不予处理。

裁判观点： 董事有法定的自我交易限制义务，未经合法程序，不得参与法院拍卖公司资产。

裁判结果： 驳回异议。

案例209. (2013) 南市执异字第4号，广西江山投资有限公司(以下简称江山公司)申请执行北海市水产供销总公司(以下简称北海水产)、北海市水产供销总公司鱼肝油制药厂、北海市水产供销总公司水产品加工厂执行异议案。广西壮族自治区南宁市中级人民法院

本案审查焦点是： 在法院委托拍卖江山公司所持有对北海水产及其下属公司的债权包时，郑某克是否具有竞买人资格，以及郑某克是否为善意买受人。

法院认为： 关于郑某克是否具有竞买人资格的问题。根据《公司法》(2013年)第148条第1款第4项的规定，公司董事、高级管理人员不得违反公司章程的规定或者未经股东会、股东大会同意，与本公司订立合同或者进行交易，这一规定明确了公司董事、高管的自我交易限制义务。公司董事、高管的自我交易是指公司董事、高管为自己或为他人利益与其任职公司进行的交易，该交易是公司与董事、高管之间的直接交易，以公司和董事、高管为交易当事人，而自我交易中董事、高管与公司有相反利益，必须对其进行限制，限制的方法是自我交易必须有公司章程规定的依据或经股东会、股东大

会同意。也就是说，我国《公司法》对于未经披露的董事、高管自我交易是采取禁止的态度。本案中，郑某克作为江山公司持股50%的控股股东、董事和法定代表人，依法负有董事的自我交易限制义务。虽然江山公司对北海水产及其下属公司的债权包系经强制执行程序而由法院对外委托拍卖，但强制拍卖只是执行措施之一，其目的仍在于处置被执行人的财产并取得价金以清偿债务，故强制拍卖是公法上的处分行为，其实施后果即为拍定人支付拍卖价款而取得被执行人财产的强制交易事实，仍为交易的一种方式。因此，郑某克作为江山公司的董事，其参与竞买江山公司资产，已构成董事的自我交易，应受我国《公司法》（2013 年）第 148 条的规范和调整。对于上述交易，郑某克提供 2007 年 11 月 12 日江山公司董事会决议，意图证明该项自我交易已经取得法律规定的实施要件。我国《公司法》（2013 年）第 148 条规定，自我交易须经公司股东（大）会的同意，而非董事会的同意，且对于是否准许自我交易这一表决事项而言，无论是公司董事会还是公司股东会，郑某克作为与公司交易的董事、股东，其享有的表决权应当回避，此为表决权排除制度的适用，即公司股东与董事和股东（大）会或董事会表决的议案存在特别关联关系时，这些关联股东或董事及其代理人不能以其所持表决权参与表决，所适用情形包括“批准公司与股东或董事之间的交易”。因此，郑某克由此并不具备竞买资格。

裁判观点：未经公司权力机关决议，董事主张其与公司的劳动关系和报酬不予支持。
裁判结果：驳回上诉，维持原判。

案例 210. （2020）苏 06 民终 3936 号，黄某榕与南通在耶信息技术有限公司（以下简称南通在耶公司）、王某翎、王某庆、黄某天、黄某正等追索劳动报酬纠纷。江苏省南通市中级人民法院

法院认为：董事、高级管理人员不得有下列行为，违反公司章程的规定或者未经股东会、股东大会同意，与本公司订立合同或者进行交易。本案中，合资协议、南通在耶公司章程等规定，“南通在耶公司的权力机关为股东会，涉及公司的重大事项，须由股东会按照议事规则形成决议，否则不产生法律效力。对于高级管理人员的薪酬须经董事会会议的半数通过”。现有证据不足以证明案涉劳动合同经过其他股东、董事同意，故黄某榕主张每月工资 4 万元缺乏依据，南通市中院不予支持。

裁判观点：通过合理推断，可以认定董事违反了竞业禁止义务的，应当赔偿股东损失。
裁判结果：驳回上诉，维持原判。

案例211.（2019）粤19民终9488号，孔某杰、杨某损害股东利益责任纠纷。广东省东莞市中级人民法院

本案争议焦点是：孔某杰及杨某是否存在损害股东权益的侵权行为，如果存在，则赔偿数额如何确定。

法院认为：关于孔某杰和杨某是否存在损害股东权益的侵权行为。孔某杰和杨某作为锐视公司的董事，在锐视公司存续期间，另行与他人共同注册成立了精锐视觉智能科技（深圳）有限公司（以下简称精锐公司）。工商登记显示，精锐公司的经营范围与锐视公司的经营范围存在部分重合。且从刘某平提交的公证书可以看出，精锐公司的产品与锐视公司的产品亦存在相同或类似，因此孔某杰和杨某的上述行为违反了竞业禁止的义务，属于《公司法》第148条规定的禁止行为。孔某杰和杨某主张精锐公司成立时，锐视公司已经终止经营，处于清算阶段，因此二人另行设立精锐公司并未侵害锐视公司及刘某平的利益。东莞市中院认为，精锐公司成立于2017年2月28日，此时锐视公司尚存续。孔某杰和杨某提交的2017年2月20日的股东会决议虽然显示决定注销公司，但该决议无刘某平的签字，其有效性尚存疑。且该股东会召开时间与精锐公司成立时间只相距8天，而注册成立一家公司无疑需要诸多前期准备工作，因此不免让人产生孔某杰和杨某早在2017年2月20日召开股东会决定注销锐视公司之前就已经开始着手准备成立精锐公司的合理怀疑。且到目前为止锐视公司注销手续仍未完成，锐视公司依然存续。综上所述，东莞市中院对孔某杰和杨某主张其二人不存在侵权行为及无侵权的故意，不予采信。

关于赔偿数额的问题。如上所述，孔某杰和杨某在锐视公司存续期间，另行成立与锐视公司业务存在竞合的精锐公司，损害了股东刘某平的合法权益，理应承担赔偿责任。孔某杰和杨某主张锐视公司已经停止营业，因此二人的行为并无损害后果，本院不予采信。2017年1月16日，孔某杰与刘某平签订股权转让合同，约定刘某平将其所持有的锐视公司全部股份转让给孔某杰，转让价款为1,000,000元，说明孔某杰对于当时刘某平的股权价值是认可的。虽然孔某杰主张股权转让的前提是案外人对锐视公司进行投资，但是其并未举证证明顺利引入资本是股权转让交易的前提条件，法院对其该主张不予采信。原审法院参照刘某平和孔某杰签订的股权转让合同的转让价款与公司清算报告中的价值贬损，以及孔某杰、杨某成立同类公司的收益所得，对刘某平要求孔某杰和杨某赔偿损失1,000,000元的诉讼请求，予以支持，并无不当，东莞市中院予以维持。

（二）董事和董事会的权利（1件）

裁判观点：章程中约定个别董事对表决事项有一票否决权的，应予支持。

裁判结果：驳回上诉，维持原判。

案例 212. （2017）苏 01 民终 8178 号，党某与南京赛世仙林房地产开发有限公司（以下简称赛世公司）、计某、史某新公司决议效力确认纠纷。江苏省南京市中级人民法院

本案争议焦点是： 涉案董事会决议的效力如何认定。

法院认为： 章程是有关公司组织和行为的基本准则和规范性文件，对公司、股东、董事、监事、高级管理人员均具有法律约束力。董事召开董事会会议应遵守法律、行政法规和公司章程的规定。根据《公司法司法解释（四）》（2017 年）第 5 条规定的，且本案中，赛世公司的章程规定：召开董事会临时会议，应于会议召开五日以前通知全体董事。董事会会议应全体持有股权的董事出席方能举行，董事因故不能出席的，可以书面委托其他董事代为出席，董事未出席董事会会议，也未委托其他董事代为出席的，视为其出席董事会会议并放弃在该次会议上的表决权；董事会决议的表决，实行一人一票表决权，持有股权的董事对公司所有事项有一票否决权；董事会议定事项须经过全体持有股权董事，即经过全体持有表决权的董事一致同意方可做出。2015 年 5 月 7 日党某被限制人身自由，其作为赛世公司的董事长，不能至公司正常开展经营管理工作，赛世公司股东计某、董事兼总经理史某新明知或应知道此事，史某新却于 2015 年 6 月 13 日向党某发送电子邮件通知党某召开临时股东会议，党某当时显然不能收到该通知，故本次会议通知程序存在重大瑕疵，对党某不发生法律效力。退一步讲，即便通知合法，2015 年 6 月 28 日董事会决议未经持股董事党某的同意，违反了“董事会议定事项须经过全体持有表决权的董事一致同意方可做出”的章程规定，该次会议的表决结果未达到公司章程规定的通过比例，该决议依法仍不成立。党某一审中诉请董事会决议无效，考虑当时《公司法司法解释（四）》（2017 年）尚未制定施行，本案二审期间上述司法解释方施行，鉴于董事会决议无效和不成立对公司及董事的法律效果一致，即不具有法律约束力，为避免当事人诉累，一审法院判决无效，可予以维持。

（三）董事会决议效力（5 件）

裁判观点： 未经合法程序召集和表决的董事会决议应依法撤销。

裁判结果： 驳回上诉，维持原判。

案例 213. （2017）川 17 民终 371 号，达州润发石油气投资有限责任公司（以下简称达州润发石油气公司）与上海金祥投资有限公司、海口金京咨询服务有限公司、润发燃气集团有限公司公司决议纠纷。四川省达州市中级人民法院

法院认为： 根据达州润发石油气公司现行有效的章程规定，该公司董事为 5 人，而

达州润发石油气公司2016年7月1日股东会选举更换的董事为4人，同时又在未通知重新当选的董事谢某龙的情况下即召开董事会，违反了公司章程和《公司法》（2013年）第110条“董事会应于会议召开十日前通知全体董事”的规定，同时达州润发石油气公司也未提供按照公司章程和《公司法》（2013年）第112条规定的董事会会议记录来证明董事会召集程序和表决方式是否合法。据此，根据《公司法》（2013年）第22条第2款的规定，可以认定达州润发石油气公司2016年7月1日召开的董事会召集程序和表决方式违反了公司章程和《公司法》的相关规定，其董事会决议依法应予撤销，达州润发石油气公司的上诉请求不能成立。

裁判观点：公司董事不再担任董事职务时，若不符合《民事诉讼法》第119条规定的利害关系，不得作为确认公司决议无效之诉的适格原告。

裁判结果：驳回再审申请。

案例214.（2018）最高法民申1672号，许某宏与泉州南明置业有限公司（以下简称泉州南明公司）、林某哲与公司有关的纠纷。最高人民法院

法院认为：关于许某宏诉请案涉董事会决议无效应否受理的问题。案涉董事会决议作出时，泉州南明公司系中外合资经营企业。而依据《中外合资经营企业法》（已失效）第6条及泉州南明公司章程第四章第19条、第21条之规定，泉州南明公司的董事由合营各方委派和撤换。许某宏成为泉州南明公司的董事，系由香港南明公司委派，其董事身份自亦可由香港南明公司单方意志而解除。香港南明公司向泉州南明公司送达《委派书》后，许某宏失去董事身份，此系香港南明公司的意志，与泉州南明公司无关。许某宏对此有异议，应通过撤销香港南明公司《委派书》的方式来保护其利益，如果香港南明公司《委派书》被撤销或者宣告无效，其可以随时要求泉州南明公司重新作出董事会决议。故许某宏起诉确认案涉董事会决议无效缺乏诉的必要性和实效性，原一审、二审裁定驳回起诉并无不当，许某宏的相关再审申请事由不能成立。

裁判观点：违反法律规定选举具有禁止资格的董事，该选举决议无效。

裁判结果：驳回上诉，维持原判。

案例215.（2016）苏12民终1390号，黄某明、黄某林等与江苏慧海股权投资管理有限公司公司决议纠纷。江苏省泰州市中级人民法院

法院认为：我国《公司法》（2013年）第22条规定，股东会或者股东大会、董事会的决议内容违反法律、行政法规的无效。《公司法》（2013年）第146条第1款第5项规定，个人所负数额较大的债务到期未清偿的，不得担任公司的董事、监事、高级管理

人员。第2款规定公司违反该规定选举、委派董事、监事或者聘任高级管理人员的，该选举、委派或者聘任无效。本案中，在2015年6月10日召开股东会议之前，金某有数额较大的保证之债到期未清偿，因债务纠纷又使其个人的巨额股权被司法冻结。在股东会议召开后六个月内，金某又有数额较大的保证之债到期未清偿而进入执行程序，因此，2015年6月10日形成的股东会决议的内容即选举金某为执行董事，违反了《公司法》第146条第1款第5项的规定，应为无效。

裁判观点：不得委托非董事参加董事会议和表决。

裁判结果：驳回上诉，维持原判。

案例216.（2014）四民三终字第20号，白某新与梨树县春阳市场管理有限公司（以下简称春阳公司）公司决议纠纷案。吉林省四平市中级人民法院

法院认为：依据《公司法》第113条第1款、第112条的规定，春阳公司实有董事9人，2013年8月24日出席临时董事会为董事本人的仅有4人，分别是董事长白某新及另外三名董事刘某光、曹某胜、韩某伟。在《董事会决议》上签名的董事除刘某光、曹某胜外，另有常某杰代签的王某明董事，李某琴代签的修某师、张某华董事，赵某勇代签的赵某董事。春阳公司临时董事会未出席董事依公司法规定可以委托其他董事出席，但事实上却委托的是常某杰、李某琴、赵某勇，3人均不是公司董事。春阳公司认为，任何具有民事行为能力及权利能力的都有委托他人或者接受他人委托从事民事行为的权利，一人是可以受多人的委托而行使代理权的。本案是公司决议纠纷，应适用《公司法》的相关规定，而非适用《民法通则》中关于委托代理制度的相关规定，其上诉理由是对法律理解有误。因此，该临时董事会无论是董事的出席人数和表决方式上，明显违反了公司法的规定。依据《公司法》（2013年）第42条规定，以及春阳公司章程第十八条“全体股东会议作出的决议必须持有公司资本三分之二以上的或者超过股东人数三分之二以上的股东同意方可作出”的规定，则春阳公司于2013年8月26日召开的临时股东会并未在会议召开前十五日通知全体股东的行为，构成召集程序违法。春阳公司认为以往有过召集股东会也未提前十五日通知的先例属另有约定的情形，并无法律依据，四平市中院不予采信。春阳公司于2013年8月24日作出的《董事会决定》以及2013年8月26日作出的《股东会决议》在召集程序、表决方式上违反法律和公司章程，应予撤销。

裁判观点：董事长的意思表示并不能代表董事会，章程规定股东会由董事会召集的，董事长召集不符合程序。

裁判结果：驳回上诉，维持原判。

案例217. （2014）三中民终字第11950号，中国技术创新有限公司（以下简称中创公司）与深圳世纪星源股份有限公司（以下简称世纪星源公司）公司决议撤销纠纷。北京市第三中级人民法院

本案争议焦点是： 2013年中创公司第一次临时股东会召集程序、表决方式是否违反法律或公司章程以及决议内容是否违反公司章程。

法院认为： 关于会议的召集程序一节，有限责任公司设立董事会的，股东会会议由董事会召集，董事长主持。中创公司章程规定，股东会会议由董事会召集，董事长主持，中创公司设立董事会，成员7人，由股东会选举产生。2013年第一次临时股东会系贾某明以中创公司董事长名义召集，非中创公司董事会召集，董事长不等同于董事会，中创公司现亦不能证明该召集事项经过了中创公司董事会审议通过，故一审法院认定2013年中创公司第一次临时股东会召集程序不符合《公司法》规定及公司章程规定应予撤销并无不妥。中创公司认为提议召开股东会的股东表决权比例已经超过60%，即便召开董事会，也无法否决提议的上诉理由于法无据，北京市三中院确难以支持。关于股东会的议事方式和表决程序，除《公司法》有规定的外，其他由公司章程规定。中创公司章程规定股东会议应对所议事项做出决议。股东会应当对所议事项的决定作出会议记录，出席会议的股东应当在会议记录上签名。中创公司2013年第一次临时股东会议是通过股东书面投票的方式对议案内容进行表决，世纪星源公司在投票页上对议案四项内容均明确投反对票，但在股东会议决议内容上对其表决意见记载为未明确投票，未能真实反映世纪星源公司的意思表示，不符合公司章程的规定。关于决议内容，董事会设董事长一人，可以设副董事长。董事长、副董事长的产生办法由公司章程规定。有限责任公司可以设经理，由董事会决议聘任或解聘。中创公司章程规定选举和更换董事是股东会的职权，董事会设董事长一人、常务副董事长一人、副董事长一人，由董事会选举后产生；公司设总经理一名，由董事会聘任或者解聘。双方均确认在2013年第一次临时股东会召开之前，曾某松为中创公司副董事长、董事和总经理。副董事长由董事会选举产生，总经理的聘任或解聘都为董事会的职权范围，故中创公司2013年第一次临时股东会决议中免去曾某松副董事长、董事、总经理的内容违反公司章程规定，应予撤销。

第十六条

监事和监事会

监事会是监督和检查公司日常经营管理活动的机构。在所有权与经营权相分离的公司权力架构之上另设监督权，以防止经营权滥用对所有权益人造成损害，从而设置平行于董事会的监事会，以实现对经营层的有效监督，是现代公司治理基本逻辑，也是监事会存在的法理基础。在理论上和权力上，监事会与董事会为同级关系，监事会直接对股东会负责。但在公司治理实践中，监事会通常面临边缘化与形式化的现实困境。在股权集中的情况下，依赖于股东会多数决实现监事会的监督强制不利于小股东利益保护，但是从另一方面看，如果小股东代表的监事会频繁行使监督权，也可能对公司正常经营形成不合理的干扰，如何合理地设置监事会的职权、职责，是本条款的重点。

一、示范条款

监事会是公司的监督机构，按法律和公司章程规定、股东会的授权行使职权，对股东会负责并报告工作。

监事会成员为【3～5】人，【监事会组成人数应当为单数。】监事由股东【选举/委派】产生，其中股东会【选举/委派】产生【　】人，职工代表大会选举产生【　】人，监事任期三年，【连选/连续委派】可以连任。

【不实际参与经营管理，或者未委派人员担任董事、高管的股东，有权委派一名监事。】

监事会设主席一人，由全体监事过半数选举产生，监事会主席的任期不得超过其作为监事的任期。

董事、高级管理人员不得兼任监事。

股东会可决议制定和修改监事会议事规则，监事会按照监事会议事规则行事。

二、监事会议事规则（示范文本）

第一条 为规范监事会的议事程序和行为，确保监事会公平、公正和有效履行监督职能，保护股东的合法权益，根据《公司法》及本公司章程规定，制定本规则。本规则对全体监事具有约束力。

第二条 监事会是公司的监督机构，对股东会负责并报告工作。

第三条 监事会会议是监事会议事的主要形式，监事按规定参加监事会会议是履行监事职责的基本方式。

公司为监事履行职责提供必要的条件和费用。

第四条 公司设监事会，监事会行使下列职权：

1. 监督公司贯彻落实相关法律法规的执行情况，监督公司规章和风险防控制度的建设和执行情况；

2. 检查公司财务，包括查阅公司财务会计报告和相关资料，监督公司资产的保值增值情况，检查资产质量、利润分配等情况，对公司的重大问题和重大风险提出预警和报告；

3. 对董事、高级管理人员执行公司职务的行为进行监督，对违反法律法规、公司章程或者股东会决议的董事、高级管理人员提出处罚和罢免的建议，当董事、高级管理人员的行为损害公司的利益时，要求董事、高级管理人员予以纠正，依法对董事、高级管理人员提起诉讼；

4. 提议召开临时股东会会议，在董事会不履行召集和主持股东会会议职责时召集和主持股东会会议；

5. 参加股东会会议，向股东会会议提出提案，向股东会报告其认为股东会有必要知悉的事项；

6. 监事可以列席董事会会议，对董事会决议事项提出质询或者建议，对董事会编制的报告进行审核并提出书面审核意见；

7. 指导子公司监事工作，建立监督管理工作网络；

8. 公司章程规定或股东会授予的其他职权。

第五条 监事会发现公司经营情况异常时可以进行调查，除有权向财政、工商、税务、审计、海关等有关部门和银行、客户调查了解公司的情况外，还有权要求董事、总经理、其他高级管理人员提供必要的资料，配合监事的调查，该等人员拒不配合的，监事有权将情况反馈给股东会，提出处罚和罢免的建议。

必要时，可以聘请会计师事务所、律师事务所等专业机构协助其工作，费用由公司承担。

第六条 监事会对董事、高级管理人员的监督记录，以及进行财务或专项检查的结果是对董事、高级管理人员评价的重要依据。

第七条 监事会由【三/五/七】名监事组成。

第八条 会议由监事会主席召集并主持。监事会主席因特殊原因不能履行职务时，由监事会主席指定一名监事召集和主持，监事会主席未指定人选的，由半数以上监事共同推举一名监事加入和主持会议。

第九条 会议分为定期会议和临时会议。原则上每半年应至少召开【一】次定期会议。定期会议原则上应当在公司的经营场所以现场会议形式召开，临时会议可以书面或者网络视频的形式召开，网络视频会议的，应当全程录音录像。

第十条 出现以下情况时，监事会主席应在【三】个工作日内召开临时会议：

1. 监事会主席认为必要时；
2. 监事提议召开时；
3. 公司财务违规操作、财务会计信息失真时；
4. 董事、总经理和其他高级管理人员执行公司职务时出现违法、违规或者违反公司章程的行为时，或者董事、总经理和其他高级管理人员的不当行为可能给公司造成重大损害或者在市场中造成恶劣影响时；
5. 董事会决议违反法律法规、公司章程或过往已经作出的股东会决议时；
6. 公司、董事、监事、高级管理人员被股东提起诉讼时。

第十一条 会议召集人应当在定期会议举行前【五】个工作日、临时会议举行前通知全体监事，必要时可以通知其他高级管理人员和专业机构人员参加。如果情况紧急，需要立即召开临时会议，监事会主席可以即时通知召开会议，但应当在会议上作出说明。

第十二条 会议通知应当至少包括以下内容：

1. 会议的时间、地点、预计持续的时间；
2. 拟审议和决议的事项；
3. 会议召集人、临时会议的提议人、会议联系人和联系方式。

第十三条 监事【和公司有关人员】可以向监事会提交提案，提案应当以书面形式提交给监事会主席或者会议召集人，提案应符合下列条件：

1. 内容与法律、行政法规、公司章程的规定不抵触，与公司经营活动有关且属于监事会的职责范围；
2. 符合公司和股东的利益；
3. 有明确的议题和具体需表决的事项。

第十四条 监事不得在未说明其本人对提案的个人意见和表决意向的情况下委托其他监事代为出席，在审议与其有关联交易事项时，监事不得就该事项表决，也不得委托其他监事代为出席或表决。

第十五条 监事会在审议有关提案和报告时，可以要求公司董事、高级管理人员、内部及外部审计人员列席会议，对有关事项作必要的说明，并回答监事提出的问题。

第十六条 会议应当有二分之一以上的监事出席会议方可举行，实行一人一票。决议应当经半数以上监事通过。

提案未获通过的，在有关条件和因素未发生重大变化的情况下，监事会在【一】个月内不应当再审议内容相同的提案。

第十七条 监事会应当对所议事项的决定作成会议记录，出席会议的监事和记录人应当在会议记录上签名，拒绝在会议记录上签名的，视为未参加本次会议。出席会议的监事有权要求在记录上对其在会议上的发言做出说明性记载。

会议记录应包括以下内容：

1. 会议召开的日期、地点和召集人姓名；
2. 出席会议人员的姓名，委托其他监事的委托书；
3. 会议议程和所议事项；
4. 每一决议事项的表决方式和表决结果，表决结果应载明赞成、反对或弃权的票数。

会议记录应作为公司档案长期保存。

第十八条 监事应当对监事会决议承担责任。监事会决议违反法律法规或者公司章程，致使公司遭受损失的，监事应当承担赔偿责任。但经证明在表决时曾表示异议并记载于会议记录的，该监事可以免除责任。

第十九条 监事会应当督促有关人员落实监事会决议，监事会主席应当在下一次会议上通报过往决议的执行情况。

第二十条 监事会可以以决议的形式向董事会、股东会提出公司经营管理意见或建议，监事会决议对董事会决议有异议的，监事会有权建议董事会复议。

第二十一条 监事会决议如涉及提议召开临时董事会会议、临时股东会会议或向股东会提出提案的，应在决议后【三】个工作日内向相关人员提出，提案内容应当符合法律、法规和公司章程的规定。

第二十二条 监事由【股东会选举/股东委派】产生，其中应当有【一】名职工代表，职工代表由公司职工选举产生。

第二十三条 具有《公司法》第146条规定的情形之一的人员，不得担任公司的监事。董事、总经理和其他高级管理人员、财务负责人不得兼任监事。

监事应具有法律、财务、会计等方面的专业知识或工作经验，具有与股东、职工和其他相关利益者进行广泛交流的能力。

第二十四条 监事任期三年，可以【连选/连续委派】连任。监事任期届满未及时改选，或者监事在任期内辞职导致监事会成员低于法定人数的，在改选出的监事就任前，原监事仍应当依照法律法规和公司章程的规定履行监事职务。

第二十五条 监事连续【二】次不能亲自出席监事会会议，也未委托其他监事出席会议，视为不能履行职责，监事会应提请股东会或职工大会予以更换。

第二十六条 监事的报酬由股东会确定。

第二十七条 监事应当按股东会要求列席股东会，接受股东的质询。

第二十八条 监事应当遵守法律、行政法规和公司章程的规定，履行诚信和勤勉的义务。监事不得利用在公司的地位和职权为自己或他人牟取私利，不得收受贿赂或其他非法收入，不得侵占公司财产，不得利用关联关系损害公司利益。

监事除依法律规定或经股东会同意外，不得披露公司秘密。

监事违反规定给公司造成损失的，应当承担赔偿责任。

第二十九条 监事会设主席一人，由全体监事过半数选举产生，可以连选连任。

监事会主席超过【半年】不能履行职务或者不履行职务的，应当重新选举监事会主席。

第三十条 监事会主席行使下列职权：

1. 召集和主持监事会会议；
2. 检查监事会议决议的执行情况；
3. 代表监事会向股东会报告工作。

第三十一条 监事会主席由于下列事由而退任：

1. 失去监事身份；
2. 全体监事过半数罢免；
3. 股东会决议罢免。

第三十二条 本规则由股东会决定修订。

【监事】公司法没有规定监事产生的方式，建议赋予不参与实际经营管理的小股东，或者没有委派人员作为董事、经理、高管的股东委派监事的权利，以此平衡大小股东之间的权利。

【监事会职权】法律明确规定的监事会职权仅有《公司法》第 53 条列举的 6 个内容，如果是由小股东担任监事，建议增加检查利润分配、聘用会计师、律师、强制更换财务负责人的权限。

【监事人数】法律没有明确监事会成员必须是单数，但如果设置监事会，建议是单数，便于过半表决的计数统计。

【提案】是否允许非监事的公司其他人员也可向监事会提出提案，取决于股东立场，以及公司的业务类别，例如，是科技公司的，可以允许技术开发总监提出提案，制造型工厂的，允许总工程师提出提案。

【监事会主席】是否赋予股东会作出决议罢免监事会主席的权利，或是监事会主席的任免仅能由监事会自己决定，取决于股东立场。

三、条款解释

监事（会）作为一种公司治理结构，是公司必备的组织机构，笔者在实务工作中接触到不少委托人的监事都是“随便”安排一个人担任，或者是一个小股东，或者是一名员工，甚至在员工离职后仍然挂着这个监事的职务。很多担任监事职务的本人也并不清楚监事有什么权利、有什么作用、要承担什么责任。从立法价值追求来看，《公司法》着重于公司治理架构的完善，通过对股东会、董事会、监事会、经理之间权力的设定以充分保障公司的所有者权益，从立法本意而言，监事会主要的职权就是保障公司和股东的利益，其权利义务系由公司法来进行规范。但是从实务中与公司有关的纠纷来看，如果监事制度设计得好、职权设计得好，监事是可以作为股东间权力博弈的一个“利器”，成为化解公司治理僵局的一个重要手段。本条款要规范的问题是：监事的产生、更换的规则，监事的特别职权，尤其是在解决公司董事、高管不尽职尽责或损害公司利益，股东间纠纷等事务中能发挥什么作用。

（一）监事的产生和报酬

《公司法》对有限责任公司的监事制度的规定从第 51 条至第 56 条，共设置了 6 条，分别规定了监事会的人数、监事会主席产生制度、监事的任期、监事会的职权、监事会会议和表决规则等，对于监事产生的方式，与董事一样，仅在第 37 条的股东会职权中作出规定，“选举和更换非由职工代表担任的董事、监事，决定有关董事、监事的报酬事项”，基于公司自治的基本原则，监事也可以由股东委派的方式产生。从监事会制度的立法本意来看，监事会作为股东会直接管理一个机构、行使制衡董事会、总经理的监督职权，如果仍然适用股东会选举的方式产生，那有可能与董事会的立场一致，监事无法起到真正有效的“监督与制衡”作用，形同虚设。笔者建议监事的产生方式设置为委派的方式，赋予非实际经营管理的小股东或者没有委派人员担任董事的股东直接委派监事的权利。

此外，董事、监事是可以获得报酬的，但这并不是一个强制性规定，且法律法规并未明确规定公司监事薪酬的性质。实践中存在一人在多家公司担任监事且兼职其他工作等多重身份的情况，如果监事拿了报酬，如何确定监事报酬的性质？从监事的产生、职权和义务来看，监事与公司之间的关系显然和员工与公司之间的关系性质不同，监事和董事的身份性质也有所有不同。相比监事来说，董事更多地实质参与和负责公司的日常经营管理，接受公司和监事的监督管理，更多地具有人身隶属性，且董事属于高管序列，虽然法律并不禁止一个人在多家公司担任董事，但需要排除竞业禁止的约束，而监事只是从侧面行使监督权，并不受公司的管理监督，双方不具有人身隶属性，不属于高管，不受竞业禁止的约束，可以在多家公司同时担任监事而没有限制。依据《国家税务总局关于明确个人所得税若干政策执行问题的通知》（国税发〔2009〕121号）关于董事费征税问题的规定，个人担任公司董事、监事，且不在公司任职、受雇的董事费按劳务报酬所得项目征税；个人在公司（包括关联公司）任职、受雇，同时兼任董事、监事的，应将董事费、监事费与个人工资收入合并，统一按工资、薪金所得项目缴纳个人所得税。企业实际支付给外聘的董事、监事的劳务报酬，应凭发票在税前扣除。也就是说，如果劳动关系和董监的身份混同，按照工资纳税，如果仅任职董监，应当按照劳务报酬纳税。

笔者建议，如果担任监事的同时在公司工作，接受公司管理，要区分作为劳动者的工资支付和作为监事的报酬支付两种不同的发放渠道、方式和缴税依据。

（二）监事会的职权和决议

首先，监事会的职权。除了法律强制规定股份公司必须设立监事会且不得少于三人、国有独资公司的监事会成员不少于五人外，《公司法》允许有限责任公司不设监事会而仅需设置1~2名监事，条件是股东人数较少或者规模较小，但什么是较少和较小并没有明确的标准。实务中大部分有限责任公司中并未设置监事会，仅设置一名监事。但从职权角度来看，不设监事会的监事和监事会的职权是一样的。《公司法》第53条明确监事会六项法定职权，并赋予公司通过公司章程自由设定其他职权的权利。六项法定职权分别包括检查公司财务，对董事、高管提出罢免建议，要求董事、高管纠正损害公司利益行为，提议或召集、主持临时股东会议，股东会会议提案以及依法向董高提起诉讼等。此外，在《国有企业监事会暂行条例》（已失效）中，监事会职权还包括检查公司全体对法律法规及政策的执行情况、对经营层进行绩效评价与奖惩等。《上市公司监事会工作指引》还明确监事会还包括质询权、调查权以及运行保障权等额外权利。本书限定在内资有限责任公司治理，排除了外商投资企业、上市公司、国有企业，所以上述规范性文件不在展开之列。

其次，检查公司财务的权力是监事会的核心职权之一。但该项职权的实现高度依赖董事或经理的配合，在董事或经理怠于配合时，该项职权则无法有效实现，那么，监事如何实现权利救济？是仅能通过向股东会提出罢免董事和高级管理人员的建议，还是可以申请司法介入？在司法实务中，法院对上述监事权力的行使司法介入持谨慎保守的态度，通常以属于公司内部经营自治范畴，法律未规定司法救济途径，公权力不宜介入私法领域为由驳回监事的起诉或不予受理。如在江苏省镇江市中院审理的一起监事知情权纠纷（2020）苏11民终921号①案件中，两审法院均以该请求事项属于公司内部治理范

① 李某强与兴峰物流（镇江）有限公司股东知情权纠纷。

畴，监事应当依法通过提起召开股东会等方式进行解决为由，驳回了监事的起诉。但也有例外，福建省福州市中院审理的（2019）闽01民终7031号①案件中，原告作为股东兼监事，为实现公司配合其委托会计师事务所对公司进行财务审查，最终其以监事身份提出的委托会计师查账的诉求得到了法院的支持。但法院在论证其知情权主体适格性时，关注的是其股东身份，仅在审查“委托会计师”的进一步要求时，援引了《公司法》对监事查阅财务的职权规定。因此，在《公司法》没有明确规定监事权利的司法救济途径、司法可诉性尚存争议的情况下，笔者建议应更着重于章程条款的设计，通过公司内部治理优化途径，根据公司实际情况细化监事会职权和议事规则，赋予监事实际可操作的职权。例如可以对董事、财务负责人提出工作能力无法胜任岗位要求、罢免或更换董事、财务负责人的提案，且以决议形式提交给股东会的，股东会必须对人员进行更换，如果小股东无法有效行使知情权，也可以通过监事身份行使查账的权力。

最后，虽然公司法规定了监事的法定职权，但并非所有权利都涉及民事权益。上海高院《关于审理股东请求对公司行使知情权纠纷案件若干问题的问答》（沪高法民二〔2005〕11号）对于公司监事能否以其知情权受到侵害为由对公司提起知情权诉讼的问题，其认为监事会或监事履行相关职权属于公司内部治理的范畴，该权利的行使与否并不涉及其民事权益，且公司法并未对监事会或监事行使权利受阻规定相应的司法救济程序，因此，监事会或监事以其知情权受到侵害为由提起的诉讼，不具有可诉性。笔者认为，上述问答虽然仅为地方司法文件，但也具有一定的参考意义。建议在章程或监事会议事规则中加入一个条款：股东会、董事会认为监事会决议违法或者损害公司准备的，可提议召开股东会决议撤销监事会决议。

（三）监事会诉权

监事会的诉权包含了两层意思：一是作为起诉，可以诉谁、诉什么，以谁的名义诉；二是能否被诉。

首先，监事会的被诉。根据《公司法》第22条和《公司法司法解释（四）》第1条、第2条的规定，当股东（大）会、董事会决议存在内容瑕疵或程序瑕疵时，股东有权提起决议不成立、无效或撤销决议等效力瑕疵之诉。但是，监事会决议是否可诉？如果股东、董事或高级管理人员对监事会决议有异议或者决议损害了公司利益，对该决议是否可诉？如果可诉，谁可作为原告？《公司法》及相关司法解释均未明确规定，理论和实践存在争议。有观点认为，监事会的主要职能在于监督公司董事、经理等高级管理人员，保证其合理行使经营权，根本上是为了维护公司的利益，故监事会的意志与公司和股东的利益是一致的，且监事会并不直接参与公司经营活动，监事会决议瑕疵对公司

① 中能（福建）投资有限公司与孙某春、徐某、许某春股东知情权纠纷。

和股东利益的影响并不严重，对监事会决议提起效力瑕疵之诉没有实际意义。如果允许股东对监事会决议提起不成立、无效或撤销之诉，不利于监事会行使职权。

其次，监事会的主动之诉。《公司法》第 151 条和《公司法司法解释（四）》第 23 条规定，董事和高级管理人员有指定（《公司法》第 149 条）的行为时，监事会主席可以代表公司提起诉讼。也就是说，原告仍然是公司，只是由监事会主席作为代表，诉的是公司内部人员——董事和高级管理人员，这一点的规定是明确的。但能否对侵害公司利益的股东提起诉讼?《公司法司法解释（四）》第 23 条第 1 款规定："监事会或者不设监事会的有限责任公司的监事依据公司法第一百五十一条第一款规定对董事、高级管理人员提起诉讼的，应当列公司为原告，依法由监事会主席或者不设监事会的有限责任公司的监事代表公司进行诉讼。"该解释明确监事会或监事可依据《公司法》第 151 条第 1 款提起诉讼，而该条款规定的程序是适格股东请求监事会或监事等公司机关提起诉讼。也就是说，监事会或监事代表公司起诉违规的董事、高管的权力是来自股东的权力转让而享有，即使存在《公司法》第 151 条提及的董事、高管违法损害公司利益的情形，监事会或监事也无权直接对其提起诉讼，需要公司股东对监事会或监事提出请求，没有适格股东书面请求监事会或监事对董事、高管提起诉讼这一前置程序，监事会或监事就无权代表公司提起诉讼。但也有法院持不同观点，福建省厦门市中院在（2018）闽 02 民终 5292 号①案中持否定观点，认为"王某蕾作为邦美特公司的监事，在石某华的行为损害公司利益时，依法有权作为邦美特公司的代表提起诉讼"，无须以股东发出请求为前提。

监事会提起代表之诉的，应列公司为原告，《公司法司法解释（四）》第 23 条对此规定的是明确的。但如果是"他人"损害公司利益，当董事会不提起诉讼时，监事会是否也可以公司为原告、以监事会主席为代表提起诉讼呢？实务中对《公司法》第 151 条第 1 款和第 3 款的理解存在不同观点，但在《公司法司法解释（四）》出台后，其第 23 条对此作出了进一步的明确，实务中普遍认为针对他人损害公司利益可以提起诉讼的只有董事或者执行董事，不包括监事。

浙江省台州市中院在（2017）浙 10 民初 882 号②案中，法院最终以"应当列台州上药医药有限公司为原告，并依法由监事会主席代表公司进行诉讼"为由，驳回了该公司监事会以自己名义提起的诉讼。此后，台州上药医药有限公司监事会主席以公司名义对股东上药控股有限公司重新提起诉讼，浙江省高院在（2018）浙民终 588 号③案中，最终以"应当列公司为原告，依法由董事长或者执行董事代表公司进行诉讼"为由再次驳回了台州上药医药有限公司监事会主席以公司名义提起的诉讼。显然，浙江高院对监事

---

① 石某华与福建邦美特建材科技有限公司、石某金、王某蕾、兰某兴损害公司利益责任纠纷。

② 台州上药医药有限公司监事会与上药控股有限公司及台州上药医药有限公司损害公司利益责任纠纷。

③ 同上一个案。

代表诉讼权的起诉范围是否涵盖“他人”的问题予以了否定回答。浙江省高院认为，《公司法司法解释（四）》（2017 年）第 23 条第 2 款“董事会或者不设董事会的有限责任公司的执行董事依据公司法第一百五十一条第一款规定对监事提起诉讼的，或者依据公司法第一百五十一条第三款规定对他人提起诉讼的，应当列公司为原告”的规定，实际上将代表起诉“他人”的权利授予了董事会或董事，而排除了监事会或监事行使。

从以上规定可以看出，监事会行使诉权时应受如下限制：(1) 以股东向其提出书面请求为前提，且该股东满足以下持股条件：①为有限责任公司的股东；②股份有限公司连续一百八十日以上单独或者合计持有公司 1% 以上股份的股东。(2) 只能以公司名义提起诉讼，诉讼代表人限于监事会主席或不设监事会的监事。(3) 起诉对象限于公司的董事及高管，不包括侵害公司权利的他人（他人只能由董事长作为代表以公司名义提起）。不过司法裁判实务中有法院持肯定观点，认为监事也有权以诉讼代表人的身份对他人损害公司利益提起诉讼，例如福建省漳州市芗城区人民法院在（2018）闽 0602 民初 3853 号①案中持肯定观点，广东省广州市中院在（2020）粤 01 民终 17723 号②案中也持肯定观点。

四、法律规定

《公司登记管理条例》(2016 年，已失效) 第 37 条

《公司法》第 39 条、第 40 条、第 51～56 条、第 70 条、第六章

《公司法司法解释（四）》第 23 条、第 24 条

《中华全国总工会关于进一步推行职工董事、职工监事制度的意见》

《国有企业监事会暂行条例》(已失效)

五、参考案例（15 件）

（一）监事和报酬（4 件）

裁判观点： 监事可就未取得但已经确定的报酬事项寻求司法途径的权利救济，在监事已经向法院提起诉讼的情况下，视为发放报酬的条件已经成就。

裁判结果： 判决公司应当支付报酬。

---

① 漳州大正通海供应链有限公司与漳州大正企业发展有限公司、杨某秋、漳州大正冷冻食品有限公司合同纠纷。

② 广州百嘉信集团有限公司与吴某健、陈某、列某洪、瑞晟房地产开发（深圳）有限公司、广州戎威物业管理有限公司损害公司利益责任纠纷。

案例218.（2013）浦民二（商）初字第3412号，陈某海与上海葡萄城电子科技发展有限公司与公司有关的纠纷。上海市浦东新区人民法院

法院认为：首先，关于监事报酬的法律属性。《公司法》第38条所规定的股东会行使的职权中即包括选举和更换非由职工代表担任的董事、监事，决定董事、监事的报酬事项。被告的公司章程对上述事项亦作出与《公司法》相同的规定。在被告的公司章程中，还对监事的职权作出了明确规定，因此，原告基于其担任公司监事的身份，通过履行监事职责而获取相应的报酬，就监事报酬事项，应属被告公司内部治理范畴，属于《公司法》调整的范围。

其次，关于监事报酬的具体标准。本案中，原告依据被告于2009年1月出台的《上海葡萄城电子科技发展有限公司基本薪金标准（税前）》，以及经被告董事签名确认的工资表，主张被告的董事会对于监事报酬标准已作出明确规定。从被告出具的书面意见可见，被告曾就高管（包括公司监事）报酬的发放事项形成过股东会决议，依据股东会决议，被告并非不向相关人员发放报酬，而是通过委派方发放报酬。基于以上事实，法院确认被告董事会已就监事的报酬标准形成一致意见，该意见已为股东会采纳并形成决议，因此，原告主张的报酬标准符合公司章程的规定，亦符合被告内部治理的相关程序。

最后，关于监事报酬的发放条件。怎样以及如何向监事发放报酬，本属公司内部治理范畴，但在监事的合法权益无法获得保障时，可通过诉讼的方式寻求法律救济。本案中，被告虽不否认应向原告发放监事报酬，但又通过股东会决议的形式确定报酬先由被告发放给委派方，再由委派方向监事发放。而被告根据禾聚公司的要求，不仅未将报酬通过禾聚公司向原告支付，且至今将款项留在公司，被告的行为构成对原告合法权益的损害。从被告自认的2012年12月的股东会召开至今，被告未向原告发放报酬，亦未明确向原告发放报酬的具体时间，只表示待原告与禾聚公司协商后再行支付，被告的行为无疑使原告权利的实现处于不确定的未知状态。原告在无法通过内部救济保障自身权利的情况下诉诸法律，但在原告已向法院提起诉讼的情况下，被告仍未向原告发放报酬，故原告主张权利的条件已经成就。

裁判观点：监事报酬纠纷受公司法调整，不属于劳动争议。

裁判结果：驳回上诉，维持原判。判决双方之间不存在劳动关系。

案例219.（2018）鲁11民终2314号，袁某辉、日照火鸟影视传媒有限公司（以下简称火鸟影视传媒）劳动争议。山东省日照市中级人民法院

法院认为：劳动关系是指用人单位招用劳动者为其成员，劳动者在用人单位的管理

下提供有报酬的劳动而产生的权利义务关系，由劳动法、劳动合同法等相关法律调整。劳动关系的建立须劳动者与用人单位协商一致，劳动报酬、劳动合同期限原则上亦应当由双方协商确定。劳动者作为用人单位的成员，必须按照用人单位的要求提供劳动，遵守单位内部的劳动规则，接受用人单位的管理监督，人身隶属性是劳动关系的本质属性。用人单位则按照劳动者的劳动数量或质量给付其报酬。本案中，袁某辉是火鸟影视传媒的股东和监事，监事作为一种公司治理结构，其权利义务系是由《公司法》来进行规范的。监事会或者监事是公司内部监督的主要形式，是公司必备的组织机构，其最主要的功能就是保障公司和股东的利益。监事依照《公司法》的规定设立并行使职权，关于监事的报酬事项，根据我国《公司法》规定，应由股东会决定。监事并不受公司的管理监督，双方不具有人身隶属性。因此，从监事的产生、职责及其权利义务来看，监事与公司之间的关系和职工与企业之间的关系显然是两种不同性质的法律关系，应当由不同的法律加以调整。虽然火鸟影视传媒为袁某辉交纳住房公积金，但结合袁某辉是火鸟影视传媒的股东及监事的身份，不能仅以此证明袁某辉、火鸟影视传媒之间存在劳动关系。袁某辉应进一步举证证明双方间的关系符合劳动关系的特征，但袁某辉若未能充分举证，则其应承担举不能的不利法律后果。

裁判观点：监事在履行忠实勤勉义务的前提下，才可以获得相应报酬。

裁判结果：判决公司支付报酬。

案例220.（2019）沪0104民初8991号，张某霞与上海中毅达股份有限公司（以下简称中毅达公司）其他与公司有关的纠纷。上海市徐汇区人民法院

法院认为：监事的任免以及决定监事报酬属公司自治的内容。中毅达公司系股份有限公司，其章程规定，选举和更换监事、决定有关监事的报酬事项等属于股东大会的职权；监事任期届满未及时改选，或监事在任期内辞职导致监事会成员低于法定人数的，在改选出的监事就任前，原监事仍应当依照法律、行政法规和章程的规定，履行监事职务。中毅达公司章程的上述约定不违反相关法律法规，合法有效，对中毅达公司以及其股东、董事、监事、高级管理人员均具有约束力。

公司监事在遵守法律法规、遵守公司章程以及履行忠实勤勉义务的前提下，才可以获得相应报酬。法院注意到，张某霞作为中毅达公司的监事，于2018年被上海证券交易所作出公开谴责的纪律处分；……其余均与监事职责无关；而且张某霞亦多次缺席中毅达公司2018年度的股东大会。因此，中毅达公司关于张某霞未尽责履职的辩称，具有事实依据，法院予以采信综合各项证据分析，法院综合考虑张某霞历年报酬、2018年度履职情况，酌定张某霞2018年度监事报酬为10,000元。

裁判观点： 监事的选举和更换属于公司自治范畴，不属于人民法院受理范围。

裁判结果： 驳回上诉，维持原判。

案例221.（2019）川16民终1147号，李某杰与武胜县馨程建筑劳务有限公司（以下简称武胜县馨程公司）劳动争议。四川省广安市中级人民法院

本案争议焦点是： 一是武胜县馨程公司是否应向李某杰支付未订立书面劳动合同的二倍工资差额55,000元；二是武胜县馨程公司是否应向李某杰支付监事报酬322,758.62元；三是武胜县馨程公司是否应与李某杰签订监事劳动合同由其继续担任公司监事。

法院认为： 关于武胜县馨程公司是否应向李某杰支付未订立书面劳动合同的二倍工资差额55,000元的问题。根据《公司法》规定，在有限责任公司中，监事会（股东人数较少或者规模较小的有限责任公司中的监事）为公司组织机构之一，监事会或者监事是公司内部监督的主要形式，其功能是保障公司和股东的利益；监事的产生、更换及其职权，由《公司法》和公司章程规定；选举和更换非由职工代表担任的监事系股东会的职权，监事会中的职工代表由公司职工通过职工代表大会、职工大会或者其他形式民主选举产生；监事的报酬由股东会决定。故在有限责任公司中，监事与公司之间的关系不受劳动法律调整，李某杰在武胜县馨程公司担任监事，与武胜县馨程公司之间形成的法律关系不是劳动关系，因此，武胜县馨程公司不需要向李某杰支付未订立书面劳动合同的二倍工资差额55,000元。

关于武胜县馨程公司是否应向李某杰支付监事报酬322,758.62元的问题。李某杰与武胜县馨程公司的法定代表人谭某系夫妻关系，2011年8月之后二人均为武胜县馨程公司的股东。一审法院确认李某杰2013年8月5日至2017年9月14日的监事报酬已由其妻谭某代领，并无不当，因此，武胜县馨程公司不应再向李某杰支付监事报酬。

关于武胜县馨程公司是否应与李某杰签订监事劳动合同由其继续担任公司监事的问题。李某杰要求武胜县馨程公司与其补签监事劳动合同、由其继续在武胜县馨程公司担任监事的上诉请求，超出原仲裁和一审审理范围，且根据《公司法》第37条、第51条的规定可知，监事的选举和更换属于公司自治的范畴，不属于人民法院民事案件审理的范围。

（二）监事会职权和决议（5件）

裁判观点： 监事会决议效力不属于人民法院受理范围。

裁判结果： 驳回上诉，维持原裁定。驳回原告的起诉。

案例222.（2020）川01民终12628号，唐某坤、倪某祎等27人与成都国腾电子集团有限公司、薛某能、唐某刚公司决议纠纷。四川省成都市中级人民法院

法院认为：公司的权力机构和执行机构为股东（大）会和董事会（执行董事）。监事会仅为监督机构，无权处分公司的实体权利。从《公司法》第22条第1款和《公司法司法解释（四）》第1条规定可以看出，公司决议效力之诉的审查对象仅为股东（大）会、董事会决议，并不包含监事会决议。唐某坤等27人诉请确认监事会决议不成立，不属于人民法院受理民事诉讼的范围。

裁判观点：监事会决议瑕疵引发的争议应参照股东（大）会、董事会决议瑕疵进行审理。

裁判结果：驳回上诉，维持原判。

案例223.（2014）鲁商终字第17号，烟台市建筑设计研究股份有限公司与烟建集团有限公司公司决议撤销纠纷。山东省高级人民法院

本案争议焦点是：烟台市建筑设计研究股份有限公司的股东会决议、董事会决议等相关决议是否应予撤销。

法院认为：根据已查明的事实，烟台市建筑设计研究股份有限公司2003年1月18日的章程第22条规定……烟台市建筑设计研究股份有限公司2011年3月3日召开的临时股东大会及2012年3月23日召开的2011年度股东大会，烟台市建筑设计研究股份有限公司均没有按照《公司法》（2005年）及公司章程的规定的时间通知各股东，其决议内容均没有在会议召开前30日通知各股东，也没有通知作为股东的烟建集团有限公司。烟台市建筑设计研究股份有限公司2003年1月18日章程第35条规定……第44条规定："监事列席董事会会议。"第45条规定："监事会会议至少每半年召开一次，由监事会召集人召集和主持，且应有二分之一以上的监事出席方可举行。监事会每次会议应当于会议召开十日前通知全体监事。监事会做出决议必须经全体监事过半数表决通过。"从烟台市建筑设计研究股份有限公司2008年3月21日形成的《关于第六届董事选举情况的公告》、《关于第六届监事选举情况的公告》以及2011年3月4日《关于取消召开六届五次董事会的函》均可证实：烟建集团有限公司委派的孔某、孙某春、吕某阳、文某武系经烟台市建筑设计研究股份有限公司股东会选举产生的合法董事和监事。烟台市建筑设计研究股份有限公司2011年3月3日及2012年3月23日召开的董事会、监事会，并未履行章程规定的会议召开前的通知义务。

结合《公司法》（2005年）第22条、第103条的规定，烟台市建筑设计研究股份

有限公司2011年3月3日、2012年3月23日召开的股东会、董事会、监事会召集程序均违反《公司法》(2005年)及烟台市建筑设计研究股份有限公司公司章程的规定，形成的决议依法应予撤销。

裁判观点：表决方式不符合法律规定的，股东会决议不成立，在此基础上形成的监事会决议亦不成立。

裁判结果：驳回上诉，维持原判。

案例224. (2019) 桂01民终7357号，南宁鸿基水泥制品有限责任公司（以下简称鸿基公司)、杨某英、张某、郑某友、叶某强、邓某友、吴某芳、焦某华、王某友、刘某锹、谢某炎、姚某敏、李某昌、谷某、何某卡与王某红、陶某强、刘某平、黄某森、林某基、蒙某东、丁某华公司决议不成立纠纷。广西壮族自治区南宁市中级人民法院

本案争议焦点是：2016年4月19日鸿基公司《股东大会会议决议》，南鸿基董字〔2016〕04号、05号董事会决议，南鸿基监字〔2016〕01号监事会决议是否依法成立。

法院认为：首先，参与2016年4月19日股东大会投票表决的365名鸿基公司职工（不包括3名持有股权证的显名股东）所持有的出资证明未加盖鸿基公司公章，形式上不符合《公司法》(2013年）第31条的要求。其次，由368名鸿基公司职工集体投票表决的方式，与2000年7月《南宁水泥制品总厂改制实施方案》《持股管理办法》的改制方针相悖，亦不符合《公司法》(2013年）第24条、《鸿基公司章程》第17条的规定及鸿基公司历年来股东大会投票表决的习惯。最后，2016年4月19日股东大会关于重新选举新一届董事会、监事会及法定代表人的决议，实质上是对2009年、2014年公司章程内容的修改，应当经过代表三分之二以上享有表决权股东通过。因此，2016年4月19日鸿基公司《股东大会会议决议》违反了《公司法》(2013年）第43条及《公司法司法解释（四)》(2017年）第5条第3项、第4项之规定，应当确认不成立。既然《股东大会会议决议》不成立，则基于《股东大会会议决议》形成的南鸿基董字〔2016〕04号、05号董事会决议，南鸿基监字〔2016〕01号监事会决议亦不成立。

裁判观点：股东会决议无效，在此基础上形成的董事会、监事会决议亦无效。

裁判结果：董事会、监事会决议无效。

案例225. (2016) 苏0303民初3449号，马某龙、杨某礼等9人与徐州市凌云楼饭庄餐饮管理有限公司（以下简称凌云楼饭庄)、李某英等5人公司决议纠纷。江苏省徐州市云龙区人民法院

法院认为：根据《公司法》（2013 年）第 37 条规定，审议批准公司的利润分配方案和弥补亏损方案为股东会的权利，董事会无相应的职权。即便 2013 年 4 月 19 日被告凌云楼饭庄股东会召集程序、表决方式符合法律、行政法规、公司章程的规定，且股东会决议内容不违反公司章程，股东会决议合法有效，但该股东会决议仅是确定了收回的天成所欠公司的房款，用于支付经济补偿金，留足国家和公司章程规定的企业应支付的各项费用后，其剩余部分按照出资比例进行分配，并无确定具体的分配数额，被告亦未提供证据证明已经用于利润分配的 30 万元系严格履行了 2013 年 4 月 19 日股东决议中所支付应付款项后所剩的资金。被告凌云楼饭庄关于 30 万元的分配数额及方式由董事会、监事会进行决议并执行，违反了法律及公司章程的规定，故应认定为无效。

裁判观点：监事行使职权可以要求查阅公司原始会计凭证。

裁判结果：驳回上诉，维持原判。

案例 226. （2019）闽 01 民终 7031 号，中能（福建）投资有限公司（以下简称中能公司）、孙某春、徐某、许某春等与公司有关的纠纷。福建省福州市中级人民法院

法院认为：孙某春、徐某作为上诉人公司股东，以公司自成立以来从未分红、不清楚公司资产的现状等为由，要求了解公司运营及财务状况，孙某春、徐某上述要求系两人有限责任公司股东应享有的知情权。《公司法》第 33 条第 1 款对股东知情权的范围进行了列举式的规定，股东知情权的范围包括有权查阅、复制公司章程、股东会会议记录、董事会会议决议、监事会会议决议和财务会计报告，有权查阅公司会计账簿。因此，一审法院准予孙某春、许某查阅会计账簿（包括总账、明细账、日记账）的相关判决是正确的。关于孙某春、许某要求查阅公司原始会计凭证（包括记账凭证和原始凭证）的问题，因孙某春系中能公司的监事，根据《公司法》第 54 条关于“监事会或者监事行使下列职权：（一）检查公司财务；……”的规定和中能公司关于监事职权的公司章程，孙某春有权检查公司财务，而只有通过查阅原始凭证才能达到检查公司财务的目的。虽然本案案由系股东知情权纠纷，但孙某春提起本案诉讼的诉讼理由已包括其系公司监事享有相应职权，在此情况下，一审判决认可孙某春可查阅公司原始会计凭证，避免诉累，并无不当，福州市中院予以维持。

（三）监事会诉权（6 件）

裁判观点：监事以诉讼代表人身份以公司为原告提起损害公司利益之诉，无须加盖公司印章。

裁判结果：撤销原审裁定，指令原审法院受理案件。

案例227. （2017）粤04民终2588号，珠海普恩瑞电力科技有限公司与王某、珠海普恩瑞信息技术有限公司损害公司利益责任纠纷。广东省珠海市中级人民法院

法院认为：《公司法司法解释（四）》自2017年9月1日起实施。其中第23条第1款的规定系针对出现《公司法》第149条规定的情形之后，按照该法第151条的规定进行股东代表诉讼的完善。股东代表诉讼的目的在于充分发挥公司内部监督机制，也即是在公司内部自我监督及管理机制陷入停滞、出现失效时，通过司法程序对公司内部控制权滥用现象进行及时有效的控制和避免，基于上述立法目的，结合现实生活中实际控制、管理公司的其他股东或者高级管理人员亦实际控制了公司的印章，故不可能为提出股东诉讼的代表提供诉讼上的便利，故上述司法解释将公司监事会或者监事界定为公司机关，其履行法定职责代表公司提起的诉讼，应当是公司直接诉讼，应列公司为原告，对于该种情形下，只要代表公司诉讼的监事会或者不设监事会的有限责任公司的监事符合主体要求即可，而无须要求公司在起诉状中加盖公章。

裁判观点：监事行使监督职权发生的纠纷属公司自治范畴，不具有可诉性。

裁判结果：公司应当保障股东行使知情权。

案例228. （2019）京0112民初29912号，北京中天通宇科技有限公司（以下简称中天公司）与南某达股东知情权纠纷。北京市通州区人民法院

法院认为：南某达为中天公司的股东并担任公司监事，南某达第1项诉讼请求要求中天公司立即准许并且配合南某达查阅、复制公司章程、股东会决议、财务会计报告。南某达第2项诉讼请求要求立即准许并且配合南某达查阅公司会计账簿及与会计账簿记载内容有关的记账凭证或者原始凭证等材料。南某达第3项诉讼请求，要求判令南某达有权行使监事职权，聘请会计师事务所对公司财务进行审计，审计费用由中天公司承担。

首先，无论有限责任公司的监事会或不设监事会的公司监事，是依照法律规定和章程代表公司股东和职工对公司董事会、执行董事和经理依法履行职务情况进行监督的机关和个人，其权利是由公司的权力机构所赋予，其权利的本质是公司治理结构中的监督机构，属于内部职能部门。监事会或监事履行相关职权属于公司内部治理的范畴，该权利的行使与否并不涉及监事会或监事的民事权益，故监事会或监事不具有实体意义上的诉权。其次，根据《公司法》第54条的规定，监事享有质询建议权与调查权，但是该权利与股东知情权在权利性质、权利内容、行使方式等各方面均不相同，因此，如果提起知情权诉讼的股东同时具备公司监事的身份，应当以股东名义提起知情权诉讼。综上

所述，因监事会或监事行使监督权发生的冲突，属于公司自治的范畴，不具有可诉性。本案中，南某达作为中天公司的监事行使调查权属于公司自治的范畴，不属于人民法院受理民事诉讼的范围，故对于该项诉讼请求，应当裁定驳回其起诉。

裁判观点：因他人损害公司利益提起诉讼的是董事会，监事无权代表公司提起诉讼。

裁判结果：驳回上诉，维持原裁定。

案例229.（2018）浙民终588号，台州上药医药有限公司（以下简称台州上药）监事会与上药控股有限公司（以下简称上药控股）损害公司利益责任纠纷。浙江省高级人民法院

浙江省台州市中院认为：虽然根据《公司法》第151条的规定，本案原告有权代表股东起诉被告，但根据《公司法司法解释（四）》（2017年）第23条的规定，应当列台州上药为原告，并依法由监事会主席代表公司进行诉讼。故本案原告主体不适格，对其提起的诉讼依法应予驳回。

浙江省高院认为，本案争议焦点是：台州上药认为其控股股东上药控股损害台州上药利益责任纠纷应该由谁代表公司提起诉讼问题。

台州上药认为控股股东上药控股侵犯了台州上药的合法权益，根据《公司法》第151条第3款规定，他人侵犯公司合法权益，给公司造成损失的，按照该条第1款规定的股东可以依照该条前两款的规定向人民法院提起诉讼。同时，《公司法司法解释（四）》（2017年）第23条第2款规定，董事会或者不设董事会的有限责任公司的执行董事依据《公司法》第151条第1款规定对监事提起诉讼的，或者依据该条第3款规定对他人提起诉讼的，应当列公司为原告，依法由董事长或者执行董事代表公司进行诉讼。

裁判观点：监事无权通过诉讼方式实现检查公司财务的权利，可通过提议召开股东会的方式实现。

裁判结果：驳回上诉，维持原裁定。原审裁定驳回原告的起诉。

案例230.（2020）苏11民终921号，李某强与兴峰物流（镇江）有限公司（以下简称兴峰公司）股东知情权纠纷。江苏省镇江市中级人民法院

一审法院认为：《公司法》第53条、第54条规定，不设监事会的公司监事可以行使检查公司财务的职权，如发现公司经营情况异常可以进行调查；必要时，可以聘请会计师事务所等协助其工作，费用由公司承担。兴峰公司章程亦作出了与《公司法》相一致的约定。前述法律规定及章程规定的公司监事行使检查公司财务的职权，属于公司内

部的经营管理范畴，当公司不配合监事行使职权时，监事应当依法通过提起召开股东会等方式进行解决，《公司法》并未赋予公司监事通过诉讼方式实现检查公司财务的权利。此外，公司监事（会）作为公司内部机构，其在公司经营过程中并无自身的特殊利益，不属于《民事诉讼法》（2017 年）第 119 条规定的与案件有直接利害关系的主体，亦无权提起民事诉讼。

二审法院认为：根据《公司法》第 53 条第 1 项、第 54 条第 2 款的规定，不设监事会的公司监事行使检查公司财务的职权，发现公司经营情况异常，可以进行调查；必要时，可以聘请会计师事务所等协助其工作，费用由公司承担。兴峰公司公司章程作出了《公司法》一致的约定。公司监事行使检查公司财务的职权，属于法律赋予监事的内部经营管理权，现有法律并未赋予公司监事该项诉讼权利，其作为内部机构，亦非与案件具有直接利害关系的适格主体。若行使该项权利遇到障碍，可通过召开股东会（或股东大会）等内部方式解决。

裁判观点：监事提起损害公司利益之诉，无须以股东发出请求为前置条件。

裁判结果：损害公司利益，应当将转移的资金和利息返还给公司。

案例 231. (2017) 闽 0211 民初 1611 号，石某华、福建邦美特建材科技有限公司（以下简称邦美特公司）、石某金、王某蕾、兰某兴损害公司利益责任纠纷。福建省厦门市集美区人民法院

法院认为：本案中，因作为邦美特公司法定代表人的执行董事石某华涉嫌损害邦美特公司利益，王某蕾作为监事，有权依据《公司法》第 151 条第 1 款及《公司法司法解释（四）》（2017 年）第 23 条第 1 款的规定，作为邦美特公司的诉讼代表人以邦美特公司为原告对石某华提起诉讼。虽然《公司法》未规定监事可以作为公司的诉讼代表人以公司为原告对股东提起损害公司利益纠纷之诉，但本案中邦美特公司的法定代表人石某华涉嫌以执行董事、股东的身份与作为股东的石某金共同侵害邦美特公司利益，在此情形下难以期待石某华作为诉讼代表人启动针对其共同侵权行为人的诉讼，若不允许监事王某蕾作为诉讼代表人启动诉讼，则邦美特公司的利益将难以得到救济。虽然《公司法》（2013 年）第 151 条仅是针对董事、高级管理人员损害公司利益的情形，但在难以期待公司法定代表人启动针对股东损害公司利益的诉讼的情形下，基于公平原则，该条规定应类推适用于针对股东损害公司利益的情形。《公司法》（2013 年）第 151 条对股东代表诉讼规定了前置程序，但未规定监事作为诉讼代表人以公司为原告提起损害公司利益责任之诉需要履行前置程序，更未规定对损害公司利益责任的行为需要先行召开股东会来解决。况且，石某华、王某蕾均确认在王某蕾起诉之前有召开股东会，但未就案

涉事项达成股东会决议。本案审理过程中，邦美特公司的全部股东均是本案的当事人，但股东们并未能协商解决案涉事项。

裁判观点：监事没有独立的诉求，其权利受到侵犯的不具有可诉性，应当通过公司自治范畴解决。

裁判结果：撤销原审判决，驳回原告的起诉。

案例232.（2016）川01民终5384号，朱某诉四川省青龙湖建筑工程有限公司与公司有关的纠纷。四川省成都市中级人民法院

法院认为：根据《公司法》（2013年）第54条、第55条的规定，公司监事有权检查公司财务；发现公司经营情况异常，可以进行调查；必要时，可以聘请会计师事务所等协助其工作，费用由公司承担。但《公司法》未明确规定，当监事的上述权利无法实现时，可以对公司提起诉讼。监事会或不设监事会的有限责任公司的监事，实质上是公司治理结构中的监督机构，并非为一个独立的法律主体，不具有以自己名义对外主张权利、独立承担责任的资格，因监事会（监事）行使监督权发生的冲突，属于公司自治的范畴，不具有可诉性。

第十七条

总经理和团队

一、示范条款

总经理是公司的执行机构，负责公司日常生产经营管理工作，落实和执行公司股东会决议、董事会决议。

总经理由【董事长/执行董事兼任，董事会聘任和解聘】，任期【1～3】年，连聘可连任。

总经理可决定设置副总经理1～2人，由总经理提名，董事会聘任和解聘。

总经理可组建运营管理团队，成员包括总经理、副总经理、财务负责人和总经理认为合适的公司其他人员。

总经理按照法律法规和公司章程规定行使职权、执行职务，完成【股东会/董事会】决议的经营目标。

总经理的工作形式为办公会议，总经理办公会议实行【总经理负责制/集体负责制】。

总经理在执行职务时因故意或重大过失给公司造成损失的，应当承担赔偿责任。

二、总经理工作细则（示范文本）

第一条 为提高公司管理效率和科学管理水平，根据《公司法》及本公司章程规定，制定本细则。

第二条 本细则规范公司总经理的主要管理职能、职责和权限。总经理、副总经理及其他高级管理人员除应按公司章程、股东会决议、董事会决议行使职权外，还应按照本细则的规定行使管理职权并承担管理责任。

第三条 公司应与总经理、副总经理及其他高级管理人员签订聘任合同或劳动合同，以明确彼此间的权利义务关系。

第四条 总经理是公司的执行机构。设总经理一名，副总经理【1～2】名，财务负责人1名。董事会可以根据公司经营管理需要，设总工程师或其他高级管理人员。

总经理由董事会聘任和解聘，副总经理、财务负责人由总经理提名，董事会聘任和解聘。

总经理、副总经理及其他高级管理人员的选聘，应采取公开、公正、透明的方式进行，聘任或解聘上述人员均应履行法定程序并公示。

第五条 总经理每届任期【1～3】年，连聘可以连任。

总经理团队成员的任期与总经理的任期相同，总经理在任期内辞职或者被解聘的，成员应当随之离任。

第六条 总经理办公会议实行【总经理负责制/集体负责制】。

总经理向董事会负责并报告工作，接受董事会的监督和领导。根据章程规定和董事会的授权，主持公司的日常经营管理工作。【副总经理、财务负责人为总经理的辅助机构，对总经理负责，协助总经理开展工作。】

第七条 总经理行使下列职权：

1. 全面主持公司的日常生产经营管理工作，切实保障公司各项经营目标的实现；

2. 列席董事会会议，组织实施董事会决议、公司年度工作计划、投资方案、公司财务预算报告及利润分配与使用方案；

3. 在董事会授权范围内，对外代表公司签署有关协议、合同或处理有关事宜；

4. 拟订公司内部管理机构设置方案和公司的基本管理制度；

5. 制定公司组织编制、人事编制和具体规章制度；

6. 提请董事会聘任或者解聘公司副总经理、财务负责人及其他高级管理人员；

7. 聘任或者解聘除应由董事会聘任或者解聘以外的管理人员；

8. 决定公司中层管理人员及其以下各级管理人员与员工的任免、工作职责、报酬、奖惩与福利等事项；

9. 在职权范围内，负责审查并批准公司年度计划内的生产、经营、投资、改造、基建项目、科研开发的可行性研究报告；依照公司年度计划，决定公司有关资金、资产的运用或安排；

10. 提议召开董事会临时会议；

11. 签署公司日常行政、业务文件；

12. 处理公司重大突发事件；

13. 根据董事会的授权或要求拟定应由董事会决议事项的初步方案并报请董事会决议；

14. 公司章程或董事会授予的其他职权；

15. 必要时接受股东会的直接领导，完成股东会决议的工作。

第八条 经公司董事会授权，总经理可行使以下资金、资产的运用权限：

1. 批准不超过最近一期审计的公司总资产【%】的对外投资；

2. 批准不超过最近一期审计的公司总资产【%】的融资、资产抵押及其他担保事项。

第九条 总经理应定期向董事会报告工作，至少每半年报告一次。

总经理应根据董事会或监事会的要求，及时报告公司重大合同的签署及履行情况、资金运用情况和盈亏情况。

公司遇有诉讼、仲裁或行政处罚等重大事件时，应及时向董事会、监事会报告。

总经理应当保证其相关报告内容的真实准确性。

第十条 总经理办公会议研究议题时，应当先由事务的具体经办人员做情况汇报，总经理在充分听取与会人员发言的基础上，综合各方面的意见、建议后作出决定。

总经理拟定有关公司员工工资、福利、安全生产以及劳动保护、劳动保险、解聘或开除员工等涉及员工切身利益的问题时，应视情况听取董事会、监事会、公司工会或职代会的意见。

第十一条 对于经公司相关部门考核不能胜任其职务的人员，总经理有权对其进行处罚，处罚方法包括：警告、限期改正、扣减报酬、降低薪水、调整职务、解聘。

对于玩忽职守、因自身过错给公司造成损失的人员，总经理除可给予上一款的处罚之外，还有权要求其赔偿损失，赔偿损失的具体数额根据公司的相关规定并结合实际情况决定。

第十二条 副总经理的职权由总经理制定并报董事会备案。

第十三条 财务负责人具体工作职责如下：

1. 全面负责公司的日常财务工作，审查、签署重要的财务文件并向【总经理/董事会】报告工作；

2. 组织拟订公司的年度资金使用计划和费用预算计划；

3. 负责公司及合并报表的子公司的季度、中期、年度财务报告的审核，保证公司财务报告的及时披露，并对披露的财务数据负责；

4. 控制公司生产经营成本，审核、监督公司资金运用及收支平衡；

5. 按月向【总经理/董事会】提交财务分析报告，提出改善生产经营的建议；

6. 参与投资项目的可行性论证工作并负责新项目的资金保障；

7. 指导、检查、监督各分公司、子公司的财务工作；

8. 审核公司员工的差旅费、业务活动费以及其他一切行政费用；

9. 提出公司员工工资、奖金的发放及年终利润分配方案、资本公积金转增股本方案；

10. 对公司出现的财务异常波动情况，及时向董事会和总经理汇报，并提出有效的解决方案，配合公司做好相关的信息披露工作；

11. 根据【总经理/董事会】的安排，完成其他工作。

第十四条　总经理的日常工作形式为总经理办公会议，会议由总经理主持，副总经理、财务负责人和相关部门负责人参加，总经理可以邀请其他人员参加。

总经理因故不能主持会议的，由副总经理代其主持会议。

第十五条　总经理办公会至少应每【一】个月召开一次会议。总经理认为必要时可随时召集临时会议。

总经理办公会原则上应在公司住所地召开，也可以采用网络会议形式。

第十六条　总经理办公会应有会议记录，会议记录应包括以下内容：会议的时间、地点、开会事由及会议具体内容，与会人员均应在会议记录上签字。会议记录应长期保存。

第十七条　总经理办公会决定公司日常的各项生产经营及管理工作，检查、调度、督促并协调各职能部门的业务工作进展情况，制订下一步工作计划，保证生产经营目标的顺利完成。

总经理办公会所议事项应属于总经理职权或董事会授权范围内的事项。

第十八条　总经理决策以下事项时，应召开总经理办公会讨论并作出决定：

1. 贯彻落实董事会决议；

2. 实施公司年度计划、公司投资计划的具体方案；

3. 决定提交董事会审议的内部管理机构设置方案和公司基本管理制度；

4. 决定公司各具体部门规章制度；

5. 决定提请董事会任免副总经理、财务负责人等公司高级管理人员；

6. 决定任免董事会任免之外的公司部门负责人；

7. 决定公司除由董事会决定以外的公司部门负责人的工资、福利、奖金及奖惩等事项；

8. 决定提议召开董事会临时会议；

9. 总经理认为日常经营管理中出现的需要经总经理办公会讨论决定的事项。

第十九条　本细则由董事会决定修改。

三、条款解释

市场经济中人们习惯称“总经理”，但实则在公司法层面来看，并没有总经理的术语，《公司法》中使用的只是“经理”一词。并且《公司法》第 49 条规定的是在有限责任公司中是“可以”设置，而非必须。经理作为董事会下属的机构仅限定于董事会决定聘任或者解聘，而非由股东会决定，经理对董事会负责和报告工作。至少在《公司法》层面来看，股东会无法直接控制或指挥总经理，需要经过董事会作为中间桥梁。本条款要规范的问题是：总经理及其管理团队的组成人员，总经理工作细则，财务负责人向谁负责和汇报工作。

首先，设置总经理的必要性。既然法律对有限责任公司规定的机构中，经理是“可以”设置而非必须，那对于小微企业来说，或者是股东权力较为集中的企业来说，总经理就显得不太必要。可以只设置执行董事一职，由股东会控制其职权，避免在执行董事和经理之间分权。

其次，总经理工作细则。公司法对股东会、董事会职权的规定，使用的是列举法定职权后，增加一兜底条款，即“公司章程规定的其他职权”，此处的其他职权与已列举的法定职权是并存关系。公司法对总经理职权的规定，使用的是列举后另款行文，“公司章程对经理职权另有规定的，从其规定”。该条款意味着股东可以通过章程自行规定总经理的职权，且可以调整《公司法》对总经理职权的规定，章程在多大范围内对总经理进行授权，对总经理放权、束权都被《公司法》所允许。对于实务中大部分的小微企业来说，并没有设置董事会，执行董事直接兼任了总经理，同时兼任公司法定代表人。在这种情况下，单独设置总经理的工作职权已无实质意义，但是对于有一定规模、有董事会架构、聘任职业经理人作为总经理的企业来说，或者是大股东担任董事长、小股东担任董事兼任总经理的企业来说，在此种情况下，公司的经营管理权在董事长、总经理之间如何分配就显得尤为重要，当章程将权力向总经理倾斜时，总经理大权在握、放马奔腾，当总经理职权被限制时，则需小心翼翼、谨慎行事。

为避免公司治理僵局，笔者建议根据股东的立场不同、公司实际经营管理模式不同、总经理是内部人还是聘请的职业经理人不同等众多因素确定各机构之间的权限分配。

最后，总经理的责任。此外，如果设置了董事会，股东会是否可以跨过董事会直接指挥总经理工作？依据《公司法》第 49 条的规定，有限责任公司可以设经理，由董事会决定聘任或者解聘。第 113 条第 1 款规定：“股份有限公司设经理，由董事会决定聘任或者解聘。”依据《公司法》第 46 条的规定，董事会应当执行股东会的决议。同时，

《公司法》第4条规定："公司股东依法享有资产收益、参与重大决策和选择管理者等权利。"这意味着，如果股东会决议要求董事会聘任某人为总经理或解聘总经理，董事会应当执行股东会的这项决议，聘任某人为总经理或解聘总经理。但如果股东会直接解聘总经理，是否有效？贵州省高院在（2015）黔高民商终字第1号①案件中认为，虽然股东会是公司的最高权力机构，但也必须遵守《公司法》的强制性规定和公司章程相关规定，股东会决议作出解聘法定代表人兼总经理职务，超越了股东会职权，不符合公司法和公司章程规定，应认定为无效。但广州市中院在（2020）粤01民终22633号②案中认为，从决议的内容看，万通达公司的章程规定股东会有权修改公司章程以及作出公司合并、分立、解散或者变更公司形式的决议，有权聘任或者解聘公司经理、财务负责人，决定其报酬事项等，案涉的该次股东会决议没有违反《公司法》及万通达公司章程的有关规定，关于免去黄某杰总经理、经理职务，将法定代表人由黄某杰变更为贺某芳。决议内容本身并不违反公司章程，《公司法》尊重公司自治，公司内部法律关系原则上由公司自治机制调整，司法机关原则上不介入公司内部事务。可以看出，广州市中院是持肯定观点的。最高院在（2017）最高法民申1794号③案中认为，《公司法》（2013年）第37条、第46条分别是有关股东会和董事会职权的相关规定，并不属于效力性强制性规定。而且根据《公司法》第4条规定，公司股东依法享有选择管理者的权利，相应地该管理者的权限也可以由公司股东会自由决定，《公司法》并未禁止有限责任公司股东会自主地将一部分决定公司经营方针和投资计划的权力赋予董事会。可见最高院对章程自定义董事、总经理的职权持更宽松、开放的态度。

从公司内部治理和权利义务责任对等的原则来说，公司日常经营管理更多是总经理的职责范围，无论是聘请的职业经理人担任经理还是由股东担任，笔者均建议细化工作职责和职权，以便当总经理因故意或重大过失损害了公司利益、给股东造成间接利益损害时，公司的权力机构或者股东更便捷地寻求各种途径的权利救济，或者是罢免、更换总经理，以此实现权力制衡、权力更迭或者是要求其赔偿损失。

四、法律规定

《公司法》第49条、第50条

---

① 沈某松、羊某新、江某兴与贵州熏酒有限公司、胡某云、胡某杰公司决议效力确认纠纷。

② 黄某杰、广东万通达电气集团有限公司公司决议效力确认纠纷。

③ 袁某、潘某、彭某、姜某霞与黄某人、黄某、舒某、仲某中、徐某明、雅安珠峰商贸有限责任公司损害公司利益责任纠纷。

五、参考案例（3 件）

裁判观点： 虽然股东会是公司的最高权力机构，但也必须遵守《公司法》的强制性规定和公司章程相关规定，股东会决议作出解聘法定代表人兼总经理职务的决定，超越了股东会职权，不符合《公司法》和公司章程规定，应认定为无效。

裁判结果： 驳回上诉，维持原判。股东会决议无效。

案例 233.（2015）黔高民商终字第 1 号，沈某松、羊某新、江某兴与贵州熏酒有限公司、胡某云、胡某杰公司决议效力确认纠纷。贵州省高级人民法院

法院认为： 关于上诉人沈某松在召开临时股东会之前对被上诉人胡某云、胡某杰是否尽到通知义务的问题。根据《公司法》（2013 年）和贵州熏酒有限公司章程的规定，召开股东会会议，应当于会议召开十五日以前将会议日期、地点和内容通知全体股东。三上诉人在一审过程提交的证据不能充分证明股东胡某杰收到了召开股东会临时会议的通知。胡某杰作为贵州熏酒有限公司的股东，参加股东会是其依法享有的股东权利。因此，上诉人沈某松未尽到通知全体股东的义务。

关于 2014 年 4 月 20 日三上诉人召开的股东会是否符合《公司法》（2013 年）和贵州熏酒有限公司章程的规定以及所作出的股东会决议是否具有法律效力的问题。本案中，贵州熏酒有限公司召开股东会形成决议：选举沈某松为公司执行董事，并按照《公司法》（2013 年），公司章程相关规定履行其职责。但贵州熏酒有限公司的章程中并未明确执行董事的职责，设立执行董事无公司章程依据。故三上诉人主张贵州熏酒有限公司没有董事会所以只能召开股东会不符合事实。本案中，三上诉人 4 月 20 日作出的股东会决议内容是解聘胡某云作为贵州熏酒有限公司的法定代表人兼总经理。根据《公司法》（2013 年）第 13 条的规定，公司法定代表人依照公司章程的规定，由董事长、执行董事或者经理担任并依法登记。另《公司法》（2013 年）第 49 条规定："有限责任公司可以设经理……经理列席董事会会议。"《贵州熏酒有限公司章程》第八章第 29 条规定，董事会对股东会负责，行使下列职权："……（9）决定聘任或者解聘公司经理及其报酬事项，并根据经理的提名决定聘任或者解聘公司副经理、财务负责人及其报酬事项。"虽然股东会是公司的最高权力机构，但也必须遵守《公司法》的强制性规定和公司章程相关规定。因此，胡某云作为贵州熏酒有限公司的法定代表人和总经理，应由公司董事会决定对其的聘任或者解聘。三上诉人以股东会决议作出解聘胡某云的法定代表人兼总经理职务，不符合上述规定，超越了股东会职权。故 2014 年 4 月 20 日的股东会

决议不符合《公司法》（2013 年）和贵州熏酒有限公司的章程规定，应认定为无效。

裁判观点：《公司法》尊重公司自治，公司内部法律关系原则上由公司自治机制调整，司法机关原则上不介入公司内部事务。

裁判结果：驳回上诉，维持原判。

案例 234.（2020）粤 01 民终 22633 号，黄某杰、广东万通达电气集团有限公司（以下简称万通达公司）公司决议效力确认纠纷。广东省广州市中级人民法院

本案争议焦点是：案涉的股东会决议是否合法。

法院认为：黄某杰主张 2019 年 12 月 30 日股东会决议违反公序良俗无效。从召集程序上看，该次股东会的召集程序未违反法律、行政法规以及公司章程的规定。从表决方式看超过代表三分之二以上表决权的股东同意通过。从决议的内容看，万通达公司的章程规定股东会有权修改公司章程以及作出公司合并、分立、解散或者变更公司形式的决议，有权聘任或者解聘公司经理、财务负责人，决定其报酬事项等，案涉的该次股东会决议没有违反《公司法》及万通达公司章程的有关规定，决议内容本身并不违反公司章程，《公司法》尊重公司自治，公司内部法律关系原则上由公司自治机制调整，司法机关原则上不介入公司内部事务。黄某杰没有举证证明公司及小股东利益遭受了实际损失，故广州市中院对其主张不予支持。因此，案涉的股东会决议合法有效。

裁判观点：股东会有权选举管理者，自行决定管理者的权限，股东会可自主决定将部分权力赋予董事会。

裁判结果：驳回再审申请。

案例 235.（2017）最高法民申 1794 号，袁某、潘某、彭某、姜某霞与黄某人、黄某、舒某、仲某中、徐某明、雅安珠峰商贸有限责任公司（以下简称珠峰商贸公司）损害公司利益责任纠纷。最高人民法院

本案争议焦点是：（1）二审适用法律是否错误；（2）二审对证据的认定是否存在错误；（3）二审的审理程序是否违法。

法院认为：关于第一个焦点问题。《公司法》（2013 年）第 37 条、第 46 条分别是有关股东会和董事会职权的相关规定，并不属于效力性强制性规定。而且根据《公司法》（2013 年）第 4 条的规定，公司股东依法享有选择管理者的权利，相应地该管理者的权限也可以由公司股东会自由决定，《公司法》（2013 年）并未禁止有限责任公司股东会自主地将一部分决定公司经营方针和投资计划的权力赋予董事会。故珠峰商贸公司

《公司章程》第27条约定应由股东大会作出决议……并不存在因违反法律、行政法规的强制性规定而无效的情形。且《公司章程》系由公司股东共同制定，在未被依法撤销之前，不仅对公司具有约束力，公司股东、董事、监事、高级管理人员也应严格遵守《公司章程》的规定。

根据《公司章程》第27条规定，黄某人等五名董事通过召开董事会形成决议，决定设立珠峰石棉磷化分公司，并未违反《公司章程》中有关董事会职权的规定。关于董事会是否履行了向股东大会报告的义务，结合2006年12月19日临时股东大会上涉及处置东大街相关资产事项的决议中提及了“公司石棉磷化工厂”等事实，袁某、潘某、彭某、姜某霞主张股东对设立珠峰石棉磷化分公司不知情的依据不足。二审据此认定黄某人等五名董事履行董事职责不存在主观恶意，不存在违反董事忠实义务的行为，并无不妥。

关于第二个焦点问题。袁某、潘某、彭某、姜某霞主张黄某人等五名董事存在伪造证据的嫌疑。略。

第十八条

组织机构和高级管理人员

一、示范条款

公司的议事机构为股东会，由全体股东组成。决策机构为董事会，由全体董事组成。执行机构为总经理，由总经理和相关人员组成。监事机构为监事会，由全体监事组成。

公司设置行政综合部、财务部、【其他部门】，总经理负责拟订公司内部管理机构设置方案，报董事会决定。

董事、监事的报酬由股东会决定，总经理、副总经理、财务负责人由董事会决定，其他人员的报酬由总经理决定。

公司的高级管理人员除法律规定的以外，还包括【　】。股东会或者董事会或者总经理违反法律规定选举、委派或聘任不具有资格或者不符合条件的人员担任董事、总经理或高级管理人员或者监事的，选举、委派或者聘任的无效，无需另行召开会议表决；如果因此导致董事会或者监事会低于法定最低人数或者变成偶数，无法作出超过半数同意的普通决议的，权力机构应当在三十日内召开会议重新选举、委派或者聘任新的高级管理人员或者监事。

如果董事、监事、经理和其他高级管理人员在任期内出现不符合任职资格的情形时，公司应当在【30】日内发出解除的通知，且应当在【60】日内召开会议，罢免或解聘相关人员，并重新选举、委派或聘任符合条件的人员。该等不符合条件的董事、监事、高级管理人员在此期间作出的行为造成公司损失的，由其个人承担赔偿责任。

董事、监事、高级管理人员所负数额较大的债务是指等同其持有公司股权的价值，或者其上一年度从公司获取的报酬。

董事、高级管理人员违反法律和章程规定的禁止性行为所得收入及公司损失难以证明的，可参考其行为前一年度全部收入作为归入及赔偿标准。

在董事、经理和其他高级管理人员离任后，发现其离任前违反忠实义务情形的，公司亦有权按照上述条款予以追究其责任。

【组织机构设置】《公司法》将公司内管理机构设置方案的拟订权利交给了总经理，决定权利交给了董事会。因各公司业务形态不同，可根据具体情况确定。

【高管人员范围】《公司法》明确规定的高级管理人员包括董事、经理、财务负责人，是否还包括其他人员由公司章程自行决定，高管有法定义务，包括竞业禁止义务，股东可视情况将重要部门的负责人定义为高管，增强公司内部管理。例如技术研发公司可将研发总监定义为高管。

【不符合资格的解除或无效】当董事、高管不符合法定或者约定的资格时，是自动无效或解除，还是需要启动一定的程序作出决定后才能达到效果，章程应细化此规定。

二、条款解释

《公司法》专门设置了第 6 章节 7 个条款规定公司的管理机构和高管，对高管的任职资格、禁止行为、责任作出了规定。从实务来看，本条款要规范的问题是：董事、高管不具备任职资格后，如何解除其职务、如何将其更换，个人负有较大数额债务的标准是什么，“董监高”违反法定义务给公司造成损失的，按什么标准承担赔偿责任。

（一）管理机构设置

按现代公司治理原则，董事会、监事会、经理在股东会的管理下分权制衡、各司其职，股东会内部实行按资本多数和或者人头多数决的方式实施治理。股东会并不直接“下场”对公司经营实施管理，因此《公司法》将拟订管理机构的权力交给了经理，由董事会决定。

此外，公司内各部门的人员编制和部门负责人的薪酬的制定权限是交由总经理决定，还是董事会决定，股东可根据公司的不同行业、不同业务形态划分权限。笔者建议将部门和部门人员编制以年度董事会决议的形式固定下来，例如行政综合部门在未来三年内的人员编制不超过 5 人，因实际需要超过 5 人的，应当提交董事会决议，避免总经理在实际经营管理中“肆意滥权”，增设部门和人员，增加公司经营成本，间接影响股东权益。

（二）高管的任职资格和解除

首先，《公司法》明确规定的高管包括董事、经理、副经理、财务负责人、上市公司董事会秘书，公司章程可以自定义其他人员也列入高管。同时，法定代表人必须是执行董事或者董事长或者经理，而这三类人员均属于《公司法》明确规定的高级管理人员，也就是说，法定代表人一定是高管，但《公司法》并未将监事列为高管人员范畴。《公司法》第 146 条采取的是排除法，列举了五项不得担任董事、监事、高管的情形，违反上述情形的选举、委派或者聘任无效，如果在任职期间出现上述情形，公司应当解除其职务。

其次，《公司法》第 147 条规定的是董监高的义务，第 148 条规定的是董事、高管不得从事的行为。从上述两个条款的规定可以看出，监事的禁止性行为与董事和高管是有一定区别的，违反规定的选举、委派或者聘任无效，但是无效后如何如何实现权利救济？公司是否要在多长时间内“重新安排合格的高管”？或者在其担任“董监高”时符合资格，但在之后的任职期间不符合资格的，公司以何种方式解除其职务？例如，股东会选举出一名执行董事，但其在被选举时就有或者在任职期间负有“个人较大数额债务到期未清偿”，此时股东会应当在多长时间之内重新选举？如果未重新选举，或者小股东提议召开股东会会议，但因表决权不够作不出更换的决议，其继续“挂名”担任执行董事兼任法定代表人并履行了职务行为，公司可否主张该等行为无效？在此期间其对外签署的合同公司是否仍要受其约束和履行义务，其实施的行为给公司造成损失的，公司如何向其主张赔偿责任？

最后，“个人所负数额较大的债务到期未清偿”的较大债务是指多少？到期是指其个人债务的履行期限还是指公司给予其的合理期限，清偿是指全部未清偿还是指部分未清偿？对此，法律并未作出明确的规定。

笔者办理多宗类似的案件，既有代理委托人是公司的，也有代理高管的，代理公司的这个案件中，大股东担任执行董事兼任法定代表人，小股东负责实际经营管理，因大股东个人负有债务在另案中被列为失信被执行人，影响到公司的市场信用和融资，小股东作为管理方想更换执行董事，以此变更法定代表人，但是大股东不同意、无法通过股东会表决，导致陷入治理僵局。代理高管的这个案件，委托人为小股东担任执行董事兼任法定代表人，同时也作为员工与公司签署了劳动合同，小股东拟另谋新的职业发展，主动辞去了员工的身份，同时也提出了辞去执行董事的申请，要求公司尽快召开股东会变更执行董事、变更法定代表人，但大股东拒绝，导致小股东仍背负执行董事的身份、受限于法定的竞业禁止义务，无法寻找新的工作。

笔者建议，为避免股东间因高管和法定代表人的人选担任问题产生冲突，在章程中明确当高管的资格在任前或者任期内不符合条件时，公司如何解决此类问题，以及赔偿责任的问题。从小股东立场来看，可以规定当出现此类情况时，公司应当发出书面的解除职务通知书，并应当在三十日或者六十日内召开会议重新选举或者委派新的人员，如果未能遵守规定，有责任的股东应当承担责任，该高管应当承担对公司的赔偿责任。

（三）高管的义务和竞业禁止

首先，高管有法定的忠实和勤勉义务。现代公司治理的模式下的所有权与经营权分离导致了委托代理制度的产生，为了保护投资者的利益，公司高级管理人员信义义务作为一项法律制度得以产生和明确，已成为各国公司立法的一项基本内容。信义义务内容的核心便是忠实义务和勤勉义务，这对于维护公司和投资者的利益至关重要。一般而言，忠实和勤勉义务包括三个方面：善意、注意、合理相信。(1) 善意是指董事、高管人员的行为必须是善意的。(2) 注意是指董事、高管人员应当像处于类似位置的普通的谨慎人那样在类似的情况下尽到应尽的注意，即理性人标准，且应当与其具有的专业能力相对应，如果董事、高管人员具有或者应当具有有关方面的知识和能力，但没有运用这种知识和能力勤勉尽责行事，则不能认为他满足了勤勉义务的要求。例如，具有会计师专业资格的监事在检查公司财务时就应当尽到比普通人更高的注意义务，否则就是怠于行使职权，应当追究其相应的法律责任。(3) 合理相信是指董事、高管人员在作出商业决策时，应当合理相信其行为符合公司的最佳利益。

但是在司法实务中如何判断忠实和勤勉义务的边界是一个难点问题。通常认为，认定董事违反忠实义务的有两个前提条件：一是担任公司董事并实际从事公司的经营决策等管理行为；二是没有经过股东会的同意而实施上述行为。

山东省高院在（2016）鲁民终 1454 号①案中认为，认定董事违反忠实义务，利用职务便利谋取属于所任职公司的商业机会，或者经营与所任职公司同类的业务，存在两个前提条件：一是担任公司董事并实际从事公司的经营决策等管理行为；二是没有经过股东会的同意而实施上述行为。

其次，高管有法定的各种行为禁止、竞业禁止等义务。《公司法》第 148 条第 5 项规定的竞业禁止条款仅适用于公司董事、高管，股东和公司其他员工不负有法定的竞业禁止义务。对高管而言，竞业禁止是其法定义务，公司无须与其另行签订书面协议。但是，竞业禁止和竞业限制不同，竞业禁止仅能约束董事、高管在职期间的行为，而竞业限制约束的是负有保密义务之人员离职之后的行为。如果公司提起诉讼时高管已经离职，在双方未签订竞业限制协议的情况下，公司无权干涉高管离职后的竞业行为，如果高管离职后另行设立公司从事竞业行为，原公司要求高管停止开展同类业务的，法院不

---

① 侯某滨与孙某才，山西联邦制药有限公司、江西希尔康泰制药有限公司、山东希尔康泰药业有限公司，山东圣鲁制药有限公司损害公司利益责任纠纷。

予支持。如果公司想约束高管在离职后的竞业限制行为，应当提起劳动仲裁追究其违反竞业限制义务的责任。但也有法院认为，高管在离职后的竞业禁止义务并不会因离职而即时终止，仍应当在合理的期间内履行。北京市一中院在（2018）京01民终8475号①案中即持有此观点，法院认为，董事、高管人员在任职期间，无疑应当遵守忠实义务。董事、高管人员离任以后，由于其在公司任职期间而产生的权利及其影响并不会因其与公司之间法律关系的解除而自动终止，一旦被离任董事、高管人员不当使用，则可能损害公司的利益。

最后，对于责任的认定的追究方面，《公司法》规定的是“违反前款规定所得的收入应当归公司所有”，而并非否认其“违法行为”本身的效力，这里的收入包括在竞业期间因违反法定义务而获得的报酬、其他金钱、物品、有价证券等财产权益，一般限于可计算的利益，但不要求已经现实取得，也不要求以公司的实际损失为条件，也不以竞业行为的实际盈利结果为要件，但如果无法准确确认“所得”，笔者建议可以将该等行为在公司的正常经营下可获得的利润作为参考，以避免产生举证难的问题。

三、法律规定

《公司法》第六章

《公司法司法解释（五）》

四、参考案例（9件）

裁判观点： 认定董事违反忠实义务，利用职务便利谋取属于所任职公司的商业机会，或者经营与所任职公司同类的业务，应当同时满足以下两个前提条件：一是担任公司董事未实际从事公司的经营决策等管理行为；二是未经过股东会的同意而实施特定行为。

裁判结果： 撤销原审判决，驳回原告诉讼请求。不承担赔偿责任。

案例236. （2016）鲁民终1454号，侯某滨与孙某才，山西联邦制药有限公司、江西希尔康泰制药有限公司、山东希尔康泰药业有限公司，山东圣鲁制药有限公司损害公司利益责任纠纷。山东省高级人民法院

本案一审争议焦点是：（1）侯某滨是否为山东圣鲁制药有限公司的董事或股东，是否侵犯了山东圣鲁制药有限公司的合法权益，孙某才主张侯某滨应向山东圣鲁制药有限

① 郭某轩与北京联达动力信息科技股份有限公司损害公司利益责任纠纷。

公司支付因关联交易所得300万元的构成和依据。（2）山东希尔康泰药业有限公司、西联邦制药有限公司、江西希尔康泰药业有限公司是否应承担连带责任。（3）本案是否超过诉讼时效。

本案二审争议焦点是：一审法院判决侯某滨向山东圣鲁制药有限公司支付关联交易所得300万元是否正确。

法院认为：关于侯某滨的行为是否违反了《公司法》（2013年）第148条第1款第5项规定的忠实义务问题。根据《公司法》（2013年）第148条第1款第5项规定，认定董事违反忠实义务，利用职务便利谋取属于所任职公司的商业机会，或者经营与所任职公司同类的业务，存在两个前提条件，一是担任公司董事并实际从事公司的经营决策等管理行为，二是没有经过股东会的同意而实施上述行为。本案中，首先，侯某滨虽系山东圣鲁制药有限公司董事，但未参与公司经营决策。其次，对于侯某滨经营与山东圣鲁制药有限公司同类的业务，孙某才及山东圣鲁制药有限公司知情且认可。综合以上情况判断，侯某滨虽然被选举为山东圣鲁制药有限公司董事，但并未实际参与公司的经营管理等具体事务，且自2008年7月被取消了董事资格……应当承担举证不能的不利后果。

裁判观点：违反董事忠实勤勉义务而产生的责任系过错责任，以股东因过错而未能履行忠实勤勉义务给公司利益造成损害为前提。

裁判结果：部分改判，部分维持，部分撤销。股东支付出资的利息，董事承担补充清偿责任。

案例237. （2017）粤民终1964号，深圳市雪樱花实业有限公司（以下简称雪樱花公司）与深圳市雪樱花食品有限公司（以下简称食品公司）、郭某婴、彭某怀、彭某生、张某云、杨某琳股东出资纠纷。广东省高级人民法院

本案争议焦点是：（1）海韵与郭某婴是否为同一人。（2）雪樱花公司管理人是否有权代表公司提起本案诉讼。（3）食品公司是否应承担未缴付出资的利息。（4）郭某婴是否应承担2007年11月12日前虚假增资的利息。（5）郭某婴、食品公司作为股东是否需要相互对虚假增资承担连带责任。（6）郭某婴、彭某怀、张某云、彭某生、杨某琳作为董事是否需要对股东虚假增资承担赔偿责任。

法院认为：关于食品公司是否应承担未缴付出资的利息。食品公司作为雪樱花公司的股东，两次增加注册资本均为虚假出资已经另案查明并认定，食品公司增资不实的行为持续至今。由于雪樱花公司已进入破产程序，现管理人代表破产企业追回破产财产，维护全体债权人利益，根据《最高人民法院关于适用〈中华人民共和国企业破产法〉若

干问题的规定（二）》（2013 年）第 20 条第 1 款以及《公司法司法解释（三）》（2014 年）第 13 条第 2 款的规定，食品公司应缴付未履行出资的本息。一审仅判决食品公司缴付未履行出资的本金，属于适用法律不当，法院予以纠正。

关于郭某婴是否应承担 2007 年 11 月 12 日前虚假增资的利息。郭某婴作为雪樱花公司的股东，两次增加注册资本均为虚假出资已经另案查明并认定。由于郭某婴于 2007 年 11 月 12 日对其增资不实承担了出资责任，该出资责任承担行为发生在《最高人民法院关于适用〈中华人民共和国企业破产法〉若干问题的规定（二）》（2013 年）以及《公司法司法解释（三）》（2014 年）实施及雪樱花公司提起本案诉讼多年前，且有多份生效裁判……法院不予支持。

关于郭某婴、食品公司作为股东是否需要相互对虚假增资承担连带责任。根据《公司法司法解释（三）》（2014 年）第 13 条第 3 款、第 4 款规定的内容和逻辑看，第 3 款针对的是公司设立时出资不实责任承担问题，第 4 款针对的是公司增资时出资不实责任承担问题，分别规定了不同责任主体和责任方式。由于郭某婴、食品公司对雪樱花公司设立时的出资义务已及时履行，雪樱花公司主张郭某婴、食品公司作为股东对彼此在公司增资时未履行的出资义务承担连带责任，没有法律依据，法院不予支持。

关于郭某婴、彭某怀、张某云、彭某生、杨某琳作为董事是否需要对股东虚假增资承担赔偿责任。根据《公司法》（2013 年）第 147 条第 1 款的规定，因违反该条规定的董事忠实勤勉义务而产生的责任，是过错责任，以股东因过错而未能履行忠实勤勉义务给公司利益造成损害为前提。郭某婴、食品公司作为雪樱花公司的股东，两次增资提供的验资报告显示的增资账户均经另案查明事实上均不存在，郭某婴和食品公司使用同一虚假账号进行虚假增资，故郭某婴对食品公司的虚假增资行为是明知的。郭某婴作为公司法定代表人和董事对食品公司的虚假增资未予监督，未履行忠实勤勉义务，存在过错。雪樱花公司上诉主张郭某婴未尽忠实勤勉义务，对食品公司的虚假增资承担相应赔偿责任理据充分。由于《公司法》及其司法解释均未对违反忠实勤勉义务应承担何种责任作出明确规定，为维护公司利益，法院认为郭某婴应对食品公司未出资本息承担补充清偿责任。一审认定郭某婴无须承担责任，属事实认定不清、适用法律错误，广东省高院予以纠正。因彭某怀、彭某生、张某云、杨某琳不是雪樱花公司的股东，两次增资都提供了验资报告，现有证据不足以证明彭某怀、彭某生、张某云、杨某琳未尽忠诚勤勉义务、存在过错。

裁判观点：人民法院在判断董事、高级管理人员是否违反勤勉义务时应以董事、高级管理人员在自己的专业范畴内是否存在过错及重大过失为标准。

裁判结果：驳回上诉，维持原判。驳回公司要求董事赔偿的请求。

案例 238. （2016）京 01 民终 5551 号，北京东方网信科技股份有限公司（以下简称东方公司）与何某泽损害公司利益责任纠纷。北京市第一中级人民法院

本案争议焦点是： 何某泽是否违反公司高级管理人员勤勉义务，从而应向东方公司赔偿 200 万元案涉款项的利息损失。

法院认为： 首先，关于案涉东方公司的 200 万元款项系被第三人诈骗这一事实，目前尚无定论……故东方公司主张何某泽损害公司利益的事实基础并未成立。

其次，关于何某泽是否违反高级管理人员勤勉义务的问题。如果本案确系案外第三人伪造唐某的微信实施的诈骗，那焦点问题在于，高级管理人员勤勉义务是否包括识别网络诈骗，该问题需综合本案多方面的情况进行考虑。

第一，应考虑何某泽依据唐某的微信指示付款是否符合东方公司的财务制度。根据一审查明的事实可知如果真实的唐某通过微信直接向何某泽发出付款指示，何某泽之后的转账行为符合东方公司的财务制度。

第二，应考虑是否何某泽一人的受骗导致案涉款项的损失。本案中，综合案情分析应认定犯罪分子系针对东方公司多项泄露信息而实施的诈骗行为，其诈骗的对象系东方公司。现有证据亦不能认定是何某泽导致了上述信息的泄露，故东方公司案涉款项丢失责任不应归于何某泽一人。

第三，应考虑高级管理人员勤勉义务是否包括了要求何某泽分辨唐某的微信真假，识别网络诈骗。虽然《公司法》（2013 年）第 147 条有相关规定，但财务总监勤勉义务的具体内容章程并未详细列明。一般来讲，董事、高级管理人员的勤勉义务应理解为上述人员在管理公司、经营业务时，不得有疏忽大意或者重大过失，并尽合理的谨慎、注意和技能，履行自己的职能。法院认为，董事、高级管理人员的勤勉义务应指向执行公司职务等专业性行为层面，应判断上述人员在自己的专业范畴内是否存在过错及重大过失，而不应包括识别网络诈骗。故北京市一中院认定，本案中，何某泽未违反高级管理人员的勤勉义务。

裁判观点： 追缴股东出资属于董事勤勉义务范围。
裁判结果： 撤销一审、二审判决，判决董事承担赔偿责任。

案例 239. （2018）最高法民再 366 号，斯曼特微显示科技（深圳）有限公司（以下简称深圳斯曼特公司）与胡某生、薄某明、史某文、贺某明、王某波、李某滨损害公司利益责任纠纷。最高人民法院

本案争议焦点是： 胡某生等六名董事是否应对深圳斯曼特公司股东所欠出资承担赔

偿责任。

法院认为：根据《公司法》第147条第1款的规定，董事、监事、高级管理人员应当遵守法律、行政法规和公司章程，对公司负有忠实义务和勤勉义务。上述规定并没有列举董事勤勉义务的具体情形，但是董事负有向未履行或未全面履行出资义务的股东催缴出资的义务，这是由董事的职能定位和公司资本的重要作用决定的。根据董事会的职能定位，董事会负责公司业务经营和事务管理，董事会由董事组成，董事是公司的业务执行者和事务管理者。股东全面履行出资是公司正常经营的基础，董事监督股东履行出资是保障公司正常经营的需要。《公司法司法解释（三）》（2014年）第13条第4款规定的目的是赋予董事、高级管理人员对股东增资的监管、督促义务，从而保证股东全面履行出资义务、保障公司资本充实。在公司注册资本认缴制下，公司设立时认缴出资的股东负有的出资义务与公司增资时是相同的，董事、高级管理人员负有的督促股东出资的义务也不应有所差别。本案中董事、高级管理人员负有向股东催缴出资的义务。

一审法院依据（2012）深中法执恢字第50号执行裁定……股东开曼斯曼特公司未缴清出资的行为实际损害了深圳斯曼特公司的利益，胡某生等六名董事消极不作为放任了实际损害的持续。股东开曼斯曼特公司欠缴的出资即为深圳斯曼特公司遭受的损失，开曼斯曼特公司欠缴出资的行为与胡某生等六名董事消极不作为共同造成损害的发生、持续，胡某生等六名董事未履行向股东催缴出资义务的行为与深圳斯曼特公司所受损失之间存在法律上的因果关系。

裁判观点：董事违反规定，另行设立与公司相同或具有竞争业务的公司，视为违反了忠实、勤勉义务。

裁判结果：撤销原审判决，判决承担赔偿责任。

案例240.（2015）沪二中民四（商）终字第793号，鑫波食品（上海）有限公司（以下简称鑫波公司）与宋某涛损害公司利益责任纠纷。上海市第二中级人民法院

本案争议焦点是：（1）宋某涛作为鑫波公司原高管是否因违反我国《公司法》（2013年）及公司章程中有关高管忠实、勤勉义务的规定而获利或给公司造成损失，从而应当承担相应的赔偿责任。（2）鑫波公司主张的赔偿金额是否具有相应依据。

法院认为：关于争议焦点（1）：我国《公司法》（2013年）明文规定：董事、监事、高级管理人员应当遵守法律、行政法规和公司章程，对公司负有忠实义务和勤勉义务。如若利用职务便利为自己或者他人谋取属于公司的商业机会，自营或者为他人经营与所任职公司同类业务，违规所得的收入归公司所有；给公司造成损失的，应当承担赔

偿责任。本案中，宋某涛受聘担任鑫波公司总经理，全权负责加工、销售香肠肉制品等公司业务。然而其在任职期间，另行与其父亲宋某根及案外人樊某波共同设立了申根公司。申根公司的经营范围包括销售香肠、火腿等肉制品，且实际在1号店网店中大量销售了鑫波公司生产的香肠类制品，存在获利。另需说明的是，宋某涛与其父亲宋某根合计持有申根公司80%的股权，故宋某涛称其并不参与申根公司的经营决策，亦从未获利，有悖常理。申根公司另一股东樊海波同时是漫趣公司的法定代表人，漫趣公司曾经在宋某涛担任鑫波公司总经理期间受托为鑫波公司代为申请香肠品牌的商标注册申请，但漫趣公司最终将该品牌据为己有，宋某涛亦未对此提出异议或采取相应措施。基于此，上海市二中院结合一般商事规律、普通大众认知及公序良俗，推定宋某涛利用职务便利为自己及申根公司谋取了本属于鑫波公司的商业机会，并为申根公司经营了与鑫波公司同类的业务，违反了我国《公司法》中高管的忠实、勤勉义务，损害了鑫波公司的利益，并使自身获利，故而应当承担相应法律责任。

关于争议焦点（2）：上海市二中院认为，虽然鑫波公司对其主张的宋某涛在申根公司取得20万元收入一节缺乏明确的证据印证，但并不意味着宋某涛即可免除赔偿责任。首先，在宋某涛本人拒绝提供其在申根公司的收入证明的情况下，鑫波公司确无法通过合理途径进行取证；其次，二审中，经上海市二中院要求，宋某涛仍拒绝提供……上海市二中院结合查明的事实及现有证据，并参考香肠类制品的一般盈利情况以及宋某涛在申根公司30%的持股比例，酌情判令宋某涛赔偿鑫波公司80,000元。

裁判观点：公司高级管理人员在任职期间设立同类公司，利用职务便利谋取了任职公司的商业机会的，所得收入归属任职公司。赔偿标准应当结合高管在另设公司中持有的股权比例、另设公司的收入等因素综合计算。

裁判结果：高管赔偿公司款项。

案例241. （2017）沪0113民初15982号，上海扬智嘉达企业管理有限公司（以下简称扬智公司）与金某俊损害公司利益责任纠纷。上海市宝山区人民法院

本案争议焦点是：（1）金某俊作为扬智公司原高管是否违反我国《公司法》（2013年）有关高管竞业禁止的规定以及违反对公司的忠实义务的规定；（2）扬智公司主张的应当归其所有的被告的收入如何界定及计算。

法院认为：《公司法》（2013年）明文规定：董事、监事、高级管理人员应当遵守法律、行政法规和公司章程，对公司负有忠实义务和勤勉义务。如若利用职务便利为自己或者他人谋取属于公司的商业机会，自营或者为他人经营与所任职公司同类业务，违规所得的收入归公司所有。本案中，金某俊受聘担任扬智公司总经理，负责执行扬智公

司的董事会决议，主持扬智公司全面工作，保证经营目标的实现，代表公司签署有关协议、合同、合约和处理有关事宜。然在其任职期间，另行与陈某共同设立博革公司。博革公司的经营范围与原告的主营业务相同，经营范围都涉及精益管理课程，而且依据原告提供的证据显示被告在原告任职期间即以博革公司的名义与客户洽谈业务、签订合同。综上所述，本院认为被告利用职务便利为自己及博革公司谋取了本属于扬智公司的商业机会，并为博革公司经营了与扬智公司同类的业务，违反了我国《公司法》（2013年）中高管竞业禁止及忠实义务，损害了扬智公司的利益，并使自身获利，故而应当承担相应法律责任。

扬智公司主张的应当归其所有的被告收入的界定及计算方法。关于收入的界定，本案中，金某俊通过与他人设立博革公司，其持股收益并非一般意义上的报酬，鉴于博革公司法人地位的独立性，且该公司还存在其他股东，故不能将博革公司的“收入”直接理解为金某俊的“收入”，而应参考金某俊对博革公司的持股比例来确定金某俊的收入，即使金某俊没有直接从博革公司处获得分红，但博革公司利润的增加客观上也使得金某俊所持博革公司股权获得增值，金某俊仍是实际获得收益的；关于收入应如何计算的问题，法院认为应结合审计报告并参考被告金某俊在博革公司的持股比例，酌情判令……归原告所有。

裁判观点：董事、高管人员离任以后，其在公司任职期间而产生的权利及其影响并不会因其与公司之间法律关系的解除而自动终止。

裁判结果：驳回上诉，维持原判。

案例242.（2018）京01民终8475号，郭某轩与北京联达动力信息科技股份有限公司（以下简称联达动力公司）损害公司利益责任纠纷。北京市第一中级人民法院

北京市一中院认为：董事、监事、高管人员的忠实义务，是指董事、监事、高管人员管理公司、经营业务、履行职责时，必须代表全体股东为公司最大利益努力工作，最大限度地保护公司的利益并将此作为衡量自己执行职务的标准，当自身利益与公司利益发生冲突时，必须以公司利益为重，不得将自身利益或者与自己有利害关系的第三人的利益置于公司利益之上。董事的忠实义务要求董事不得损害公司的利益，其核心在于董事不得利用其董事身份获得个人利益，董事不得以牺牲公司利益作为代价而获得个人利益，不得为个人利益而将公司机会据为己有。董事、监事、高管人员的忠实义务的本质要求，应当在法律法规与公序良俗的范围内，忠诚于公司利益，以最大限度实现和保护公司利益作为衡量自己执行职务的标准，全心全意为公司利益服务。

董事、高管人员在任职期间，无疑应当遵守忠实义务。董事、高管人员离任以后，由于其在公司任职期间而产生的权利及其影响并不会因其与公司之间法律关系的解除而自动终止，一旦被离任董事、高管人员不当使用，则可能损害公司的利益。根据《合同法》第92条的规定，董事、高管人员与公司之间的法律关系终止后，离任董事、高管人员仍需承担《合同法》上的后契约义务，这种义务不是基于契约的约定而是基于《合同法》的强制性规定产生的，因此并非合同义务，而是法定义务。因此，董事、高管人员离任后仍然对公司负有一定的忠实义务。本案中，郭某轩作为公司董事，应当受到公司章程的约束。

我国《公司法》(2013年)第148条对董事、高管人员违反对公司忠实义务的情形进行了列举。北京市一中院认为，董事、高管人员的竞业禁止义务，是指不得自营或者为他人经营与所任职公司同类的经营业务。本案中，判断郭某轩是否违反了竞业禁止义务，并不在于社会上其他地方是否拥有类似产品，而在于郭某轩是否自营或者为他人经营了与联达动力公司同类的经营业务，本案中北京市一中院对郭某轩上述主张不予采信。关于篡夺公司商业机会一节，所谓商业机会，是指董事、高管人员在执行公司职务过程中获得的并有义务向公司披露的、与公司经营活动密切相关的各种商业信息和机会。本案中，结合案情分析认定郭某轩利用职务便利谋取了属于联达动力公司的商业机会并无不当。

北京市一中院认为，总体而言结合会计师事务所出具的专项情况报告酌情判定郭某轩赔偿联达动力公司损失30万元并无不当。

裁判观点： 高管有法定的竞业禁止义务，聘用高管的公司在明知的情况下仍聘用并从事竞争行为的，构成不正当竞争。

裁判结果： 驳回上诉，维持原判。判决赔偿损失。

案例243. (2020)京73民终48号，北京中广上洋科技股份有限公司（以下简称中广上洋公司）与吴某强、北京索为视界科技有限公司（以下简称北京索为公司）、成都索为科技有限责任公司（以下简称成都索为公司）、成都索贝数码科技股份有限公司（以下简称索贝公司）不正当竞争纠纷。北京知识产权法院

本案争议焦点是：(1)本案是否应当适用劳动合同法，一审法院不正当竞争案由的确定是否正确。(2)关于上诉人吴某强、北京索为公司、成都索为公司是否构成不正当竞争行为的问题。(3)关于索贝公司是否应当承担共同侵权责任的问题。(4)关于一审法院认定的侵权赔偿数额是否正确的问题。

法院认为：关于争议焦点（1）：依据我国《劳动合同法》的有关规定，竞业禁止关系的形成依据是劳动者与用人单位之间设立了竞业禁止合同，一方违反合同约定，另一方可以提起合同之诉。但竞业禁止是为了保护公司的知识产权等财产权利，竞业禁止违约行为不仅违反了合同约定，而且由于其侵害了用人单位的财产权益，所以又同时产生侵权责任，故当事人选择侵权之诉并未违反法律规定。本案中，一审法院确定不正当竞争之诉的案由符合法律规定。

关于争议焦点（2）：《公司法》第147条，第148条第1款第5项规定的内容系我国法律对董事、高级管理人员竞业禁止义务的规定。所谓竞业禁止，是指对与权利人有特定关系之人的特定竞争行为的禁止。我国《公司法》要求公司董事、监事、高级管理人员应当对公司负有忠实和勤勉义务，要求董事、监事、高级管理人员在执行公司业务时或担任公司职位期间需全心全意为公司服务，以公司最佳利益为出发点行事，不得追求公司利益以外的利益，不得追求个人利益。因此，董事、高级管理人员对公司负有竞业禁止义务，即包含禁止自营或为他人从事与公司营业有竞争性的活动，也包含禁止利用职务便利谋取属于公司的商业机会。根据本案证据，上诉人吴某强系中广上洋公司的董事、总经理，属于中广上洋公司的高级管理人员，其在中广上洋公司担任高级管理人员期间，就受聘于北京索为公司签订《入职知识产权声明》，离职后担任北京索为公司副总裁。而北京索为公司与中广上洋公司的经营范围部分相同，具有一定竞争关系。吴某强的行为已构成对中广上洋公司竞业禁止义务的违反。北京索为公司、成都索为公司与中广上洋公司存在业务上的竞争关系，其在应知吴某强对中广上洋公司负有竞业禁止义务的情况下，聘任其担任公司的副总裁，从事与中广上洋公司具有竞争关系的业务，违反了公认的商业道德及诚实信用原则，损害了中广上洋公司的合法权益，构成不正当竞争。

关于争议焦点（3）：现有证据并不能证明索贝公司与被控侵权行为存在关联性，对上诉人中广上洋公司要求索贝公司承担连带赔偿责任的上诉请求没有事实和法律依据。

裁判观点：非董事、高管人员不负有法定竞业禁止义务。

裁判结果：驳回公司的诉讼请求。

案例244.（2014）海民初字第5515号，邦信（北京）知识产权代理有限公司（以下简称邦信北京公司）与中北联创（北京）知识产权代理有限公司、郭某玲、丁某等不正当竞争纠纷。北京市海淀区人民法院

法院认为：如果客户名单只有客户的姓名、地址、电话等，这样的信息难以作为商

业秘密加以保护。受商业秘密保护的客户名单除简单信息外，必须有更深度的、通过大量投入而获得的区别于公知信息的特有信息，如客户的交易习惯、购买意向、支付能力、交易价格等。邦信北京公司未就其主张的……难以认定原告所称的客户名单构成商业秘密以及三被告构成侵犯商业秘密。对于第 6 项违反竞业禁止义务问题，丁某、郭某玲表示，劳动合同等文件中未约定竞业禁止义务以及竞业禁止补偿金，另邦信北京公司也未实际支付竞业禁止补偿金，故二人并不负有约定的竞业禁止义务。就法定竞业禁止义务而言，邦信北京公司未举证证明二人是公司的董事、监事或者经理、副经理、财务负责人、上市公司董事会秘书和公司章程规定的其他人员等高级管理人员，故难以认定二人是公司法明文规定的竞业禁止义务人、负有法定竞业禁止义务，同时邦信北京公司也未举证证明二人在离职之前存在利用职务便利为自己或者他人谋取属于公司的商业机会的行为。

07

369-382

第六章

财务制度和专业机构

第十九条

财务制度和专业机构

一、示范条款

（一）报告编制

公司应当及时完成半年度、年度财务会计报告的编制，财务会计报告应包括下列财务会计报表及附属明细表：

1. 资产负债表；
2. 损益表（利润表）及利润分配表；
3. 现金流量表；
4. 财务情况说明书；
5. 财务会计报表附注。

会计报表附注至少应当包括下列内容：

1. 不符合基本会计假设的说明；
2. 重要会计政策和会计估计及其变更情况、变更原因及其对财务状况和经营成果的影响；
3. 或有事项和资产负债表日后事项的说明；
4. 关联方关系及其交易的说明；
5. 重要资产转让及其出售情况；
6. 企业合并、分立；
7. 重大投资、融资活动；
8. 会计报表中重要项目的明细资料；
9. 有助于理解和分析会计报表需要说明的其他事项。

【月度、季度会计报告至少应当包括资产负债表、利润表、现金流量表及当期发生的影响财务数据和状况的重大事项。董事会应在每月结束后一周、每个季度结束后二周内完成上一个月度、季度会计报告编制工作。】

（二）内部审查

财务会计报告应当在制作完成的一周内送达各股东和监事会审查。董事会报送年度财务会计报告时，还必须同时提交年度预算方案、年度利润分配方案。

监事会应当在收到财务会计报告内的【一周】内出具审查意见，该审查意见应具有对财务会计报告是否提出异议的内容。如果监事对公司年度财务会计报告有异议，则应当交由会计师事务所审计，并将该审计结果提交股东会讨论和表决。

监事会审查意见认为财务人员不能胜任财务工作或者有严重违反规定的行为的，可提请【股东会/董事会】撤换财务人员。

（三）法定公积金、任意公积金及红利分配

公司分配当年税后利润时，应当提取利润的10%列入公司法定公积金。公司法定公积金累计额为公司注册资本的50%以上的，可以不再提取。公司从税后利润中提取法定公积金后，经股东会或者股东大会决议，还可以从税后利润中提取任意公积金。

如果有可供分配利润，经股东会决议可向股东分配红利。如果公司连续三年盈利，则必须在第四年内进行一次分红，且分红的比例不得低于前三年平均盈利的【30%】。如果第四年内的董事会仍未制定利润分配方案或者股东会仍未对利润分配做出决议，或者实际分配利润低于上述标准的，单独或合计持有10%以上股权且具有完整的股东权利连续满一年以上的股东可以要求公司按照不低于上述标准分配红利。

董事会在制定利润分配方案时应当综合考虑公司的行业特点和发展阶段、当年的市场经济环境以及盈利水平、是否有重大资金支出安排等因素，在不同的阶段提出不同的分配方案。【公司在成长期时，现金分红的比例不应当高于本次可分配利润的50%；公司在成熟期，现金分红的比例不应当低于本次可分配利润的30%。】股东会通过利润分配方案后，董事会必须在股东会决议的两个月内完成红利分配。

公司按照章程规定的比例向股东分配红利。一个财务年度内，分红不得超过两次。

（四）专业机构的聘用和解聘

公司聘用和解聘会计师、税务师、律师等专业机构由【董事会/股东会】决定。

【财务报告制作和审查】笔者建议章程中明确规定制作和提交财务报告的时间，以及财务报告的审查规则，特别是监事对财务人员的提出撤换的权力。频率是按月、季、半年或者年度，可视公司规模和经营业态确定。

【红利分配】《公司法》和相关司法解释只是规定了需要股东会决议以及决议后一定时间内应当分配红利，但并没有规定如果有利润、具备可分配条件的情况下应当分配的比利，根据股东的不同立场，笔者建议小股东可以考虑在章程中设置每四年必须分红一次，且每次实际分红的比例不低于某个标准，或者是在不同的发展阶段的设置不同比例的分配。

【专业机构】考虑到会计师、律师等专业机构了解公司核心信息，聘任和解聘的权限是由董事会掌握还是股东会控制，取决于股东权利制约与平衡。

二、条款解释

（一）财务混同的责任

公司的财务会计制度并无过多需要展开解释的内容，除了财务会计本身专业规则之外，对于非财务专业的各股东来说，关注的核心是利润分配的规则。本条款需要规范的问题是：在什么条件下股东可以要求公司分配红利，以及分配的标准，专业机构聘请和解聘的问题。

首先，《公司法》第 63 条规定："一人有限责任公司的股东不能证明公司财产独立于股东自己的财产的，应当对公司债务承担连带责任。"实践中对此认定的标准也较为统一。为规避此类风险，有的一人有限公司股东在出现这种情况后，往往会通过增加股东数量，把一人有限公司变为普通的多股东的有限公司。但如果公司债务是发生在一人有限公司期间，且该公司股东发生了财产混同的事实，那么对该期间的债务，该股东仍应该承担连带责任，不能因在此债务后发生的公司形式的变更而免除该股东的责任。北京市高院在（2021）京民终 218 号①案中认为，法律要求股东财产与一人有限责任公司财产相分离，且产权清晰，其目的是使股东与公司之间权责明确，以保障公司债权人的利益，防止公司股东逃避债务，并导致公司偿债能力降低。故该案的当事人必须举证证明其在作为股东期间公司与个人账目清晰、不存在混同，方可免责。

其次，名义上是两个股东，但股东二人是夫妻的，是否可以公司法人责任主张股东个人免责？最高院在（2019）最高法民再 372 号②案中认为，夫妻二人出资成立的公司，注册资本源于夫妻共同财产，公司的全部股权属于双方共同共有，即公司的全部股权实

① 田某媛与北京助鹏程信息咨询有限公司、北京东西草堂文化有限公司申请执行人执行异议之诉。

② 熊某平、沈某霞与武汉猫人制衣有限公司、江西青曼瑞服饰有限公司申请执行人执行异议之诉。

质源于同一财产权，并为一个所有权共同享有和支配，股权主体具有利益的一致性和实质的单一性。在此情况下，该公司与一人有限责任公司在主体构成和规范适用上具有高度相似性，系实质意义上的一人有限责任公司。

那么，如何证明公司财产与股东财产没有混同？笔者建议在章程中明确财务制度，通过公司制定的独立规范的财务管理制度来证明。例如公司财务报销制度、固定资产管理制度、流动资产管理制度、现金管理制度、应收账款管理制度以及存货管理制度等，这些制度是区分公司资产与股东资产的制度基础。通过公司日常经营交易中的各项票证来证明，通过公司日常税务资料完整性来证明，通过审计来证明；明确财务报告的制作主体、制作频率和监督检查的规则。

（二）分红的前置条件

首先，《公司法》第166条规定的是实质性条件，分配红利的前提是税后有利润，并且应当提取利润的10%划入公司的法定公积金，在此之后才能向股东分配红利。《公司法司法解释（四）》第14~15条规定的是程序性条件，要求有股东会决议，《公司法司法解释（五）》第4条进一步规定了时限要求，应当在决议作出的一年内分配完毕。

其次，分红的责任。对于没有按照上述第166条规定的条件在公司弥补亏损和提取法定公积金之前向股东分配利润的，股东必须将违反规定分配的利润退还公司。《企业破产法》第36条规定："债务人的董事、监事和高级管理人员利用职权从企业获取的非正常收入和侵占的企业财产，管理人应当追回。"

最后，实践中，大股东压制小股东最常见的手段就是即使公司赚了钱也不开股东会，也不作出分红的决议，但是大股东可利用自己在公司控制权的优势地位，通过关联交易、高额薪酬等手段变相使用公司财产、提取公司利润，而小股东因股权比例太低即使召集股东会也无法作出有效的分红的决议，只能眼睁睁地看着大股东"挥霍"公司的钱，自己却收不到任何投资的收益。即使诉至法院，法院也常常以"司法不干预公司自治"或者"没有证据证明股东会作出了分红的决议"为由驳回小股东的起诉。那么，小股东如何要求强制分红？在《公司法司法解释（四）》《公司法司法解释（五）》出台之前，各地法院在实践裁判中多数持否定的观点，例如最高院在（2014）民二终字第157号①、（2014）民申字第1166号②案中即持此观点。在上述两个司法解释出台后，最高院的观点发生了变化，在（2016）最高法民终528号③案中认为，在公司存在可分配利润，满足进行盈余分配的条件下，在大股东滥用多数表决权不通过股东会分红决议，并

① 陈某、山东省轻工集体企业联社企业出资人权益确认纠纷。

② 刘某林、雷某敏、刘某东与河南电力实业集团有限公司、洛阳矿业集团有限公司、洛阳龙羽宜电有限公司、洛阳龙羽山川钼业有限公司合同、无因管理、不当得利纠纷。

③ 庆阳市太一热力有限公司、李某军与甘肃居立门业有限责任公司公司盈余分配纠纷。

存在变相分配利润、隐瞒或转移公司利润时损害其他股东的实体利益的情形下，法院可以在没有股东会决议的情形下，强制公司分红。但具体怎么分、分配标准是多少仍很难界定。

因此，为避免主张分红的股东无法举证证明已经作出的股东会决议，或者是证明滥用股东权利导致公司不分配利润，笔者建议在章程中明确将连续三年（可根据实际情况确定）盈利但仍不决议分红作为强制分红的前置条件之一，将前三年平均利润的 30% 作为强制分配的标准，在这种情况下，股东可无须举证股东会对分红的决议，只要取得了财务报表，即可以有效实现利润分配请求权。

（三）监事对财务人员的特殊权利

实务中较容易出现纠纷的是，大股东把持公司经营管理，安排了自己的人员担任财务，但财务人员的工作能力无法胜任岗位要求，记账不规范或者报税不规范，导致公司面临风险，在章程没有特别规定的情况下，财务人员由总经理聘任，总经理拒绝更换财务人员，造成没有其他机构可以制衡财务人员。为避免小股东被大股东压制、权益受损，笔者建议将董事长、总经理、财务负责人的选任或聘任权限做合理的分配，或者赋予监事特别的权限。例如，可以监督检查财务人员的工作，评价财务人员的工作能力，提议更换财务人员等。且监事的提议不经总经理或者董事会的审查，可直接向股东会提出，以此种职权的分配作为股东权利平衡的一种手段。

三、法律规定

《公司法》第八章

《公司法司法解释（四）》第 14 ~ 15 条

《公司法司法解释（五）》第 4 条

四、参考案例（5 件）

裁判观点：公司在分配税后利润前，应当先弥补亏损和提取法定公积金；若股东在公司严重亏损的状态下，违规取得分红，属于非法从公司取得收入，应予以返还。

裁判结果：驳回上诉，维持原判。

案例 245.（2019）浙 10 民终 725 号，台州天安砂石有限公司（以下简称天安公司）、黄某标、丁某连追收非正常收入纠纷。浙江省台州市中级人民法院

法院认为：上诉人丁某连在 2013 年 3 月 19 日与天安公司签订《股权转让协议》受

让天安公司股权后……黄某标成为天安公司股东。在2014年9月至2016年7月，通过天安公司员工及出纳的个人账户分别向黄某标付款共计5,636,036.99元，且上述款项系按照相关股东在公司所持股份比例所支付的款项金额，黄某标未能举证该款项属于其他经济往来，亦符合公司分红的特征，故上述款项应认定为天安公司对黄某标的分红款。根据《公司法》规定，股东分红即公司盈利分配必须按照顺序进行，先弥补亏损，清偿债务，再依照法律规定提取法定公积金及依照股东会决议提取任意公积金，最后方可分红。而本案中，上述争议的款项系在天安公司因涉及多起诉讼被执行的情况下，为规避债务，通过私人账户向股东分红，并且上述盈余分配亦未提取法定公积金，违反了公司法规定，无论当时公司是否处于亏损状况及黄某标作为股东是否知晓公司经营状况，均不影响违规分配利润的成立，应予以归还。

裁判观点：作为该公司曾经的唯一股东，必须举证证明其在作为股东期间公司与个人账目清晰、不存在混同，方可免责，在债务形成之后，通过股权转让方式将一人公司变更为非一人公司的，不能免除该债务形成时该股东的责任。

裁判结果：驳回上诉，维持原判。

案例246.（2021）京民终218号，田某媛等与北京助鹏程信息咨询有限公司（以下简称助鹏程公司）、北京东西草堂文化有限公司（以下简称东西草堂公司）申请执行人执行异议之诉。北京市高级人民法院

本案争议焦点是：田某媛曾经作为东西草堂公司的一人股东，是否应对东西草堂公司未履行债务承担清偿责任。

法院认为：根据《公司法》第63条的规定，《最高人民法院关于民事执行中变更、追加当事人若干问题的规定》第20条规定可知法律要求股东财产与一人有限责任公司财产相分离，且产权清晰，其目的是使股东与公司之间权责明确，以保障公司债权人的利益，防止公司股东逃避债务，并导致公司偿债能力降低。本案中案涉债务形成时，东西草堂公司为一人有限责任公司，田某媛为公司唯一股东。在仲裁裁决确认东西草堂公司对助鹏程公司所负的债务后，田某媛才将其所持股权转让，并将公司类型由一人有限责任公司变更为非一人有限责任公司。法律并未对股东持股的时间作出限制，因此不能免除田某媛作为东西草堂公司唯一股东期间应承担的法律责任。在东西草堂公司的财产不足以清偿债务时，作为该公司曾经的股东，田某媛必须举证证明其在作为股东期间公司与个人账目清晰、不存在混同，方可免责。

裁判观点： 夫妻二人出资成立的公司具有利益的一致性和实质的单一性，系实质意义上的一人有限公司。

裁判结果： 维持二审判决。追加股东为被执行人。

案例 247. （2019）最高法民再 372 号，熊某平、沈某霞与武汉猫人制衣有限公司（以下简称猫人公司）、江西青曼瑞服饰有限公司（以下简称青曼瑞公司）申请执行人执行异议之诉。最高人民法院

本案争议焦点是： （1）青曼瑞公司是否属于一人有限责任公司；（2）猫人公司申请追加熊某平、沈某霞为被执行人应否支持。

法院认为： 关于争议焦点（1）：《公司法》第 58 条第 2 款规定……本案中，青曼瑞公司虽系熊某平、沈某霞两人出资成立，但熊某平、沈某霞为夫妻，青曼瑞公司设立于双方婚姻存续期间，且青曼瑞公司工商登记备案资料中没有熊某平、沈某霞财产分割的书面证明或协议，熊某平、沈某霞亦未补充提交。《婚姻法》（已失效）第 17 条规定，除该法第 18 条规定的财产及第 19 条规定的约定财产之外，夫妻在婚姻存续期间所得财产归夫妻共同共有。据此可以认定，青曼瑞公司的注册资本源于熊某平、沈某霞的夫妻共同财产，青曼瑞公司的全部股权属于熊某平、沈某霞婚后取得的财产，应归双方共同共有。青曼瑞公司的全部股权实质来源于同一财产权，并为一个所有权共同享有和支配，该股权主体具有利益的一致性和实质的单一性。另外，一人有限责任公司区别于普通有限责任公司的特别规定在于《公司法》第 63 条，根据该条规定可知一人有限责任公司的法人人格否认适用举证责任倒置规则。之所以如此规定，原因系一人有限责任公司只有一个股东，缺乏社团性和相应的公司机关，没有分权制衡的内部治理结构，缺乏内部监督。股东既是所有者，又是管理者，个人财产和公司财产极易混同，极易损害公司债权人利益。故通过举证责任倒置，强化一人有限责任公司的财产独立性，从而加强对债权人的保护。本案中，熊某平、沈某霞均实际参与公司的管理经营，夫妻其他共同财产与青曼瑞公司财产亦容易混同，从而损害债权人利益。在此情况下，应参照《公司法》第 63 条的规定，将公司财产独立于股东自身财产的举证责任分配给股东熊某平、沈某霞。

关于争议焦点（2）：如上分析，青曼瑞公司系实质意义上的一人有限责任公司，适用《公司法》第 63 条规定，而《最高人民法院关于民事执行中变更、追加当事人若干问题的规定》（2016 年）第 20 条的实体法基础亦在《公司法》第 63 条规定之中。

裁判观点： 提取法定公积金已达到注册资本 50% 的，可不再提取，公司可向股东直接分配红利，利润分配请求权应当适用诉讼时效。

裁判结果： 驳回原告诉讼请求。

案例 248. （2021）桂 0902 民初 4035 号，广西启晨能源化工有限公司（以下简称启晨公司）与朱某汉、朱某睿、陈某强、覃某清等公司盈余分配纠纷。
广西壮族自治区玉林市玉州区人民法院

法院认为： 根据《公司法》第 166 条的规定，公司要求股东退还分红的前提条件是分红前未弥补公司亏损和提取法定公积金。启晨公司的法定公积金在 2012 年度已达到注册资金的 50%，依照法律规定可以不再提取。原告提供的司法审计报告并未能体现原告公司分红时，尚有到期债务需要偿还……在公司财务报表反映有盈余的情况下，启晨公司的股东会议决议 2008 年度至 2012 年度的分红未违反法律规定。

关于本案是否已过诉讼时效的问题。启晨公司对自己公司的经营情况应是了解的，启晨公司主张自鉴定报告作出之后才知悉权益被侵害不符合情理，法院不予采信。在股东会决议分红后原告应知悉其权利是否受到侵害，原告未有证据证明本案存在诉讼时效中止或中断的情形，现启晨公司提起诉讼已超过诉讼时效。

裁判观点： 在公司存在可分配利润，满足进行盈余分配的条件下，在大股东滥用多数表决权不通过股东会分红决议，并存在变相分配利润、隐瞒或转移公司利润时损害其他股东的实体利益的情形下，法院可以在没有股东会决议的情形下，强制公司分红。

在公司盈余分配纠纷中，虽请求分配利润的股东未提交载明具体分配方案的股东会或股东大会决议，但当有证据证明公司有盈余且存在部分股东变相分配利润、隐瞒或转移公司利润等滥用股东权利情形的，诉讼中可强制盈余分配，且不以股权回购、代位诉讼等其他救济措施为前提。在确定盈余分配数额时，要严格公司举证责任，以保护弱势小股东的利益，但还要注意优先保护公司外部关系中债权人、债务人等的利益，对于有争议的款项因涉及案外人实体权利而不应在公司盈余分配纠纷中作出认定和处理。有盈余分配决议的，在公司股东会或股东大会作出决议时，在公司与股东之间即形成债权债务关系，若未按照决议及时给付则应计付利息，而司法干预的强制盈余分配则不然，在盈余分配判决未生效之前，公司不负有法定给付义务，故不应计付利息。盈余分配义务的给付主体是公司，若公司的应分配资金因被部分股东变相分配利润、隐瞒或转移公司利润而不足以现实支付时，不仅直接损害了公司的利益，也损害了其他股东的利益，利益受损的股东可直接依据《公司法》第 20 条第 2 款的规定向滥用股东权利的公司股东主张赔偿责任，或依据《公司法》第 21 条的规定向利用其关联关系损害公司利益的控股股东、实际控制人、董事、监事、高级管理人员主张赔偿责任，或依据《公司法》第149条的规定向违反法律、行政法规或者公司章程的规定给公司造成损失的董事、监事、高级管理人员主张赔偿责任。

裁判结果：撤销原审判决，判决原审被告应当分配盈余。

案例249.（2016）最高法民终528号，庆阳市太一热力有限公司（以下简称太一热力公司）、李某军与甘肃居立门业有限责任公司（以下简称居立门业公司）盈余分配纠纷案。《最高人民法院公报》2018年第8期

本案争议焦点是：（1）太一热力公司是否应向居立门业公司进行盈余分配；（2）如何确定居立门业公司应分得的盈余数额；（3）太一热力公司是否应向居立门业公司支付盈余分配款的利息；（4）李某军是否应对太一热力公司的盈余分配给付不能承担赔偿责任。

法院认为：（1）关于太一热力公司是否应向居立门业公司进行盈余分配的问题。公司在经营中存在可分配的税后利润时，有的股东希望将盈余留作公司经营以期获取更多收益，有的股东则希望及时分配利润实现投资利益，一般而言，即使股东会或股东大会未形成盈余分配的决议。对希望分配利润股东的利益不会发生根本损害，因此，原则上这种冲突的解决属于公司自治范畴，是否进行公司盈余分配及分配多少，应当由股东会作出公司盈余分配的具体方案。但是，当部分股东变相分配利润、隐瞒或转移公司利润时，则会损害其他股东的实体利益，已非公司自治所能解决，此时若司法不加以适度干预则不能制止权利滥用，亦有违司法正义。虽目前有股权回购、公司解散、代位诉讼等法定救济路径，但不同的救济路径对股东的权利保护有实质区别，故需司法解释对股东的盈余分配请求权进一步予以明确。为此，《公司法司法解释（四）》（2017年）第15条作出了相关规定。在本案中，首先，太一热力公司也有巨额的可分配利润，具备公司进行盈余分配的前提条件；其次，李某军同为太一热力公司及其控股股东太一工贸公司法定代表人，未经公司另一股东居立门业公司同意，没有合理事由将5600万余元公司资产转让款转入兴盛建安公司账户，转移公司利润，给居立门业公司造成损失，属于太一工贸公司滥用股东权利，符合《公司法司法解释（四）》（2017年）第15条但书条款规定的应进行强制盈余分配的实质要件。最后，前述司法解释规定的股东盈余分配的救济权利，并未规定需以采取股权回购、公司解散、代位诉讼等其他救济措施为前置程序，居立门业公司对不同的救济路径有自由选择的权利。

（2）关于如何确定居立门业公司应分得的盈余数额的问题。略。

（3）关于太一热力公司是否应向居立门业公司支付盈余分配款的利息的问题。公司经营利润款产生的利息属于公司收入的一部分，在未进行盈余分配前相关款项均归属于公司；在公司盈余分配前产生的利息应当计入本次盈余分配款项范围，如本次盈余分配存在遗漏，仍属公司盈余分配后的资产。公司股东会或股东大会作出盈余分配决议时，在公司与股东之间即形成债权债务关系，若未按照决议及时给付则应计付利息，而司法干预的强制盈余分配则不然，在盈余分配判决未生效之前，公司不负有法定给付义务，故不应计付利息。本案中，首先，居立门业公司通过诉讼应分得的盈余款项系根据本案司法审计的净利润数额确定，此前太一热力公司对居立门业公司不负有法定给付义务，若《审计报告》未将公司资产转让款此前产生的利息计入净利润，则计入本次盈余分配后的公司资产，而不存在太一热力公司占用居立门业公司资金及应给付利息的问题。其次，李某军挪用太一热力公司款项到关联公司放贷牟利，系太一热力公司与关联公司之间如何给付利息的问题，居立门业公司据此向太一热力公司主张分配盈余款利息，不能成立。最后，居立门业公司一审诉讼请求中并未明确要求太一热力公司给付本判决生效之后的盈余分配款利息。因此，一审判决判令太一热力公司给付自 2010 年 7 月 11 日起至实际付清之日的利息，既缺乏事实和法律依据，也超出当事人的诉讼请求，最高院对此予以纠正。

（4）关于李某军是否应对太一热力公司的盈余分配给付不能承担赔偿责任的问题。盈余分配是用公司的利润进行给付，公司本身是给付义务的主体，若公司的应分配资金因被部分股东变相分配利润、隐瞒或转移公司利润而不足以现实支付时，不仅直接损害了公司的利益，也损害到其他股东的利益，利益受损的股东可直接依据《公司法》（2013 年）第 20 条第 2 款的规定向滥用股东权利的《公司法》（2013 年）第 20 条第 2 款的规定向滥用股东权利的公司股东主张赔偿责任，或依据《公司法》（2013 年）第 21 条的规定向利用其关联关系损害公司利益的控股股东、实际控制人、董事、监事、高级管理人员主张赔偿责任，或依据《公司法》（2013 年）第 149 条的规定向违反法律、行政法规或者公司章程的规定给公司造成损失的董事、监事、高级管理人员主张赔偿责任。本案中，首先，李某军既是太一热力公司法定代表人，又是兴盛建安公司法定代表人，其利用关联关系将太一热力公司 5600 万余元资产转让款转入关联公司，若李某军不能将相关资金及利息及时返还太一热力公司，则李某军应当按照《公司法》（2013 年）第 21 条、第 149 条的规定对该损失向公司承担赔偿责任。其次，居立门业公司应得的盈余分配先是用太一热力公司的盈余资金进行给付，在给付不能时，李某军转移太一热力公司财产的行为损及该公司股东居立门业公司利益，居立门业公司可要求李某军在太一热力公司给付不能的范围内承担赔偿责任。最后，《公司法》（2013 年）第 152 条规定的股东诉讼系指其直接利益受到损害的情形，本案中李某军利用关联关系转移公司资金直接损害的是公司利益，应对公司就不能收回的资金承担赔偿责任，并非因直接损害居立门业公司的股东利益而对其承担赔偿责任，一审判决对该条规定法律适用不当，最高院对此予以纠正。

08

383-436

第七章

增资和减资，合并和分立

第二十条

增资和减资

一、示范条款

公司新增资本时，应当经代表【三分之二以上/其他比例】表决权同意，股东有权优先按照【认缴/实缴】的出资比例认缴出资。

在投资总预算额度内的出资即实缴出资超出注册资本但在投资总预算内的金额，未有其他约定的，原则上视为【增资/借款】；超出投资总预算的出资，未有其他约定的，视为【借款/增资】，由董事会拟定增资方案后提交股东会表决。

【原股东以债转股的方式增资的，应当经股东会特别决议通过。】

【公司通过增资决议后，无论是否全部股东已经签署或未签署增资协议，认缴增资的股东已经实际出资且进入公司账户转化为新增注册资本的，视为履行了增资义务；但如果未进行变更登记、出资款未转化为新增注册资本，出资人可根据本章程规定或者签署的协议约定要求公司返还出资款项。】

新投资者应当先按照本章程第 4 条确定股东资格，否则不得接受新投资者认缴增资，如果新投资者已经实际出资，但公司尚未办理变更登记的，公司应当返还该出资。

认缴增资的股东逾期出资、未履行或未适当履行出资义务应当按照本章程第 6 条规定承担违约责任。

经代表【三分之二以上/其他比例】表决权同意，公司可以减资，公司应当在作出决议的三十日内办理减资手续。

未按法律和章程规定减资损害公司债权人权益，给公司造成损失的，有责任的股东、董事、高级管理人员应当对公司和其他股东承担赔偿责任，对公司债权人承担补充赔偿责任。

【增资】注册资本内、超出注册资本在投资总预算内、超出投资总预算，在这几个金额区间的出资性质如何认定，是实务中容易发生纠纷的问题，笔者建议在章程中作出原则性的规定。

【减资】笔者建议在作出决议后明确办理减资的时间要求。

二、条款解释

公司的增资、减资在《公司法》中只有第177条、第178条两个条款规定，较为简单，但在实务中出现的纠纷并不少见，可知仅有两个条款的规定是不足以覆盖和解决公司增减资问题的。本条款需要规范的问题是：增资程序有瑕疵时，增资的效力如何规定，责任如何承担；未按规定程序减资的，股东、董事和高管应当承担什么责任。

（一）增资

公司增资是股权融资的具体形式，增资行为包括相对一致的多方意思表示，以及符合法律和章程规定的方式和程序。说是“相对一致”而不是“协商一致”是因为增资是《公司法》上的行为，受《公司法》规范的约束，而公司法的表决规则是多数决，不是民法上的合同行为，需要由合同各方当事人一致同意。

第一，增资和股权转让的区别。作为律师或者法律职业人士，对于这两个行为的法律性质是清晰的，但是其在实务中往往被误解，很多公司的股东将增资和股权转让混为一谈。大股东在吸收新投资者加入或者是原股东退出时，合同的主体与合同关系无法对应，例如增资合同中没有将公司作为一方当事人，股权转让合同又约定了原股东“退出”将股份交还给公司，也往往将款项支付混同，将本应原股东收取的股权转让款由公司收取，将本应购买“退出股东”的股权、向该股东支付的价款由公司支付，导致纠纷频发。

增资和股权转让最大的区别在于：（1）公司注册资本是否发生变化，增资是注册资本增加，股权转让的情况下注册资本没有变化。（2）股权转让的本质上是“买卖关系”，是卖方（原股东作为转让方）和买方（原股东或者新的投资人）的双方关系，买卖的标的物是卖方持有的公司的股权，和买卖房屋、汽车没有本质的区别，增资的本质上是“投资合作关系”，是原股东、新的投资人（也可能没有新股东加入，只是原股东的增资行为）以及公司的三方约定，是原股东通过意思表示行使股东权利并通过股东会这个机构作出集体决定，指使公司作出增资的行为，吸收新的投资人的出资使得新的投资人成为公司的新股东。（3）股权转让行为中，买方将钱款支付给卖家（原股东）而非公司，公司收取不到任何款项，而增资行为中，股东（包括认缴增资的原股东和新股东）要将钱款支付到公司，而非原股东。（4）此外，增资和股权转让的表决程序采取的规则、优先权、对公司的影响等均存在不同之处。实务中，如果是为了将公司做大、为了公司的持续发展，通常采用增资的方式，如果是原股东想“套现”，通常采用股权转让的方式，当然也有同时采用转让和增资两者结合的方式取得对公司的参与经营管理或者是控制权。

第二，增资和股东借款的认定。增资和股东借款也是实务中很容易引发纠纷的一个问题。对于很多小微企业来说，股东人数较少，人合性很强，当公司经营需要资金时，股东往往直接代公司支付款项，资金没有经公司账户流转，相对“规范”一些的做法是将钱转到公司账户，再由公司再对外支付。但是有时小微企业的代理记账财务并没有将股东支付至公司账户的款项合理记账，这一笔记的是股东借款，下一笔可能记的是出资，这就造成虽然股东实际投入了很多钱，但实缴出资仍然是零元。当公司融资引入新的投资者时，如果原股东是以股权转让的方式引入，原股东会说之前的投入都是出资，但在没有规范记账、没有验资报告的情况下，新的投资者不确认，可能会要求原股东继续完成出资，或者由新的投资者履行出资义务但要求在转让对价中扣减；如果是以增资方式引入，原股东会说之前的投入是股东借款，要求公司在收到了新的投资者的出资、公司有资金时优先偿还对自己的借款。但此种情况下，新的投资者也可能是不确认的，这就导致了原股东左右都没法“靠岸”的不利结果。

在股东出资意思表示不明确、股东会未形成有效增资决议的情况下，此时股东（原股东或者新股东）已经将钱款出资到公司的，股东实际出资大大超出了注册资本，对于超出注册资本以外的出资是增资还是借款应如何认定和处理？笔者认为，应当视为欠缺意思表示要件，即无合意而导致公司增资行为不成立，不因此发生《公司法》上的增资行为后果，应当按照债的纠纷处理。但如果是增资决议完成、增资协议未签署，但有部分股东已经实际履行出资的，效力和责任如何认定呢？笔者就办理过这样一宗案件。公司多名股东第一次增资决议未达到通过的比例，半个月后又召开第二次股东会，部分股东选择稀释放弃认缴增资后，达到通过的比例并作出决议。随后各股东轮流签署增资协议的过程中，认缴增资的股东已经实际出资到公司账户，但是在随后办理变更登记时发现有部分股东因个人债务引发的诉讼纠纷被他人查封了该股东的股权，导致无法办理增资的变更登记，增资协议也不知落在何处。无法提供全部股东签署的版本作为证据，各股东因公司经营不善、增资款项已经使用殆尽引发纠纷。已经出资的股东要求同意认缴但未实际出资的股东履行出资义务，要求被查封股权的股东承担因无法办理变更登记导致的违约责任。该案件最终判决驳回了原告（已经实缴出资且作为公司董事长的股东）的诉求，理由是证据不足。

上海市一中院在（2015）沪一中民四（商）终字第526号①案认为，如果出资人与

---

① 上海新沪商企业发展有限公司与上海礴爱建材有限公司增资纠纷。

目标公司签订增资协议后，公司或股东致使合同目的不能实现，最终也未进行工商变更登记，出资款项亦未转化成新增注册资本，则投资方有权解除合同，要求公司返还出资款及承担违约责任。上海市一中院在（2018）沪 01 民终 2769 号①案中认为，有限责任公司的股东投资意思表示不明确的，全体股东间的增资协议因无合意而不成立。对于具有共同增资意思表示的部分股东之间是否成立增资协议，应当根据是否有利于保护股东新增资本优先认购权、是否有利于优化公司治理、是否有利于平衡大小股东利益等标准进行判断。若股东对增资协议的不成立不存在过错，且向公司实际给付款项而又不能认定为借款的，应当按照不当得利规则处理法律后果。

第三，增资的优先权。只有有限责任公司的股东在增资时有优先认购权，股份有限公司股东是不享有法定优先认购增资的权利的。但需要提示注意的是，对是否作出增资行为的决议，《公司法》第 43 条规定的是超过三分之二以上表决权同意即可，但对于各股东认缴增资的比例，《公司法》第 34 条规定的是需要全体股东约定，而不能由其他表决权比例决定。也就是说，通过增资的决议可以三分之二以上表决权通过，属于“公司法上的决议”的性质，这个决议是有效的，但改变认缴增资比例的必须要全体股东一致同意，这属于“股东间协议”的性质，如果以三分之二以上表决权通过的决议中同时改变了同意增资的各股东认缴增资的比例，则这个内容是无效的。最高院在（2015）民二终字第 313 号②案中对此给出了明确的论述，最高院认为，股东会有权对公司增加注册资本作出决议，但对股东是否认缴公司新增资本、认缴多少则不能作出决议。依据股东会作出该决议时适用的《公司法》（2005 年）第 35 条关于“公司新增资本时，股东有权优先按照实缴的出资比例认缴出资”的规定，认缴新增资本是股东的法定权利。

另外，如果有的股东放弃优先认购增资的权利而选择被稀释，其他股东能否主张优先于外部投资人认购该股东放弃的份额？最高院在（2009）民二终字第 3 号③案中认为，增资扩股，引入新的投资者，往往是为了公司的发展，当公司发展与公司人合性发生冲突时，则应当突出保护公司的发展机会，此时若基于保护公司的人合性而赋予某一股东的优先认购权，该优先权行使的结果可能会削弱其他股东特别是控股股东对公司的控制力，导致其他股东因担心控制力减弱而不再谋求增资扩股，从而阻碍公司发展壮大。因此，在没有特殊约定的情况下，股东仅有权优先认缴自己实缴出资比例所对应部分的新增资本。对于其他股东可以认缴但无力认缴的新增资本份额，股东不再享有法定的优先

---

① 唐某某与上海澳仪国际贸易有限公司、芧某燕及王某某增资纠纷。

② 曹某勇与许某安、杨某兰、天津瑞丰投资控股有限公司、天津龙灏投资有限公司，天津市滨海商贸大世界有限公司增资纠纷。

③ 贵州捷安投资有限公司与贵阳黔峰生物制品有限责任公司、重庆大林生物技术有限公司、贵州益康制药有限公司、深圳市亿工盛达科技有限公司股权确权及公司增资扩股出资份额优先认购权纠纷。

认缴权。从最高院的上述两个案例观点来看：一是改变认缴新增资本比例的，不应以股东会决议的表决方式作出，而是要以全体股东一致同意的方式作出；二是股东对于其他股东放弃的增资份额主张按照股权转让的优先购买权来行使优先认缴增资权利的，难以得到法院的支持。

此外，法律没有规定优先权的行使期间，实务中为维护交易安全和稳定经济秩序，司法裁判认为该权利应当在一定合理期间内行使，并且由于这一权利的行使属于典型的商事行为，对于合理期间的认定应当比通常的民事行为更加严格。广东省深圳市中院在（2018）粤03民终14512号①案、江苏省徐州市中院在（2017）苏03民终1615号②案中均给予了肯定的论述。

第四，增资的其他情况。如果在增资前，部分股权已经设置了担保或质押的，在增资后因担保人未认缴增资而被稀释了股权，担保是否发生变化？最高院在（2010）民二终字第104号③案中认为，公司进行合法的增资扩股后，对于原以公司部分股权设定质权的权利人而言，公司增资扩股后其对相应缩减股权比例享有优先受偿权，与其当初设定质权时对原出资对应的股权比例享有优先受偿权，实质权利并无变化，不存在因增资扩股损害质权人合法权利的可能。

增资是否需要对公司资产进行评估？最高院在（2020）最高法民申2611号④案中认为没有法律规定必须要审计或者以何种方式评估，不支持小股东认为增资损害了股东利益的观点。但浙江省嘉兴市中院在（2011）浙嘉商终字第185号⑤案中认为股东会绕开董事会，未经董事会讨论、未对公司资产进行评估，直接对增资作出决议，剥夺了董事的知情权，股东会决议无效。

从上述不同时期、不同裁判结果的案例来看，笔者建议，除章程中规定股东出资在没有独立的合同约定的情况下，原则上应当以什么性质给出认定，也要按照程序作出增资决议，且决议中应明确公司资产评估的方法、股权价值、增资金额、增前增后股东的股权比例变化，优先认购权行使或者放弃的确认，增资决议签署的期限、办理工商变更登记的期限等。

（二）减资

为保护公司债权人利益，《公司法》将减资列为股东会的特别决议事项，要求减资

---

① 孔某荣与深圳市卓帆科技有限公司、彭某豪、宾某容、刘某晖、张某业、祁某生、李某豫、深圳市汇信众益九号投资管理合伙企业（有限合伙）公司决议效力确认纠纷。

② 秦某勇、张某、王某、梁某瑞、卢某与徐州众城科技有限公司增资纠纷。

③ 深圳市汇润投资有限公司与隆鑫控股有限公司欠款、担保合同纠纷。

④ 广东盛乐房地产投资有限公司与广州市番禺南星有限公司、广州市番禺大来木制品有限公司、广州市灏晴财务咨询有限公司、广州市番禺世纪花园房地产有限公司、广州市番禺区翠倚华庭房地产有限公司、广州市海碧房地产开发有限公司损害股东利益责任纠纷。

⑤ 平湖伟峰科技有限责任公司与叶某卫、葛某卿股东会决议效力纠纷。

决议须经三分之二以上表决权同意，且明确规定了办理减资的具体程序。实务中来看，减资可分为实质减资和形式减资两种：实质减资是指减少注册资本的同时，将一定资本金返还给股东；形式减资指减少注册资本，注销部分股份，不将公司净资产对股东进行分配的减资行为。这往往是亏损企业的做法，目的是使公司的注册资本与净资产接近。

第一，减资的程序。相对增资来说，减资的程序要求更加严格。对于资本维持的基本原则来说，注册资本减少一般不被允许，虽然世界上大多数国家都对减资行为采取认可态度，但都规定了较为严格的减资程序。为保护中小股东和债权人的利益，对违反法定程序的减资行为，公司股东可以提起诉讼，请求确认减资行为无效或者撤销公司减资决议，债权人有权要求公司清偿债务或者提供相应的担保。依据《公司法》第 177 条的规定，公司需要减少注册资本时，必须编制资产负债表及财产清单。公司应自作出减少注册资本决议之日起十日内通知债权人，并于三十日内在报纸上公告。债权人自接到通知书之日起三十日内，未接到通知书的自公告之日起四十五日内，有权要求公司清偿债务或者提供相应的担保。也就是说减资通常需要履行以下程序：（1）股东会决议决定减资。《公司法》规定的是三分之二以上表决权，但如果章程对减资有更严格的表决要求的，应当以章程规定为准。（2）编制资产负债表及财产清单。公司减资时，无论是股东表决减资事项，还是公司债权人作出要求公司清偿债务或者提供担保的决定，都需要对公司的经营状况，尤其是资产负债情况及财产状况详细了解才能作减资多少的决定。（3）采取及时有效的方式通知债权人，对于已知的债权人，公司应该在做出减少注册资本决议之日起十日内通知，对其他未知债权人应当公告，以确保债权人有机会在公司注册资本减少之前作出相应的权衡和选择。（4）债务清偿或担保。债权人自接到通知之日起三十日内，未接到通知的自公告之日起四十五日内，有权要求公司清偿债务或者提供相应的担保。（5）办理变更登记手续。

第二，减资中各方的责任。从司法实务判例来看，大部分法院裁判观点倾向认为减资程序违法损害公司债权人利益的，股东、董事、高管应当在减资的范围内对公司债权人承担补偿清偿责任或补充赔偿责任，严重的还可能构成抽逃出资。但也有法院认为要区分是实质减资还是形式减资，形式减资并未实质损害公司债权人利益，故也不支持债权人要求公司股东承担责任的主张。《最高人民法院公报》2017 年第 11 期刊载的上海市二中院审理的上海德力西集团有限公司诉江苏博恩世通高科有限公司、冯某、上海博恩世通光电股份有限公司买卖合同纠纷的裁判案例，将违法减资的性质认定为等同于抽逃出资。最高院在（2017）最高法民终 422 号①案中，法院认为：中储国际控股公司作为

---

① 中储国际控股集团有限公司与山西煤炭运销集团曲阳煤炭物流有限公司减资纠纷。

股东，在上海昊阁公司未按法定程序通知已知债权人、未对其债务进行清偿或者提供担保的情况下就进行了减资，减少了公司的责任财产，严重影响了公司的偿债能力，使公司无力清偿减资前产生的巨额债务，所产生的后果与股东未履行或未全面履行出资义务及抽逃出资产生的法律后果并无不同。综合分析，中储国际控股公司应在减资范围内对上海昊阁公司不能清偿的债务承担补充赔偿责任。在法律及相应司法解释未规定通知瑕疵下减资股东责任的情况下类推适用出资瑕疵下的股东责任。

在违法减资中，董事是否要承担责任？在（2019）沪民申 1121 号①案中，上海市高院认为：作为锦崇公司的股东，香港锦江国际有限公司不仅在减资程序上负有合理注意义务，其亦是对锦崇公司不当减资行为承担法律责任的主体。换言之，如果锦崇公司在减资程序上存在瑕疵，由此导致汇丰公司利益受损，则汇丰公司应当向锦崇公司的股东香港锦江国际有限公司提出主张。沈某兴、楼某明作为香港锦江国际有限公司委派的董事，其作出减资的决议，是执行股东意志和履行董事职务的行为，汇丰公司以其未尽通知义务，恶意协助股东进行减资为由，要求沈某兴、楼某明在减资本息范围内对锦崇公司不能清偿的债务承担补充赔偿责任，缺乏事实和法律依据，本院不予支持。从而否定了董事的责任，也在某种程度上否定了通知瑕疵下减资的侵权性质，也否定了《公司法司法解释（三）》（2013 年）第 14 条关于抽逃出资下董事责任的规定，这个观点与通常的认定不一致，值得注意。

此外，如果是形式减资，有观点认为股东并未因为公司减资而收回出资或者免除了进一步的出资义务，此种情况下股东并未受益，无须承担补充赔偿该责任。在（2019）最高法民再 144 号②案中，最高院认为：寒地黑土集团在减少注册资本过程中，存在先发布减资公告后召开股东会、变更登记时提供虚假材料等违反《公司法》关于公司减资程序规定的情形，但作为寒地黑土集团股东的省农资公司并未利用寒地黑土集团减资实际实施抽回出资的行为。综合分析，省农资公司的行为不属于《公司法司法解释（三）》第 12 条规定的情形，不存在抽逃出资的行为，不应当被追加为被执行人。

第三，已知债权人的认定和通知方式。《公司法》第 177 条规定，公司应当在作出减资决议的十日内通知债权人，并于三十日内在报纸上公告。但对于何为“债权人”、如何通知，法律没有进一步明确细节。目前司法裁判较为统一的观点是，公司减资时应对已知债权人履行直接通知义务，不能在未先行通知的情况下直接以登报公告形式代替通知义务，这里的通知虽然未明确规定什么是直接通知，但应当是以合理的方式，例如惯常使用的联系方式，或者合同约定的方式。如果是报纸公告，也应当选择债权人所在

① 建德市汇丰物资有限公司与沈某兴、楼某明公司减资纠纷。

② 丰汇世通（北京）投资有限公司与黑龙江省农业生产资料公司案外人执行异议之诉纠纷。

地具有一定影响力的报纸，且报纸只是在使用其他方式无法通知、无法送达的情况下最后的一个手段，而不是首选的、唯一的手段。

第四，其他形式的减资。除减少注册资本外，用资本公积金支付股权转让款的方式也被视同为减资。在（2016）最高法民终 806 号①案中，最高院认为：在《及的变更和补充协议》第四部分中，天俊公司同意在完成万凯峰公司工商登记事宜之日起三日内，将天俊公司第一期 3 亿元增（投）资款交给温某源使用和支配。最高院认为，2011 年 7 月 12 日至 10 月 17 日天俊公司已经向万凯峰公司增（投）资第一期及第二期共计 4 亿元，万凯峰公司的注册资本金、股东及持股比例等工商登记信息也已经变更完成，因而该笔 4 亿元已经成为万凯峰公司的注册资本金以及资本公积金，已属于万凯峰公司法人财产，因而，未经法定程序不得任由股东进行处分。而《及的变更和补充协议》第三部分和第四部分中有关将万凯峰公司 4 亿元财产转变为温荣源股权转让款、3 亿元交给温荣源使用的约定，变相地减少或直接分配了公司资本，实质上构成了对万凯峰公司的减资。因公司的减资实质上缩小了公司承担责任的能力，进而直接影响到公司对外偿债的能力，有可能损害公司债权人的利益，故而法律对公司减资行为作出了较为严格的规范。

三、法律规定

《公司法》第 37 条、第 43 条、第 103 条、第 177 条、第 178 条

《公司法司法解释（三）》第 13 第、第 14 条

《九民会议纪要》

四、参考案例（34 件）

（一）增资性质的认定（8 件）

裁判观点：对投资者出资超过其在注册资本的部分是否列入资本公积，要根据投资者投入资金时的真实意愿和目的作出判断。如果其是作为超出注册资本的股本溢价投入，可以认定作为资本公积的目的投入；而如果其是以登记为注册资本为投入目的，在尚未完成登记时，不应作为资本公积，而应认定为出资。

裁判结果：撤销一审、二审判决，驳回一审原告的诉讼请求。

---

① 辽阳天俊矿业有限公司、常浩与温荣源、辽阳县万凯峰矿业有限责任公司、辽宁弘宇矿业有限公司股权转让纠纷。

案例 250. （2016）桂民再 46 号，国电南宁发电有限责任公司（以下简称国电南宁公司）、中国国电集团公司（以下简称国电集团）等与广西中稷电力投资有限公司（以下简称中稷公司）公司决议撤销纠纷。广西壮族自治区高级人民法院

本案争议焦点是：董事会、股东会作出的《关于 2013 年 7 月 31 日前的利润分配的决议》内容是否应当撤销。

法院认为：根据《公司法》（2005 年）第 22 条第 2 款的规定，董事会、股东会决议可撤销的事由主要包括两方面的内容：一是董事会、股东会召集程序及表决程序违反法律、行政法规或公司章程的规定，二是董事会、股东会决议内容违反公司章程的规定。因此涉案董事会决议、股东会决议是否应予以撤销主要看上述决议内容是否违反公司章程的规定。中稷公司主张国电南宁公司章程规定的"实缴的出资"指工商登记的注册资本，在各方股东对出资的性质未达成共识的情况下，国电集团在认缴注册资本之外投入的资金 36,187 万元属于资本公积，不能参与分配。而国电南宁公司、国电集团、深能源公司则主张公司章程中"实缴的出资"指股东为履行出资义务实际投入到公司的出资，并非仅指工商登记的注册资本，国电集团 2009 年后向国电南宁公司增加投入的 36,187 万元属于实缴出资，不属于资本公积，诉争决议内容符合公司章程的规定。因此国电集团投入的 36,187 万元的性质属于实缴出资还是资本公积，诉争决议确定的利润分配原则是否符合公司章程需要根据《公司法》（2005 年）的相关规定，并从实缴出资、资本公积、当事人意思表示等方面综合判断。

第一，从实缴出资的理解上看，所谓股东出资是指股东在公司设立或者增加资本时，为取得股份或股权，根据协议的约定以及法律、公司章程的规定向公司交付财产或履行其他给付义务。而根据《公司法》（2013 年）第 26 条的规定，注册资本是指在公司登记机关登记的全体股东认缴的出资额。实缴出资与注册实缴出资两者既有联系又有区别：联系在于二者都是股东对公司的出资，区别在于注册实缴出资是在工商登记机关登记的全体股东认缴出资额的总和，而实缴出资是公司股东为履行出资义务实际缴纳到公司账户的资金总和。国电南宁公司《章程》规定"按照实缴的出资比例分配公司利润"与《公司法》（2005 年）第 35 条规定"股东按照实缴的出资比例分取公司红利"本质是一致的。根据《公司法》（2005 年）第 28 条、第 29 条、第 32 条的规定，股东实缴出资未经登记或变更登记不得对抗第三人，但不影响股东在公司内部法律关系中主张和行使股东权利。而根据《公司法司法解释（三）》（2014 年）第 16 条的规定，股东之所以享有利润分配请求权、新股优先认购权、剩余财产分配请求权等股东权利，本质上源于股东履行了出资义务，即使工商登记股东出资，但该出资没有实际到位或者已到位又抽逃，股东也无权依据工商登记的出资比例享有股东权利。出资取决于股东实缴到公

司作为公司经营资本的资产，而不取决于股东的出资是否经工商登记为注册资本。因此中稷公司主张“实缴的出资”仅指工商登记的注册资本与法律规定不符，对其主张不予支持。

第二，从资本公积方面理解，《企业会计准则》的规定，投资者以现金投入的资本，应当以实际收到或者存入企业开户银行的金额作为实收资本入账。实际收到或者存入企业开户银行的金额超过其在该企业注册资本中所占份额的部分，计入资本公积。对“投资者出资超过其在注册资本”的部分是否资本公积，要根据投资者投入资金时的真实意愿和目的作出判断，如果其是作为超出注册资本的股本溢价投入，可以认定作为资本公积的目的投入，而如果其是以登记为注册资本为投入目的，在尚未完成登记时，不应作为资本公积。本案中，国电集团增加投入的36, 187万元是以增资成注册资本为目的而投入，并不是赠与或作为股本溢价投入公司，不属于资本公积。虽然本案的增资程序尚未最终完成，相应增资未登记为注册资本，但不影响这部分资金属于出资的性质认定。

第三，从当事人的意思表示、履行情况等方面看，以上的一系列事实表明国电南宁公司各股东认缴的出资额并非只是第一期工商登记的注册资本，包括中稷公司在内的各股东均同意将根据工程建设需要分期注入出资，股东也均同意对国电南宁公司逐步进行增资，增资是股东各方的真实意思表示……而且国电集团对国电南宁公司分次投入的资金在会计处理上计入“实收资本”账下，审计机构、各股东对该账目处理未提出任何异议……因此该36, 187万元应认定是国电集团对国电南宁公司的实缴出资。

裁判观点：有限责任公司的股东投资意思表示不明确的，全体股东间的增资协议因无合意而不成立。对于具有共同增资意思表示的部分股东之间是否成立增资协议，应当根据是否有利于保护股东新增资本优先认购权、是否有利于优化公司治理、是否有利于平衡大小股东利益等标准进行判断。若股东对增资协议的不成立不存在过错，且向公司实际给付款项而又不能认定为借款的，应当按照不当得利规则处理法律后果。

裁判结果：撤销一审判决，改判返还增资款。

案例251.（2018）沪01民终2769号，唐某诉上海澳仪国际贸易有限公司（以下简称澳仪公司）公司增资纠纷。上海市第一中级人民法院

本案争议焦点是：唐某的17万元款项投入是否构成对澳仪公司的有效增资。

法院认为：第一，根据另案生效判决，王某投入澳仪公司的51万元被认定为借款，且王某表示股东间未就增资达成协议，如果其他股东自行增资，将会稀释其股权比例，损害其合法权益。在无其他证据证明的情况下，不能认为三名股东间曾达成如下协议，

即允许两名股东的出资是股权性质的增资，而另一名股东的出资只具有债权性质。因此，两名股东单独增资澳仪公司的方式，不应被认为具有合理性和可行性。

第二，公司增资作为公司重要事项，属于要式法律行为，不仅需要合意基础，还需要符合法律以及公司章程规定的股东会决议、工商登记变更等形式和手续。从本案来看，既不存在股东之间书面的增资协议，也没有形成增资的股东会决议，当然也就不可能发生工商登记变更事项。在此情况下，不能认为唐某在临时股东会会议上的意见构成对先前协议内容的反悔，也就不应视作不当阻止协议条件成就。

第三，上海市一中院注意到，澳仪公司的资产负债表显示，资本公积一栏的数额经常变动，而澳仪公司和茅某燕对此的解释并不能令人信服。因为该 17 万元并非始终列入资本公积，并且（2013）长民二（商）初字第 1306 号民事判决也未明确该 17 万元系增资款（仅认为该 17 万元款项不构成借款关系）。在同样没有增资依据的情况下，2018 年的 1 月和 2 月，澳仪公司却将该 17 万元列为资本公积（股东权益性质），而将茅某燕投入的 102 万元列入其他应付款（公司债务性质）。茅某燕虽然表示与其他两名股东达成过口头增资协议，但其作为大股东和公司法定代表人，却未将自己投入的 102 万元始终列入（且 2017 年 6 月至 2018 年 2 月多数情形下不列入）资本公积一栏。这说明，茅某燕本人也并未积极促成增资目的的实现。

第四，澳仪公司三名股东就增加投资一事而引发纠纷，自实际出资以来已有八年左右，其间引发多起诉讼，对公司治理、股东行权以及权益保障都会产生负面影响。二审庭审中，唐某明确表示不愿意将该 17 万元作为增资款。如果按照这一意见，根据现有的公司章程，澳仪公司将难以形成涉案相关的增资决议，在增资事项上可能会长期形成僵局，不利于澳仪公司的正常运作。基于公司治理的正当考量，也应当选择有利于促成公司有效治理，并且有利于维护股东，特别是非控股股东利益的方案，而不是相反的方案。

裁判观点：未经董事会制订增资协议，股东会直接作出增资决议剥夺了董事的知情权，且未对资产合法评估的，股东会决议无效。

裁判结果：驳回上诉，维持原判。

案例 252. (2011）浙嘉商终字第 185 号，叶某卫、葛某卿与平湖伟峰科技有限责任公司（以下简称伟峰公司）股东会或者股东大会、董事会决议效力纠纷。浙江省嘉兴市中级人民法院

本案争议焦点是：股东会决议是否无效。

法院认为：第一，根据《公司法》（2005 年）第 20 条第 1 款、第 22 条第 1 款的规

定，伟峰公司应该在法律、行政法规和公司章程规定的范围内从事经营活动。其增加注册资本，应按照《公司章程》第 8 条、第 15 条规定，先由董事会制订增资方案，再由股东会表决并作出决议。本案的增资方案虽经过股东会表决通过，但未经董事会讨论，直接剥夺了叶某卫、葛某卿等董事会成员的知情权及参与权，有违公司诚信经营、平等合作原则。

第二，叶某卫等股东平时不参与公司经营，伟峰公司召开股东会，虽然在会议通知上记载会议议题之一是拟增加公司注册资本 350 万元，但对增资原因、增资目的、增资方案等并未披示，伟峰公司也没有证据表明其已按公司章程规定，如期向各位股东送交过每一会计年度的财务会计报告。故叶某卫、葛某卿等股东到会后要求查看公司报表，询问公司情况等亦属合理要求，其在会前是否对伟峰公司的房屋土地情况进行过委托评估，并不代表二人对公司经营全部知情。伟峰公司控股股东简单地拒绝葛某卿等股东的上述要求，在其余股东均离席的情况下径行通过增资决议等，显然存在损害公司股东利益的行为。

第三，根据《公司法》（2005 年）第 47 条的规定，董事在任期届满前，股东会不得无故解除其职务。伟峰公司股东会仅以“提高办事效率”为由，决定撤销董事会，由控股股东一人担任执行董事，实际上等同撤销了叶某卫、葛某卿的董事职务，违反了《公司法》（2005 年）第 47 条的规定。伟峰公司在事后也未告知叶某卫等公司组织变更的具体情况及公司章程的修改情况，显然过于漠视小股东的利益。

裁判观点： 从合理商业目的和合法程序可以认定增资合法，目标项目所涉各方已在合作协议中对目标公司的经营负债及利益分配等情况进行了充分考量，不存在损害股东利益的问题。

裁判结果： 驳回再审申请。

案例 253. （2020）最高法民申 2611 号，广东盛乐房地产投资有限公司（以下简称盛乐公司）、广州市番禺南星有限公司（以下简称南星公司）损害股东利益责任纠纷。最高人民法院

本案争议焦点是： 原审法院没有支持盛乐公司关于被申请人滥用股东权利、恶意增资损害其股东利益的请求是否妥当的问题。

法院认为： 根据原审法院查明的事实，世纪公司和翠倚公司的案涉增资行为及相关股东会决议，均符合《公司法》规定的法定程序。再根据世纪公司、翠倚公司的临时股东会会议纪要，广州市臻纳投资有限公司、海碧公司、南星公司、广州番禺粤星石油有限公司签订的《番禺星海汇项目合作协议》，以及南星公司、大来公司、灏晴公司、海

碧公司签订的《番禺星海汇项目合作备忘录》的内容，案涉增资主要是为了对世纪公司和翠倚公司名下案涉地块进行房地产项目开发。世纪公司、翠倚公司拥有案涉地块土地使用权，海碧公司负责投入资金进行开发，各方约定目标公司权益分配不按照各自所持股权比例进行，而是由海碧公司分配目标项目的住宅及车库的收益，包括盛乐公司、南星公司、大来公司、灏晴公司在内的原股东分配商业物业及剩余车位的收益。因此，原审法院认为南星公司等大股东在对世纪公司、翠倚公司的负债情况及经营前景进行充分考量后决定引进海碧公司增资并让海碧公司成为两公司的大股东，这是企业根据自身经营发展状况做出的商业决定，属公司股东及管理层的商业规划范畴，理据充分，最高院对此也予以认可。此外，并无法律规定公司增资必须经过审计或者以何种估价进行。就本案所涉大股东主导的增资决议而言，原审法院从是否具有“合理商业目的”以及小股东“合理预期”两个方面予以审查，并认为目标项目所涉各方已在合作协议中对目标公司的经营负债及利益分配等情况进行了充分考量，由此作出的增资方案于法无悖，事实和法律依据充分，最高院亦予以认可。而盛乐公司申请再审称原审法院未调查收集案涉主要证据以致没有查明本案基本事实、仅以程序标准判断案涉增资行为是否属滥用股东权利行为不当、举证责任分配不当等，均无事实和法律依据，最高院不予支持。

裁判观点：在部分股东不知情的情况下进行增资，不仅侵害了不知情股东的合法权益，同时也剥夺了不知情股东的优先认缴权，该增资行为应属无效，应当恢复不知情股东的原持股比例。

裁判结果：驳回上诉，维持原判。

案例 254. （2013）沪二中民四（商）终字第 188 号，上海新宝建筑安装工程有限公司（以下简称新宝公司）与陈乙、陈甲等股东资格确认纠纷。上海市第二中级人民法院

法院认为：宏冠公司的章程明确约定公司增资应由股东会作出决议。现经过笔迹鉴定，宏冠公司和新宝公司的股东会决议上均非黄某某本人签名，不能依据书面的股东会决议来认定黄某某知道增资的情况。新宝公司上诉认为，宏冠公司必须在增资后才能购买土地，而黄某某称其出资购买了土地，以此证明黄某某对增资是明知的。但上海市二中院认为该说法缺乏事实依据，出资买地与公司增资之间不具有必然的关联性，不足以证明新宝公司的主张。因此，在没有证据证明黄某某明知宏冠公司增资至 1500 万元的情况下，对宏冠公司设立时的股东内部而言，该增资行为无效，且对于黄某某没有法律约束力，不应以工商变更登记后的 1500 万元注册资本金额来降低黄某某在宏冠公司的持股比例，而仍旧应当依照 20% 的股权比例在股东内部进行股权分配。综上所述，原审

认定事实清楚，判决黄某某自设立后至股权转让前持有宏冠公司20%的股权并无不当。

裁判观点：主张涉案投资款为增资款，应当提供公司股东大会的增资决议。没有股东会决议，仅凭所谓的口头约定和证人证言主张汇入公司的案涉款项为增资的，缺少事实依据。

裁判结果：撤销一审、二审判决，发回重审。

案例255.（2016）最高法民再307号，枣庄市海天房地产开发有限公司（以下简称海天公司）与单县太和房地产开发有限公司（以下简称太和公司）企业借贷纠纷。最高人民法院

法院认为：第一，将案涉1545万元认定为海天公司向太和公司的投资，没有事实和法律依据。根据《公司法》的规定，作为股份有限公司，太和公司的设立、组织机构、股东大会、董事会、财务、增资、减资原则均应遵循法律的直接规定。由于股份有限公司的信用基础是公司资本而非股东个人资本，公司章程对于公司及其股东均具有约束力。因此，界定太和公司投资范畴的首要依据是《公司法》及《太和公司章程》。《太和公司章程》第4条规定，“公司增加或减少注册资本，必须召开股东会并由全体股东通过并作出决议。公司减少注册资本，还应当自作出决议起十日内通知债权人，并于30日内在报纸上公告。公司变更注册资本应依法向登记机关办理变更登记手续。公司减资后的注册资本，不得低于法定的最低限额”。该章程第6条规定：“公司成立后，应向股东签发出资证明书。”本案中，如果太和公司主张案涉1545万元是海天公司向其追加的投资款，则应当提供太和公司股东大会的增资决议以及太和公司变更注册资本后向公司登记机关办理变更登记的手续。没有股东会决议，仅凭所谓的口头约定和证人证言主张海天公司汇入太和公司的案涉款项为海天公司向太和公司增加的投资的主张，既缺少事实依据，也不符合《太和公司章程》的规定。

第二，太和公司主张该公司增资，却没有提交股东大会决议。其主张显然与《公司法》第103条第2款的规定不符。

第三，对于本案各方当事人的资金往来，太和公司按照出资、借款资金性质的不同分别建账，20笔汇入资金均由其记入借款名项之下。海天公司的会计账册也是按照出资、借款分别建账记录的，20笔款项也记录为长期应付款，即在借款名项之下，与太和公司的会计账册登记一致。太和公司与浩然公司将长期应付款解释为投资款，不符合《企业会计通则》对长期投资款的解释。

第四，菏泽江天联合会计师事务所根据太和公司的委托进行审计后出具的江天核审（2012）735号审计报告，将海天公司借给太和公司20笔注入资金长期应付款，法律性

质认定为借款。

第五，太和公司为支持其有关海天公司向其转款为投资款的抗辩理由所举的证据均不能达到其证明目的。(1) 海天公司向太和公司转款的银行凭证上，将款项性质大多写为“投资款”。但转账凭条上的记载不能作为认定案涉款项性质的依据，尤其是在其与太和公司账册记载的款项性质不一致的情况下。(2) 海天公司与太和公司之间没有就案涉借款达成的书面借款合同。与股份有限公司的增资行为需要遵循《公司法》和《公司章程》的规定不同，签订书面合同并非民间借贷法律关系成立的必要条件。既然本案各方当事人均认可案涉1545万元的性质不是投资款就是借款，在有海天公司款项支付凭证和太和公司出具收条的情况下，如果能够排除案涉款项为海天公司追加的投资款，就可以确定案涉款项的性质。(3) 海天公司对菏泽江天联合会计师事务所出具的江天核审(2012) 735号审计报告的反馈意见和律师函均认可其汇入太和公司的款项为投资款。对此海天公司提出，上述文件均是在单县政协组织的调解中，为一次性了结双方争议而作出的妥协。退一步说，即使海天公司的上述观点不能成立，假设目前案涉“阳光水岸”项目盈利，海天公司以案涉款项系其增加的投资款为由主张增加分红比例而涉诉，人民法院仍然应当以《公司法》有关股份有限公司股东增资的规定和太和公司章程有关股东增资的规定，作为衡量其诉讼请求能否得到支持的标准。

裁判观点：增资后抽逃出资不影响增资行为的效力。股东在增资持股期间获取固定红利的约定不符合有关利润分配的规定，但不影响增资扩股协议的效力。

裁判结果：驳回再审申请。

案例256. (2019) 最高法民申1764号，郭某河与张某天、厦门中天海物流有限公司（以下简称中天海公司）股东资格确认纠纷。最高人民法院

本案审查重点为本案是否存在《民事诉讼法》第200条第1项、第2项、第6项规定的情形。第一，关于张某天是否实际履行了出资义务问题。2009年6月，郭某河向张某天出具一份《承诺书》，确认中天海公司全部资金均为张某天所出，承诺郭某河仅是名义上的股东，不享有作为股东的一切权利，股东权利均由张某天享有，其将根据张某天的要求把股权变更至张某天或张某天指定的人名下，并无条件配合办理相关手续。2010年3月，张某天通过银行转账方式向郭某河银行账户汇入2850万元，郭某河将该款项作为增资款汇入中天海公司账户，首次成为中天海公司在册股东。2010年9月，张某天通过银行转账方式向郭某河银行账户汇入500万元，郭某河将该款项作为增资款汇入中天海公司账户，对中天海公司进行增资。上述增资均履行了验资、变更注册资本等

法定程序。结合郭某河出具的《承诺书》中关于中天海公司全部资金均为张某天所出、郭某河仅是名义股东等约定，二审法院认定郭某河的增资款2850万元、500万元均源于张某天，张某天作为实际出资人已实际履行了出资义务，并无不当。郭某河虽提出因张某天抽回了上述增资款，实际未对中天海公司投资，故无权主张相应权利，但上述增资已履行法定程序，增资行为已经过工商行政管理部门核准并予以公示，即便增资后抽逃出资，亦不影响增资行为的效力。故郭某河的上述主张，不能成立。

第二，关于郭某河名下的中天海公司96.67%股权应否归属于张某天所有问题。根据《公司法司法解释（三）》第24条第2款规定可知，根据前述分析，2010年以郭某河名义汇入中天海公司的增资款2850万元、500万元实为张某天为履行出资义务所支付的款项，因此上述增资款所对应的股权应属于张某天所有。2014年11月，在未经张某天同意的情况下，郭某河利用其股东地位，对中天海公司进行了第三次增资1000万元。根据承诺，郭某河仅是中天海公司名义上的股东，不享有股东的一切权利，其对该1000万元增资存在的法律风险理应明知。二审法院根据本案实际情况，考虑到有限责任公司人合因素及对实际出资人的权益保护，结合诚实信用原则，认定中天海公司第三次增资款1000万元所对应的股权应归属于张某天所有，并无不妥。即便该1000万元由郭某河自有资金出资，亦不影响该增资款对应股权的归属认定。

裁判观点：增资后，无论出资是进入公司注册资本还是资本公积，均属于公司资产，股东无权要求返还。

裁判结果：驳回原告的起诉。

案例257.（2014）和民三初字第0839号，天津市安居工程办公室与天津市浩天典当行股东出资纠纷。天津市和平区人民法院

法院认为：从上述证据，可以推定被告各股东已作出增资的决议。被告虽未办理工商变更登记，但根据《公司法》的相关规定，股东在增资后无权要求返还增资。理由如下：第一，我国法律没有禁止股东实际缴付出资不得超过注册资本的规定。第二，根据《企业财务通则》第17条“对投资者实际缴付的出资超出注册资本的差额（包括股票溢价），企业应当作为资本公积管理”的规定，公司接受了股东的增资应将其记载于资本公积金科目，该资本公积金属公司所有，是公司的财产，股东不得任意要求公司予以返还。第三，根据《公司法》（2013年）第168条的规定，资本公积金只能用于扩大公司生产经营或者转为增加公司资本。资本公积金虽然不同于公司的注册资本需在工商行政管理部门登记，但其与注册资本同样具有扩张经营规模，并对公司债权人具有担保功能，具有准资本的性质。如果将该资本公积金予以返还，将导致公司资本规模减少，损

害公司债权人的利益。第四，根据《公司法》（2013 年）第 35 条明确规定，公司成立后，股东不得抽逃出资。同理，对于股东增加的投资，同样不得抽回。

（二）增资的解除（3 件）

裁判观点： 如果出资人与目标公司签订增资协议后，公司或股东致使合同目的不能实现，最终也未进行工商变更登记，出资款项亦也未转化成新增注册资本，投资方有权解除合同，要求公司返还出资款及承担违约责任。

裁判结果： 驳回上诉，维持原判。

案例 258.（2014）锡商终字第 0018 号，江阴市银惠工业气体有限公司（以下简称银惠公司）与潘某林增资纠纷。江苏省无锡市中级人民法院

本案争议焦点是：（1）原审法院确定的本案案由是否得当；（2）本案所涉《协议书》是否有效；（3）潘某林是否向银惠公司履行了 10 万元的出资义务；（4）银惠公司是否应向潘某林承担违约责任及如何承担违约责任。

法院认为： 关于第三个争议焦点，潘某林履行了增资协议项下的出资义务。理由如下：（1）二审中无锡市中院要求银惠公司明确有无收到潘某林支付的 10 万元，但银惠公司不予回答，后在无锡市中院要求其限期答复且不答复承担不利后果的情况下，仍未答复法院。根据《最高人民法院关于民事诉讼证据的若干规定》（2008 年）第 8 条第 2 款的规定，应认定银惠公司收到了潘某林支付的 10 万元。（2）第 0680 号案件中张某某、单某某的陈述佐证了潘某林的出资事实。（3）银惠公司称潘某林收到的 5 万元系分红或利息，进一步佐证了潘某林履行了相应的出资义务。

关于第四个争议焦点，银惠公司应向潘某林承担相应的违约责任。在潘某林履行了增资协议项下的 10 万元出资义务后，银惠公司应按法律和公司章程规定召开股东会，进行公司注册资本和股东的变更登记。银惠公司在 2011 年 5 月 18 日股东变更前，吴某持有股份 70%；在股东变更后，吴某持有股份 90%，代表银惠公司签订增资协议的吴某的持股比例无论是变更前还是变更后，均超过法律规定的公司增加注册资本须经代表三分之二以上表决权的股东通过所需的股权比例。但银惠公司与吴某一直未召开股东会，且在潘某林提起诉讼要求确认其股东身份的情况下仍未召开，导致潘某林向银惠公司增资并获取投资回报的目的不能实现。现潘某林主张解除双方签订的协议，应予准许，银惠公司应向潘某林返还 10 万元投资款。

因银惠公司的过错，使得潘某林的合同目的不能实现，银惠公司应就此承担违约责任，向潘某林支付违约金。关于违约金的数额，无锡市中院综合考虑以下情况：（1）《协议书》约定的相关惩罚性罚款的内容；（2）潘某林的出资数额，参照民间借贷利率所能

获得的利息回报；（3）银惠公司的资产负债表载明的所有者权益数额；（4）《协议书》约定潘某林为银惠公司的终身股东身份，因《协议书》解除而导致的潘某林的预期可得利益损失等，认为原审法院认定银惠公司应向潘某林承担20万元违约金并无不当。

裁判观点： 增资未完成工商变更登记，增资款未转化成公司新增注册资本，合同目的无法实现的情况下，出资款可以退回。

裁判结果： 驳回上诉，维持原判。

案例259.（2015）沪一中民四（商）终字第526号，上海新沪商企业发展有限公司诉上海礴爱建材有限公司公司增资纠纷。上海市第一中级人民法院

本案争议焦点是： 系争款项先后二次支付行为是否基于二份相互独立的并无关联的协议的履约行为。第一次款项退还后合作协议是否已终止，现被上诉人向上诉人支付系争款项是否仅是履行后一份新老股东间决议和章程的行为，而不应向上诉人主张还款。

法院认为： 从两份协议的关联性和签订过程及履约事实来看，上诉人与五名新增股东分别签订的合作协议的名称即明确是上诉人"增资扩股意向"股东协议；协议的宗旨是为有关徐汇滨江建设用地投资项目引入被上诉人等五名公司和个人作为新股东以"增资扩股"形式投资开发该项目；五名新股东按本协议各支付的100万元为增资扩股的"订金"；从上诉人与包括被上诉人的五名新股东的合作目的和结果来看，如系争投资项目未完成，被上诉人等五名新股东可以反悔选择退出，不加入公司股东索回投资款。综上协议内容并结合本案事实可见，合作协议只是双方增资扩股的一个框架协议，第一次付款明确是正式入股前的订金，待具体落实增资扩股后才转化为新增注册资金。从以后过程事实看，为落实双方合作意向，必须以增资入股方式实施，于是就必然会产生系争章程和股东会决议。因此，显见章程和股东会决议的形成是为实现双方合作意向的形式和方式；反之，实施这一方式是为了达到合作投资开发该项目的最终目的，故两组协议虽签约主体不尽一致，但其实质是互为联系不可分割的整体协议。所有签约主体均应是明确的。据此，为完成增资的行为，必须将上述订金转至验资账户达到增资的法定形式要求。然而，现经被上诉人等五名投资者诉称及上诉人确认，在增资过程中上诉人未按约完成引进投资项目，即无法达到合作目的，而无须再去最终进行工商变更登记完成这一法定形式。因此，从法定增资要式论，因未完成最终工商登记，虽经验资，但系争100万元款项并未转化成新增注册资本，其性质仍属为履行合作协议支付的款项，现依据合作协议的约定，被上诉人有权向作为投资相对方的上诉人主张返还系争款项。

裁判观点： 增资款尚未办理变更登记，该增资款对公司债权人尚未产生公示效力，公司债权人尚无须要保护的信赖利益，依约定条件解除案涉《增资协议》并请求返还投资款，并不涉及因抽逃出资或不按法定程序减资损害公司债权人利益的问题。

裁判结果： 驳回再审申请。

案例 260. （2019）最高法民申 1738 号，韩某丰、邬某远、宁波梅山保税港区宝威投资管理合伙企业（有限合伙）（以下简称宝威企业）与上海真金高技术服务业创业投资中心（有限合伙）（以下简称真金企业）、上海占空比电子科技有限公司（以下简称占空比公司）、毅智集团有限公司及张翌（YIZHANG）公司增资纠纷。最高人民法院

本案审查的重点为： 二审法院判决真金公司依据《增资协议》第 5.3 条行使解除权并判令韩某丰、邬某远、宝威企业对占空比公司返还真金企业的增资款、利息及违约金承担连带责任是否存在错误。

法院认为： 结合再审申请人的申请理由，应从以下 3 个方面综合判断。（1）录音证据是否真实以及能否表明各方已一致同意延期办理工商变更登记；（2）关于二审认定的利息起算日是否正确；（3）二审判决解除投资协议及返还投资款是否属于错误适用《公司法》有关股东不得抽逃出资的规定。

（1）关于录音证据是否真实以及能否表明各方已一致同意延期办理工商变更登记。略。

（2）关于二审认定的利息起算日是否正确。略。

（3）关于二审判决解除投资协议及返还投资款是否属于错误适用《公司法》有关股东不得抽逃出资的规定。邬某远、宝威企业认为真金企业的出资款已转为占空比公司的法人财产，二审判决解除投资协议、返还投资款，违反了《公司法》关于股东不得抽逃出资的规定。再审审查过程中，各方当事人均确认，真金企业增资占空比公司的 2000 万元尚未在工商行政管理部门进行增资变更登记。《公司法》规定股东不得抽逃出资，以及公司减少注册资本应当履行相应的法定程序并依法向公司登记机关办理变更登记，主要目的之一在于保护公司债权人的利益。案涉 2000 万元增资款尚未在工商登记部门办理变更登记，该增资款对公司债权人尚未产生公示效力，公司债权人尚无须要保护的信赖利益，真金企业依约定条件解除案涉《增资协议》并请求返还投资款，并不涉及因抽逃出资或不按法定程序减资损害公司债权人利益的问题。

（三）增资中的优先认购权（5件）

裁判观点： 为公司利益，其他股东不能主张先于外部投资者优先认购其他股东放弃认缴增资的份额。

裁判结果： 驳回上诉，维持原判。

案例261. （2009）民二终字第3号，贵州捷安投资有限公司（以下简称捷安公司）与贵阳黔峰生物制品有限责任公司（以下简称黔峰公司）、重庆大林生物技术有限公司（以下简称大林公司）、贵州益康制药有限公司（以下简称益康公司）、深圳市亿工盛达科技有限公司（以下简称亿工盛达公司）股权确认纠纷。最高人民法院

本案争议焦点是：（1）黔峰公司股东会对增资扩股所涉及各有关事项是如何决议的，该决议内容是否符合该公司章程，该章程是否符合《公司法》有关强行性规范；（2）对捷安公司诉求应否予以支持，涉及我国《公司法》（2005年）第35条规定以及对增资扩股情况下引进外来投资者与股份对外转让区别如何理的解问题。

对于第一个方面的问题，正如原审判决所认定，对于捷安公司作为黔峰公司股东资格应该不存在问题，对此当事人在上诉阶段不再争议，亦不存在所谓捷安公司作为黔峰公司最初的隐名股东必须以其显名股东的名义行使权力提出要求的问题。根据2007年5月28日黔峰公司为增资扩股而召开的股东会所形成的黔生股字（2007）第006号股东会决议，决议内容……赞成91%，对此只有捷安公司所占9%股份表示反对；……尽管对此各股东之间意见有分歧，但也是形成决议的，是股东会形成多数决的意见，而并非没有形成决议。正如黔峰公司、大林公司、益康公司答辩意见中所提到的，黔峰公司股东会此次增资扩股是有特定目的和附有条件的，即要通过大林公司、益康公司、亿工盛达公司按各自股权比例减持股权、放弃认缴新增资本拟引进战略投资者，以确保黔峰公司顺利完成改制和上市，黔峰公司股东会决议的此目的和所附条件是正当的，且得到股东会多数决的通过。这也就从另一方面否决了捷安公司在其已经按其实缴出资比例认缴180万股之外，要求对其他股东为引进战备投资者而自愿减持新增资本的优先认购权，这一点也在捷安公司随后有关此要求的函件未获其他股东和黔峰公司同意从而提起诉讼中得以印证。上述决议内容应当认为符合黔峰公司章程有关规定。该章程中规定对公司增资事宜不仅包括增资数额，也包括各股东认缴及认购事宜。公司章程是公司治理结构的总纲领，公司完全按其意思自治原则决定其自己应该决定的事情，该章程规定性质上并不违反我国《公司法》有关强行性规范，与我国《公司法》（2005年）第35条有关内容并不冲突。因此该股东会决议是有效的，各股东应按照股东会决议内容执行。

对于第二个方面的问题，关于股份对外转让与增资扩股的不同，原审判决对此已经论述得十分清楚，最高院予以认可。根据我国《公司法》（2005 年）第 35 条，其直接规定股东认缴权范围和方式，并没有直接规定股东对其他股东放弃的认缴出资比例增资份额有无优先认购权，也并非完全等同于该条但书或者除外条款即全体股东可以约定不按照出资比例优先认缴出资的除外所列情形，此款所列情形完全针对股东对新增资本的认缴权而言，这与股东在行使认缴权之外对其他股东放弃认缴的增资份额有无优先认购权并非完全一致。对此，有限责任公司的股东会完全可以将此类事情及可能引起争议的决断方式交由公司章程规定，从而依据公司章程规定方式作出决议，当然也可以决议包括股东对其他股东放弃的认缴出资有无优先认购权问题，该决议不存在违反法律强行规范问题，是有效力的，股东必须遵循。只有股东会对此问题没有形成决议或者有歧义理解时，才有依据《公司法》规范适用的问题。即使在此情况下，由于公司增资扩股行为与股东对外转让股份行为确属不同性质的行为，意志决定主体不同，因此二者对有限责任公司人合性要求不同。在已经充分保护股东认缴权的基础上，捷安公司在黔峰公司此次增资中利益并没有受到损害。当股东个体更大利益与公司整体利益或者有限责任公司人合性与公司发展相冲突时，应当由全体股东按照公司章程规定方式进行决议，从而有个最终结论以便各股东遵循。至于黔峰公司准备引进战略投资者具体细节是否已经真实披露于捷安公司，并不能改变事物性质和处理争议方法。

裁判观点：股东会可对增资作出决议，但对是否认缴、认缴多少不能以决议方式作出，其本质上属于股东间约定，是股东间协议的内容。

裁判结果：驳回上诉，维持原判。

案例 262.（2015）民二终字第 313 号，曹某勇与许某安、杨某兰、天津瑞丰投资控股有限公司、天津龙灏投资有限公司，天津市滨海商贸大世界有限公司（以下简称滨海公司）增资纠纷。最高人民法院

本案争议焦点是：（1）许某安等申请撤销的协议内容属股东间的协议还是股东会决议，该撤销权的行使应适用《合同法》还是《公司法》；（2）许某安等撤销相关协议内容的主张能否成立；（3）一审判决是否存在程序严重违法须被发回重审的情形。

法院认为：许某安等申请撤销的协议内容属股东间的协议还是股东会决议，该撤销权的行使应适用《合同法》还是《公司法》。许某安等一审最终确定的诉讼请求第一项为“依法撤销 2013 年 1 月被告单方向第三人增资 2000 万元取得公司 30% 增资股权（股权价值约 1 亿元）及四原告放弃优先认缴权的股东协议内容”。从现有证据来看，案涉《债权确认书》和 2013 年 1 月 25 日滨海公司《股东会决议》为同一日作出，2013 年 1

月29日滨海公司《股东会决议》为四日后作出。《债务确认书》载明，因曹某勇及其父在获取滨海公司原始股权、购置房屋及“其他事物方面”，许某安多次给予资金支持，且其向许某安多次借用款项，又得到许某安同意并配合曹某勇通过增资方式增持滨海公司股权至40%，为妥善解决曹某勇对许某安此前形成的个人债务问题，曹某勇确认了“截止本协议签署之日”曹某勇及其父欠付许某安个人债务的本金数额，承诺了还款时间、以股权进行质押担保等事宜；2013年1月25日滨海公司《股东会决议》明确是全体股东就曹某勇清偿所欠许某安债务事宜，将其所持滨海公司全部股权质押给许某安之事宜所达成，决议第4项内容为全体股东均知悉并同意监督曹某勇于2013年1月25日向许某安出具的《债务确认书》中的其他承诺事项的履行；2013年1月29日滨海公司《股东会决议》第2项记载滨海公司新增注册资本2000万元由曹某勇以现金方式缴付。从上述文件的签署日期及所载内容来看，全体股东就股东间的债权债务关系和公司增资如何认缴等事宜作出了整体交易安排，故在确认各股东权利、义务、可能承担的法律责任时，须将上述文件作为一个整体加以分析认定。同时，2013年1月29日滨海公司《股东会决议》载明的内容，并非全部属于股东会职权范围。股东会有权对公司增加注册资本作出决议，但对股东是否认缴公司新增资本、认缴多少则不能作出决议。依据股东会作出该决议时适用的《公司法》（2005年）第35条的规定，认缴新增资本是股东的法定权利。滨海公司全体股东在2013年1月29日《股东会决议》签章同意的关于新增注册资本2000万元由曹某勇以现金方式缴付的内容，本质上属于股东间对新增资本优先认缴权的约定，属于股东之间的协议，而非股东会作为公司的权力机构行使职权作出的决议。一审法院认定上述三份文件的内容具有相互关联性，认定滨海公司全体股东就曹某勇同意偿还许某安3800万元债务，许某安等同意曹某勇单独增资并放弃优先认缴出资的权利达成协议，许某安等申请撤销的协议内容属于股东间的协议，应当适用《合同法》的相关规定，并无不妥。曹某勇关于本案属于请求撤销股东会决议、应当适用《公司法》（2005年）及相关司法解释的主张不能成立。

裁判观点：新增资本的优先认购权应当在合理期间内行使。

裁判结果：驳回上诉，维持原判。

案例263.（2018）粤03民终14512号，孔某荣、深圳市卓帆科技有限公司（以下简称卓帆公司）公司决议效力确认纠纷。广东省深圳市中级人民法院

本案争议焦点是：案涉的股东会决议是否因侵害了孔某荣按其出资比例优先认缴新增资本的权利而无效。

法院认为：根据《公司法》第34条规定，《公司法》赋予公司原有股东在公司增资

时享有优先认缴权是公司股权的重要组成部分，该权利一方面可以保障原有股东持股比例不被稀释，确保公司的人合性和稳定性；另一方面，从权利性质上来看，股东对于新增资本的优先认缴权属形成权，虽然现行法律没有明确规定该项权利的行使期限，但为维护交易安全和稳定的经济秩序，该权利应当在一定的合理期限内行使。本案中，卓帆公司于2015年10月28日召开的股东会议所通过的关于设立员工持股平台和增资的决议，结合当日股东会讨论形成的《会议纪要》内容，其决议事项包括了卓帆公司增资400万元和由员工持股平台通过认缴该400万元成为卓帆公司新股东两个方面的内容。孔某荣没有在该股东会决议上签字确认以及在本案诉讼过程中其主张已在股东会上主张过增资优先认缴权的事实表明，孔某荣在卓帆公司2015年10月28日召开股东会时已经知道其优先认缴权受到损害，但无论是在2015年12月向原审法院提起的撤销股东会决议诉讼，还是在本案诉讼，孔某荣均未提出对新增资本行使优先认缴权的诉讼主张。而且，卓帆公司根据上述股东会决议已于2015年11月4日向深圳市市场监督管理局申请股权变更登记并于同日核准，股权变更登记时间距今已超过三年时间，在此期间汇信众益企业作为新的股东进入卓帆公司，公司的生产经营以及公司的股权价值已发生较大变化。因此，原审法院对孔某荣关于案涉股东会决议因侵犯股东的优先认缴权而无效的主张未予采纳，并无不妥。

裁判观点：增资时，其他股东放弃认缴增资的部分，拟认缴股东没有优先认缴权。
裁判结果：驳回上诉，维持原判。

案例264.（2017）苏03民终1615号，秦某勇、张某等与徐州众城科技有限公司（以下简称众城公司）公司增资纠纷。江苏省徐州市中级人民法院

法院认为：上诉人主张的2016年3月23日股东会决议为股东会分别作出的两个决议，内容分别为：（1）同意接收徐州宏协金属材料有限公司为新股东，同意该股东对本公司投资1000万元人民币，投资方式为货币，占公司注册资本的95.15%；同意增加公司注册资本，由51万元增加至1051万元。（2）同意邱某朝辞去公司董事职务，选举李某书为新的董事，其他董事、监事职务不变。其中决议（1）的内容包括两个方面：一是增加注册资本1000万元；二是增加的注册资本由徐州宏协金属材料有限公司出资。决议（2）的内容为邱某朝辞去董事职务，选举李某书为新的董事。

首先，关于增资部分的决议应属合法有效。

其次，根据《公司法》（2013年）第34条的规定，本案中，上诉人在众城公司实缴的出资比例均为2.56%，因此，上诉人即便行使优先认缴权，也只能依据各自的出资比例进行认缴，而不能对其他股东放弃行使优先认缴权的部分，要求行使优先认缴权。

故上诉人以侵害其各自的法定优先认缴权为由，要求确认增加的注册资本由徐州宏协金属材料有限公司出资的股东会决议内容全部无效的诉讼主张不能成立。

裁判观点：股份有限公司股东不享有新增资本的优先认购权。

裁判结果：驳回上诉，维持原判。

案例265. (2015) 昆民五终字第32号，何某辉与云南纺织（集团）股份有限公司（以下简称云纺集团公司）新增资本认购纠纷。云南省昆明市中级人民法院

本案争议焦点是：（1）上诉人何某辉是否有权按照其持股数的10%以每股1.43元的价格对云纺集团公司2008年的增资扩股行使认购权；（2）上诉人何某辉要求行使增资扩股认购权是否还具备履行的客观条件。

法院认为：被上诉人是原云南纺织厂通过国企改制，以发起方式设立的股份有限公司，云纺职工持股会是发起人之一，作为被上诉人股东进行了工商登记，上诉人作为云纺职工持股会会员，其权利的行使必须按照持股会的章程进行。公司进行增资扩股系公司内部治理的经营决策行为，由公司的决策机构作出决议并遵照执行。《公司法》(2013年）第34条规定的股东增资优先认购权，是公司法基于保护有限责任公司人合性的经营特征，对有限责任公司增资扩股行为发生时所作的强制性规范，目的在于保护有限责任公司基于人合基础搭建起来的经营运行稳定性，该规定仅适用于有限责任公司。对于股份有限公司，基于其资合性的组织形式与管理运行模式，《公司法》并未对其增资扩股行为设定优先认购权的强制性规范，股份有限公司的增资扩股行为系其内部经营决策合意的结果，在不违反相关强制性法律法规的前提下，公司具体的增资方式、增资对象、增资数额、增资价款等均由其股东会决议并遵照执行。

被上诉人云纺集团公司2008年增资扩股系公司法人治理框架内的经营决策自治行为，其新股发行的种类、数额、价格、起止日期、范围等均应当由公司的股东会决议并执行，本案中，云纺集团公司于2008年1月8日作出《云纺集团公司2007年第二次临时股东大会决议》，其中决议第2项对公司本次增资的种类、对象、数额、时间等均作出了明确，其中第2项第5条规定了本公司辞职自谋职业的原持股会会员不得参加本次增资扩股认购，云纺职工持股会亦是在公司股东会决议的基础上对增资扩股进行了公告，故云纺集团公司2008年的增资扩股行为应当按照该股东会决议履行。本案中，至今未有证据显示该决议被撤销或无效，反而是云纺集团公司按照股东会决议完成了增资扩股行为。上诉人何某辉于2006年4月21日与被上诉人公司解除了劳动合同关系，根据云纺集团公司作出的上述股东会决议，其身份属于第2项第5条规定的辞职自谋职业

人员，故昆明市中院认为上诉人何某辉不在云纺集团公司2008年的增资扩股范围之内，无权要求行使增资扩股认购权。

（四）减资决议效力（4件）

裁判观点：公司减资决议只能由股东会作出，否则该职权不得下放给董事会，该项决议无效。

裁判结果：撤销一审判决，确认章程部分条款无效。

案例266.（2015）黔高民商终字第61号，徐某霞与安顺绿洲报业宾馆有限公司（以下简称报业宾馆）、贵州黔中报业发展有限公司（以下简称报业公司）公司决议效力确认纠纷。贵州省高级人民法院

本案争议焦点是：报业宾馆章程内容是否部分无效。

法院认为：公司章程是由公司发起人或全体股东共同制定的公司基本文件，也是公司成立的必备性法律文件，主要体现股东意志。《公司法》（2005年）第11条规定，“设立公司必须依法制定公司章程”，表明公司章程具有法定性，即它不仅体现股东的自由意志，也必须遵守国家的法律规定。只要公司章程不违反国家强制性、禁止性的法律规定，司法一般不应介入公司章程这种公司内部事务，即使司法要介入，也应保持适当限度，即适度干预。

本案所涉公司章程规定了包括股东在内相应人员的权利和义务，对相应人员具有约束力，从有权利即有救济的角度看，如果股东认为公司章程的内容有违法或侵犯股东权利的情形，股东应有权通过诉讼维护自己的合法权利。因此，上诉人请求确认公司章程部分内容无效的权利是存在的，被上诉人报业宾馆和第三人报业公司认为“上诉人诉请确认公司章程部分无效没有法律依据”的理由不成立。在确认上诉人徐某霞享有相关的诉权后……《公司法》（2005年）第38条、第47条分别以列举的形式规定了股东会和董事会的职权，从两条法律规定来看，董事会、股东会均有法定职权和章程规定职权两类。无论是法定职权还是章程规定职权，强调的都是权利，在没有法律明确禁止的情况下，权利可以行使、可以放弃，也可以委托他人行使。

但从《公司法》（2005年）第44条第2款条规定中的法律表述用语“必须”可以看出，修改公司章程、增加或者减少注册资本的决议，以及公司合并、分立、解散的决议有且只有公司股东会才有决定权，这是股东会的法定权利。报业宾馆章程第7条第8项、第10项、第11项，第32条第2项将股东会的法定权利规定由董事会行使，违反了上述强制性法律规定，应属无效。

裁判观点：公司减资是内部自治事项，公权力无权直接干预，不能强制要求公司减资。

裁判结果：驳回上诉，维持原判。

案例267. （2020）最高法民终223号，海南天然橡胶产业集团股份有限公司（以下简称海胶公司）、海南华阳投资集团有限公司（以下简称华阳投资公司）、华阳致远实业集团有限公司（以下简称华阳致远公司）、海南华橡实业集团有限公司（以下简称华橡公司）新增资本认购纠纷、买卖合同纠纷。最高人民法院

本案争议焦点是：（1）海胶公司主张案涉《增资扩股协议》已经解除是否应予支持；（2）海胶公司请求返还已经注入华橡公司的资产是否应予支持；（3）海胶公司请求华橡公司办理减资手续是否应予支持。

法院认为：（1）关于海胶公司主张案涉《增资扩股协议》已经解除是否应予支持的问题。《合同法》（已失效）第93条规定……原审法院查明，《增资扩股协议》第2条增资扩股方式第2.2条约定……第2.4条约定……第八条解除协议条款约定……根据上述约定，华阳投资公司负有的增资义务为三项：一是在2017年12月31日前注入5200万元；二是在2018年3月31日之前将西安翔宇不动产有限公司（以下简称翔宇公司）100%股权过户至华橡公司；三是在2019年12月31日前将剩余出资全部出资到位。

关于第一项注资5200万元的问题。原审法院查明，2018年1月19日，华阳投资公司向华橡公司转账5200万元，转账摘要载明为注册资本。华阳投资公司的该项出资虽然比协议约定时间晚19天，但不构成根本违约，海胶公司以此主张解除《增资扩股协议》，理据不足，最高院不予支持。

关于第二项将翔宇公司100%股权过户至华橡公司的问题。原审查明，2018年1月15日，华阳投资公司持有的翔宇公司100%股权经工商变更登记至华橡公司名下，因此华阳投资公司的第二项出资义务也已经完成。至于翔宇公司资产评估问题，其实际影响的是第三项义务的具体数额的多少。海胶公司关于国融兴华公司的评估并非经海胶公司、华阳投资公司共同委托，评估值亦未经海胶公司确认，不能认定华阳投资公司已经完成第二项义务的主张，不符合合同约定，最高院不予支持。关于海胶公司主张翔宇公司100%股权系华橡公司向华阳投资公司购买取得，而非华阳投资公司注资的问题，海胶公司提交《翔宇司股权转让协议》，拟证明翔宇公司的股权系华橡公司以4700万元价格从华阳投资公司购买，但华阳投资公司、华橡公司对此均不予认可，且海胶公司亦未提交转账证明等其他证据予以佐证，对海胶公司的该项主张，最高院不予支持。

关于第三项将剩余出资全部出资到位的问题。海胶公司主张2018年2月5日华橡项目推进协调会纪要变更了华阳投资公司的出资义务，华阳投资公司则主张该纪要属于指导性质，不具有强制力，不能在法律上产生权利义务关系，海胶公司亦存在未按纪要履行义务的情况。最高院认为，上述纪要虽然载明华阳投资公司剩余出资款应在2018年3月31日前注入，但从纪要载明内容看，该纪要只是就后续合作工作推进事宜进行了讨论，并未明确其与《增资扩股协议》的关系，也没有约定不履行纪要应承担的责任，事后双方也未实际履行，故该纪要对《增资扩股协议》不产生变更效力。海胶公司以华阳投资公司未履行纪要内容为由主张某阳投资公司违约，理据不足，最高院不予支持。华阳投资公司第三项义务将剩余出资全部出资到位的时间，仍应以《增资扩股协议》约定的2019年12月31日为准。海胶公司在2018年4月1日给华阳投资公司、华阳致远公司发《履行催告函》，4月16日给华阳投资公司、华阳致远公司、华橡公司发《解除协议通知》，此时华阳投资公司的义务履行期限尚未届满，海胶公司不享有《增资扩股协议》约定的解除权，海胶公司据此主张案涉《增资扩股协议》已经解除，没有事实、法律依据，最高院不予支持。

（2）关于海胶公司请求返还已经注入华橡公司的资产是否应予支持的问题。《公司法》第3条第1款规定，公司是企业法人，有独立的法人财产，享有法人财产权。原审法院查明，根据《增资扩股协议》第2.3条的约定，海胶公司以股权方式出资，用于出资的股权为其持有的经纬公司、安顺达公司、老城海胶公司、知知公司四家全资子公司100%股权。2017年12月27日，海胶公司持有的经纬公司、老城海胶公司、安顺达公司、知知公司的100%股权经工商变更登记至华橡公司名下。《增资扩股协议》是海胶公司与华阳投资公司等各方主体的真实意思表示，海胶公司对华橡公司的增资行为系履行《增资扩股协议》，且相应变更及工商登记已经完成，符合公司增资的法定条件和程序。公司以资本为信用，公司资本一经增加，非依法定程序不可随意变更。海胶公司的履约行为可以据此获得华橡公司相应股权，但不能以华阳投资公司的履约瑕疵要求返还其已经工商变更登记的出资。海胶公司请求返还其因《增资扩股协议》而注入华橡公司的资产，于法无据，最高院不予支持。

（3）关于海胶公司请求华橡公司办理减资手续是否应予支持的问题。《公司法》第37条第1款规定："股东会行使下列职权……（七）对公司增加或者减少注册资本作出决议……"第177条规定："公司需要……提供相应的担保。"公司减资属于公司内部自治事项，《公司法》规定了经股东会决议后公司减资应履行的程序，但是目前尚无法律规定人民法院可以强制公司减资，事实上，强制公司减资也违背《公司法》关于公司自治的立法精神。原审法院认为在无法律规定的情况下司法不宜直接干预此问题，并无不当。海胶公司诉请华橡公司办理减资手续，于法无据，最高院不予支持。

裁判观点：股东间协议不等同于股东会决议，属于股东会决议的事项，通过股东间协议作出约定的，对公司不具有约束力。

裁判结果：驳回再审申请。

案例268.（2020）最高法民申3107号，深圳市正中兴科技有限公司（以下简称正中兴公司）、辽宁陌越智能产业园有限公司（以下简称辽宁陌越公司）股东出资纠纷。最高人民法院

本案再审审查的重点问题是：一、二审法院判决驳回正中兴公司的诉讼请求是否恰当。

法院认为：《最高人民法院关于适用〈中华人民共和国民事诉讼法〉的解释》（2015年）第90条规定……本案中，辽宁陌越公司于2014年1月15日注册成立，股东郭某兵认缴出资额2500万元，正中兴公司认缴出资额1500万元，张某丹、周某明各认缴出资额500万元。正中兴公司陆续向辽宁陌越公司汇入1500万元后，辽宁陌越公司于2014年9月30日向正中兴公司出具1500万元的收据，载明“上款系正中兴公司投资辽宁陌越公司款项”，在辽宁陌越公司会计账记“贷方科目≠实收资本”。正中兴公司作为辽宁陌越公司的股东，在辽宁陌越公司认缴资本阶段，按照认缴的出资额，累计向辽宁陌越公司账户转入1500万元款项，应视为正中兴公司履行股东出资义务，一、二审法院将正中兴公司汇入辽宁陌越公司账户的1500万元认定为股权出资款并无不当。正中兴公司主张1500万元是“项目投资款”而非“股权投资款”，但在该1500万元汇款发生的前后时间段内，正中兴公司并未与辽宁陌越公司就任何项目签订过有关投资的协议，相反，正中兴公司认缴的出资额与辽宁陌越公司账目中记载的实收资本1500万元完全一致。正中兴公司并未提供充分证据证明该1500万元系借款，故最高院对于正中兴公司的该项再审申请理由不予支持。

从《辽宁陌越公司章程》第8条规定……可知，辽宁陌越公司的股东会是公司的权力机构，行使审批公司利润分配方案、公司增资减资等重大事项的决定权。本案中，辽宁陌越公司股东郭某兵于2015年12月6日和正中兴公司法定代表人廖某新签订《协议书》，约定了正中兴公司按照出资1500万元占股比例30%分配利润以及利润分配后的股权退出等事宜。《协议书》是辽宁陌越公司股东郭某兵和正中兴公司之间关于分配公司利润和股权退出事宜的约定，正中兴公司并未提供证据证明《协议书》约定的事项经过辽宁陌越公司股东会决议，不符合《辽宁陌越公司章程》的规定，一、二审法院认定案涉《协议书》对辽宁陌越公司不具有约束力并无不当。正中兴公司认为《协议书》是正中兴公司与辽宁陌越公司之间签订的关于投资转借款的协议，并据此向辽宁陌越公司

主张返还1500万元本金及相应利润和利息，没有事实和法律依据，最高院不予支持。

裁判观点：有限公司不同比例减资需要经全体股东一致同意，不能简单适用资本多数决的规定。

裁判结果：撤销一审判决，确认股东会决议部分不成立、部分无效。

案例269.（2018）沪01民终11780号，华某伟诉上海圣甲虫电子商务有限公司（以下简称圣甲虫公司）公司决议纠纷。上海市第一中级人民法院

本案争议焦点是：（1）涉案股东会决议的第1、3、4项是否须经全体股东一致同意？是否构成不成立的情形；（2）涉案股东会决议第2项的内容是否存在无效的情形。

法院认为：关于第一个争议焦点。上诉人华某伟认为公司定向减资涉及的股权比例的变化应当经全体股东一致同意，退一步讲，即便须经三分之二以上表决权的股东同意，本案所涉股东会决议的通过也未达到持有三分之二以上表决权的股东同意。被上诉人圣甲虫公司则认为本案所涉减资的表决比例符合我国《公司法》和公司章程规定。对此，上海市第一中院认为，《公司法》第43条规定，股东会会议作出修改公司章程、增加或者减少注册资本的决议，以及公司合并、分立、解散或者变更公司形式的决议，必须经代表全体股东三分之二以上表决权的股东通过。《圣甲虫公司章程》第11条也作出同样的约定。此处的“减少注册资本”应当仅仅指公司注册资本的减少，而并非涵盖减资后股权在各股东之间的分配。股权是股东享受公司权益、承担义务的基础，由于减资存在同比减资和不同比减资两种情况，不同比减资会直接突破公司设立时的股权分配情况，如只须经三分之二以上表决权的股东通过即可作出不同比减资决议，实际上是以多数决形式改变公司设立时经发起人一致决所形成的股权架构，故对于不同比减资，除全体股东或者公司章程另有约定外，应当由全体股东一致同意。本案中，该股权比例的变化并未经华某伟的同意，违反了股权架构系各方合意结果的基本原则。另外，圣甲虫公司的财务报表显示，圣甲虫公司出现严重亏损状况，华某伟持股比例的增加在实质上增加了华某伟作为股东所承担的风险，在一定程度上损害了华某伟的股东利益。涉案股东会决议的第1、3、4项均涉及减资后股权比例的重新分配以及变更登记，在未经华某伟同意的情形下，视为各股东对股权比例的架构未达成一致意见，该股东会决议第1、3、4项符合《公司法司法解释（四）》（2017年）第5条第5项规定的“导致决议不成立的其他情形”。上诉人华某伟主张涉案股东会决议的第1、3、4项不成立的诉讼请求于法有据，应予支持。

上诉人华某伟认为在××2合伙企业、××合伙企业未就涉案议题进行合伙人会议讨论的情形下，夏某无权代表上述两股东表决。对此，上海市一中院认为，两个合伙企

业在涉案股东会决议上盖章，夏某作为执行事务合伙人在决议上签字，对于圣甲虫公司的其他股东而言，视为两个合伙企业同意涉案股东会决议的内容，至于合伙企业内部是否召开合伙人会议对决议议题进行讨论，是合伙企业内部事宜，不能对抗对外加盖公章的效力以及执行事务合伙人签字的效力。上诉人华某伟的此项理由不能成立。

关于第二个争议焦点。上诉人华某伟认为案涉股东会决议的第 2 项将有损公司其他股东、公司以及其他债权人利益，应属无效，而被上诉人圣甲虫公司则认为该项决议的内容并未违反法律、行政法规的规定，应属有效。上海市一中院认为，《公司法》第 22 条规定：公司股东会或者股东大会、董事会的决议内容违反法律、行政法规的无效。由于公司是企业法人，具有独立的法人财产。股东向公司投入资金，成为公司的股东并由此享有权利和承担义务。股东将投资款注入公司之后，其出资已经转化成为公司的资产，必须通过股权方式来行使权利而不能直接请求将投资款予以返还。随着股东投入公司的资金用于公司经营行为，股东持有的公司股权对应的价值将会发生变化，因此在股东减资时不能直接主张减资部分股权对应的原始投资款归自己所有。根据公司资本维持原则的要求，公司在存续过程中，应维持与其资本额相当的实有资产，为使得公司的资本与公司资产基本相当，切实维护交易安全和保护债权人利益，公司成立后，股东不得随意抽回出资。尤其在公司亏损的情况下，如果允许公司向股东返还减资部分股权对应的原始投资款，实际是未经清算程序通过定向减资的方式变相向个别股东分配公司剩余资产，不仅有损公司其他股东的利益和公司的财产权，还严重损害公司债权人的利益，应属无效。本案中，圣甲虫公司的财务报表显示……如果允许圣甲虫公司向 × × 公司返还 500 万元投资款，将导致公司的资产大规模减少，这不仅损害了公司的财产和信用基础，也损害了公司其他股东和公司债权人的利益。因此，上诉人华某伟主张案涉股东会决议的第 2 项无效具有事实和法律依据，应予支持。一审法院适用法律错误，上海市一中院依法予以纠正。

（五）已知债权人的认定和通知（6 件）

裁判观点：债权债务协议未到期，不属于确定的债权，也不属于已知债权人。
裁判结果：驳回上诉，维持原判。

案例 270.（2019）鄂 01 民终 6203 号，武汉阳光尼特智能科技有限公司（以下简称阳光尼特公司）、潘某海、深圳市君鹏物联科技有限公司（以下简称君鹏公司）、赖某君、徐某鹏合同纠纷。湖北省武汉市中级人民法院

本案争议焦点是：（1）地区总代理协议书中约定的独家代理定金 55 万元的性质，阳光尼特公司能否主张君鹏公司返还；（2）君鹏公司减资程序是否存在瑕疵，股东潘某

海、赖某君、徐某鹏应否承担连带补充赔偿责任。

法院认为：（1）关于独家代理定金的性质，阳光尼特公司能否主张返还。

关于案涉总代理协议中约定的独家代理定金55万元的性质，双方当事人各执一词，阳光尼特公司主张该款项全部为预付款，而君鹏公司主张该款项全部为定金。武汉市中院认为，定金是合同当事人为了确保合同的履行，依据法律规定或者当事人双方约定，由当事人一方在合同订立时或者订立后履行前，按照合同标的额的一定比例预先给付对方当事人的金钱或者替代物。而预付款是产品的接受方为表明自己履行合同的诚意或者为对方履行合同提供一定资金，在对方履行合同前率先向对方支付的部分价金。案涉代理协议明确约定了省级独家代理定金55万元，该款项作为合同生效的要件已实际交付，具有定金的法律性质。代理协议还约定了……实践中诚意金等都是预付款的别名，由此可知双方约定的独家代理定金55万元亦兼具预付款的性质。按照代理协议约定，该55万元中的75%（412,500元）应认定为预付款，而其中25%（137,500元）应认定为定金。因阳光尼特公司未完成销售目标，其主张退还定金，不符合代理协议约定的退还条件，亦不符合《合同法》第115条的规定。而阳光尼特公司交纳的预付款，在扣减其应付货款184,813.06元后，剩余227,686.94元应由君鹏公司予以退还。阳光尼特公司主张独家代理定金55万元为预付款应予返还，君鹏公司主张该55万元均为定金应予扣除，均无事实和法律依据，武汉市中院不予支持。

（2）关于君鹏公司减资程序是否存在瑕疵，股东潘某海、赖某君、徐某鹏应否承担连带补充赔偿责任。

股东负有按照公司章程切实履行全面出资及保持公司注册资本充实的责任，公司需减资时，应当履行完整的法律程序，确保债权人有机会在公司责任财产减少之前作出相应的权衡和行为。通知已知债权人并根据债权人的要求进行清偿或者提供担保，是相应减资程序对该债权人发生法律效力、股东在减资部分免责的必要条件。本案中，君鹏公司在作出减资决定时，其与阳光尼特公司签订的代理协议尚在履行期间，尚无法确定阳光尼特公司是否对君鹏公司享有债权，故阳光尼特公司并不属于已知债权人。君鹏公司已登报公告减资事宜，其通知方式不违反我国《公司法》的相关规定，阳光尼特公司要求君鹏公司的股东潘某海、赖某君、徐某鹏承担连带补充赔偿责任，于法无据，武汉市中院不予支持。

裁判观点：有合同，但债权尚未到期或数额未明确的，不影响债权人身份，对已知债权人必须以书面方式通知，而不能用公告方式替代。未减资的股东应当与减资的股东在减资范围内承担连带责任，对公司的债务承担连带清偿责任。

裁判结果：撤销二审判决，部分维持一审判决，部分改判一审判决。

案例271.（2020）沪民再28号，上海博达数据通信有限公司（以下简称博达公司）与杨某林、陈某兰买卖合同纠纷。上海市高级人民法院

本案再审争议焦点是：（1）博达公司是不是梅斯公司的债权人；梅斯公司是否负有通知博达公司的义务。（2）如梅斯公司未就减资事宜通知博达公司，梅斯公司股东是否应承担责任；未减资的股东和减资股东是否应担连带责任。（3）根据《公司债务担保情况的说明》，杨某林、陈某兰是否应在梅斯公司1000万元减资范围内，对梅斯公司的债务承担连带清偿责任。

法院认为：关于第一个争议焦点：博达公司称，梅斯公司的减资不是某个时间点，而是整个过程，自2015年9月15日股东会作出减资决议起至2016年8月8日工商行政管理部门核发新的营业执照止。梅斯公司以2015年9月15日区分减资前和减资后，违背立法宗旨。博达公司与梅斯公司签订买卖合同时间分别为2015年10月8日、2015年11月11日、2016年1月5日，三份合同均约定，货到后4个月付清货款。根据合同约定，梅斯公司应当在2016年7月底前付清全部货款。梅斯公司的减资发生在与博达公司的交易期间，博达公司是梅斯公司减资过程中的已知债权人，梅斯公司负有通知博达公司的义务。杨某林、陈某兰、梅斯公司则称，梅斯公司减资程序符合《公司法》的规定。公司在减资期间对尚在形成但未最终确定的债权人不负有通知义务。

上海市高院认为，首先，博达公司与梅斯公司之间的买卖合同分别于2015年10月8日、2015年11月11日、2016年1月5日签订，合同是债发生的原因，故上述买卖合同签订之日，即博达公司与梅斯公司的债权债务关系发生之时。博达公司享有要求梅斯公司支付货款的请求权，是梅斯公司的债权人。至于债权尚未到期或者债权数额尚未明确，均不影响博达公司作为债权人的身份。其次，博达公司的债权发生在梅斯公司股东会的减资决议后，工商登记变更前。梅斯公司应否就其减资通知博达公司，《公司法》对此并无明文规定。上海市高院认为，减资是公司内部的重大行为，但同时也会影响到外部债权人的利益。《公司法》（2013年）规定，公司应当自作出减少注册资本决议之日起十日内通知债权人，旨在保护债权人的信赖利益和知情权，以便债权人选择要求清偿或者提供债的担保。因此，认定公司对自股东会的减资决议后至变更登记前产生的债权人均负有通知义务，更符合《公司法》的立法目的。最后，根据《公司法》的规定，对已知的、明确的债权人，公司必须以书面方式通知，对无法找到或通知到的债权人，则可通过报纸公告。本案中，博达公司是明确的债权人，梅斯公司不得以公告方式替代，而应以书面方式通知。

关于第二个争议焦点：博达公司称，梅斯公司负有向博达公司直接通知的义务，以便债权人选择要求梅斯公司清偿债务或者提供相应担保。梅斯公司未履行通知义务，存在违法减资行为，损害了债权人的合法权益，故梅斯公司股东应在减资限额内对公司债

权人承担补充赔偿责任。杨某林、陈某兰、梅斯公司则称，梅斯公司减资系形式减资，旨在使公司注册资本与净资产接近，不存在通过减资恶意损害债权人利益或者逃避股东有限责任的情形。即使梅斯公司存在瑕疵减资的情况，未减资股东陈某兰也不应对减资股东杨某林的责任承担连带清偿责任。

上海市高院认为，首先，梅斯公司 2014 年 7 月设立时，股东认缴注册资本 2000 万元，至 2015 年 12 月 31 日梅斯公司实缴资本为 500 万元。梅斯公司减少的是股东认缴但尚未实缴的注册资本。且梅斯公司在庭审中表示其无法提供相关的资产负债表，故杨某林等辩称梅斯公司系形式减资，没有任何事实依据，上海市高院对此并未采信。其次，梅斯公司未履行法定通知义务，直接通知博达公司。尽管公司法规定公司减资时的通知义务人是公司，但公司减资系股东会决议的结果，是否减资以及如何减资完全取决于股东的意志。杨某林、陈某兰在通知债权人一事上亦未尽到合理的注意义务。梅斯公司的瑕疵减资，减少了债权人得以信赖的担保财产，降低了公司的对外偿债能力，对博达公司的债权造成实际的侵害。杨某林、陈某兰作为梅斯公司的股东作出减资决议客观上降低了梅斯公司的偿债能力，产生了和股东抽逃出资一致的法律后果，应对梅斯公司不能清偿的部分在减资范围内承担补充赔偿责任。最后，梅斯公司股东陈某兰虽未减资，但股东会决议由杨某林、陈某兰共同作出。陈某兰同意杨某林的减资，导致公司无法以自身财产清偿债务的后果，因此陈某兰应与减资股东杨某林在减资范围内承担连带责任。

关于第三个争议焦点：博达公司称，梅斯公司股东出具《公司债务担保情况的说明》，承诺对公司减资后的债务提供担保，理应予以履行。杨某林、陈某兰、梅斯公司则辩称，《公司债务担保情况的说明》不是股东对减资后公司所有的债务提供担保，是股东于 2015 年 12 月 1 日基于公司登记管理条例的要求出具的说明，当时博达公司的债权还没有确定。

上海市高院认为，杨某林、陈某兰出具的《公司债务担保情况的说明》承诺公司债务由减资后全体股东担保，故杨某林、陈某兰应在梅斯公司 1000 万元减资范围内，对梅斯公司的债务承担连带清偿责任。

综上所述，博达公司的再审请求成立。原审法院认定事实清楚，但适用法律不当，上海市高院对此依法予以改判。因梅斯公司瑕疵减资，侵害了债权人博达公司的利益，故梅斯公司股东杨某林、陈某兰应在减资范围内对公司债务不能清偿部分承担补充赔偿责任。同时，因梅斯公司股东承诺对公司减资后的债务提供担保，杨某林、陈某兰应在减资范围内对梅斯公司的债务承担连带清偿责任。鉴于博达公司的原审诉讼请求系要求两股东承担连带清偿责任，且较之补充赔偿责任，连带清偿责任显然更重，完全能涵盖补充赔偿责任之范围。故上海市高院最终判令杨某林、陈某兰在减资范围内对梅斯公司的债务向博达公司承担连带清偿责任。

裁判观点： 债权债务诉讼虽未完结，但不影响“已知债权人”的认定，减资公司应向其履行通知义务。

裁判结果： 驳回上诉，维持原判。

案例272. （2019）皖民终211号，张某军与浙江精工建设集团有限公司（以下简称精工公司）、安徽赢天光电科技有限公司（以下简称赢天公司）、王某霖、黄某股东损害公司债权人利益责任纠纷。安徽省高级人民法院

本案争议焦点是：（1）赢天公司就其减资是否履行了通知义务；（2）精工公司起诉是否超过诉讼时效；（3）一审法院认定张某军在减资390万元范围内承担补充赔偿责任是否有事实和法律依据。

法院认为： 关于争议焦点（1）：《公司法》第177条关于公司减资应通知债权人并在报纸上公告的规定，既是公司减资前对债权人应当履行的义务，也是股东对公司减资部分免责的前提。本案中，张某军对其减资事实不持异议，但其主张赢天公司已就减资事宜通知精工公司，根据《最高人民法院关于适用〈中华人民共和国民事诉讼法〉的解释》（2015年）第90条有关当事人对自己提出的诉讼请求所依据的事实应提供证据证明之规定，张某军就该主张应承担举证证明责任。对此，张某军认为赢天公司一审提交的合肥市工程建设监理有限公司出具的《情况说明》可以证明公司已履行通知义务。依据《最高人民法院关于适用〈中华人民共和国民事诉讼法〉的解释》（2015年）第115条之规定，单位向人民法院出具的证明材料，必须加盖单位印章，并同时由单位负责人及制作证明材料的人员签名或盖章。因前述《情况说明》无单位负责人签字，与该条规定的单位证明的形式要件不符，故不具有证明效力，依法不应采信，张某军认为一审法院未采信《情况说明》错误的理由不能成立。二审中，张某军明确除《情况说明》外，并无其他证据证明赢天公司已通知精工公司减资事宜，其作为主张权利的一方当事人，应承担举证不能的不利后果，故一审法院认定赢天公司减资程序不当依据充分。

关于争议焦点（2）：略。

关于争议焦点（3）：公司注册资金是公司股东承担有限责任的基础，本案赢天公司不当减资直接降低了公司的偿债能力，损害了公司债权人的利益，并使减资的股东实际受益，故一审法院比照《公司法司法解释（三）》（2014年）第13条第2款规定予以处理并无不当。由于该条仅就公司债权人诉请范围作出限定，即责任性质应为补充责任，责任范围应为公司债务不能清偿的部分，并未将公司不能清偿债务作为起诉条件，故赢天公司是否有厂房足以抵偿其对精工公司的负债，并不影响精工公司基于赢天公司不当减资而对其股东享有的诉权。况且，本案中，精工公司亦举证证明赢天公司确实存在不

能清偿债务的情形。故张某军认为本案不存在该解释规定的公司债务不能清偿的情形，精工公司要求其承担责任与事实不符的理由不能成立。

至于张某军的责任范围，张某军认为赢天公司减资后，其实缴资本由150万元增至300万元，故其应在240万元范围内承担责任。经查，张某军实缴资本的上述变化，系其减资后受让黄凯5%股份形成。对于股东就公司不当减资行为而承担的法律责任，应以其实际减资金额为责任依据，股东之间在减资后的转让股份行为，并不影响减资责任的认定，故张某军主张其应在240万元范围内承担责任的理由不能成立。

裁判观点： 公司减少注册资本必须通知已知债权人，仅在报纸上刊登公告，不能构成对已知债权人的通知。

裁判结果： 驳回再审申请。

案例273. （2016）最高法民申1112号，董某珍、江某中、夏某成与浙江中成建工集团有限公司（以下简称中成公司）、苏州博海房地产开发有限公司（以下简称博海公司）、项某英建设工程施工合同纠纷。最高人民法院

本案审查的主要问题是：博海公司减少注册资本时中成公司是否为已知债权人，博海公司减资是否履行了法定程序，原审判决判令董某珍等股东在减少注册资本范围内对博海公司的债务承担补充赔偿责任是否适用法律错误。

法院认为： 首先，原审判决认定中成公司为已知债权人，博海公司减少注册资本时没有履行通知已知债权人的法定程序，并不缺乏证据证明。第一，中成公司与博海公司的前身博海投资签订《建设工程施工合同》约定……从上述合同约定及履行情况看，涉案工程由中成公司垫资建设，即使博海公司完全按合同约定支付工程进度款，也仅支付了中成公司已完成工程量60%的进度款，而非全部工程款，且经原审审理，博海公司仍欠中成公司4000余万元工程款。显然，博海公司减资时已经存在对中成公司必然发生的工程款债务，董某珍等人以2011年7月博海投资决定减资时已不再结欠中成公司工程款为由，主张中成公司不是已知债权人，理由不成立。第二，公司减少注册资本必须通知已知债权人，在报纸上刊登公告，不能构成对已知债权人的通知。而且，博海公司主张曾口头通知中成公司减资，但未提供相应证据证明，中成公司对此不予认可。因此，应认定博海公司减少注册资本没有履行通知债权人的法定程序。

其次，原审判决并不存在《最高人民法院关于适用〈中华人民共和国民事诉讼法〉的解释》（2015年）第390条的情形，董某珍等人关于原审判决适用法律错误的再审申请事由不成立。注册资本是公司法人财产，有限责任公司的注册资本为在公司登记机关登记的全体股东认缴的出资额，股东应按其认缴的数额履行足额出资义务，股东认缴的

出资未经法定程序不得抽回、减少。公司减少注册资本须经股东会作出决议，编制资产负债表及财产清单，并在作出减少注册资本决议之日起十日内通知债权人，并于三十日内在报纸上公告。博海公司减少注册资本虽然经股东会决议并在报纸上公告，且修改公司章程，办理了工商变更登记手续，但是，如上所述，其并未履行通知已知债权人中成公司的法定程序，致使中成公司未能及时行使要求博海公司清偿债务或者提供担保的权利，从而影响其债权的实现。原审判决认定董某珍等人“作为减资股东，其不当减资行为违反了公司资本维持原则，对于公司债务应当在其减资范围内承担补充赔偿责任”，并无明显不当。

裁判观点：选择刊登减资公告的报纸应当具有合理性，选择非债权人所在地报纸的，无法达到公告送达的效果。

裁判结果：撤销一审判决，驳回原告的全部诉讼请求。

案例274. (2014) 宁商终字第424号，南京圣鹰投资有限公司（以下简称圣鹰公司）与汇投控股集团有限公司（以下简称汇投公司）、珠海金海实业有限公司（以下简称金海公司），南京圣鹰安防系统工程有限公司（以下简称圣鹰安防公司）股东损害公司债权人利益纠纷。江苏省南京市中级人民法院

本案争议焦点是：（1）双方当事人主体资格是否适格；（2）原金海双鹰公司对消防器材公司享受的债权，汇投公司、金海公司主张圣鹰公司、圣鹰安防公司公司在减资范围内向其承担补充清偿责任，是否可以得到支持。

法院认为：关于第一个争议焦点：根据我国《公司法》（2015年）第187条第2款之规定，经过合法清算的公司剩余财产，由股东按比例分配，即股东对于公司清算后的剩余财产，有权进行主张。本案中，汇投公司、金海公司作为金海双鹰公司的股东，在金海双鹰公司清算解散后，主张金海双鹰公司对消防器材公司的债权系公司剩余财产，并据此提起诉讼，符合上述法律规定，系本案适格之原告。圣鹰公司辩称金海双鹰公司对消防器材公司的债权与汇投公司、金海公司无关，汇投公司、金海公司并非本案适格原告，缺乏法律依据，南京市中院对此未予支持。根据公司资本维持与资本不变原则，圣鹰公司、圣鹰安防公司作为消防器材公司股东，有义务保持其对消防器材公司的出资稳定与充足，现其作出股东会决议对消防器材公司进行减资，在未能有效通知金海双鹰公司的情况下，客观上对金海双鹰公司的债权实现造成了影响，故汇投公司、金海公司有权将圣鹰公司、圣鹰安防公司作为被告提起诉讼，主张圣鹰公司、圣鹰安防公司在减资范围内，对因减资行为给金海双鹰公司债权造成的损害承担补充清偿责任。圣鹰公司辩称其仅系金海双鹰公司股东，金海双鹰公司减资行为与其无关，其并非本案适格被

告，与《公司法》上述基本原则不符，南京市中院不予支持。

关于第二个争议焦点：根据我国《公司法》（2005 年）第 3 条第 1 款的规定，公司财产系法人财产，归属公司独立所有，股东对公司的财产，并无所有权。根据我国《公司法》（2005 年）第 187 条第 2 款的规定，公司人格消灭时的财产必须经过依法清算及支付相关费用后，才可依据股东持股比例或者出资比例进行分配。申言之，公司的法人财产归公司所有，公司以其独立的法人财产对外承担法律责任，承载社会义务，在未经法定清算程序时，公司财产不能视为公司的剩余财产，股东亦不能按出资比例进行分配。但对于未经清算的公司财产（债权）处理问题，现行法律并无明文规定，南京市中院认为，未经清算的公司债权可分两类：一是公司清算过程中因过失而遗漏的债权；二是公司清算过程中故意隐匿的债权。对于前者，基于保护公司股东合法权益之考量和对公司债权人利益之保护，公司股东可以以自身名义提起诉讼，向债务人主张债权，但所得财产并非当然为剩余财产，股东不能直接取得，而须在按照《公司法》（2005 年）第 187 条第 2 款之规定，清偿公司债务并支付相关费用后，才能转化为公司剩余财产，才可由股东按照出资比例进行分配；对于后者，清算组成员在公司清算过程中故意未清算债权，清算组成员应当对其过错行为承担法律责任。对于清算组成员由第三人组成的，公司股东可以依法追究清算组成员法律责任，以维护自身合法权益，对于清算组成员由公司股东组成的，负有清算过错的股东应自己承担法律责任，换言之，应当视为公司股东在清算过程中，已自行放弃公司该对外债权的分配请求权，因此在公司清算完毕后，股东不可以自身名义再行主张。本案中，汇投公司、金海公司作为金海双鹰公司的股东及清算人，在股东会决议及清算报告中均确认金海双鹰公司的债权已清理完毕，应当视为其已放弃了对消防器材公司案涉债权的分配请求权，现其再以自身名义提起诉讼，向消防器材公司的股东圣鹰公司、圣鹰安防公司主张上述债权，缺乏依据，故南京市中院对此主张未予以支持。

裁判观点： 对已知债权人未采用直接通知的方式，损害了债权人的依赖利益，其行为等同于股东未全面履行出资义务，股东应对公司不能履行部分承担赔偿责任。

裁判结果： 被告归还借款本金，公司承担担保责任，股东在公司减资范围内对公司不能履行的债务部分承担补充赔偿责任。

案例 275. （2016）苏 0581 民初 8409 号，中国农业银行股份有限公司常熟分行与李某、苏州科鑫非融资性担保有限公司等金融借款合同纠纷。江苏省常熟市人民法院

本案争议焦点是：被告苏州科鑫非融资性担保有限公司的股东许某、沈某是否应在各自所持有的该公司注册资本对应的减资范围内对该公司不能履行部分承担责任及承担何种责任。

法院认为：被告李某向原告申领信用卡……；被告苏州科鑫非融资性担保有限公司愿意为被告李某的本案所涉债务提供保证担保……；以上合同均是当事人的真实意思表示，均依法成立并生效，对原、被告均产生法律约束力。根据相关法律规定……本案中，被告苏州科鑫非融资性担保有限公司的减资行为发生在其为被告李某所作担保之后，原告应为其已知债权人；被告苏州科鑫非融资性担保有限公司作出减资时，并未直接通知原告，且仅在当地的张家港日报上刊登减资公告，也未能确保原告有效知道，致使原告错失要求被告苏州科鑫非融资性担保有限公司清偿债务或提供相应担保的权利；被告苏州科鑫非融资性担保有限公司的减资行为已导致原来的注册资本与减资后的出资之间存在较大差异，严重影响了履约能力，侵犯了原告的信赖利益，其行为等同于股东未全面履行出资义务。根据相关法律规定，常熟市法院对原告要求被告许某、沈某分别在被告苏州科鑫非融资性担保有限公司的减资 8750. 4 万元至 1237. 6 万元范围内对被告苏州科鑫非融资性担保有限公司不能履行部分承担赔偿责任的主张予以支持。被告李某、苏州科鑫非融资性担保有限公司经常熟市法院合法传唤无正当理由拒不到庭参加诉讼，视为其放弃举证、质证、抗辩等诉讼权利，由此引起的法律上的不利后果由其自负。

（六）减资中各方的责任（8 件）

裁判观点：未依法履行公司减资的法定通知义务，公司的减资行为对已知债权人不产生拘束力，实际减资股东应在其减资范围内对公司的债务向债权人承担连带补充赔偿责任。

裁判结果：撤销一审判决，减资股东为公司之债务在减资范围内承担连带补充赔偿责任。

案例 276. （2014）九中民二终字第 3 号，广东诚晟交通科技投资有限公司（以下简称广东诚晟公司）与高某、吴某红、北京爱国者新能源科技发展有限公司（以下简称北京爱国者公司）、广州爱国者环保合同能源管理有限公司（以下简称广州爱国者公司）股东损害公司债权人利益责任纠纷。江西省九江市中级人民法院

法院认为：关于广东诚晟公司与广州爱国者公司债权债务形成时间的问题。广东诚晟公司与广州爱国者公司之间是房屋租赁合同关系，在解除房屋租赁合同后，在经对账

形成《欠款证明》后双方债权债务关系才确定，涉案债务形成时间应为 2011 年 8 月 1 日，一审对此认定正确。

关于广州爱国者公司的减资行为是否已依法通知广东诚晟公司的问题。广州爱国者公司在 2011 年 8 月 1 日已明知所欠上诉人债务及履行期限，但在 2011 年 9 月 6 日的股东会上作出了同意 2011 年 7 月 12 日的股东会决议继续有效的决议，并根据决议向工商部门提出减资的变更申请时，没有直接通知已知的债权人，即广东诚晟公司，违反了《公司法》（2005 年）第 187 条的规定。

关于广州爱国者公司的股东应否在减资范围内承担补充赔偿责任的问题。为保障债权人的权利，《公司法》（2005 年）第 187 条明确规定了公司减资的法定程序以及债权人享有的相应救济权利，此乃减资程序对债权人发生法律效力、股东在减资部分免责的必要条件。在公司未通知已知债权人减资时，债权人丧失了要求公司清偿债务或提供担保的权利，此时公司的减资行为对债权人不具有对抗效力。本案中，广州爱国者公司未依法履行公司减资的法定通知义务，广州爱国者公司的减资行为对已知债权人广东诚晟公司不产生拘束力，参照《公司法司法解释（三）》（2010 年）第 14 条的规定，北京爱国者公司作为实际减资股东应在其减资范围内对广州爱国者公司的债务向上诉人承担连带补充赔偿责任。

高某虽作为广州爱国者公司的股东在股东决议上签字同意减资，但其作为股东的出资并未减少，故高某作为股东不应承担广州爱国者公司因减资程序不当而产生的法律后果。

裁判观点：在已确认债权未清偿的情况下，股东仍决议减资，主观上存在过错，客观上损害了公司的偿债能力，危及公司债权的实现，本质上造成和抽逃出资一样的后果，股东应在减资范围内承担补充赔偿责任。

裁判结果：在减资范围内承担补充赔偿责任。

案例 277. （2014）潭中民二初字第 20 号，湘潭大汉钢铁贸易有限公司（以下简称大汉公司）与胡某、梁某公司减资纠纷。湘潭市中级人民法院

法院认为：虽然目前无证据表明，金荣公司于 2011 年 9 月 22 日在《湘潭日报》上发布将注册资本从 3000 万元减少至 900 万元减资公告时，原告大汉公司是金荣公司的已知债权人，但在股东由胡某和胡某 1 变更登记为胡某和梁某后，金荣公司于 2012 年 12 月 24 日形成公司注册资本（实收资本）从 3000 万元减少至 900 万元的新股东会决议时，大汉公司根据湘潭市中院 2012 年 12 月 6 日作出的（2012）潭中民二初字第 43 号民事调解书，是金荣公司的已知债权人。根据《公司法》（2013 年）第 177 条第 2 款之规

定，公司减资时应依法履行法定的通知程序，确保公司债权人有机会在公司财产减少之前作出相应的权衡和行动。故金荣公司在减资时未通知已知债权人大汉公司，导致大汉公司无从得知其减资情况，也无法提前要求其清偿债务或提供担保，减资程序存在瑕疵，对大汉公司不发生法律效力。尽管《公司法》规定公司减资时的通知义务人是公司，但公司减资系股东会决议的结果，是否减资以及如何进行减资完全取决于股东的意志。作为金荣公司股东的胡某、梁某明知公司对外负债而未清偿的情形下仍旧通过股东会决议减少公司的注册资本，主观上存在过错，客观上损害了金荣公司的偿债能力，并危及大汉公司债权的实现，其本质上造成同抽逃出资一样的后果，故应参照《公司法司法解释（三）》（2014 年）第 14 条第 2 款的规定处理，即被告胡某、梁某应在减资范围内，对湘潭市中院（2012）潭中民二初字第 43 号民事调解书确定的金荣公司的付款义务，承担补充赔偿责任。

裁判观点：独资公司减资的通知义务人应当包括股东，董事执行股东意志，对减资不承担补充赔偿责任。

裁判结果：驳回再审申请。

案例 278.（2019）沪民申 1121 号，建德市汇丰物资有限公司（以下简称汇丰公司）与沈某兴、楼某明公司减资纠纷。上海市高级人民法院

法院认为：本案汇丰公司的主张是以公司不当减资为由要求沈某兴、楼某明对锦崇公司欠付的借款本金及利息承担补充赔偿责任。根据我国《公司法》的相关规定，公司应当在作出减少注册资本决议后及时通知债权人，以确保债权人权益不因公司减资造成减损。尽管《公司法》规定公司减资时的通知义务人是公司，但在本案中，锦崇公司作为外商独资企业，是否减资以及如何减资均取决于其股东香港锦江国际有限公司的意志，香港锦江国际有限公司对减资的法定程序和法律后果应属明知，故作为锦崇公司的股东，香港锦江国际有限公司不仅在减资程序上负有合理注意义务，其亦是对锦崇公司不当减资行为承担法律责任的主体。换言之，如果锦崇公司在减资程序上存在瑕疵，由此导致汇丰公司利益受损，则汇丰公司应当向锦崇公司的股东香港锦江国际有限公司提出主张。沈某兴、楼某明作为香港锦江国际有限公司委派的董事，其作出减资的决议，是执行股东意志和履行董事职务的行为，汇丰公司以其未尽通知义务，恶意协助股东进行减资为由，要求沈某兴、楼某明在减资本息范围内对锦崇公司不能清偿的债务承担补充赔偿责任，缺乏事实和法律依据，故上海高院对此未予支持。

裁判观点：形式减资下，股东实际并未抽回出资，公司资产总量并未减少，偿债能力并未降低，不存在抽逃出资行为，股东不应被追加为被执行人。

裁判结果：维持二审判决。

案例279. （2019）最高法民再144号，丰汇世通（北京）投资有限公司与被申请人黑龙江省农业生产资料公司（以下简称省农资公司）执行异议之诉纠纷。最高人民法院

法院认为：根据《最高人民法院关于民事执行中变更、追加当事人若干问题的规定》（2016年）第18条的规定，作为被执行人的企业法人，财产不足以清偿生效法律文书确定的债务，申请执行人申请变更、追加抽逃出资的股东、出资人为被执行人，在抽逃出资的范围内承担责任的，人民法院应予支持。本案中，寒地黑土集团在减少注册资本过程中，存在先发布减资公告后召开股东会、变更登记时提供虚假材料等违反《公司法》关于公司减资程序规定的情形，但作为寒地黑土集团股东的省农资公司并未利用寒地黑土集团减资实际实施抽回出资的行为。省农资公司虽将其登记出资由5000万元减至3000万元，但寒地黑土集团的权益并未因省农资公司的行为受到损害，资产总量并未因此而减少，偿债能力亦未因此而降低。省农资公司的行为不属于《公司法司法解释（三）》（2014年）第12条规定的情形，不存在抽逃出资的行为，不应当被追加为被执行人。二审法院判决不得追加省农资公司为被执行人，并无不当。

裁判观点：违法减资构成抽逃出资，协助抽逃出资的其他股东、董事、高管对此承担连带责任。

裁判结果：驳回上诉，维持原判。

案例280. （2018）津02民终361号，于某诉张某金、李某英及天津市威豪房地产咨询有限公司（以下简称威豪公司）减资纠纷。天津市第二中级人民法院

一审法院认为：《公司法》第177条对公司减资的程序进行了明确的规定。但我国法律并未明文规定公司违反法律程序进行减资将产生什么样的法律后果，也未明文规定相关人员应承担什么样的法律责任。本案中，第三人威豪公司明知原告系其债权人且有明确联系方式的情况下，在作出减资决议之后未采用公告外的其他通知方式告知原告，未履行通知债权人的法定程序，因此第三人威豪公司减资程序不合法，应认定相应股东的减资行为构成抽逃出资。该公司债权人请求抽逃出资的股东在抽逃出资本息范围内对公司债务不能清偿的部分承担补充赔偿责任、协助抽逃出资的其他股东、董事、高级管理人员或者实际控制人对此承担连带责任，人民法院应予支持。

二审法院认为：张某金上诉主张于某与威豪公司签订《鼎晟·双子座购房协议》购买房产的时间为2013年4月5日，此时威豪公司的注册资本为10,000,000元，现在的注册资本仍然是10,000,000元，对于某的利益不会造成影响，但威豪公司减资的

20,000,000元是公司资产，威豪公司在未能履行南开法院（2016）津0104民初4366号民事判决确定的给付义务，在明知于某为其债权人且亦知晓于某住址的情况下，并未按照《公司法》第177条的规定，通知威豪公司债权人于某减少注册资本；张某金亦未能按照《最高人民法院关于民事诉讼证据的若干规定》（2008年）第2条的规定，提供有效证据证明其没有实际撤回减少的注册资本20,000,000元，损害了于某的合法权益，应承担不利后果，故一审判决威豪公司股东承担责任并无不当。

裁判观点：未能提交证据证明是实质减资还是形式减资的，要求股东对公司债务承担清偿责任的，不予支持。

裁判结果：驳回上诉，维持原判。

案例281.（2017）浙04民终405号，广东秋鹿实业有限公司（以下简称秋鹿公司）与台华高新染整有限公司（以下简称台华公司）、湖北卡埃尔服装有限公司（以下简称卡埃尔公司）、厦门金希澳实业有限公司（以下简称金希澳公司）买卖合同纠纷。浙江省嘉兴市中级人民法院

本案争议焦点是：（1）秋鹿公司是否应当承担共同清偿责任；（2）金希澳公司是否应当承担责任；（3）一审程序是否违法。

法院认为：关于争议焦点（1）：台华公司请求秋鹿公司在本案中承担共同付款责任，提供了《协议》及《委托付款书》等证据。《委托付款书》由谭某康代表秋鹿公司签订，在盈通公司诉卡埃尔公司、秋鹿公司、探路者公司买卖合同纠纷案中，秋鹿公司对《委托付款书》的真实性并无异议，该案的生效判决也确认了谭某康有权代表秋鹿公司签订《委托付款书》，故对于《委托付款书》，嘉兴市中院予以确认。《协议》同样由谭某康代表秋鹿公司签订，且与《委托付款书》为同一天签订，故嘉兴市中院亦予以确认，《协议》对秋鹿公司具有约束力。《协议》约定，卡埃尔公司应当支付台华公司面里料款6,551,112.15元，由秋鹿公司承担连带保证责任，故一审判决秋鹿公司承担共同清偿责任正确。由于秋鹿公司的责任已经明确，故其针对《委托付款书》提出的根据《合同法》（已失效）第64条的规定台华公司无权向其主张权利的问题，本案无须审查。

关于争议焦点（2）：台华公司一审以卡埃尔公司减资程序存在瑕疵为由要求公司股东金希澳公司在减资范围内承担连带责任，一审法院未予支持。现秋鹿公司对此提出上诉，但金希澳公司是否需要对台华公司承担责任与秋鹿公司无关，秋鹿公司对此没有直接利害关系，其在本案中并无相应的诉权。在台华公司未提出上诉的情况下，嘉兴市中院对该问题不予审查。秋鹿公司若认为其利益因卡埃尔公司减资而受损，可以依法另行主张权利。

裁判观点： 公司按股东到期未实缴的出资额进行减资，若未依法通知债权人的，则股东需在减资范围内对公司债务承担补充清偿责任。

裁判结果： 驳回上诉，维持原判。

案例 282. (2015) 沪一民四 (商) 终字第 675 号，叶某航、叶某波、上海壹点广告传播有限公司 (以下简称壹点公司) 与朗豪贸易 (上海) 有限公司 (以下简称朗豪公司) 公司减资纠纷。上海市第一中级人民法院

本案争议焦点是： (1) 在叶某航、叶某波办理减资的过程中，朗豪公司是否应被视作壹点公司的债权人？叶某航、叶某波办理减资手续是否履行了对债权人的法定通知义务；(2) 叶某航、叶某波的减资行为是否会对朗豪公司的权益造成实质影响；(3) 朗豪公司所提出的诉讼请求是否已超过诉讼时效。

针对争议焦点 (1)：上海市第一中院认为，审理查明的事实表明，叶某航、叶某波在通过股东会形式进行减资时，正值朗豪公司向壹点公司主张支付货款的案件审理中；在办理减资的工商变更过程中，上海市徐汇区人民法院业已作出了民事判决确认壹点公司与朗豪公司之间的债权债务关系。基于上述事实，上海市第一中院有理由相信，叶某航、叶某波在办理减资过程中，理应知晓朗豪公司可能成为壹点公司的债权人，且在办理工商变更手续时，上海市徐汇区人民法院所作出的判决确认朗豪公司系壹点公司的债权人。虽然上海市徐汇区人民法院作出的判决在办理减资工商变更手续时尚未生效，但对前述办理减资手续时间段与两家公司诉讼进行的时间段进行比较分析，上海市第一中院认定叶某航、叶某波在办理减资时理应知晓朗豪公司系壹点公司的债权人，壹点公司在办理减资的过程中理应以书面形式通知朗豪公司。

针对争议焦点 (2)：叶某航、叶某波主张其减资部分系对叶某航、叶某波的认缴出资部分予以了减资，因此减资行为对朗豪公司的债权不会造成影响。对此，上海市第一中院认为，首先，对叶某航、叶某波减资的认缴出资的性质进行分析，审理查明的事实表明，本案中叶某航、叶某波减资的认缴出资部分按照壹点公司于 2010 年 6 月 3 日的章程修正案的规定，应于 2010 年 7 月 16 日前足额缴纳，但在壹点公司与朗豪公司发生争讼并至一审判决作出时，叶某航、叶某波并未按章程的规定按期足额缴纳认缴资本；在壹点公司与朗豪公司的诉讼过程中，壹点公司工商登记所记载的注册资本也登记为 800 万元。其次，叶某航、叶某波减资的认缴出资的金额较大，系争减资行为在客观上对壹点公司的实际注册资本的金额影响较大，系争减资行为在客观上势必会导致壹点公司的实际偿债能力受到实质性的影响，显然也会对壹点公司对于朗豪公司债务的清偿能力造成较大影响。鉴于此，上海市第一中院认定系争减资行为对朗豪公司的债权会造成实际

的侵害。

针对争议焦点（3）：上海市第一中院认为，本案中朗豪公司系基于叶某航、叶某波的减资行为而提起的诉讼，朗豪公司作为壹点公司的债权人并不当然知晓壹点公司内部的注册资本变化情况以及股东减资状况，壹点公司也未就该公司注册资本减资情况向朗豪公司予以披露。与此同时，叶某航、叶某波未能提供充分证据对其提出的朗豪公司的起诉已过诉讼时效的主张予以证明，鉴于此，上海市第一中院认定叶某航、叶某波应对其主张承担举证不能的后果，且上海市一中院亦有理由相信朗豪公司在该公司与壹点公司诉讼的执行阶段知晓减资情况更为合理。

裁判观点：减资股东承担的是一种补充赔偿责任，即其承担的是一种顺序责任，只有在公司未能执行生效判决的情形下才由减资股东承担责任。

裁判结果：驳回上诉，维持原判。

案例 283.（2013）沪一中民四（商）终字第 1831 号，中国地质物资供销总公司（以下简称地质物资公司）与上海天重重型机器有限公司（以下简称天重公司）公司减资纠纷。上海市第一中级人民法院

本案争议焦点是：（1）东方物产公司 2010 年 4 月的减资是否存在瑕疵；（2）本案所涉股东是否应承担责任以及承担责任的范围；（3）本案是否存在重复判决的问题。

关于第一个争议焦点：根据《公司法》（2005 年）之规定，股东负有按照公司章程切实履行出资的义务，同时负有维持公司注册资本充实的责任。公司减资时应依法履行法定程序，确保公司债权人有机会在公司财产减少之前作出相应的权衡和行动。根据生效判决，东方物产公司减资前对天重公司所负的债务高达 580 余万元，其 2010 年 4 月的减资仅在上海商报上发布减资公告，未通知已知债权人天重公司，导致天重公司无从得知其减资情况，也无法提前要求其清偿债务或提供担保，违反了《公司法》（2005 年）第 178 条之规定，减资程序存在瑕疵。上诉人地质物资公司关于减资程序不存在瑕疵的主张与事实不符，上海市一中院不予采信。

关于第二个争议焦点：上海市一中院认为，尽管公司法规定公司减资时的通知义务人是公司，但公司减资系股东会决议的结果，是否减资以及如何进行减资完全取决于股东的意志。本案中，包括地质物资公司在内的东方物产公司股东，在明知公司对外所负巨额债务而未清偿的情形下仍旧通过股东会决议减少公司的注册资本，并向工商登记部门出具虚假的情况说明，主观上存在过错，客观上损害了东方物产公司的偿债能力，故减资股东的行为构成第三人侵害债权。程序瑕疵的减资，对已知债权人不发生法律效力，则本质上造成同抽逃出资一样的后果，故在立法未明确规定的情形下，原审法院比

照抽逃出资的责任认定包括地质物资公司在内的减资股东在各自减资范围内对东方物产公司的债务承担补充赔偿责任并无不当。地质物资公司主张其不应承担责任以及即便承担责任也应在收到退资款的范围内承担的主张于法无据，上海市一中院未予以支持。而其他未减资股东虽未减少出资额，但在明知公司负债的情形下仍同意减资股东的减资请求，导致公司现无法以自身的财产偿还所欠天重公司全部债务的结果，也应当对减资股东的责任承担连带责任。一方物产公司、一方庆利公司还认为因东方物产公司的资产进入拍卖程序，本案应当中止审理。对此，上海市一中院认为，本案各减资股东承担的仅是补充赔偿责任，其是否承担责任有待在执行中予以确定，东方物产公司的资产拍卖不影响到本案对减资股东责任的认定。

关于第三个争议焦点：上海市一中院认为，尽管有限责任公司的股东应当以出资额为限对公司债务承担责任，但减资股东承担的是一种补充赔偿责任，即其承担的是一种顺序责任，只有在公司未能执行生效判决的情形下才由减资股东承担责任。尽管（2012）浦民二（商）初字第3637号民事判决已经判令地质物资公司在减资范围内对宝联鑫公司的未清偿债权承担补充赔偿责任，但是其是否实际承担目前尚无法确定，原审判令其针对天重公司的债权承担补充赔偿责任以及其他未减资股东承担连带责任，并无不当，如果减资股东及未减资股东已经依本案之前基于同一减资行为所作出的生效判决实际承担瑕疵减资所负的责任部分，可在本案执行过程中予以扣除。地质物资公司关于原审存在重复判决的主张缺乏法律依据，上海市一中院对此未予以采信。

第二十一条

合并和分立

一、示范条款

董事会应当将合并（分立）合同文本、合并（分立）报告、合并的对方公司的资产负债表（分立部分的资产负债表）、合并（分立）相关公司股权的分配比例及其理由等书面文件于股东会会议召开前送达股东。

董事长应当解答或者报告所有有帮助于股东了解参与合并（分立）的重要事项。

公司分立成两个或者两个以上的公司时，股东有选择继续成为被分立或者分立公司股东的权利。

股东会作出公司合并（分立）决议时，与公司合并（分立）有利害关系的股东对该项决议没有表决权，应当经其他股东所持有股权当中的【超过三分之二以上/其他比例】表决权同意。

对该项决议持异议的股东可以要求公司回购其所持有的【部分/全部】股权。公司应当在该异议股东发出要求的【三个月/其他时间】内回购其要求的股权，并按本章程规定的减资程序办理减资手续。

二、条款解释

（一）合并

公司合并是指一个以上公司被吸收进其他公司或与其他公司合并为新公司的行为，分为吸收合并和新设合并两种形式。

公司合并、分立在实务中的应用并不是很多，《公司法》对合并、分立的规定也比较简单，全文中仅有第九章的 4 个条款对合并、分立的定义和具体操作规则作出了规定。历年的公司法修订和出台的司法解释等文件中也并未对合并、分立作出扩展或者补充的规定。笔者在裁判文书网检索至 2022 年 4 月的数据，合并的纠纷不足 300 件，分立的纠纷不足 200 件。

首先，合并的本质或者说法律属性究竟是什么，法律并没有给出规定或者解释。王军教授在其著作《中国公司法》中指出①，合并在性质上属于并购，合并方向被合并方支付对价，以取得被合并方的全部资产，合并方与被合并方的人、财、物实现合一。从后果来看，合并主要产生两个方面的法律后果：一是公司组织结构的变化；二是权利义务的概括转移。从过程来看，合并可以分解为两个紧密关联的交易。对于吸收合并：一是合并公司接受被合并公司转让或出售的净资产（全部资产和负债）并支付对价给被合并公司，合并对价可以采取现金、股份（自身股份或持有的其他公司股份）、非现金资产或其组合等；二是被合并公司向其股东分配收到的对价，并回购其股东持有的自身股权，然后被合并公司将回购的股权注销将公司解散、注销。对于新设合并，也可以分解为两个交易：一是新设公司接受被合并公司的净资产（全部资产和负债）并发行股权作为对价支付给被合并公司；二是被合并公司回购其股东持有的自身股权予以注销，同时被合并公司解散注销。

其次，合并的程序。按照《公司法》的规定，公司合并应按照相关规定进行，具体包括：（1）董事会制订公司合并方案；（2）合并各方签署合并协议；（3）编制资产负债表和财产清单；（4）股东会作出合并决议；（5）通知和公告债权人；（6）清偿债务或者提供相应担保；（7）合并登记。

（二）分立

公司分立是指公司分割公司资产、负债、业务等资源形成两个或两个以上公司的行为，有存续分立和新设分立（解散分立）两种形式。

《公司法》和相关司法解释并没有对分立作出定义，根据财政部、国家税务总局颁布的《关于企业重组业务企业所得税处理若干问题的通知》（财税〔2009〕59 号，已被财税〔2014〕109 号修订）的定义："分立，是指一家企业（以下称为被分立企业）将部分或全部资产分离转让给现存或新设的企业（以下称为分立企业），被分立企业股东换取分立企业的股权或非股权支付，实现企业的依法分立。"包括：（1）须分割被分立企业的资产；（2）分割后的资产用于设立新企业或者转让给现存企业；（3）被分立企业的股东（而非被分立企业本身）取得分立企业的股权或非股权对价。

和合并一样，分立也涉及两种法律关系的组合，即"股东收回投资"以及"再投

---

① 参见王军：《中国公司法》，高等教育出版社 2015 年版，第 425～426 页。

资”的两个行为。公司分立时，被分立公司先将分离资产（包括股权资产和非股权资产）分配给其全部或部分股东，并交换收回该等股东持有的被分立公司股权，上述股东再将分得的资产投资设立新公司。因此，公司分立可以理解为“新设投资行为”和“被分立公司减资”的混合性的法律行为。

三、法律规定

《公司法》第37条、第43条、第46条、第74条、第九章

《市场主体登记管理条例》

《民法典》第67条

《公司法司法解释（五）》第5条

《财政部、国家税务总局关于促进企业重组有关企业所得税处理问题的通知》（财税〔2014〕109号）

四、参考案例（5件）

裁判观点：法律没有规定合并协议需经批准后生效，自当事人签署后即生效，但协议能否实际履行、是否发生合并的效力，还要履行其他手续。

裁判结果：撤销原审判决，驳回原告要求确认合并协议无效的诉讼请求。

案例284.（2018）豫13民终7424号，我爱我家管理有限公司、邓州市上品酒店有限公司公司合并纠纷。河南省南阳市中级人民法院

本案争议焦点是：双方签订的公司合并协议是否生效。

法院认为：《合同法》（已失效）第44条规定，依法成立的合同，自成立时生效。法律、行政法规规定应当办理批准、登记等手续生效的，依照其规定。本案的合并协议约定双方签字后生效，法律、行政法规没有规定此类合同需经批准或登记后生效，原审适用的《公司法》第173条、第179条也没有公司合并协议需要批准或登记后生效的规定。

裁判观点：因合并协议无效，基于协议作出的股东会决议也无效，合并后至无效确认之间已经发生的民事行为仍然有效，公司应当恢复至合并前的情况，被吸收的公司应当从合并后的公司分立出来。

裁判结果：吸收合并无效，变更登记为合并前的情况。

案例285.（2012）杭淳商初字第1号，董某萍、李某芳、章某力诉朱某洪、李某华、余某琴、洪某田、朱某、陆某、钱某义、余某梅、刘某扬、孙某丹、

杭州久大置业有限公司（以下简称久大公司）公司合并纠纷。浙江省淳安县人民法院

法院认为：久大公司受让刘某扬、孙某丹持有的先创公司股权，已经履行了支付股权转让款的合同义务，只要办理股东变更登记，股权转让即完成。但是久大公司在先创公司办理股东变更登记前将先创公司吸收合并，让已经出让先创公司股权的刘某扬、孙某丹持有久大公司67.73%的股权。虽然刘某扬、孙某丹没有参与久大公司经营管理和享受久大公司股东权益的真实意思，可是该吸收合并的行为将久大公司原股东的股权比率缩成32.27%，挂在刘某扬、孙某丹名下的久大公司67.73%的股权，实际由该公司的管理人员控制。三原告不参与久大公司的经营管理，本来持有久大公司22.5%的股权被缩成7.27%的股权，其股东权益有随时被损害的可能。因此，三原告有权要求确认公司合并行为无效。

关于本案被告是否适格的问题。因为公司为企业法人，股东会是公司的内部决策机构，股东会决议的法律效果不仅涉及公司内部的股东，还涉及公司外部的债权人和其他利益相关者。可见，股东会决议属于公司行为。股东会决议无效诉讼的被告应该是久大公司，股东不是股东会决议的责任承担者，不宜列为诉讼的被告。合并协议当事人之外的利害关系人对合并协议提起无效诉讼的被告应该是签订协议的当事人，即久大公司和先创公司。在签订公司合并协议前，久大公司已经受让了先创公司股东的全部股权，先创公司实际已是久大公司的一人有限责任公司。先创公司被注销登记后，该公司的资产及其对外的权利义务由股东久大公司承受，因此合并协议无效诉讼的被告也应该是久大公司。刘某扬、孙某丹在办理公司合并的法律手续时在相关的文书资料上签字，只是起到协助作用，不能因此成为协议无效纠纷案件的适格被告。本案公司合并行为无效的原因，是合并协议无效，以致确认合并协议的股东会决议存在瑕疵。因此，原告提起公司吸收合并无效诉讼的适格被告是久大公司。

对于原告的诉讼请求，除诉讼费负担外，其他六项请求相互之间存在交错、重叠或为因果关系，归纳后实为两项请求：即确认久大公司和先创公司吸收合并无效；判令久大公司将股东的股权恢复到吸收合并之前的状况。公司吸收合并的基础事实是合并双方对公司合并事项达成一致的协议。董事会决定启动公司合并程序、授权公司高管对合并事项进行谈判，股东会作出确认公司合并协议的决议，以及办理工商变更、注销登记，只是实现公司合并的程序和手段。从本案查明的事实可知，合并协议的内容并非合并双方的真实意思表示，缺乏民事行为的有效条件，该协议应当无效。久大公司股东会对无效的合并协议作为有效确认形成的决议，也不可能产生法律效力。依据无效的合并协议和股东会决议，增加注册资本、修改公司章程、办理公司变更登记，缺乏合法的事实依据，依法应当纠正。合并无效之诉属于形成之诉，确认公司合并无效的判决属于形成判

决，判决生效后公司即恢复到合并前的状况。但是，合并无效判决，对合并期间公司的经营活动没有溯及力，合并后至无效判决生效时的存续公司为事实上的公司，其经营活动，只要不违反与该经营相关的法律或行政法规的禁止性规定，仍然有效。对于公司登记，因合并无效的后果，是合并的公司恢复到合并前的状态，故公司登记机关只要依据生效判决办理公司恢复到合并前的状态的变更和恢复登记即可。在合并无效之诉中，公司合并协议无效以及公司合并的股东会决议无效是合并无效的原因，是支持原告诉讼请求的事实依据。在确认公司合并无效的判决中，需要对合并协议、股东会决议的真实性和合法性作出认定，而不是判决，故对原告要求确认合并协议、股东会决议无效的请求，浙江省淳安县人民法院不作判决。合并无效判决生效后，被吸收的先创公司复活，从久大公司分立。对该部分的工商变更登记，因原告未请求，浙江省淳安县人民法院也不判决，将在判决生效后通过司法建议处理。

裁判观点： 因合并协议不具备继续履行的可能，应解除合并协议。

裁判结果： 驳回上诉，维持原判。

案例286. (2019) 京01民终6946号，北京实圣达停车场管理有限公司（以下简称实圣达公司）等与北京华源亿泊停车管理有限公司（以下简称华源亿泊公司）、北京泊尔停车管理有限公司公司合并纠纷。北京市第一中级人民法院

法院认为： 关于《企业吸收合并合作协议》是否应当解除的问题。首先，应当明确，本案各方签订的系公司合并合同，考虑《企业吸收合并合作协议》解除问题时，除涉及合同法角度，还应从公司人合性层面进行考量。其次，结合合同三方的履约过程和目前的意思表示，《企业吸收合并合作协议》不具备继续履行的可能性，应当予以解除。本案纠纷发生的根源在于实圣达公司对于华源亿泊公司最初确定的公司占股比例提出异议，认为华源亿泊公司存在评估不实的问题。但根据《企业吸收合并合作协议》的约定，股权比例可根据三方的实际经营数据进行调整。从实际履行情况来看，三方已经无法达成重新评估的一致意思表示，对于股权调整亦无法重新协商确定，在此情况下，故《企业吸收合并合作协议》显然已经无法继续履行，三方合作共赢的合同目的已然无法实现，《企业吸收合并合作协议》应当予以解除。

裁判观点： 合并协议一方未按合同约定履行义务导致合并无法实现的，另一方有权解除合同。

裁判结果： 驳回上诉，维持原判。

案例 287. （2013）浙杭商终字第 1248 号，浙江铁联客运有限公司（以下简称铁联公司）与杭州顺福客运有限公司（以下简称顺福公司）公司合并纠纷。杭州市中级人民法院

本案争议焦点是： 双方当事人订立合同的目的以及顺福公司在本案中是否存在违约事实的问题。

法院认为： 当事人对自己的主张有责任提供证据加以证明。双方当事人签订的公司合并协议的目的能够确认。案涉协议虽然未提及铁联公司参加浙江省 2012 年度道路客运班线经营权投标活动的具体内容，但根据下列事实可以认定双方当事人签订协议是为了铁联公司参加前述的招标活动：首先，从双方当事人约定的内容可知，双方当事人选择在较短的时间内完成公司合并，与省运管局招标公告所规定的 2013 年 1 月 10 日为招标报名截止时间存在密切关联。其次，根据省运管局的招投标文件……符合客观事实。最后，根据当事人在本案一、二审中陈述的内容可知，双方当事人对签订公司合并协议的目的是清楚且认可的。本案中，顺福公司名下的部分营运客车登记在江良公司名下，且处于银行按揭贷款未清偿而无法过户至顺福公司名下的事实清楚，双方当事人对此均予以确认。因此根据《合同法》第 94 条第 1 款第 4 项的规定，铁联公司要求解除双方当事人之间的合同关系，要求顺福公司退还 50 万元首付款，既符合法定解除条件，也符合《合同法》第 96 条、第 97 条的规定。据此，原审法院关于"……目的不能实现，顺福公司已构成根本性违约，铁联公司依法行使合同解除权并无不当。合同解除后，顺福公司应将收取的款项返还铁联公司"的分析认定正确，杭州市中院亦予以认同。

裁判观点： 原公司股东签订合并协议后，受合并协议的约束，需对合并后的公司承担资本充实责任，不是担保责任。

裁判结果： 驳回上诉，维持原判。

案例 288. （2014）鲁商终字第 180 号，济南高新技术产业开发区管理委员会国有资产监督管理委员会办公室（以下简称高新国资委）、科信丰大投资担保有限公司（以下简称科信丰大公司）与济南山水集团有限公司（以下简称山水集团公司）、山东森特医院控股管理集团有限公司等公司合并纠纷

本案争议焦点是： （1）被上诉人高新国资委和科信丰大公司是不是本案适格的原告；（2）《吸收合并暨增资扩股协议》对上诉人山水集团公司是否有拘束力；（3）一审法院适用法律是否正确。

法院认为： 对于《吸收合并暨增资扩股协议》对上诉人山水集团公司是否有拘束力的问题。丰大公司的股东会决议及授权委托书，证实包括上诉人山水集团公司及原审被

告在内的四股东均授权范某军签署《吸收合并暨增资扩股协议》，范某军也在《吸收合并暨增资扩股协议》签了字，该协议已经签署生效并实际履行，上诉人山水集团公司及原审被告已经成为科信丰大公司的股东……无论公司以何种方式设立，公司的股东都要履行出资义务。本案的上诉人山水集团公司通过股权置换的方式持有科信丰大公司的股权，也是在确定原丰大公司净资本额的基础上，分别确定各自的持股比例，本质上还是以出资确定股权。因此，上诉人山水集团公司和原审被告承担的是出资瑕疵股东对公司的资本充实责任，不是担保责任，原审对此认定并无不当。因此，上诉人山水集团公司承担赔偿责任后，无权向科信丰大公司进行追偿。

09

437-468

第八章

担保、投资、质押和查封

第二十二条

担　保

一、示范条款

公司对外提供担保符合以下条件时，必须经【股东会/董事会】代表【　】表决权同意：

1. 公司累计担保总额达到或超过最近一期经审计净资产的30%以后的任何金额；

2. 公司累计担保总额达到或超过最近一期经审计总资产的20%以上的任何金额；

3. 单笔担保金额超过最近一期经审计净资产的【%】；

4. 向资产负债率超过【%】对象提供担保。

不符合上述规定对外提供担保的，由行为人向权利人承担责任。给公司和股东造成损失的，应当承担赔偿责任。

公司为股东或实际控制人（包括其关联方）提供的任何金额的担保，被担保的股东或者受实际控制人支配的其他股东不得参加该事项的表决，该事项应当经其他股东所持表决权的【过半数/其他比例】通过。

【资产比例】可以参考“净资产的30%”或者“总资产的20%”，具体比例可根据实际情况设定。

【决策机关】考虑担保对股东权益的重大影响，建议对外担保一般由股东会决策比较稳妥，当股东对董事会足够信任时，也可考虑授权董事会决策。

二、条款解释

根据《公司法》第16条的规定，公司担保要区分两种情况：一是对内为公司股东或者实际控制人提供担保的，必须经股东会或者股东大会决议，未经股东会或者股东大会决议，或仅经董事会决议的，担保合同构成无权代表。二是为他人提供担保的，决策机关是股东会（股东大会）决议还是董事会决议，由公司章程规定。对内提供担保的规则较为明确，司法裁判观点也较为统一，即不符合法定程序的担保无效。但对外提供担保的决策如果不符合公司章程规定，担保的效力如何、责任如何承担，实务中司法裁判并不统一。本条款要规范的问题是：对外提供担保在不同条件下的决策机构和权限如何分配，责任如何承担。

（一）对外担保

实务中，公司对外为他人提供担保的情况并不少见，特别是在有些小公司的表决规则不规范的情况下，大股东兼任公司法定代表人，未经过开会讨论和股东表决，直接在对外的担保协议上签字盖章，在主合同无法履行、债权人主张公司承担担保责任时，小股东才知悉此事，导致股东间发生矛盾。

公司未经合法程序对外为他人提供担保的效力问题在司法实务中长期存在争议，各地法院，甚至同一法院在不同时期的裁判结果并不一致，其争议在于如果没有经过股东会决议而是由法定代表人以职务行为签字或者加盖公章的，担保是否具有法律效力、公司是否需要承担担保责任？有观点认为，《公司法》第16条的规定属于管理性规定，即使对外担保未经过公司股东会或者董事会决议通过，但被担保人是善意相对人的，不影响对外提供担保的效力，只是如果公司承担了担保责任后，股东可以向行为人以损害公司利益为由提起损害赔偿的权利主张。但也有观点认为，此类担保应属无效。出现裁判结果相左的原因在于不同时期的司法观点视角不同。公司担保规则是杂糅了公司法与民法中物权的两种不同的法律制度，公司法的立法宗旨重在规范公司内部治理结构，保护公司法人主体和中小股东利益，物权的担保制度的立法宗旨在于保护债权人的利益，公司担保纠纷的发生，恰恰是因为公司大股东/法定代表人/实际控制人越权行为，造成了公司、中小股东利益与债权人利益之间的冲突，触发了不同部门法之间法益的冲突，从不同视角看待纠纷的观点和立场不同、保护的价值也不同，因此，在不同时期的裁判结果不一。

最高人民法院对公司对外担保的裁判观点具有代表性。在2016年以前的裁判规则中，从保护债权人角度出发，司法观点共识是：《公司法》第16条并非效力性规范、强制性规范，而被视为管理性规范，公司对外担保只要加盖公司印章，原则上均认为有效。比较典型的是（2006）民二终字第 49 号①案，最高院认为，债权人并无对担保人章程内容及内部决议的审查义务。在（2008）二中民初字第 13716 号②案中，最高院认为，虽然公司章程进行了工商备案，但不能推定债权人知道或应当知道章程内容并进行审查。综合对交易效率、交易成本、交易安全的考虑，推定认定法定代表人的越权担保有效。在（2012）民提字第 156 号③案中认为，公司法规定已然明确了其立法本意在于限制公司主体行为，防止公司的实际控制人或者高级管理人员损害公司、小股东或其他债权人的利益，故其实质是内部控制程序，不能以此约束交易相对人。故此上述规定宜理解为管理性强制性规范。对违反该规范的，原则上不宜认定合同无效。

最高院的不同法官也在多个文章或讲话中对此持否定的观点，刘贵祥法官在其发表的《公司担保与合同效力》④ 一文中指出：有必要根据一般担保和关联担保确定代表权的不同限制。《公司法》第 16 条第 1 款和第 122 条为一般担保中关于公司内部的决策程序限制，不构成对公司外部关系上代表权的法律限制，对交易相对人不具约束力。第 16 条第 2 款、第 3 款是为关联担保中关于公司内部的决策程序控制，鉴于立法强调其规范关联担保的重要性，应当认定构成对公司代表权的法律限制，可以通过向交易相对人分配合理适当的审查义务，规范关联担保，但审查义务不宜要求过苛。此外，如果关联担保交易对公司利益没有损害，条款的立法目的已经达到，不应再以交易相对人未履行审查义务而否定担保合同的效力。最高院民事审判第一庭在《公司为公司股东或者实际控制人提供担保的效力问题》⑤ 一文中，表达倾向性意见是：《公司法》（2013 年）第 16 条第 2 款的规定属于公司内部的管理性规范，对公司以未经股东会或股东大会决议为由主张对外担保无效的，人民法院不予支持。

但在 2016 年之后，最高院对此问题的观点逐步转移到相对人善意的认定标准，即债权人对于法定代表人或其他代理人的越权/无权担保应当有所认识，并应当审查相关公司内部章程及决议。例如，在（2016）最高法民再 207 号⑥案中，最高院审监庭在再审判决书中认为：不能仅依据《公司法》（2013 年）第 16 条的规定否定公司对外担保合同的效力。然而，虽然不能仅依上述规定否定公司对外担保合同的效力，但也不因此而意味着该合同确定有效，其是否有效还须依据合同法的相关规定进行考察。在该案

---

① 中国进出口银行与光彩事业投资集团有限公司及四通集团公司借款担保合同纠纷。

② 中建材集团进出口公司与北京大地恒通经贸有限公司、北京天元盛唐投资有限公司、天宝盛世科技发展（北京）有限公司、江苏银大科技有限公司、四川宜宾俄欧工程发展有限公司进出口代理合同纠纷。

③ 招商银行股份有限公司大连东港支行与大连振邦氟涂料股份有限公司、大连振邦集团有限公司借款合同纠纷。

④ 刘贵祥：《公司担保与合同效力》，载《法律适用》2012 年第 7 期。

⑤ 最高人民法院民事审判第一庭编：《民事审判指导与参考》（总第 63 辑），人民法院出版社 2016 年版。

⑥ 寿光广潍汽车销售服务有限公司、潍坊广潍汽车销售服务有限公司、潍坊广潍汽车销售服务有限公司寿光分公司与王某江、梁某国民间借贷纠纷。

中，梁某国不是寿光广潍公司的法定代表人，而是公司聘用的经理，其在并未得到授权的情况下，在2012年6月19日的《借款协议》担保人处加盖寿光广潍公司公章的行为显系无权代理……换言之，从一般社会常识判断，任何公司通常都不会在不问借款金额、借款用途、借款期限、还款资金来源等条件，亦即对主债权债务的状况一无所知的情况下，轻易授权其聘用的经理对外提供担保。何况像本案这样，金额巨大的主债务已处于不能清偿状态，且主债务人恰恰就是公司聘用的经理，就更难轻易相信公司会同意该经理以授权代理人的身份在《借款协议》上加盖公司公章为自己的个人债务提供担保。因此，王某江不属于善意无过失的相对人，不能得到表见代理制度的保护。

在2019年的（2017）最高法民再258号①案中最高院认为，《公司法》（2013年）第16条对于合同相对人在接受公司为其股东或实际控制人提供担保时，是否对担保事宜经过公司股东会决议负有审查义务及未尽该审查义务是否影响担保合同效力，《公司法》及其司法解释未作明确规定……虽然久远公司在《增资扩股协议》中承诺对新方向公司进行股权回购义务承担连带责任，但并未向通联公司提供相关的股东会决议，亦未得到股东会决议追认，而通联公司未能尽到基本的形式审查义务，从而认定久远公司法定代表人向生建代表公司在《增资扩股协议》上签字、盖章行为，对通联公司不发生法律效力。在（2019）湘民终290号②案中，湖南省高院认为：债权人明知担保人不止一位主债务人股东，其本应审查主债务人以担保人名义为其个人提供担保是否符合《公司法》第16条第2款规定……故其自身存在明显过错，其属于《合同法》（已失效）第50条、《最高人民法院关于适用〈中华人民共和国担保法〉若干问题的解释》（已失效）第11条规定的应当知道主债务人的行为属于超越权限的相对人，不属于善意相对人。

随着《九民会议纪要》实施后，对于不符合公司章程规定对外提供担保的，裁判规则又发生了一些变化。例如，最高院在（2020）最高法民终1143号③案中认为，公司出具的担保合同虽然有法定代表人签名，并加盖公司的公章，但是，担保行为不是法定代表人所能单独决定的事项，而必须以公司股东（大）会、董事会等公司机关的决议作为授权的基础和来源，法定代表人未经授权擅自为他人提供担保的，构成越权代表，担保合同应当认定无效。考虑到公司业务范围不同，《九民会议纪要》第19条排除了4种无须公司机关决议的情况：一是公司是以为他人提供担保为主营业务的担保公司，或者是

① 通联资本管理有限公司与成都新方向科技发展有限公司、四川久远新方向智能科技有限公司与公司有关的纠纷。

② 陈某川、湖南嘉茂房地产开发有限公司与彭某股权转让纠纷。

③ 陆某洲、麻某云、合肥中建工程机械有限责任公司、湖北润达工程机械有限公司、郑某钧、杜某霞、郁某文、水某梅、温某涛、叶某某与厦门厦工机械股份有限公司买卖合同纠纷。

开展保函业务的银行和非银行金融机构；二是公司为其直接或间接控制的公司开展经营活动向债权人提供担保；三是公司与主债务人之间存在相互担保等商业合作关系；四是担保合同系由单独或者共同持有公司三分之二以上有表决权的股东签字同意。

笔者建议，随着信息化、大数据技术运用得越来越广泛深入，司法裁判规则可能更加倾向于要求债权人尽到更多的形式审查义务，例如会审查债权人是否已经向作为担保人的公司提出要求，要求公司提供章程、股东会决议等文件来确认其是否已经尽到了善意人注意义务，如果没有，则有可能会认为公司的担保行为无效。

（二）对内担保

《公司法》第16条第2款规定，为股东或者实际控制人提供担保的，必须经出席股东会的其他股东（排除被担保的股东）所持表决权的过半数通过。对内担保在实践中的争议不大，基本上形成的统一观点均认为：担保合同无效。对内担保通常发生在公司为股东的股权转让提供担保的交易中，例如在"对赌"协议中的回购条款、"明股实债"增资扩股协议中的投资方退出条款等。除了投资类交易，在公司重组时，公司为某一股东收购另一股东股权提供担保，尤其是公司为大股东收购小股东股权提供担保也是常见的交易安排。

最高院在（2016）最高法民再128号①案中认为，若该担保未经目标公司股东会决议通过，一般认定担保无效。也有法院虽然判决认定担保无效，但同时认定目标公司对于担保无效也应承担过错责任，如（2017）最高法民再258号②案，最高院判令目标公司承担一半的过错赔偿责任。

此外，如果在股东会决议中未排除关联股东表决，因为作出的决议和签署担保合同仍应当被认定为无效。在（2021）最高法民申4116号③案中，法院认为，担保人为其实际控制人提供担保属于关联担保，受实际控制人支配的股东不得参加担保事项的表决。债权人虽审查了担保事项股东会决议，但股东会决议未排除关联股东表决权，不能因此认定债权人善意，担保合同无效。

（三）让与担保

让与担保是指债权人与担保人订立合同约定，担保人在债权人实现债权之前将担保财产转移至债权人名下，待债务人履行债务后，债权人将该担保财产返还予担保人，如果债务届时未能得到清偿，债权人未能实现债权，债权人有权就担保物优先受偿的一种非典型担保物权。目前法律并没有对让与担保作出明确规定，《九民会议纪要》第71条将让与担保规定为：债务人或者第三人与债权人订立合同，约定将财产形式上转让至债

---

① 强某延与曹某波、山东瀚霖生物技术有限公司股权转让纠纷。

② 通联资本管理有限公司与成都新方向科技发展有限公司、四川久远新方向智能科技有限公司与公司有关的纠纷。

③ 高某峰与徐某佳、长春易逊信息技术有限公司民间借贷纠纷。

权人名下，债务人到期清偿债务，债权人将该财产返还给债务人或第三人，债务人到期没有清偿债务，债权人可以对财产拍卖、变卖、折价偿还债权的，人民法院应当认定合同有效。合同如果约定债务人到期没有清偿债务，财产归债权人所有的，人民法院应当认定该部分约定无效，但不影响合同其他部分的效力。从上位法来说，《民法典》第388条第1款规定“担保合同包括抵押合同、质押合同和其他具有担保功能的合同”。从上述规定和实务来看，既包括了买卖型的具有回赎约定的让与担保，也包括了信托性质的狭义让与担保。

让与担保最早是出现在2013年，最高院在（2013）民提字第135号①案再审阶段中首次肯定了签订房屋买卖合同并办理备案登记为债权进行“非典型担保”的效力，房屋买受人不能直接取得案涉不动产所有权，只能在房屋出让人不能按时归还借款的情况下，以适当的方式（如通过拍卖或者变卖案涉房屋的方式）实现债权。在（2014）民二终字第259号②案中，最高院认为，双方在协议中约定的转让标的是一方在项目公司中的股权和相关权益，股权已于该协议签订的同日分别转让给他人并办理了工商登记手续，但该转让是为融资提供让与担保的，双方的股东权益并不因此而当然丧失。一般而言，让与担保有归属清算型和处分清算型两种实现方式，前者指让与担保权人将标的物予以公正估价，标的物估价如果超过担保债权数额，超过部分的价额应交还给让与担保设定人，标的物所有权由让与担保权人取得；后者指让与担保权人将标的物予以拍卖、变卖，以卖得价金用以清偿债务，如有余额则返还给债务人，具体采取何种实现方式，可由当事人依意思表示一致选择。关于是否违反流质条款问题，我国物权法明确禁止流质（或流押），禁止抵押权人在债务履行期限届满前与抵押人约定债务人不履行债务时抵押财产归债权人所有，以避免债权人乘债务人之急迫而滥用其优势地位，通过压低担保物价值的方式获取暴利。物权法关于禁止流质（或流押）的规定在否定事前归属型让与担保效力的同时，也为清算型让与担保指明了方向，这也是实践中鲜有以违反流质（或流押）为由否定让与担保合同效力的原因。只要我们将其解释为是清算型让与担保，就不存在违反流质（或流押）的问题。更何况作为一种担保方式，让与担保合同中的受让人实质上并不享有所有权或股权，而仅居于担保权人地位，因而不存在违反流质（或流押）条款的问题。

三、法律规定

《公司法》第16条

① 广西嘉美房地产开发有限责任公司与杨某鹏商品房销售合同纠纷。

② 周某与陶某、中住佳展地产（徐州）有限公司等买卖合同纠纷。

《九民会议纪要》第17～19条、第45条、第71条、第89条

《最高人民法院关于适用〈中华人民共和国民法典〉有关担保制度的解释》第7条、第68条、第69条

四、参考案例（9件）

（一）越权担保（3件）

裁判观点：公司为实际控制人与案外人的借款提供担保，案外人未尽到注意义务，担保无效，公司应当承担赔偿责任。

裁判结果：驳回再审申请。担保无效，公司承担赔偿责任。

案例289.（2021）最高法民申4116号，高某峰与徐某佳、长春易逊信息技术有限公司（以下简称易逊公司）民间借贷纠纷。最高人民法院

本案再审审查的主要问题是：案涉600万元的借款是否全部交付；易逊公司应否对全部借款本息承担连带清偿责任。

法院认为：关于易逊公司担保合同的效力问题。根据《公司法》第16条的规定，易逊公司为其实际控制人徐某佳与高某峰的借款提供担保，股东会决议上仅有徐某佳的代持人易逊公司法定代表人张某签字，该担保行为违反《公司法》第16条的规定。高某峰在案涉借款发生及易逊公司提供担保时明知徐某佳为易逊公司实际控制人，但高某峰未尽到应尽的注意义务，未对易逊公司提供的股东会决议是否符合《公司法》第16条的规定作出审查，其不属于《最高人民法院关于适用〈中华人民共和国担保法〉若干问题的解释》（已失效）（法释〔2000〕44号）第11条规定的善意相对人。

裁判观点：法定代表人越权提供担保应认定无效。

裁判结果：部分维持、部分撤销、部分变更。

案例290.（2020）最高法民终1143号，陆某洲、麻某云、合肥中建工程机械有限责任公司（以下简称中建公司）、湖北润达工程机械有限公司（以下简称湖北润达公司）、郑某钧、杜某霞、郁某文、水某梅、温某涛、叶某与厦门厦工机械股份有限公司（以下简称厦门厦工公司）买卖合同纠纷。最高人民法院

本案争议焦点是：（1）湖北润达公司尚欠厦门厦工公司的货款及资金占用费数额。（2）郑某钧、杜某霞、郁某文、水某梅、温某涛、叶某、中建公司、陆某洲、麻某云应否为案涉债务承担保证责任，以及应当承担保证责任的范围。（3）一审法院审理程序是

否合法，具体包括：本案应否追加海翼公司作为第三人参加诉讼；本案应否就案涉货款数额进行审计；本案应否对2012年《担保承诺函》的正文手写部分进行形成时间鉴定。

关于郑某钧、杜某霞、郁某文、水某梅、温某涛、叶某、合肥中建公司、陆某洲、麻某云应否为案涉债务承担保证责任，以及应当承担保证责任的范围。

第一，关于陆某洲、麻某云的保证责任。根据一审查明的事实，陆某洲、麻某云在2012年向厦门厦工公司出具了《担保承诺函》，承诺为润达公司在出具本担保承诺函之前以及出具本承诺函时至2016年12月31日前与厦门厦工公司业务往来中对厦门厦工公司所承担的一切责任与义务（包括但不限于润达公司与厦门厦工公司所签订经销协议及其附件中润达公司应当履行的责任与义务以及润达公司在双方业务往来中所承担的所有债务），在5000万元最高担保额范围内承担连带保证责任。具体担保范围包括……担保责任期间自……上述《担保承诺函》系各方真实意思表示，未违反法律、行政法规的强制性规定，系合法有效合同。案涉货款属于上述《担保承诺函》约定的保证范围，厦门厦工公司在2016年9月18日提起本案诉讼，诉请陆某洲、麻某云承担担保责任，并未超出担保期间。但由于上述《担保承诺函》为最高额保证合同，故一审判决陆某洲、麻某云在5000万元范围内对本案讼争货款及资金占用费承担连带保证责任，并无不当，应予维持。

第二，关于郑某钧、杜某霞、郁某文、水某梅、温某涛、叶某的保证责任。根据一审查明的事实，郑某钧、杜某霞、郁某文、水某梅、温某涛、叶某在2013年1月1日出具《担保承诺函》，承诺为担保函出具之前润达公司与厦门厦工公司业务往来中对厦门厦工公司所承担的一切责任与义务，以及本担保承诺函签署之后润达公司与厦门厦工公司业务往来中对厦门厦工公司所承担的一切责任与义务，包括……保证期间为……现润达公司未依约支付货款，郑某钧、杜某霞、郁某文、水某梅、温某涛、叶某作为保证人应对货款及资金占用费承担相应的保证责任。厦门厦工公司至迟应在2016年4月1日前向郑某钧、杜某霞、郁某文、水某梅、温某涛、叶某主张保证责任，但厦门厦工公司至2016年9月18日提起本案诉讼，对上述担保人主张权利，就该部分债务而言已过保证期间，上述担保人就该部分债务依法不承担保证责任。

第三，关于中建公司的保证责任。中建公司2011年出具的《第三方单位担保书》虽然有沈某霞在法定代表人处签名，并盖有中建公司的公章，但是《公司法》第16条规定，担保行为不是法定代表人所能单独决定的事项，而必须以公司股东（大）会、董事会等公司机关的决议作为授权的基础和来源。法定代表人未经授权擅自为他人提供担保的，构成越权代表，现厦门厦工公司并未提供证据证明以中建公司名义为本案提供的担保经过了中建公司董事会或者股东会的同意，故该担保属于法定代表人未经授权擅自为他人提供担保。因此，《第三方单位担保书》应当认定无效。

《第三方单位担保书》出具之后，厦门厦工公司及时主张了担保权利，并未超出中建公司的保证期间及诉讼时效，现因担保合同无效，中建公司应赔偿相应损失。故中建公司对厦门厦工公司的货款损失，应承担债务人润达公司不能清偿部分二分之一的赔偿责任。

裁判观点：为股东的关联企业提供担保并不等于为股东提供担保，无须排除该股东的表决权。

裁判结果：驳回上诉，维持原判。

案例 291.（2018）川 11 民终 1000 号，周某君、峨眉山市锦琳投资有限责任公司（以下简称锦琳公司）公司决议撤销纠纷。四川省乐山市中级人民法院

本案争议焦点是：对诉争股东会决议，股东武某翔是否有表决权。

法院认为：《公司法》第 16 条的规定是对股东表决权的限制，即将公司对外担保的行为进行区分，当公司为股东或者实际控制人提供担保时，该股东或者实际控制人支配的股东应当回避表决。具体到本案，案涉股东会决议的事项系锦琳投资公司为峨眉山市恒迈酒店有限公司和峨眉山市恒迈酒店管理有限公司对外贷款提供担保，峨眉山市恒迈酒店有限公司系峨眉山市恒迈酒店管理有限公司的全资子公司，尽管锦琳投资公司的股东武某翔是峨眉山市恒迈酒店管理有限公司大股东，本次对外担保系为股东的关联企业提供担保，但因现有证据并不能证明股东武某翔与峨眉山市恒迈酒店有限公司和峨眉山市恒迈酒店管理有限公司存在人格混同的情形，因此，为股东的关联企业提供担保的行为不能等同于为股东提供担保的行为，股东武某翔对案涉股东会所议事项行使表决权并未违反前述规定。

（二）目标公司提供担保（3 件）

裁判观点：目标公司可以为转受让双方的股权交易中的受让方支付转让款提供连带责任担保。

裁判结果：驳回再审申请。

案例 292.（2016）最高法民申 2970 号，广西万晨投资有限公司（以下简称万晨公司）、陈某官股权转让纠纷。最高人民法院

本案争议焦点是：万晨公司是否应该对胡某勇欠付的股权转让款承担连带责任。

法院认为：陈某官对胡某勇欠付的剩余股权转让款 1815 万元及利息向一审法院提起诉讼，其中诉讼请求之一为要求目标公司即万晨公司承担连带责任。万晨公司根据《股权协议书》已于 2012 年 8 月 22 日完成了股权变更登记，陈某官已经不再是万晨公

司的股东，股权转让发生在陈某官、胡某勇两个股东之间，陈某官出让自己持有的万晨公司60%的股权，胡某勇受让股权并应承担支付股权转让款的义务，《股权协议书》约定万晨公司承担连带责任，不存在损害其他股东利益的情形。万晨公司承担连带责任系经过公司股东会决议，是公司意思自治的体现，并不违反法律强制性规定。万晨公司是本案的当事人，在一审中对陈某官主张其承担连带责任并没有提出异议，二审判决认定当事人对此不持异议，且法院主动对公司的自治情况进行司法干预不妥正确，二审判决依据本案事实判决万晨公司承担连带责任并无不当。

裁判观点：经公司股东会尽到审慎注意和形式审查义务的决议，并不损害公司和公司的中小股东利益，公司为股东之间股权转让提供担保有效的，应当承担连带清偿责任。

裁判结果：撤销二审判决，部分维持一审判决。

案例293.（2016）最高法民再128号，强某延与曹某波、山东瀚霖生物技术有限公司（以下简称瀚霖公司）股权转让纠纷。最高人民法院

本案争议焦点是：案涉《补充协议书》所约定瀚霖公司担保条款的效力问题。

二审法院认为：瀚霖公司担保条款无效的主要裁判理由系担保条款使股东获益脱离公司经营业绩，悖离公司法法理精神，使强某延规避了交易风险，严重损害瀚霖公司其他股东和债权人的合法利益。

再审法院认为：合同无效的判定严格遵循法定主义，本案二审判决否定担保条款效力的裁判理由不符合《合同法》关于合同无效的各类法定情形，该项认定已违反合同法基本规则，构成适用法律错误。案涉《补充协议书》所约定担保条款合法有效，瀚霖公司应当依法承担担保责任，理由如下：

其一，强某延已对瀚霖公司提供担保经过股东会决议尽到审慎注意和形式审查义务。案涉《增资协议书》载明……两份协议书均由瀚霖公司盖章及其法定代表人签名。对于债权人强某延而言，增资扩股、股权回购、公司担保本身属于链条型的整体投资模式，基于《增资协议书》及《补充协议书》的上述表述，强某延有理由相信瀚霖公司已对包括提供担保在内的增资扩股“一揽子”事项通过股东会决议，曹某波已取得瀚霖公司授权代表公司对外签订担保条款，且瀚霖公司在本案审理中亦没有提交其他相反证据证明该公司未对担保事项通过股东会决议，故应当认定强某延对担保事项经过股东会决议已尽到审慎注意和形式审查义务，因而案涉《补充协议书》所约定担保条款对瀚霖公司已发生法律效力。

其二，强某延投资全部用于公司经营发展，瀚霖公司全体股东因此而受益，故应当

承担担保责任。《公司法》（2013 年）第 16 条之立法目的，系防止公司大股东滥用控制地位，出于个人需要、为其个人债务而由公司提供担保，从而损害公司及公司中小股东权益。本案中，案涉担保条款虽系曹某波代表瀚霖公司与强某延签订，但是 3000 万元款项并未供曹某波个人投资或消费使用，亦并非完全出于曹某波个人需要，而是全部投入瀚霖公司资金账户，供瀚霖公司经营发展使用，有利于瀚霖公司提升持续盈利能力。这不仅符合公司新股东强某延的个人利益，也符合公司全体股东的利益，瀚霖公司本身是最终的受益者。即使确如瀚霖公司所述并未对担保事项进行股东会决议，但是该担保行为有利于瀚霖公司的自身经营发展需要，并未损害公司及公司中小股东权益，故不违反《公司法》（2013 年）第 16 条之立法目的。因此，认定瀚霖公司承担担保责任，符合一般公平原则。

裁判观点：目标公司为受让股东向转让股东承担转让款的担保责任从而导致股东以股权转让方式从公司抽回出资的，该担保无效。

裁判结果：部分维持一审判决，部分改判，部分撤销。

案例 294. (2012) 民二终字第 39 号，玉门市勤峰铁业有限公司（以下简称勤峰公司）、汪某峰、应某吾与李某平、王某刚、董某股权转让纠纷。最高人民法院

本案争议焦点是：（1）《股权转让协议》《还款协议》的效力；（2）汪某峰、应某吾、勤峰公司依据《股权转让协议》《还款协议》的约定还应向李某平等三人给付哪些款项，其利息及违约金应如何计算。

法院认为：关于《股权转让协议》《还款协议》的效力。关于《股权转让协议》的效力。原审判决认定《股权转让协议》有效并无不妥，汪某峰、应某吾关于《股权转让协议》无效的理由最高院未予支持。关于《还款协议》的效力……《还款协议》约定，汪某峰、应某吾依据《股权转让协议》应向李某平等三人支付的 1700 万元和 100 万元共计 1800 万元转化为其债务，勤峰公司承诺对该笔债务提供担保。该约定不符合《公司法》（2005 年）第 36 条关于股东缴纳出资后不得抽回的规定。李某平等三人与汪某峰、应某吾等人原均为勤峰公司股东，其间发生股权转让由公司提供担保，即意味着在受让方不能支付股权转让款的情形下，公司应向转让股东支付转让款，从而导致股东以股权转让的方式从公司抽回出资的后果。公司资产为公司所有债权人债权的一般担保，《公司法》规定股东必须向公司缴纳其认缴的注册资本金数额，公司必须在公司登记机关将公司注册资本金及股东认缴情况公示，在未经公司注册资本金变动及公示程序的情形下，股东不得以任何形式用公司资产清偿其债务构成实质上的返还其投资。因此，

《还款协议》中关于勤峰公司承担担保责任的部分内容，因不符合《公司法》的有关规定，应认定无效，勤峰公司不应承担担保责任。除关于利息及违约金的约定和勤峰公司承担担保责任的约定外，《还款协议》的其他约定合法有效。

关于汪某峰、应某吾、勤峰公司依据《股权转让协议》《还款协议》的约定还应向李某平等三人给付哪些款项，其利息及违约金应如何计算的问题。略。

（三）让与担保（3件）

裁判观点：让与担保的认定。

裁判结果：驳回上诉，维持原判。

案例295.（2018）最高法民终119号，修水县巨通投资控股有限公司（以下简称修水巨通）与福建省稀有稀土（集团）有限公司（以下简称稀土公司）及江西巨通实业有限公司（以下简称江西巨通）合同纠纷。最高人民法院

本案争议焦点是：案涉《股权转让协议》的性质和效力应如何认定；稀土公司能否取得江西巨通48%的股权；江西巨通是否应列为本案二审被上诉人。

法院认为：关于案涉《股权转让协议》的性质和效力应如何认定的问题。关于案涉《股权转让协议》的性质。最高院认为，就立法例考察，让与担保是大陆法系德日等国经由判例、学说所形成的一种非典型的担保方式。我国经济活动和担保实务中亦多有运用。2015年9月1日施行的《最高人民法院关于审理民间借贷案件适用法律若干问题的规定》第24条的规定，系在司法解释层面上对让与担保制度的规范和调整。本案中，修水巨通与稀土公司之间关于《股权转让协议》是担保合同抑或股权转让的性质之争，系让与担保司法认定中的常见争议。通常所谓的让与担保，是指债务人或第三人为担保债务人的债务，将担保标的物的所有权等权利转移于担保权人，而使担保权人在不超过担保之目的范围内，于债务清偿后，担保标的物应返还于债务人或第三人，债务不履行时，担保权人得就该标的物优先受偿的非典型担保。作为一种权利移转型担保，让与担保是以转让标的物权利的方式来达成债权担保的目的，包含让与和担保两个基本要素。这两个基本要素的存在，使得司法实践中对让与担保的定性争议集中在担保抑或转让的性质之争上，存在区分困难。最高院认为，案涉《股权转让协议》在性质上应认定为让与担保。理由如下：

第一，稀土公司与修水巨通之间存在债权债务关系。2013年9月5日，修水巨通与稀土公司签订《股权转让协议》，该协议第2.3.1条“背景情况”约定，中铁信托与修水巨通签订《借款合同》，向修水巨通提供8亿元的融资贷款；为担保修水巨通履行

《借款合同》项下的义务和责任，稀土公司与中铁信托签订《质押合同》《保证合同》，向中铁信托提供股权质押担保和连带责任保证；同时，修水巨通、刘某平、邹某英与稀土公司签订的《担保和反担保协议》，向稀土公司提供反担保。前述所涉协议均已签订并实际履行，稀土公司作为修水巨通所负借款债务的担保人及反担保权人，对修水巨通享有将来债权。如修水巨通将来未依约偿还借款债务，稀土公司作为担保人承担担保责任后，对修水巨通享有追偿权。需要指出的是，虽该债权系具有不特定性的将来债权，但在让与担保的设定中，被担保债权不以已经存在的现实债权为必要，将来变动中的不特定债权，亦可成为担保对象。

第二，债务人修水巨通与债权人稀土公司之间具有转让案涉股权的外观。《股权转让协议》标题中采用了“转让”的用语，并在第 2 条、第 3 条、第 4 条分别约定了转让安排、转让价款和变更登记等事项。2013 年 9 月 5 日，修水巨通作出《股东会决议》，全体股东一致同意转让其在江西巨通的 48% 股权。同日，江西巨通作出《股东会决议》，全体股东一致同意修水巨通的股权对外转让，其他股东书面确认放弃优先购买权。虽修水巨通上诉主张，其股东在《股东会决议》上签字，目的系出于提供担保而非转让，但并未否定《股东会决议》上签字的真实性。2013 年 9 月 6 日，目标公司江西巨通完成股权变更登记，案涉 48% 的股权变更登记在稀土公司名下。案涉股权转让，在转让人和受让人等各方当事人之间已经达成合意、符合《公司法》上有限公司股权转让的条件和程序，并已经公示、变更登记至受让人名下，在外观上实现了权利转移。

第三，案涉股权虽已变更登记至稀土公司名下，但该转让系以担保债权实现为目的，稀土公司作为名义上的股权受让人，其权利范围不同于完整意义上的股东权利，受担保目的等诸多限制。（1）案涉股权转让与借款债务是否清偿、担保责任承担与否密切关联。《股权转让协议》第 2. 3. 1 条约定，该协议应与《借款合同》、《质押合同》、《保证合同》以及《担保与反担保协议》作整体考量。（2）案涉股权转让附有解除条件，无论条件满足与否，均有目标股权回复至修水巨通名下的可能。《股权转让协议》第 2. 3. 2 条、第 2. 3. 3 条约定，案涉股权转让附有解除条件，在修水巨通按时足额向中铁信托清偿了《借款合同》项下的债务，未发生稀土公司为修水巨通承担质押担保责任或保证责任的情况，修水巨通向稀土公司按时足额付清了《担保与反担保协议》项下的担保费，且《担保与反担保协议》及其附件所述应付款项本息已经付清时，修水巨通、稀土公司均享有合同解除权，将目标股权恢复至本协议生效之前的状态。

综上所述，《股权转让协议》在转让目的、交易结构以及股东权利等方面，均具有不同于单纯的股权转让的特点，其权利义务内容及实际履行情况，符合让与担保的基本架构，系以股权转让的方式实现担保债权的目的，其性质应认定为股权让与担保。

关于《股权转让协议》的效力问题。最高院认为，对让与担保效力的质疑，多集中在违反物权法定原则、虚伪意思表示和回避流质契约条款之上。其中，违反物权法定原则的质疑，已在物权法定原则的立法本意以及习惯法层面上得以解释，前述《最高人民法院关于审理民间借贷案件适用法律若干问题的规定》（2015 年）第 24 条的规定，即属对让与担保的肯定和承认；而回避流质契约条款可能发生的不当后果，亦可为让与担保实现时清算条款的约定或强制清算义务的设定所避免。至于让与担保是否因当事人具有通谋的虚伪意思表示而无效，应在现行法律规定以及当事人意思表示这两个层面来检视。就现行法律规定而言，根据《合同法》第 52 条规定，规定并未将单纯的通谋虚伪意思表示列为合同无效的法定情形。根据《民法总则》第 146 条规定，如当事人之间存在通谋的虚假意思表示，基于该虚假意思表示实施的民事法律行为应为无效。由此，让与担保是否无效的关键在于，当事人是否具有通谋的虚假意思表示。对此，实践中多有误解，认为让与担保中，债务人将标的物权利转移给债权人，仅仅属于外观形式，其真实意思是设定担保，故为双方通谋而为虚假的转移权利的意思表示，应为无效。但事实上，在让与担保中，债务人为担保其债务将担保物的权利转移给债权人，使债权人在不超过担保目的的范围内取得担保物的权利，是出于真正的效果意思而做出的意思表示。尽管其中存在法律手段超越经济目的的问题，但与前述禁止性规定中以虚假的意思表示隐藏其他法律行为的做法，明显不同，不应因此而无效。

本案中，《股权转让协议》约定了转让标的、转让价款、变更登记等事项，江西巨通、修水巨通均就股权转让事宜作出股东会决议，案涉股权亦办理了变更登记手续，具备股权转让的外在表现形式。修水巨通虽提供黄某、叶某花等证人证言，拟证明其同意转让案涉股权的目的在于提供担保，但此种事实恰恰符合让与担保以转移权利的手段实现担保债权目的的基本架构，不构成欠缺效果意思的通谋的虚假意思表示，其据此主张《股权转让协议》无效，于法无据。且《股权转让协议》第 3.1 条约定了清算条款，不违反流质条款的禁止性规定。故《股权转让协议》系各方当事人通过契约方式设定让与担保，形成一种受契约自由原则和担保经济目的双重规范的债权担保关系，不违反法律、行政法规的禁止性规定，应为合法有效。

裁判观点：以股权设定让与担保并办理变更登记后，让与担保权人同意以该股权为第三人对债务人的债权设定质押并办理质押登记的，第三人对该股权应优于让与担保权人受偿。

裁判结果：撤销一审判决，改判。

案例 296.（2019）最高法民终 133 号，黑龙江闽成投资集团有限公司（以下简称闽成公司）与西林钢铁集团有限公司（以下简称西钢公司）、刘某平民间

借贷纠纷。最高人民法院

本案争议焦点是：（1）闽成公司出借给西钢公司借款本金数额及计息标准。（2）西钢公司以龙郡公司股权作价并转让以抵偿欠付闽成公司债务的约定，是否有效；约定转让的股权是否具备抵债条件；对约定转让的股权，由第三方作出的评估报告能否采信；协议是否实际履行。（3）刘某平所持翠宏山公司64%股权的性质及效力，闽成公司是否有权就该股权优先受偿；一审适用《企业破产法》第16条规定，驳回闽成公司以刘某平所持股份变价款优先受偿的诉请，适用法律是否正确。（4）一审程序是否合法，包括：西钢公司申请对案涉八份借款合同是否为同一时间形成进行文件鉴定，一审未予准许，是否违反法定程序；一审未按西钢公司列出的提纲询问刘某平、部分庭审刘某平本人未到庭，诉讼程序是否合法；一审应否裁定中止本案诉讼程序，等待（2018）黑07民初32号案件裁判结果。

法院认为：当事人以签订股权转让协议方式为民间借贷债权进行担保，此种非典型担保方式为让与担保。在不违反法律、行政法规效力性强制性规定的情况下，相关股权转让协议有效。签订股权让与担保协议并依约完成股权登记变更后，因借款人未能按期还款，当事人又约定对目标公司的股权及资产进行评估、抵销相应数额债权、确认此前的股权变更有效，并实际转移目标公司控制权的，应认定此时当事人就真实转让股权达成合意并已实际履行。以此为起算点一年以后借款人才进入重整程序，借款人主张依《企业破产法》相关规定撤销该以股抵债行为的，不应支持。

对于股权让与担保是否具有物权效力，应以是否已按照物权公示原则进行公示作为核心判断标准。在股权质押中，质权人可就已办理出质登记的股权优先受偿。在已将作为担保财产的股权变更登记到担保权人名下的股权让与担保中，担保权人形式上已经是作为担保标的物的股权持有者，其就作为担保的股权所享有的优先受偿权利，更应受到保护，原则上享有对抗第三人的物权效力。当借款人进入重整程序时，确认股权让与担保权人享有优先受偿的权利，不构成《企业破产法》第16条规定所指的个别清偿行为。以股权设定让与担保并办理变更登记后，让与担保权人又同意以该股权为第三人对债务人的债权设定质押并办理质押登记的，第三人对该股权应优于让与担保权人受偿。

裁判观点：让与担保法律关系的成立，需债务人或者第三人与债权人之间达成用债务人或者第三人所拥有的财产来对债务人所负债务到期履行设定担保意思表示的合意。

裁判结果：驳回再审申请。让与担保不成立。

案例297.（2021）最高法民申1697号，蔡某东、怀化金顺房地产开发有限公司（以下简称金顺公司）物权确认纠纷。最高人民法院

法院认为：让与担保是指债务人或者第三人为担保债务的履行，将标的物转移给他人，于债务不履行时，该他人可就标的物受偿的一种非典型担保。根据《九民会议纪要》第71条规定，可见让与担保法律关系的成立需债务人或者第三人与债权人之间达成用债务人或者第三人所拥有的财产来对债务人所负债务到期履行设定担保意思表示的合意。本案中，虽然……网签至周某桃以及蔡某东名下，但并未进行法律规定的不动产变更登记，案涉房产的所有权仍属于金顺公司所有。蔡某东主张……所负债务进行担保的意思表示。但上述行为的发生并不必然产生让与担保的法律效果，且根据金顺公司一审答辩意见以及二审庭审中的陈述，金顺公司对于雄风公司法定代表人周某桃将案涉房产变更网签至蔡某东名下以担保该公司与蔡某东借贷关系的担保行为不予认可，亦没有要为宝庆投资公司、雄风公司的债务提供担保的意思表示，因此蔡某东的再审申请主张并无充分事实依据支撑，原判决认定蔡某东与金顺公司之间以案涉房产为标的物的让与担保法律关系不成立，并无不当。

第二十三条

对外投资

一、示范条款

公司下列对外投资行为，必须经【股东会/董事会】【普通决议/特殊决议/其他决议】表决权同意：

1. 公司累计对外投资总额达到或超过最近一期经审计净资产的【30%】以后的任何金额；

2. 公司累计对外投资总额达到或超过最近一期经审计总资产的【20%】以后的任何金额；

3. 单笔投资金额超过最近一期经审计净资产【10%】；

4. 向资产负债率超过【50%】的目标投资。

不符合上述规定对外投资的，由行为人承担相应责任。

【资产比例】可以参考“净资产的30%”或者“总资产的20%”。

【决策机构】可根据公司主营业务情况和运营阶段，设定由股东会或者董事会作出决策，或者将不同金额或条件由不同机构作出决策。

二、条款解释

对外投资并不是《公司法》规定的公司章程的必备条款，公司法和相关法律也并未规范公司对外投资行为，并没有特殊的要求。但在实务中，公司未经内部合法程序对外投资是容易引起股东纠纷的一个事由。本条款需要规范的问题是：公司对外投资的决策程序和权限，超出公司自有资金的对外投资引起的纠纷如何追责。

例如，公司注册资本仅有500万元，但是公司对外签署的投资协议约定的投资总额却高达3000万元，在这种情况下，显然公司的自有资金是无法支持到以公司为主体的对外投资行为的，如何出资？是由股东增资还是由公司贷款来增加公司的自有资金？实务中通常是公司的股东以其个人的资金替代公司向目标出资，但此种情况下容易造成投资协议是公司作为当事人，但实际出资人是公司的股东，这种不一致的情况。当被投企业经营状况良好可以分配红利时，或者经营情况不良触发投资退出条件时就很容易发生纠纷。目标公司有盈利可分配红利时，实际出资人会说我才是投资人，公司虽然作为合同当事一方但并未出资，要把投资回报分给我；实际控制公司的大股东或者小股东又会说，公司是合同当事人，要把投资回报给公司，目标公司在面对纠纷时干脆就不分红。还有另外一种情况，法定代表人或者是负责人在未经股东会决议通过的情况下擅自签署了投资协议，签署后，却未能在股东间达成一致，部分股东不肯增资，投资协议的另一方当事人向公司主张违约责任。在此种情况下，签署投资协议的行为人要承担什么责任？公司依约定对外承担了违约责任后，是否可以向行为人主张赔偿？如果行为人是股东，责任如何设定；如果行为人是职业经理人，责任又如何设定。笔者建议股东在制定章程时可增加此条款，避免公司在对外承担责任后无处可追偿。

此外，对于以投资为主营业务的公司，例如各类私募投资机构（包括有限合伙企业），这一类型的企业有相对较为成熟的市场规则，不在本条款内作重点讨论。

三、法律规定

《公司法》第16条

《九民会议纪要》第17~19条

四、参考案例（1件）

裁判观点：投资协议约定的条款是双方真实意思表示，合同各方当事人应当遵守。

裁判结果：驳回上诉，维持原判。

案例298.（2019）最高法民终1642号，中国吉林森林工业集团有限责任公司（以下简称吉林森工集团）与鹰潭蓝海济世投资管理有限合伙企业（以下简称蓝海济世合伙企业）股权转让纠纷。最高人民法院

本案争议焦点是：（1）双方在《股权转让合同》中约定的违约金是否过高，应否进行调整；（2）吉林森工集团应否承担蓝海济世合伙企业为本案诉讼支付的诉讼保全责任保险费、律师费。

法院认为：关于第一个焦点问题：本案为股权投资纠纷，并非民间借贷纠纷，股权

投资收益与民间借贷的利息等收益存在本质差别。案涉双方均系成熟、专业的商事交易主体，对交易模式、风险及其法律后果应有明确认知。双方所签《股权转让合同》合法有效，其中……双方应当遵守。虽然本案投资溢价率与违约金标准合计为年利率28.25%，相对于目前《最高人民法院关于审理民间借贷案件适用法律若干问题的规定》（2015年）规定的利率保护上限24%稍高，但考虑本案并非民间借贷纠纷，一审法院未按此进行调整，并不属于适用法律错误的情形，最高院对此予以维持。

关于第二个焦点问题：《股权转让合同》第11条第2款约定："……除非生效法律文书另有规定，双方为解决争议而实际支付的费用（包括但不限于诉讼费和合理的律师费）由败诉方承担"。依据该条约定，蓝海济世合伙企业诉请吉林森工集团支付诉讼保全责任保险费、律师费，现蓝海济世合伙企业提供了上述费用的付款凭证、发票等证据，证明其已实际支付。应当认为，上述费用属必要且合理之费用。虽然法律并无败诉方承担股权转让纠纷案件中胜诉方律师费等费用的明文规定，但由于双方对此费用承担问题达成合意，该合意不涉及他人利益，法律对此并不禁止。

第二十四条

股权质押

一、示范条款

股东将其持有的部分或全部股权质押给他人的，应当在拟签署质押文件的三日前告知公司和其他股东，并在签署质押文件的三日内将质押文件向公司和其他股东备案。公司或其他股东可要求该股东出具保证或提供担保，否则股东会可决议在股权被质押期间，该股东对被质押部分的股权无表决权。

因质押给公司或其他股东造成损失的，由该股东承担赔偿责任。

股权质押的，公司应当将质押情况登记在股东名册，质押权利注销的，应当变更股东名册的信息。

【质押审批或备案】质押是否需要公司或股东会事前同意，或者是在事后履行备案手续，如果未遵守章程规定，股东会是否可限制该股东的权利。对此，股东可根据立场和实际经营管理的参与程度确定。

二、条款解释

股权质押作为一种融资的手段在实务中使用的很多，因为有限责任公司的股权质押并不影响股东权利的行使，股东既可以将股权临时融资贷款，又可以继续经营管理公司，除非章程有特殊规定，但如果章程对股权质押没有细致规定，就有可能导致股东因个人原因将其股权质押后未告知公司，公司和其他股东不知情，公司无法办理增减资手续、无法有效融资引起纠纷，或者其他股东的股权转让无法办理变更登记。笔者办理过的一个诉讼案件即是如此，财务投资者在第二轮增资后去办理变更登记时才发现有股东将其股权办理了质押登记，导致登记机关不给办理增资。虽然股东间实际签署的协议或修订的章程对股东具有效力，但对于新的财务投资者来说，还要对外公示的登记效果，因此发生了一系列诉讼，最终导致该公司陷入僵局。本条款要规范的问题是：股权质押应当履行什么样的前置或者后置的程序，违反规定的是否要承担责任、承担什么责任，瑕疵股权的质押和质押后股东权利行使。

第一，股权质押的登记。股权属于动产的一种，但目前在我国，除了不动产抵押有明确的法律规定的办理程序外，对于车辆、飞机、船舶、债券、基金份额和股权等特殊动产的质押登记并没有明确的法律规定。2022 年 2 月 1 日起正式实施的《动产和权利担保统一登记办法》第 2 条规定："纳入动产和权利担保统一登记范围的担保类型包括：……（七）其他可以登记的动产和权利担保，但机动车抵押、船舶抵押、航空器抵押、债券质押、基金份额质押、股权质押、知识产权中的财产权质押除外。"《民法典》第 443 条也规定："……股权出质的，质权自办理出质登记时设立……"最高院在《关于人民法院强制执行股权若干问题的规定》（法释〔2021〕20 号）第 6 条规定的"……股权冻结自在公示系统公示时发生法律效力"也与《民法典》规定的质权生效条件是一致的。2021 年 1 月 1 日生效的《股权出质登记办法》对不同类型公司的股权质押如何办理登记作出了进一步详细的规定。还有个别省份对股权的出质作出了进一步的规定，例如上海市《关于加强本市股权托管交易市场非上市股份公司登记服务的意见》（沪金融办〔2013〕343 号）明确指出：相关企业和股东可以持有上海股权托管交易中心出具的有关股权托管登记证明材料，向本市工商部门办理载明股东情况的章程备案和股权出质登记。湖南省《关于规范开展非上市企业股权登记托管和股权质押融资工作的指导意见》（湘金监发〔2021〕21 号）优化股权出质流程：出质人和质权人在签订股权质押合同后，到市场监管部门办理股权出质登记。股权出质登记后，由股权登记托管机构对出质股权在股东名册上进行记载。商业银行股权质押还要符合《中国银监会关于加强商业银行股权质押管理的通知》（银监发〔2013〕43 号）有关要求。

第二，质押是否需要履行必备的程序，事前是否需要经过其他股东同意，或者章程能否限制股东质押其股权；事后是否需要向公司和其他股东告知和备案，法律没有直接对此作出规定。有观点认为，有限责任公司在办理股权质押的工商变更时，不需要股东会同意，也不需提前通知其他股东，但应确认公司章程对股权出质有无特殊规定或限制，如有，需要遵守公司章程约定。但如果公司章程对股东质押其股权作出了特殊的约定，应当经股东会表决通过否则不得质押，该规定对股权质押的效力是否构成影响？湖北省人民政府办公厅《关于公布与优化营商环境不一致的规范性文件及证明事项专项清理结果的通知》（鄂政办发〔2021〕12 号），将《湖北省人民政府办公厅关于转发湖北省股权质押融资办法的通知》（鄂政办发〔2015〕31 号）第三部分序号（八）及内容修改为"（七）借款人向贷款人申请办理股权质押融资，应按规定向贷款人提交书面申请及贷款人要求的其他相关资料。出质股权须取得公司许可的，还应提交公司同意出质的决议”。但这仅是个别省份的文件，从上位法来说并无限制性规定。北京市西城区法院在（2018）京0102民初10955号[①]案中即持否定观点，法院从《合同法》（已失效）第52条规定的无效情形，《担保法》（已失效）第78条第3款规定的股份出质，《公司法》第71条规定的股权转让，《物权法》（已失效）第226条、第178条规定的出质登记和担保效力的问题，《工商行政管理机关股权出质登记办法》第7条的规定，认为并没有规定要求其他股东同意。

第三，瑕疵股权质押的问题。有瑕疵的股权能否质押或再次质押？质押后股权是否受到影响？例如，有瑕疵的且已被质押的股权能否转让？已经被冻结的股权或者已经质押的股权能否再次质押？依据《最高人民法院关于人民法院民事执行中查封、扣押、冻结财产的规定》第24条第1款规定，被执行人就已经查封、扣押、冻结的财产所作的移转、设定权利负担或者其他有碍执行的行为，不得对抗申请执行人。依据《最高人民法院关于人民法院强制执行股权若干问题的规定》（法释〔2021〕20号）第7条规定，被执行人就被冻结股权所作的转让、出质或者其他有碍执行的行为，不得对抗申请执行人。上述规定说明，就冻结财产的处分行为，不得对抗申请执行人，但并没有否定该行为的效力。换言之，即使在法院对财产采取查封、冻结之后，财产权利人就标的物所做的处分仍属有效，且可以对抗除申请执行人之外的其他所有人。《最高人民法院关于适用〈中华人民共和国民法典〉有关担保制度的解释》第37条第2款规定，当事人以依法被查封或者扣押的财产抵押，抵押权人请求行使抵押权，经审查查封或者扣押措施已经解除的，人民法院应予支持。抵押人以抵押权设立时财产被查封或者扣押为由主张抵押合同无效的，人民法院不予支持。但2016年修订的《工商行政管理机关股权出质登记办法》第5条规定，申请出质登记的股权应当是依法可以转让和出质的股权。对于已经被依法冻结的股权，在解除冻结之前，不得申请办理股权出质登记。上述多部法规或解释对股权的质押和质押后权利限制问题作出了略有不同的规定，但并没有否认股权冻结后再质押的效力问题，只是会面临较大的风险。

第四，质押后的股权权利是否受到影响，是否影响转让？《民法典》已不再限制已抵押财产的转让。此处的转让，不局限于转让合同，也包括转让登记行为。依据《民法典》第443条第2款规定，基金份额、股权出质后，不得转让，但是出质人与质权人协商同意的除外。出质人转让基金份额、股权所得的价款，应当向质权人提前清偿债务或者提存。有观点认为，该条款规定的意思是该转让行为无效。但《民法典物权编理解与

---

① 王某某诉孙某、王某涛股权质权纠纷。

适用》一书的作者[①]认为，有必要区分不同的情形处理，即类似于《公司法》对公司对外担保的规定，要看第三人的行为是否符合善意取得的要件，而不应拘泥于规定是效力性强制规定还是管理性强制规定。最高院在（2019）最高法民申 2778 号[②]案、山东省高院在（2016）鲁民终 1838 号[③]案中，均认为转让股权的合同效力与出质与否并无直接关系。

第五，股权在质押后产生的孳息如何分配？质押的效力及于孳息，但此处的孳息是指设定质押后的任何孳息还是主张质押权后至实现质押期间所派生的孳息？依据《民法典》第 430 条规定，质权人有权收取质押财产的孳息，但是合同另有约定的除外。前款规定的孳息应当先充抵收取孳息的费用。《最高人民法院关于人民法院执行工作若干问题的规定（试行）》第 38 条第 2 款规定，冻结投资权益或股权的，应当通知有关企业不得办理被冻结投资权益或股权的转移手续，不得向被执行人支付股息或红利。被冻结的投资权益或股权，被执行人不得自行转让。从上述规定可以看出，质押的孳息从质权设立后开始计算，有约定从约定，无约定的质权人有权收取。最高院在（2019）最高法民申 6792 号[④]案中即持此观点。

三、法律规定

《民法典》第十八章

《最高人民法院关于适用〈中华人民共和国民法典〉有关担保制度的解释》第 37 条

《动产和权利担保统一登记办法》

《工商行政管理机关股权出质登记办法》

《最高人民法院关于人民法院民事执行中查封、扣押、冻结财产的规定》第 24 条

《最高人民法院关于人民法院强制执行股权若干问题的规定》

《最高人民法院关于人民法院执行工作若干问题的规定（试行）》（2020 年）第 38 条

四、参考案例（7 件）

裁判观点：质权人不同意的情况下，被质押的股权不得处置。

裁判结果：驳回执行异议申请。

---

① 参见最高人民法院民法典贯彻实施工作领导小组主编：《中华人民共和国民法典物权编理解与适用》，人民法院出版社 2020 年版。

② 李某祥与曹某龙确认合同效力纠纷。

③ 上海永鼎投资中心（有限合伙）与曹某波股权转让合同纠纷。

④ 中信银行股份有限公司重庆分行与甘肃新元车业有限公司、重庆强联发投资集团有限公司申请执行人执行异议之诉。

案例299. （2019）沪0109执异110号，上海源晟实业有限公司（以下简称源晟公司）与江苏元通能源发展有限公司（以下简称元通公司）等买卖合同纠纷。上海市虹口区人民法院

法院认为：《物权法》（现为《民法典》物权编）第226条规定，以基金份额、证券登记结算机构登记的股权出质的，质权自证券登记结算机构办理出质登记时设立；以其他股权出质的，质权自工商行政管理部门办理出质登记时设立。以基金、股权出质后，不得转让，但经出质人与质权人协商同意的除外。根据已查明事实，本案中系争股权已在元通公司与新沂银行进行股权转让之前依法在徐州市工商行政管理局办理了质押登记，该质权已经在（2014）虹民二（商）初字第735号生效民事调解书中予以确认并可作为该案执行标的，而源晟公司作为质权人对该股权转让行为亦不同意，故新沂银行与元通公司之后的系争股权转让依法无效，对新沂银行要求中止对元通公司持有的陇海银行500万股股权的冻结行为的申请，法院依法不予支持。

裁判观点：股东对外出质股权，无须经过半数股东同意。

裁判结果：驳回原告要求确认质押协议无效的请求。

案例300. （2018）京0102民初10955号，王某与王某涛等股权质权纠纷。北京市西城区人民法院

法院认为：《物权法》第226条第1款并未规定股东对外出质股权时应当经过公司过半数股东同意。且根据《物权法》（已失效）第178条的规定……同时，《工商行政管理机关股权出质登记办法》第7条规定……因此，本案中孙某与王某涛的质押行为的效力认定应当依据《物权法》的相关规定予以确认，故王某关于《股权质押协议》违反法律规定无效的主张，因缺乏法律依据，法院不予支持。

裁判观点：债务人以自己在农商行的股权出质，与信托公司签订了股权质押合同，工商局给予办理了股权质押登记手续，故即使存在农商行公司章程规定的“股权限制转让”条款，该条款也不能否认案涉股权对外出质的合法性，至于是否到原银监会备案，也不能否认案涉股权质权登记的对外公示效力。

裁判结果：驳回再审申请。

案例301. （2020）最高法民申2846号，夏某亮与中航信托股份有限公司（以下简称中航信托公司）执行分配方案异议之诉。最高人民法院

本案争议焦点是：中航信托公司就凯达公司、博鸣公司所持有的运城农商行的股权

在财产分配方案中是否享有质权优先权。

法院认为：（1）中航信托公司向凯达公司、博鸣公司发放贷款的信托贷款业务，确属运城农商行借助中航信托公司开展的通道业务。其一，根据运城农商行与浙江稠州商业银行股份有限公司（以下简称稠州银行）签订的《委托定向投资业务合作总协议》，稠州银行、方正证券股份有限公司（以下简称方正证券）、招商银行股份有限公司天津分行签订的《方正证券赢策158号定向资产管理合同》，方正证券与中航信托公司签订的信托贷款合同，中航信托公司分别与凯达公司、博鸣公司签订的信托贷款合同及股权质押合同，方正证券与运城农商行签订的《信托受益权转让协议》等一系列证据，可知运城农商行是交易的起始环节和实际出资方，系实质上的委托人、管理人、受益人，运城农商行通过层层委托、环环相扣的信托计划和交易，将其资金贷给其股东凯达公司、博鸣公司。其二，根据江西银监局赣银监信复〔2018〕44号信访事项答复意见书载明的内容显示，信托项目立项审批流程中注明"项目主导方和风险承担者运城农商行"，"实质委托人：运城农商行"，可知，中航信托公司当时知晓案涉信托计划的实际委托人为运城农商行。由此，运城农商行自主决定设立信托计划，向其股东凯达公司、博鸣公司发放贷款，决定信托利益分配，并自行承担信托资产的风险管理责任和相应风险损失，而中航信托公司却不承担主动管理职责，此种情形应当认定为通道业务。

（2）按照"新老划断"原则在过渡期内不宜认定案涉信托合同无效。对于夏某亮所主张的设立上述通道业务的真实目的是规避《公司法》第142条第4款的禁止性规定，由此该信托贷款所涉合同因设立信托计划目的违法而均为无效，最高院认为，根据《中国人民银行、中国银行保险监督管理委员会、中国证券监督管理委员会、国家外汇管理局关于规范金融机构资产管理业务的指导意见》（银发〔2018〕106号），在对信托通道业务作出否定性评价的同时，也设置了过渡期。该意见第22条规定"金融机构不得为其他金融机构的资产管理产品提供规避投资范围、杠杆约束等监管要求的通道服务"，同时也在第29条明确按照"新老划断"原则，将过渡期设置为截至2020年年底，以确保平稳过渡。在过渡期内，对于存量通道业务，如果不存在法律规定的其他无效情形，一方仅以信托计划设立目的违法为由主张所涉合同无效的，人民法院不予支持。夏某亮并未举证证明本案存在法律规定的其他无效情形。原审认定本案所涉合同有效并无不当。本案所涉合同的签订时间为2014年至2017年，属于过渡期内的存量通道业务，对于委托人和受托人之间的权利义务关系，应以合同约定加以确定。本案中航信托公司分别与凯达公司、博鸣公司到运城市工商局办理了股权质押登记手续，合同约定的质押权人亦为中航信托公司，且案涉信托受益权已由运城农商行转让给其他公司。故原审据此认定中航信托公司就凯达公司、博鸣公司所持有的运城农商行的股权在财产分配方案中享有质权优先权，认定事实清楚，处理结果亦无不当。

裁判观点：交易场所外的股权转让没有禁止性规定，可以自由转让，质押的股权也可以交付，冻结的股权也可以转让。

裁判结果：驳回上诉，维持原判。

案例302.（2018）沪01民终10057号，叶某尧与上海绿铭环保科技股份有限公司、郭某玉股东名册记载纠纷。上海市第一中级人民法院

一审法院认为本案争议焦点是：（1）涉案股份转让协议是否成立的争议；（2）没有记名股票的股份的转让途径争议；（3）股份是否交付的争议；（4）诉讼时效的争议。

关于第二项争议焦点：（1）根据《公司法》（2013年）第125条的内容，股票是公司签发的证明股东所持股份的凭证。意即为“凭证”；结合《公司法》（2013年）第129/132条的规定，被告在成立后向原告交付的是记载原告姓名的股份持有凭证。但实际上被告并没有向原告交付。（2）《公司法》（2013年）第139条规定……由于被告没有向原告交付记名股票，原告在转让时无法以背书方式转让，但是否如原告所述“没有背书的情况，就必须通过法院判决或仲裁强制转让”或者“股份转让必须到上海股权交易所进行交易备案”？目前，非上市股份公司的股份转让等事宜多由各地方自行规范，因此全国许多省份都设有产权交易所为非上市股份公司提供股份托管、登记、代办转让等服务。但由于非上市股份公司的股份转让进入产权交易所进行交易在法律法规层面并非强制性规定（国有情形除外），所以各地对此出台的规范性文件在内容上并不完全相同。《上海市人民政府关于本市推进股权托管交易市场建设的若干意见》（沪府发〔2011〕99号）规定：“除法律、法规、规章明确应在其他交易场所进行托管交易的，本市非上市股份有限公司在交易场所内的股权托管、登记、转让、融资、结算、过户，以及国内其他地区非上市股份有限公司在本市交易场所内的股权托管、登记、转让、融资、结算、过户，均应通过上海股权托管交易中心进行。除国家另有规定外，未经市政府认可，任何单位或个人不得以任何形式在本市设立为非上市股份有限公司提供股权托管、登记、转让、融资、结算、过户的市场组织”。从以上规定来看，被告在交易场所内的股权转让应通过上海股权托管交易中心进行。换言之，被告没有与上海股权托管交易中心建立托管关系，被告在交易场所外的股权转让，并没有明确的禁止性规定，即只要符合法律规定，并不受限制。因此，在出让股东即原告虽然缺少记名股票、但受让人即第三人凭借公司章程以及其他途径获知的信息能够证明原告真实持有被告股份的情形下，第三人与原告之间签订股份转让协议，并不违反法律规定。双方可以以股份转让协议的方式交易股权。

关于第三项争议焦点：上海市一中院以为，依据原告阐述观点，原告的请求权基础

是物权形式主义。但上海市一中院需要强调的是，股权不是物权，是复合型权利。股份公司的特点是股东的股份偏向财产性，更具有流通性。股票、股东名册都是权利载体，仅是股东身份的证据。工商登记也只是对抗他人，不是权利证明。简言之，股东对公司出资形成的对公司的债，通过公司确认来实现。现有证据可以证实，原告与第三人签订股份转让协议后，被告公司即知晓，在公司另一股东金典控股股份公司确认下，在当日修改了股东名册，去除了原告，并将第三人记载于股东名册中，认可了原告与第三人之间的股份转让（另外，关于2015年7月29日的所谓的被告股东会决议，内容记载了第三人将6%股份转让给原告。该决议上由原告签名捺指印一节事实，亦能够证明原告曾经认可原告与第三人之间的股份已经交付的事实）。至此，公司确认了原告与第三人之间发生了股份变动的事实。因此，原告在被告公司的股份已经交付第三人。即使原告认为以股抵债不成立，对第三人也只享有转让款给付请求权。

关于质押存在是否能交付股份的问题。上海市一中院以为，《物权法》第226条规定……本案中，原告与第三人共同签署股权出质注销登记申请书，并且，就出质的股份达成股份转让协议，表明质押的债权人与被质押的债务人就股权的处分达成了新的合意。上海市一中院需要指出的是，质押登记对抗善意的他人。出质人与质押人之间的股权转让不涉及善意的他人。所以，原告与第三人之间转让的股份虽然存在质押，但是能够实现交付。

关于股份冻结是否能交付股份的问题。上海市一中院以为，被告公司依据股份转让协议以及另一股东金典控股股份公司的同意，变更了股东名册中记载的股东，时间节点在2013年8月1日。而浙江省文成县人民法院出具冻结裁定书的日期为2013年8月23日，在股份的权利人发生了变动之后。上海市一中院需要强调的是，上海市工商行政管理局《关于积极支持企业创新驱动、转型发展的若干意见》（沪工商注〔2011〕37号）规定："允许非上市股份有限公司股权转让后到工商部门办理章程备案"。因此，非上市股份有限公司股份的变动不是以工商部门登记为准，工商登记不具有设权性。况且，原告并没有提供工商部门签收冻结裁定书或者协助执行通知书的依据，也没有提供法院依法送达冻结裁定书或者协助执行通知书给被告的依据。所以，仅凭一份在股权已经变动后送达给原告的冻结裁定书，上海市一中院在本案中难以认定该份冻结裁定已经阻却原告与第三人之间的股份转让。

关于第四项争议焦点：略。

裁判观点：合同效力应根据合同法判断，与合同能否履行无关，《物权法》规定出质后不得转让的规定并不是合同效力的强制性规定。

裁判结果：撤销原审判决，判决支付回购价款。

案例303.（2016）鲁民终1838号，上海永鼎投资中心（以下简称永鼎中心）与曹某波股权转让纠纷。山东省高级人民法院

本案争议焦点是：（1）一审程序是否存在重大瑕疵；（2）2011年10月28日永鼎中心与曹某波签订的《股权转让协议书》《股权转让补充协议书》以及2013年6月15日曹某波出具的承诺书是否有效；（3）永鼎中心请求曹某波以1773.3万元回购股权，应否支持。

法院认为：（1）一审程序是否存在重大瑕疵。略。

（2）关于2011年10月28日永鼎中心与曹某波签订的《股权转让协议书》《股权转让补充协议书》以及2013年6月15日曹某波出具的承诺书是否有效的问题。根据物权变动与其原因行为相区分原则，合同作为物权变动的原因，其效力应根据合同法来判断，而不能通过合同是否能够履行进行判断。《物权法》第226条关于股权出质后不得转让的规定，并不属于对合同的效力性强制性规定。因转让出质的股权而签订的股权转让合同，不存在其他导致合同无效的情形时，股权转让合同本身应是有效，即合同在债权领域发生效力，只是在物权领域无法发生变动效力，即合同构成履行不能。本案永鼎中心与曹某波签订的《股权转让协议书》及《股权转让补充协议书》，是双方当事人的真实意思表示，且内容不违反法律、行政法规的效力性强制性规定，应为有效。曹某波所转让的股权是否已出质、质权人是否同意转让均不影响本案股权转让合同的效力，况且本案股权已变更到了永鼎中心指定的代持人名下。一审法院依据《物权法》第226条认定本案股权转让合同无效，属适用法律错误，山东省高院予以纠正。另外，本案所涉股权已经办理质押登记，永鼎中心对股权质押的事实应当知道，本案不适用善意取得制度，永鼎中心关于其善意取得股权的上诉理由不能成立。

关于曹某波主张的本案《股权转让补充协议书》以及曹某波出具的承诺书，因具有对赌条款而无效。山东省高院认为，永鼎中心与曹某波签订《股权转让补充协议书》约定，发生以下情形时，永鼎中心有权要求曹某波回购股权：（1）瀚霖公司在2013年年底前没有公开发行A股股票。（2）瀚霖公司2011年实现的经审计扣除非经营性损益后的净利润低于16，000万元；回购对价为永鼎中心拟转让股权对应的瀚霖公司上一年度经审计净资产值与永鼎中心本次投资金额加年资金成本8%计算孰高者为准。该约定属于估值调整协议，有利于锁定永鼎中心的投资风险，约束和激励瀚霖公司改善经营管理，最大限度地保护永鼎中心和曹某波双方的权益。《股权转让补充协议书》及曹某波出具的承诺书并不损害瀚霖公司及瀚霖公司债权人的利益，不违反法律、行政法规的效力性强制性规定，是当事人的真实意思表示，应为有效。

裁判观点：先解除股权质押登记才能办理涉案增加注册资本的主张不能成立。

裁判结果：驳回上诉，维持原判。

案例 304. (2019) 粤 03 行终 1440 号，深圳市市场监督管理局（以下简称市市场监管局)、江苏南通二建集团有限公司、深圳市东银房地产开发有限公司（以下简称东银房地产公司)、兴业银行股份有限公司深圳龙华支行（以下简称兴业银行龙华支行）行政处理纠纷。广东省深圳市中级人民法院

法院认为：关于本案被诉处理决定的定性，从市市场监管局针对东银房地产公司变更登记申请所作回复内容来看，市市场监管局在回复中先是明确告知东银房地产公司决定不予受理其增加注册资本的申请，然后对决定不予受理的两个具体原因予以说明，一是“股东 100% 股权给质押，如需增资请先解除质押”；二是“请确定是否设立董事会，按材料清单准备对应材料”，随后又出现前述“材料不齐全，不符合法定形式，不予登记”的表述。诉讼中市场监管局主张其作出的是不予登记决定，但该主张明显与其作出的前述答复内容无法对应。鉴于不予受理与不予登记具有不同的法律意义，原审判决认定市市场监管局作出的被诉处理决定中同时出现“不予受理”和“不予登记”的表述，处理决定定性不明、适用法律错误，深圳市中院对此予以认同。

关于“股东 100% 股权给质押，如需增资请先解除质押”的问题。

第一，该项理由实系市市场监管局以解除涉案股权质押登记作为受理和准予东方房地产公司增加注册资本变更登记申请的理由，但无论是特区条例还是行政法规，均无此项不予受理或不予登记的法定事由，故市市场监管局以此为由作出被诉不予处理决定，明显缺乏直接的法律依据。

第二，关于市市场监管局援引的《物权法》第 226 条第 2 款关于“股权出质后，不得转让，但经出质人与质权人协商同意的除外”的规定，本案仅涉及东银房地产公司增加注册资本事宜，并不属于东银集团公司对外转让其持有的东银房地产公司股权，故本案情形并不适用《物权法》第 226 条第 2 款的规定。

第三，关于市市场监管局援引的《工商行政管理机关股权出质登记办法》第 6 条第 1 款关于“申请股权出质设立登记、变更登记……应当由出质人和质权人共同提出”的规定，《国家工商行政管理总局关于印发〈工商行政管理机关股权出质登记文书格式文本〉的通知》中各种股权出质登记格式文本中对“出质股权数额”均是以“万元/万股”为单位进行表述，而非以股权比例表述“出质股权数额”。同时东银房地产公司股权质押档案显示，东银集团公司与兴业银行龙华支行共同提交的股权出质设立登记申请书中载明的“出质股权数额”表述为“20,000 万元/万股股权比例 100%”，结合《国家工商行政管理总局关于印发〈工商行政管理机关股权出质登记文书格式文本〉的通知》的要求，该出质股权数额应当界定为 20,000 万元，而市市场监管局将该出质股权数额登记表述为 100% 股权质押登记，存在表述不规范。即使本案东银房地产公司申请的增加注册资本变更登记获得审批同意，由此导致的出质股权比例的变更亦不能直接等同于

出质股权数额变更，与之关联的仅是市市场监管部门对于此前股权质押登记信息表述不规范的问题予以更正，而非对已有的股权出质登记予以变更登记。故本案市市场监管局援引《工商行政管理机关股权出质登记办法》第 6 条第 1 款的规定，将涉案增加注册资本登记申请条件等同于股权出质变更登记的申请条件的主张，显然是将纠正质押登记表述不规范等同于股权出质变更登记，明显不能成立，深圳市中院未予采纳。

裁判观点：质权人仅有权取得质押期间的孳息。

裁判结果：驳回再审申请。不支持强制分红派息。

案例 305. （2019）最高法民申 6792 号，中信银行股份有限公司重庆分行（以下简称中信银行重庆分行）与甘肃新元车业有限公司（以下简称新元车业公司）、重庆强联发投资集团有限公司申请执行人执行异议之诉。最高人民法院

法院认为：第一，根据《公司法》第 4 条的规定，公司股东依法享有资产收益、参与重大决策和选择管理者等权利。本案中，司法拍卖公告上虽然只是载明对重庆农商行 960 万股股权进行拍卖，但在新元车业公司拍得案涉股权，并登记成为重庆农商行股东之后，其享有的权利应当包括股权及股权所对应的其他财产权利和经营管理权利。故虽然案涉的分红系对 2016 年度的利润进行分红派息，但该权利作为股权附属的权利，产生在新元车业公司登记成为重庆农商行的股东之后，在没有特别声明的情况下，应当视为该权利已经在新元车业公司通过拍卖取得案涉股权时一并转让给了新元车业公司。

第二，股权登记日是股份公司分红派利时规定的截止日期，只有在股权登记日股票交易结束之前登记在股东名册的股东才有权分得股利。

第三，中信银行重庆分行作为质权人，根据法律规定有权收取质物所产生的孳息，但在案涉股权质押期间，并未产生分红派息这一孳息。案涉分红派息产生于 2017 年 5 月 16 日，此时中信银行重庆分行已非案涉股权的质权人，故无权收取案涉分红派息。

第九章

解散和清算

10

469-508

任何一个生命都有存活的周期，法律上的拟制人——公司——也是一样，当其创建者或所有者——股东——决定将公司解散终止其生命，无论这种解散是经营期限届满的自然解散，还是因公司僵局、股东申请法院强制解散，抑或是因债权人申请破产而解散，公司均告“死亡”，之后公司就要清算和分配剩余财产。

本章要解决的是公司在什么情况下属于经营严重困难（僵局），除法定条件外还是否可以增加约定条件；解散的条件，由谁提出、按什么程序提出，由谁受理、按什么条件决定是否受理、按什么条件作出解散或不解散的决定；如何清算，清算组由谁组成，清算组的权利、义务和责任，清算组与公司原有的权力机构的关系，股东、“董监高”在清算中的权利、义务和责任，清算后剩余财产如何分配。

第二十五条

公司僵局和解散

一、示范条款

公司的经营管理严重困难包括以下情况：

1. 公司持续【两年/其他条件】以上无法召开股东会，或股东表决时无法达到法定或者章程规定的比例，无法作出有效的股东会决议。

【2. 公司董事长期冲突，持续半年无法召开董事会，或董事会表决时无法达到法定或者章程规定的比例，无法作出有效的董事会决议且无法通过股东会更换或重新选举董事解决僵局】。

3. 【公司出现严重的股东压制行为，例如，公司连续三年盈利，符合法定和章程规定的分红条件，但大股东利用表决权多数的优势，对小股东提出的分红方案连续三次不予通过的；大股东利用有效控制致使小股东在一年内无法有效行使股东知情权，拒不满足其合理要求，无法有效获取真实的公司信息的，且严重的压制行为不能通过董事会或股东会有效消除】。

股东可因下列条件的成就申请解散公司：

1. 章程规定的营业期限届满；
2. 股东会【全体一致同意】决议解散；
3. 因公司合并或者分立需要解散；
4. 依法被吊销营业执照两年以上、责令关闭或者被撤销；
5. 人民法院依《公司法》第 182 条规定判令解散公司；
6. 章程规定或者股东一致同意的公司经营出现严重困难或其他解散事由出现。

公司经营期限届满的十日内，股东就是否延续经营未能按章程规定作出决议并修改章程致使公司存续的，应当在十五日内启动解散程序。

股东会决议解散公司时，股东有以【净资产价格】购买其他股东股权继续经营公司的权利，多名股东购买的实行竞价。

僵局条件的设定有浓烈的股东立场，对于大股东来说，其不希望在法律强制规定以外再添设其他条件，以免对自己的经营管理造成掣肘；但对小股东来说，需要增加股东会或者董事会机制僵局和大股东压制僵局的条件作为对大股东“霸权”的合理制约。

【股东会僵局】这是法律明确规定的，章程没有调整的空间，按法律规定即可。法律明确规定了两年无法召开股东会会议作为严重困难的表征之一，但法律没有强制规定有限责任公司股东会召开的频次，如果公司章程规定的是三年召开一次股东会，则此处也应当随之调整。

【董事会僵局】法律没有规定董事会僵局的具体表现形式，结合有限公司的人合性和股东人数规模，可以以无法召开会议或无法作出决议作为条件，具体持续的时间是半年或者一年，可结合董事会议事规则确定。

【严重压制行为】法律无此规定，基于大股东的立场，大股东不需要设定此条件，但对于小股东来说，无法有效行使知情权和获得分红是主要矛盾之一，可在此条款作出细致的规定。

【决议解散的表决】《公司法》第 180 条仅规定决议解散，未明确决议通过的表决权比例，此处可结合股东立场确定通过的比例，是全体一致同意，或者特别表决。

二、条款解释

本条款要规范的问题是：除法定条件外，是否可以约定其他构成僵局的条件，以及出现僵局后处置的方式。

（一）公司经营严重困难（僵局）

公司僵局一般是指公司在经营管理中由于股东、董事之间就公司治理的矛盾激化而处于僵持状况，导致股东会、董事会等公司权力机关失灵，不能按照法定程序或者约定程序作出决策，从而使公司陷入无法正常运转，甚至瘫痪的状况。公司僵局多发生在公司的上升期。在创业期，所有投资人都热情高涨抱着共同的理想和目标努力，往往不会产生纠纷，就如同一对热恋中的情侣，即使有摩擦也是一方妥协不会发生争吵；而在一个面临亏损，没有光明未来的公司中，多数股东对经营管理权充满厌倦情绪，投资人纷纷远离，内部争斗的可能性大大降低。

从现代公司治理的理论来说，公司治理可分为“议、决、行、监”，股东会是议事机构，董事会是决议机构，总经理是执行机构，监事会是监督机构。当议事机构无法有效议事、决议机构无法作出有效决议，且无法通过股东会更（撤）换或者改组董事会，那么执行机构就无“决议”可供执行，如果监事机构也不能有效行使监督的权利，制衡决议机构和执行机构，那势必会导致公司因不能正常运转而陷入僵局，股东作为公司的投资人和权益所有人将无法实现投资的目的。

《公司法》第182条和《公司法司法解释（二）》第1条使用了“严重困难”的表述方式，并简单列举了几种属于僵局的情况，包括：（1）公司持续两年以上无法召开股东会或者股东大会，公司经营管理发生严重困难的；（2）股东表决时无法达到法定或者公司章程规定的比例，持续两年以上不能做出有效的股东会或者股东大会决议，公司经营管理发生严重困难的；（3）公司董事长期冲突，且无法通过股东会或者股东大会解决，公司经营管理发生严重困难的；（4）经营管理发生其他严重困难，公司继续存续会使股东利益受到重大损失的情形。还特别排除了“股东以知情权、利润分配请求权等权益受到损害，或者公司亏损、财产不足以偿还全部债务，以及公司被吊销企业法人营业执照未进行清算等为由，提起解散公司诉讼的，人民法院不予受理”的情形。但是，“严重”是一个评价性的修饰词，每个人认为的“严重”可能都不一样，所以即使如法律规定采用了列举的方式也不可能穷尽列举每一种情况，实务中出现僵局的情况远不止上述两个法条规定的情况，尤其是没有实际参与经营管理的小股东在知情权和分红权不能得到有效行使和保障的情况下，如何维护自身的权益、行使何种救济权利，就需要在章程中进一步细化哪些情况属于公司僵局，以及出现僵局后如何解决问题。

首先，触发僵局的诱因是多种多样的，但导致僵局的原因的本质都是股东权益的分配不均衡或者是没有设置好有效的制衡机制。例如在出资中，部分股东以非货币方式出资，对非货币的物或权利的价值往往高估或者低估，因此发生纠纷；在经营战略和计划制订中，各股东或董事对近期、中期、远期的目标不一致，对经营方式方法有争议，因此发生纠纷；在离婚纠纷中，股东持有的股权被认定为夫妻共同财产，因共同财产分割的配偶要求分割一半股权，迫使其他股东要么行使优先购买权，要么使得该配偶成为公司的股东行使股东权利，导致公司原有的股东和股权结构的调整，打破原有权力平衡、无法作出有效决议导致公司陷入僵局；在股权继承中，股东死亡后，继承人众多，因章程没有规定继承人取得股东资格的前置性条件，使得继承人成为公司股东改变原有股东和股权结构，无法作出有效决议导致公司陷入僵局等。

最高院在（2011）民四终字第29号①公报案例论述，公司经营管理发生严重困难有

① 仕丰科技有限公司与富钧新型复合材料（太仓）有限公司、永利集团有限公司公司解散纠纷。

特定含义，包括两种情况：一是公司权力运行发生严重困难，股东会、董事会等权力机构和管理机构无法正常运行，无法对公司的任何事项做出决议，即公司僵局；二是公司的业务经营发生严重困难，公司经营不善、严重亏损。但如果仅是业务经营发生严重困难，不存在权力运行严重困难的，不符合《公司法》规定的解散公司条件。

此外，虽然《公司法司法解释（二）》第1条规定两年内未召开股东会可作为解散的条件之一，但司法实践中的两年并非充分条件。在最高院公报案例（2018）京0105民初32188号①案中，中信集团提请解散的理由是中信国安超过2年以上未召开股东会，但是被法院认定为不能证明其已经穷尽一切方式，未达到“通过其他途径不能解决”的前置条件，也没有满足公司僵局的先决条件。判决驳回中信集团公司的解散申请。但是在（2018）京0111民初15378号②案中，提请解散方分别提交了公司于2017年11月召开的股东会决议以及2018年6月发出的要求召开股东会议的函件，以此证明系因公司存在“僵局”导致无法召开股东会议、无法形成有效股东会决议。最终，法院判决支持原告要求解散公司的诉讼请求。以上两个案例中，因为中信集团未能证明中信国安连续2年未能召开股东会的原因系因股东之间纠纷导致的公司僵局所至，因此法院认为中信集团不能证明公司存在僵局，进而未支持其解散请求。相反，在另一个案件中，提请解散的股东分别向法院提交了顺立福云在2017年因股东纠纷导致未能达成有效股东会决议的证据，以及2018年其要求召开股东会但股东会未能召开的证据，证明了公司僵局的存在，法院据此作出了截然相反的判决。

但需要注意的是，无论是股东会僵局，还是董事会僵局，均是在公司治理结构层面的公司运行机制困境，并非仅指股东、董事之间个体的矛盾和冲突。公司的运行主要依靠股东会、董事会等权力/意思机构和执行机构的有效运转，即使股东之间、董事之间存在个体的矛盾和冲突，只要能够通过资本多数决或者人数多数决等方式作出有效的决议，也都属于公司能够有效运行的范畴。最高院在（2017）最高法民再373号③判决中也持此观点，法院认为，公司的法人性质及多数决的权力行使模式决定公司经营管理和发展方向必然不能遵循所有投资人的意志，会议制度的存在为所有参与者提供了表达意见的机会，但是最终的结果仍应由多数决作出。此种情况下，即便股东之间存在争议，但只要形式上能够作出多数决的决议，公司决议从形式上仍然是有效的，也不能被认定为公司存在僵局情况。

其次，严重压制行为。除上述法定的僵局作为经营严重困难的条件外，大股东滥用股东权利严重压制小股东合法权益的行为也是实践中发生纠纷的原因之一。股东严重压

① 中信国安集团有限公司与中信国安控股有限公司公司解散纠纷。

② 韩某生、邓某与北京顺立福云展览服务有限公司、苏某顺、芮某立公司解散纠纷。

③ 广西大地华城房地产开发有限公司与刘某某、韦某书、温某生、李某东、黄某良公司解散纠纷。

制是指大股东利用表面上合法但实质上限制或剥夺小股东合法权益的行为，其表征最明显的是大股东全面控制公司将小股东排除在经营管理层之外，小股东无法有效行使股东权利。例如，大股东实际经营管理公司，利用表决权多数的优势，拒绝小股东行使知情权，以及要求查阅公司账簿、了解公司经营情况的合理要求，在公司有盈利的情况下，仍然拒绝分红，但却通过给高管不合理的高工资、给自己报销不合理费用变相地抽取公司利润。小股东面对此情况往往是无法收集到真实有效的“财务报表证据”起诉大股东的，或者在公司利润累积有 100 万元的情况下，但大股东却强行通过决议只分红 1 万元的，从小股东的立场来看，可将此种情况设定为严重压制行为，作为提出解散之诉的条件之一，以此种“曲线”的方式维护自身的合法权益。

笔者建议，在制定公司章程时考虑如下建议：第一，合理设置董事会和总经理的权限，规定一方担任董事长的，另一方担任总经理，并合理设置股东各方委派董事的人数和比例。第二，合理设置股东会表决机制，例如规定董事会成员与股东会成员不得完全重合，规定利害股东、董事表决回避制度，股东会或董事会讨论的决议事项与其有特别利害关系、可能导致有害于公司利益的情形发生时（如关联交易，为股东、董事提供担保等），该股东或董事及其代理人不得行使表决权，股东也不得代理其他股东行使表决权，以免损害公司和其他股东利益。第三，分项目或分金额的独立表决规则，对特殊事项或某一交易的金额超过一定额度时，采用不同的通过比例。第四，退出机制，当股东会出现僵局，一方有权要求发起强售，以预设好的估值调整的方式要求出售一定比例的股权，或者强制要求对方购买其股权，从而让弱势一方以合理的条件退出公司。第五，持续时间，规定持续两年或者是其他合理的时间，连续三次或其他合理的频次，无法有效作出决议或者解决僵局的，一方可提出解散的要求，以此达到解决僵局的目的。

（二）公司解散

解散公司是股东最激烈、最后的“抗争”方式。从词义上来说，解散是一个动词，公司是解散的目标物，也即是说，公司作为一个法律上的拟制人，由股东实施了设立的行为赋予了公司“生命”，股东创设这个“生命体”的目的是为股东带来投资的回报，如果当股东发现已经无法实现创设的目的时，法律赋予股东解散公司终止法人生命的权利。

首先，解散的条件。依据《公司法》第 180 条的规定，公司解散的法定情形有五种，主要分为自愿（主动）解散和强制（司法和行政）解散。主动解散指股东根据章程规定的条件或者协商一致解散公司，包括了营业期限届满解散、章程规定的条件达成解散、股东会决议解散、公司合并分立解散；强制解散是指公司因吊销营业执照、责令关闭、被撤销而解散，或者法院判令公司解散。《公司法司法解释（二）》第 1 条对《公司法》第 182 条又进一步细化了四种情形，即主要指本条款上一节所述的公司经营管理发生严重困难。

其次，解散的程序。对于上述自愿解散的情形没有展开论述的必要，对于强制解散的几种情形来说，除吊销属行政行为外，法院受理的解散之诉的主要条件即是“公司经营管理发生严重困难”，即通常所说的“公司治理僵局”。公司僵局是股东申请公司解散的原因之一，但不得随意为之，只有当股东间矛盾无法调和、公司僵局无法打破，股东穷尽自助救济而不得，才可以启动解散方式为之。穷尽的方式具体包括：第一，积极行使股东知情权。股东可以通过行使知情权深入了解公司的财务状况，如果公司经营困境是在财务方面出了问题，则股东可以要求公司调整经营管理方式或者主营业务，或对管理人员进行追责。第二，积极行使决议撤销权或无效请求权。如果公司实际控制人或大股东利用表决权优势强行通过了某项对公司不利的决议，则符合条件的小股东可以积极行使决议撤销权或请求法院确认决议无效。第三，更换公司管理人。如果公司法定代表人、执行董事或其他高管怠于履行职务或者滥用职权导致公司经营出现问题，则符合条件的股东可提议召开股东会更换“董监高”。第四，对滥用权利损害公司利益的高管或股东进行追责。如果公司的董事或高管或股东滥用权利损害公司利益，符合条件的股东可以提起股东代表诉讼进行追责。如果股东没有穷尽自助救济的手段，法院是不支持直接行使解散的权利的。北京市三中院在（2019）京03民终2352号①案中认为，马某华（申请解散方）主张实际控制人泺喜科技未向其提供财务账册、未向其分配利润，且在其不知情的情况下将股权转让给第三人，侵害了其股东权益。但是，最终法院认定，针对公司未召开过股东会、未向其提供财务账册、未分配利润的情况，马某华可以股东身份提议召开股东会，亦可以股东身份查阅公司财务账册，同时可以诉讼方式行使上述权利，并不能以此要求解散公司。

除僵局外，笔者建议，解散的事由之一还应包括股东严重压制。例如，将《公司法》第74条第1项规定的异议股东回购的条件和无法有效行使知情权也设定为“公司经营管理发生严重困难”，赋予股东申请解散公司的权利，以此有效保障小股东投资目的和合法权益。

最后，需要提示注意的是，有权决定解散的管辖机构仅包括人民法院而不能由仲裁管辖。《公司法》第182条、第183条明确规定“可以请求人民法院解散公司”“人民法院应当受理该申请”，法律并没有赋予仲裁机构对此请求有管辖权。《最高人民法院关于撤销中国国际经济贸易仲裁委员会（2009）CIETACBJ裁决（0355）号裁决案的请示的复函》明确：“根据《中华人民共和国公司法》第一百八十一条的规定，仲裁机构裁决解散公司没有法律依据，属于无权仲裁的情形。”

---

① 马某华与北京乐喜年华教育科技有限公司、北京泺喜教育科技有限公司、苗某公司解散纠纷。

三、法律规定

《公司法》第37条、第182～190条、第204～206条

《公司法司法解释（二）》第1～2条、第7～24条

四、参考案例（11件）

（一）僵局（4件）

裁判观点： 公司是否解散取决于公司是否存在僵局且僵局无法通过其他方式解决，不以“公司经营管理发生严重困难”的复杂原因及各方责任为前提，公司解散申请人具有程度不同的过错，其仍然有权依据该条规定，请求解散公司。

裁判结果： 驳回上诉，维持原判。判决解散公司。

案例306. （2011）民四终字第29号，富钧新型复合材料（太仓）有限公司（以下简称富钧公司）、仕丰科技有限公司（以下简称仕丰公司）、永利集团有限公司（以下简称永利公司）解散纠纷。最高人民法院

法院认为： 本案系公司解散纠纷，被请求解散的富钧公司是由两名外国投资者在中华人民共和国境内以有限责任公司形式设立的外资企业，根据《公司法》（2005年）第2条以及第218条的规定，在中国境内设立的公司之解散纠纷应当适用中国法律。各方当事人对本案应适用中国法律解决争议均无异议，对此予以确认。根据《公司法》（2005年）第218条“外商投资的有限责任公司和股份有限公司适用本法”的规定，本案应当根据《公司法》（2005年）第183条以及《公司法司法解释（二）》（2008年）的规定审查仕丰公司请求解散富钧公司的主张能否成立。

第一，关于富钧公司是否经营管理发生严重困难。公司经营管理严重困难包括两种情况：一是公司权力运行发生严重困难，股东会、董事会等权力机构和管理机构无法正常运行，无法对公司的任何事项作出任何决议，即公司僵局情形；二是公司的业务经营发生严重困难，公司经营不善、严重亏损。如公司仅业务经营发生严重困难，不存在权力运行严重困难的，根据《公司法司法解释（二）》第1条第2款的规定，不符合《公司法》（2005年）第183条的解散公司条件。

第二，关于公司解散是否应当考虑公司僵局产生的原因以及过错。最高院认为，公司能否解散取决于公司是否存在僵局以及是否符合《公司法》（2005年）第183条规定的实质条件，而不取决于公司僵局产生的原因和责任，故即使一方股东对公司僵局的产

生具有过错，其仍然有权依据该条规定，请求解散公司。原告行使请求司法解散公司的诉权，符合《公司法》（2005 年）第 183 条的规定，也不属于滥用权利、恶意诉讼的情形。

第三，关于富钧公司继续存续是否会使股东利益受到重大损失。从富钧公司经营情况看，富钧公司僵局形成后，公司经营即陷入非常态模式，在永利公司单方经营管理期间，富钧公司业务虽然没有停顿，但持续亏损，没有盈利年度，公司经营能力和偿债责任能力显著减弱，股东权益已大幅减损至不足实收资本的二分之一。富钧公司关于其生产经营正常，亏损额正在减少，有望扭亏转盈的上诉理由没有充分证据证明，法院不予采信。另从富钧公司注册资本到位情况看，仕丰公司和永利公司至今均未足额出资，在双方股东不愿意共同经营富钧公司、冲突对立无法调和的情况下，富钧公司注册资本难以充实，无法实现预期的经营目的。综合上述情况，富钧公司不仅丧失了人合基础，权力运行严重困难，同时业务经营也处于严重困难状态，继续存续将使股东利益受到重大损失。

第四，关于替代解决途径的可行性。《公司法司法解释（二）》（2008 年）第 5 条第 1 款规定人民法院审理解散公司诉讼案件，应当注重调解。解散富钧公司能为双方股东提供退出机制，避免股东利益受到不可挽回的重大损失。

裁判观点： 判断"公司经营管理是否发生严重困难"，应从公司组织机构的运行状态进行综合分析。公司虽处于盈利状态，但其股东会机制长期失灵，内部管理有严重障碍，已陷入僵局状态，可以认定为公司经营管理发生严重困难。

裁判结果： 撤销一审判决，改判解散公司。

案例 307. （2010）苏商终字第 0043 号，林某清与常熟市凯莱实业有限公司（以下简称凯莱公司）公司解散纠纷。最高人民法院指导案例 8 号，江苏省高级人民法院

本案二审争议焦点是： 凯莱公司是否符合《公司法》解散的条件。

法院认为： 首先，凯莱公司的经营管理已发生严重困难。根据《公司法》（2005 年）第 183 条和《公司法司法解释（二）》（2008 年）第 1 条的规定，判断公司的经营管理是否出现严重困难，应当从公司的股东会、董事会或执行董事及监事会或监事的运行现状进行综合分析。"公司经营管理发生严重困难"的侧重点在于公司管理方面存有严重内部障碍，如股东会机制失灵、无法就公司的经营管理进行决策等，不应片面理解为公司资金缺乏、严重亏损等经营性困难。本案中，凯莱公司仅有戴某明与林某清两名股东，两人各占 50% 的股份，凯莱公司章程规定"股东会的决议须经代表二分之一以上

表决权的股东通过”，且各方当事人一致认可该“二分之一以上”不包括本数。因此，只要两名股东的意见存有分歧、互不配合，就无法形成有效表决，显然影响公司的运营。凯莱公司已持续4年未召开股东会，无法形成有效股东会决议，也就无法通过股东会决议的方式管理公司，故可认定股东会机制已经失灵。执行董事戴某明作为互有矛盾的两名股东之一，其管理公司的行为，已无法贯彻股东会的决议。林某清作为公司监事不能正常行使监事职权，无法发挥监督作用。由于凯莱公司的内部机制已无法正常运行、无法对公司的经营作出决策，即使尚未处于亏损状况，也不能改变该公司的经营管理已发生严重困难的事实。

其次，由于凯莱公司的内部运营机制早已失灵，林某清的股东权、监事权长期处于无法行使的状态，其投资凯莱公司的目的无法实现，利益受到重大损失，且凯莱公司的僵局通过其他途径长期无法解决。《公司法司法解释（二）》（2008年）第5条明确规定了“当事人不能协商一致使公司存续的，人民法院应当及时判决”。本案中，林某清在提起公司解散诉讼之前，已通过其他途径试图化解与戴某明之间的矛盾，服装城管委会也曾组织双方当事人调解，但双方仍不能达成一致意见。两审法院也基于慎用司法手段强制解散公司的考虑，积极进行调解，但均未成功。

此外，林某清持有凯莱公司50%的股份，也符合《公司法》关于提起公司解散诉讼的股东须持有公司10%以上股份的条件。

裁判观点： 股东利用控制地位侵占公司资产和商业机会，进行关联交易掏空公司，导致公司人格发生根本变化，丧失实质经营条件，股东间丧失人合性，属于严重困难。至于股东间的矛盾是因何原因引发，对公司应否解散不具有实际意义，也不是法定的公司解散条件。

裁判结果： 驳回上诉，维持原判。判决解散公司。

案例308. （2011）锡商终字第626号，禾润泰公司与马某某、赵某某公司解散纠纷。江苏省无锡市中级人民法院

法院认为： 基于以下理由，可以认定禾润泰公司出现了法律规定的解散事由：（1）根据工商登记资料，华鑫厂的投资人是王某某妻子吴某，经营场所是向禾润泰公司租赁的，住所地与禾润泰公司相同。而吴某在向本院所作调查笔录中，明确现在禾润泰公司未拍卖厂房中工作的生产人员的工资是由华鑫厂支付的，故该部分生产人员实际是为华鑫厂工作。结合二审期间本院调取的税务查询资料中反映禾润泰公司近两年的纳税额均为零的事实，以及马某某、赵某某均称禾润泰公司实际已停止经营，无锡市中院认定禾润泰公司已处于非正常生产状态，解散禾润泰公司不影响社会的稳定。（2）鉴于禾润泰

公司的经营项目是服装、床上用品的加工制造、布料销售、自营和代理各类商品及技术的进出口业务；王某某妻子吴某投资的华鑫厂的经营项目是服装、床上用品的加工制造，且两单位经营场所同一，经营范围也部分相同，有可能导致禾润泰公司的商业机会的丧失，进而影响禾润泰公司的股东利益。（3）本案中禾润泰公司持续两年以上无法召开股东会或者股东大会，公司经营管理发生严重困难，股东之间互不信任，已丧失了公司的人合性。（4）本案二审期间，禾润泰公司三方股东仍无法就由其中一个股东收购股份或者将股权转让、或者以减资方式使公司继续存续达成一致意见，且三个股东中有二个股东要求解散公司。至于股东间的矛盾是因何原因引发的等情况，对禾润泰公司应否解散不具有实际意义，也不是法定的公司解散条件。

裁判观点：公司经营严重困难侧重于内部治理机构状态的认定，是否亏损并非必要条件，继续存续会使股东利益受到重大损失是解散的必要条件。

裁判结果：驳回再审申请。原审判决解散公司。

案例309.（2017）最高法民申4437号，何某林、清远市泰兴房地产有限公司公司（以下简称泰兴公司）解散纠纷。最高人民法院

法院认为：（1）关于泰兴公司在经营管理上是否发生严重困难的问题。首先，根据原判决查明且各方均无异议的事实，泰兴公司最后一次召开股东会的时间是2015年1月9日，该时间距本案起诉不足一年，不存在持续两年未召开股东会的情形。但二审判决并未以泰兴公司持续两年以上未召开股东会为由判决公司解散。故何某林以公司未召开股东会状态持续不足两年作为申请再审理由，并非针对二审判决所提出，其该项再审理由缺乏针对性。

其次，泰兴公司的权力运行机制发生严重困难。除了作为公司最高权力机构的股东会长期未能召开之外，泰兴公司股东之间的对立已然形成，根据各股东的持股比例，即使召开股东会，涉及公司注册资本的增加或减少、分立、解散、合并、变更公司形式、修改公司章程等重大事项可能难以形成公司章程所要求的“三分之二以上有表决权的股东通过”的有效决议。对于其他事项，何某林作为持股达57%的执行董事，在股东对立未能消除的情况下，其权力的行使极有可能处于失控状态。因此，原判决认定泰兴公司的权力运行机制实际处于失灵状态并无不当。

最后，公司本身处于盈利状态并非认定公司经营管理发生严重困难的充分阻却事由。公司经营管理发生严重困难侧重于对公司股东会等内部治理机构运行状态的考察，是否处于亏损状况并非判断公司经营管理发生严重困难的必要条件。泰兴公司当前虽处于盈利状态，但其股东会机制长期失灵，内部管理有严重障碍，已陷入僵局状态，仍可

以认定公司经营管理发生严重困难。

（2）关于泰兴公司继续存续是否会使股东利益受到重大损失的问题。公司僵局的继续存续是否会导致股东利益受到重大损失是解散公司的必要条件，但法律对此并无明确、客观的判断标准。公司当前是否处于亏损状态固然是判断公司继续存在是否导致股东重大损失的重要依据，但就立法用语的文义来看，“继续存续”是对未来的预期，而“会使”也属于对未来的预测，“公司继续存续会使股东利益受到重大损失”主要是指一种预期的利益损失，公司当前的盈利状态对此并不构成充分的阻却事由。本案中……在当前公司僵局无法破除的状态下，原判决认定泰兴公司继续存续会使股东利益遭受重大损失并无不当。再审申请人以公司解散会造成股东利益受损为由申请再审，既无事实根据，也无法律依据。

（二）解散（7件）

裁判观点：名义股东与公司的利益没有实质性关系，其无权提出公司解散之诉。

裁判结果：驳回原告解散公司的诉讼请求。

案例310.（2016）甘05民初61号，项某与天水羲皇故里大酒店有限公司（以下简称羲皇故里大酒店）解散纠纷。甘肃省天水市中级人民法院

本案争议焦点是：项某申请解散羲皇故里大酒店是否能得到支持？

法院认为：首先，从天水市中院作出的（2017）甘05民终502号民事判决书中可以看出，王某、项某是工商登记资料上的名义股东，其二人并未实际出资，羲皇故里大酒店的200万元出资全部由黄某一人出资完成，《公司法司法解释（三）》（2013年）第16条规定……故项某的相关股东权利可受到一定的限制。其次，羲皇故里大酒店的营业期限已经届满，项某补缴出资已无可能，其在羲皇故里大酒店并无实质性的利益。最后，现羲皇故里大酒店所在的大楼被依法执行，羲皇故里大酒店亦停止营业，黄某、项某、王某三人矛盾激烈，但因项某并未实际出资，羲皇故里大酒店的经营管理是否发生困难及是否存续对作为名义股东的项某的利益并没有实质性的影响。根据《公司法》（2013年）第182条规定，则项某向天水市中院提出公司解散纠纷之诉不符合法律规定。

裁判观点：公司解散并不免除股东的出资义务。

裁判结果：撤销一审、二审判决，驳回一审原告的起诉。

案例311.（2014）民提字第170号，（株）圃木园控股与上海福生豆制食品有限公司、上海市张小宝绿色食品发展有限公司、上海圃园福生绿色食品有限公司股东出资纠纷。最高人民法院

法院认为：本案系出资纠纷。对于股东未按期缴纳出资的问题，我国《公司法》规定了股东有义务向公司足额缴纳，公司解散的，欠缴出资作为公司清算财产，并不免除股东的出资义务。根据《公司法司法解释（三）》（2014 年）第 13 条第 1 款规定……因此，（株）圃木园控股主张合资合同已被香港仲裁裁决解除，其履行最后一期出资义务已无实质意义的申请再审理由不能成立。

裁判观点：股东无法有效行使知情权并不构成解散的理由，可采用其他的内部方式解决纠纷。

裁判结果：撤销一审、二审判决，驳回一审原告要求解散公司的诉讼请求。

案例 312.（2017）最高法民再 373 号，广西大地华城房地产开发有限公司（以下简称华城公司）、刘某公司解散纠纷。最高人民法院

本案争议焦点是：华城公司是否符合法定解散条件应予解散。

法院认为：根据《公司法》（2013 年）第 182 条，《公司法司法解释（二）》（2014 年）第 1 条规定，公司解散属于公司的生死存亡问题，关涉公司股东、债权人及员工等多方利益主体，关涉市场经济秩序的稳定和安宁。因此，人民法院对公司解散应慎重处理，应综合考虑公司的设立目的能否实现、公司运行障碍能否消除等因素。只有公司经营管理出现严重困难，严重损害股东利益，且穷尽其他途径不能解决的，才能判决解散公司。

就本案而言，首先，华城公司尚不存在公司经营管理发生严重困难的情形。判断“公司经营管理是否发生严重困难”，应从公司组织机构的运行状态进行综合分析，如股东会、董事会以及监事会等公司权力机构和管理机构是否无法正常运行，是否对公司事项无法作出有效决议，公司的一切事务是否处于瘫痪状态等。本案中，虽然华城公司自 2009 年召开股东会后未再召开股东会，也未召开董事会，但是……未召开股东会并不等于无法召开股东会，更不等于股东会议机制失灵，刘某提出公司机制失灵的理由不成立。刘某主张其股东权利无法行使，投资设立公司的目的无法实现。最高院认为，公司的法人性质及多数决的权力行使模式决定公司经营管理和发展方向必然不能遵循所有投资人的意志，会议制度的存在为所有参与者提供表达意见的机会，但是最终的结果仍应由多数决作出，除非有例外约定。刘某作为持股比例较低的股东，在会议机制仍能运转的前提下，若认为其意见不被采纳进而损害自己的利益，可采取退出公司等方式维护自己的权益，据此主张公司应当解散的理由不成立。刘某主张某城公司目前处于歇业状态，但其提交的证据不能予以证明……华城公司并未陷入公司经营管理失灵无法正常运转的局面，公司经营管理并未发生严重困难。

其次，华城公司继续存续并不会使股东利益受到重大损失。前已述及，华城公司并不存在经营管理发生严重困难情形，在此前提下，公司继续存续是否会使“股东利益受到重大损失”应结合股东利益的救济方式进行综合分析。如果有其他途径对股东的利益予以救济，则不宜通过解散公司的方式进行。刘某主要因要求华城公司分红未果以及公司财务不公开等事项而与华城公司及其他股东产生矛盾，属于股东分红请求权、知情权纠纷。依照《公司法》的规定，股东认为上述权利受到侵害的，可以诉请要求分配利润或提供账册查询，性质上不属于公司解散诉讼的受理事由。刘某主张某城公司仅对其提起返还借款诉讼属于差别对待……刘某主张某城公司财务状况异常混乱，存在内外账、会计账和出纳账常年不符、款项支付不明、财务凭证不齐等问题……刘某主张某城公司经营亏损，继续经营会严重损害股东利益。根据《公司法》（2013 年）第 182 条和《公司法司法解释（二）》（2014 年）第 1 条的规定，公司经营亏损不属于法定解散事由，故最高院未予支持。在刘某尚未采取其他法律措施维护自己权利的情况下，就本案现有证据而言，尚不足以证实华城公司继续存续会使股东利益受到重大损失。

从本案诉讼来看，刘某与其他股东之间的矛盾的确难以调和，但股东之间的矛盾并非解散公司的法定事由，股东纠纷可采取内部解决方式（如知情权、分红请求权、股权退出机制）来解决。公司解散对于公司而言，是最严厉、最具破坏性的结果，若非万不得已，就不宜选择解散公司的办法来解决股东之间的矛盾，以维护社会关系的稳定，保障债权人的利益。华城公司各股东之间应本着诚信原则和公平原则，化干戈为玉帛，求同存异，妥善处理好股东之间的矛盾。

裁判观点：无证据证明连续两年无法召开股东会和无法经营的状态，不能构成经营管理严重困难，不能解散公司。

裁判结果：驳回上诉，维持原判。

案例 313.（2017）苏 05 民终 11463 号，揭某亮与苏州恒兴达物流有限公司（以下简称恒兴达公司）公司解散纠纷。江苏省苏州市中级人民法院

法院认为：根据《公司法》（2013 年）第 182 条规定……但请求解散公司的股东，应当提供证据证明公司僵局造成公司经营管理严重困难。本案中，揭某亮未提供证据证明恒兴达公司持续两年以上无法召开股东会或无法作出有效股东会决议的情形，其于 2015 年 11 月发送的函件虽未能召开股东会，但是其于 2016 年 3 月即向一审法院提起司法解散之诉，且其陈述在发函之前股东之间通过其他方式联系，徐某令亦在一审庭审中明确各方一起商量系股东会的一种形式，故就现有证据并不足以证明公司存在连续两年无法召开股东会的情形，亦无证据证明此前公司处于无法经营状态。若揭某亮认为恒兴达

公司现阶段存在股东之间纠纷，其仍应与其他股东共同寻求公司自治的方式解决现有矛盾。

裁判观点：股东之间发生纠纷，部分股东被排挤或其权益受到损害可通过股东会决议方式解决，不能强制解散公司。

裁判结果：驳回再审申请。

案例314.（2015）民申字第289号，张某军与陕西通用（集团）锅炉制造有限公司（以下简称通用公司）公司解散纠纷。最高人民法院

法院认为：股东请求法院解散公司作为一种特殊的制度安排，根据《公司法》（2005年）第183条的规定，必须符合“公司经营管理发生严重困难，继续存续会使股东利益受到重大损失”和“通过其他途径不能解决”两个实质要件。本案中，通用公司是张某峰、张某利和张某军三兄弟开设的公司，股东之间因同胞兄弟这一血缘关系而具有天然的人合性，且三兄弟所占股权比例分别为40%、30%和30%，并未形成由某一个人绝对控股的局面。申请人张某军在本案中所主张的解散事由，核心诉求是其被排除在公司经营管理之外，至于其所列举的股东之间群殴打架、张某峰将其和张某利赶出公司、张某峰伪造决议处分公司资产等导致其权利受到侵害的事由，均可以通过提议召开股东会讨论人事任免、转让股权和请求公司回购以退出公司等其他合法途径获得救济，并无通过司法诉讼强制解散公司的必要。而在本案中，张某军对其所主张的股东权利受到侵害的情节，直至采取了对其长兄张某峰不断进行控告和诉讼的方式，并未依照《公司法》和通用公司章程的规定行使其股东权利以寻求救济，故其关于解散公司的诉讼请求依法不应得到支持。原审判决在通用公司和其他股东均未到庭的情况下，认定通用公司符合公司解散的条件，在事实认定和法律适用方面确实存在错误，但前述瑕疵对案件的实体处理结果并不产生实质性的影响。

裁判观点：公司治理机构失灵，其他途径不能解决，公司继续存在导致其他股东的决策权落空，利益重大损失，这些是解散的条件。

裁判结果：撤销原审判决，判决解散公司。

案例315.（2020）甘民终328号，甘肃兰驼集团有限责任公司（以下简称兰驼集团）与兰州常柴西北车辆有限公司（以下简称西北车辆公司）公司解散纠纷。甘肃省高级人民法院

本案争议焦点是：西北车辆公司是否出现公司僵局，符合解散的条件。

法院认为：关于西北车辆公司提出兰驼集团未完成出资义务，依法不享有相应的股东权利的问题，首先，西北车辆公司主张的该事实并无相应的生效判决予以确认，且该

事实不属于本案公司解散诉讼中应当予以审查的范围。其次，《公司法司法解释（三）》（2014 年）第 16 条规定……从该规定来看，公司对于未履行出资义务的股东仅能限制其财产收益权等自益权，对于股东享有的共益权并未作出限制，故西北车辆公司的该抗辩理由主张于法无据，甘肃省高院未予采信。《公司法》第 182 条规定……对于西北车辆公司是否出现公司僵局、经营管理发生严重困难的情形，依据《最高人民法院关于发布第二批指导性案例的通知》发布的指导案例 8 号裁判要点：“判断‘公司经营管理是否发生严重困难’，应从公司组织机构的运行状态进行综合分析。公司虽处于盈利状态，但其股东会机制长期失灵，内部管理有严重障碍，已陷入僵局状态，可以认定为公司经营管理发生严重困难”，故应当从西北车辆公司的公司治理结构及其运行情况进行综合分析认定。

关于西北车辆公司股东会的运行及召开情况。有限公司具有人合兼资合的性质，股东之间是否相互信任是公司能否正常运营和发展的重要基础。2009 年 10 月 22 日西北车辆公司原股东常银公司与万通公司签订《借款质押合同》后，通过强制执行程序将常银公司持有的西北车辆公司股权转让给了万通公司，自此因股权转让问题兰驼集团与西北车辆公司、常银公司、万通公司发生纠纷，引起诉讼，2011 年至 2018 年，兰驼集团与原股东常银公司、新股东万通公司、西北车辆公司之间因股权纠纷等发生多起诉讼，导致股东之间的矛盾和冲突。万通公司系通过强制执行程序成为西北车辆公司的新股东，其与兰驼集团本身缺乏人合的基础，虽然股东之间的矛盾和冲突并不必然等同于公司治理机制失灵，但对于股东人数较少的公司，其一定程度上影响到公司的经营管理和股东会的召开，是不争的客观事实。而根据本案查明的事实，除 2016 年 10 月 25 日西北车辆公司召开过一次股东会外，至兰驼集团于 2019 年 6 月 28 日向一审法院提起本案诉讼，西北车辆公司已持续近三年未能按照章程的规定召开股东会，该情形符合《公司法司法解释（二）》（2014 年）第 1 条第 1 款第 1 项规定的“公司持续两年以上无法召开股东会或者股东大会，公司经营管理发生严重困难的”的条件。股东会作为公司的权力机构，负有决定公司的经营方针和投资计划等职权，西北车辆公司长期不能按照公司章程的规定召开股东会，导致股东无法通过股东会决议的方式参与管理公司，西北车辆公司的股东会机制显然已经失灵，无法正常运行。

关于西北车辆公司董事会的运行情况。依照《公司法》第 46 条的规定，董事会作为股东会的执行机构，其负有执行股东会的决议、决定公司的经营计划和投资方案等职责。兰驼集团主张西北车辆公司自 2010 年之后从没有召开过董事会，对此事实西北车辆公司并未提供证据予以反驳，故可以认定西北车辆公司董事会长期未召开，不能依法行使职权，已无法正常运行。关于“继续存续会使股东利益受到重大损失的”认定问题。公司股东的权益包括了财产收益权、知情权，西北车辆公司长期由另一股东万通公司单方掌控，自2004年至今，西北车辆公司以仓储租赁为主营业务，并无其他生产经营，兰驼集团对于租赁收入、土地征收补偿款等收支事项均不知情，综合以上情形以及西北车辆公司治理结构已经失灵的事实，在公司股东僵局的状态下，通过其他途径已不能解决，西北车辆公司继续存续必然导致其他股东的决策权落空，致使其股东利益受到重大损失，故对于西北车辆公司应当予以解散。

裁判观点：公司出现僵局后，一方股东愿以合理对价收购其他股东股权从而使公司存续的，可不致使公司解散，法院给予支持。

裁判结果：驳回上诉，维持原判。

案例316. （2013）沪二中民四（商）终字第1282号，孙某、张某与上海米蓝贸易有限公司（以下简称米蓝公司）、段某立、陈某斌股东会或者股东大会纠纷、董事会决议效力纠纷。上海市第二中级人民法院

法院认为：（1）关于涉案《股东会决议（一）》应否予以撤销的问题。

（2）关于涉案《股东会决议（三）》应否认定无效的问题。孙某、张某对此所持的理由为，鉴于公司股权转让属于股东意思自治的范畴，而公司股东会并无权决定股东是否应转让其股权的事宜，故涉案米蓝公司股东会作出的由段某立、陈某斌收购孙某、张某所持米蓝公司股权的《股东会决议（三）》应属无效。上海市二中院认为，有限责任公司的股东对于其所持公司股权依法享有收益和处分的权利，因而股权转让与否属于股东意思自治的范畴。但涉案的米蓝公司股东内部之间的股权收购决议的形成有其特定的背景，即在米蓝公司章程规定的公司十年经营期限届满后，合计持有公司76%股权的两名股东段某立和陈某斌提出要求米蓝公司存续经营，合计持有公司24%股权的两名股东张某和孙某先则提出要求公司予以解散清算。对于上述股东会决议效力的认定问题，应从合理性、合法性以及是否有违米蓝公司章程规定等方面进行考量。关于其合理性的问题，原审判决已经从社会效应、经济效应等方面进行了充分的阐述，上海市二中院予以认同不再赘述。关于其合法性以及是否有违米蓝公司章程规定的问题，上海市二中院的认定意见为：

一方面，关于涉案《股东会决议（三）》的内容是否违反我国法律、法规的问题。我国现行《公司法》（2005年）第75条、第143条，分别对有限公司股东回购请求权和股份公司收购本公司股份的例外情况作出了规定。虽然我国《公司法》（2005年）第75条第1款第3项的规定，仅是赋予对以股东会决议方式延长公司经营存续期限投反对票的股东享有请求公司按照合理的价格收购其股权的权利，而并未直接赋予公司或持赞同意见的股东可以按照合理价格收购投反对票股东所持股权的权利。但这一法律条款内

容至少可以证明，我国《公司法》认可在原公司章程规定的营业期限届满后，公司股东会议可以通过决议修改公司章程使公司存续，同时反映我国《公司法》对于公司与股东之间或股东之间就延长公司经营期限所形成的僵局，隐含着可以通过股权收购方式加以解决的立法精神。但前提是保护好小股东的利益，即保证小股东在不愿继续经营却又无力阻止公司存续经营的股东会决议通过的情况下，可以通过让公司收购其股权的方式退出。因此，对于段某立、陈某斌要求强制收购孙某、张某所持公司股权的问题，应该不涉及违反我国法律禁止性规定的事实。

另一方面，关于涉案《股东会决议（三)》的内容是否有违《米蓝公司章程》规定的问题。《米蓝公司章程》第六章第 34 条规定“本公司自《企业法人营业执照》签发之日起，经营期限满十年即行解散，并在三十日内办理注销登记。如需延长，则在经营期限届满前 75 日做出决议报上海市工商行政管理局批准，办理变更登记注册手续”，因此，就米蓝公司自身章程而言，并不存在限制公司延长经营期限的问题。但问题在于，《米蓝公司章程》第七章第 38 条中有关“新章程须在股东会上经全体股东通过的约定”内容表明，对于因延长公司经营期限所涉及的章程修正事宜，依约应由全体股东一致表决通过。而客观事实是，在《米蓝公司章程》规定的十年经营期限届满后，公司的两名股东张某和孙某反对延长公司经营期限并坚决要求解散清算，为此，米蓝公司的四名自然人股东之间形成僵局。为解决股东间的僵局以及考虑公司章程中就延长经营期限所涉的章程修改内容须经全体股东通过的规定内容，段某立和陈某斌提出按合理价格对张某和孙某持有的公司股权进行收购，并因此形成涉案《股东会决议（三)》。通常情况下，股东制定的公司章程只要不违反社会公共利益和法律的强制性规定，就应当得到法律的认可和保护。米蓝公司的四名自然人股东在制定公司章程时，可能是基于充分保护小股东利益的考量，约定了修改公司章程不依“资本多数决”而是须经股东一致表决通过。但任何事情都不能一概而论，小股东在利用章程所赋予的权利对大股东进行限制时，亦应兼顾公司控股股东、债权人以及社会公众的利益。解散清算是股东以消灭公司人格的方式退出对公司的经营，对于经营业绩良好的公司来说，绝非为股东间离散的最佳选择。而作为打破公司僵局的另一种救济措施的股权收购，则实际上是对公司进行重组的过程，即在按章程规定让异议一方股东在公司经营期满后以股权出让方式退出的同时，又实现了另一方股东存续公司经营避免公司解散清算的目的，促使公司破裂的人合性回复到原来的完满状态，从而以较小的代价化解了公司的僵局，进而保全了公司的主体经营资格。诚如段某立和陈某斌所辩称的，由想存续公司经营的股东一方通过合理的价格收购另一方要求公司解散清算股东所持的股权，从而得以让一方股东退出公司经营，这不仅可以帮助想退出公司经营的股东取得公平合理的股权转让对价，而且也达到了另一方股东不想解散公司从而使公司经营得以存续的目的，且利益相关者的损失也会降到最低，因此，不失为一种“多赢”的救济措施。况且，在原公司经营期限已经届满，公司面临延长经营或解散清算两种选择的情形下，对于公司延长经营持反对意见的孙某、张某而言，只要保证两人的股权转让或收购价格合理且不低于公司解散清算所能获得的利益，选择服从合计持有公司76%股权股东的意见，以转让股权或请求收购股权的方式退出公司经营，从而解决公司股东间的僵局，对两人的股东权益实际并不会产生损害。同样如原审判决所认为的，当孙某、张某所持公司股权因被收购而退出公司后，则章程所对应规制的主体也发生了变更，即孙某、张某不再是米蓝公司的股东，对于米蓝公司因延长经营期限而涉及的章程修改事宜，也无须再由两人参与表决和通过。因此，涉案《股东会决议（三）》本身在于解决《米蓝公司章程》所规制的问题，故并不有违《米蓝公司章程》的规定。

第二十六条

清算和剩余财产分配

一、示范条款

（一）公司清算

除法律特别规定外，股东应当在公司解散事由出现之日起十五日内成立清算组，清算组成员不少于三人且应是单数，清算组成员由全体股东组成或指定人员组成，清算组负责人由清算组成员过半数选举产生。

公司进入清算程序后，公司董事、高级管理人员停止一切职权，向清算组移交公司业务、财务、法律文件等公司资料和证照，协助清算组工作。

公司进入清算程序后，【无论出资期限是否届满，无论公司是否有盈余资金】，股东均应加速实缴出资，非货币出资的评估价值低于认缴金额的，应以货币形式补足出资。

清算组按照法律规定行使职权，一人一票，对决策事项超过半数表决通过。清算组成员履行清算义务适用于章程对董事义务的规定，按法律规定承担责任。

（二）剩余财产分配

清算组在清理公司财产、编制资产负债表和财产清单后，应当制订清算方案，报股东确认。发现公司财产不足清偿债务且符合破产相关法律规定的，应当依法向人民法院申请宣告破产。

公司财产在分别支付清算费用、职工的工资、社会保险费用和法定补偿金，缴纳所欠税款，清偿公司债务后的剩余财产归股东所有。股东按照实缴出资比例参与公司剩余财产的分配。

清算组未能分配或者分配不符合法律或章程规定，股东有权要求清算组返还财产或赔偿损失，返还的财产或者赔偿的损失在扣除必要的费用后进行二次分配。

公司完成清算和剩余财产分配后应当制作清算报告，报股东或人民法院确认，报送公司登记机关依法办理注销。

【清算组成员人数】法律没有明确规定清算组成员人数和负责人产生办法，为平衡各股东的利益和科学决策，建议设置为单数，按人数行使表决权，负责人由过半数选举产生。

【出资加速到期】无论公司账上是否有盈余资金，是否要求股东在进入清算程序后加速出资，股东均应履行完全的出资义务，以避免部分股东实缴、部分股东未全部实缴，借此逃避责任。

二、条款解释

公司清算指当公司发生解散情形时，负有清算义务的主体按照法定方式对公司资产、负债、股东权益等进行清理和处置的行为。但在实务中，有很多“老板”并不在意公司的清算和注销，在生意经营亏损后放任公司，长时间使公司处于一种濒临死亡的休克状态或者“植物人”状态，甚至在公司被吊销后也不予处置，不仅影响公司法定代表人的信用，也影响股东的在资本市场上投融资的“能力”。《公司法》第十章和《公司法司法解释（二）》对清算程序已经作出了较为详细的规定，章程在清算这个阶段的自治空间很小。因此本条款要规范的问题是：清算程序中各方的权利义务和责任，优先清算权如何适用，剩余财产分配的规则。

（一）清算

1. 清算的类别。

清算包括破产清算和非破产清算，破产清算由《企业破产法》规范，非破产清算由《公司法》规范。非破产清算又包括自行清算和强制清算，其中自行清算是指股东决定解散公司后，自行组成的清算组对公司实施的清算，不需要进入司法程序，也称为普通清算；强制清算又分为债权人提起的清算和股东提起的强制清算，需要进入司法程序，也称为特别清算。但无论因何原因导致公司解散的，都并非直接消灭了公司的法人资格，清算后才进入公司注销环节，清算也是剩余财产分配的前置条件。

《公司法》规定了公司自行清算为原则、法院主持强制清算为补充的清算制度。只有在出现特殊情况时，股东才可以申请法院介入公司清算事务。根据《公司法》第183条、《公司法司法解释（二）》第7条规定，公司应当在出现法定解散事由之日起十五日内成立清算组进行清算。有限责任公司的清算组由股东组成，股份有限公司的清算组由董事或者股东大会确定的人员组成。清算既是股东的权利也是股东的义务，当公司出现解散事由，不论股东所持有的股权比例大小、不论股东是否参与经营管理、也不论股东是否为挂名股东，均有对公司进行清算的义务。但是股东并不一定要亲自实施清算工作，股东作为投资人也不一定具有清算所需要的专业知识，股东可以委托或者指派他人负责清算，自己负责监督。对于非实际经营管理或者未实际控制公司的小股东来说，当控股股东怠于行使清算的权利时，在出现公司解散后逾期不成立清算组、成立清算组后故意拖延清算、违法清算可能严重损害公司债权人或股东利益等特殊情形时，小股东为避免自己承担公司清算的责任，可以向法院申请要求强制清算公司，公司债权人也可以申请法院组成清算组对公司进行清算。

2. 清算组的组成。

《公司法》第 183 条和《公司法司法解释（二）》第 8 条中明确作出了规定，有限责任公司的清算组由股东组成，股份公司的清算组由董事或者股东大会确定的人员组成。在法院受理的清算案件中，还包括律师事务所、会计师事务所等中介机构。但法律对此并没有对清算组成员的人数、内部决策机制作出进一步详细的规定，笔者建议清算组成员为单数，便于作出决策。当然，对于破产清算或者由法院指定组成的清算组来说，由法院按照法律规则安排。

3. 清算组的权利、义务和责任。

对清算组来说，公司一旦进入到清算程序，清算组便取代了公司原有的经营管理机关（董事会或执行董事），对内作出决策和管理，对外代表公司了结债权债务、参加民事诉讼活动。《公司法》第 184 条将清算组的职权概括为七个方面，包括：（1）清理公司财产，分别编制资产负债表和财产清单；（2）通知、公告债权人；（3）处理与清算有关的公司未了结的业务；（4）清缴所欠税款以及清算过程中产生的税款；（5）清理债权、债务；（6）处理公司清偿债务后的剩余财产；（7）代表公司参与民事诉讼活动。除此之外，清算组还有权要求股东缴纳全部出资，此时的出资不受出资期限和公司的债权债务状况以及公司是否有资产、资产是否足以清偿公司债务的限制，清算组都可要求股东加速出资到位，对于股东以非货币出资的，可要求股东以货币补足未缴出资或评估价值与认缴金额的差额。从义务来看，通常包括：（1）负有通知、公告的义务。清算组应在成立之日起十日内通知债权人，并于六十日内在报纸上进行公告，债权人依法申报债权之时，清算组应对债权进行登记。申报债权期间，清算组不得对债权人进行清偿。（2）负有制定清算方案的义务。自行清算的，清算组制定清算方案后应当报股东会或股东大会确认，强制清算的，清算组应当报人民法院确认。如果清算组在清理公司财产、编制资产负债表和财产清单后，发现公司资产不足以清偿债务的，应当依法向法院申请宣告破产。(3)负有代表公司进行民事诉讼的义务。公司进入清算程序后、办理注销登记前，相关的民事诉讼由清算组以公司的名义进行。笔者在这里提请注意的是，实际参加诉讼的并非清算组，而是清算组负责人，类似于公司的法定代表人的地位。(4)负有注销登记的义务。公司依法清算结束后，清算组应当制定清算报告，并报股东会、股东大会或法院确认，待一系列清算流程都结束之后，清算组应将清算报告报送登记机关，申请注销登记。而对于清算组成员在清算事务中要承担的法律责任，同样也包括了民事责任、行政责任、刑事责任，其中的民事责任在《公司法》第189条第3款、《公司法司法解释（二)》第23条均作出了规定，清算组成员因故意或者重大过失给公司或者债权人造成损失的，应当承担赔偿责任。公司和债权人可以对清算组成员提起诉讼，股东也可以提起股东代表之诉。

4. 清算中股东、董事、监事的责任。

股东的清算义务主要包括及时启动清算程序、组织和监督清算工作、妥善保管并移交公司财产及账册等重要文件的义务。具体包括：(1)及时启动清算程序。股东应在解散事由出现之日起十五日内成立清算组并开始清算，逾期不成立清算组清算的，债权人可申请法院强制清算。(2)组织和监督清算工作。鉴于实践中清算组成员并非全部由股东组成，可能由律师事务所、清算事务所等中介机构担任，股东作为清算义务人有责任组织和监督清算工作，以保证清算工作顺利进行。(3)妥善保管并移交公司财产及账册等重要文件。鉴于清算程序的实质是在有效保障公司债权人及股东的合法权益的前提下使公司主体资格归于消灭，公司的账册及重要资料的完备性、真实性也决定着清算程序是否可以顺利开展和实施，股东对账册和重要资料的保管义务在清算程序中尤为重要。股东在清算程序中的责任既包括未在法定期限内成立清算组的责任，也包括未妥善保管公司财产、账册及重要资料，以及故意隐匿、销毁财产或账册等重要资料导致公司财产贬值、流失、毁损或者灭失致使公司无法有效清算的责任。从责任主体角度来看，公司的股东未在法定期限内成立清算组开始清算，导致公司财产贬值流失损毁的，需要在损失的范围内对公司债务承担补充赔偿责任。如果是怠于履行清算义务，导致公司主要财产、账册、重要文件灭失无法清算，要对公司债务承担连带清偿责任。法院还可对股东采取民事措施，此类民事措施一般包括拘传、罚款、限制出境、司法拘留、限制高消费、失信惩戒等，甚至还有可能构成《刑法》第162条规定的妨害清算罪。此外，公司在歇业、撤销或被吊销营业执照后，股东放任而不采取措施进行清算、不保护公司和股东的权益，损害了公司债权人的合法权益，债权人向人民法院起诉的，公司和清算义务人应当作为共同被告，应当对公司债务承担连带赔偿责任。此外，公司在办理注销手续时，公司登记机关会要求股东承诺公司的债权债务已经清理完毕，如果实际上未予清理完毕，股东承诺对公司债务承担直接的清偿责任。这是比法人人格否认更严重的后果，对于未实际参与经营和管理的小股东来说并不公平。因此，《九民会议纪要》第 13 条、第 14 条、第 15 条、第 16 条规定：一是明确不能"滥杀无辜"，判令所有股东不加区分地承担侵权责任，应当对无辜的"小股东"网开一面。二是明确因果关系抗辩，如能证明即便不怠于履行清算义务，公司也没有资产以及账册资料等公司文件的灭失与无法清算之间不存在因果关系的，不再责令股东承担怠于清算的责任。三是对于债权人诉讼时效的起算点为"知道或者应当知道公司无法进行清算之日"。

（二）优先清算权

优先清算权指公司清算时，部分股东有权较其他股东优先取得清算后剩余财产分配的权利，或者在约定的"视同清算事件"发生时，部分股东优先于其他股东从公司获得收益的权利。"视同清算事件"不是指公司真正的"清算"，通常包括公司合并、被并购、出售控制权、出售主要资产等事件。优先清算权条款在公司的风险投资事项中尤其是私募股权投资项目中使用较多，投资人为保障其自身权益，约定在目标公司经营不善遭遇清算时，投资人可以优先拿回一些补偿，或者在无法通过公司上市的方式退出获得回报，或者在发生公司被并购等"视同清算事件"发生时，投资人有权通过"强售"方式优先收回投资。但是在实务中，为利益平衡考虑，被投资的公司股东也会对优先清算权行使的限度进行约定，例如优先清算股东可优先分配的金额可以相当于入股时的投资额，或者投资额加部分固定收益的方式，保障投资人的权益。

优先清算权条款是否违反了《公司法》第 186 条的规定，实务中尚存争议。该条款第 2 款规定了公司的剩余财产按照股东的出资比例分配，并无全体股东可另行约定的"但书"。笔者认为，优先清算权的条款本质上是对剩余财产分配的约定，目的是使有权利的一方在触发清算或者视同清算的条件后对公司的剩余财产或者公司的现存资产优先取得分配。与利润分配请求权类似，属股东自益性的权利，调整的是特定财产在股东之间分配的比例和次序，如果是由全体股东作出的约定，在不损害公司债权人等第三人利益的前提下，应为有效。国务院 2013 年 11 月发布的《关于开展优先股试点的指导意见》（国发〔2013〕46 号）规定，优先股股东享有的权利包括优先分配剩余财产。公司因解散、破产等原因进行清算时，公司财产在按照《公司法》和《企业破产法》有关规定进行清偿后的剩余财产，应当优先向优先股股东支付未派发的股息和公司章程规定的清算金额，不足以支付的按照优先股股东持股比例分配。北京市三中院在（2019）京 03 民终 6335 号①案中认为"该协议约定在支付了法定优于股东之间分配的款项后，股东内部对于分配顺序进行约定并不违反《中华人民共和国公司法》第 168 条的规定。因此，《增资协议》中对优先清算权的约定并不违反法律法规"。据此认可了优先清算权条

---

① 林某与北京北科创新投资中心（有限合伙）股权转让纠纷。

款的效力。但笔者也在此提醒，在司法裁判的实务中，此结果并不唯一，有被认定为无效的可能。

（三）剩余财产分配

剩余财产分配是指当公司清算完成后，如果尚有剩余财产，公司将该资产按照章程规定或者股东会决议另行确定的方式和比例分配给投资人。笔者在实务中经常会遇到委托人提出这样的问题：股东吵架到不可调和后，一方想“不干了退出”，该如何“退出”？笔者通常会这样回答：你买股票吗？如果你买股票，跌了之后你会和这家公司说“我不要股票了，你把钱退给我”吗？你不会，你很清楚你只能把股票卖掉套现，也就是把股份“转让”给别人，而并非要求这家公司把股票收回去。同样地，投资设立公司后也不能因为经营亏损或股东间吵架而要求“退出”，所谓的“退出”只有两种方式：一种是把股权转让给他人，另一种是公司清算变现资产清偿债务，在清算后分配剩余财产给股东。因为在本质上来说，股东的投资在出资后已经属于公司资产，股东无权要求返还，股东仅能在公司经依法清算、清偿债务后仍有资产剩余的情况下，要求按出资比例分配剩余资产（除几种公司回购情形外）。

实务中，剩余财产分配有关的纠纷主要集中在三种类型：第一种是公司经过清算后，公司未按照股东会确认的清算方案向股东履行支付剩余财产的义务而产生的诉讼。此类案件类似盈余分配给付请求权，在清算方案未被认定为无效的情况下，公司没有按照清算方案履行清偿义务，实质是债权债务关系。第二种是公司未经清算或是否清算存在争议，股东行使剩余财产分配请求权，此类诉求通常得不到法院支持，因为还未经清算，没有明确公司的剩余资产，无法进行分配。第三种是公司无法自行清算，经向人民法院申请强制清算，人民法院以无法清算或者无法全面清算为由作出终结强制清算程序。此种情况下，法院通常会在终结裁定中载明，股东可以向控股股东等实际控制公司的主体主张有关权利。这种情况下，小股东可以《公司法》第 20 条——公司股东滥用股东权利给公司或者其他股东造成损失的，应当依法承担赔偿责任——为由请求导致不能清算的控股股东承担赔偿责任，实质是侵权责任法律关系。

第一，剩余财产分配的顺序。《公司法》第 186 条明确规定了剩余财产的分配顺序，股东只有在支付清算费用、支付职工工资和社保费用、法定补偿金、缴纳所欠税款、清偿公司债务后仍有剩余的才能分配给股东。有限责任公司按照股东的出资比例分配，股份公司按照持股比例分配。从程序上来说，前提是公司经清算后有剩余财产，提起权利请求的主体是股东，义务主体是公司。

第二，剩余财产分配前，对债权人和对股东是否有先后清偿的顺序？即股东债权是否劣后于其他债权人的债权，或者是否有前置性条件？依照我国《企业破产法》第 113 条的规定，破产财产的清偿顺序为：（1）破产费用和共益债务；（2）破产企业所欠职工工资等与职工劳动有关的债务；（3）破产企业欠缴的税款等；（4）普通债权。此外，2018 年 3 月 4 日最高人民法院发布的《全国法院破产审判工作会议纪要》（以下简称《破产会议纪要》）又进一步明确了破产债权的清偿原则和顺序：对于法律没有明确规定清偿顺序的债权，人民法院可以按照人身损害赔偿债权优先于财产性债权、私法债权优先于公法债权、补偿性债权优先于惩罚性债权的原则合理确定清偿顺序。同时，《破产会议纪要》还首次明确了破产财产在清偿完普通债权后仍有剩余的，可用于清偿破产受理前产生的民事惩罚性赔偿金、行政罚款、刑事罚金等惩罚性债权。由《破产会议纪要》的内容可知，劣后债权是指在破产清偿顺序上排列于普通破产债权之后，股东权益分配之前的债权。

最高人民法院在 2015 年公布的典型案例"沙港公司诉开天公司执行分配方案异议案"中评述，本案当事人对执行分配方案的主要争议在于，出资不实股东因向公司外部债权人承担出资不实的股东责任并被扣划款项后，能否以其对于公司的债权与外部债权人就上述款项进行分配。对此，我国法律尚未明确规定，而美国历史上"深石案"所确立的衡平居次原则对本案的处理具有一定的借鉴意义。在该类案件的审判实践中，若允许出资不实的问题股东就其对公司的债权与外部债权人处于同等受偿顺位，既会导致对公司外部债权人不公平的结果，也与《公司法》对于出资不实股东科以的法律责任相悖。《九民会议纪要》对此又作出了进一步的论述：公司人格独立和股东有限责任是公司法的基本原则。否认公司独立人格，由滥用公司法人独立地位和股东有限责任的股东对公司债务承担连带责任，是股东有限责任的例外情形，旨在矫正有限责任制度在特定法律事实发生时对债权人保护的失衡现象。在审判实践中，要准确把握《公司法》第 20 条第 3 款规定的精神。一是只有在股东实施了滥用公司法人独立地位及股东有限责任的行为，且该行为严重损害了公司债权人利益的情况下，才能适用。损害债权人利益，主要是指股东滥用权利使公司财产不足以清偿公司债权人的债权。二是只有实施了滥用法人独立地位和股东有限责任行为的股东才对公司债务承担连带清偿责任，而其他股东不应承担此责任。三是公司人格否认不是全面、彻底、永久地否定公司的法人资格，而只是在具体案件中依据特定的法律事实、法律关系，突破股东对公司债务不承担责任的一般规则，例外地判令其承担连带责任……而对于股东债权劣后于其他债权人的本质是对股东的一种惩罚，实践中司法裁判将股东债权作为劣后债权清偿的案例，也大都属于公司股东或实际控制人怠于履行股东的主要义务或滥用股东权利，损害了公司其他债权人利益，但又不足以构成否定公司法人独立地位时，才给予适用。

江苏省苏州市中院在（2017）苏 05 民终 5795 号①案中认为股东债权劣后普通债权

---

① 联建（中国）科技有限公司与联建（香港）科技有限公司破产债权确认纠纷。

受偿。广东省高院在（2016）粤民申3392号①案中也持此观点。但也有法院持相反观点，江苏省高院在（2015）苏执复字第00159号②案中，直接以没有法律依据为由拒绝。江苏省无锡市中院在（2016）苏02民终2608号③案中也以“不存在股东的其他债权应次于普通债权受偿的法定情形或理由，股东债权劣后清偿缺乏法律依据”为由驳回。

第三，如果在清算（无论是股东自行清算还是强制清算）过程中，实际经营管理人或者股东拒不配合提供资料，导致无法查清公司是否有剩余资产或者剩余资产金额的，股东如何实现剩余财产的分配请求权？浙江省宁波市中院在（2017）浙02民终1621号④案中认为，由于兴泰公司因账册不全而无法清算，因此剩余财产数额也无法通过评估予以确定。一审法院在周某无法证明兴泰公司已资不抵债没有剩余财产进行分配或者不能返还出资，或者虽有剩余财产可供分配但数额低于卢某主张的损失数额的情况下，对卢某要求周某以双方投入兴泰公司的出资额及迟延出资的利息，按出资比例偿付损失70.72万元予以支持，并无不当。

第四，如果大股东利用控制公司的便利就是迟迟不进入清算程序怎么办？上海市一中院在（2010）沪一中民四（商）终字第844号⑤中的论述比较有代表性，公司的另一股东陆某某拒不交付清算所需的相关资料，致使清算无法进行，闵行区人民法院遂裁定终结清算程序，并在裁定书中告知顾某某可以通过侵权诉讼实现权利救济。因此，本案属于侵权纠纷，即陆某某利用其大股东和实际掌控公司的地位侵害了顾某某的股东权益，而此时的股东权益不再是盈余分配权，而是股东对公司剩余资产的分配权……本案判决并未能彻底解决顾某某与陆某某之间的纠纷。一般情况下，股东只能在公司清算后仍有剩余资产的情况下才能主张分配权。本案中，由于陆某某的不配合，甲公司的债权债务、剩余资产情况均不明了，法院考虑到陆某某作为甲公司的股东和法定代表人不积极组织清算以及顾某某长期以来无法实现股东权益的现实情况，只能以顾某某提交的资产负债表为依据计算其应得的权益，纠纷的彻底解决有待于甲公司的最终清算，陆某某应本着诚实信用的原则与顾某某共同协商将甲公司清算完毕或者恢复公司的正常经营。

第五，股东因瑕疵出资被限制了权利，其是否能参加剩余财产的分配？或者其是否

① 香港恒丰投资有限公司与鹤山市益兆投资有限公司、中国建设银行股份有限公司广州荔湾支行、广州市建筑置业公司综合分公司、广州明景实业开发有限公司、广州市兴晟经济发展有限公司、广州市英杰水电安装有限公司、广州市国土资源和房屋管理局、广州市恒景房地产投资有限公司、日立电梯（中国）有限公司、广州金辉建设集团有限公司、杨某志、汤某芬、钟某等执行分配方案异议之诉纠纷。

② 江苏悦达贸易股份有限公司与陈某民、卫某等企业借贷纠纷、民间借贷纠纷。

③ 江苏宁宜置业有限公司与宜兴市兰山房地产开发有限公司以及中国工商银行股份有限公司宜兴支行企业借贷纠纷。

④ 周某光与卢某云、宁波兴泰管业制造有限公司损害股东利益责任纠纷。

⑤ 陆某某与顾某某、上甲公司股东滥用股东权利赔偿纠纷。

可以通过补缴出资参加剩余财产的分配?《公司法司法解释（三)》第16条规定：股东未履行或者未全面履行出资义务或者抽逃出资，公司根据公司章程或者股东会决议对其利润分配请求权、新股优先认购权、剩余财产分配请求权等股东权利作出相应的合理限制，该股东请求认定该限制无效的，人民法院不予支持。也即是说，如果股东会经合法程序作出对个别股东限制剩余财产分配权，法院是支持的。但如果该股东补缴了出资或者消除了限制的条件，也应当恢复其股东权利。

三、法律规定

《公司法》第37条、第151条、第182~190条、第204~206条

《公司法司法解释（二)》第1条、第2条、第7~24条

《公司法司法解释（三)》第16条

《关于印发审理公司强制清算案件工作座谈会纪要》(法发〔2009〕52号)

《刑法》第162条

四、参考案例（12件)

裁判观点：股东未在法定期限内成立清算组进行清算，导致公司财产贬值、流失、毁损或者灭失的，股东对公司债务应承担连带清偿责任。

裁判结果：驳回上诉，维持原判。股东对公司承担连带清偿责任。

案例317. (2012）三民四终字第321号，义马煤业集团股份有限公司（以下简称义煤集团)、茹某正与李某设、邢某停、邢某力买卖合同纠纷。河南省三门峡市中级人民法院

法院认为：根据义煤集团控股的陕县鑫兴煤业有限公司的与邢某停开办的陕县椅湾煤矿签订的资产转让协议，陕县椅湾煤矿（目标企业）的所有资产即目标资产已转让至陕县鑫兴煤业有限公司，该协议约定资产转让协议签订后十日内陕县椅湾煤矿启动解散及清算程序，陕县椅湾煤矿资产转让后已经失去债务偿还能力，原审认定原陕县椅湾煤矿的债务由兼并后新设立的陕县鑫兴煤业有限公司继承符合法律规定。《公司法司法解释（二)》第18条第1款规定……义煤集团与邢某停、茹某正等陕县鑫兴煤业有限公司各股东未经清算而签订关闭协议，且公司关闭后按政策和约定给付的资产转让补偿款也已处理完毕，原审判决陕县鑫兴煤业有限公司的股东义煤集团、邢某停、茹某正对公司债务承担连带清偿责任符合法律规定。

裁判观点：相比公司债权人距离证据的距离较远，清算义务人应当承担举证责任证明已经按照法律规定对公司进行清算，清算组成员未依法履行清算义务应当承担赔偿责任，清算人之间承担连带责任。

裁判结果：清算义务人承担赔偿责任。

案例318.（2010）浦民二（商）初字第3490号，A与B、C清算组成员责任纠纷。上海市浦东新区人民法院

法院认为：D（即B与C设立的公司）已经通过股东会决议明确解散公司，即应当按照法律规定成立清算组进行清算。现D虽已经成立清算组，但至今未将公司解散清算事宜书面通知原告，也无证据证明对外已经进行公告，且至今也未将清算报告报送工商局，即清算组成员存在怠于清算的事实。现原告虽并没有提供证据证明清算组人员怠于履行清算义务导致D财产贬值、流失、毁损或者灭失等，但根据公平原则和诚实信用原则，综合当事人举证能力等因素，因相对于公司清算义务人而言，公司债权人是“局外人”，其离证据的距离要远，其举证能力要弱，且清算义务人已经违反了法律限定其进行清算的义务，在这种情况下，要求清算义务人承担举证责任更符合公平、诚实信用原则的要求和当事人的实际举证能力。现被告并无证据证明他们未及时对D进行清算未造成公司财产损失。且原告的债权已经法院执行，因无可供执行的财产线索而终结，故应当认定原告作为债权人的债权不能实现和清算义务人未履行清算义务存在因果关系。综上，两被告应当对原告主张的损失承担赔偿责任。原告主张的利息损失亦于法无悖，浦东新区人民法院可予支持。原告还要求被告支付罚息的诉请，浦东新区人民法院不予支持。另外，因各清算义务人均负有清算的义务，各清算人之间应当承担连带责任。故原告并未在本案中要求E（即D公司的清算组成员之一）承担赔偿责任，并不影响本案的处理。

裁判观点：清算组未按规定履行通知和公告义务导致债权人损失的，应当承担赔偿责任。

裁判结果：驳回上诉，维持原判。

案例319.（2017）沪01民终1887号，叶某波诉朗豪贸易（上海）有限公司（以下简称朗豪公司）清算责任纠纷。上海市第一中级人民法院

法院认为：本案系因案外人××公司对被上诉人朗豪公司负有拖欠货款的债务，而××公司的注销，导致该公司债权人即朗豪公司的债权无法得到清偿，故朗豪公司请求由××公司的股东即两上诉人叶某波及叶某航依法承担因清算而产生的相应赔偿责任的纠纷。

××公司及其股东叶某波、叶某航在明知××公司对朗豪公司负有债务的情况下进行公司清算，理当依法通知债权人参加该公司债权债务的清理。而上述清算方并未向其债权人朗豪公司履行法定的通知义务，客观上剥夺了债权人参与清算公司相关债权债务清理的权利。××公司的清算组织在明知该公司尚有对朗豪公司的债务未清偿，却在其出具的注销清算报告中称，该清算组已依法通知了所有债权人，其清算结果为公司债务已全部清偿。上述清算报告的内容明显与事实不符，并存在违法情形。一审法院据此认定因××公司未经依法清算，已向工商管理机关出具虚假的清算报告办理公司注销登记，故朗豪公司依据我国《公司法司法解释（二）》（2014 年）第 19 条的相关规定，要求××公司的两股东叶某波、叶某航对该公司注销前所负债务向债权人朗豪公司承担连带赔偿责任，并无不当。

裁判观点：因实控人怠于履行清算义务导致公司无法清算的，债权人有权要求实控人对公司债务承担相应责任，但股东无权要求股东承担责任，公司自行清算遇到障碍无法继续时，股东有权申请人民法院对公司强制清算。

裁判结果：驳回上诉，维持原判。

案例320.（2014）鄂民一终字第 00033 号，刘某林与胡某庆、胡某华损害股东利益责任纠纷。湖北省高级人民法院

本案争议焦点是：刘某林就本案提出的诉讼请求应否得到支持。

法院认为：刘某林以胡某庆损害其对万润公司享有的收益权、侵占其应从万润公司分得的剩余财产并造成其他损失为由，要求判令胡某庆、胡某华赔偿其收益损失和投资损失，故本案系有限责任公司的股东之间为分配公司剩余财产而形成的民事纠纷。刘某林、胡某庆于2003 年 10 月 24 日共同签署了停止万润公司经营的书面意见，根据《公司法》（2013 年）第 181 条、第 184 条、第 187 条的规定，应成立清算组对万润公司进行清算，万润公司财产在支付清算费用、职工的工资、社会保险费用和法定补偿金，缴纳所欠税款，清偿公司债务后尚有剩余的，才能按照出资比例分配给公司的股东刘某林和胡某庆。因此，非经公司清算，无法确定公司剩余资产范围、数额。依《公司法》（2013 年）的规定，公司清算分为普通清算与强制清算两种。普通清算是指公司自愿解散后，由公司股东或股东大会确定的人员成立清算组织，依法定程序自行进行清算。虽然刘某林于2004 年 1 月 4 日诉至一审法院要求对万润公司依法清算，但经湖北省高院调解，刘某林与胡某庆达成由双方在调解协议生效后二个月内成立清算组的调解协议，该调解协议中所确定的清算应为公司自行清算。一审法院在执行该调解书的过程中，按调解书要求双方当事人成立了清算组，但是因胡某庆不提供账目清算，导致无法解决万润公司的清算

问题。根据最高人民法院《公司法司法解释（二）》第7条第2款第2项“有下列情形之一，债权人申请人民法院指定清算组进行清算的，人民法院应予受理：……（二）虽然成立清算组但故意拖延清算的……”和第3款“具有本条第二款所列情形，而债权人未提起清算申请，公司股东申请人民法院指定清算组对公司进行清算的，人民法院应予受理”的规定，在公司自行清算出现障碍无法继续时，刘某林应申请人民法院指定清算组对万润公司进行清算。因刘某林未就公司强制清算提出诉请，故一审判决认定本案启动公司清算程序无法律依据，并无不当。因万润公司未进行清算，万润公司股东会亦未对公司财产分配形成决议，刘某林上诉以其与胡某庆共同出具的证明作为对公司剩余财产分配的依据，没有法律依据，湖北省高院不予采信。虽然刘某林与胡某庆对万润公司的自行清算因胡某庆不提供帐目而无法进行，但是最高人民法院《公司法司法解释（二）》（2018年）第8条第3款规定的是有限责任公司的实际控制人怠于履行义务，导致公司主要财产、账册、重要文件等灭失，无法进行清算，债权人有权要求该公司的实际控制人对公司债务承担相应的民事责任，因刘某林不是万润公司的债权人，而是万润公司的股东，其依据该条规定要求胡某庆承担赔偿责任不当，对刘某林的该上诉主张湖北省高院不予支持。

虽然2003年10月24日刘某林与胡某庆共同确认胡某庆保管万润公司的现金库存1,977,000元，铜山公司将货款2,150,000元退还给胡某庆，但是在万润公司进行清算之前，尚不能确定上述款项是否属于万润公司的剩余财产。根据《最高人民法院关于民事诉讼证据的若干规定》第2条的规定，因刘某林提交的证据不能证明万润公司库存现金及铜山公司退还货款属于万润公司剩余财产，一审判决驳回其要求分配万润公司库存现金的行为及铜山公司退还货款的诉讼请求并无不当。胡某庆作为万润公司法定代表人，其在万润公司的经营范围内以万润公司的名义从事购销业务应属职务行为，其保管万润公司库存现金也得到了刘某林的同意，故刘某林主张胡某庆、胡某华损害了其作为公司股东的合法权利，给其造成了巨额经济损失与事实不符，一审法院驳回刘某林要求胡某庆、胡某华赔偿经济损失的诉讼请求亦无不当。

裁判观点： 没有证据能够证明公司在清算后有剩余财产的，股东主张分配的依据。
裁判结果： 驳回上诉，维持原判。

案例321. （2021）辽02民终5380号，吴某平、庄河城乡规划设计有限公司等与公司有关的纠纷。辽宁省大连市中级人民法院

一审法院认为本案争议焦点是： （1）吴某平原告主体是否适格。（2）城乡规划公司被告主体是否适格。（3）本案是否违背一事不再理原则。（4）吴某平诉请分配公司

剩余财产有无法律依据。公司剩余财产的分配前提是有剩余财产可供分配，《公司法》第 186 条第 2 款规定……由于城乡规划公司股东拒不移交清算材料，无法进行清算，致使公司剩余财产无法通过审计评估进行确认，吴某平仅凭纳税申报表确定公司存在利润即作为剩余财产，显然依据不足，且在一审法院指定辽宁恒信律师说事务所担任清算组清算期间，虽未接管公司财产、账册等资料，但已经调查未发现公司有效财产信息，吴某平亦未提供其他证据证明公司存在剩余财产。因此，吴某平诉请分配公司剩余财产无法律依据，不予支持。

二审法院认为争议焦点是：上诉人提交的证据能否证明城乡规划公司有剩余财产可供分配。

法院认为：《最高人民法院关于适用的解释》第 90 条规定……本案中，吴某平请求分配城乡规划公司的剩余财产，而剩余财产分配请求权，是指股东在公司清算时享有的请求分配公司剩余财产的权利，该权利以公司进入清算程序后向其全部债权人清偿债务后尚有剩余财产为前提。吴某平虽提供了相关文件（国税函〔2009〕388 号）及城乡规划公司的纳税证明，但其提供的证据不足以证明城乡规划公司存在《公司法》第 186 条第 2 款规定的……仍有剩余财产可供分配，故上诉人请求分配城乡规划公司剩余财产依据不足，大连市中院不予支持。

裁判观点：提起解散之诉应当以公司为被告，股东为第三人，提起解散的同时要求清算的，法院对清算的申请不予受理，提起的剩余财产分配请求同样不予受理。

裁判结果：驳回上诉，维持原裁定。

案例 322.（2020）湘 07 民终 397 号，李某梅与石门新河矿业有限公司、陈某爱、唐某珍、朱某财、鲁某清与公司有关的纠纷。湖南省常德市中级人民法院

本案争议焦点是：一是关于对李某梅的起诉是否应当驳回的问题；二是关于一审程序是否违法的问题。

法院认为：第一，对其所提申请公司清算及所提公司剩余财产分配纠纷之诉，应依法裁定驳回起诉。其一，《公司法司法解释（二）》（2014 年）第 2 条规定……依据该司法解释的规定，对于李某梅提起公司解散纠纷之诉同时提起的申请公司清算，依法应裁定不予受理，受理后亦应依据法律规定裁定驳回申请公司清算的起诉。其二，李某梅提起的公司剩余财产分配纠纷之诉，该项权利的主张系在公司已进入清算程序且尚有剩余公司资产的情况下，才有可能获得支持。承前所述，其在申请公司清算不能受理或驳回起诉的情况下，则提起公司剩余财产分配之诉的前提条件不能成就，亦依法不予受理，

受理后亦应依据法律规定裁定驳回起诉。其三，石门新河矿业有限公司已决定于2020年1月3日解散并自行清算，且李某梅为清算组成员，其所提申请公司清算及所提公司剩余财产分配纠纷之诉，已无实际意义。

第二，对于李某梅所提公司解散纠纷之诉以及损害股东利益责任纠纷之诉，依然应裁定驳回起诉。其一，公司解散，包括自行解散、强制解散和司法解散，李某梅提起本案该项诉讼请求，属于司法解散。《公司法司法解释（二）》（2014年）第4条规定……本案中，李某梅提起公司解散诉讼，应当以石门新河矿业有限公司为被告，以股东陈某爱、朱某财为第三人。而本案中，李某梅的该项诉讼，系以股东陈某爱、朱某财及非股东唐某珍为被告、案外人鲁某清作为第三人提起的诉讼，属被告主体不适格，依法应裁定驳回对该四人的起诉。其二，李某梅提起损害股东利益责任纠纷之诉，应当以损害其利益的公司董事、高级管理人员等自然人为被告，石门新河矿业有限公司并非该项诉讼当事人，属被告主体不适格，依法应裁定驳回对该公司的起诉。其三，《民事诉讼法》（2017年）第52条规定……在李某梅所提申请公司清算及剩余财产分配之诉均不应受理或应驳回起诉的情况下，其所提公司解散纠纷之诉以及损害股东利益责任纠纷之诉，系两个不同的诉，互相独立，构成独立的诉讼标的，完全可以单独分别起诉，不属必要共同诉讼；虽本案案由确定为“与公司有关的纠纷”，但本案所涉法律关系不属同一种类，各法律关系涉及的主体不同，本案亦不属普通共同诉讼；且石门新河矿业有限公司书面答辩称不同意合并审理，故本案不符合法定合并审理的条件。其四，承前述“第一”点理由所述，石门新河矿业有限公司已决定于2020年1月3日解散并自行清算，且李某梅为清算组成员，其所提公司解散纠纷之诉，已无实际意义。

裁判观点：清算组成员故意隐匿财产，对资产负债表或者财产清单作虚伪记载。被告人作为直接负责的主管人员，授意他人实施上述行为，构成妨害清算罪。

裁判结果：构成妨害清算罪，判处有期徒刑一年一个月，并处罚金人民币十万元。

案例323.（2018）苏04刑终268号，杨某新妨害清算罪。江苏省常州市中级人民法院

2016年10月，永红万嘉公司进入破产清算程序，被告人杨某新授意张某甲向清算组隐瞒上述69套房产仍归永红万嘉公司所有的事实，向清算组提供了相应不真实的销售台账、资产负债表等财务资料。江苏省常州市中级人民法院认为，永红万嘉公司在进行清算时，隐匿财产，对资产负债表、财产清单作虚假记载，严重损害债权人利益，上诉人杨某新作为直接负责的主管人员，授意他人实施上述行为，其行为已构成妨害清算罪，判处有期徒刑一年一个月，并处罚金人民币十万元。

裁判观点： 公司未经清算即注销，其对外投资持有的尚存续的公司股权，该注销公司的股东诉讼要求确认直接作为尚存续公司的股东权益的，可自行确认股东资格和办理相关手续，无须通过民事诉讼主张权利救济，如果工商部门不予办理变更登记，可循行政途径解决。

裁判结果： 驳回原告起诉。

案例 324. (2019) 粤 0305 民初 4904 号，陈某与深圳新万汇股权投资基金管理有限公司（以下简称新万汇公司）股东资格确认纠纷。广东省深圳市南山区人民法院

南山区人民法院经审查查明，被告新万汇公司于 2015 年 5 月 6 日成立，工商登记信息及公司章程显示其股东为……晨岳公司。其中晨岳公司为自然人独资公司，股东为原告陈某，晨岳公司因股东决议解散于 2017 年 11 月 25 日注销。

关于原告陈某主张的股权继受问题。被告新万汇公司章程未对法人股东注销后股权如何处理作出规定。原告陈某述称其曾在晨岳公司注销前就股权继受问题征求过被告其他股东意见，其他股东均同意由原告继受股权，但晨岳公司注销前原告未处理股权变更事宜，现晨岳公司已注销，工商部门表示无法办理相关变更登记。被告对原告的陈述均予以确认，对原告提交的证据均予以认可。原、被告双方于庭后向法院提交了赵某刚、李某林、易某波公司出具的情况说明、被告新万汇公司 2019 年 5 月 30 日的股东会决议。上述说明显示三名股东均同意由原告陈某继受原由晨岳公司持有的新万汇公司股权，上述股东会决议显示被告新万汇公司股东会决议同意由原告陈某继受相关股权。

法院认为： 当事人提起民事诉讼，应当具备诉的利益，即存在当事人因民事权益受到侵害或与他人发生民事纠纷，需要运用民事诉讼程序予以救济的必要性。本案为股东资格确认纠纷，根据《公司法》第 32 条第 2 款、第 3 款的规定，记载于股东名册的股东，可以依股东名册主张行使股东权利。公司应当将股东的姓名或者名称向公司登记机关登记；登记事项发生变更的，应当办理变更登记。未经登记或者变更登记的，不得对抗第三人。根据本案原、被告双方的陈述及现有证据，原、被告及被告其他股东对原告继受晨岳公司股权并无争议，各方完全可以通过依法将原告记载于股东名册的方式确认原告的股东资格，而并无启动民事诉讼程序的必要。至于原告所主张的工商部门无法办理变更登记的问题，属工商登记机关行使行政职权范畴，原告可依照相关行政法律法规另循法律途径解决，而不应运用民事诉讼程序予以救济。综上所述，本案当事人不具有诉的利益，本案无实体审理之必要，对原告的起诉，应予驳回。

裁判观点： 公司注销后，未履行完毕的合同的权利义务由股东继承行使。

裁判结果： 驳回上诉，维持原判。原审判决支付工程款。

案例 325. （2019）最高法民终 612 号，中国华冶科工集团有限公司（以下简称华冶集团）、营口雅威房地产开发有限公司（以下简称雅威公司）建设工程施工合同纠纷。最高人民法院

本案争议焦点是：（1）华冶集团诉请偿还案涉工程欠款的主体资格；（2）商业承兑汇票贴现垫资债权是否必须一并审理；（3）案涉工程款欠款、利息及违约金是否应当支持，具体数额如何确定；（4）刘某福、雅威公司应否承担连带责任。

法院认为：关于华冶集团诉请偿还案涉工程欠款的主体资格问题。依据《民事诉讼法》（2017 年）第 119 条以及雅威公司等三位上诉人主张某冶集团不具有原告主体资格的上诉理由，本案应重点审查华冶集团与本案是否有直接利害关系。具体而言，从实体权利角度即华冶集团与万隆广场之间是否存在建设工程施工合同关系；从程序权利角度即辽宁华冶公司被注销后，华冶集团（100% 控股股东）能否提起诉讼主张某冶辽宁公司的债权，分析如下：（1）从实体权利角度而言……（2）从程序权利角度而言。如上所述，华冶集团享有对雅威公司等三位上诉人主张欠付工程款的实体权利……根据《公司法》第 4 条、第 186 条的规定，股东享有公司剩余财产分配权，是公司注销之后权利义务的法定继受主体。2017 年 7 月 31 日，工商行政管理机关核准注销辽宁华冶公司，华冶集团系辽宁华冶公司的唯一股东，依法继受辽宁华冶公司对外的债权债务。

裁判观点：股东资格的取得包括原始取得和继受取得，继受取得的受让方式包括股权转让、赠与、继承、公司合并、法院判决等，公司注销后，如果其股东确有发现遗漏了对外投资权益未作处理，应当依法另行向债务人主张和追索，但股东不能直接继承公司的股权。

裁判结果：撤销一审、二审判决，驳回原告诉讼请求。

案例 326. （2017）兵民再 21 号，石河子协和医院有限责任公司（以下简称石河子协和医院）与吴某柏股东资格确认纠纷。新疆维吾尔自治区高级人民法院生产建设兵团分院

法院认为：《公司法司法解释（三）》（2014 年）第 22 条规定："当事人之间对股权归属发生争议，一方请求人民法院确认其享有股权的，应当证明以下事实之一：（一）已经依法向公司出资或者认缴出资，且不违反法律法规强制性规定；（二）已经受让或者以其他形式继受公司股权，且不违反法律法规强制性规定。"根据该条规定，当事人取得股权有两种方式：一是原始取得，即在公司设立或者增资中通过向公司出资或者认缴出资取得股权及股东资格；二是继受取得，即从他人处受让股权。所以当事人之间就股权归属发生争议，一方主张其享有股权时，应当证明其具有上述情形之一。

结合本案，石河子协和医院为亿豪公司全额投资设立，即亿豪公司通过投入资本而原始取得石河子协和医院隐名股东资格，而吴某柏作为亿豪公司的股东，并未在石河子协和医院成立时向医院投入资本，故其现主张的股东资格只能是继受取得，吴某柏在一审起诉时也是主张继受取得。根据上述司法解释的规定，吴某柏要提供证据证明其已经受让或者以其他形式继受石河子协和医院的股权，且不违反法律法规的强制性规定。受让是指通过股权转让协议取得股权，其他形式是指通过股权赠与协议、股权继承、公司合并、法院判决书等形式继受股权。吴某柏在本案中并未举证证明其通过股权转让协议取得或者通过股权赠与协议、公司合并、法院判决书等形式继受了石河子协和医院的股权；并且吴某柏亦不能通过股权继承取得石河子协和医院的股权，理由如下：

首先，吴某柏作为石河子协和医院原隐名股东亿豪公司的股东，要求在亿豪公司注销后继受股东资格而成为石河子协和医院的股东，应当具有相应的法律依据。《公司法》（2013 年）第 75 条规定……但对法人股东注销后的股东资格继受问题则未作出规定，石河子协和医院的章程中也未作约定，而法人股东注销与自然人股东死亡在法律后果上是有明显区别的。

其次，吴某柏作为亿豪公司的股东和清算义务人，本应在亿豪公司注销时充分注意到并依法主张公司对外投资的权益，且从本案以及其他同类案件查明的事实来看，吴某柏也已详细掌握亿豪公司的对外投资情况，其作为清算组成员，应当与卓某兴在清算时对亿豪公司的对外投资进行清算，而非在亿豪公司经清算并依法注销后，直接主张自己成为石河子协和医院的股东。如亿豪公司注销后，其股东确有发现遗漏了对外投资权益未作处理，应当依法另行向债务人主张和追索，但并不代表吴某柏有权直接成为石河子协和医院的股东。

最后，有限责任公司具有人合性，要成为公司的股东，不仅需要有一定的出资额，而且需要与其他股东之间存在相互信任的关系。正是因为有限责任公司人合性较强，股权的管理属性并不弱于财产属性，而管理属性增强时，股权即具有一定的人身性质。因此，公司法人被注销后，其股东直接继承公司股权不符合《公司法》立法本意。

裁判观点： 公司监事负责对公司的业务、财务等状况进行检查监督，并不参与公司的经营管理行为或有义务保管公司印章、账册等资料，不负有配合公司清算的义务。

裁判结果： 被告赔偿原告损失，并纳入原告公司财产。

案例 327. （2021）沪 03 民初 127 号，上海悠乐网络科技有限公司与黄某等股东损害公司债权人利益责任纠纷。上海市第三中级人民法院

法院认为：本案系债务人的有关人员不履行法定义务，其行为导致无法清算或给债权人造成损失，管理人在破产程序内对债务人有关人员依法提起的侵权损害赔偿之诉。根据《最高人民法院关于债权人对人员下落不明或者财产状况不清的债务人申请破产清算案件如何处理的批复》第3款和《九民会议纪要》第118条规定，该类侵权行为可以分为以下两种：一是债务人的有关人员不履行《企业破产法》第15条规定的配合清算义务导致债务人财产状况不明；二是依法负有清算责任的人未按照《企业破产法》第7条第3款的规定及时履行破产申请义务，导致债务人主要财产、账册、重要文件灭失，致使管理人无法执行清算职务，给债权人利益造成损害。而侵权行为主体则是债务人的有关人员和依法负有清算责任的人。据此，上海市三中院从侵权责任的构成要件角度分析三被告是否应当承担侵权损害赔偿责任。

第一，三被告是否存在不履行法定义务的违法行为。分析该问题首先要厘清三被告是否负有《企业破产法》第15条规定的配合清算义务或《企业破产法》第7条第3款规定的及时履行破产申请义务。其一，三被告是否负有配合清算义务。《企业破产法》第15条第2款明确了配合清算义务的主体责任人员范围，即债务人的有关人员负有该种义务，包括法定代表人、财务管理人员和其他经营管理人员，而配合清算义务的主要内容是妥善保管其占有和管理的财产、印章和账簿、文书等资料，将该些资料移交管理人，并配合清算工作，如实回答法院、管理人询问等。本案中，被告王某作为公司法定代表人和执行董事负责公司经营管理，负有配合公司清算的义务。而被告黄某作为公司持股9%的小股东和监事，根据《公司法》相关规定，公司监事负责对公司的业务、财务等状况进行检查监督，原告现并无证据证明被告黄某有参与公司的经营管理行为或有义务保管公司印章、账册等资料，故被告黄某并不负有配合公司清算的义务。而被告张某英为持股51%的控股股东，系公司实际控制人，实际掌控公司的经营和决策管理权，在被告张某英未提出相反证据的情况下，根据一般公司治理实践，法院有理由认定其参与公司经营管理，故其负有配合破产清算的义务。其二，三被告是否负有及时申请破产的义务。根据《企业破产法》第7条第3款规定，负有破产申请义务的主体为企业法人具备法定解散事由情形下负有清算责任的人，即启动破产清算的主体应当是清算组，而非股东。故本案三被告作为股东均不负有及时履行破产申请的义务。综上两点，被告王某作为公司法定代表人兼执行董事、被告张某英作为公司实际控制人负有配合清算的义务，而被告黄某作为公司小股东和监事并不负有配合清算或及时申请破产的义务。至于被告王某和被告张某英是否存在不履行配合清算义务的情形。根据法院查明的事实，原告管理人通过向两被告户籍地址寄送配合接管信件、上门寻找、在全国企业破产重整案件信息网发布公告等方式联系两被告，均未能成功与两被告取得联系，两被告也未主动联系管理人，管理人至今未接管到公司财产、印章和账簿、文书等资料，因此被告王某和被告张某英显属未能积极履行配合清算义务。

第二，被告王某和被告张某英不配合清算的行为是否造成了损害后果，即是否导致债务人财产状况不明，造成债权人利益损失，以及二者之间是否存在因果关系。本案中……导致原告现处于财产状况不明的情形。截至当前，原告的债权人尚有801,830.38元债权未获清偿。由此可见，两被告的行为导致公司财产状况不明，致使管理人无法执行清算职务，并给债权人利益造成了损失。

第三，是否存在过错。被告王某和被告张某英负有妥善保管公司财产、印章和账簿、文书等资料的义务，但在公司进入破产程序后，两被告未主动配合移交，其拒不配合破产清算的事实清楚，存在过错。

裁判观点：优先清算权条款有效。

裁判结果：驳回上诉，维持原判。承担回购义务。

案例328.（2019）京03民终6335号，林某与北京北科创新投资中心（有限合伙）（以下简称北科中心）股权转让纠纷。北京市第三中级人民法院

本案争议焦点是：林某主张的案涉《增资协议》《补充协议》因目标公司为协议一方主体而无效是否成立；林某主张的案涉《增资协议》因包含股权同售权、反稀释、优先清算权等条款而无效是否成立。第一，反稀释。根据案涉《增资协议》第14条“反稀释”条款的约定，各方之间就目标公司校园电影院线公司的融资、股权激励等的限制时间均限定在“完成本次增资后，标的公司新三板挂牌/上市前”，并不违反法律法规的强制性规定。第二，股权同售权。根据案涉《增资协议》第11条“股权（份）同售权”条款的约定，当林某、林某、吴某钟出售股权时，北科中心享有同等出售的权利，亦不违反《公司法》等相关法律法规对股权转让的强制性规定。第三，优先清算权。根据《公司法》第186条的规定，公司清算时，清算费用、职工的工资、社会保险费用和法定补偿金、所欠税款、公司债务优先于股东分配。本案中，案涉《增资协议》第15条“优先清算权”条款的约定，目标公司在分别支付清算费用、职工的工资、社会保险费用和法定补偿金，缴纳所欠税款，清偿公司债务后，北科中心在股东分配中优先于其他股东进行分配，该协议约定在支付了法定优于股东之间分配的款项后，股东内部对于分配顺序进行约定并不违反《公司法》第186条的规定。因此，《增资协议》中对优先清算权的约定并不违反法律法规。

11

509-514

第十章

违约责任

第二十七条

违约责任

一、示范条款

股东、董事、监事和其他高级管理人员违反章程规定应当向公司或相对人承担责任，给公司或股东造成损害的，应当承担赔偿责任。

行为人故意或重大过失在【一年内超过三次】违反规定的，或者在同一行为上【超过二次】违反规定的，可视为严重违规行为，股东会或董事会可依据职权对行为人作出处罚。

股东有严重违规行为的，股东会可作出决议限制该股东的部分股东权利，并要求该股东承担责任。承担责任的方式法律有规定的，依法律规定；章程其他条款有单独规定的，从其规定；没有单独规定的，【股东会/董事会】可以【普通决议/特别决议】对行为人处以【500 元以上 5 万元以下】的罚款。

综合来看，违约责任并没有明显的股东立场区别，规定的只是股东或董监高违反章程规定要承担一定的后果和责任。

【严重违约行为】是为了区分一般违约行为和严重违约行为的不同后果，在权力机构对行为人作出不同程度的处罚决定时有明确的依据，严重标准可根据实际情况确定，同时在其他条款中约定严重违约行为的后果。

【罚款金额】按司法裁判观点，章程中可以约定罚款，但应当明确处罚金额和处罚程序，建议在章程中约定处罚行为种类和范围，并保留具体金额由股东会决议的权利。

二、条款解释

章程虽然由股东制定，但约束的不仅是股东，还包括公司的董事、监事和其他高级管理人员。大部分章程中并未规定违约条款，导致股东或者董监高违规后仅能依据有限的法律条款解决纠纷，适用范围很窄、可操作性不强，股东会无法依据章程的规定对相关人员作出处罚或权利限制。因此，在章程中规定违约责任的条款这一点是毋庸置疑的，本条款要规范的问题是：除法定外，哪些行为构成章程规定的违约，哪个权力机构可以对行为人作出何种处罚，甚至权利限制。

首先，章程的性质和约束力。公司章程究其本质也是一种契约，是股东（投资者）之间就共同设立和运营这个法律实体的意思表示一致的书面形式。只是这个“书面的文件”被单独纳入公司法管辖，《公司法》第 11 条规定：“设立公司必须依法制定公司章程。公司章程对公司、股东、董事、监事、高级管理人员具有约束力。”也就是说，公司章程虽然是股东制定的，且在制定章程时公司还没有董事、监事、高级管理人员，“董监高”也无权参与制定和修改，或者是在公司的存续中，股东、董事、监事、高级管理人员均可能会替换，但章程对上述人员仍具有约束力，股东或“董监高”违反章程规定的，要承担“违约”责任，给公司或其他股东造成损害的，要承担赔偿责任，章程可以对具体情形及相应的责任承担方式作出规定。民法中规定的承担责任的方式基本上均可以使用在公司章程中，包括惩罚性措施。实务中司法判决也支持对违约责任采用罚款这种方式。

但大部分公司章程没有规定违约责任或者对违约行为只作出了笼统的、原则性规定，导致在实践中受约束人员发生违约行为时因缺乏可操作之细节，公司无法有效“惩罚”行为人。此外，是统一将协议中各种违反义务对应的违约责任放置在一个违约章节中表述，还是在每个行为条款后单独规定此行为的违约责任，取决于制定者的行文习惯。如果一份协议比较简单、页数不多、且各方约定的行为不多，笔者建议将违约责任统一放置在一个条款中，这样的文书看起来比较整洁，例如一次性的买卖合同；如果合同的交易模式复杂、流程和链条比较长，协议各方的行为和内容繁多，例如股权转让合同，笔者建议在每一个行为条款后放置该行为对应的违约责任，最后在单独的违约责任章节内再补充兜底的、原则性的违约责任，这样的好处是方便使用者理解，看到这个行为就知道对应的违约责任是什么，如果将违约责任统一放在尾部（通常违约条款在倒数第三个排序），当一份文件超过七八页——尤其是对于公司章程来说，简单的有六七页，复杂的可能有二十余页——之后看到尾部的违约条款时还要翻阅前面的条款才能对应到违约行为，就很容易让人“晕乎乎”的，对此笔者建议将各条款的违约责任和修改的权限直接附在该条款之后。

其次，章程制定和修改的程序。第一个版本的章程需经全体股东一致同意签字方可生效，但后续的修改经三分之二以上表决权同意即可，对于三分之一以下不同意的股东，如果修订的内容是加重了部分股东责任，则该内容有可能被认定为对不同意的股东无效。例如，增加的处罚条款有可能对不同意的股东不具有约束力。笔者建议，或者在第一个版本的章程制定时即将违约责任明确，或者将违约责任规定在股东合作协议内，但该协议应当将公司作为一方当事人。

三、法律规定

《民法典》第 176 ~ 179 条

《公司法》第 11 条、第 43 条

四、参考案例（1 件）

裁判观点：公司章程关于股东会对股东处以罚款的规定，系公司全体股东所预设的对违反公司章程股东的一种制裁措施，符合公司的整体利益，体现了有限公司的人合性特征，不违反公司法的禁止性规定，应合法有效。但公司章程在赋予股东会对股东处以罚款职权时，应明确规定罚款的标准、幅度，股东会在没有明确标准、幅度的情况下处罚股东，属法定依据不足，相应决议无效。

裁判结果：股东会作出的罚款决议内容无效，驳回公司要求股东支付罚款的诉求。

案例 329.（2010）鼓商初字第 174 号，南京安盛财务顾问有限公司（以下简称安盛公司）诉祝某股东会决议罚款纠纷。最高人民法院公报 2012 年第 10 期，江苏省南京市鼓楼区人民法院

本案争议焦点是：2009 年 1 月 5 日，原告安盛公司临时股东会对被告祝某罚款 5 万元的决议内容是否有效。

法院认为：（1）有限公司的股东会无权对股东处以罚款，除非公司章程另有约定。《公司法》（2005 年）第 37 条规定……由上可见，有限公司的股东会作为权力机构，其依法对公司事项所作出决议或决定是代表公司的行为，对公司具有法律约束力。股东履行出资义务后，其与公司之间是平等的民事主体，相互之间具有独立的人格，不存在管理与被管理的关系，公司的股东会原则上无权对股东施以任何处罚。这从《公司法》（2005 年）第 38 条第 1 ~ 10 项所规定的股东会职权中并不包含对股东处以罚款的内容中亦能得到体现。因此，在公司章程未作另行约定的情况下，有限公司的股东会并无对股东处以罚款的法定职权，如股东会据此对股东作出处以罚款的决议，则属超越法定职权，决议无效。

《公司法》（2005 年）第 11 条、第 20 条规定……由此可见，公司章程是公司自治

的载体，既赋予股东权利，亦使股东承担义务，是股东在公司的行为准则，股东必须遵守公司章程的规定。本案中，原告《安盛公司章程》第 36 条虽主要是关于取消股东身份的规定，但该条第 2 款明确记载有“股东会决议罚款”，根据章程本身所使用的文义进行解释，能够得出在出现该条第 1 款所列八种情形下，安盛公司的股东会可以对当事股东进行罚款。鉴于上述约定是安盛公司的全体股东所预设的对违反公司章程股东的一种制裁措施，符合公司的整体利益，体现了有限公司的人合性特征，不违反《公司法》的禁止性规定，被告祝某亦在章程上签字予以认可，故包括祝某在内的所有股东都应当遵守。据此，安盛公司的股东会依照《公司法》（2005 年）第 38 条第 11 项之规定，享有对违反公司章程的股东处以罚款的职权。

（2）有限公司的公司章程在赋予股东会对股东处以罚款职权的同时，应明确规定罚款的标准和幅度，股东会在没有明确标准和幅度的情况下处罚股东，属法定依据不足，相应决议无效。

被告祝某在原告安盛公司和瑞派尔公司委托记账合同关系停止后，仍作为瑞派尔公司的经办人向税务部门申请取消一般纳税人资格业务，该行为属于《安盛同业禁止规定》第 1 条及《安盛公司章程》第 36 条第 1 款第 6 项的约定范畴，应认定祝某违反了公司章程，安盛公司股东会可以对祝某处以罚款。《安盛公司章程》第 36 条第 2 款所规定“罚款”是一种纯惩罚性的制裁措施，虽与行政法等公法意义上的罚款不能完全等同，但在罚款的预见性及防止权力滥用上具有可比性。而根据我国《行政处罚法》的规定，对违法行为给予行政处罚的规定必须公布；未经公布的，不得作为行政处罚的依据，否则该行政处罚无效。本案中，安盛公司在修订公司章程时，虽规定了股东在出现第 36 条第 1 款的八种情形时，股东会有权对股东处以罚款，但却未在公司章程中明确记载罚款的标准及幅度，使得祝某对违反公司章程行为的后果无法做出事先预料，况且，安盛公司实行“股东身份必须首先是员工身份”的原则，而《安盛员工手册》的《奖惩条例》第 7 条所规定的五种处罚种类中，最高的罚款数额仅为 2000 元，而安盛公司股东会对祝某处以 5 万元的罚款已明显超出了祝某的可预见范围。故安盛公司临时股东会所作出对祝某罚款的决议明显属法定依据不足，应认定为无效。

（3）原告安盛公司提起本案诉讼不属重复诉讼。

第十一章 其他

12

515-530

第二十八条

其　他

一、示范条款

本章程中所称的“经公司催告”或者由公司做出的行为应当具有公司的公章【或者/和】法定代表人的签字；由董事会或者监事会做出的行为应当具有董事长或者监事会主席的签字。

向公司发出的通知包括向公司的实际经营地址送达，或者向法定代表人的地址送达，向董事会发出的通知是指向董事长的地址送达，向监事会发出的通知是指向监事会主席的地址送达。

本章程中所称的书面通知除以书面文件通过【EMS/其他】等方式邮寄送达以外，还包括其他合理的方式，例如邮件或者短信、微信的方式送达，送达地址以章程登记的地址为准。

董事会或者单独或合计持有10%以上表决权的股东或者监事，有权提出章程修正案。章程修正案按本章程规定的程序表决通过后即时生效。章程中各条款未特别说明的，均以股东会普通决议通过，有特别说明的从说明。【如果大股东滥用股东权利修改章程损害其他股东合法权益，对章程修改持反对意见的股东，可向公司所在地人民法院提起诉讼。】

章程附件（如果有，包括各机构议事规则或工作细则）的内容不得与本章程条款相抵触，抵触的部分无效。

各方因履行本章程（包括本章程附件）发生的争议应当协商解决，无法协商一致的，除非不立即提起诉讼可能会导致财产灭失或不可逆转的非常严重的后果，否则任何一方可在【六十日】后向公司所在地人民法院提起诉讼。

本章程经全体股东签字后即时生效。

【和/或】公章或法定代表人的签字均视为公司行为（详见本书“第二条　法定代表人”），对外发生效力；对内的是要求“盖章+签字”同时具备，或是其中一个条件满足即可，视公章保管和法定代表人由哪一方股东控制确定。

【章程修改效力】虽然法律规定修改章程经表决权三分之二以上同意即可通过，但在司法实践中也会出现小股东不同意章程修正案，但大股东利用表决权多数的优势强行通过后，被司法机关裁判为此修改对小股东无效的判决结果。从大股东立场来看不建议增加此条款，从小股东立场来看建议明确和细化权利救济途径。

【冷静期】具体时间可自行设定，建议不少于六十日。

二、条款解释

通常来说，公司章程最后的部分会规定章程内专有名词的定义、通知送达的方式、争议解决的方式、章程修改的程序等。本条款要规范的问题是：公司行为应当具备什么要件，通知应当向谁送达，是否要规定冷静期。

（一）公司行为

公司法中多处条款规定此行为或彼行为由公司作出，或者向公司作出指定的行为，但公司是不会说话的“人”，看不见也摸不着，公司行为的具体表现形式是什么、要件是什么，是盖公章即有效还是要盖章和法定代表人签字同时具备才生效？抑或是单独法定代表人签字也生效？

法定代表人是由股东会（或者董事会）选举或委派的董事长（或者执行董事）或总经理担任的，体现了股东意志，而公章是一件“物品”，掌管公章的人不一定是法定代表人本人，虽然《民法典》第61条、第62条规定了“法定代表人以法人名义从事的民事活动，其法律后果由法人承受”“法定代表人因执行职务造成他人损害的，由法人承担民事责任”。但是在实务中仍然会有一定的阻碍，并且考虑公章保管和使用人员不同，笔者建议对内的公司行为效力体现以法定代表人签字为准，对外的公司行为效力自然以公司印章和法定代表人签字构成法定代理行为而有效。当然，也需要考虑法定代表人是否为聘用的职业经理人等因素，以避免职业经理人未经股东会授权恣意作出不符合公司利益的行为损害股东权益。

此外，《公司法》第149条、第151条规定的股东提起代表之诉的前提是董事会、监事会不履行法定职责的，股东才可提起，这就要求股东需要向董事会或监事会提出请求，请求董事会或监事会向义务人提起诉讼，但董事会和监事会是公司内部机构，是多个自然人组成的一个组织而不是一个人。与总经理是由一个人担任不同，董事会和监事会既无单独的地址又无印章，股东向谁提出和如何送达？是向全部董事（监事）逐一送达还是向董事长（监事会主席）送达？笔者建议结合章程规定，在章程中明确由董事长和监事会主席代表董事会或监事会签字收发文件。

（二）送达

随着技术的日臻成熟、社会信息化的深入推进，邮件、微信等新形式网络工具使用愈加频繁，传统的纸质文件通过快递方式送达的使用场景正在减少，为避免通知送达纠纷，章程中应当明确多种通知送达方式。

笔者办理过一个实际的案例，股份公司的其中两个股东纠纷引发了劳动、租赁、股东知情权等多宗诉讼案件，两个股东的户籍地址均不是公司所在地，虽然定居在公司所在地的城市多年，但未办理居住证或居住证已经过期未续办，没有法律上可以证实的居住地址，也无充分的证据证明电话号码或微信、邮箱等其他送达方式的有效性。笔者代理的其中一个股东每次向对方书面送达文件时，均需要将文件邮寄给对方的外省户籍地址，但每次也都被拒收退件，因送达导致双方的纠缠造成了大量不必要的讼累。因此，笔者建议在章程中或股东会决议等文件中明确相关人员的有效送达方式和送达地址，以提高沟通效率和效力。

（三）章程修正

《公司法》规定有权提出章程修正案的是股东，除上述人员外，是否要赋予董事或总经理权利提出章程修正案？鉴于公司的日常经营管理是董事会、经理等职业经理人，他们更清楚和了解公司经营实际情况和治理需要，笔者建议赋予相关人员提出修正案的权利，虽然提出修正案也不一定能够获得股东会表决通过，但也可以体现出“董监高”实际参与公司治理的权利义务和责任相对应，笔者建议在章程中进一步明确是否赋予其他人或机构也有权利提出章程修正案。

（四）争议解决

首先，为什么要设置内部出现纠纷后的冷静期，且在冷静期内限制诉权？因为公司也是一个独立的法律主体，与股东相互独立存在、独立承担责任，公司章程不仅要保护股东权益，也要考虑公司的合法权益、保护公司债权人的权益，股东因内部纠纷引发的纠纷会给公司外部债权人带来潜在的风险。作为股东来说，投资设立公司是为了获取更好的回报，作为公司来说，“铁打的营盘流水的兵”，股东可能会更换，但公司运营要相对稳定。因此在出现股东纠纷后，为避免股东一时冲动针对公司或其他股东提起诉讼给公司和其他股东造成不良的影响，尤其是小股东以此作为“要挟”大股东的手段将会给公司的经营带来不稳定影响，笔者建议设置一个冷静期，在冷静期内限制诉权，不允许股东以公司或其他股东为被告提起诉讼。

其次，与公司有关的纠纷如何确定管辖。依据《民事诉讼法》第 26 条规定，因公司设立、确认股东资格、分配利润、解散等纠纷提起的诉讼，由公司住所地人民法院管辖。《最高人民法院关于适用〈中华人民共和国民事诉讼法〉的解释（2020 年修正）》

第22条规定："因股东名册记载、请求变更公司登记、股东知情权、公司决议、公司合并、公司分立、公司减资、公司增资等纠纷提起的诉讼，依照民事诉讼法第二十六条规定确定管辖。"根据上述规定，与公司决议有关的争议，应当向所涉公司住所地有管辖权的人民法院提起。此外，还应当根据诉争标的是否涉及争议金额、专属管辖以及集中管辖，并结合《最高人民法院关于调整高级人民法院和中级人民法院管辖第一审民事案件标准的通知》（法发〔2019〕14号）及《最高人民法院关于调整中级人民法院管辖第一审民事案件标准的通知》（法发〔2021〕27号）中级别管辖的规定加以确定级别管辖。

此外，与公司有关的纠纷是否可以约定仲裁管辖？实践中，有些公司在其公司章程中会约定仲裁条款，例如"因本章程的解释或履行产生任何争议时，各方应首先通过友好协商解决争议，协商不成，各方同意将争议提交某仲裁委员会进行仲裁，仲裁地点在某地，仲裁裁决是最终的，对各方均有约束力"。当公司章程约定了仲裁管辖时，是否当然排除人民法院的诉讼管辖？现行法律法规并无明确规定。由于公司章程的不完全协议属性，不受民法和合同的约束。实务中，对于当事人是否可以依据章程约定的仲裁管辖提请仲裁或提出管辖权异议颇有争议。

根据已有判例，除在解散公司案件和公司清算案件中最高院明确答复章程规定仲裁条款不适用外[《最高人民法院关于撤销中国国际经济贸易仲裁委员会（2009）CIETACBJ裁决（0355）号裁决案的请示的复函》]，目前审判实践中，就其他有关公司决议诉讼是否适用约定仲裁条款，人民法院的观点存在差异。最高人民法院在（2014）民二终字第14号案件中认为，关于民事诉讼法规定的有关公司诉讼的管辖条款是否属于专属管辖的问题。2012年8月31日第十一届全国人民代表大会常务委员会第二十八次会议通过了《关于修改〈中华人民共和国民事诉讼法〉的决定》，其中新增的第26条规定："因公司设立、确认股东资格、分配利润、解散等纠纷提起的诉讼，由公司住所地人民法院管辖。"该条从立法体例上看，位于《民事诉讼法》（2012年）第二章"管辖"的第二节"地域管辖部分"。该节第33条明确规定了专属管辖的情形，但不包括与公司有关的诉讼的情形。因此《民事诉讼法》（2012年）第26条关于公司诉讼的规定应当理解为特殊地域管辖的规定而不是专属管辖。《民事诉讼法》所规定的特殊地域管辖条款并不排除当事人的协议管辖约定，当事人对于争议解决方式有约定的从其约定，无约定或者约定不具有可操作性的则依照该法律规定予以确定案件的管辖法院。故而，《民事诉讼法》中的管辖规定并不当然排除当事人的协议约定。但也有其他法院的裁判认为与公司有关的纠纷应当适用专属管辖，例如在（2017）最高法民再76号案件中，最高院就排除了股东间约定的仲裁管辖条款。

三、章程和股东协议

公司章程，是指股东依法制定的、规定公司名称、住所、经营范围、经营管理制度、出资、股东权利义务等重大事项的基本文件，也是公司必备的规定公司组织和活动基本规则的书面文件。公司章程对公司、股东、董事、监事和其他高级管理人员具有约束力。股东协议是股东对经营管理公司的规则和股东之间的权利义务、利益分配等内容达成合意的书面文件，仅对签署协议的各当事人具有约束力。

《公司法》并未对股东协议作出具体规定和要求。公司章程是法定性文件，受《公司法》约束，而股东协议是合意性文件，属于合同行为、受民法约束。从具体内容上看，公司章程和股东协议的内容往往具有重合性，公司章程所规定的必须要记载的事项往往也是股东协议的核心内容，股东协议可能还会对公司章程中部分未涉及的细节进行约定和规范；从法律性质上看，股东协议属于股东之间基于平等自愿达成的权利义务关系，其本质是一种合同，并不强制对外公示，对于股东之间的隐私具有很强的保护性，且有可能并非全体股东达成协议，而只有部分股东签署。而公司章程由《公司法》进行规范，公司章程按照规定进行公示，经公司登记部门公示后即对外产生法律效力；从效力范围上看，股东协议基于合同属性决定了其只能针对签字的当事人之间的权利义务进行约定，只对签字的当事人有效，且无论公司是否成立或存续，除非发生协议约定或者法定终止条件。公司章程不仅约束公司股东，董事、监事和其他高管，对第三人也有公信力，但仅在公司存续期间有效。

那么，将什么内容约定在章程内，什么内容又需要约定在股东协议呢？笔者认为，股东之间的复杂安排事项放在股东协议内更合适。一方面，股东协议的着眼点在于股东之间的特别约定，一些与公司本身无关的股东特殊权利，例如共同出售权、特殊身份（如本书第十一条规定的触犯刑事责任或爱国条款）的权利或资格限制等条款，放入股东协议更为合适；另一方面，一些股东特殊权利虽然看似涉及公司，但其实比《公司法》的规定更为复杂、细致，甚至可以通过迂回方式实现与《公司法》规定不完全一致的协议安排，如业绩对赌、优先分红权、优先清算权等，对于这些不适合写入公司章程的股东特殊权利，放在股东协议中更为合适。笔者在实务中为委托人起草或修订公司章程时，通常会做好充分的前期尽职调查工作，了解委托人背后各股东的真实意思和对公司治理、权益分配的需求，以及在短期计划、中期规划、远期愿景的各项安排中取得平衡，把不同的内容分别落实在公司章程和股东协议内。尤其是当引进新投资人时，且该投资人并非控股股东的情况下，将财务或监事等特殊岗位的人员安排、原有大股东的业绩对赌、优先分红、随售或领售等条款放置在股东协议内，更有利于实际操作和执行。

此外，还有一个问题是，如果章程和协议内容不一致，发生争议时以哪个为准？公司章程和股东协议并非简单的取代关系，实务中虽然在公司设立前股东间签署了“投资合作协议”后成立了公司，又签署了公司章程，但并未因此终止或解除之前的“协议”，两者通常情况下是一种并行的关系。当两者在约定上产生冲突时，笔者认为应当探究股东真实意思表示，而不是简单地以签署时间的先后来判定适用效力问题。当然这是比较理想的状态，如果不能够确定真实意思，仍然可以依据签署的时间来判断，通常来说以签署时间在后的为准。为避免不必要之争议，笔者建议股东之间如果通过股东协议作出与公司章程不一致的约定时，应在协议中注明“本协议书自股东各方签章之日起生效，不因目标公司章程的签署而被取代或变更；公司章程条款与本协议内容约定不一致的，以本协议为准”，以明确二者的效力。

四、法律规定

《市场主体登记管理条例》

《民事诉讼法》第26条

《最高人民法院关于适用〈中华人民共和国民事诉讼法〉的司法解释》（2020年）第22条

《最高人民法院关于撤销中国国际经济贸易仲裁委员会（2009）CIETACBJ裁决（0355）号裁决案的请示的复函》

五、参考案例（7件）

（一）章程和协议的效力（5件）

裁判观点： 公司章程在股东间合作协议后成立，且公司章程具有最高效力，在合作协议与公司章程不一致时，公司章程实际上已改变合同协议书的内容，视为改变了合作协议的约定，股东间权利义务应当以章程规定为准。

裁判结果： 驳回上诉，维持原判。上诉人主张按合作协议书要求被上诉人投资无法律依据，不予支持。

案例330. （2018）川34民终1276号，四川省地质矿产勘查开发局四〇三地质队、凉山矿业股份有限公司（以下简称凉山矿业）合同纠纷。四川省凉山彝族自治州中级人民法院

本案争议焦点是： 应如何认定上诉人与被上诉人于2003年12月2日签订的《合作协议书》效力，被上诉人凉山矿业是否应承担原审第三人鑫联公司的矿山和选厂投资。

法院认为： 投资协议是公司股东以出资设立、经营公司为目的，而在股东之间约定

权利义务的文件，其性质属于合同，受合同法的规范和调整。上诉人与被上诉人于2003年12月2日签订的《合作协议书》的内容就能确定上诉人与被上诉人有共同设立、经营新公司的目的，根据《合同法》（已失效）第44条、第60条的规定，《合作协议书》系上诉人与被上诉人真实意思表示，在上诉人与被上诉人签字后即发生法律效力，上诉人与被上诉人均应按照合作协议履行义务、行使权利。上诉人与被上诉人共同设立原审第三人鑫联公司，鑫联公司系有限责任公司，受《公司法》的调整与制约。根据《公司法》第11条、第20条的规定，公司章程是规范公司组织和活动的基本规则，是公司设立的基本条件，具有最高效力。法院认为公司章程对上诉人与被上诉人作为原审第三人鑫联公司的股东均明确了具体的权利义务，原审第三人鑫联公司的公司章程中均未明确被上诉人凉山矿业对鑫联公司具有投资建设选矿车间的约定，因此在合作协议与公司章程不一致时，法院认为根据公司章程成立在后且公司章程具有最高效力的特点，公司章程实际上已改变合同协议书的内容，应当以公司章程规定为准。

裁判观点：发起人协议只有在不与公司章程相悖的情况下，其效力才不被公司章程的效力所取代，当发起人协议和公司章程有冲突时，应当以章程约定为准。

裁判结果：再审驳回申请人烟台金东酒店投资管理有限公司的申请；二审撤销一审法院判决，驳回上诉人烟台金东酒店投资管理有限公司的上诉请求；一审法院判决支持原告烟台金东酒店投资管理有限公司要求按照股东间发起协议出资的请求。

案例331. （2021）鲁民申2734号，烟台金东酒店投资管理有限公司（以下简称金东酒店）与张某岗、姜某明股东出资纠纷。山东省高级人民法院

一审法院认为：公司为资合与人合的统一体，其实质为各股东之间达成的一种合作意向和合作模式，仅为通过公司这个平台得以反映并得到规范的指引和运作，故无论是发起人协议抑或是公司章程，均应属于各股东的合意表示，当然前提是不得违反相应法律、法规的规定，故只要股东间的协议体现了各股东的真实意思表示，不违反法律、法规的强制性规定，且与公司章程不相冲突，其效力即应予以肯定。本案中，作为金东酒店发起人的朱某爱、姜某明、张某岗并未约定其所签署的发起人协议书的失效日期，故在公司章程形成之后，该协议仍对各股东具有约束力。尽管协议规定的股东出资额与此后签订的公司章程规定的出资额不同，但根据发起人协议的规定，各股东依该协议所认缴的出资包括公司筹建费用，筹建费用由全体股东按出资比例共同承担，具体金额按有关凭证确认计算，在公司设立成功后，该筹建费用列入本公司的开办费用，由成立后的

公司承担。故尽管发起人协议规定的股东出资额高于公司章程规定的出资额，但二者并不存在冲突，张某岗主张其出资额应以公司章程规定的金额为准，不予采信。综上，发起人协议书系各方真实意思表示，内容不违反法律、法规的强制性规定，且与公司章程内容不相冲突，应为有效，各发起人应按发起人协议的规定履行出资义务，逾期应承担违约责任。

二审法院认为：本案系公司即金东酒店依据《公司法》及相关司法解释的相关规定请求股东即张某岗、姜某明履行出资义务而形成的纠纷，故本案案由应为股东出资纠纷。根据《公司法》第28条规定，股东应当按期足额缴纳公司章程规定的各自所认缴的出资额。根据上述规定，股东按期足额缴纳所认缴出资的依据应为公司章程。本案中，金东酒店章程、工商登记以及张某岗、姜某明二审提交《股东出资证明书》相互印证，足以证明金东酒店注册资本为100万元，张某岗、姜某明已经按照公司章程的规定缴纳了所认缴的出资。因此，金东酒店依据《发起人协议书》约定的出资额、出资方式要求张某岗缴纳、补足出资款，于法无据，本院不予支持。

再审法院认为：《公司法》第26条、第28条的规定……根据上述法律规定，公司注册资本金额应当以登记机关登记的全体股东认缴出资额为准，股东履行出资义务以公司章程的规定为依据。而根据原审查明的事实，申请人公司章程以及工商登记均显示申请人注册资本为100万元，而张某岗、姜某明股东出资证明书等证据能够证明张某岗、姜某明已经按照公司章程的规定履行了出资义务。此外，发起人协议属于公司设立人之间的内部协议，申请人作为公司并非协议的相对方，且发起人协议只有在不与公司章程相悖的情况下，其效力才不被公司章程的效力所取代，本案中发起人协议中约定的注册资本与公司章程规定的注册资本明显不一致，因此，申请人主张依据发起人协议约定的注册资本500万元以及相应的出资额，诉请被申请人补缴出资款，缺乏事实和法律依据。

裁判观点：公司成立后，股东投资协议在没有被修改、变更、解除以及与公司章程的内容相悖的情况下，其效力并不自然终止或被公司章程的效力所取代，只是在具体个案的司法诉讼中，两者具有不同的证明和适用对象，不存在以两者中哪个为准的问题。

裁判结果：撤销原审判决；驳回股东要求确认股东会决议取消其股东资格无效的诉求。

案例332.（2012）沪二中民四（商）终字第65号，上海宏胜物业有限公司（以下简称宏胜公司）与陈某某公司决议纠纷。上海市第二中级人民法院

本案争议焦点是：在宏胜公司完成转制及相应公司章程正式制定后，由陈某某等23名自然人投资股东在宏胜公司转制时所协商订立的《股东投资协议》，对上述股东是否仍具有法律的约束力，亦即该投资协议的效力是否如原审判决认定的在宏胜公司完成转制及相应公司章程制定后即行自然终止。

法院认为：股东投资协议通常是指公司设立前，由全体投资人所共同参与订立的协议，其主要作用在于表明发起人设立公司的目的、确定公司的基本性质和结构，以及分配和协调发起人之间的权利义务关系，其协议本质应属于合同，依法受我国《合同法》一般规则的规范和调整。至于在公司设立过程中，由认缴注册资本的股东签署的公司章程，则具有公司自治规范的性质，依法属于我国《公司法》所规制的范围，并对签署股东、公司以及公司董事、监事等人员具有规范和约束的效力。因此，股东投资协议与公司章程系由投资人形成的两种在本质存在不同的协议安排，两者之间应为相互平行而非前后承接的法律关系。基此，股东投资协议的效力存续与否，同公司章程的制定不存在效力上的关联性，依法只受限于该协议本身的约定条款内容以及我国《合同法》的相关调整规范。事实上，在投资人订立的股东投资协议中，既有调整公司设立完成之前的事项，同时又有调整公司成立后股东之间、公司与股东之间的权利义务关系，以及公司治理结构的内容。且基于各种原因，其中的许多内容并未被纳入之后所订立的公司章程之中。况且，有时股东投资协议中确实存在某些不便载入公司章程的约定内容。此外，往往还由于工商行政管理部门要求按照其统一制定的样本格式起草公司章程的原因，造成许多股东间特别约定的协议内容无法被载入公司章程之中。在此情形下，股东投资协议实际承担了公司章程之外的规则性协议的功能。因此，在公司完成工商登记设立后，由全体投资人所共同参与订立的股东投资协议仍具有法律效力，其中涉及以公司成立后的股东之间、股东与公司之间的权利义务关系为调整对象的协议内容，只要未违反法律的强制性规定或与公司章程的规定相冲突，对各缔约投资股东依法具有规范和约束的效力。需要说明的是，在我国公司立法中体现有这种效力的认定精神，我国《公司法》(2005年）第84条第2款规定……上述规定表明，在公司成立后发起人协议的法律效力仍被确认。上述分析意见表明，公司成立后，股东投资协议在没有被修改、变更、解除以及与公司章程的内容相悖的情况下，其效力并不自然终止或被公司章程的效力所取代，只是在具体个案的司法诉讼中，两者具有不同的证明和适用对象，不存在以两者中哪个为准的问题。

具体到本案而言，涉案《股东投资协议》由包括陈某某等23名自然人股东在宏胜公司改制时订立，应为该23名自然人股东的真实意思表示，故依法具有法律效力。虽然，其中第18条的约定内容即有关取消股东出资资格的协议内容，未被载入宏胜公司之后制定的章程中，但该条款内容并未违反法律的强制性规定或与宏胜公司之后制定的章程内容相冲突，故依法对各缔约投资股东仍具有规范和约束的效力。因此，按照涉案《股东投资协议》的约定，宏胜公司超过三分之二以上出资额的出资股东，有权通过召开股东会并以作出股东会决议的方式，取消陈某某宏胜公司投资人资格和由股东会处理其股东权益。故对于原审法院作出的涉案《股东投资协议》调整的仅是宏胜公司转制过程中的法律关系和法律行为，因而其效力期间为从转制行为开始至转制过程终止，公司转制完成后即意味着该协议效力终止的判决认定意见，对此，上海市二中院难予认同，并依法应予以纠正。

关于原审法院作出的对于有限责任公司股东资格予以强制罢免的事由，应严格限定在股东不履行出资义务这一范围之内的判决认定意见。经查，我国现已颁布的民商事法律及最高人民法院法院作出的相应司法解释中，对于有限责任公司股东资格解除的法律规定问题，在最高人民法院于2011年1月27日颁布的《公司法司法解释（三）》中有相应的规定内容，该司法解释的第18条规定，有限责任公司的股东未履行出资义务或者抽逃全部出资，经公司催告缴纳或者返还，其在合理期间内仍未缴纳或者返还出资，公司以股东会决议解除该股东的股东资格，该股东请求确认该解除行为无效的，人民法院不予支持。虽然上述我国公司法司法解释的条款只是针对股东未履行出资义务或者抽逃全部出资的情况，规定公司可以通过股东会决议予以解除相应股东的股东资格。但由此并不能得出，我国法律对于有限责任公司股东资格予以强制罢免或解除的事由，只限定在股东不履行出资义务这一范围内。相反，从上述司法解释条款的内容可以证明，公司可以通过股东会决议的方式解除股东的股东资格。

裁判观点：只要股东间的协议体现了各股东的真实意思表示，且不违反法律、法规以及与公司章程相冲突，即应当与公司章程具备同样的法律效力，股东会决议不得违反股东间协议的约定。

裁判结果：部分改判。维持股东会决议内容因违反股东间协议应予撤销的裁判，撤销违反股东间协议的董事会决议。

案例333.（2013）沪二中民四（商）终字第851号，上海产联电气科技有限公司（以下简称产联公司）与曾某决议撤销纠纷。上海市第二中级人民法院

本案争议焦点是：涉案增资扩股协议及对应的增资扩股补充协议所赋予曾某作为产联公司创始股东而享有的特别权利是否依法成立；如果成立，其适用范围。

法院认为：根据一、二审法院查明的事实，曾某享有产联公司创始股东的特别权利首先有2011年4月9日公司吸纳王某为股东的增资扩股协议明确为证。此特别权利的具体内容表述为："股东各方承认甲方（曾某）、乙方（李某友）作为产联电气创始人的

地位，根据甲乙双方协商一致或者按照股权表决后的意见（结果），享有以下特别权利……其次，曾某的创始股东特别权利有2011年4月11日的公司吸纳陈某岳为股东的增资扩股补充协议为证。具体内容为……同时，各股东均在该份增资扩股补充协议中予以签名。最后，曾某的创始股东特别权利有2011年10月14日及2012年2月1日的公司欲吸纳江某臣、袁某为新股东的两份新股东增资扩股决议为证。具体内容为……同时，各股东均在该两份新股东增资扩股决议中予以签名。”故，曾某享有的特别权利属于全体股东的合意及真实意思表示，应予保护。

至于产联公司在二审中提出的章程真伪一节，即章程中究竟有无“股东另有协议约定的，按照股东协议的约定行使表决权及否决权”的条款内容，上海市二中院认为，姑且不考虑产联公司在原审中从未对曾某所提供的章程的真实性提出过异议，而直至二审方提出的反常情形；即便章程中缺少前述约定内容，也不能即据此否定曾某的特别权利。公司为资合与人合的统一体，其实质为各股东间达成的一种合作意向和合作模式，仅为通过公司这个平台得以反映并得到规范的指引和运作。故无论是股东协议抑或章程均应属于各股东的合意表示。当然，前提是不得违反相应法律、法规的规定。故只要股东间的协议体现了各股东的真实意思表示，且不违反法律、法规以及与公司章程相冲突，即应当与公司章程具备同样的法律效力。基于本案系增资扩股协议中关于曾某的创始股东特别权利是当时各股东达成的合意，约定亦不违法，且公司章程中亦未对此特权予以否定，故曾某的特别权利应属合法有效，并当然适用于股东会职权。故涉案股东会决议的内容因违反上述股东间的协议而应当予以撤销。原审此节判决无误，上海市二中院予以支持。

关于曾某的创始股东特别权利是否适用于董事会职权一节，上海市二中院认为，虽然《产联公司章程》第13条、第14条、第16条、第17条在关于董事会的职权范围、议事方式、表决程序、总经理选聘等方面未作出特别约定，看似形成在后的公司章程缩小了形成在前的增资扩股协议中关于曾某创始股东特别权利的适用范围，但由于形成在公司章程之后的两份新股东增资扩股决议中仍记载有新股东“同意遵守产联电气原有的股东协议及公司章程”等内容，且由全体股东进行了签名。虽然前述两份新股东增资扩股决议最终未履行，但仍可表明全体股东对于曾某创始股东特别权利的确认态度，故此特别权利并不因公司章程记载的不全面而缩小适用范围。基于此，上海市二中院认为，曾某的特别权利同样适用于董事会职权。鉴于涉案董事会决议的内容同样违反了各股东间的协议，故也应一并予以撤销。原审此节判决有误，上海市二中院予以纠正。

裁判观点： 公司章程仅是股东之间的一种契约，股东可以通过其他合意且在不违反强制性规定的情况下进一步明确各自的权利义务，甚至否定公司章程的约定，故在股东之间应以股东的真实意思合意为准。

裁判结果： 驳回上诉，维持原判。撤销股东会决议和董事会决议。

案例334. （2013）沪二中民四（商）终字第733号，上海联合汽车大道开发建设有限公司（以下简称联合大道公司）、中国五冶集团有限公司（以下简称中国五冶）与上海联合汽车（集团）有限公司（以下简称联合集团）公司决议撤销纠纷。上海市第二中级人民法院

法院认为： 本案系关于申请撤销公司股东会决议、董事会决议的纠纷案件，作为申请一方的联合集团认为联合大道公司于2012年4月16日形成的股东会决议、董事会决议违反了股东间约定的表决方式，以及违反了联合大道公司《2009年章程》第39条的约定，因而依法申请法院予以判令撤销。我国《公司法》（2005年）第22条规定……根据本案审理所查明的事实反映……而现在作为吸收合并中冶成工的中国五冶认为联合集团无权申请撤销涉案股东会决议、董事会决议的理由为……2008年8月的联合大道公司章程应为双方股东对股东会、董事会决议的表决方式重新进行了约定，即否定了五冶建设之前所承诺确认的表决方式。

根据原审查明的事实反映，中冶成工作为甲方与作为乙方的五冶建设和作为丙方的联合集团，曾共同签署过一份“关于本市灵石路×××号地块项目合作开发合同主体变更备忘录”，该备忘录载明：（1）甲、乙、丙三方一致同意，在本备忘录生效之前乙、丙双方签订的各协议书和补充协议书，合同主体均由乙方变更为甲方；（2）本备忘录签署生效之前，乙、丙双方签订的所有协议中约定的乙方的权利和义务，由甲方承继。因此，2006年8月21日五冶建设与联合集团签订的联合大道公司章程附件，以及2007年12月25日五冶建设向联合集团所出具的承诺函，在没有相反证据可加以否定其效力的情况下，对中冶成工均具有法律的约束效力。中国五冶作为中冶成工的权利义务继受主体，依法亦应加以恪守。诚如原审法院所分析认定的，公司章程作为对公司重要和基本问题作出明确规定的公众法律文件，对公司股东以外的债权人以及其他社会公众而言是其赖以了解公司的基本依据，但对股东之间来说，公司章程仅是股东之间的一种契约，股东可以通过其他合意且在不违反强制性规定的情况下进一步明确各自的权利义务，甚至否定公司章程的约定，故在股东之间应以股东的真实意思合意为准。本案的事实表明，联合大道公司的股东双方实际并不是以章程的规定来行使对股东会、董事会的表决权，而实际以股东内部协议的方式来确定相应的表决方式，该约定对股东之间具有法律

的效力，且与我国《公司法》（2005 年）第 43 条即股东会会议由股东按照出资比例行使表决权的规定，以及《公司法》第 49 条即关于董事会会议的表决规定相符，上海市二中院对此予以确认。

综上所述，联合集团主张涉案的联合大道公司于 2012 年 4 月 16 日作出的股东会决议和董事会决议的表决方式违反了股东间约定的表决方式，进而违反我国《公司法》（2005 年）第 22 条规定的理由成立，可予以支持。

（二）争议管辖（2 件）

裁判观点：约定仲裁管辖条款有效。

裁判结果：驳回上诉，维持原裁定。原裁定驳回原告刘某的起诉。

案例 335. （2020）苏 01 民终 2723 号，刘某与合肥图鸭信息科技有限公司（以下简称图鸭公司）公司决议纠纷。江苏省南京市中级人民法院

一审法院认为：讼争的公司决议纠纷，仍应当按照公司章程由约定的仲裁机构按照仲裁程序和规则仲裁解决。

二审法院认为：首先，《民事诉讼法》（2017 年）第 124 条规定……《最高人民法院关于适用〈中华人民共和国民事诉讼法〉的解释》（2015 年）第 215 条规定……本案中，图鸭公司章程规定了“凡因执行本章程所发生的或与本章程有关的一切争议，各方应通过友好协商解决。若任何争议无法在争议发生后十五天内通过协商解决，则任何一方有权将该争议提交位于上海的上海国际经济贸易仲裁委员会/上海国际仲裁中心根据其当时有效的仲裁规则在上海经仲裁解决”的仲裁条款，该条款不存在上述司法解释规定的除外情形。其次，根据法律规定，图鸭公司章程对于该公司及其股东等均具有拘束力。讼争的董事会决议效力问题系属执行图鸭公司章程所发生的或与该公司章程有关的争议，按照章程规定，该争议应提交上海国际经济贸易仲裁委员会/上海国际仲裁中心仲裁解决。最后，《仲裁法》第三条规定……本案系公司决议效力确认纠纷，讼争董事会决议的内容不涉及上述不能仲裁的纠纷范围。

裁判观点：仲裁协议是股东之间的约定，本案被告是公司，公司并非协议的当事一方，不受仲裁条款的约束。

裁判结果：撤销二审法院裁定，维持一审法院裁定。本案应由人民法院管辖。

案例 336. （2017）最高法民再 76 号，美国华盈有限公司（以下简称华盈公司）、海城智胜镁制品有限公司（以下简称镁制品公司）公司决议纠纷。最高人民法院

法院认为：本案是中外合资经营企业一方股东请求确认公司决议效力纠纷案件。合资公司的董事会是公司内部最高权力机关，董事会决议系公司意志行为，法律效果归属于公司，针对董事会决议的诉讼结果也直接由公司承受。因此，根据《公司法》第22条的规定，确定公司决议纠纷案件是以公司为被告。

仲裁管辖权的基础是双方当事人的意思自治，争议提交仲裁解决须有当事人一致的仲裁愿意，这主要体现在当事人之间经协商一致签订仲裁协议（仲裁条款），仲裁协议（仲裁条款）的核心是当事人愿意将争议提交仲裁的意思表示。而本案所涉合资合同仲裁条款的当事人为中外合资经营企业的股东，仲裁事项是股东之间因履行合资合同而产生的争议，不包括股东和公司之间的公司决议效力纠纷。本案镁制品公司并非合资合同仲裁条款的当事人，华盈公司以其为被告，不应受该仲裁条款的约束，华盈公司的再审请求成立，本案纠纷应由辽宁省大连市中院管辖。